Baedeker

Allianz  Reiseführer

Sizilien

www.baedeker.com

Verlag Karl Baedeker

TOP-REISEZIELE ★ ★

Die Liste der Sehenswürdigkeiten ist lang: griechische Tempel, römische
Mosaiken, hervorragend bestückte archäologische Museen, pulsierende
Großstädte, verträumte Bergdörfer, (fast) unberührte Landschaften im Inselinnern und ungetrübter Badespaß an Sand- oder Felsküsten – wir haben für Sie
zusammengestellt, was Sie auf keinen Fall versäumen dürfen!

1 ★ ★ Palermo
Eine der ältesten Städte Europas ist Mythos
und Moloch zugleich: großartige Denkmäler,
pralle Vitalität nicht nur auf den bunten
Märkten, bröckelnde Fassaden und viel
Engagement bei der Restaurierung der
Altstadt. ► Seite 310

3 ★ ★ Érice
Enge, verwinkelte Gassen und ein intaktes
mittelalterliches Ortsbild zwischen Himmel
und Meer; nicht weit entfernt lädt die Riserva
dello Zingaro, ein Stück unberührter Küstenlandschaft, zum Wandern und Baden ein.
► Seite 213

2 ★ ★ Monreale
Hoch über Palermo und nur 8 km entfernt,
erzählen Mosaiken auf Goldgrund auf über
6000 m² Geschichten aus dem Alten und
Neuen Testament. ► Seite 280

4 ★ ★ Segesta
Ein Tempel und ein Theater, wunderschön in
der Einsamkeit des Berglands gelegen, erinnern an die weitgehend unbekannten
Elymer. ► Seite 384

5 ✶ ✶ Selinunt
Griechische Tempel und riesige Trümmer-
felder – Selinunt war einst eine der
größten Städte im Mittelmeerraum. Feinste
Sandstrände liegen in unmittelbarer
Nähe.   ► Seite 387

6 ✶ ✶ Agrigent
Die Neustadt in imposanter Hügellage
steht in reizvollem Kontrast zum
grandiosen Tal der Tempel zwischen
Mandel- und Ölbaumhainen.
► Seite 151

7 ✶ ✶ Enna
Die hochgelegene Stadt mit ihren normannisch-staufischen Befestigungsanlagen
wurde schon in der Antike »Nabel
Siziliens« genannt.   ► Seite 206

*Sizilianische Folklore: ein bemalter Carretto
und sein stolzer Besitzer*

8 ✶ ✶ Piazza Armerina
Luxus in der Antike: In einer römischen
Villa schufen unbekannte Künstler wun-
derbare Fußbodenmosaike.   ► Seite 360

9 ✶ ✶ Pantàlica
Auf schönen Wegen durch die Täler, die
sich u. a. der Fluss Anapo in die Hybläischen Berge gegraben hat.   ► Seite 309

10 ✶ ✶ Noto
Die sizilianische Barockstadt; in Stein
festgehaltene Lebensfreude als Antwort
auf das große Erdbeben von 1693
► Seite 300

11 ✶ ✶ Siracusa
Mit ihrem bedeutenden antiken Erbe ein
touristischer Fixpunkt Siziliens. Und nach
ausgiebigem Kulturgenuss gibt es charmante Altstadtatmosphäre auf der Halbinsel Ortigia.   ► Seite 395

12 ✶ ✶ Etna
Der »Berg der Berge«, Europas größter
aktiver Vulkan und Herrscher Siziliens
► Seite 218

13 ✶ ✶ Gola dell'Alcàntara
Wandern Sie barfuß durch die eindrucks-
volle Basaltschlucht, die sich das Flüsschen
Alcàntara geschaffen hat.   ► Seite 428

14 ✶ ✶ Taormina
Ältester Fremdenverkehrsort der Insel,
Traumlage oberhalb des Meers, mildes
Klima, üppige Vegetation und klassische
Theater- und Musikdarbietungen mit dem
Ätna als Bühnenbild   ► Seite 420

15 ✶ ✶ Cefalù
Das alte Küstenstädtchen punktet mit
einem Normannendom, seinem mittelalterlichen Ortsbild sowie Badebuchten
und bergigem Hinterland.   ► Seite 195

16 ✶ ✶ Vulcano
Baden im heißen, von Schwefelgasen
erhitzten Schlamm, Wanderwege zum
Hauptkrater   ► Seite 245

17 ✶ ✶ Strómboli
Eine dünne Rauchfahne weist den Weg auf
den fast 1000 m hohen, aktiven Vulkan.
Ein besonderes Erlebnis: das nächtliche
Feuerwerk   ► Seite 249

DIE BESTEN BAEDEKER-TIPPS

Von allen Baedeker-Tipps in diesem Buch haben wir hier die interessantesten für Sie zusammengestellt! Erleben und genießen Sie Sizilien von seiner schönsten Seite.

❗ Picknick im Garten Eden
Im Giardino della Kolymbetra im Valle dei Templi in Agrient ▸ **Seite 162**

❗ Unterwegs auf Maultierpfaden
Wanderwege auf alten Pfaden, vorbei an bronzezeitlichen Grabhöhlen in Sant'Angelo Muxaro ▸ **Seite 164**

❗ Erstklassige Liköre
Siziliens beste Liköre auf der Basis von Kaktusfeigen ▸ **Seite 172**

❗ Glasklares Wasser
Kleine Apartments und Camperstellplätze an einem fast menschenleeren langen Sandstrand ▸ **Seite 211**

❗ Schleckermäuler
Süßes Mandelgebäck von den Hüterinnen alter Rezepte ▸ **Seite 216**

❗ Mit Führer auf den Vulkan
Geführte Wanderungen auf den Ätna ▸ **Seite 219**

❗ La Mostarda
Ein ausgezeichnetes barockes Ortsbild und legendäre, in Senfsirup eingelegte Früchte ▸ **Seite 236**

❗ Besonderes Glas
Bis nach Ägypten wurde Obsidian einst exportiert. Heute liegt der Stein unbeachtet auf der Straße. ▸ **Seite 244**

❗ Antichi Sapori
Traditionelle Gewürze in allen Geschmacksrichtungen ▸ **Seite 255**

❗ Siziliens elitärste Pasticceria
Süße Ravioli, S-förmige Plätzchen mit Feigen, Honig, Mandeln und Quittenmarmelade, schwarze Aztekenschokolade ▸ **Seite 279**

❗ Giardino Donna Lavia
Sehr schön übernachten und hervorragend speisen auf dem Landgut eines deutsch-sizilianischen Ehepaars ▸ **Seite 294**

❗ Sandstrände und Schnorchelreviere
Ein Vogelparadies, feinsandige Strände, kristallklares Wasser ▸ **Seite 305**

Kapern
*Sie blühen so schön wie Orchideen;
die besten gibt es auf der
Lipareninsel Salina.*

■ Wie Bienenwaben im Stein
Auf Felstreppen und -pfaden durch grandiose Landschaft ► Seite 309

■ Porte Aperte
Schulkinder als begeisterte Fremdenführer
und leibhaftiges Spettacolo dei pupi
► Seite 311

■ In Palermo unterwegs
Einen interessanten ersten Eindruck von
Palermos Stadtzentrum erhält man bei der
Fahrt mit einer Pferdekutsche oder einem
Ape Calessino. ► Seite 317

■ Fisch, Fleisch, Vegetarisch
Ein vielgepriesenes Lokal im Herzen der
Altstadt: sehr gute Essensqualität zu
vernünftigen Preisen ► Seite 329

■ Besuch im Antimafia-Zentrum
Stadtteilarbeit gegen den Einfluss der
Mafia ► Seite 346

■ Strauße in den Nébrodi
Ein besonderer Agriturismo im schönen
Hinterland von Patti ► Seite 357

Via del Sale
Zwischen Tràpani und Marsala wird seit
Jahrhunderten Salz gewonnen.

■ Enoteca Solaria
Die besten Weine Siziliens und
Stuzzicheria ► Seite 403

■ Ortigia vom Wasser aus
Neue Ansichten: eine Hafenrundfahrt mit
der »Selene« ► Seite 409

■ Ein Muss, nicht nur für Philologen
Ambitionierte Inszenierungen antiker
Tragödien und Komödien im griechischen
Theater ► Seite 414

■ Il Fascino delle Pietre
Die Faszination von Steinen, Wandbildern
und Tischplatten ► Seite 424

■ Junges Gemüse
Eine Artischockenmesse und drei Monate
lang Menüs mit zig Variationen des
gesunden Gemüses ► Seite 432

■ Mehr über die Salzgewinnung ...
... erfährt man z. B. in der Saline »Ettore
e Infersa« vor Mózia. ► Seite 441

Die Griechen brachten Olivenbäume nach Sizilien.
▸ **Seite 16**

HINTERGRUND

12 Zwischen zwei Kontinenten

16 Fakten

17 Natur und Umwelt

22 Bevölkerung · Politik · Wirtschaft

26 *Special: Cosa Nostra und Co.*

30 Geschichte

31 Frühzeit

31 Griechen

35 Römer und Byzantiner

37 Araber

38 Normannen und Staufer

41 Anjou und Aragon

42 *Special: Sizilianische Vesper*

44 18. Jh. bis zur Gegenwart

46 Kunst und Kultur

47 Kunstgeschichte (Glossar ▸S. 446)

59 Literatur

60 Berühmte Persönlichkeiten

PRAKTISCHE INFORMATIONEN VON A bis Z

70 Anreise · Reiseplanung

72 *Special: Nabelschnur aus Stahl*

76 Auskunft

78 Badestrände

81 Sizilien für Behinderte

82 Elektrizität

82 Essen und Trinken

85 Feiertage · Feste · Events

87 Geld

88 Gesundheit

89 Mit Kindern unterwegs

89 Knigge

91 Literaturempfehlungen

92 *Special: Sizilien im Film*

97 Medien

97 Naturparks

Preiskategorien

Hotels
Luxus: ab 190 €
Komfortabel: 80 – 190 €
Günstig: bis 80 €
Für ein Doppelzimmer ohne
Frühstück

Restaurants
Fein & teuer: über 35 €
Erschwinglich: 20 – 35 €
Preiswert: unter 20 €
Für ein 3-Gänge-Menü ohne
Getränke

Zu Fuß Sizilien entdecken: sechs besonders schöne Wandervorschläge
▶ **Seite 134**

98	Notrufe
98	Öffnungszeiten
99	Post · Telekommunikation
100	Preise und Vergünstigungen
100	Reisezeit
102	Shopping
103	Sprache · Kleiner Sprachführer
110	Übernachten
112	Urlaub aktiv
113	Verkehr
116	Wandern
118	Wein
119	Zeit

TOUREN

124	Unterwegs auf Sizilien
124	Tour 1: Ein Land erzählt seine Geschichte: Sizilienrundfahrt
128	Tour 2: Ein Hauch der Götter: Tempel, Theater und Ruinen
130	Tour 3: Versteinerte Leidenschaften: Reise zur Barockkultur
132	Tour 4: Die Sikaner Berge
	Sechs Wandertouren:
134	Monte Venere
135	Monte Nero und Grotta dei Lamponi
137	Pantàlica
139	Riserva dello Zingaro
142	Bosco della Ficuzza
144	Piano Pomo und Cozzo Luminario

REISEZIELE VON A bis Z

148	Acireale
151	Agrigento · Agrigent
164	Ávola
166	Caltagirone
169	Caltanissetta
171	Cammarata / San Giovanni Gemini
172	Capo d'Orlando
174	Carini
175	Castellammare del Golfo
178	Castelvetrano
180	Catania
188	*Special: Wenn die Erde bebt ...*
195	Cefalù
201	Isole Égadi · Ägadische Inseln
204	*Special: Mattanza – Todestanz im Meer*
206	Enna
211	Eraclea Minoa
213	Érice
218	Etna · Ätna
224	*3 D: Fruchtbarer Feuerberg*
229	Gela

Auf 242 Stufen
geht es hinunter nach
Ragusa Ibla, der Altstadt
von Ragusa.
▶ **Seite 371**

235 Lentini
237 Isole Lìpari ·
     Liparische Inseln
251 Marsala
256 Mazara del Vallo
260 Messina
264 *Special: Die Seeschlacht von*
     Lepanto und der Rosenkranz
272 Milazzo
276 Módica
280 Monreale
284 *3 D: Dom und Kreuzgang*
     in Monreale
292 Monti Madoníe
296 Mózia · San Pantaleo
299 Nicosìa
300 Noto
306 Palazzolo Acréide
310 Palermo
342 *Special: Teatro dei pupi ·*
     Helden an Fäden
354 Pantellerìa
355 Patti
358 Isole Pelágie · Pelagische Inseln
360 Piazza Armerina –
     Villa Romana del Casale
369 Ragusa
375 Santo Stéfano di Camastra
379 Sciacca
384 Segesta
387 Selinunte · Selinunt
390 *3 D: Der griechische Tempel*
395 Siracusa · Syrakus

406 *Special: Àgata, Lucia, Rosalia*
     – die großen Heiligen
420 Taormina
429 Termini Imerese
433 Tìndari
437 Tràpani
443 Ùstica

446 Glossar
452 Register
458 Verzeichnis der Karten
     und grafischen Darstellungen
459 Bildnachweis
460 Impressum
460 atmosfair

nachdenken · klimabewusst reisen
atmosfair ✔

Der Tempel der Hera Lakinia
steht am oberen Ende
der Tempelreihe in Agrigent.
▶ **Seite 160**

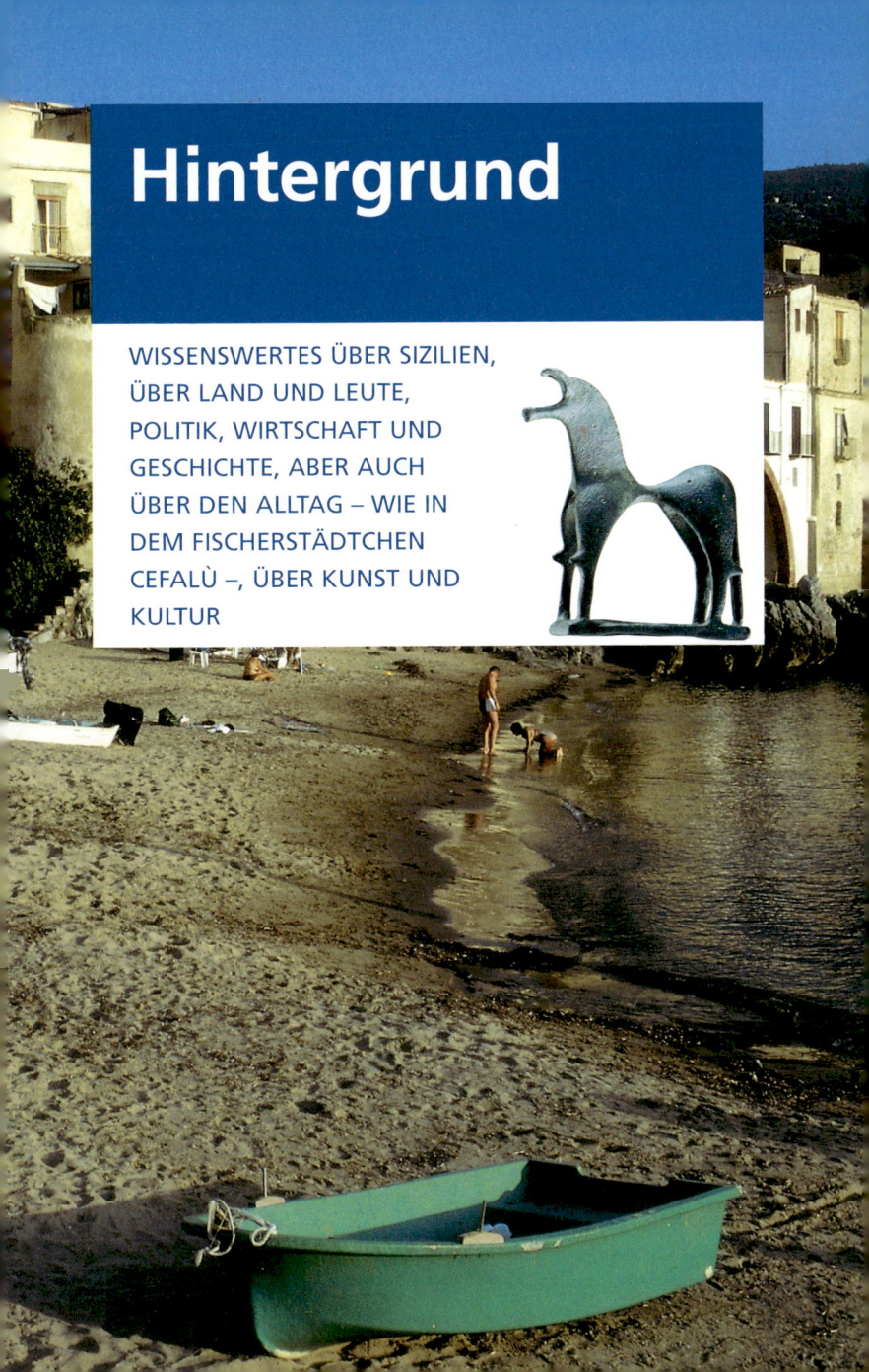

Hintergrund

WISSENSWERTES ÜBER SIZILIEN,
ÜBER LAND UND LEUTE,
POLITIK, WIRTSCHAFT UND
GESCHICHTE, ABER AUCH
ÜBER DEN ALLTAG – WIE IN
DEM FISCHERSTÄDTCHEN
CEFALÙ –, ÜBER KUNST UND
KULTUR

ZWISCHEN ZWEI KONTINENTEN

»Italien ohne Sizilien macht gar kein Bild in der Seele: Hier ist erst der Schlüssel zu allem«, schwärmte Goethe am 13. April 1787 auf der »Italienischen Reise« über die größte Mittelmeerinsel. Sie liegt im Schnittpunkt zwischen Europa und Afrika, nur durch eine 3 km breite Meeresstraße von der italienischen Stiefelspitze entfernt.

Nach einer alten Legende ruht sie auf drei tief im Meer verankerten Pfeilern, die ihre Wurzeln, den griechischen, römisch-europäischen und arabischen Ursprung, widerspiegeln.

Eine Reise nach Sizilien, sofern nicht nur das Strandleben im Visier ist, kann eine Reise von Höhepunkt zu Höhepunkt sein. Ob man an die Landschaft denkt oder an die Zeugnisse aus Geschichte und Kultur, Sizilien ist unendlich reich an alledem: Die fruchtbaren Hügel und Täler im Landesinnern, wo fast jeder Meter landwirtschaftlich genutzt wird – ein Dorado des Gemüse- und Obstanbaus –, kontrastieren mit dem Ätna, dem »Berg der Berge«, wie ihn die Sizilianer nennen, der seit Menschengedenken Dampf oder auch glühende Lava speit, dem Meer, der Küstenlandschaft und den zahlreichen vorgelagerten Inseln. Der Schriftsteller **Giuseppe Tomasi di Lampedusa** beschreibt in seinem Roman »Der Leopard« »sein« Sizilien: »Sizilien, die Umwelt, das Klima, die sizilianische Landschaft. Das sind Kräfte, die zugleich – und

Sonne, Meer, Landschaft
Küste im Zingaro-Naturpark am Golf von Castellammare

vielleicht mehr als alle Fremdherrschaften und Schändungen – unseren Geist gebildet haben: diese Landschaft, die keine Mitte kennt zwischen üppiger Weiche und vermaledeiter Wüste; die niemals eng ist, nie nur bescheidene Erde, ohne Spannung, wie ein Land sein müsste, das vernünftigen Wesen zum Aufenthalt dienen soll; dieses Land, das wenige Meilen voneinander entfernt die Hölle um Randazzo hat und die Schönheit der Bucht von Taormina ...«

Denkmäler der Vergangenheit

Neben den Naturschönheiten sind der Insel auch viele Kulturdenkmäler der Sikuler, Griechen, Römer, Araber, Normannen und Spanier erhalten geblieben. Giuseppe Tomasi di Lampedusa schreibt:

← *Cefalù*

Auf Vulcano
*Ein besonderes Vergnügen und Entspannung
verspricht ein Bad im lauwarmen
Schwefelschlamm.*

Im Bann des Feuerbergs Ätna
*Wanderung auf Europas größtem und
aktivstem Vulkan*

In den Monti Erei
*In Morgantina, einer alten Sikuler-Stadt,
ließen sich im 6. Jh. v. Chr. Griechen nieder.*

La Zisa in Palermo
*Mosaikschmuck in der einstigen Sommerresidenz
der Normannenkönige*

Handwerk und Kunstgewerbe
*Eine lange Tradition haben die kunstvoll bemalten
Carretti; ihre Miniaturausführungen sind beliebte
Mitbringsel.*

Castel di Tusa
*Im Freilichtmuseum Fiumara d'Arte:
Betonskulptur von Pietro Consagra*

»Wohin man blickt ... diese Denkmäler der Vergangenheit, großartig, aber unbegreiflich, weil nicht von uns errichtet: Sie stehen um uns her wie wunderschöne, stumme Gespenster.« Dazu gehören die Tempel der Griechen – in Magna Graecia (= Großgriechenland), wie die Römer den Süden Italiens nannten, stehen heute mehr gut erhaltene Tempel als in Griechenland selbst – in Agrigent, Segesta, Selinunt und Syrakus, die Theater der Griechen und Römer in Catania, Segesta und Syrakus sowie das von Taormina in seiner unvergleichlichen Lage, schließlich die Mosaikfußböden der Villa Casale bei Piazza Armerina. Ein bedeutendes Erbe stammt aus dem 11. und 12. Jh.: normannische Kastelle in Adrano, Aci Castello, Caronía und Paternò; normannische Dome und Kreuzgänge in Catania, Cefalù, Messina, Monreale und Palermo sowie königliche Bauten in Palermo. Große Veränderungen brachten schließlich auch das 17. und 18. Jh., als nach den schweren Erdbeben im Südosten der Insel ganze Stadtanlagen im reinsten Barock neu entstanden sind wie in Ávola, Grammichele, Noto und Pachino.

Starke Gegensätze

Dabei ist Sizilien kein Paradies, einige »Narben« sind nicht zu übersehen: die rücksichtslos abgeholzten Hügel und Berge, die wilde Zubetonierung ganzer Land- und Küstenstriche oder die vielen Papier- und Plastikabfälle. Auch die krassen sozialen Gegensätze gehören zu den Schattenseiten: Unvermittelt beginnt hinter manchen Prachtstraßen die Armut. Äußere Anzeichen sind einsturzgefährdete Hausfassaden und Kriminalität – wobei hier jedoch keine Panik, je-

Kastor- und Pollux-Tempel
Das Fragment ist ein Wahrzeichen Agrigents.

doch Vorsicht geboten ist. Überhaupt müssen die Großstädte erwähnt werden, die schön und hässlich zugleich sowie voller Lebenswille sind und mit Kunst- und Kulturschätzen aus allen Epochen aufwarten.

Eindrucksvolle Erlebnisse vermitteln nicht zuletzt auch die vielen, meist religiös bestimmten Feste, die reichhaltige, bunte Folklore sowie der Genuss der üppigen sizilianischen Küche und des hervorragenden Weins. Dies alles und die Herzlichkeit und Hilfsbereitschaft, mit der Besucher überall empfangen werden, lassen eine Sizilienreise zu einem unvergesslichen Erlebnis werden.

Fakten

Sizilien ist die größte Insel im Mittelmeer mit ausgedehnten Stränden und unzersiedelten Hügel- und Bergketten im Landesinnern, darunter Europas größtem Vulkan, dem Ätna – ein Eldorado für Sonnenanbeter, Wasserratten und Naturliebhaber. Einzigartige Zeugnisse aus einer reichen Vergangenheit laden zu unerschöpflichen Kunst- und Kulturgenüssen ein.

Natur und Umwelt

Sizilien ist der Überrest einer Landbrücke, die einst Europa und Afrika verband. Die Insel liegt genau in der Mitte des Mittelmeers, an dessen engster Stelle nur durch die 3,2 km breite Straße oder Meerenge von Messina vom Festland, der italienischen Stiefelspitze, getrennt. Die Entfernung nach Nordafrika beträgt 140 km. Umgeben von drei Meeren, dem Tyrrhenischen, dem Ionischen und dem Libyschen Meer, bildet Sizilien die Grenze zwischen dem westlichen und östlichen Mittelmeerbecken – eine für die Inselgeschichte bestimmende Lage. Das Landschaftsbild prägen vor allem Hügel und Berge (61 % Hügelland – in Italien insgesamt 42 %; 25 % Berge – Italien 35 %; 14 % Ebenen – Italien 23 %). Das Gebirge, das auf dem italienischen Festland in Nord-Süd-Richtung verläuft, biegt allerdings auf der Insel von Ost nach West um und zieht an der Nordküste Siziliens entlang.

»Trittstein im Meer«

? WUSSTEN SIE SCHON ...?

■ Antiken Quellen zufolge hieß die Insel zunächst Trinakría (= die drei Vorgebirge). Das dazugehörende Symbol besteht aus einem Frauenkopf, umrahmt von Schlangen und kleinen Flügeln, inmitten dreier um den Kopf laufender, abgewinkelter Beine (Abb. S. 1). Später wurde Trinakría nach den Sikanern in Sikania und schließlich nach den Sikulern in Sikelía/Sicilia umbenannt.

Die Peloritanischen Berge sind geologisch die Fortsetzung des kalabrischen Aspromonte. Sie ziehen sich von Messina nach Südwesten und bestehen bis in die Gegend von Taormina aus den gleichen Gneisen und Glimmerschiefern wie auf dem Festland. Ihre Oberflächen sind stark verwittert und v. a. nach Regenfällen von überschäumenden Bergbächen (Fiumare) durchzogen. In der Montagna Grande erreichen sie 1374 m Höhe.

Peloritani

Längs der Nordküste folgen dann die Sandsteine und Tonschiefer der Monti Nébrodi, auch Caronie genannt. Sie bestehen größtenteils aus Flysch (weichen Tonen, Mergeln und Sandsteinen) und bilden eine sanfte Wölbung mit abgerundeten Bergen. Mit 1000 bis knapp 2000 m Höhe (Monte Soro, 1847 m) formen sie gleichsam als »Sizilischer Apennin« das Rückgrat der Insel.

Nébrodi

Die Berge der Madonie erstrecken sich etwa zwischen den Orten Gangi und Mistretta (östlichster Punkt) bis zum 1326 m hohen Monte San Calògero bei Termini Imerese (westlichster Punkt). Höchster Berg ist der Pizzo Carbonara im Hinterland von Cefalù (mit 1979 m nach dem Ätna der zweithöchste Gipfel Siziliens). Eine

Madonie

← *Bei Selinunt: Kulturpflanze mit archaischen Wurzeln. Die Griechen brachten nicht nur Weinreben, sondern auch Ölbäume nach Sizilien.*

Capo Graziano auf der Liparen-Insel Filicudi

weitere Linie niedriger Gebirgsketten (kaum höher als 1000 m) durchquert die Insel diagonal und teilt sich in die Gruppe der **Ereiberge** (Inselinneres und südwestlich) und der **Ibleiberge** (Inselinneres und südöstlich bis Ragusa). Die beiden genannten Gebirgszüge laufen aufeinander zu und gehen schließlich, zusammen mit den Bergen, die den westlichen Teil der Insel bilden, ineinander über. Diese letzten bilden keine Gebirgsketten, sondern stehen in einzelnen, von langen, breiten Tälern getrennten Gruppen.

Südlich von Palermo zweigt das **Sikanische Bergland** ab und zieht sich dann bis zur Südküste hin.

Inselinneres Das Innere der Insel ist Hügelland, das bis 1000 m ansteigt, von zahlreichen Tälern durchschnitten ist und in Stufen gegen die Südküste abfällt. Der größere Teil besteht überwiegend aus jungtertiären Tonen und Mergeln, über die hier und da schroffe Felsklötze aus Gips (Monte Paolino bei Sutera), aus mergeligem Kalksandstein oder aus Konglomeraten (Stadtfelsen von Enna und Calascibetta) festungsartig aufragen. Im Übrigen bildet dieser Teil ein bewegtes, baumarmes Hügelland, das im Altertum als die »Kornkammer Italiens« galt.

Ostseite Die Ostseite Siziliens ist stark vulkanisch. Diese Zone beginnt bereits mit den nördlich gelegenen Liparischen Inseln, verläuft südlich über den Ätna zu den Hybläischen Bergen, um ihre Fortsetzung auf Malta zu finden. Der **Ätna**, das Wahrzeichen Siziliens, der bei den Einheimischen noch seinen halb italienischen, halb arabischen Namen »Mongibello« (Monte und Djebel, beides = Berg) bewahrt hat, nimmt eine Fläche von rund 1400 km² ein. Er ist mit je nach Magmaablagerung etwa 3350 m der höchste Gipfel des außeralpinen Italien und der größte Vulkan Europas. Neben ihm sind die Liparischen Inseln mit dem ständig tätigen **Stròmboli** sowie die nördlich und südlich der Hauptinsel gelegenen Inseln Ùstica und Pantellerìa vulkanischen Ursprungs.

Küsten

Diesem Aufbau entsprechend, fällt die Nordküste auf größeren Strecken steil zum Meer hin ab, was auch für den Nordteil der Ostküste gilt. Die anderen Küstenstrecken sind eher flach.

Inseln

Zu Sizilien gehören insgesamt 37 kleinere Inseln. Vor rund 15 Jahren waren es für kurze Zeit 38, als zwischen Malta und Pantellerìa die kleine Isola Ferdinandea aus dem Meer aufgetaucht war, jedoch auch wieder dorthin verschwand, bevor die heraneilenden europäischen Großmächte ihr Banner aufpflanzen konnten.
Die bewohnbaren Inseln sind allesamt beliebte Ferienziele: die Liparischen oder Äolischen Inseln (Lìpari, Salina, Filicudi, Alicudi, Panarea, Vulcano und Stròmboli), die verwaltungsmäßig zur Provinz Messina gehören; die etwa 60 km vor Palermo liegende Insel Ùstica; die westlich von Tràpani liegenden drei Inseln Favignana, Lévanzo und Maréttimo; die näher bei Afrika als bei Sizilien liegende Insel Pantellerìa (die vier letzten gehören zur Provinz Tràpani) sowie die am entferntesten von Sizilien sich befindenden Pelagischen Inseln Lampedusa, Linosa und Lampione (Provinz Agrigent).

Flüsse

Sizilien ist von Natur aus keine wasserarme Insel, in den Berggegenden entspringen Bäche und Flüsschen. Der schneebedeckte Ätna bildet ein wahres Wasserreservoir. Der Boden ist aber infolge der jahrhundertealten Abholzung trocken und wenig durchlässig. So kann das Wasser nicht zurückgehalten werden, fließt rasch in die Bäche, die über die Ufer steigen und das Land überschwemmen. Im Sommer jedoch verdorren Felder aus Wassermangel. Das Problem besteht darin, die im Herbst und Winter in Form von Niederschlägen gewonnene Flüssigkeit zurückzuhalten, um sie in den wasserarmen Zeiten zu verwenden.
Unter den Flüssen ist der **Salso** mit 144 km am längsten; er ist nordöstlich von Enna zum Lago di Pozzillo gestaut. Ebenfalls gestaut ist der Belice im Westen Siziliens; hier wird Elektrizität gewonnen. Für die Landwirtschaft ist auch der **Simeto** mit seinen Nebenflüssen Dittaino und Gornalunga wichtig. Zu diesen natürlichen Wasserläufen und modernen Stauseen kommen Bewässerungsanlagen, die teilweise bereits auf die Zeit der Sarazenen zurückgehen; ihnen verdankt z.B. die Bucht von Palermo, die Conca d'Oro, ihre Fruchtbarkeit. Auch wird versucht, Landstriche wieder aufzuforsten und somit das Problem langfristig abzumildern.

Im ländlichen Hinterland von Agrigent bei Sant'Angelo Muxaro

Pflanzen und Tiere

Flora Sizilien war ursprünglich weithin von Wald bedeckt, der zum einen durch Abholzen für den Schiffsbau, zum anderen durch Rodungen zur Gewinnung von Nutzland fast völlig beseitigt worden ist. Zurückgedrängt wurde auch die Macchia, die allerdings in einigen trockenen Gebieten an der West- und Südküste noch gedeiht. In jüngster Zeit versucht man, durch Anpflanzung rasch wachsender Arten (Eukalyptus) der Abholzung und ihren Folgen für Klima und Wasserhaushalt entgegenzuwirken. Den Raum der ursprünglichen Flora nehmen weitgehend Nutzpflanzen ein, die von den verschiedenen Besatzern importiert wurden: Weinrebe und Ölbaum kamen mit den Griechen, Zitronen, Baumwolle und Zuckerrohr mit den Arabern, Orangen, Feigenkakteen und Tabak mit den Spaniern. Zu nennen sind auch Bananenstauden (am Fuß des Ätna und bei Scicli und Ribera an der Südküste), Feigen und Mandeln.

Die reichste Vegetation wie die ergiebigsten Anbaugebiete finden sich in den bewässerten Gebieten im Norden und Osten Siziliens wie der Piana di Catania, der vom Fluss Simeto angeschwemmten Ebene, die vom Riesenkegel des Ätna überragt wird. Hier gedeihen Obst- und Gemüsekulturen: Aprikosen und Pfirsiche, Äpfel, Kastanien, Mandeln und Mispeln, dazu Auberginen, Artischocken, Melonen, Peperoni, Tomaten und besonders Zitrusfrüchte (Blutorangen). Anders sieht es in den wasserarmen Gebieten im Innern der Insel aus. Hier wachsen zwar der Ölbaum und der Johannesbrotbaum, aber die Felder sind karg, besonders in den verkarsteten Kalkgebieten. Extensiv wird Hartweizen angebaut.

Die Tierwelt Siziliens ist relativ arm an Arten. Nutztiere haben längst **Fauna** die Wildtiere verdrängt, auch wenn es da und dort noch Wildkatzen, Hasen und Füchse geben mag. Esel und Pferd sind durch die Motorisierung fast überflüssig geworden. Sizilien ist ein wichtiges Durchzugs- und Überwinterungsgebiet zahlreicher Vogelarten. Erfreulich ist, dass ihre Lebensräume zunehmend unter strengen Schutz gestellt werden. Bedroht sind hingegen einige Land- und Seeschildkrötenarten, die sizilianische Wachtel, Robben und andere. Deutlich besser sieht es im Meer aus – ungeachtet der Fischerei von Jahrtausenden gibt es, zumal in der Straße von Messina, noch immer einen **reichen Fischbestand**. Eine Zuflucht finden Pflanzen und Landtiere im Parco Naturale del Etna. Auf einer Fläche von 60 000 ha wachsen mediterrane Pflanzen und gedeihen entsprechende Tierarten, die es in freier Wildbahn längst nicht mehr gibt (►Praktische Informationen, Naturparks und -reservate).

> **? WUSSTEN SIE SCHON …?**
>
> ■ Sizilianer unterscheiden sich beim Essen von Festlanditalienern. Pro Kopf essen sie mehr Nudeln und Brot, mehr Fisch und weniger Fleisch, und obwohl ein Fünftel des italienischen Weins aus Sizilien kommt, trinken sie fast die Hälfte weniger Wein.

Sizilien und der Umweltschutz, ein nicht unproblematisches Verhält- **Umweltschutz** nis. Als älteste Umweltsünder gelten die Phönizier, Griechen und Römer, die Teile des bergigen Landesinnern abgeholzt haben. Massiver Kahlschlag setzte erst in der 2. Hälfte des 19. Jh.s ein, eine Folge des Eisenbahnbaus und der Schwefelverhüttung. Die Folgen, kahle Hügel und Berge, sind bis heute zu sehen und zu spüren. Die größte Umweltsünde der Nachkriegszeit ist der meist **illegale Bau** zehntausender Häuser in geschützten Küstengebieten und an Berghängen am Meer. Weitere Probleme, z. B. hohe Emissionen, bereiten die veralteten Industriekonglomerate von Gela und Augusta sowie die **partielle Verschmutzung des Meeres** – wie in anderen Anrainerstaaten des Mittelmeeres besitzen die meisten sizilianischen Küstenstädte keine funktionierenden Kläranlagen. Aber es gibt auch Positives: Das erste Naturschutzgebiet entstand bereits 1980 (Lo Zingaro), nicht als staatliche Initiative, sondern als Folge eines breiten Bürgerprotestes gegen den Bau einer Straße durch einen intakten Küstenstreifen. Ein Jahr später wurde ein Regionalgesetz zum besseren Schutz von mediterranen Pflanzen und Tieren verabschiedet. 1987 folgte die Einrichtung des Parco Naturale del Etna, des Parco delle Madonie und des Parco dei Nébrodi. Heute sind knapp 10 % des sizilianischen Territoriums Naturschutzgebiet. Und auch die biologische Landwirtschaft hat Anhänger gefunden mit zahlreichen Biobauern, die meisten von ihnen bieten auch Agriturismo, Ferien auf dem Lande, an.

Bevölkerung · Politik · Wirtschaft

Bevölkerung

Landflucht Sizilien hat rund 5,1 Millionen Einwohner, von denen 30 % in den größeren Städten leben, allein in Palermo 660 000. Deutlich ist die Tendenz, vom Land in die Stadt zu ziehen. Rom, Mailand und New York weisen mehr Einwohner sizilianischen Ursprungs auf als ganz Palermo.

Melting Pot ▶ In dieser Bevölkerung mischen sich Elemente aus den unterschiedlichen historischen Epochen, die einheimischen Ureinwohner Sikaner, Elymer und Sikuler, seit 1. Jt. v. Chr. die Phönizier und Griechen, ab dem 3. Jh. v. Chr. die Römer, später Byzantiner, Araber (seit 827), Normannen (ab 1061), Staufer (ab 1194) bis hin zu den Spaniern. Als kleine Gruppe mit eigener Sprache, jedenfalls für den internen Gebrauch, haben sich die Albaner bis heute gehalten, deren Vorfahren 1488 ihre alte Heimat angesichts der Türkengefahr verlassen und sich südlich von Palermo in Piana degli Albanesi und Santa Cristina Gela niedergelassen haben.

»Santa Famiglia« Stark ist die Bindung an Familie und Familientradition, bei der der Begriff der Ehre eine zentrale Rolle spielt. Der Volkscharakter, der nicht zum Klischee vom feurigen Südländer passt, wurde nicht unerheblich durch die Fremdherrschaften von zweieinhalb Jahrtausenden beeinflusst, die ebenso wie der Kampf mit den Naturgewalten (vor allem im Ätnagebiet) eine Mischung von Fatalismus und Zähigkeit erzeugt haben. Prägend war aber auch die Lähmung durch eingewurzelte soziale Strukturen mit ihrem großen Abstand zwischen wenigen Großgrundbesitzern und der großen Zahl von Klein- und Kleinstbesitzern bis hin zu den landlosen Tagelöhnern, den Braccianti, die meist in großen, städtisch wirkenden Dörfern weitab von den Feldern lebten und nur saisonal in der Landwirtschaft Beschäftigung fanden. In der übrigen Zeit lebten sie von einer Art Arbeitslosenunterstützung. Landreform, eine nur teilweise geglückte Industrialisierung, Impulse durch Aus- und Rückwanderung, der anschwellende Tourismus und die zunehmende Teilhabe der Frauen am öffentlichen Leben haben der Insel jedoch spürbar optimistische Perspektiven eröffnet.

! *Baedeker* TIPP

Beste Reisezeit

Berühmt ist »La primavera siciliana«, der Frühling Siziliens, mit einer üppigen Blütenpracht (weitere Informationen zur Reisezeit S. 100).

Festtage Ein glanzvoller Aspekt im Leben der Sizilianer sind die meist religiösen Festtage mit ihren Prozessionen zu Ehren lokaler Schutzpatrone oder zu großen Kirchenfesten etwa in der Karwoche in Tràpani,

Zahlen und Fakten Sizilien

Lage
► 37 bis 38° nördliche Breite, 13 bis 15° östliche Länge
► 3,2 km vom italienischen und 140 km vom afrikanischen Festland entfernt

Fläche
► 25 426 km² (Italien: 301 323 km²)
► Über 1500 km Küste (mit den dazugehörigen Inseln)
► Größte Mittelmeerinsel, Ost-West-Ausdehnung: 250 km, Nord-Süd-Ausdehnung: 50 km im Westen, 180 km im Osten
► Größte Region Italiens

Topografie
► 14 % Ebene, 61 % Hügellandschaft, 25 % Gebirge
► Höchster Berg: Ätna (ca. 3350 m)
► Längster Fluss: Salso (144 km)

Bevölkerung
► 5,1 Millionen Einwohner
► 198 Einwohner / km²
► Palermo ist mit 660 000 Einwohnern die größte Stadt Siziliens.

Verwaltung
► 9 Provinzen mit den gleichnamigen Hauptstädten: Agrigento, Caltanissetta, Catania, Enna, Messina, Palermo, Ragusa, Siracusa und Tràpani
► Autonome Region mit Regionalparlament und Landespräsident
► Hauptstadt: Palermo

Wirtschaft
► Landwirtschaft: Wein, Weizen, Mais, Oliven, Südfrüchte
► Tourismus
► Fischfang
► Erdöl- und Erdgasförderung
► Arbeitslosenquote: 16 % (Italien: 10 %)

Verkehr
► Fähren zum Festland; eine Brücke über die Straße von Messina ist geplant.
► Internationale Flughäfen in Palermo und Catania

Tourismus
► 2009 kamen ca. 4,1 Mio. Besucher auf die Insel, davon 1,5 Mio. aus dem Ausland.
► Durchschnittliche Verweildauer: 3,5 Tage
► Über 900 Hotels

Marsala und vor allem in Enna. Hier findet alte Volksfrömmigkeit einen höchst lebendigen Ausdruck.

Sprache Das Italienische ist die geradlinige Fortsetzung der lateinischen Sprache, und auch in Sizilien setzte sich mit den Römern ab der Mitte des 3. Jh.s v. Chr. ein Legionärs- und Bauernlatein durch. Dieses Vulgärlatein konnte von den nachfolgenden Eroberern nicht verdrängt werden. Es lebte und entwickelte sich weiter unter griechischer, lateinischer, arabischer und spanischer Amtssprache. In diesem sizilianischen Dialekt wurde im 13. Jh. am Stauferhof die erste Dichtung der italienischen Literatur geformt. In der Entwicklung der italienischen Sprache setzte sich letztlich der toskanische gegenüber dem venezianischen und sizilianischen Dialekt durch.

Der mit vielen neugriechischen, arabischen und spanischen Lehnwörtern angereicherte **sizilianische Dialekt** wird heute v. a. in ländlichen Gegenden gesprochen. Als

Faustregel gilt: »U« steht für das italienische »il« (der, Artikel); überhaupt endet meist auf den Buchstaben »u«, was im Italienischen mit »o« aufhört. Im Sizilianischen sind der Satzbau und die Satzmelodie anders, und bestimmte Konsonanten sind verändert: »beddu« steht für »bello« (schön), »vasa« für »bacio« (Kuss).

Reich ist das Sizilianische an Liedern und Sprichwörtern, so haben Volkskundler über 5000 bekannte Volkslieder und mehrere tausend Sprichwörter gesammelt. Neue literarische Weihen erfährt das Sizilianische in den Erfolgskrimis von Andrea Camilleri (▶Berühmte Persönlichkeiten).

Mafia Das Geschäft mit der Angst ist überall auf der Welt verbreitet, die sizilianische Mafia nur eine mögliche Form des organisierten Verbrechens (▶Baedeker Special S. 26). Über ihre Entstehung gibt es verschiedene Theorien, gemeinsam ist ihnen die Idee, dass in der langen abhängigen Geschichte Siziliens zwischen Souverän und Oberschicht und zwischen Oberschicht und Unterschicht eine zweideutige Zwischenschicht gedieh, die von dem gegenseitigen Misstrauen lebte. Diese Zwischenschicht organisierte sich in einem Geheimbund, nannte sich selber die **»L'Onorata Società«**, die »Ehrenwerte Gesellschaft« und griff anstelle der fern von der Insel sich befindenden Zentralgewalt direkt in die Auseinandersetzungen zwischen Herrschern und Beherrschten ein. Ihre Überlebensfähigkeit beruht nicht zuletzt auf der Tatsache, dass die Bewunderung für sie oft noch größer ist als der Abscheu vor ihr. Nicht nur Leonardo Sciascia (▶Berühmte Persönlichkeiten) setzte sich in seinem literarischen Werk intensiv mit der Mafia und ihren Verstrickungen auseinander.

Auch die Netze wollen gepflegt werden: ein Fischer bei der Arbeit.

Politik

Seit 1946 besitzt Sizilien ein »statuto speciale«, ist ähnlich wie Sardinien, das Aostatal, Südtirol oder das Friaul eine autonome Region, aufgeteilt in neun Provinzen. Die verfassungsmäßig garantierte Teilautonomie erstreckt sich auf ein eigenes Parlament, einen eigenen Landespräsidenten sowie eine gewisse Selbstständigkeit in Bezug auf u. a. Landschaftsschutz und Steuerhoheit.

Verwaltungsgliederung

Wirtschaft

Von den rund 5,1 Mio. Einwohnern sind knapp über 1,2 Mio. als regulär beschäftigt registriert. Von den offiziell Beschäftigten wiederum arbeiten ca. zwei Drittel im Dienstleistungs- und Tourismussektor, ein Drittel je etwa zu gleichen Teilen in der Landwirtschaft (mit Fischerei), beim Bau und in der Industrie.

Beschäftigungslage

Die offizielle Arbeitslosenquote pendelt um 16 % (Italien: 10 %), die Dunkelziffer ist viel höher. Die katastrophale Beschäftigungslage haben in den vergangenen Jahrzehnten verschiedene Regierungen verbessern wollen, indem sie die Staatsunternehmen zu Investitionen in Sizilien verpflichteten. Diese Aktivitäten haben sich, beeinflusst von vornherein durch Klientelwirtschaft, als Fehlschlag erwiesen.

Arbeitslosigkeit

Ein denkwürdiger Tag im Kampf gegen die Mafia:
Giovanni Brusca, einer der meistgesuchten
Mafiabosse, im Netz der Polizei

COSA NOSTRA UND CO.

Die Mafia ist die am weitesten verbreitete Verbrecherorganisation der Welt. Schutzgelderpressung, Entführung, Drogen- und Waffenhandel sowie Geschäfte mit dem Müll sind nur eine Auswahl an Begriffen, die einem bei dem Wort »Mafia« in den Sinn kommen. Und natürlich Mord.

»Lupara bianca«, so nennt man das spurlose Verschwinden einer entführten Person, die irgendwo einbetoniert, verbrannt, verscharrt, im Meer versenkt oder im Säurebad aufgelöst wird. Einst nämlich mordete die Mafia vorwiegend mit einer abgesägten Schrotflinte und betonierte anschließend die Opfer in einen Rohbau ein. Da hierfür auch Kalk verwendet wird, erhielt dieses Ritual den Namen Lupara bianca, »Weiße Flinte«. Aber auch vor Morden vor den Augen der Öffentlichkeit schreckt die Mafia nicht zurück. Wer kennt sie nicht, die Bilder in den Medien, die von Kugeln durchsiebte oder von Bomben zerfetzte Opfer zeigen.

Entstehung

Zum ersten Mal tauchte der Begriff »Mafia« 1862 im Theaterstück »I Mafiusi di la Vicaria di Palermo« auf, das von den Anführern der Gefangenen im Vicaria-Gefängnis von Palermo erzählt. 1865 wurde die Mafia dann in einem Bericht an das römische Innenministerium als »Verbrecherbande« erwähnt, die im Auftrag feudaler Landbesitzer notleidenden sizilianischen Bauern die Zinsgelder für die Pacht abpressten. Experten zufolge entstand sie im 19. Jh. auf dem Land. Der »Boss« geht vermutlich auf den Landpächter zurück, der von dem in die Großstädte abwandernden Adel weitreichende Rechte erhalten hatte. Als Vermittler zwischen »Regierung« und Regierten wurden diese Pächter mit der Zeit zu den wahren Herren. Einerseits pressten sie den Bauern die Zinsgelder für die Pacht ab, andererseits gaben sie vor, die gleichen Bauern gegen feudale Misswirtschaft und Landraub zu schützen. Dafür hatte man sich ihnen gegenüber mit dem Gebot des Schweigens, der **»omertà«**, zu verpflichten. Dieser Schweigepflicht ist es noch heute zu verdanken, wenn mutige Anti-Mafia-Ermittler bei ihrer Arbeit nicht vorankommen: Man schweigt, um sich der »Onorata Società«, der »Ehrenwerten Gesellschaft«, auch weiterhin gewogen zu halten und sich nicht ihrer Rache auszusetzen. Die neuen Herren auf dem Land weiteten erst im 20. Jh. ihre

Macht auf die Städte aus und verfügten über einen eigenen Ehrenkodex, der in zahllosen Filmen mythologisiert wurde: Die Rede ist von Blutschwüren auf Madonnenbildnissen und anderen geheimen Ritualen. **Erst der Faschismus** versuchte, der Mafia ernsthaft zu Leibe zu rücken. Doch gegen Ende des Zweiten Weltkriegs gelang der organisierten Kriminalität ein Comeback – ausgerechnet mit Hilfe der US-Amerikaner.

Die Mafia und die USA

Um die Landung alliierter Streitkräfte in Sizilien vorzubereiten, kooperierten die Amerikaner mit der »Cosa Nostra«, der sizilianischen Mafia. Mittelsmann war der in den Vereinigten Staaten inhaftierte Mafiaboss Lucky Luciano. Der Handel glückte, im Gegenzug wurden Luciano und anderen »hilfsbereiten« Mafiosi nicht nur die Strafen erlassen, auf Betreiben der USA erhielten sie sogar wichtige Positionen in der sizilianischen Nachkriegspolitik und Wirtschaft. Auch der nach dem 2. Weltkrieg in Italien regierenden Democrazia Cristiana war dieses Zweckbündnis sehr gelegen. Auf Jahrzehnte hinaus erlebten die Region und Italien eine unselige Verquickung politischer und mafioser Interessen.

In den 1960er-Jahren wurde aus der Agrarmafia eine **städtische Mafia**.

Organisierte Kriminalität und Politik teilten sich die Geschäfte – vor allem die auf dem lukrativen **Bausektor**. In den 1970er-Jahren stieg die Mafia in den **Drogen- und Waffenhandel** ein. Sehr lukrativ sind neben der Erpressung von Schutzgeld (**pizzo**) heute auch die **Müllentsorgung**. Hochrechnungen der parlamentarischen Anti-Mafia-Kommission zufolge befinden sich 70 % aller süditalienischen Müllkippen in Mafia-Händen.

Kampf gegen die Mafia

Mit der Umstrukturierung der Mafia nahm auch die Gewalt zu, und endlich reagierte der Staat. Der Kampf gegen die Cosa Nostra verzeichnet viele Opfer, so den Carabinierigeneral Carlo Alberto Dalla Chiesa, der 1982 erschossen wurde. Noch größeres Aufsehen erregte 1992 die Ermordung der beiden populären Anti-Mafia-Ermittler Giovanni Falcone und Paolo Borselino – zum ersten Mal regte sich in der Bevölkerung Widerstand: Tausende von Menschen gingen auf die Straße und demonstrierten gegen die Mafia. Sogar Papst Johannes Paul II. kam nach Agrigent und forderte alle Gläubigen auf, gegen die Bosse aufzubegehren. Seit Mitte der 1990er-Jahre gingen der Polizei einige der wichtigsten Bosse ins Netz, darunter 1993 Toto Riina und 1996 dessen Nachfolger Giovanni Brusca, dem der

*Seit der italienische Staat Ländereien von Mafia-Mitgliedern
beschlagnahmt und zivilen Zwecken zuführt, entstanden auf
Sizilien mehrere Genossenschaften. Hier wachsen nicht nur
mafiafreie Ökoprodukte, u. a. unter dem Label »I Sapori della
Legalità«, sondern auch Anzeichen für einen gesellschaftlichen
Wandel. Weitere Informationen: www.liberaterra.it, www.libera.it*

Anschlag auf Falcone zur Last gelegt wird. 2006 ging Bernardo Provenzano als der am längsten gesuchte Mafioso (43 Jahre!) der Polizei in Corleone ins Netz, 2007 Salvatore Lo Piccolo (nach 24 Jahren). Die **Anti-Mafia-Vereinigung Libera** setzte 1996 per Volksentscheid ein Gesetz durch, dass der Justiz ermöglicht, Mafia-Vermögen einzuziehen und gemeinnützigen Organisationen zu übergeben. Laut Libera wurden schon mehr als 4000 Villen, Wohnungen und Grundstücke enteignet und für soziale Zwecke eingesetzt. So blühen auf ehemaligem Mafialand Kooperativen auf, die garantiert »mafiafreie« Lebensmittel erzeugen, und anderswo werden Polizeikasernen oder Schulen eingerichtet. Allein in der Provinz Palermo wurden zwischen Januar und November 2008 etwa 600 Mio. Euro beschlagnahmt (zum Vergleich: die Händlervereinigung Confesercenti schätzt, dass die italienische Mafia im Jahr 130 Milliarden Euro Umsatz erzielt).

»**Addio pizzo**« (»Tschüss Schutzgeld«) heißt eine mutige Bewegung von Unternehmern, Händlern und Konsumenten und Kampfansage an die Mafia: Denn der Pizzo ist nicht nur eine Einnahmequelle, sondern ein Herrschaftszeichen: Wer Schutzgeld zahlt, gehorcht der Cosa Nostra. Allein in Palermo haben schon über 390 Geschäfte das Addio-Pizzo-Zeichen an der Tür kleben, darunter der »Supermarkt der Legalität« (Punto Pizzo-free, Via Vittorio Emanuele 172; Infos: www.addiopizzo.org).

Keine Gefahr für Besucher

Zwar wird die Mafia so schnell nicht besiegt werden, aber als Tourist braucht man keine Angst vor ihr zu haben. Dazu ist der Fremdenverkehr viel zu einträglich. Hier lassen sich mit Einnahmen aus dem Hotel- und Gaststättengewerbe, mit Grundstücksspekulationen und Hotelneubauten nicht nur Millionengewinne machen, sondern auch geschickt schmutziges Geld waschen. In Acht nehmen sollte man sich vielmehr vor »Kleinkriminalität« wie Taschendiebstahl und Autoaufbruch. Auf diesem »Geschäftsfeld« ist die Mafia zwar nicht tätig, aber sie beobachtet das Treiben, vielleicht eignet sich ja einer der Kleingangster als Geldeintreiber oder Killer.

Weltweite »Ableger«

Mafia meint schon längst nicht mehr nur die **Cosa Nostra** (»Unsere Angelegenheit«) auf Sizilien. Die »**Camorra**« (Gruppe) Neapels gehört ebenfalls dazu wie die kalabrische »**Ndrangheta**« (griechisch »andreia kai agathiau« = »Mannhaftigkeit«, »Ehrenhaftigkeit«) und die »**Santa Corona Unità**« (»Neuer heiliger Bund«) in Apulien.

Zwar hat sich der Anteil der in der Landwirtschaft Beschäftigten von **Landwirtschaft** gut 50 % im Jahre 1950 auf nun 11 % verringert, dennoch werden noch drei Viertel der Fläche landwirtschaftlich genutzt. Dabei ist die Situation durch zwei Faktoren gekennzeichnet: zum einen durch die höchst unterschiedlichen Bodenqualitäten im wasserarmen Innern der Insel und in den bewässerten Küstengebieten. Zum anderen durch die sehr ungleichmäßige Verteilung des Bodens und die daraus resultierende unterschiedliche Effizienz. Bodenreformgesetze von 1948 und 1950 haben die seit der Antike etablierten »latifondi« insoweit eingeschränkt, als in ihrer direkten Folge neue Gehöfte mit insgesamt 300 000 ha geschaffen wurden. Gleichwohl bearbeiten 90 % der landwirtschaftlichen Betriebe nur 25 % der Agrarfläche, haben also im Durchschnitt weniger als 10 ha Land – 2 % der Betriebe dagegen sind Latifundien und verfügen über 50 % des Agrarlandes; sie arbeiten extensiv, so dass sie auf 30 % der Anbaufläche lediglich 10 % des Ertrages an Weizen erzeugen. Intensiv ist auf der Gegenseite besonders der Agrumenanbau: 60 % der italienischen Apfelsinen und Mandarinen kommen aus Sizilien, ferner 90 % aller Zitronen, davon über 50 % allein aus dem Ätnagebiet. Weintrauben werden auf rund 20 000 ha angebaut. Neben Tafeltrauben liefern sie ca. 9 Mio. hl Wein bzw. 14 % der Gesamtproduktion des Landes.

Rund 25 000 Fischer fangen in den Gewässern rings um Sizilien 20 % **Fischerei** der gesamten Ausbeute Italiens. Zu nennen sind in erster Linie der Thunfischfang vor der Nordwestküste, der Sardinenfang an der Nord- und der Südküste sowie der Schwertfischfang an der Ostküste.

An Bodenschätzen ist Sizilien nicht reich. Es gibt Erdöl und Erdgas, **Bodenschätze** was u. a. der Region von Ragusa Auftrieb verschafft hat. Daneben wird Salz gewonnen, die einst weltweit führende Schwefelgewinnung dagegen ist angesichts amerikanischer Konkurrenz eingegangen.

Industrie hat sich vor allem in den Räumen Palermo, Catania, Milaz- **Industrie** zo, Syrakus und Gela entwickelt. Schwerpunkte sind Maschinen- und Schiffbau sowie Petrochemie. Die Industrie kann die in der Landwirtschaft freiwerdenden Arbeitskräfte nur teilweise übernehmen, so dass sie der Abwanderung nach Norditalien nur begrenzt entgegenwirkt.

Eine Branche mit Zukunft ist der Tourismus. Längst bedeutet eine **Fremdenverkehr** Sizilienreise nicht mehr nur »Taormina und antike Ruinen«. Intensive Begegnung mit Land und Leuten ermöglichen die in den letzten Jahren aus dem Boden schießenden Agriturismi auf dem Land sowie charmante Pensionen und Bed-&-Breakfast-Unterkünfte in historischen Altstädten. Dank dem Ausbau von Naturparks und Wanderrouten entwickelt sich neben dem klassischen Kunsttourismus auch der Natur- und Aktivurlaub. Begeistert entdecken italienische wie ausländische Gäste den kulinarischen Reichtum der Weininsel.

Geschichte

Im Laufe seiner Geschichte hat Sizilien fast zwei Dutzend Invasionen erlebt. Und alle fremden Völker hinterließen Spuren. Im Folgenden erfahren Sie die wichtigsten Ereignisse der bewegten Vergangenheit.

Frühzeit

6000 v. Chr.	Älteste Spuren menschlicher Besiedlung
2000 v. Chr.	Elymer und Sikuler wandern nach Sizilien ein.
1000 v. Chr.	Phönizier siedeln sich an.

Die frühesten Spuren menschlicher Besiedlung auf Sizilien fanden sich in der Addauragrotte am Monte Pellegrino bei Palermo und in der Grotta del Genovese auf der Insel Lévanzo; sie gehören einer jungsteinzeitlichen Kultur des 6. Jt.s v. Chr. an. Es folgten die bronzezeitliche Castelluccio- und Thapsos-Kultur auf dem Festland sowie die Capo-Graziano- und Capo-Milazzese-Kultur auf den Äolischen Inseln und schließlich die Pantàlica-Kultur. Alles in allem handelt es sich um den Zeitraum von 6000 bis 1200 v. Chr.

Als älteste Siedler gelten die **Sikaner**, die Ackerbau betrieben und in Dörfern lebten. Ihre Hauptstadt war Kamikos, das heutige Sant'Angelo Muxaro bei Agrigent. Ihre Sprache ist unbekannt. Gegen Ende des 2. Jt.s v. Chr. wanderten die **Elymer** in den Westen der Insel ein und gründeten Eryx, Segesta und Entella. Nach der antiken Überlieferung waren sie Nachkommen geflüchteter Trojaner; im Anschluss an ihre Hellenisierung im 5. Jh. v. Chr. werden sie nicht mehr als Volk erwähnt. Gleichfalls gegen Ende des 2. Jt.s v. Chr. kamen aus Italien die wahrscheinlich indoeuropäischen **Sikuler**, die in festen Bergstädten lebten und gewaltige Nekropolen anlegten; sie verdrängten die Sikaner aus dem Ostteil der Insel. Um 450 v. Chr. erhoben sie sich erfolglos gegen die Griechen, in deren Kultur sie aufgingen.

Die ersten Sizilianer

Um 1000 v. Chr. erschienen die **Phönizier**, aus dem heutigen Libanon kommend, bei ihrer das ganze Mittelmeer umfassenden Handelsexpansion auf Sizilien, wo sie zahlreiche Faktoreien gründeten. Als dann die Griechen ins Blickfeld traten, zogen sie sich auf Motya (Mózia), Solus und Panormos (Palermo) in Westsizilien zurück.

Griechen

800/700 v. Chr.	Beginn der griechischen Einwanderung
575 v. Chr.	Ende der griechischen Koloniebildung
409–405 v. Chr.	Karthager vernichten griechische Städte – Syrakus wird größte Stadt der griechischen Welt.

← *Die Addauragrotte auf dem Monte Pellegrino bei Palermo wurde seit den frühesten vorgeschichtlichen Zeiten von Menschen genutzt.*

Mitbestimmung in der Antike: Im Ekklesiasterion in Agrigent versammelten sich bei Bürgerversammlungen und Abstimmungen bis zu 3000 Griechen.

Magna Graecia Die griechische Einwanderung, die die politische und kulturelle Geschichte Siziliens nachhaltig beeinflussen sollte, vollzog sich im 8. und 7. Jh. v. Chr. Die ersten Kolonisten waren **ionische Griechen** aus Chalkis auf Euböa und aus Naxos. Sie gründeten 735 v. Chr. die Stadt Naxos (bei Taormina), in deren Nähe sie dem Apollon Archegetes einen Tempel errichteten, als religiösen Mittelpunkt der »Sikelioten«, wie sich die sizilischen Griechen nannten. Als weitere ionische Kolonien gründete Thukles von Naxos unmittelbar darauf Leontinoi (729 v. Chr., das heutige Lentini) und Katana (Catania).

Gleichfalls im 8. Jh., um 730 v. Chr., kamen andere Siedler aus Chalkis nach einer Zwischenstation in Kyme (am Golf von Neapel), der ältesten griechischen Kolonie auf italischem Boden, nach Sizilien, wo sie Zankle gründeten; als später, 410 v. Chr., zahlreiche Flüchtlinge aus Messene (Peloponnes), von den Spartanern vertrieben, auf Sizilien eine Heimstätte suchten, erhielt die Stadt den Namen Messana / Messene. Für die griechische Kolonisierung auf Sizilien ist bedeutsam, dass von Zankle/Messana aus im Jahre 649 v. Chr. Himera gegründet wurde, weit nach Westen vorgeschoben und lange Zeit die einzige griechische Stadt an der Nordküste Siziliens.

Bedeutend war auch der Anteil **dorischer Griechen**. 734 / 733 v. Chr., also ganz kurze Zeit nach der Gründung von Naxos, erreichten Kolonisten aus Korinth unter Archias die Ostküste Siziliens und gründeten auf der Insel Ortygia und dem nahen Festland Syrakus, das in der Folgezeit die größte und mächtigste Griechenstadt auf Sizilien werden sollte. Syrakus war gerade erst wenige Jahre alt, als, angeführt von Lamis, Kolonisten aus Megara (bei Athen) eintrafen (729/726 v. Chr.). Nach zwei Zwischenstationen fanden sie ihre neue Heimat in Megara Hyblaia an der Ostküste. Rund ein Jahrhundert später, 628 v. Chr., gründeten sie als westlichsten griechischen Vorposten die Stadt Selinus, deren gewaltige Ansammlung von Tempeln ihren Ruhm bis heute gesichert hat. Bleibt noch Gela an der Südküste zu nennen, gegründet 690 (oder 710) v. Chr. von Kolonisten aus der Stadt Lindos auf Rhodos, nach der es zunächst Lindioi genannt wurde. Schließlich wurde 599 v. Chr., gegen Ende der griechischen Kolonisierung, von Kolonisten aus Gela die Stadt Akragas (Agrigent) gegründet.

Am Ende der griechischen Koloniebildung in Sizilien stand der Zug des Pentathlos aus Knidos im Jahre 575 v. Chr. Pentathlos kam mit einer Gruppe von Siedlern, die aus seiner Heimatstadt und aus Rhodos stammten. Sie wollten sich im phönizisch besiedelten Westen Siziliens niederlassen, unterlagen aber im Kampf mit Elymern und Phöniziern. Darauf segelte die Gruppe zu den Äolischen Inseln und gründete hier Lipara (Lìpari).

Ernst Langlotz (1895–1978) urteilt über die griechischen Kolonien in Unteritalien und Sizilien: »Durch ihre räumliche Nähe zum Mutterland, die gleichen klimatischen Bedingungen und die weit größere Gunst der äußeren Lebensumstände konnte sich hier im 6. und 5. Jh. v. Chr. eine neue griechische Welt entwickeln, die, wenn auch dauernd gefährdet durch die Urbevölkerung des Hinterlandes, eine eigene hochbedeutende und in ihren Gedanken sehr weit wirkende Kultur hervorbrachte. Ihre Dichtung (Stesichoros, Ibykus, Epicharm), Philosophie (Xenophanes, Parmenides, Schule von Elea), ihre religiösen Sekten (Orpheus, Zaleukos, Pythagoras), Naturwissenschaften, vor allem aber ihre Mathematik (Pythagoras, Archimedes) und Medizin (Alkmaion, Schule von Kroton) haben eine gar nicht hoch genug zu schätzende Bedeutung für die Geistesgeschichte des gesamten griechisch-römischen Altertumes gehabt.« Dazu kommt der Kontakt mit der alteingesessenen Bevölkerung. »Durch die in manchen Städten unvermeidliche Blutmischung ... entstand allmählich jenes Bevölkerungssubstrat, das Politik, Kunst und Kultur einer Kolonie entscheidend bestimmt hat. ... Gerade durch diese Verschmelzung und Assimilierung der Urbevölkerung ist der geistige Samen der Griechen im Umkreis ihrer Städte besonders fruchtbar geworden und hat neue Kulturen entstehen lassen.«

Eine »neue« griechische Welt

Das kleine Bronzepferd stammt aus dem 8. Jh. v. Chr. (Museum Agrigent).

Sizilien im Altertum *Orientierung*

● Griechische Kolonien
■ Phönizische Kolonien
▲ Sikuler, Sikaner, Elymer
— Römische Straße

Tyrrhenikon Pelagos
Mar Tirreno

Strongyle / Stròmboli
Aiolou Nesoi Isole Eólie o
Ustica / Ústica
Ericussa / Alicudi
1
2
3 Lipari
4
5 Mylai / Milazzo
Zankle / Messina
6

Hykkara / Carini
Panormus / Palermo
Agathyrnum / Capo d'Orlando
7

Aigates Nesoi / Isole Égadi
Eryx / Érice
Solus / Solunto
Chephaloedium / Cefalù
Calacte / Caronía
8

Drépanon / Tràpani
Ségesta / Segesta
▲11
10
Himera / Imera
9
▲ 20
Tauromenium / Taormina

Motye / Mózia
12
©Baedeker
Engyon/Gangium / Gangi
Capitium / Capizzi
▲ 21
Naxos / Naxos

Lilibeo/Lilybaeum / Marsala
13
Selinous / Selinunte
Entella / Rocca d'Entella
18
19
Aitne / Etna
22 23
Katane / Catania
Ionion Pelagos
Mar Ióno

14
Triocala / Caltabellotta
25
24

15
Henna / Enna

Herakleia Minoa / Erakleia Minoa
Akragas / Agrigento
Leontinoi / Lentini
26
Megara Hyblaia / Megara Hyblaea

Libykon Pelagos
16 17
Phintias / Licata
Lindioi / Gela
27
29
28
30
31
Syrakousai / Siracusa

Cossyra / Pantelleria
Mar Mediterráneo
32 Anapos / Ánapo
33
34
35

Hybla Heraia / Ragusa
Kamarina / Camarina
Motyca / Módica
36

Aethusa / Linosa

Lapadusa / Lampedusa

Antiker Name:
Panormus
Heutiger Name:
Palermo

1 Euonymos/Panarea	9 Apollonia	17 Eknomos	27 Echetla
2 Phoinikousa/Filicudi	10 Thermai Himeraiai/	18 Assorus/Assoro	28 Euboia
3 Didyme/Salina	Termini Imerese	19 Agyrium/Agira	29 Morgantinum/Morgantir
4 Lipara/Lìpari	11 Ietae/San Cipirello	20 Amestratus/Mistretta	30 Xuthia
5 Hiera Hephaistou,	12 Halikyae/Salemi	21 Tissa	31 Thapsos/Thapsos
Therasia/Vulcano	13 Mazara/Mazara del Vallo	22 Hadranon/Adranone	32 Herbessus
6 Sikelikos Porthmos/	14 Thermai Selinountiai/Sciacca	23 Aitne	33 Akrai/Palazzolo Acréide
Stretto di Messina	15 Camicus/	24 Hybla Geleatis	34 Casmenae/Cómiso
7 Tyndaris/Tindari	Sant' Angelo Muxaro	25 Centuripae/Centùripe	35 Neetum/Noto
8 Halaesa/Halaesa	16 Daidalion	26 Trotilon	36 Helorus/Eloro

Die Griechen siedelten in der Hauptsache an der Küste und in küstennahen Gebieten, während die Vorbevölkerung im Binnenland saß. Der Kult der Göttinnen Demeter und Persephone/Kore, die als Herrinnen der Insel verehrt wurden, geht auf diese ältere Bevölkerung zurück und wurde von den Griechen übernommen.

Tyrannen Die einzelnen griechischen Staaten wurden zeitweise von Tyrannen beherrscht, u. a. Phalaris von Akragas (570 – 554 v. Chr.). Gelon wurde Anfang des 5. Jh.s v. Chr. Herr von Syrakus (ca. 485 – 478), dessen Machtposition er stärkte, so dass er gemeinsam mit Theron von Akragas 480 v. Chr. in der Schlacht von Himera den Angriff der von Hamilkar geführten Karthager abwehren konnte; es war dasselbe

Jahr, in dem die Athener in der Schlacht von Salamis die mit Karthago verbündeten Perser besiegten, womit die Zangenbewegung gegen Griechenland zum Scheitern verurteilt war. Nach Gelons Tod folgte ihm sein Bruder Hieron I. (478 – 466 v. Chr.), der seine Macht auf das Festland ausdehnen konnte. Er berief Aischylos und Pindar an seinen Hof, den er zu einem kulturellen Zentrum der griechischen Welt machte.

Die dorischen und ionischen Städte waren häufig untereinander zerstritten. Spannungen gab es darüber hinaus mit den Sikulern, die 452 v. Chr. unter ihrem Fürsten Duketius rebellierten. Weitere Unruhen entstanden, als Athen auf ein Hilfeersuchen der Elymerstadt Segesta 414 v. Chr., während des Peloponnesischen Krieges, eine Flottenexpedition gegen Syrakus unternahm, das Athens Gegner Sparta nahe stand – sie endete mit einer Katastrophe für die Athener (414 zur See, 413 v. Chr. zu Lande bei Noto). Bald darauf erschien der alte Gegner Karthago wieder und setzte zum Generalangriff an. Unter Führung von Hannibal (Enkel von Hamilkar, dem Verlierer der Schlacht von 480 v. Chr.) und nach seinem Tode 406 v. Chr. von seinem Neffen Himilkon, eroberten und zerstörten sie 409 – 405 v. Chr. eine Griechenstadt nach der anderen. Nur Syrakus widerstand. Hier herrschte der Tyrann Dionysios I. (ca. 405 – 367 v. Chr.; ► Berühmte Persönlichkeiten). Er erweiterte die Machtbasis von Syrakus bis auf das italische Festland, zog Platon an seinen Hof. Syrakus wuchs zur größten Stadt der griechischen Welt an. Sein Sohn Dionysios II. wurde 357 v. Chr. von Dion vertrieben. Den Sturz der Tyrannis in Syrakus bewirkte der Korinther Timoleon 344 v. Chr. Allerdings schwang sich Ende des 4. Jh.s v. Chr. Agathokles (361– 289 v. Chr.) zum Tyrannen auf. Nach einem Kriegszug des epirotischen Königs Pyrrhos war Hieron II. (275 – 215 v. Chr.) Tyrann von Syrakus und führte wie die Herrscher anderer hellenistischer Reiche den Königstitel.

Spannungen

Römer und Byzantiner

264 – 241 v. Chr.	Erster Punischer Krieg
218 – 201 v. Chr.	Zweiter Punischer Krieg – Sizilien wird römische Provinz.
440 n. Chr.	Vandalen fallen ein.
535 – 827	Sizilien fällt an Byzanz.

Als sich die Phönizier erneut festsetzten, griff Rom ein, es kam zum Ersten Punischen Krieg (264 – 241 v. Chr.), in dem sich Hieron II. von Syrakus auf die römische Seite stellte. Westsizilien ging als erste

Kornkammer Roms

Das berühmte griechisch-römische Theater in Taormina

außeritalische Provinz Roms hervor, Ostsizilien blieb vorläufig unter Hieron selbstständig. Da sein Nachfolger und Enkel Hieronymos sich mit den Karthagern verbündete, eroberte Rom im Zweiten Punischen Krieg (218–201 v. Chr.) Syrakus und Akragas (212 bzw. 210 v. Chr.) und beherrschte nun ganz Sizilien. 210 v. Chr.–440 n. Chr. wurde Sizilien als Provinz des Römischen Reiches von Statthaltern verwaltet und als Kornkammer Roms ausgebeutet.

Bemerkenswerte Ereignisse

Bemerkenswerte Ereignisse waren die gegen die Latifundienwirtschaft gerichteten **Sklavenkriege** (135–132 und 104–100 v. Chr.) sowie der Bürgerkrieg zwischen Sextus Pompeius und Octavian (43–36 v. Chr.), nachdem Sizilien eine senatorische Provinz zweiten Ranges geworden war, verwaltet von einem Prätor. Bekannt aus Ciceros Reden ist auch die Misswirtschaft des **berüchtigten Statthalters Verres** (73–71 v. Chr.), der nicht nur die Landwirtschaft ruinierte und Geld unterschlug, sondern auch als Kunsträuber in Erscheinung trat. Unter Kaiser Gallienus (260–268 n. Chr.) kam es nochmals zu einem Aufstand der Sklaven. Auf der anderen Seite wurde in Sizilien auf den Herrensitzen ein üppiger Lebensstandard geführt, der sich in der Villa von Piazza Armerina mit ihrem Mosaikschmuck darstellt.

Einfälle und Eroberungen

Nach der Teilung des Römischen Reiches brachte die Spätzeit des untergehenden Westroms germanische Einfälle und Eroberungen: 440 durch die Vandalen, 493 durch die Ostgoten. Deren Herrschaft machte Kaiser Justinians Feldherr Belisar ein Ende, der 535 Sizilien für Byzanz, den Nachfolgestaat des Imperium Romanum, zurückgewann. 300 Jahre blieb es byzantinisch. Für den Herrscher in Konstantinopel war dieser Reichsteil so interessant, dass Kaiser Konstans II. (663–668), als seine Hauptstadt von Arabern bedroht worden war, die Residenz vorübergehend nach Sizilien verlegte. 751 wurde Sizilien der Jurisdiktion des Papstes entzogen und dem Patriarchen von Konstantinopel unterstellt – was Rom nach dem Ende der byzantinischen Ära revidierte.

Araber

827–902	Arabische Eroberung
925	Palermo wird Hauptstadt

Ihr Ende fand die byzantinische Herrschaft, als der Admiral Euphemios, Statthalter von Syrakus, gegen den Kaiser rebellierte und zu seiner Unterstützung Araber ins Land rief. Der Emir von Kairuan landete am 17. Juni 827 bei Mazara. Damit begann die **arabische Eroberung**, die erst nach fast 100 Jahren, mit der Einnahme von Taormina 902 sowie Rometta westlich von Messina 925, endgültig abgeschlossen war. Sizilien wurde in drei Verwaltungsbezirke aufgeteilt: Val di Mazara (Westen), Val di Noto (Südosten) und Val Démone (Nordosten). Dabei leitet sich »Val« wohl nicht vom italienischen Valle = Tal ab, sondern vom arabischen Wilayah = Verwaltungsbezirk. Palermo erhielt nun an Stelle von Syrakus den Rang als erste Stadt Siziliens. Ein arabischer Chronist registrierte hier im Jahre 972 über 300 Moscheen. Die Stadt dürfte eine Einwohnerzahl von über 100 000 erreicht und damit nach Konstantinopel und Kairo (je ca. 500 000), Córdoba und Kairuan (je rund 200 000) zu den größten Städten damaliger Zeit gehört haben – weit vor Rom (35 000) oder Neapel (25 000).

Hier residierten Emire, deren Herrschaft sich durch Steuergerechtigkeit und religiöse Toleranz auszeichnete. Zwar kam es zu einer allmählichen Islamisierung, so dass im 11. Jh. die Zahl der Moslems wohl über derjenigen der orthodoxen Christen lag; diese blieben indessen im Nordosten der Insel in der Mehrzahl: im Val Démone (sozusagen mit Blick auf das noch immer byzantinisch beherrschte Kalabrien), wo auch der Widerstand gegen die arabische Eroberung am hartnäckigsten gewesen war. Im Ganzen aber ermöglichte die Toleranz das **friedliche Zusammenleben** von Moslems, Christen und Juden. Handel und Handwerk florierten. Die neuen Herren brach-

Unter dem Banner des Propheten

? WUSSTEN SIE SCHON …?

■ Die Moslems brachten nicht nur viele unbekannte Obst- und Gemüsesorten und Hülsenfrüchte, sondern auch Papier, Hydraulik und die Algebra nach Sizilien.

ten neue Anbaumethoden und Pflanzen ins Land, u. a. Agrumen, Aubergine, Melone, Pistazie, Zuckerrohr und Dattelpalme. Auch begann mit der Einführung des Maulbeerbaumes die Seidenraupenzucht. Mit den Sarazenen begann auch der Siegeszug von Pasta, Pizza und Speiseeis. Die Bodenschätze Siziliens wurden erschlossen, erste Meersalinen zur Salzgewinnung eingerichtet. Die Naturwissenschaften wurden gefördert. So brachte diese Epoche der Insel einen außerordentlichen Wohlstand und ein blühendes kulturelles Leben. Zwar sind die blassroten Kuppeln von San Giovanni degli Eremiti in Palermo unverkennbar arabisch, doch sonst ist von den Bauten dieser Ära kaum eine Spur vorhanden. Sie müssen in späterer Zeit – nach dem Ende der staufischen Ära – systematisch zerstört worden sein.

Normannen und Staufer

1061–1091	Eroberung durch die Normannen
1130	Sizilien wird unter Roger II. Königreich.
1194–1250	Die Staufer Heinrich VI. und Friedrich II. herrschen über Sizilien.

Nordmänner im Süden

Die Herrschaft der Araber endete, wie sie begonnen hatte: Uneinigkeit unter den Emiren ließ sie nach Hilfe von den Normannen rufen. Die Grafen Robert Guiscard und Roger, Söhne Tankreds aus dem nordfranzösischen Geschlecht Hauteville, auf Abenteuer- und Beutesuche durch die Lande ziehend, landeten am 18. Mai 1061 in Sizilien. Innerhalb von drei Jahrzehnten eroberten sie die Insel; als 1091 Noto fiel, begann die Normannenherrschaft über die gesamte Insel, die bis 1194 dauern sollte. Diese bisher vorwiegend mit Kriegs- und Beutezügen beschäftigten Ritter entwickelten sich jetzt zu großen Staatsmännern. Sie stützten sich auf die mächtigen Mönchsorden und die einheimischen Stände. Lateinische und griechische Mönche stellten die Baumeister, Bildhauer und Dekorateure; aus dem von Byzanz geprägten Patriziat kamen Verwaltungsexper-

Krönung Rogers II., La Martorana

ten, Rechtsgelehrte und Notare. »Die hohen Beamten des Königreiches, die die byzantinische Kultur vertraten, waren insbesondere
die Großadmiräle (Christodulos, Georg von Antiochien, Eugen, Mar-
garito von Brindisi), die Großkanzler (Nicola, Johannes von Calabre-
se, Nicola von Mesa, Maio von Bari, Heinrich Aristippus, während
mit Matteo von Aello die lateinische Kultur die Oberhand gewinnt)
sowie die gebildeten Mönche (Neilos Doxapatros, Scolario Sabas,
Philagathos von Cerameus). ... So entsteht ein sehr heterogenes
Amalgam, in dem das normannische Element die militärische Seite
vertritt, während der Erfindungsgeist in der Baukunst von den Mön-
chen ausgeht und die Regierungsform byzantinischen Ursprungs
ist.« (Cassata/Costantino/Santoro).

In diesem neuen Staat übten die Normannen religiöse und sprachli-   ◄ Toleranz im
che Toleranz – neben dem Lateinischen und Griechischen waren   Mittelalter
auch Hebräisch und Arabisch als offizielle Sprachen anerkannt; sie
sorgten für das Gedeihen von Landwirtschaft, Gewerbe und Handel,
verfügten über eine gute Verwaltung und verschönerten das Land
durch eine Fülle von Bauten, die bis heute als Zeugnisse einer nor-
mannisch-arabisch-byzantinischen Mischkultur erhalten sind.

Roger I. vereinigte als Großer Graf (Gran Conte) und päpstlicher Le-   **Sizilien wird**
gat (Legatus Apostolicus) weltliche und kirchliche Macht in seiner   **Königreich**
Hand – ein wesentlicher Faktor für die Normannenherrschaft. Als er
1101 starb, hatte er einen bedeutenden Nachfolger in seinem Sohn
Roger II. (1095 – 1154). Bis 1112 stand dieser noch unter Vormundschaft seiner Mutter Adelasia; in den folgenden 42 Jahren führte er
sein Reich zur höchsten politischen, wirtschaftlichen und kulturellen
Blüte. In den Assisen von
Ariano gab er seinem straff
organisierten Staat 1140 die
Rechtsordnung. Seine Herrschaft dehnte er auf Unteritalien (Apulien, Kalabrien) und
Teile des heutigen Tunesien
aus; 1130 nahm er diese Gebiete vom Papst als Königreich zu Lehen. Die Konsequenz war die Krönung zum
Rex Siciliae et Italiae, die am
25. Dezember 1130 in Palermo erfolgte.
Mit diesem Datum stellte Roger sich in eine Reihe mit Karl
dem Großen, der als erster
abendländischer Kaiser an
Weihnachten 800 in Rom gekrönt worden war. Dass er
sein Königtum nicht nur als

Krönung Wilhelms II., Monreale

Fortführung einer historischen Tradition, sondern auch als politischen Anspruch und vor allem als sakrale Würde verstanden wissen wollte, demonstriert die Mosaikdarstellung in der Martoranakirche zu Palermo (Abb. S. 38): Auf ihr wird Roger von Christus zum König gekrönt – ein Motiv, das bisher ausschließlich dem Basileus, dem Kaiser von Byzanz, vorbehalten war und weder diesem noch dem Papst gefallen konnte!

Geringere Bedeutung hatten Rogers Nachfolger. Unter König Wilhelm I., dem »Bösen« (1154 – 1166), kam es zu einem Erstarken der Barone und zu Ausschreitungen gegenüber den Moslems. Auch **Wilhelm II.**, »der Gute« (1166 – 1189), hatte Probleme mit den normannischen Baronen, proklamierte aber im Dom von Monreale noch einmal den sakralen Anspruch seines Königtums mit allem Nachdruck. Wilhelm II., der nur 35 Jahre alt wurde, starb ohne thronberechtigten Nachfolger. Die Erbfolge ging daher an seine Tante Konstanze (1154 – 1198), eine Tochter Rogers II., die seit 1186 mit dem elf Jahre jüngeren Staufer Heinrich VI. verheiratet war. Somit fiel das Normannenerbe an die Staufer. Die sizilischen Barone wählten dagegen 1190 den Grafen Tancred von Lecce, einen Enkel Rogers II., zum Nachfolger Wilhelms II. Tankred starb bereits 1194, daraufhin fiel der Thron an seinen minderjährigen Sohn Wilhelm III.

Sizilien wird staufisch

Heinrich VI., seit 1191 römischer Kaiser, schlug die »Rebellion« der sizilischen Barone mit brutaler Härte nieder und ließ sich an Weihnachten 1194 in Palermo zum König der Monarchia Sicula krönen. Die staufische Herrschaft über Sizilien sollte bis 1268 dauern.

Friedrich II., ein Araberfreund auf dem Kaiserthron ►

Heinrich VI. starb 1197 in Messina. Seine Witwe Konstanze ließ im Mai 1198, ein halbes Jahr vor ihrem Tode, ihren knapp vierjährigen Sohn **Friedrich II.** (1194 – 1250; ► Berühmte Persönlichkeiten) zum König von Sizilien krönen und bestellte Papst Innozenz III. zum Vormund. Der früh verwaiste Knabe wuchs in Palermo auf. Mit 17 Jahren brach er zu seinem berühmten Zug quer durch Italien nach Deutschland auf, wo er 1212 in Mainz und nochmals 1215 in Aachen zum deutschen König gekrönt wurde. Die Kaiserkrönung erfolgte am 22. November 1220 in Rom.

Anschließend kehrte Friedrich in sein sizilisches Königreich zurück, wo inzwischen Unruhen ausgebrochen waren. Er griff hart durch, vor allem gegen die islamischen Bergbauern. 12 500 Araber wurden nach Lucera (Apulien) umgesiedelt – doch Friedrich behandelte sie so, dass die einstigen Gegner zu einer ihm treu ergebenen Truppe wurden. Er verlegte die Residenz von Palermo ins apulische Foggia. In seinem sizilischen Erbkönigreich, wo ihm nicht wie im deutschen Reichsgebiet die Hände durch Rücksichtnahme auf die Fürsten gebunden waren, schuf er einen modernen, absolutistisch regierten Staat, dessen höhere Beamtenschaft ihre Ausbildung an der 1224 von Friedrich gegründeten Universität Neapel erhielt.

Als Friedrich II. am 13. Dezember 1250 im apulischen Castel Fiorentino starb, trug ihn seine sarazenische Garde nach Palermo. Dort wurde er im Dom in einem Porphyrsarg beigesetzt. Der Papst feierte den »Tod des Antichristen«, aber die Welt rühmte Friedrich als »puer Apuliae – kint von Pülle« und als »stupor mundi«, »Staunen der Welt«, galt er doch als außerordentlich gebildet. Er war ein genialer Astrologe, Dichter und Wissenschaftler, sein Buch über die Jagd mit Falken genießt auch heute noch Beachtung, er sprach fließend Italienisch, Französisch, Lateinisch, Griechisch, kaum Deutsch, sicherlich jedoch Arabisch.

Die Nachfolge trat sein unehelicher Sohn Manfred an, der 1266 bei Benevent gegen den vom Papst favorisierten Karl von Anjou fiel. Dieser ließ 1268 den jungen Prinzen Konradin, einen Enkel Friedrichs II., auf dem Marktplatz von Neapel köpfen. Manfreds drei Söhne wurden in Castel del Monte in grausamer Haft gehalten – sie sollten »leben, als ob sie nie geboren wären«. So blieb im Untergang des staufischen Hauses von Manfreds Kindern nur die Tochter Konstanze. Sie war mit Peter von Aragon verheiratet. Das sollte 1282 bedeutsam werden, nach der »Sizilianischen Vesper«.

Anjou und Aragon

1266 – 1302	Herrschaft der Anjous
1302 – 1713	Den Franzosen folgt das Haus Aragon.
1669	Ätna-Ausbruch zerstört Catania.
1693	Erdbeben in Ostsizilien kostet 100 000 Menschenleben.

Der Papst, dessen Verhältnis zu den Staufern stets gespannt gewesen war, hatte auf die französische Karte gesetzt. Er gab **Karl von Anjou**, dem Bruder des französischen Königs Ludwig IX., das Königreich Neapel und Sizilien zu Lehen. Hauptstadt war nun Neapel – Sizilien wurde zum Nebenland, das es seitdem bleiben sollte. Brutalität, Verschwendungssucht und Korruption des neuen Regimes weckten den Widerstand der sizilischen Barone ebenso wie des Volkes. So dauerte es nicht lang, bis sich der Zorn am 30. März 1282 vor dem Vespergottesdienst in Palermo Luft machte: bei der »Sizilianischen Vesper«, die die Franzosen aus dem Lande vertrieb (▶Baedeker Special S. 42).

Papsttreue Anjous

Der Adel Siziliens, insbesondere die Familie Chiaramonte, griff die staufische Tradition auf und berief **Peter von Aragon** als Ehemann der Konstanze, der »letzten Stauferin«. Don Pedro nahm das Amt eines Rex Siciliae an. Nach seinem Tode 1295 wählte das Parlament der Barone, das auf die Zeiten Rogers I. zurückging, seinen Sohn Friedrich III. zum König. 1412 wurden die traditionellen Rechte dieses Parlamentes außer Kraft gesetzt, als Ferdinand von Aragon aus ei-

Unter spanischer Herrschaft

◀ weiter auf S. 44

*Am 30. März 1282 begann das große Gemetzel.
In der Sizilianischen Vesper entlud sich ein sehr
lange unterdrückter Volkszorn, außerdem ging
eine klug eingefädelte Intrige auf
(Farblithografie nach einem Gemälde von
Nicolo Barabino, 1832–1891).*

SIZILIANISCHE VESPER

Seit der Hinrichtung des Staufers Konradin auf dem Marktplatz in Neapel am 29. Oktober 1268 wurden Süditalien und Sizilien von Karl von Anjou, Bruder des französischen Königs, beherrscht. Am 30. März 1282 gesellte sich eine Gruppe Franzosen zu den Menschen, die vor der Kirche Santo Spirito in Palermo auf den Beginn des Vespergottesdienstes warteten. Ein Franzose belästigte eine verheiratete junge Frau, ihr Mann stieß den Täter nieder.

Im Handumdrehen entlud sich der offenbar lange aufgestaute Hass der Sizilianer. Ein Blutrausch packte ganz Palermo. Bewaffnete Männer töteten jeden Franzosen, der ihnen in die Hände fiel, aber auch Sizilianerinnen, die sich mit Franzosen eingelassen hatten, und französische Mönche in Palermitaner Klöstern. In dieser Nacht starben allein in Palermo rund 2000 Menschen.

Die Aufstände breiten sich aus

Aufständische rissen die Anjou-Flagge herunter und hissten an ihrer Stelle den kaiserlichen Reichsadler, den die Stadt seit dem Staufer Friedrich II. als Wahrzeichen führte. In ganz Sizilien folgten blutige Erhebungen. Am 28. April wurde die im Hafen von Messina liegende königliche Flotte in Brand gesteckt. Die Stadt ernannte sich zur Kommune, wählte Repräsentanten und bat den Papst um Schutz. Nachdem dieser abgelehnt hatte, setzte sich ein anderer Gedanke durch:

Der letzte Herr über Sizilien aus dem Geschlecht der Staufer war Manfred gewesen, der Sohn Kaiser Friedrichs II., der 1266 bei Benevent im Kampf gefallen war. Seine Tochter und Erbin Konstanze war mit König Peter verheiratet, dem Herrscher des spanischen Teilreiches Aragon. Ihnen boten nun sizilianische Abgeordnete die Herrschaft über Sizilien an.

Machtwechsel

Peter sagte zu: Am 30. August 1282 landete die Flotte mit dem Königspaar in Tràpani. Damit begann die aragonesische bzw. spanische Herrschaft über Sizilien, die bis ins frühe 18. Jh. dauern sollte.
Eine Schlüsselfigur in der komplizierten wechselvollen Geschichte ist Karl von Anjou, der 1266 den Staufer Manfred bei Benevent besiegt hatte und damit Herr von Süditalien und Sizilien wurde. Er war ein Mann mit großen Herrschergaben und großem Ehrgeiz. Seine Politik setzte er mit

äußerster Härte durch. Zu den innenpolitischen Schwierigkeiten kam die Verflechtung Karls in der internationalen Politik. Da ist zunächst **Konstantinopel** zu nennen. Die größte und reichste Stadt im damaligen Europa war 1203/1204 von Kreuzfahrern erobert und geplündert worden. An Stelle des byzantinischen Reiches schuf man ein lateinisches Kaisertum mit »fränkischen« Monarchen und einer katholischen Hierarchie, die die orthodoxe Kirche unterdrückte. 1261 brach dieses lateinische Kaiserreich zusammen: Die Byzantiner eroberten Konstantinopel zurück, das byzantinische Reich entstand unter Kaiser Michael VIII. neu. Damit geriet Konstantinopel wieder ins **Visier der europäischen Mächte**. Auch Karl von Anjou träumte davon, sich Byzanz einzuverleiben. 1282 schien der Zeitpunkt für einen Angriff gekommen. Doch dann zerstörten Aufständische seine Flotte im Hafen von Messina.

Vereitelte Pläne

Das war sicher kein Zufall. Michael VIII. hatte seit Jahren die Angriffspläne Karls von Anjou beobachtet. Er besaß zwar kaum Verbündete, auch waren seine Truppen anderweitig gebunden. Wohl aber hatte Byzanz noch immer seine wirksamste Waffe: Gold. Und dieses ließ Michael nach Sizilien strömen, **um den Widerstand gegen den Anjou-König zu schüren**. Mit großem Erfolg – selbst was den Zeitpunkt des Ausbruchs der Sizilianischen Vesper kurz vor dem geplanten Auslaufen der Flotte angeht. Damit war Byzanz gerettet, Karls ehrgeiziges Vorhaben aber gescheitert. Hier nun ist eine **weitere Schlüsselfigur** zu nennen: Johann von Pròcida. Der aus Salerno stammende Arzt hatte Friedrich II. während seiner letzten Krankheit behandelt. Später finden wir ihn als Ratgeber von Manfreds Tochter Konstanze und ab 1276 als Kanzler des Königs von Aragon. Überzeugt, dass Königin Konstanze das ihren staufischen Vorfahren durch Karl von Anjou widerfahrene Schicksal rächen müsse, entfaltete Pròcida eine emsige Tätigkeit, die später von der Legende verklärt wurde. Sicher ist, dass er **weitreichende Verbindungen** hatte – zum byzantinischen Hof und seinem Verbündeten Genua, außerdem zur staufischen Partei in Sizilien und den zahlreichen Griechen, die hier noch lebten. Von langer Hand bereitete er den auf Waffen, Gold und Emotionen gestützten Aufstand vor. Für die Organisation der Verschwörung und die Bündnisse, die ihr zum Erfolg verhalfen, war Johann von Pròcida verantwortlich, aber die Finanzierung und die Festsetzung des Zeitpunktes waren das Werk des Kaisers in Konstantinopel.

gener Machtvollkommenheit erstmals einen Vizekönig benannte. Einer seiner Nachfolger, Alfons I. (1416–1458), der Gründer der Universität Catania, bestieg 1442 auch den Thron der Anjous in Neapel, so dass fortan Neapel und Sizilien, bis auf ein Zwischenspiel 1713–1720, wieder vereinigt waren. Im Verlaufe des 16. und 17. Jh.s wurde die spanische Herrschaft drückend, wiewohl sich die Baronie dem spanischen Lebensstil durchaus anpasste. 1516 und 1647 kam es zu Aufständen in Palermo, und sechs Jahre (1672–1678) dauerte eine von Frankreich geschürte Rebellion in Messina. Die Zeit war gekennzeichnet durch die Rivalitäten der großen sizilischen Adelsfamilien und ihre Versuche, die Macht der Vizekönige zu untergraben. Die Bevölkerung hatte nicht nur darunter zu leiden, sondern auch unter den Einfällen der nordafrikanischen Barbaresken. Dazu kamen ein Ausbruch des Ätna, der 1669 Catania zerstörte, sowie das furchtbare südostsizilische Erdbeben von 1693, das dutzende Städte zerstörte und über 100 000 Menschenleben forderte.

18. Jh. bis zur Gegenwart

1713–1860	Sizilien fällt an das Haus Savoyen, dann an die Habsburger und 1735 an die spanischen Bourbonen.
1860	Landung Garibaldis auf Sizilien – Anschluss an das Königreich Italien
1946	Sizilien wird autonom.
2008	Regierung beschließt erneut den Bau der Brücke zwischen Messina und dem italienischen Festland.

Wechselnde Herrschaften

Im 18. Jh. stand die Insel unter rasch wechselnden Herrschaften. Auf die Herzöge von Savoyen-Piemont (1713–1720) und die Habsburger (1720–1734) folgten die spanischen Bourbonen unter Karl III. von Neapel – einem aufgeklärten Monarchen, der sich jedoch gegen das sizilische Baronalparlament nicht durchsetzen konnte. Ähnlich erging es seinem Nachfolger Ferdinand IV. (1759–1814) und seinem Vizekönig Domenico Caràcciolo (►Berühmte Persönlichkeiten), den der Volkswirtschaftler Paolo Balsamo bei den Bemühungen um die Behebung der wirtschaftlichen und sozialen Misere der Bevölkerung unterstützte. König Ferdinand wich nach Palermo aus, als in Neapel zunächst die Parthenopäische Republik ausgerufen wurde und dann Joseph Bonaparte und Murat als Könige von Napoleons Gnaden Sizilien regierten. Nach Napoleons Sturz kehrte Ferdinand nach Neapel zurück. 1816 vereinigte er – nun als Ferdinand I. – Neapel und Sizilien zum »Königreich beider Sizilien«. In Sizilien kam es zu großen sozialen Spannungen, die 1820–1821 einen Volksaufstand und 1848 eine Revolution hervorriefen.

Das »Ancien Régime« der Bourbonen fiel in sich zusammen, als **Garibaldi** am 11. Mai 1860 in Marsala landete und mit seiner »Schar der Tausend« Sizilien einnahm. Ein Plebiszit beschloss am 22. Oktober 1860 den Anschluss Siziliens an das neu gegründete Königreich Italien.

◄ Usurpator Garibaldi

Auch im jungen italienischen Nationalstaat konnten die alten sozialen Probleme der Insel nicht gelöst werden. Die Folge war, dass Hunderttausende Sizilianer nach Amerika auswanderten. Nach dem Zweiten Weltkrieg, in dem Sizilien – besonders bei der anglo-amerikanischen Landung im Sommer 1943 – stark unter Luftangriffen zu leiden hatte, versuchte man, dieser Probleme durch Modernisierung von Industrie und Landwirtschaft Herr zu werden – ohne das alt verwurzelte Mafiasystem überwinden zu können. Den stärker werdenden Bestrebungen nach Eigenständigkeit trug Rom Rechnung, als es am 15. Mai 1946 die autonome Region Sizilien schuf. »Auf anderen Gebieten hat es sich ohne Zweifel bewährt, dass Sizilien heute zumeist von Sizilianern verwaltet wird. Wenn man bedenkt, dass das eigentlich in den über dreitausend Jahren vom Beginn der phönizischen Kolonisation an nie der Fall war, auch nach dem Anschluss an das Königreich Italien nur bis zu einem gewissen Grade, so kann man verstehen, dass die Inselbewohner ihre Autonomie hoch zu schätzen wissen« (Eckart Peterich).

Sizilien im 20. und 21. Jahrhundert

Nach der Entdeckung von Erdöl 1953 entstanden in Augusta-Priolo, Gela und Milazzo Fabriken und Raffinerien. In den 1970er-Jahren erlebte die sizilianische Wirtschaft einen Aufschwung. Nach den blutigen Mafiamorden in den 1980er- und 1990er- Jahren zeigten sich weite Teile der Inselbevölkerung fest entschlossen, die wirtschaftshemmende Krake der Mafia abzuschütteln. Fraglich bleibt trotzdem, ob die von der EU versprochenen Fördergelder in Milliardenhöhe nicht teilweise in falschen Kanälen versickern. Auch Berlusconis Jahrhundertprojekt, die den Anschluss an das italienische Festland bringende Brücke von Messina (►Baedeker Special S. 72), sehen Kritiker als verdeckte Entwicklungshilfe an die Baumafia.

Ein weiteres Problem auf Sizilien sind die Flüchtlinge und Migranten aus Afrika, die auf ihrem Weg nach Europa zum großen Teil zunächst auf der pelagischen Insel Lampedusa landen.

Kunst und Kultur

Die geographische Lage ließ Sizilien zu einem Vermittler zwischen Orient und Okzident sowie zur großen Bühne der Geschichte werden. Architektonische Zeugen sind großartige griechische Tempel, römische Villen, normannische Dome und zahlreiche barocke Städte.

Kunstgeschichte

Spuren menschlicher Kultur lassen sich auf Sizilien bis ins 6. Jt. v. Chr. zurückverfolgen. Damals entstanden die Höhlenzeichnungen in der Grotta del Genovese auf Lévanzo und die menschlichen Figuren, die von Sikanern der Steinzeit in die Wände der Addauragrotte bei Palermo (Abb. S. 30) eingeritzt wurden.

Vorgeschichte

Ins 2. Jt. v. Chr. gehört die Totenstadt von Pantàlica: Die aus Italien eingewanderten Sikuler errichteten im 13. Jh. v. Chr. ihre Hauptstadt auf einem Plateau oberhalb der Anaposchlucht. Von ihr wurde ein megaronartiges Gebäude (11. Jh. v. Chr.) freigelegt. Bedeutender ist die Nekropole unterhalb des Stadtgebietes, die über 5000 in den Felsen eingehöhlte Kammergräber aufweist (13. – 8. Jh. v. Chr.). In der Zeit der Sarazenen wandelten geflohene Christen einige Gräber in Kapellen um.

Sikuler

i Kleines Lexikon für Fachausdrücke

■ Am Ende des Reiseführers (S. 446) erklärt ein kleines Lexikon Fachausdrücke aus Kunst und Geschichte.

Die um 1000 v. Chr. eingewanderten Phönizier zogen sich vor den griechischen Kolonisten auf die drei befestigten Plätze Motya, Solus und Panormos zurück. Motya (Mózia) lag auf einer runden Insel 8 km nördlich von Marsala. Erhalten sind der Mauerring mit 20 Türmen und Bastionen, ein Heiligtum und zwei Nekropolen.
Solus (Solunto) an der Nordküste Siziliens wurde 254 v. Chr. von den Römern zerstört, die es durch eine neue Stadtanlage ersetzten. Nur von dieser römischen Stadt sind bedeutende Reste erhalten.
Der dritte feste Platz, dessen phönizischer Name nicht bekannt ist, ist das heutige Palermo. Hier kamen bei Ausgrabungen 1953/1954 zu beiden Seiten des Corso Calatafimi Teile einer großen Nekropole zu Tage, die von phönizischer bis in römische Zeit benutzt wurde.

Phönizier

Eine entscheidende Veränderung in der ethnischen Zusammensetzung und der Geschichte der sizilischen Städte trat mit der Einwanderung griechischer Kolonisten ein. Im 6. und 5. Jh. v. Chr. entstanden die Tempel von Syrakus, Akragas und Segesta, aber auch Profanbauten wie das Theater von Syrakus (ab 470 v. Chr., eines der ältesten der griechischen Welt), ferner die Theater in Gela und Tyndaris. Außerdem ist das große syrakusanische Befestigungswerk Euryalos zu nennen.
Außer den Metopen und anderer **Bauplastik** aus Selinunt hüten die Museen Siziliens Meisterwerke wie den Epheben von Agrigent (490 v. Chr., griechischer Marmor, Museum in Agrigent), den Epheben

Griechen

← *Im Chor des Doms von Monreale: Christus als Weltenherrscher hat seinen Platz oberhalb seiner Mutter Maria.*

*Terrakottarelief: Löwe, der einen Stier besiegt, Ende 6. Jh. v. Chr.;
heute im Museum von Syrakus*

von Selinunt (460 v. Chr., Bronze, Castelvetrano) oder die »Venus Landolina« (hellenistisch, Marmor, Syrakus).

Von höchstem Rang sind die **Münzen**, allen voran die von Syrakus. Berühmte Münzschneider waren Eumenes, Euainetos, Kimon und Eukleides. Die Münzen aus Syrakus bezogen sich auf den Mythos der Nymphe Arethusa, die vor dem griechischen Flussgott Alpheios fliehend durch das Meer nach Sizilien gekommen war, wo sie als Arethusaquelle in Syrakus wieder auftauchte: Sie zeigen ihren Kopf zwischen Delphinen. Naxos erinnert an die gleichnamige Mutterinsel und zeigt den Kopf des Gottes Dionysos.

Auf den Namen der jeweiligen Stadt beziehen sich die Münzbilder von Himera (ein Hahn, der den Tag – griechisch himera – ankündigt), Leontinoi (der Kopf eines Löwen – griech. leon) und Selinus / Selinunt (ein Blatt des wilden Sellerie). Messina hieß ursprünglich Zankle (Sichel) und »spielt mit der sichelförmigen Linie, in die ein Delphin hineinschwimmt, auf die besondere Gestalt seines Hafens an« (M. Sipsie-Eschbach). Akragas, zwischen einem Fluss und dem Meer gelegen, wählte für seine Münzen die Krabbe, die Stadt Gela den Flussgott Gelas, dargestellt als Stier mit Menschenkopf. Den Kopf des Apollon sieht man auf Münzen von Katane, den des Herakles auf denen von Kamarina.

Geistesgeschichte

Herausragend ist auch der Beitrag der Sikelioten zur Geistesgeschichte. Wir nennen zunächst den Dichter Stesichoros aus Himera (6. Jh. v. Chr.). Er war Chorlyriker und »behandelte Stoffe aus der Heldensage und aus der Überlieferung seiner Heimat in einer balladenhaften Form, die zwischen Epos und Tragödie in der Mitte steht«

(W. Buchwald). Im Altertum waren 26 Bücher mit Werken von ihm bekannt. Epicharmos aus Megara Hyblaia (etwa 550 bis 460 v. Chr.) war der bekannteste Vertreter der dorischen Komödie, die mit ihrer Situationskomik der unteritalischen Phlyakenposse nahe stand; es sind insgesamt 36 Titel seiner Stücke überliefert.

Aus Akragas stammte der Naturphilosoph und Arzt Empedokles (um 483 – 423 v. Chr.), Verfasser des kosmologischen Werkes »Über die Natur« – ein von Legenden umrankter Mann, dem Hölderlin eine Tragödie widmete. Länger lebte Gorgias aus dem ionischen Leontinoi (483 – 376 v. Chr.), der als wandernder Redner in Delphi, Athen und Olympia auftrat; er war der bedeutendste Rhetor und Vertreter der Sophistik.

Als Historiker kennen wir Timaios aus Tauromenion (ca. 350 – 250 v. Chr.), der, als Tyrannengegner verbannt, wenigstens 50 Jahre in Athen lebte, sowie seinen Zeitgenossen Philistos, Staatsmann und Geschichtsschreiber aus Syrakus. Im 3. Jh. v. Chr. wirkte in Syrakus der Mathematiker, Physiker und Mechaniker Archimedes (287 – 212 v. Chr.; ▶ Berühmte Persönlichkeiten). Sein Zeitgenosse war Theokritos (1. Hälfte des 3. Jh.s v. Chr.) aus Syrakus. Er lebte in seiner Heimatstadt, in Kos und Alexandreia und war der Begründer und namhafteste Vertreter der griechischen Hirtenpoesie. Die Wirkung seiner Bukolik ist noch bei Vergil festzustellen. Wir beschließen die Reihe mit dem in Agyrion (dem heutigen Agira) geborenen Historiker Diodorus Siculus (1. Jh. v. Chr.), Verfasser einer griechischen Weltgeschichte, die von der mythischen Vorzeit bis zur Eroberung Britanniens durch Caesar im Jahr 54 v. Chr. reicht.

Als größte Leistung der sizilischen Griechen aber gilt ihr Beitrag zum Tempelbau, und diesem widmen wir den folgenden Exkurs.

Kopf von Tempel E in Selinunt; ca. 460 v. Chr.

Exkurs: Griechische Tempel in Sizilien

Die Tempel der Griechen zählen zu den bedeutendsten Kulturleistungen, die eine mehrtausendjährige wechselvolle Geschichte auf der Insel hinterlassen hat. Schon die Reisenden früherer Zeiten, Goethe etwa vor 200 Jahren, standen staunend vor den Bauwerken der Antike. Als das griechische Mutterland noch von den Türken beherrscht wurde und daher nicht allgemein zugänglich war, lag es nahe, in den sizilischen Tempeln Musterbeispiele antiker Sakralarchitektur zu erblicken. Das hat sich geändert – Griechenland ist längst für jedermann erreichbar, seine Denkmäler gründlich erforscht. Daher bieten sich heute Vergleiche an zwischen den Bauten des Mutterlands und denen seiner westlichen Kolonien. Wir erkennen heute, wieweit Tempel in Sizilien denen in Hellas entsprechen und wieweit sie von ihnen abweichen. Beides zu sehen und der geistig-religiösen Haltung nachzuspüren, die dahintersteht, ist aufschlussreich und hilft zum Verständnis sowohl des einen als auch des anderen Bereichs.

Dorische Ordnung
Da die meisten griechischen Kolonisten aus dorischen Heimatorten kamen, leuchtet ein, dass auch ihre Tempel in Sizilien nach der dorischen Ordnung erbaut sind. Diese Ordnung war im 6. Jh. v. Chr. zur Vollendung gebracht worden. Eines ihrer klassischen Beispiele ist der Zeustempel in Olympia, den Libon von Elis 470 – 456 v. Chr. errichtet hat. Der griechische Tempel, neben dem Theater eine der großen Leistungen altgriechischer Baukunst, ist im strengen Wortsinn ein Gotteshaus, d. h. kein Raum für die Gemeinde, sondern für die Gottheit, die im Kultbild anwesend war. Die Gemeinde versammelte sich vor dem Tempel, wo vor der Eingangsseite – in der Regel im Osten – am Altar die Opfer vollzogen wurden.

Tempelform
Die Form des Tempels leitet sich vom Megaron des Wohngebäudes ab, wie es z. B. in den Thronräumen mykenischer Burgen ausgebildet ist. Die klassische Form ist der Peripteros, bei dem die Cella an allen vier Seiten von einem Säulenumgang (Peristasis) umgeben ist. Im 6. Jh. bevorzugte man gestreckte Grundrisse mit einem Säulenverhältnis von 6 x 16 (Heratempel in Olympia) oder 6 x 15 Säulen (Apollontempel in Delphi). Im 5. Jh. kam man zur klassischen Proportion, nach der die Langseiten zweimal die Säulenzahl der Schmalseiten +1 aufweisen, also 6 x 13 (Zeustempel von Olympia) oder 8 x 17 (Parthenon zu Athen). Auffallendes und charakteristisches Merkmal ist, dass sämtliche Außenseiten gleichwertig behandelt sind und es dank dieser Allseitigkeit keine als Fassade ausgebildete Frontseite gibt.
Die Cella, der Raum für das Kultbild, hat an der Eingangsseite eine Vorhalle (Pronaos), der an der Rückseite der Opisthodomos entspricht. Im Innern ist die Cella oft durch zwei Reihen von Säulen in drei Schiffe gegliedert. Sie hat keine Fenster, sondern erhält Licht ausschließlich durch die geöffneten Tempeltore.

Sizilische Eigenheiten
Im dorischen Tempel drückt sich »ein geistig klares Verhältnis zu den Göttern« aus, das »über den alten, von Dämonenschauder ... erfüllten Glauben« gesiegt hatte. Im Westen der griechischen Welt, in Sizilien, dagegen »behielten die chthonischen, den Unterirdischen geweihten Kulte die Oberhand« (G. Gruben) – in ganz Sizilien wurden **Demeter und ihre Tochter Persephone**, die jeweils die Hälfte des Jahres in der Unterwelt verbrachte, als die großen Herrinnen verehrt. Der Kult hatte daher weithin den Charakter des Mysteriums. Es ist kennzeichnend, dass wir bei den sizilischen Tempeln die im Mutterland obligate Gliederung der Cella nur in Ausnahmefällen finden –

Grundformen des griechischen Tempels

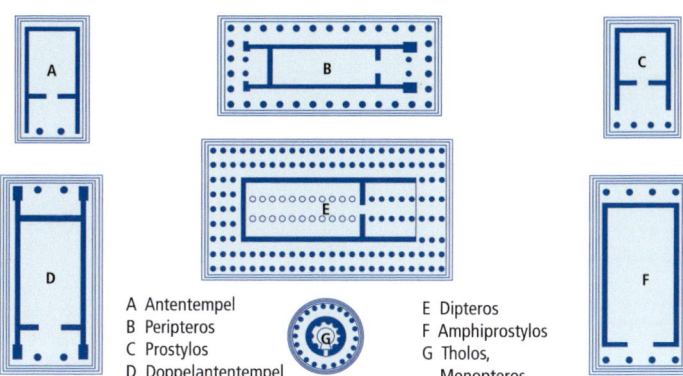

A Antentempel
B Peripteros
C Prostylos
D Doppelantentempel

E Dipteros
F Amphiprostylos
G Tholos, Monopteros

Teile des griechischen Tempels

(Hexastylos = Peripteros mit je sechs Säulen an den Schmalseiten)

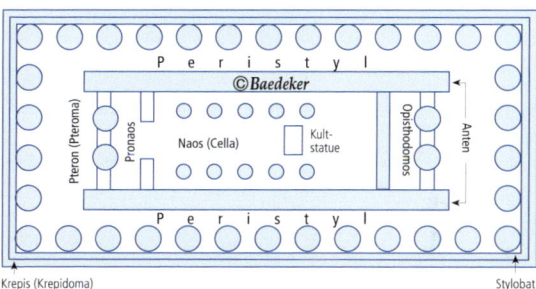

meist fehlt der Raum hinter der Cella (Opisthodomos), an seine Stelle tritt ein gesonderter dunkler Raum im Hintergrund der Cella: das Adyton. In ihm stand das Kultbild, nun nicht mehr Mittelpunkt der Anlage, sondern geheimnisvolles innerstes Ziel. Dem entspricht, dass die Eingangsseite der Tempel im Sinn einer polaren Spannung zwischen den Gläubigen und dem verborgenen Kultbild betont wird: mit Freitreppen, verdoppelter Säulenreihe und erweiterter Vorhalle. Dazu kommt als zweites Charakteristikum ein verändertes Verhältnis zum Raum. Die sizilischen Bauherren bevorzugten **weite, saalartige Räume** und lichte Säulenhallen. Bereits um 550 v. Chr. haben sie Balkenkonstruktionen aus verstrebten Dreiecken entwickelt, die es möglich machten, erstaunliche Spannweiten zu überbrücken, bis zu 9,68 m (Schatzhaus von Gela in Olympia), ja sogar 13 m (Olympieion in Akragas)! Das erlaubte, auf innere Säulenstellungen zu ver-

Eindrucksvolle Überreste des dorischen Heraklestempels in Agrigent

zichten und die Cella als ungeteilten Raum zu konzipieren. Solchen weiten Innenräumen entsprachen die Umgänge zwischen Cella und Säulen; sah der griechische Kanon eine Jochbreite vor, so bevorzugte man in Sizilien eine Verdoppelung auf zwei Joche, und so entstanden »selbstständige Raumfluchten« (Gruben).

Drittens beobachten wir, dass man in einigen Fällen – Olympieion in Agrigent, Tempel F in Selinunt, Tempel in Himera – die Säulenzwischenräume durch Mauern in halber oder ganzer Höhe geschlossen hat. Dadurch wurde etwas erreicht, das sonst nur Mysterienstätten wie Eleusis eigen war, dass nämlich die Kultgemeinde abgesondert von der Außenwelt war und ihre Prozessionen in den Umgängen nicht eingesehen werden konnten – ein Hinweis auf den **Mysteriencharakter** sizilischer Kulte.

Das vierte Charakteristikum sizilischer Tempel hat seine Wurzel nicht in religiösen, sondern in politischen und wirtschaftlichen Aspekten. Anders als in ihrer griechischen Heimat fanden die Kolonisten auf Sizilien ungeahnte Chancen wirtschaftlicher Prosperität – Sizilien war so etwas wie das »Amerika der Griechen«, ein Land unbegrenzter Möglichkeiten. Damit hängt auch der Drang der hier herrschenden Tyrannen zur Selbstdarstellung zusammen, ein Drang, der dazu führte, dass im Tempel G von Selinunt oder im Olympieion von Akragas der Größenmaßstab ins Gigantische übersteigert wurde, in einer megalomanen Weise, die das Monumentale dorischer Bauten beiseite schiebt und nur noch plump und maßlos wirkt.

Immerhin können wir beobachten, dass all diese im 6. Jh. v. Chr. **Griechische Klassik** ausgebildeten Tendenzen nach dem Epochenjahr 480 v. Chr. zurücktraten: Der klassische Stil des Mutterlandes wirkte nach Sizilien herüber. Es entstanden in kurzer Zeit nicht weniger als acht Tempel, die den neuen Gedanken folgten, darunter – unter dem Einfluss des Zeustempels von Olympia – der Heratempel E in Selinunt.

Allerdings blieb diese Entwicklung ohne eigene Dynamik. Das einmal vom Mutterland Übernommene wurde beibehalten, frühklassische Kapitelle z. B. hat man fast ein halbes Jahrhundert hindurch unverändert gearbeitet, und statt lebendiger Entwicklung konstatieren wir Erstarrung. Das Ende kam mit der Zerstörung der sizilischen Griechenstädte durch die Karthager am Ende des 5. Jh.s v. Chr. Nur Syrakus bestand weiterhin, doch auch hier kam es, ungeachtet des enormen Zuwachses an Macht und Wohlstand, nicht mehr zu Tempelbauten von gleichem Rang.

In der klassischen Zeit hatte der dorische Tempel seine Wirkung auch über den griechischen Bereich hinaus. Berühmtes Beispiel dafür ist der Peripteros, den um 430 v. Chr. Athener im elymischen Segesta zu errichten begannen. Dieser nie vollendete Tempel verdankt seinen Erhaltungszustand seiner einsamen Lage.

Andere antike Tempel sind durch Erdbeben zum Einsturz gebracht (Selinunt) oder durch Menschenhand zerstört worden. Diesem Schicksal entgingen zwei Bauten, weil sie **in christlicher Zeit in Kirchen** umgewandelt wurden. Der Athenatempel in Syrakus, dessen dorische Säulen noch heute in den Wänden des Domes zu erkennen sind, und der Tempel der Concordia in Agrigent, der um 600 unter Papst Gregor d. Gr. als christliche Basilika eingerichtet, 1748 aber wieder in antiker Form restauriert wurde. Der am besten erhaltene dorische Tempel Italiens!

Ein römisches Kunstwerk: Phädra-Sarkophag in der Kirche San Nicola in Agrigent; Hippolytos und seine Freunde; 2. Jh. n. Chr.

Römer Die römische Zeit Siziliens begann mit der Eroberung der Insel im Zweiten Punischen Krieg (218–201 v. Chr.). Als charakteristisch römische Bauformen wurden nun Thermen (Catania) und Amphitheater errichtet (Catania, Syrakus, Termini Imerese). Bekannt wurde vor allem, dank ihrer großen Mosaikböden, die Villa Casale bei Piazza Armerina (3./4. Jh. n. Chr.). Dazu sind in den 1970er-Jahren zwei weitere sehr große Villen gekommen, deren Entdeckung ähnlich sensationell wirkte. Die eine umfasst einen Komplex von 20 000 m² und liegt nordwestlich von Patti; die andere ist die Villa del Tellaro, benannt nach dem Fluss südlich von Noto.

Frühchristliche, arabische und normannische Epoche Die frühchristliche und byzantinische Zeit hat ebenso wie die anschließende arabische nur wenige Spuren hinterlassen. Umso eindrucksvoller sind die Denkmäler der normannischen Epoche (1061–1194), von denen uns einiges in den Schlössern Cuba und Zisa in Palermo, vor allem aber in den Kirchen in Palermo, Monreale und Cefalù erhalten ist. Zu deren Charakteristika gehört, dass sie byzantinische und arabische Elemente aufgreifen und sich mit westlichen Traditionen zu einer Einheit verschmolzen haben.

Die **Cappella Palatina** im Normannenpalast von Palermo hat als westliches Element nicht nur den Grundriss einer dreischiffigen Säulenbasilika, sondern auch das Gegenüber von Thron und Altarraum, das wir von der Polarität von Westwerk und Altar bei frühromanischen Kirchen kennen. Kuppel und Mosaikschmuck dagegen sind dem Geist von Byzanz verpflichtet. Bei der Beschriftung der Mosaiken zeigt sich wiederum die Doppelorientierung der sizilischen Normannen nach dem lateinischen Westen und dem griechischen Osten: In ihnen wechseln beide Sprachen. Die Trompenkonstruktion der Kuppel und die Stalaktitendecke haben arabische Künstler in der Typik islamischer Baukunst ausgeführt. »Neben das dorische Säulenhaus stellte sich der christliche Dom, neben die ernste, steinerne Pracht des Junotempels von Agrigent die von Gold schimmernde Kirche der Jungfrau Maria von Monreale, als Denkmäler zweier denkwürdiger Phasen der Menschheit« (F. Gregorovius).

Exkurs: Mosaiken

Die spätrömischen Mosaiken von Piazza Armerina (3./4. Jh.) und die Mosaiken aus der Normannenzeit in Palermo und Cefalù (12. Jh.) stehen in einer Tradition, die sich in Griechenland bis ins 5. Jh. v. Chr. zurückverfolgen lässt. Es handelte sich in der Antike zunächst um die Verzierung des Fußbodens mit ornamentalen oder figürlichen Darstellungen, die aus Steinchen, später auch aus Glasstückchen hergestellt wurden. Die früheste Form ist das Kieselmosaik. Bekannte Beispiele haben wir in der Makedonenhauptstadt Pella (4. Jh. v. Chr.), wo Gnosis als erster namentlich bekannter Mosaizist seine Arbeiten signiert hat, und Motya. Seit dem 3. Jh. v. Chr. tritt daneben das Verfahren mit farbigen Steinchen, die wegen ihrer annähernd viereckigen Form »Tesserae« genannt wurden. Es erlebte in hellenistischer Zeit eine Blüte (Funde in Pergamon, Delos und Alexandreia). In Italien kennt man Mosaikböden seit dem 2. Jh. v. Chr. Bekannt sind die Arbeiten aus Pompeji (»Alexanderschlacht«). Große Verbreitung fand das Mosaik in der römischen Kaiserzeit im gesamten Imperium Romanum (Hadriansvilla in Tibur/Tivoli, 2. Jh., und in der Hafenstadt Ostia). Ende 3./4. Jh. wurden die großen figürlichen Mo-

saiken der **Villa del Casale** von Piazza Armerina geschaffen, von denen 3500 m² freigelegt worden sind. Zu dieser Zeit wurden Mosaiken nicht mehr nur für den Schmuck von Fußböden verwendet, sondern auch für Wände und Deckengewölbe etwa in Thermenanlagen und Palästen.

Diese Tendenz hinauf zu den Gewölbezonen setzte sich in der frühchristlichen Zeit fort, als man Mosaiken als vornehmsten Schmuck sakraler Räume verwendete, zugleich aber auch wegen ihrer theologischen Aussage. Ein Höhepunkt dieser Kunst sind die Wand- und Gewölbemosaiken der Kirchen von Ravenna. Im byzantinischen Reich (Konstantinopel, Thessaloniki) wurde die musivische Kunst weiterentwickelt. Seit dem 9. Jh. diente sie

Die »Bikinimädchen« in der Villa del Casale

dazu, Kirchen mit einem System von theologisch motivierten Bilderzyklen zu schmücken, für die – wie für die entsprechende Freskomalerei – das Wort von der »Liturgie des Bildes« gilt.

Längst war man dazu übergegangen, an Stelle des kleinteiligen antiken »Opus vermiculatum« größere Tesserae zu verwenden, deren farblicher Eigenwert stärker hervortrat. Als Materialien kamen nun außer Stein, wie er aus Gründen der Haltbarkeit für Fußböden erforderlich war, auch empfindlichere Stoffe in Betracht: Glasfluss (»Smalte«), farbig oder mit Gold- oder Silberblatt hinterlegt, Terrakotta, Perlmutt und Porphyr. Die Mosaizisten hatten zudem die Ausdruckswerte erkannt, die entstehen, wenn man die Tesserae nicht parallel zum Bilduntergrund, sondern schräg zur Mörtelfläche setzt. Wenn es sich dabei um Goldgrund handelt, erhält das Bild dadurch einen mystischen Schimmer.

Die Wirkung dieser religiösen Kunst war so stark, dass sie von Byzanz aus wieder nach Westen strahlte, insbesondere nach Sizilien, wo wir aus der Zeit der Normannenkönige Musterbeispiele besitzen. Es waren eingewanderte oder entführte byzantinische Künstlergruppen am Werk oder aber örtliche, byzantinisierende Mosaikschulen. 1143 begann die Ausschmückung der Cappella Palatina im Königspalast in Palermo, der um 1170 die Bilder der »Sala di Ruggiero« erhielt. Ebenfalls 1143 wurde die Martoranakirche mosaiziert. 1148 entstanden die Mosaikbilder im Dom von Cefalù, und 1179–1182 erreichte die Gattung, die mit aufwendigem materiellen Einsatz Werte von subtiler Geistigkeit vermittelt, im Dom von Monreale (6340 m² Wandfläche) einen letzten Gipfel der Vollendung.

Gotik Hatte der Normannenkönig Wilhelm II. in Monreale 1174 noch eine große Benediktinerabtei gestiftet, so trat in der nun folgenden staufischen Epoche der Reformorden der Zisterzienser mit seiner Gotik in den Vordergrund (Santa Maria degli Alemanni in Messina), Kapelle des Deutschorden-Hospizes; 12./13. Jh., als Ruine restauriert). Die Staufer traten im Übrigen nicht durch Kirchenbauten in Erscheinung, sondern durch Kastelle (Catania, Augusta, Syrakus), deren bekanntestes und vollkommenstes Beispiel – Castel del Monte – allerdings nicht in Sizilien, sondern in Apulien steht.

Als die Zeit der Staufer – die »Epoca sueva« – und der Anjous vergangen und Sizilien unter die Herrschaft von Aragon gekommen war, gewann der Adel gegenüber der Zentralgewalt erheblich an Gewicht. »So wurde das 14. Jh. eine Epoche der großen Feudalherren. … Herausragender Name ist die Familie der Chiaramonte (›età chiaramontana‹, ›stile chiaramontano‹ 14. Jh.)« (W. Kronig). Das Erstarken des Feudalismus fand seinen Ausdruck in zahlreichen Palästen (z. B. Chiaramonte in Favara und Palermo, Sclàfani in Palermo), ferner in Kathedralen und neu gegründeten Städten.

Renaissance 1415–1712 regierten spanische Vizekönige. Daher öffnete sich die Insel nur zögernd den Formen der italienischen Renaissance. Es kam vielmehr zu einer späten **»katalanischen Gotik«**, die bis ins 16. Jh. bestimmend blieb. Ihr gehört die große Vorhalle der Kathedrale von Palermo an (um 1465). Einer typisch sizilianischen Mischung von gotischen und Renaissanceelementen verdanken wir Kirchen wie Santa Maria della Catena in Palermo (um 1500). Auf dem Gebiet der Skulptur war neben Francesco Laurana (1420–1503) die Familie Gagini mit ihren künstlerisch tätigen Mitgliedern von Domenico (1420–1492) über seinen bedeutenden Sohn Antonello (1478 bis 1536) und Gian Domenico (ca. 1503 – ca. 1567) bis hin zu Vincenzo

Katalanische Gotik in Sizilien: die Vorhalle der Kathedrale in Palermo

(1528–1595) und Antonino (1541–1575) bestimmend. Kennzeichnend ist in dieser Zeit »das Bestreben einer vollständigen bildplastischen Ausschmückung des gesamten kirchlichen Innenraums« (Krönig); es wurde nun mit Hilfe der neuen Technik der Stuckfiguren realisiert. Meister dieser Kunstart war die Familie Serpotta: Giuseppe (1653–1719), Giacomo (1656–1732) und Procopio (1679–1755).

Sizilien hat viele Maler angezogen, aber vor Renato Guttuso nur einen von Weltrang hervorgebracht: Antonello da Messina. Als seine Leistung verzeichnet Brockhaus, dass er den venezianischen Malern die altniederländische Harzölmalerei vermittelt hat. Über diese Vermittlertätigkeit hinaus spricht sein eigenes Werk noch heute zu uns. In Sizilien begegnen wir ihm in Messina (Museo Regionale), Syrakus (Museo Bellomo), Cefalù (Museo Mandralisca) und Palermo (Palazzo Abatellis), weitere Bilder in Dresden, München und Wien. Antonello wurde um 1430 in Messina als Sohn eines Steinmetzen geboren. Sein Lehrer war vermutlich der neapolitanische Maler Colantonio, der die verfeinerte Öltechnik der Niederländer übernommen hatte. Der niederländische Einfluss erklärt sich aus der politischen Lage: Alfons von Aragon, der 1442 Neapel eroberte, zog spanische und katalanische Künstler an seinen Hof, und diese standen damals unter flämischem Einfluss. Wann Antonello in Neapel ausgebildet wurde, ist nicht bekannt. 1455 war er wieder in Sizilien. 1475 ging er nach Venedig, wo seine Beherrschung der Öltechnik nachhaltige Wirkung hatte: Er malte ein Bild für die venezianische Kirche San Cassiano und schuf damit »den Typus des venezianischen Altar-

Antonello da Messina

bildes, wie wir es aus den Werken des Giovanni Bellini und seiner Zeitgenossen kennen; für die venezianische Malerei ist es in dieser Form fast ein halbes Jahrhundert lang verbindlich geblieben« (Jan Lauts). Aus dieser venezianischen Zeit stammt auch der hl. Sebastian, eines seiner Hauptwerke (heute in Dresden). 1476 war Antonello wieder in seiner Vaterstadt Messina, und bereits 1479, noch nicht 50 Jahre alt, ist er gestorben. Eines der großen Themen Antonellos war die **Verkündigung**. Ihr begegnen wir immer wieder in sizilischen Museen. Ein Polyptychon in Messina (1473) zeigt im unteren Register eine Madonna mit Kind und darüber die Verkündigung. Das Bild wurde beim Erdbeben von 1908 beschädigt, hat aber die Kraft seiner Farben nicht verloren. Die Madonna auf dem Verkündigungsbild in Syrakus wurde 1474 gemalt. Zwar ist auch dieses Bild sehr beschädigt, doch ist vom Engel neben Hand und Flügeln wenigstens das Gesicht erhalten, von Maria fast die ganze Gestalt. Dieselbe Frau sehen wir auch bei der Münchner Annunziata und vor allem bei derjenigen in Palermo. Dieses glücklicherweise vollkommen erhaltene Spätwerk, dessen Entstehungsjahr nicht bekannt ist, hat neben seiner farblichen Qualität eine geradezu plastische Körperlichkeit. Faszinierend ist die herbe Schönheit des Gesichtes, das vom ruhigen Blau des Mantels umhüllt wird. Die halb abwehrende, halb sich ergebende Reaktion des Mädchens auf die Botschaft des (außerhalb des Bildes bleibenden) Engels spricht aus der Haltung der beiden Hände, die höchst lebendig aus dem blauen Mantel heraustreten.

Vom Barock bis zum 18. Jahrhundert

Der Charakter sizilischer Städte wird stark geprägt von Bauten des **Barock**. Der Erneuerungswille, gestützt auf beträchtliche wirtschaftliche Möglichkeiten, führte zu Neugründungen von Städten wie Vittória (1607) und Palma di Montechiaro (1637). Einen kräftigen Anstoß gaben die Schäden beim Erdbeben von 1669, die in Südostsizilien zu neuer städtebaulicher Aktivität führten, u.a. in Belpasso, Catania und Vizzini. Vom ausgehenden 17. Jh. an kam es zu besonders reger Bautätigkeit, denn es galt – wiederum im Südosten der Insel – die beim Erdbeben von 1693 zerstörten Städte wieder aufzubauen. Damals entstanden, nach geometrischen Mustern am Reißbrett entworfen, die Sechseckstädte Ávola und Grammichele, ferner Noto und Pachino mit streng quadratischem Rasterplan. Erneuert oder neu gegründet wurden Städte wie Caltagirone, Cómiso, Íspica, Módica, Ragusa und Scicli. Darüber hinaus wurden viele Bauten im barocken Stil restauriert, modernisiert oder neu errichtet. Dabei spielte die dem Lecceser Manierismus entlehnte sizilianische Vorliebe für überquellenden Reichtum des Ornamentes eine wichtige Rolle; an Profanbauten liebte man phantasievoll gestaltete Balkonkonsolen und im Innern aufwändige Treppenhäuser. Giovanni Battista Vaccarini (1702 – 1768) baute vor allem in Catania. Auch Rosario Gagliari und Vincenzo Sinatra (Noto), Giulio Lasso (Quattro Canti in Palermo), Giovanni Vermexio (Bischofs- und Senatspalast in Syrakus) und Andrea Palma (Domfassade Syrakus) sollen nicht unerwähnt bleiben.

Ein starker Impuls ging von der römischen »Ecclesia triumphans« der
Gegenreformation aus, deren Tendenzen in Jesuitenkirchen wie der
Casa Professa in Palermo vor Augen geführt werden. Im 17./18. Jh.
erschienen, angeregt von Francesco
Borromini (1599–1667), konkav
und konvex geschwungene Kir-
chenfassaden.

Als König Karl III. 1746 in Palermo
den »Albergo dei Poveri« beginnen
ließ, wirkten barocke Traditionen
im klassizistischen Entwurf nach.

Balkonkonsole am Palazzo Villadorato in Noto

Das Armenhaus ist ein riesiger, anspruchsvoller Bau, angeregt von
den Modellen Kloster und Palast. Klassizismus, vorbereitet auch von
Künstlern wie Giacomo Serpotta (1656–1732) und Ignazio Marabitti, geformt vom Architekten Venanzio Marvuglia, lernen wir im Monumentaltor des Botanischen Gartens (1785) in Palermo kennen.

Das 19. Jh. brachte auch für Sizilien die Zeit des Historismus. Die- **19. Jahrhundert**
sem gehört G. B. Basiles »Teatro Massimo« in Palermo an (1875 bis
1897). Nicht nur in Palermo finden sich Beispiele für die darauffol-
genden Tendenzen der Architektur, die mit den Begriffen Jugendstil,
Art Nouveau und Stile Liberty gekennzeichnet werden.

Literatur

Sizilien hat seit der Antike Literaten von Weltrang hervorgebracht.
Dazu gehören Giovanni Verga (1840–1922); er schrieb den Text zu
Pietro Mascagnis Oper »Cavalleria rusticana« sowie den Roman
»Mastro Don Gesualdo«, ferner Federico De Roberto (1866–1927,
»Die Vizekönige«), **Luigi Pirandello** (1867–1936, Nobelpreis 1934,
»Sechs Personen suchen einen Autor«), **Giuseppe Tomasi di Lampe-
dusa** (1896–1957, »Der Leopard«), der Lyriker **Salvatore Quasimodo** (1901–1968, Nobelpreis 1959) sowie **Leonardo Sciascia** (1921
bis 1989, bekannt für seine Kriminalromane). Gesualdo Bufalino
(1920–1996) erhielt 1988 den Literaturpreis »Strega« für seinen Roman »Die Lügen der Nacht«. Die jüngste bekannte Autorin dürfte
Lara Cardella sein (geb. 1969). Sie gewann 1989 den Literaturpreis
»Schriftsteller gesucht« mit ihrem sehr authentischen Roman »Volevo i pantaloni« (»Ich wollte Hosen«, 1990). In deutscher Übersetzung
sind nicht nur die Krimis von Andrea Camilleri erhältlich, sondern auch die Palermo-Krimis von Santo Piazzese und die Nostalgie-
saga »Der Bastard von Mautana« von Silvana Grasso.

Berühmte Persönlichkeiten

Was verbindet das Mathematikgenie Archimedes mit dem findigen Commissario Montalbano oder den Handlanger der Mafia, Salvatore Giuliano, mit Friedrich II. von Hohenstaufen? Kleine Denkmäler für bekannte oder weniger bekannte Persönlichkeiten, die Siziliens Ruf prägten oder mit der Insel verbunden werden.

Archimedes (um 287 – 212 v. Chr.)

Der Mathematiker und Mechaniker Archimedes aus Syrakus war befreundet mit König Hieron II. und seinem Sohn Gelon, aber auch mit dem Mathematiker Dositheos, den er in Alexandreia kennen lernte. Er lehrte die Bestimmung der Quadratwurzel, die Lösung kubischer Gleichungen, die Berechnung von Kreisfläche und -umfang und entdeckte den Schwerpunkt, das Hebelgesetz, die schiefe Ebene und das spezifische Gewicht. Als bedeutender Mechaniker baute er hydraulische Maschinen (»Archimedische Schraube«) und Kriegsmaschinen, die bei der Verteidigung von Syrakus gegen die Römer erfolgreich eingesetzt wurden. Als Syrakus dennoch 212 v. Chr. fiel, wurde Archimedes von einem römischen Soldaten erschlagen.

Mathematikgenie

Vincenzo Bellini (1801 – 1835)

1801 kam der wohl berühmteste Bürger Catanias, Vincenzo Bellini, eben dort zur Welt. Vater und Großvater, beide Domkapellmeister, haben ihn ausgebildet. Am Konservatorium in Neapel studierte er, und alsbald errang er mit seinen für das dortige Theater und für die Mailänder Scala geschriebenen Opern Anerkennung (u. a. »Bianca e Fernando«, 1826). 1833 zog es ihn nach Paris. Sein lyrisch-dramatischer Stil beeinflusste noch Verdi und Wagner (»La Somnambula«, »Norma«, beide 1831). Mit 34 Jahren erkrankte er, man argwöhnte, an Cholera, und starb einsam und verlassen. Zunächst in Paris begraben, wurde sein Sarg 40 Jahre später nach Catania in den Dom überführt.

Andrea Camilleri (geb. 1925)

Der Theatermacher, der schon lange in Rom lebt, stürmt mit seinen witzigen Sizilienkrimis seit Jahren die internationalen Bestsellercharts. Seine Hauptfigur Commissario Montalbano ermittelt in Vigàta und Montelusa, den fiktiven und doch typischen Schauplätzen der Insel, wo sich »sicilianità« literarisch verdichtet. Wer möchte, kann darin das heutige Porto Empédocle, den Geburtsort des Autors, und die benachbarte Provinzmetropole Agrigent erkennen. Hier eine kleine Auswahl seiner kulinarisch angehauchten Welterfolge: »Der Hund aus Terrakotta«, »Die Form des Wassers«, »Der Dieb der süßen Dinge«, »Die sizilianische Oper« oder »Der unschickliche Antrag«. Sein sizilianisch gewürztes Italienisch stellt seine Übersetzer immer wieder vor knifflige Aufgaben. In den wahren Genuss seiner Sprachakrobatik kommen nur dialektfeste Süditaliener.

Theatermacher und Krimiautor

◄ Camilleri-Fan-Club:
www.vigata.org

← *Maria Grazia Cucinotta als junge Wirtin im oscarprämierten Film »Il Postino«*

Domenico Caràcciolo (1711 – 1789)

Freigeist und
Politiker

Domenico Caràcciolo, aus einem neapolitanischen Adelsgeschlecht griechischer Herkunft, war ein aufgeklärter Freigeist, der als Gesandter des Königreichs Neapel in Paris war und 1781 das Amt eines Vizekönigs in Sizilien übernahm, welches er bis zu seinem Tode innehatte. Gemeinsam mit dem Volkswirtschaftler Paolo Balsamo versuchte er, die Privilegien der sizilianischen Barone zu reduzieren und eine Agrarreform durchzuführen. Er scheiterte wie schon Vittorio Amadeo von Savoyen (1700 – 1720) und König Karl III. von Neapel, dessen Gedanken eines aufgeklärten Absolutismus sich gegen den Adel nicht durchsetzen konnten.

Maria Grazia Cucinotta (geb. 1969)

Schauspielerin

Ihre bezaubernde Charakterrolle als tief dekolletierte junge Wirtin an der Seite des unvergessenen Massimo Troisi im nostalgischen und oscarprämierten Süditalienfilm »Il Postino« (»Der Postmann«) machte die schwarzhaarige Messinesin über Nacht zur »neuen« Sofia Loren. Unterstrichen wurde dieses Image als mediterrane Verführerin durch ihre Hauptrolle im Nachkriegsepos »Malena« des sizilianischen Regisseurs Giuseppe Tornatore. Dass sie eine glücklich verheiratete Mutter ist, hält Italiens Männer in Meinungsumfragen nicht davon ab, von der Hochzeitsnacht mit ihr zu träumen. Ihr Schritt vom hochdotierten, aber stummen Mailänder Modell zur Schauspielerin war mutig, denn erst einmal musste sie in Rezitationskursen ihren Dialekt abtrainieren. Längst hat sie auch Hollywood entdeckt als Gegnerin von James Bond in »Die Welt ist nicht genug« oder als Maria Magdalena in Mel Gibsons »Passion Christi«. Auch für Italo-Komödien wie »Miracolo a Palermo« ist sie sich nicht zu schade.

Dionysios I. von Syrakus (um 430 – 367 v. Chr.)

Brillanter
Feldherr

Dionysios I. begründete die längste und mächtigste Tyrannis des Altertums. Er gewann die Alleinherrschaft über Syrakus auf zunächst legale Weise, indem er sich 405 v. Chr. zum alleinigen Feldherrn wählen und sich anschließend wegen eines fingierten Attentats eine Leibwache bewilligen ließ. Um sich gegen innenpolitische Gegner zu schützen, baute Dionysios die Insel Ortygia zu einer Festung aus. Seine Anhängerschaft vergrößerte er durch die Enteignung der Oligarchen sowie Bodenverteilung an seine Söldner. Er siegte über die Demokraten, die ihn in seiner Festung belagerten, besiegte 403 v. Chr. die ionischen Städte Ostsiziliens und siedelte deren Bevölkerung nach Syrakus um. Dieses machte er mit dem Ausbau des Kastells Euryelos zur stärksten Festung Siziliens. In seiner Zeit wurde in Syrakus das Katapult konstruiert. 398 v. Chr. griff er die unvorbereiteten Karthager an und drang bis zur Westspitze Siziliens vor. Dionysios baute die syrakusanische Macht durch seine Italienpolitik weiter aus

(Eroberung Rhegions 386, Kolonien auf dalmatinischen Inseln und an der Pomündung 385/384). 368 ernannte Athen ihn zum Ehrenbürger und schloss 367 ein Defensivbündnis mit ihm. Er starb nach 38-jähriger Alleinherrschaft im Kampf gegen Karthago.

Friedrich II. von Hohenstaufen (1194 – 1250)

Friedrich II., Sohn Kaiser Heinrichs VI. und der normannischen **Kaiser** Thronerbin Konstanze, wurde bereits 1196 Römischer König und 1198, nach dem Tode seines Vaters, König von Sizilien. Dabei stellte seine Mutter ihn unter die Vormundschaft von Papst Innozenz III. Dieser unterstützte – gegen Kaiser Otto IV. – Friedrichs Wahl zum Deutschen König 1211. Friedrich unternahm einen abenteuerlichen Zug von Sizilien nach Deutschland, wo er sich gegen Otto IV. durchsetzte. In Mainz (1212) und nochmals in Aachen (1215) wurde er zum König gekrönt. 1220 folgte die Kaiserkrönung in Rom. Später kam Friedrich nur noch einmal, 1235/1236, nach Deutschland. In Sizilien schuf er einen straff organisierten Beamtenstaat. Zu Spannungen mit dem Papst kam es wegen des zugesagten, aber wiederholt aufgeschobenen (5.) Kreuzzuges, den Friedrich 1228/ 1229 ungeachtet des Kirchenbanns unternahm. Er erreichte dabei ohne Blutvergießen die Überlassung der heiligen Stätten in Jerusalem und krönte sich dort zum König von Jerusalem. Das Zerwürfnis mit dem Papst blieb in der Folgezeit bestehen. Doch auch die in

Lyon 1245 verkündete Absetzung durch Innozenz IV. und die Benennung von Gegenkönigen konnten Friedrichs Sendungsbewusstsein nicht erschüttern. Er residierte zumeist in Apulien, das er gegenüber Sizilien bevorzugte. Hier schuf er eine Reihe von Kastellen, deren berühmtestes Castel del Monte ist.

Friedrich II. wurde bereits zu Lebzeiten als »stupor mundi«, das »Staunen der Welt«, bezeichnet. In Palermo aufgewachsen, hatte er sich eine umfassende Bildung erworben, vor allem im Umgang mit arabischen Gelehrten. Er förderte philosophische, mathematische und naturwissenschaftliche Studien, rief eine sizilianische Dichterschule ins Leben und schrieb ein viel beachtetes Buch über die Falkenjagd. Nach seinem Tode versetzte ihn die Sage in den Ätna, aus dem er am Ende der Zeiten wieder hervortreten wird – ein Motiv, das später auf seinen Großvater Friedrich I. Barbarossa und den Kyffhäuser übertragen wurde.

Salvatore Giuliano (1922 – 1950)

Am 5. Juli 1950 frühmorgens starb, von Kugeln einer Maschinenpistole durchlöchert, Salvatore Giuliano – Volksheld für die einen, Verbrecher und Handlanger der Mafia für die anderen. **Volksheld oder Mafioso**

Die Karriere Giulianos – eindrucksvoll in Szene gesetzt von dem italienischen Regisseur Francesco Rosi (»Salvatore Giuliano«, 1961) und von Michael Cimino (»Der Sizilianer«, 1988) – begann am 2. September 1943 auf einer kleinen Straße in der Nähe seines Geburtsortes Montelepre, als er von Carabinieri beim Schmuggeln erwischt

wurde. Bei dem nun folgenden Schusswechsel tötete er einen Polizisten und floh in die Berge. Er und seine Bande konnten immer mit der Unterstützung der »kleinen Leute« rechnen, dafür revanchierte er sich hin und wieder mit ein paar Geldbündeln. Freunde fand er auch unter den Separatisten, die eine Loslösung Siziliens von Italien suchten. Diese stellten eine ihrer beiden Hauptkampftruppen unter Giulianos Kommando. So konnte er sein Unwesen sogar als Kampf für die Unabhängigkeit Siziliens deklarieren. Gerne gab der eitle Bandit Interviews, schrieb Briefe an Minister und Regierungen, und dem amerikanischen Präsidenten Harry S. Truman bot er Sizilien sogar als US-Bundesstaat an (das Weiße Haus blieb ihm allerdings eine Antwort schuldig). Die Regierung in Rom entsandte etwa 2000 Carabinieri, um seiner habhaft zu werden; doch auf sich allein gestellt, hätten sie ihn nie gefasst. 1947 trat er in die Dienste der Mafia und ließ in deren Auftrag auf einer 1.-Mai-Veranstaltung der Kommunisten, in denen die »Ehrenwerte Gesellschaft« eine Gefahr für die kommenden Wahlen sah, in die Menge feuern. Unter den elf Toten und 50 Schwerverletzten befanden sich auch Frauen und Kinder. Seinen Ruf als Freund des Volkes hatte er damit verspielt. Doch noch genoss er den Schutz der Mafia. Aber dann passierte das Unglaubliche: Er tötete fünf Mitglieder der Mafia. Daraufhin soll es angeblich regelrechte Verhandlungen zwischen der Regierung und der »Ehrenwerten Gesellschaft« gegeben haben, um das Kapitel »Salvatore Giuliano« ein für alle Mal zu beenden. Prompt stand ein Verräter aus Giulianos eigenen Reihen zur Verfügung, der den Carabinieri den Schlupfwinkel in Castelvetrano preisgab.

Renato Guttuso (1912 – 1987)

Maler Renato Guttuso gehört zu den bekanntesten italienischen Malern des 20. Jh.s. 1912 wurde er in Bagheria als Sohn eines Landvermessers geboren. Im Laden eines Karrenmalers lernte er 1923 mit Pinseln und Farben umzugehen. Nach einem abgebrochenen Jurastudium beschloss er, Maler zu werden. Bereits drei Jahre später hatte der Autodidakt seine erste wichtige Ausstellung in Mailand. Guttuso war ein politisch stark engagierter Künstler, seine in kräftigen, warmen Farben gehaltenen Bilder sind gegenständlich, dem kritischen Realismus verpflichtet. Einer seiner größten Vorbilder war Picasso, mit dem ihn auch eine Freundschaft verband.

Leoluca Orlando (geb. 1947)

In Deutschland fast populärer als in seiner sizilianischen Heimat, galt **Politiker** der charismatische Politiker und zweimalige Bürgermeister von Palermo lange als Gallionsfigur und Hoffnungsträger des bürgerlichen Antimafia-Bündnisses. Trotz des griffigen Slogans »Sindaco di Sicilia« (Bürgermeister Siziliens) verlor er 2001 haushoch die Wahl zum Präsidenten der Region Sizilien gegen den Kandidaten der Berlusconi-Bewegung »Casa della Libertà«. Orlando, der einige Jahre in Heidelberg studierte und dem 1999 in Weimar die Goethe-Medaille verliehen wurde, macht sich inzwischen als Autor autobiographischer Bücher und international gefragter Spezialist für die Bekämpfung des organisierten Verbrechens einen Namen.

Luigi Pirandello (1867 – 1936)

Der Schriftsteller Luigi Pirandello stammte aus Agrigent. In Palermo, **Schriftsteller** Rom und Bonn studierte er Literatur und Geschichte. 1925 gründete er in Rom das Teatro d'Arte, dessen Leiter und Regisseur er wurde. Pirandello gehört zu den innovativsten italienischen Erzählern und Dramatikern des 20. Jh.s. Als Erzähler der italienischen Novellentradition verpflichtet, bevorzugte er in Epik und Dramatik Themen wie die Grenzen zwischen Schein und Sein. In allen seinen Werken steht die psychologische Analyse im Vordergrund: Jeder Mensch trägt eine Maske, die zudem ständig wechselt, je nach der Situation, in der er sich befindet und je nach den Mitmenschen, die ihn betrachten. International bekannt wurde er mit dem Drama »Sechs Personen suchen einen Autor« (1921). 1934 erhielt er den Nobelpreis für Literatur. Unter den Titeln »Kaos« und »E tu ridi« verfilmten 1984 und 1998 die Brüder Paolo und Vittorio Taviani Erzählungen Pirandellos.

Salvatore Quasimodo (1901 – 1968)

Der aus Módica stammende Quasimodo war einer der namhaftesten **Lyriker** modernen italienischen Lyriker. Die sizilianische Landschaft und die Antike sind Themen, die er vor allem in seinen frühen »hermetischen« Gedichten behandelte. In einer zweiten Werkphase beschäftigte er sich mit den Themen seiner Zeit: Krieg, Widerstand, Leid, Einsamkeit und Liebe. 1959 erhielt er den Nobelpreis für Literatur.

Roger II. (1095 – 1154)

Normannischer König

Roger II. aus dem normannischen Geschlecht der Hauteville, seit dem Tod seines Vaters Roger I. Graf von Sizilien, dehnte seinen Herrschaftsbereich auf Kalabrien, Apulien und die heute tunesische Küste Nordafrikas aus und nahm diese Gebiete 1130 vom Papst als Königreich zum Lehen. Er ließ sich im selben Jahr in Palermo zum König krönen, wobei er mit dem Weihnachtsdatum an die Kaiserkrönung Karls des Großen erinnerte und mit bildlichen Darstellungen (Mosaik in der Martoranakirche) an die sakralen Traditionen des Kaisertums von Byzanz anschloss. Er begründete einen modernen Beamtenstaat und trat als Bauherr normannisch-sizilischer Kirchenbauten (Cefalù, Cappella Palatina in Palermo) und Palästen hervor.

Leonardo Sciascia (1921 – 1989)

Kriminalautor und Schriftsteller

Leonardo Sciascia, lange Zeit Italiens berühmtester Kriminalautor, wurde in Racalmuto bei Agrigent als Sohn eines Minenarbeiters geboren. Nachdem er bis 1957 als Volksschullehrer in seiner Geburtsstadt gearbeitet hatte, wurde er freier Schriftsteller. In seinen Gedichten, Erzählungen und (Kriminal-)Romanen untersuchte er die historischen Wurzeln einer ungerechten, von Gewalt beherrschten Gesellschaft. Hartnäckig prangerte er den Einfluss der Mafia auf die öffentlichen Institutionen an. Als Mitglied des Untersuchungsausschusses über die Affäre Moro schockierte er die Öffentlichkeit mit der zuerst von ihm vertretenen These, Aldo Moro sei von den Politikern kalkuliert geopfert worden.

In seinen Büchern kombiniert er freie Erfindung mit dem Bericht historischer Begebenheiten, beispielsweise in »Der Abbé als Fälscher«, 1967; »Tote auf Bestellung«, 1968; »Tote Richter reden nicht«, 1974; »Der Fall Majorana«, 1975; »Die Affäre Moro«, 1979. Seine Helden kommen zwar den Machenschaften der Mächtigen auf die Spur, scheitern letztendlich jedoch an deren Korruptheit.

Elvira Giorganni Sellerio (1936 – 2010)

Autorin und Verlegerin

Die bibliophilen, in blauem Karton gebundenen Taschenbücher von Sellerio editore Palermo (collana blu) sind aus den Bücherregalen Italiens nicht mehr wegzudenken. Unterstützt von Leonardo Sciascia (▶ oben) und dem Anthropologen Antonino Butitta, wagte die studierte Juristin und engagierte Bürgerrechtlerin gemeinsam mit ihrem Mann und Fotografen Enzo Sellerio 1969 den Sprung ins Verlagswesen. Von 1979 bis zu ihrem Tod 2010 führte Elvira Sellerio ihren Verlag in Eigenregie. Als Erste publizierte sie die sizilianischen Erfolgsautoren Giuseppe Bufalino, Andrea Camilleri (▶ oben) und Santo Piazzese. Inzwischen ist die Liste der von ihr veröffentlichten Titel auf über 2000 angewachsen (Infos: www.sellerio.it).

Giuseppe Tomasi di Lampedusa (1896 – 1957)

Giuseppe Tomasi, Herzog von Palma und Fürst von Lampedusa, entstammte einer alten palermitanischen Familie. Er war bis 1925 Offizier, hielt sich während der Mussolinizeit länger im Ausland auf und schrieb 1954 seinen einzigen Roman, »Der Leopard« (1958 posthum veröffentlicht). Thema ist der Niedergang eines sizilianischen Adelsgeschlechtes von der Zeit Garibaldis bis zum Vorabend des Ersten Weltkrieges. Der Roman macht im Spiegel einer historischen Epoche den Charakter Siziliens und seiner Menschen sichtbar und ist zugleich »einer der subtilsten und farbigsten Querschnitte durch Geist, Seele und Energien des modernen Menschen zwischen den Zeiten« (G. R. Hocke).

Schriftsteller

Giovanni Verga (1840 – 1922)

Giovanni Verga wurde 1840 in der Nähe von Catania geboren. Von einem Lehrer zum Schreiben angeregt, schrieb er zunächst historisch-politische Romane. Ein erster Erfolg wurde »I carbonari della montagna« (1861), in der er die Geschichte des Aufstandes in Kalabrien gegen die Franzosen unter Murat verarbeitet hatte.
In seinen weiteren Werken ging er dazu über, aus persönlicher Erinnerung das Leben, die Sitten und Gebräuche der sizilianischen Bauern und Fischer zu beschreiben. Seine Beobachtungsgabe und seine Objektivität machten ihn zu einem der bedeutendsten Vertreter des Verismo, einer um 1870 in Italien entstandenen literarischen Bewegung, in der das Wahre an die Stelle des Schönen treten und auch das Grausame und Hässliche des Lebens gezeigt werden sollte, deutlich beeinflusst vom französischen Naturalismus. Nach dem Vorbild von Zolas Romanzyklus »Rougon-Macquart« begann Verga einen auf fünf Bände angelegten Zyklus »I Vinti« über den sozialen Aufstieg und Niedergang einer Fischerfamilie nach 1860. Zwei Bände sind erschienen: »I Malavoglia« und »Mastro Don Gesualdo« (1881 und 1889); sie spielen in der Gegend um Acireale. Weltberühmt ist auch seine von Mascagni 1889 vertonte Novelle: »Cavalleria rusticana«.

Schriftsteller

Praktische Informationen

WIE KOMMT MAN NACH SIZILIEN –
MIT AUTOREISEZUG,
FLUGZEUG ODER SCHIFF?
ANTWORTEN AUF DIESE
UND WEITERE FRAGEN,
DAZU TIPPS UND ADRESSEN – LESEN SIE ES
NACH, AM BESTEN SCHON VOR DER REISE!

Anreise · Reiseplanung

Mit dem Auto Die lange Anreise mit dem Auto ist Zeit raubend (ca. 1700 km von München über den Brenner durch Italien bis nach Palermo) und teuer (Autobahngebühren ▶unten). Die Autofähren über die Straße von Messina (Villa San Giovanni – Messina; ca. 30 Min.) verkehren rund um die Uhr. Im Hochsommer muss man dennoch mit längeren Wartezeiten rechnen. Eine bequeme Alternative ist die Anreise mit **Mit dem Schiff ▶** der Autofähre nach Sizilien (▶S. 71).

Autobahn- Die Benutzung der Autobahnen ist in Österreich, der Schweiz und in
gebühren Italien (bis Salerno) gebührenpflichtig. Die erforderlichen Vignetten
www.auto für Österreich und die Schweiz sind in Deutschland beim ADAC, bei
strade.it ▶ Postämtern sowie an Grenzübergängen und Tankstellen erhältlich. Zwischen Innsbruck und dem Brenner fallen außerdem Mautgebühren für die Brennerautobahn an. Die Autobahngebühren in Italien bezahlt man entweder in bar, mit Kreditkarte oder mit der so genannten Viacard, die man bei den Automobilclubs, an wichtigen Mautstellen (»Punto Blu«), an Tankstellen und Raststätten erhält.

Mit der Bahn Es gibt keine Direktzüge. Die Anreise von München oder Basel dauert mit Umsteigen in Mailand oder Rom etwa 20 Stunden. Auskünfte über Fahrpläne, Preise und Ermäßigungen, Platzkarten oder Zuschläge für Schlafwagen und den IC bekommt man bei der Deutschen Bahn und in Reisebüros. Internationale Fahrkarten sind ab dem Ausstellungsdatum zwei Monate lang gültig, wobei die Fahrt beliebig oft unterbrochen werden kann. In Italien gelöste Fahrkarten sind bei Entfernungen bis zu 200 km 6 Stunden, über 200 km Fahrtstrecke 24 bis 48 Stunden gültig. Fahrkarten müssen am Abfahrtsbahnhof in orangefarbenen Automaten abgestempelt werden.

Mit dem Bus Verschiedene Veranstalter bieten preiswerte Busreisen nach Sizilien (Fahrzeit: 26 – 40 Std.) an, u. a. die Deutsche Bahn über ihr Tochterunternehmen Deutsche Touring GmbH sowie Euritalia.

Mit dem Die beiden wichtigsten internationalen Flughäfen Siziliens sind Cata-
Flugzeug nia und Palermo. Der 2011 eingeweihte Flughafen Comiso (Provinz Ragusa) soll dem internationalen Personenchartverkehr dienen. Birgi bei Tràpani dient nur dem Inlandsverkehr. Messina erreicht man auch über den Flughafen bei Reggio di Calabria (Festland). Die wichtigsten Fluggesellschaften sind Air Berlin, Air One, Alitalia, Germanwings, Lauda Air, Lufthansa, Ryanair und Tuifly. Vom Flughafen Catania fahren **Direktbusse** nach Messina, Taormina, Ragusa, Enna, Cefalù, Agrigent und Syrakus, vom Flughafen Palermo nach Tràpani. Täglich gibt es **Flüge** zu den Inseln Lampedusa (von Palermo) und Pantellería (von Palermo und Tràpani). Auskünfte erteilen ENIT (▶Auskunft), Reisebüros und Fluggesellschaften.

Zwischen Villa San Giovanni und Reggio di Calabria auf dem Festland und Messina auf Sizilien vekehren regelmäßig Auto- und Passagierfähren (Dauer ca. 25 Min.). Von Villa San Giovanni werden auch Züge verschifft. **Mit dem Schiff nach Sizilien**

Sizilien erreicht man auch mit dem Schiff von Genua (nach Palermo 20 Std.), Livorno (Palermo 17 Std.), von Rom (Hafen Civitavecchia Palermo 15 Std.), Neapel (Catania 10,5 Std.; Palermo 11 Std.; Tràpani 6,5 Std.), Salerno, Cagliari, Malta, Valencia (Spanien) und Tunesien (Tràpani 11 Std.).

Ägadische Inseln: Fähren ab Tràpani ◀ Auf die Inseln
Liparische (Äolische) Inseln: Fähren und Tragflügelboote ab Milazzo und Neapel, im Sommer auch von Palermo und Cefalù
Pantellerìa ab Tràpani und Mazara del Vallo
Lampedusa ab Porto Empédocle (Agrigent)
Ùstica ab Palermo und Neapel

Im Einsatz sind Traghetti (Fähren) und die schnelleren Aliscafi (Tragflügelboote) bzw. Catamarani (Katamarane). Buchungen sind in Reisebüros, bei den Reedereien und über Agenturen möglich. Preislisten, Fahrpläne und Informationen über die zulässigen Fahrzeugabmessungen auf den Schiffen erhält man ebenfalls dort.

Apropos Buchungen: Vor allem während der italienischen Sommerferien sind die Fähren ausgebucht, daher muss man mehrere Wochen im voraus direkt bei den Reedereien, in Reisebüros oder bei Agenturen buchen. ◀ Rechtzeitig buchen

 ## ANREISE

MIT DER BAHN

▶ **In Deutschland**
Tel. 08 00 / 150 70 90
Fahrplanauskünfte
Tel. 0 18 05 99 66 33 (14 ct/Min. aus dem Festnetz)
www.bahn.de

▶ **DB Auto Zug GmbH**
Tel. 0 18 05 99 66 33 (14 ct/Min. aus dem Festnetz)
www.dbautozug.de

▶ **Trenitalia**
Auskünfte und Reservierung in Deutschland (nur Personenbeförderung)
Aviareps, Tel. 089 / 55 25 33 7
in Italien: Tel. 89 20 21
www.trenitalia.com

MIT DEM BUS

▶ **Deutsche Touring GmbH**
Am Römerhof 17
60486 Frankfurt / Main
Tel. 0 69 / 79 03 501
Fax 0 69 / 7 90 31 50
www.touring.de

▶ **Euritalia Bus Service**
Deutsche Vertretung von Euritalia
CS-Reisen
Berliner Str. 38, 51063 Köln
Tel. 02 21 / 61 38 54
www.cipollagroup.it
Reisebuerocipolla@msn.com

MIT DEM FLUGZEUG

Air Berlin, Tel. 0 18 05 / 73 78 00
(14 ct/Min. aus dem Festnetz)
www.airberlin.com

Die längste Hängebrücke der Welt und ein Meisterwerk der Ingenieurkunst – hier auf einer Computersimulation zu sehen – soll 3300 m zwischen Messina und Reggio di Calabria auf dem italienischen Festland überspannen.

NABELSCHNUR AUS STAHL

Nur drei Kilometer trennen Messina vom italienischen Festland. Und der Traum einer festen Verbindung ist Jahrtausende alt. Die Römer wollten schon während der Punischen Kriege eine schwimmende Brücke aus Booten errichten, Karl der Große träumte von einer festen Brücke. Ende des 19. Jh.s gab es Pläne, die Meerenge zu untertunneln. Konkrete Entwürfe gibt es nun seit über 30 Jahren. Der alte und neue Ministerpräsident Silvio Berlusconi möchte den »Mega-Ponte« zwischen Messina und Kalabrien realisieren, während die Regierung Romano Prodi das Vorhaben zwischenzeitlich auf Eis legte.

Es wäre die **»größte Brücke der Welt«**, die mit einer Spannweite von 3300 m die bisherige Rekordhalterin, die Akashi-Kaikyo-Brücke bei Kobe, um 1309 m überragen würde. Die beiden jeweils 383 m hohen Brückenpfeiler (Akashi-Kaikyo-Brücke: 298 m, Empire State Building: 394 m, Eiffelturm: 324 m) sollen auf 60 m tiefen Fundamente ruhen. Vier jeweils 1,24 m dicke und 5,3 km lange Stahlseile trügen die gesamte Konstruktion, jedes Kabel aus exakt 44 352 Drähten bestehend, zu 504 Bündeln á 88 Stück zusammengefasst. Die 166 800 t schweren Seile würden auf beiden Uferseiten des Stretto mit gigantischen Blöcken aus Stahlbeton (238 000 und 328 000 m³) im Boden verankert. Der Fahrbahnkasten wäre 3666 m lang, 60,40 m breit und mit 66 500 t sogar vergleichsweise leicht. In 60 m Höhe über dem Meer verliefen dann insgesamt zehn Fahrspuren, acht für Pkw und Lastwagen sowie zwei Bahngleise. Stündlich könnten so bis zu 9000 Fahrzeuge und zehn Züge die Brücke passieren. Das Vorhaben – **geschätzte Baukosten sechs Milliarden Euro** –, so schwärmen Politiker und Investoren, brächte »Europa in das Herz des Mittelmeers« und machte die künftige Städtegemeinschaft Messina – Reggio di Calabria zur »führenden Hauptstadt des Mittelmeers und Nordafrikas«.

Einwände gegen das Projekt

Kritiker wenden ein, dass angesichts einspuriger und uralter Bahnlinien Sizilien »echte Infrastruktur und keine Kathedralen in der Wüste« braucht. Dass korrupte Politiker und vor allem die Mafia hier ihr »Geschäft des Jahrhunderts« wittern – bis Anfang 2003 hat die halbstaatliche Betreibergesellschaft »Stretto di Messina« schon über 100 Mio. Euro allein an Planungskosten ausgegeben. Dass die Finanzierungsidee, 50 % Staat, 50 % Privatinvestoren, die ihre Kosten über eine Maut wieder hereinbekommen sollen, aufgrund der fehlenden Verkehrsströme nicht realistisch ist (zzt. passieren Autofahrer die Meerenge in einer halben Stunde auf einer Fähre; allerdings muss während der Hauptreisezeit mit deutlich längeren Wartezeiten gerechnet werden). **Umweltschützer** geben zu bedenken, dass die rund 140 Fischarten in der Meerenge durch den gigantischen Bau dezimiert oder die Zugvögel ihre Nistplätze nicht wieder erkennen würden.

Schließlich gibt es zwei **»natürliche« Feinde** des Projekts: Windböen von bis zu 150 km/Std. sowie der Untergrund. Die Region gehört zu den seismologisch gefährlichsten Stellen der Welt, da ausgerechnet hier die Afrikanische und die Eurasische Erdplatten aufeinander prallen. Jedes Jahrzehnt verschiebt sich das kalabrische Festland um 1,5 cm, die Landmasse auf der sizilianischen Seite um 0,4 cm. Diese Bewegung kann die elastisch konstruierte Brücke mitmachen, doch sie muss auch die Beben aushalten, in denen sich die Spannung der Platten immer wieder entlädt. Das letzte große Erdbeben 1908 (Experten schätzten, es habe zwischen 7,1 und 7,24 auf der Richterskala betragen) zerstörte Messina und forderte in Sizilien und Kalabrien über 80 000 Tote. Laut Planungen soll die Brücke Erdbeben der Stärke 7,1 auf der Richterskala und Windgeschwindigkeiten von bis zu 270 km/Std. standhalten.

Aber ungeachtet der Frage, ob der »Mega-Ponte« wirklich gebaut wird, haben Brückenbauer bereits Größeres im Auge, z. B. eine Brücke über die Straße von Gibraltar (14 km) oder eine Verbindung zwischen Nordamerika und Alaska über die Beringstraße (an der engsten Stelle 85 km).

Air One
Tel. 199 20 70 80 (in Italien; 5,88
ct/Min. aus dem ital. Festnetz)
Tel. 00 39 / 09 12 55 10 47
www.flyairone.it

Alitalia
Tel. 01 80 / 507 47 47 (14 ct/Min.
aus dem Festnetz)
www.alitalia.com

Germanwings
Tel. 0 900 19 19 100 (99 ct/Min.)
www.germanwings.com

Lufthansa
Tel. 0 18 05 805 805 (14 ct/Min.)
www.lufthansa.com

Tuifly
Tel. 0900 1000 2000 (49 ct/Min.)
www.hlx.com

FLUGHÄFEN AUF SIZILIEN

▶ **Catania Fontanarossa**
Fontanarossa, 7 km südlich von
Catania
Shuttlebus zur Piazza Repubblica
und dem Hauptbahnhof
Tel. 09 57 23 91 11
www.aeroporto.catania.it

▶ **Palermo Falcone-Borsellino**
Punta Raisi, 32 km westlich von
Palermo
Shuttlebus und Trinacría-Express
zum Hauptbahnhof
Tel. 0800 541 880, www.gesap.it

▶ **Reggio di Calabria Aeroporto
dello Stretto Tito**
Minniti, 4 km außerhalb der Stadt
Busverbindung zum Hauptbahnhof, zum Hafen von Reggio (von
hier Tragflügelboote nach Messina) und nach Messina
Tel. 09 65 64 05 17, www.sogas.it

▶ **Tràpani Sen. Vincenzo Florio**
Birgi, 15 km südlich von Tràpani
Shuttlebus zum Corso Italia 52;
zwischen Flughafen und der Stazione Marittima (Fähranlegestelle
zu den Ägadischen Inseln) verkehrt der sog. Bus Navetta.
Tel. 09 23 84 25 02
www.trapaniairport.it

▶ **Comiso V. Magliocco**
20 km nordwestlich von Ragusa
(7 km nördlich von Comiso)
2011 eröffneter Flughafen für den
Charterverkehr.
Tel. 09 32 96 14 67
www.soaco.it

MIT DEM SCHIFF

▶ **Reedereien**
Grandi Navi Veloci, www.gnv.it
Tirrenia / Siremar
www.tirrenia.com, www.siremar.it
Ùstica Lines, www.usticalines.it
Snav, www.snav.it
TTT Lines, www.tttlines.it
Trenitalia/Bluvia
www.trenitalia.de, www.rfi.it

▶ **Agenturen**
Traghettionline
Tel. 89 21 12
www.traghettionline.net

Direct Ferries Europe
Tel. 0 18 05 / 22 17 83 (35 ct/Min.
aus dem Festnetz)
www.directferries.de

Armando Farina
Tel. 0 93 71 / 6 69 37 36
www.armandofarina.de

Neptunia
Tel. 700 63 78 86 42
Tel. 089/84 93 36 55, 89 66 47 35
www.neptunia.de

Reisedokumente

Für Bürger aus den Ländern der EU und der Schweiz reicht ein gülti- **Ausweis**
ger Personalausweis. Kinder unter 16 Jahren müssen einen Kinder-
ausweis besitzen oder im Elternpass eingetragen sein.

Wenn die Papiere gestohlen wurden, helfen deutsche Vertretungen ◀ **Verlust**
im Ausland. Erste Anlaufstelle ist jedoch die Polizei, denn ohne eine
Kopie der Diebstahlsmeldung geht gar nichts. Die jeweilige Bot-
schafts- oder Konsulatsadresse erhält man vom Auswärtigen Amt
(www.auswaertiges-amt.de, ▶ S. 78). Ersatzpapiere bekommt man
viel leichter, wenn man die Kopien der jeweiligen Dokumente vor-
weisen oder diese von einem elektronischen Postfach abrufen kann.

Mitzuführen sind der Führerschein und der Kraftfahrzeugschein. **Fahrzeugpapiere**
Kraftfahrzeuge müssen das ovale Nationalitätskennzeichen tragen,
sofern sie kein Euro-Kennzeichen haben.

Wer Haustiere (Hund, Katze) nach Italien mitnehmen will, benötigt **Haustiere**
für diese einen EU-Heimtierpass, der eine gültige Tollwutimpfung
bescheinigt. Zusätzlich ist eine Identitätskennung des Tieres durch
Tätowierung oder Mikrochip erforderlich. Maulkorb und Leine sind
mitzuführen.

Mit der Fähre von Reggio di Calabria nach Sizilien

Zollbestimmungen

EU
Auskunft:
www.zoll.de ▶

Innerhalb der EU ist der Warenverkehr für private Zwecke weitgehend zollfrei. Zur Abgrenzung zwischen privater und gewerblicher Verwendung gelten folgende Höchstmengen: 800 Zigaretten, 400 Zigarillos, 200 Zigarren, 1 kg Rauchtabak; 10 l Spirituosen, 20 l Zwischenerzeugnisse, 90 l Wein (davon maximal 60 l Schaumwein) und 110 l Bier. Bei einer Kontrolle ist glaubhaft zu machen, dass die Waren tatsächlich nur für den privaten Verbrauch bestimmt sind.

Zollfrei sind Reiseandenken bis zu einem Gesamtwert von ca. 80 €; ferner für Personen über 15 Jahre 500 g Kaffee oder 200 g Pulverkaffee und 100 g Tee oder 40 g Teeauszüge, 50 g Parfüm und 0,25 l Eau de Toilette sowie für Personen über 17 Jahre 200 Zigaretten oder 50 Zigarren oder 250 g Tabak sowie 1 l Spirituosen über 22 % oder 2 l Spirituosen unter 22 % oder 2 l Schaumwein und 2 l Wein.

Einreise aus
Nicht-EU-Ländern
Auskunft:
www.zoll.
admin.ch ▶

Für Reisende aus Nicht-EU-Ländern (u. a. Schweizer Staatsbürger) liegen die Freigrenzen für Personen über 17 Jahre bei 200 Zigaretten oder 100 Zigarillos oder 50 Zigarren oder 250 g Rauchtabak, ferner bei 2 l Wein und 2 l Schaumwein oder 1 l Spirituosen mit mehr als 22 Vol.-% Alkoholgehalt oder 2 l Spirituosen mit weniger als 22 Vol.-% Alkoholgehalt; 500 g Kaffee oder 200 g Kaffeeauszüge, 100 g Tee oder 40 g Tee-Extrakt, 50 g Parfüm oder 0,25 l Eau de Toilette. Zollfrei sind ferner Geschenkartikel bis zu einem Wert von 430 €.

Wiedereinreise
in die Schweiz

Abgabenfrei für Personen ab 17 Jahre sind 200 Zigaretten oder 50 Zigarren oder 250 g Rauchtabak; an alkoholischen Getränken 2 l mit bis zu 15 Vol.-% Alkoholgehalt und 1 l mit mehr als 15 Vol.-% Alkoholgehalt als Höchstmenge; ferner Geschenke im Wert bis 100 CHF bzw. 50 CHF für Personen unter 17 Jahren. Nähere Auskünfte erteilt die Eidgenössische Oberzolldirektion, Monbijoustr. 40, 3000 Bern, Tel. 0 31 / 322 66 10.

Auskunft

Allgemeines

Die erste Adresse für Auskünfte ist das Staatliche Italienische Fremdenverkehrsamt (**ENIT**, Ente Nazionale Italiano per il Turismo). Zuständig für die Fremdenverkehrspolitik auf Sizilien sind die Region bzw. das Amt für Tourismus (Assessorato Regionale al Turismo) sowie die Fremdenverkehrsämter der neun Provinzen (Adressen ▶ www.regione.sicilia.it/turismo). Auskünfte über Aktivitäten vor Ort, Unterkunftsadressen etc. vermitteln die Verkehrsämter einzelner Ferienorte (Ufficio Informazioni, Pro Loco). Diese Adressen finden Sie im Kapitel »Reiseziele von A bis Z«. 2005 wurde ein Gesetz zur Neuorganisation und Vereinheitlichung der Regionalen Tourismusbehörden erlassen, das 2010 umgesetzt wurde.

► WICHTIGE ADRESSEN

AUSKUNFT ZU HAUSE

► **Staatliches Italienisches Fremdenverkehrsamt (ENIT)**
Zentrale in Deutschland
Barckhausstr. 10
60325 Frankfurt / Main
Tel. 0 69 / 23 74 34, Fax 23 28 94
www.enit-italia.de
Hervorragende Website mit allgemeinen Informationen

► **ENIT in Österreich**
Kärntner Ring 4, 1010 Wien
Tel. 01 / 5 05 16 39, Fax 5 05 02 48
www.enit.at

► **ENIT in der Schweiz**
Uraniastr. 32, 8001 Zürich
Tel. 0 43 / 4 66 40 40, Fax 4 66 40 41
www.enit.ch

AUF SIZILIEN

► **Assessorato Regionale al Turismo**
Via Emanuele Notarbartolo 9
90141 Palermo
Tel. 09 17 07 82 30
www.regione.sicilia.it/turismo
Die im Kapitel »Reiseziele« aufgeführten Fremdenverkehrsämter halten Infomaterial bereit.

IM INTERNET

► **www.regione.sicilia.it/turismo www.regione.sicilia.it/beni culturali**
Tourismuswebsites der Region Sizilien auf Italienisch und Englisch

► **www.alice.it**
Italienischer Webkatalog, Gelbe Seiten, Atlas und Suchmaschine

► **www.sicilyweb.com**
Viele Infos auf Italienisch und Englisch

► **www.itwg.com www.italien.com**
Hotelreservierungen in Italien

► **www.bestofsicily.com**
Eine Fundgrube zu (fast) allen Sizilienthemen (auf Englisch)

► **www.sizilien-rad.de**
Infos nicht nur für Radfahrer

► **www.sizilienreisen.com**
Website von Dr. Anita Bestler. Die Sizilienkennerin lebt in Palermo und bietet Stadtführungen und Besichtigungstouren in Palermo, Trapani und Agrigent.

► **www.walksicily.de**
Website des Sizilienkenners, Autors und Reiseleiters Peter Amann mit zahlreichen Links

► **www.emmeti.it**
Kommerzielles Tourismusportal

► **www.museionline.it www.beniculturali.it**
Viele Informationen zu Museen, kulturellen Veranstaltungen und Ausstellungen

► **www.comuni-italiani.it**
Websites vieler Städte oder Gemeinden, leider nur auf Italienisch

► **www.parks.it**
Links zu den drei Regionalparks Parco dell'Etna, Parco delle Madonie und Parco dei Nebrodi sowie zu allen anderen Naturschutzgebieten auf Sizilien

► **www.italianita.de**
Eines der besten Italien-Portale, umfangreiche Linkliste

▶ **www.italienwelten.de**
Aktuelle Kulturinfos, Tipps für
Studium und Urlaub, tolle Links

▶ **www.pupisiciliani.it**
Macht Lust auf das sizilianische
Puppenspiel (»Opera dei Pupi«)

▶ **www.sicilia.indettaglio.it**
Infos zu fast Allem und zu fast
jedem Ort. Auch auf Englisch

▶ **www.movimentoturismo
vino.it**
Weine und Weinproduzenten auch
auf Sizilien

▶ **www.acena.it/sicilia.html**
Ausgewählte sizilianische Restaurants aus verschiedenen Gour-
metführern

▶ **www.stromboli.net**
Viele Informationen, Fotos, Kart-
en u. a. für alle, die sich für
Vulkane interessieren.

BOTSCHAFTEN

▶ **Deutsche Botschaft**
Via San Martino della Battaglia 4
00185 Roma
Tel. 06 49 21 31
www.rom.diplo.de

▶ **Österreichische Botschaft**
Via Pergolesi 3
00198 Roma
Tel. 0 68 44 01 41
www.austria.it

▶ **Schweizer Botschaft**
Via Barnaba Oriani 61
00197 Roma
Tel. 0 68 08 95 71
www.eda.admin.ch/roma

Badestrände

Neben den traditionellen Kultursehenswürdigkeiten punktet **die Sonneninsel** mit über 1000 km Küstenlinie (1500 km mit den kleineren
Inseln) auch bei Nicht-Italienern zunehmend als Badeziel. Aber anders als auf dem Festland beschränkt sich hier der Badetourismus
mit »ombrelli e lettini« (»Sonnenschirme und Liegestühle«) auf einige wenige Strände. Weite Küstenabschnitte sind, sofern sie nicht der
illegalen Bauspekulation zum Opfer gefallen sind, frei zugänglich.
Das Meer erreicht erst Mitte Mai Temperaturen von über 20 °C, die
es bis weit in den Herbst behält. Dennoch steigen Italiener in der Regel kaum vor Mitte Juli und nach Ende August ins Wasser. Über einigen Stränden weht als Zeichen hoher Wasserqualität die begehrte
Blaue Flagge (www.blueflag.org). Auch der unabhängige italienische
Umweltverband Legamabiente testet die Strände nach Wasserqualität
und weiteren Kriterien und veröffentlicht die Ergebnisse auf der
Website http://www.legambiente.it/campagne/guidaBlu/elenco.php.

Übersicht
Ostküste ▶

Taormina zieht heute die meisten Badegäste nach Sizilien. Dabei ist
der charmante Bergort mit seinen Steilküsten und winzigen Kiesbuchten ursprünglich als Winterfrische der oberen Zehntausend

Sonne, Strand und Meer – das gibt es in Mondello, Palermos beliebtem Badeort.

groß geworden. Heute tummeln sich die meisten Sonnenanbeter an den kilometerlangen Kiesstränden von **Letojanni** und in der Bucht von **Naxos**. Die teils felsigen ionischen Strände an der Riviera dei Ciclopi, zwischen Taormina und Catania, sind eher für die Einheimischen interessant, zumal die dichte Besiedlung des Küstenstreifens der Wasserqualität eher abträglich ist. Belastet sind auch die industriell genutzten Küsten nördlich von Syrakus. Schöne, sandige und flach abfallende **Naturstrände** locken zwischen Syrakus und dem **Capo Passero** und westlich davon. Dort hat bei Camerina auch der Club Méditerranée seine Hütten aufgestellt.

Vom Industriemoloch Gela und der Großstadt Agrigent abgesehen, ist die Auswahl an sauberen Dünenstränden entlang der Südküste riesig. An der kurzen Westküste lassen Lagunen und Salzgärten kaum Platz für Beachlife. ◄ Südküste

◄ Westküste

Ein familienfreundlicher Badeort mit super Sandstränden ist **San Vito lo Capo** an der Nordküste. Südlich schließt der Zingaro-Naturpark an, dessen zauberhafte Buchten nur zu Fuß zu erreichen sind. Wer in Palermo unbedingt baden will, mietet sich in der mondänen Sandbucht von **Mondello** einen Liegestuhl. Ungetrübte Badefreuden bietet weiter im Osten erst wieder **Cefalù**. Weniger erschlossen sind die Strandabschnitte in Richtung Milazzo bis auf Capo d'Orlando. Einen ganz eigenen Reiz verströmen die Lagunen am **Capo Tindari**. ◄ Nordküste

Highlights Die schönsten Strände

Taormina – Isola Bella
Der begehrteste Strand mit den teuersten Liegestühlen und dem höchsten Flirtfaktor liegt gleich unterhalb der Steilküste. Rudern Sie zur Blauen Grotte!
▸ Seite 414

Pozzallo
Ein nüchternes Ortsbild und kinderfreundliche Dünenstrände mit Umweltprädikat zeichnen das Küstenstädtchen südlich von Módica aus.
▸ Seite 267

Marina di Ragusa
Nicht einsam, aber im Sommer sehr gepflegt sind die langen Sandstrände westlich der Irminiomündung.
▸ Seite 363

Eraclea Minoa
Gipsfelsen, weiß wie die Klippen von Dover, darunter Pinienwald und ein endloser Sandstrand, der in Dünen übergeht. Auch im Hochsommer selten überfüllt
▸ Seite 199

Marinella di Selinunte
Sympathischer Familienstrand mit zahlreichen Strandlokalen zu Füßen der antiken Akropolis. Von Bausünden, bis auf ein Hotel, verschont geblieben ist der breite Dünenstrand wenige Kilometer weiter östlich im Mündungsgebiet vom Belice.
▸ Seite 375

Favignana – Cala Rossa
Die Ägaden-Insel lockt mit türkisblauem Meer an der bizarren Bucht, wo der weiße Muscheltuff schon zu Karthagerzeiten abgebaut wurde.
▸ Seite 189

Mondello
Seit der Belle Époque der Hausstrand der Inselhauptstadt Palermo. Jugendstilvillen, gestreifte Liegestühle, Badehäuschen und kecke Strandboys an der breiten gepflegten Spiaggia des Fischerstädtchens mit dem Sarazenenturm. Hier sonnt sich Palermos Jeunesse dorée.
▸ Seite 337

San Vito lo Capo und die Riserva dello Zingaro
Sandige Familienstrände in San Vito, glasklares Wasser und einsame Kieselbuchten in dem schönen Naturpark
▸ Seite 429 und 164

Cefalù
Breiter gepflegter Sandstrand direkt neben einem Bilderbuchfischerstädtchen. Wer hinausschwimmt, kann wie eine Fata Morgana die Kathedrale vom Meer sehen.
▸ Seite 183

Capo d'Orlando
Treff sizilianischer Provinz-Gigolos mit Steilküstencharme: Die ausgedehnten Kieselstrände in dem jugendlichen Badeort an der Nordküste sind fest in einheimischer Hand; im Sommer Beachlife und Surfen.
▸ Seite 160

Oliveri – Capo Tìndari
An riesigen Sandbänken mit wattigen Laghetti-Strandseen flitzen Siziliens kühnste Surfer vorbei.
▸ Seite 424

Salina – Pollara
Äolischer Naturstrand in grandioser Kraterlandschaft: Hier wurde der Film »Der Postmann« gedreht.
▸ Seite 234

Wahre Badeparadiese sind die **Inseln um Sizilien**. An den kristallkla- **Wahre**
ren Sandstränden der Pelagischen Inseln südlich von Agrigent legen **Badeparadiese**
Meeresschildkröten ihre Eier ab. Im Hochsommer sind Linosa, Lampione und Lampedusa fest in der Hand der norditalienischen Schickeria. Sandstrände sucht man auf der schwarzen Vulkaninsel Pantellerìa vergebens, dafür locken von Thermalquellen gespeiste Küsten-
seen sogar im Winter zum Baden. Der Meerespark um die
Ägadischen Inseln im Westen Tràpanis bürgt für höchste Wasserqualität. Sand- und bizarre Felsstrände finden sich auf Favignana, ver-
steckte Kiesbuchten auf Lévanzo und Maréttimo. Das glasklare Meer
und der Fischreichtum um das vulkanische Ùstica ziehen vor allem
Taucher und Schnorchler an. Trotz des gemeinsamen vulkanischen
Ursprungs zeigen sich die sieben Äolischen oder Liparischen Inseln
sehr unterschiedlich: Während Lìpari, Vulcano und Stròmboli auch
schwarze Lavasandstrände bieten, herrschen ansonsten steile Klippen
und kristallklare Kiesbuchten vor. Eine besondere Attraktion ist es,
auf Vulcano zwischen heißen Dampfaustritten und auf Lìpari zwischen treibenden Bimssteinen zu schwimmen.

Offizielle FKK-Strände gibt es auf Sizilien nicht, da Nacktbaden ge- **FKK**
nerell nicht erlaubt ist und auch nicht den Moralvorstellungen der
Italiener entspricht. Allerdings gibt es auf den Inseln Filicudi und
Lampedusa Feriendörfer mit FKK-Stränden, und auf Vulcano wird
an abgelegenen Stellen nackt gebadet.

Sizilien für Behinderte

Über Bahn- und Flugreisen, behindertengerechte Einrichtungen u. a.
informieren ENIT, Reisebüros, die Deutsche Bahn sowie:

▶ **Bundesarbeitsgemeinschaft
des Clubs Behinderter und
ihrer Freunde e. V.**
Langemarckweg 21
51465 Bergisch Gladbach
Tel. 022 02/98 99
811www.bagcbf.de

▶ **Bundesverband Selbsthilfe für
Körperbehinderte**
Reisedienst
Altkrautheimer Str. 20
74238 Krautheim
Tel. 0 62 94 / 4 28 10

Fax 0 62 94 / 42 81 79
www.bsk-ev.de

▶ **Handicapped-Reisen**
Im Escales-Verlag gibt es ein
Magazin mit Reisetipps und Un-
terkunftsvorschlägen sowie ein
Buch mit Hotel- und anderen
Unterkunftslisten für Rollstuhl-
fahrer; Escales-Verlag, Nordka-
nalstr. 52, 20097 Hamburg, Tel.
040/54 80 78 77, www.rollstuhl-
kurier.de. Weitere Infos auch unter www.rolli-hotels.de.

Elektrizität

Das Netz Siziliens führt 220 Volt Wechselstrom. Allgemein passen nur Flachstecker, sonst sind Adapter (spina di adattamento) nötig.

Essen und Trinken

Essgewohnheiten Das italienische Frühstück (colazione) beschränkt sich häufig auf einen Cappuccino (espresso mit aufgeschäumter Milch) oder einen Caffè (espresso) mit Gebäck, etwa einem frischen Hörnchen (cornetto). Die Hotels sind jedoch meist auf die Gewohnheiten ihrer ausländischen Gäste eingestellt und bieten ein mehr oder weniger reichhaltiges Frühstücksbuffet an. Zu empfehlen ist aber immer noch das Frühstück in einer ganz normalen Bar: am Tresen mit einem Tramezzino, einer Focaccia oder Ähnlichem mit Schinken, Salami, Käse, Thunfisch etc. Wer dann noch Lust auf etwas Süßes hat,

> ## *i* Preiskategorien
>
> ■ Die in diesem Reiseführer im Kapitel »Reiseziele von A bis Z« empfohlenen Restaurants sind in folgende Preiskategorien eingeteilt (3-Gänge-Menü ohne Wein):
> **Fein & teuer:** über 35 €
> **Erschwinglich:** 20 – 35 €
> **Preiswert:** unter 20 €

kann unter verschiedenen Dolci wählen. Das Mittagessen (pranzo) besteht meist aus einem Antipasto (Vorspeise), Primo (Pasta, Risotto oder Suppe), Secondo (Fisch oder Fleisch) mit Gemüse (contorno) oder Salat (insalata). Anschließend kann man zwischen Formaggio (Käse), Dolce (Dessert), Gelato (Eis) oder Frutta (Obst) wählen. Der Espresso beschließt das Mahl (nur Ausländer trinken einen Cappuccino). Manche bestellen ihn »corretto« (mit Grappa, Cognac, Amaro oder Sambuca »korrigiert«). Das Abendessen (cena), bei dem sich die Speisenfolge des Mittagessens wiederholt, wird selten vor 19.00 Uhr serviert.

Restaurants In italienischen Restaurants ist es unüblich, sich seinen Tisch selbst auszusuchen. Man wartet, bis der Kellner den Platz zuweist. Zum normalen Preis für das Essen werden zum Teil Bedienung (servizio) und / oder Gedeck (coperto) zusätzlich berechnet. Wichtig: Im August haben – außer in Ferienorten – viele Betriebe geschlossen.

Trinkgeld ▶ In Hotels und Restaurants ist die Bedienung im Preis inbegriffen, jedoch werden 5 – 10 % des Rechnungsbetrages als Trinkgeld (mancia) erwartet. In den Bars bzw. Cafés ist die Bedienung häufig nicht eingeschlossen; in diesem Fall werden 12 – 15 % Trinkgeld gegeben.
Jedes Restaurant muss dem Gast eine Rechnung (ricevuta fiscale) ausstellen, die im Umkreis des jeweiligen Lokals auf Verlangen der Steuerfahndung vorzuweisen ist (widrigenfalls Geldbuße).

Die Sterne des Südens

Siziliens Küche punktet. Zum einen bedienen sich die Inselköche aus einem großen kulinarischen Erbe, zum anderen sind die Produkte erstklassig: Die sizilianischen Märkte gehören zu den reichsten und schönsten der Welt. Aus dem Meer kommen reichlich Fische, Muscheln und Krustentiere, das Fleisch von Rind, Lamm, Schwein und Ziege schmeckt außergewöhnlich gut, Obst und Gemüse gedeihen zu jeder Jahreszeit, die Wälder liefern köstliche Pilze, und auf den Feldern und Wiesen wachsen aromatische Kräuter, Gemüse und Salate. Alles wird reichhaltig, bunt und luxuriös serviert. Der arabische Einfluss ist vor allem in den sehr süßen Dolci und in der Kombination von pikanten und süßen Zutaten (etwa Rosinen zum Fleisch) zu spüren. Und die **Pasta** – die Moslems errichteten Anfangs des 10. Jh.s bei Palermo die erste Pastafabrik – ist die Königin der Speisen. Man muss mindestens einmal die berühmten »ncasciata« (Nudelspezialität aus Ragusa) probiert haben, um die Passion der Sizilianer für die Pasta zu begreifen. Ebenfalls empfehlenswert sind »pasta con le sarde« (Nudeln mit Sardinen), »pasta alla norma« (Nudeln mit Auberginen) oder »cannelloni alla siciliana« (gefüllte Nudelröllchen). Genauso populär ist das arabische Überbleibsel »cùscusu« (Couscous). Die sizilianische Variante dieses Gerichts ist mit Fisch und Meeres-

Italienische Verführungen beginnen schon bei den Antipasti, den Vorspeisen.

früchten angereichert und wird vor allem in der Nähe von Tràpani so wie auf den nahe gelegenen Inseln angeboten. Süßspeisen haben, wie gesagt, einen hohen Stellenwert; sie basieren hauptsächlich auf Marzipan, Mandeln und kandierten Früchten. Schön bunt und phantasievoll sehen sie aus – eben ein bisschen barock. Im Folgenden eine kleine Auswahl regionaler Spezialitäten, die sowohl für Italiener als auch für Urlauber aus anderen Ländern eine schmackhafte Mahlzeit sind:

Regionale Spezialitäten

Arancini di riso: Reisbällchen, gefüllt mit Fleisch und Erbsen
Cannelloni alla catanese: Blätterteigrechtecke mit gekochtem weißem Fleisch gefüllt, in einer mit Salbeiblättern gewürzten Tomatensauce und Schafskäse überbacken
Cannoli di ricotta (eine Süßspeise): Schillerlocken mit Quark
Caponata: gekochte Auberginen, gefüllt mit Kapern, Kürbis, Tomaten und Oliven
Cassata siciliana: Süßspeise mit kandierten Früchten, frischem Quark, Marzipan und Biskuit
Cobaita (Süßspeise): Sesamgebäck mit Mandeln und Honig
Falso magro alla siciliana: Kalbfleisch, gefüllt mit einer Paste aus zerkleinerter Mortadella, Käse, Eiern und Hackfleisch, zunächst angebraten und anschließend geschmort
Focacce: gemüsegefüllte Fladen
Girelli: Kalbskroketten, gefüllt mit Parmesan und Schinken
Involtini: Fleischspezialität, gefüllt mit Käse, Zwiebeln, Salami und Eiern
Minestra di ceci: Suppe aus Kichererbsen
Mpanata di pasqua: paniertes Lamm, v. a. an Ostern
Ncancarnancá: Käsesuppe
Pasta con le sarde: Spaghetti mit Sardinen, Rosinen, Pinienkernen, wildem Fenchel und Safran
Pesce spada: Schwertfisch; pesce spada a ghiotta: Schwertfisch in dicke Scheiben geschnitten, in Olivenöl frittiert, mit einer Mischung aus Tomatensauce, Sellerie, Kapern, schwarzen Oliven und etwas Rotweinessig gewürzt; pesce spada a summarigghiu: Schwertfisch in einer Soße aus Öl, Majoran und roten, grob zerkleinerten Peperoni; pesce spada ai ferri: auf dem Rost gebratener Schwertfisch; pesce spada (involtini): als Roulade mit orientalischen Spezereien gewürzt
Pignolata (Süßspeise): Teigstücke in Form von Pinienkernen in Zuckerlösung
Sarde a beccafico: Sardinen, gefüllt mit Semmelbröseln, Lorbeer und etwas Orangensaft
Seppie ripiene: gegrillte Tintenfische, gefüllt mit geriebenem Pecorino und viel Petersilie

Sfincioni: gebackener Käse mit Öl, Pfeffer und Tomaten
Vope all'agrodolce: geröstete Sardinen in einer Marinade aus Zwiebeln, Essig und Honig
Spaghetti alla norma: Spaghetti mit frischen Tomaten und frittierten Auberginen (nach der Oper des Komponisten Vincenzo Bellini benannt)

Getränke

Standardgetränke zu allen Mahlzeiten sind Wein (►dort) und Mineralwasser (mit / ohne Kohlensäure, con / senza gas). Überall gibt es auch Bier (birra), sowohl das leichte italienische als auch ausländisches; neben deutschem sehr oft dänisches oder holländisches.

Feiertage · Feste · Events

Das wichtigste religiöse Ereignis des Jahres ist die Settimana Santa, die Osterwoche. Weitere Höhepunkte sind Mariä Himmelfahrt, die Madonnenwallfahrten und der Carnevale, der fast in allen Orten gefeiert wird. Im Sommer gibt es an vielen Orten Freilichtaufführungen. Weitere Hinweise zu Festen in den einzelnen Orten finden Sie unter dem jeweiligen Stichwort im Kapitel »Reiseziele von A bis Z«.

 ## FESTKALENDER

FEIERTAGE

1. Januar: Neujahr; Capodanno
6. Januar: Hl. Drei Könige; Epifania
Ostermontag: Lunedì dell'Angelo oder Pasquetta
25. April: Tag der Befreiung 1945; La Resistenza
1. Mai: Tag der Arbeit; Festa del Lavoro
2. Juni: Nationalfeiertag; Festa della Repubblica
15. August: Mariä Himmelfahrt; Ferragosto; Höhepunkt der inneritalienischen Ferienreisezeit
1. November: Allerheiligen; Ognissanti
8. Dezember: Mariä Empfängnis; Immacolata Concezione
25. und 26. Dezember: Weihnachten; Natale und Santo Stefano

VERANSTALTUNGEN

► **Januar**
Dreikönigsfest: 6. Januar (Epifania), besonders eindrucksvoll in Piana degli Albanesi

► **Februar**
Sagra del mandorlo in fiori: Anfang Februar, Mandelblütenfest in Agrigent, im Valle dei Templi
Sant'Âgata: 3.–5. Februar, Volksfest zu Ehren der hl. Agathe in Catania (mit Prozession der Cannalori)

► **Februar – März**
Carnevale: Karneval mit Umzügen, Musik und Tanz unter anderem in Acireale, Sciacca – auch eine Karnevalshochburg –, sowie in Termini Imerese, Castelvetrano

und in Taormina; Kindermasken-
fest in Tràpani

▶ **März – April**

Vampa: 19. März, Fest des hl. Josef
(San Giuseppe) in Niscemi, Ribera
und Salemi

Settimana Santa, Karwoche:
Gründonnerstag und Karfreitag
Prozessionen und Mysterienspiele
in vielen Orten, u. a. in Caltanis-
setta, Marsala und Érice, Tràpani,
Acireale, Enna, Isnello, Piana degli
Albanesi, Gela

Ostern: Auferstehungsspiele in
Castelvetrano; Fest der Diavolata
in Adrano
Ballo dei Diavoli, Teufelstanz in
Prizzi
Prozessionen und Tänze der Al-
baner in prachtvollen Trachten in
Piana degli Albanesi

▶ **April**

Fest zu Ehren des San Giorgio:
23. April, in ganz Sizilien, u. a. in
Castelmola

*Umzüge mit sizilianischen Karren
(carretti):* Ende April in Palermo
und Taormina

▶ **Mai**

Klassische Theateraufführungen
im Griechischen Theater in Syrakus (bis Juni)

Heiligenfeste: 1. Maisonntag, Fest
zu Ehren der Santa Lucìa in
Syrakus und Fest des San Michele
in Caltanissetta; 9. und 10. Mai,
Fest des San Alfio in Trecastagni

3. Maisonntag: Saluto alla Primavera, Primavera Barocca in Noto

Sagra del Tataratà: großes Ortsfest
zu Ehren des hl. Kreuzes seit über
300 Jahren am letzten Maiwochen-
ende in Casteltèrmini; in historischen Kostümen

Beim Palio dei Normanni in Piazza Armerina spielt der ganze Ort mit.

► Juni

Fest des hl. Petrus: 29. Juni, in allen Fischerdörfern wird der Patron der Fischer gefeiert.

► Juli

Internationale Unterwasserschau in Ùstica
U Fistinu in Palermo: 11. – 15. Juli, zu Ehren der hl. Rosalia
La Luminaria: 24. / 25. Juli, Fest zu Ehren des San Giacomo in Caltagirone
Opernsaison im Castello Lombardo in Enna

► Juli – August

Taormina Arte: Festival mit Filmvorführungen, Kunstausstellungen, Theater- und Opernabenden im antiken Theater in Taormina
Estate Ericina: Sommerfestival mit klassischer Musik und Theater in Érice
Orestiadi: Klassische Theateraufführungen in den Ruinen von Gibellina (Auskunft: ►S. 180)
Klassische Theateraufführungen im griechischen Theater in Segesta

► August

Palio dei Normanni: 13. August, Reiterwettkämpfe in historischen Kostümen in Piazza Armerina
Passeggiata dei Giganti: 14. und 15. August, in Messina wird mit überlebensgroßen Figuren an die legendären Stadtgründer Mata und Grifone erinnert.
San Vito Jazz Festival: Jazzfestival in San Vito lo Capo

► September

*Erntedankfest*e in vielen Städten
Heiligenfeste: 3./4. September, Wallfahrt zur Rosaliengrotte auf dem Monte Pellegrino in der Umgebung von Palermo
8./9. September, Fest der Schwarzen Madonna in Tindari und Fest der Madonna von Gibilmanna

► November

Beginn der Opernsaison in Catania, Messina und Palermo (sie endet im Mai)
Internationale Woche der Kirchenmusik in Monreale

► Dezember

Vergabe des Literaturpreises »Brancati« in Zafferana Etnea
Fest der hl. Lucia: 13. Dezember in Syrakus
Weihnachten: Advents- und Krippenspiele in vielen Orten, u. a. in Custonaci

Geld

Seit dem 1. Januar 2002 ist der Euro in Italien wie in Deutschland, Österreich und anderen Ländern der Europäischen Union das offizielle Zahlungsmittel.
Für die Schweiz: 1 CHF = 0,80 €, 1 € = 1,24 CHF

Euro

Bürger aus EU-Mitgliedsländern dürfen Euro in beliebiger Höhe nach Italien ein- bzw. von dort ausführen.

Devisenbestimmungen

Banken Die Banken sind mit geringen Abweichungen Mo.–Fr. 8.30–13.00 Uhr geöffnet; nachmittags variieren die Öffnungszeiten (ca. 14.30/15.00–16.30 Uhr). An Tagen vor Feiertagen (prefestivi) schließen die Banken um 11.20 Uhr.

Geldautomaten, Bankkarten, Kreditkarten An Geldautomaten kann man mit Kredit-, Maestro- und Postbank-Karten mit der persönlichen Geheimnummer problemlos rund um die Uhr Geld abheben. Mit der Bankkarte erhält man maximal 500 € pro Tag und Konto, mit der Postbank SparCard pro Kalendermonat maximal 1500 €. Kreditkarten unterliegen höheren Grenzen.

Banken, Hotels, Restaurants, Autovermieter und Einzelhandelsgeschäfte akzeptieren in der Regel die internationalen Kreditkarten.

Verlust Bei Verlust von Kredit- oder Bankkarten kann man – vorausgesetzt man hat Kontonummer und Bankleitzahl parat – den **Sperr-Notruf** unter der Tel. 00 49 / 116 116 erreichen. Er gilt auch für Handys und weitere sperrbare Medien. Bank-Karten können auch weiterhin unter 0 18 05 / 02 10 21 gesperrt werden.

Quittungen In Italien ist der Käufer verpflichtet, die Kassenbelege (Ricevuta fiscale oder scontrino) zu verlangen und aufzuheben. Es kann vorkommen, dass man nach dem Verlassen eines Geschäfts aufgefordert wird, die Quittung vorzuzeigen – damit soll Steuerbetrug erschwert werden.

Gesundheit

Medizinische Versorgung Vielerorts steht die Guardia Medica für die medizinische Versorgung zur Verfügung. Ärztlichen Notdienst bzw. Erste Hilfe (Pronto soccorso) leisten außer Krankenhäusern (Ospedali) u. a. das Weiße Kreuz (Croce Bianca), das Grüne Kreuz (Croce Verde) und das Rote Kreuz (Croce Rossa Italiana), deren Adressen auf den ersten Seiten des Telefonbuchs (Avantielenco) zu finden sind. Zahnärzte stehen im Telefonbuch unter dem Stichwort »Medici dentisti«.

Kranken-versicherung Versicherte deutscher und österreichischer Krankenkassen haben im Krankheitsfall Anspruch auf eine Behandlung. Voraussetzung ist, dass man sich vor Reiseantritt bei seiner Krankenversicherung die **European Health Insurance Card** besorgt und diese im Krankheitsfall beim Arzt oder im Krankenhaus vorlegt. Sollte die Karte nicht akzeptiert werden, sind Rechnungen und Atteste zu verlangen und nach Heimkehr diese Unterlagen bei der Krankenkassen zur Kostenerstattung einzureichen. Nicht-EU-Bürger müssen medizinische Behandlungen und Medikamente selbst bezahlen. Privatversicherte legen zur Kostenerstattung bei ihrer Krankenversicherung die Arzt- und Apothekenrechnungen vor.

Apotheken (Farmacie) haben in der Regel Mo.–Fr. 9.00–12.30 Uhr **Apotheken**
und 16.00–19.30 Uhr geöffnet. Sie schließen wechselweise mitt-
wochs oder samstags. Ein Verzeichnis mit den nachts und feiertags
geöffneten Apotheken (Farmacie di turno) hängt in den Schaufens-
tern oder an den Türen aller Apotheken aus.

Schon seit der Antike werden in Sizilien Heilquellen für therapeuti- **Heilquellen**
sche Zwecke genutzt. Die bedeutendsten Kurorte sind Acireale, Castroreale, Sciacca, das größte und modernste Kurzentrum der Insel,
Termini Imerese und Alí Terme. Informationen: ENIT (►Auskunft)
und www.termeitaliane.com.

Mit Kindern unterwegs

Italiener pflegen eine besondere Beziehung zu Kindern, egal ob es
die eigenen oder fremde »bambini« sind. So bestimmen Kinder den
Tagesablauf maßgeblich mit. Allerdings bietet Sizilien bis auf wenige
Ausnahmen keine speziellen Einrichtungen für Kinder. Neben den
üblichen Hits wie Strände (►Badestrände) und Eisdielen gibt es in
Palermo ein Museo delle Marionette und ein Puppentheater (nur auf
Italienisch; ►Baedeker Special S. 342) zu bestaunen sowie die **Città
dei Ragazzi**, die Stadt der Kinder. In Donnafugata lädt ein **Irrgarten**
im Schlosspark (►Ragusa) und etwas außerhalb von Catania das **»Et-
naland«** mit Safari-, Dino- und Wasserpark zum Spielen ein (Mitte
März–Mitte Sept., tägl. 9.00 bis 16.00 Uhr, Zoo Mi. geschl.; Autobahn Richtung Palermo, Ausfahrt Gerbini, www.etnaland.eu),
weitere **Spaßbäder** gibt es in Monreale (www.acquaparkmonreale.it)
und Marina di Ragusa. Alte Handwerksberufe und Werkstätten lernt
man schließlich in Buscemi kennen, einem Museumsdorf im Südosten Siziliens (S. 308). Das breiteste Angebot bietet sicherlich ein
Cluburlaub, hier werden Kinder in der Regel gut betreut und unter-
halten.

Knigge

Bella Figura, der schöne äußerliche Schein, ist für die meisten Italie- **Was kommt an in**
nerinnen und Italiener ein innerliches Bedürfnis. Auch wenn es sich **Italien und was**
bloß um den Gang zum Postamt oder einen Markteinkauf handelt: **nicht?**
Wer auf die Straße tritt, macht sich gern für die Öffentlichkeit fein –
frei nach der Devise Coco Chanels, immer so angezogen zu sein, dass
Frau jederzeit den Mann ihres Lebens treffen könnte. Im Zweifelsfall
gibt man sein Geld eher für Mode (und gutes Essen) als für Möbel

In San Vito lo Capo

oder Fassadenanstriche aus. Umso verständnisloser oder amüsierter schaut man auf etikettelose Touristen herab, die mit Badeschlappen Kirchen betreten, in Shorts Gemäldegalerien besichtigen, mit Sandalen in Restaurants sitzen oder gar mit nacktem Oberkörper durch die Altstadt schlendern – das würde selbst den Tifosi, den Fußballfans von Juventus Turin, Lazio Roma oder Sampdoria Genua im größten Fußballfieber kaum einfallen.

Barbesuche   Bella Figura machen auch jeden Morgen die wahren Hauptdarsteller in den Tausenden von Bars von Bozen bis Palermo: Die dampfenden Espresso bereitenden Baristi tragen meist korrekte Kellnerjacken und adrette Käppis und regieren souverän das vor ihnen stehende Publikum, an das sie mit unnachahmlicher Eleganz aufgeschäumte Cappuccini, frisch gebackene Cornetti und natürlich Gläser mit frischem Wasser verteilen. Wie langweilig ist gegen diesen Auftritt doch ein deutsches Frühstück im Sitzen! Brechen Sie wenigstens einmal aus der Hotelroutine aus und gönnen Sie sich eine Colazione all'italiana. Und lassen Sie den Männern hinter dem Tresen ein paar Münzen Trinkgeld liegen – Serviceberufe werden oft schlecht bezahlt.

Fotografieren   Bella Figura, das macht es auch dem Photografen leicht. Die meisten Italiener freuen sich, wenn sie vor die Linse kommen. Nutzen Sie die Chance zu einem Schwätzchen, das sich schnell zu einem Casting entwickeln kann. Oft will dann die Nachbarin von nebenan mit aufs Bild, die Kinder winken die ganze Schulklasse zum Fototermin, der Padrone besteht darauf, dass auch die Kellner abgelichtet wird. Ein Photo ist immer ein öffentliches Ereignis, ein Moment des Erwähltwerdens und der Lebensfreude.

Spontan sind Italiener auch hinter dem Steuer. Wenn die Regierung **Verkehr** Berlusconi auch 2004 beschlossen hat, die Flensburger Verkehrssünderkartei nachzuahmen, erweisen sich vor allem Süditaliener immer wieder als Lebenskünstler, die unbekümmert im Fiat auf Standspuren zum Überholen ansetzen oder in dritter Reihe parken. Wie schön, wenn das Verkehrschaos sich dann doch entwirrt und möglichst viele Menschen mit möglichst vielen Gesten daran beteiligt sind. Denn dann wird die Straße zur lebendigen Piazza, wird die mechanisierte Routine des Alltags durchbrochen. Dass es dabei um Kommunikation und kaum je um Rechthaberei geht, beweist die kavaliersmäßige Rücksicht gegenüber Fußgängern, die im Gegensatz zu anderen mediterranen Ländern angenehm auffällt.

> **? WUSSTEN SIE SCHON …?**
>
> ■ Ein Caffè oder Vino, dazu eine Zigarette – darauf müssen Raucher in Restaurants und Bars verzichten. Es sei denn, sie befinden sich in einem abgeschlossenen, separat belüfteten Raucherraum. Auf die Kulanz der Gastwirte sollte man nicht vertrauen, denn es drohen empfindliche Strafen.

Glücklich wird in Italien, wer auf die einzelnen Italiener zugeht und **Arrangiarsi** ihnen durch ein Lächeln oder eine Geste zu verstehen gibt, dass man es schätzt und genießt, es gerade mit diesem besonders kompetenten und gewinnenden Gegenüber zu tun zu haben. Fragen Sie ruhig nach dem Vornamen des Kellners, rufen Sie lieber ein »bravo«, »grande« oder »bello« zu viel als zu wenig. Und wenn wieder einmal etwas nicht klappen sollte, dann praktizieren Sie ganz machiavellistisch die uralte italienische Kunst des »arriangiarsi«: Ein verständnisvolles Kompliment führt bei Toskanern, Römern, Mailändern, Neapolitanern und Sizilianern meist schneller zum Ziel als herrische Drohgebärden, die – Sie ahnen es schon – die Bella Figura beschädigen.

Literaturempfehlungen

Roberto Alajmo: Palermo sehen und sterben, Hanser, München, **Geschichte,** 2007– Dem Journalisten und Autor gelingt es, auch furchtsame Leser **Kunst, Landes-** zur Entdeckung seiner Heimatstadt zu verlocken. **kunde**

Giuseppe Bonaviri: Die Blaue Gasse, C. H. Beck, München, 2006In seinem Altersmeisterwerk erinnert Bonaviri an den vergangenen Alltag im bäuerlichen Sizilien der 1930er-Jahre.

Katharina Bürgi (Hrsg.): Sizilien und Palermo. Eine literarische Einladung, Wagenbach, Berlin 2008 – Bekannte und weniger bekannte, immer aber überraschende Stimmen von der Insel der Zitronen und Mafia.

◀ weiter auf S. 96

SIZILIEN IM FILM

Wohl keine andere Region Italiens diente bisher so oft als Schauplatz und Gegenstand von Verfilmungen wie Sizilien. Sicher, die Insel und teilweise die zu ihr gehörenden Inselchen haben auch jede Menge visuelle Anreize zu bieten: schroffe Berge, tiefe Täler und Schluchten, Vulkanlandschaften, Krater, blaues Meer, jahrhundertealte Städte und Dörfer mit mächtigen Adelspalästen und prachtvollen Kirchen, die die Piazza im Zentrum umrahmen.

Doch was die Filmemacher an der »Stiefelspitze« Italiens stets am meisten interessierte, waren und sind die Bewohner und ihr Leben, das teilweise immer noch geprägt ist von feudalen Gesellschaftsstrukturen und mittelalterlichen Ehrbegriffen, bestimmt vom Kreislauf der Gewalt.

Flops ...

1947 drehte der italienische Regisseur Luchino Visconti den Film **»La Terra trema«** (»Die Erde bebt«). Basierend auf dem Roman »I Malavoglia« von Giovanni Verga (1840–1922), erzählte Visconti die Geschichte des jungen Fischers Ntoni Valastro aus dem Dorf Aci Trezza und seiner Revolte gegen die Diktatur der »padroni«, der ausbeuterischen Fischgroßhändler und Bootsbesitzer. Ohne Unterstützung seitens der anderen Fischer, denen das jahrhundertelange Sklaventum jegliche Initiative und Hoffnung auf Besserung genommen hat, verliert er zum Schluss den Kampf gegen die Großhändler und muss sich ihnen wieder unterwerfen. Doch zum ersten Mal hat »die Erde gebebt«, erkennt Ntoni in seiner Niederlage die Möglichkeit zukünftiger Befreiung. Auf der Biennale in Venedig 1948 wurde der Film ausgezeichnet, in den Kinos hingegen erwies er sich als Flop.

Ebenfalls in einem Fischerdorf, und zwar auf der Lavainsel Stròmboli, spielt der Film **»Stròmboli, Terra di Dio«** von Roberto Rossellini aus dem Jahr 1949. Er erzählt die Geschichte der Litauerin Karin (Ingrid Bergman), die, verheiratet mit einem jungen Fischer aus Stròmboli, auf der Insel mit den fremden Sitten und Gebräuchen zu kämpfen hat. Mit diesem ländlichen Melodram, in dem eigentlich nur die Dokumentaraufnahmen eines Vulkanausbruchs aufregend sind, begann übrigens die enge berufliche wie private Liaison zwischen dem Regisseur Roberto Rossellini und dem aus Schweden stammenden Hollywoodstar Ingrid Bergman.

Massimo Troisi, Philippe Noiret und Maria Grazia Cucinotta in dem 1994 gedrehten zauberhaften Film »Il Postino«

Als Kritiker sizilianischer Gepflogenheiten machte sich Pietro Germi einen Namen. In dem ironisch-heiter inszenierten Film **»Divorzio all'italiana«** (»Scheidung auf Italienisch«, 1961) beschrieb er, wie in Italien über Jahrhunderte hinweg oft Scheidungen vorgenommen wurden. Der Baron Ferdinando Cefalu (Marcello Mastroianni), ein dekadenter Spross sizilianischen Adels, möchte seine Frau loswerden, um sich seiner hübschen Cousine Angela widmen zu können. Da eine Scheidung nicht möglich ist, treibt er seine Gemahlin konsequent in die Arme eines Malers, um sie dann, als er sie bei einem Schäferstündchen erwischt, zu erschießen. Nach Abbüßung seiner 18-monatigen Gefängnisstrafe für das »Verbrechen aus verletzter Ehre«, für das die italienischen Gesetze lange Zeit nur milde Strafen vorsahen, darf er nun endlich seine geliebte Angela heiraten. Von »verletzter Ehre« handelt auch **»Sedotta e abbandonata«** (»Verführung auf Sizilianisch«, 1963). Hier prangerte Germi am Beispiel der ihrer Unschuld beraubten 16-jährigen Agnese die teils noch gültigen grausamen Gesetze der sizilianischen Gesellschaft zur Wahrung der Familienehre an.

In der ländlichen Welt Siziliens ist auch der Film **»Kaos«** (1984) der Brüder Taviani angesiedelt. Die ihm zugrunde liegenden vier Erzählungen des Literaturnobelpreisträgers Luigi Pirandello handeln von Auswanderung, Tod, Mutterliebe und Verbundenheit mit dem Land, von Entfremdung, Verblendung und Vergänglichkeit. Auch wenn manche Themen etwas entlegen wirken (da weckt z. B. der Vollmond die Begierde in einem Bauern und verwandelt ihn in einen Wolf), wurde mit diesem Werk ein großes Erzählkino geschaffen.

... und Tops

Auf einer anderen literarischen Vorlage basiert der Film **»Il Gattopardo«** (»Der Leopard«, 1963) von Luchino Visconti. Nach dem gleichnamigen Roman von Giuseppe Tomasi di Lampedusa erzählt er vom Schicksal der sizilianischen Aristokratie zur Zeit der Einigungsbestrebungen Garibaldis in Italien Mitte des 19. Jh.s: Fürst Fabrizio Salina (Burt Lancaster) stellt sich zwar zur Überraschung seiner Standesgenossen auf die Seite der neuen Herrschaft, verweigert jedoch seine Mitarbeit am neuen Königreich Italien und beklagt das ewige Kolonialschicksal Siziliens. Leider gibt die gekürzte deutsche Verleihfassung das gelegentlich zu detaillierte historische und gesellschaftliche Panoramabild des fast vier Stunden langen Originalwerks nur unvollkommen wieder. Sizilianische Geschichte, aber ganz anderer Art, liefert **»Cinema Paradiso«**

In »Il Gattopardo« erzählt Giuseppe Tomasi di Lampedusa sizilianische Geschichte zur Zeit der Einigungsbestrebungen Garibaldis. Hier Burt Lancaster als Fürst Fabrizio Salina in Viscontis berühmter Verfilmung von 1963

(1988) von Giuseppe Tornatore, in dem ein früherer Filmvorführer gefühlvoll und mit Humor auf die Ankunft des Tonfilms in einer sizilianischen Kleinstadt zurückblickt. Der Film gehört zu den erfolgreichsten ausländischen Filmen, die bisher in den USA aufgeführt wurden – gedreht wurde der Film in Palazzo Adriano.

Helden und Mafiosi

Natürlich fand auch der für viele immer noch größte Volksheld Siziliens, Salvatore Giuliano (▶Berühmte Persönlichkeiten), Eingang in die Kinos. Der eindrucksvollste Film über diesen Banditen stammt von Francesco Rosi (**»Salvatore Giuliano«**, 1961; »Der Fall Salvatore Giuliano«). Rosis Leistung besteht darin, dass er es strikt vermied, Salvatore Giuliano zu einem tragischen Helden zu machen; nur Tatsachen, die nach und nach ans Tageslicht gekommen waren, wurden vom Regisseur aufgegriffen. Dennoch gelang Rosi eine sowohl künstlerisch wie auch politisch und sozial bedeutsame Filmleistung.

Das beliebteste Thema der Filme, die mit Sizilien in Zusammenhang stehen, ist die Mafia. Und entsprechend lang ist die Liste der Mafiafilme. Die wohl weltweit bekannteste, wenn auch keine italienische, sondern amerikanische Produktion **»The Godfather«** (»Der Pate«, 1971) entstand nach dem gleichnamigen Roman von Mario Puzo. Den Mittelpunkt des Films bildet das System der Mafia, repräsentiert in der Geschichte eines Familienclans, dessen Oberhaupt Don Corleone (Marlon Brando) zu den ganz Großen der amerikanischen Unterwelt gehört. Dieser Film, dem noch zwei weitere Teile folgten, wurde zum Wegbereiter für zahlreiche andere Mafiafilme. Und das Interesse an solchen Filmen scheint nicht nachlassen zu wollen. Wieder lässt das staatliche italienische Fernsehen RAI, das in Zusammenarbeit mit anderen europäischen Fernsehsendern auch die in Deutschland so erfolgreiche Serie »Allein gegen die Mafia« produziert hat, einen Film über die immer noch intakte kriminelle Organisation drehen, diesmal über den Kampf von Priestern gegen die sizilianische Mafia.

Romantik

Aber auch die gefühlvollen Filme haben Hochkonjunktur. Der 1994 von dem britischen Regisseur Michael Radford gedrehte Film **»Il Postino«** (»Der Postmann«) ist ein romantischer Film über die wunderbare Macht der Gefühle. Der Chilene Antonio Skarmete lieferte die Vorlage. In »Burning Patience« erzählt der Autor die Geschichte von der Freundschaft zwischen Pablo Neruda, dem alternden chilenischen Dichter – 1971

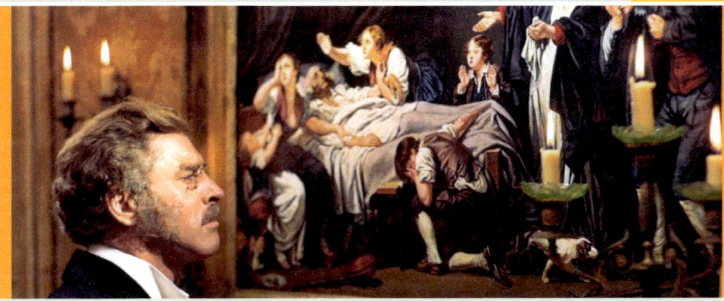

Nobelpreisträger für seine lyrische Poesie, der einige Zeit im italienischen Exil verbrachte –, und Mario, einem jungen Mann, der ihm als Briefträger die Post bringt. Radford verlegte die Geschichte auf die liparische Insel Salina. Von Neruda (Philippe Noiret) lernt Mario (Massimo Troisi) die Magie und die Schönheit der Worte und Metaphern, und er macht die Erfahrung, dass man mit ihnen sogar das Herz einer Frau (Maria Grazia Cucinotta) erobern kann.

Einer der jüngsten Filme ist **»L'Uomo delle Stelle«** (»Der Mann, der die Sterne macht«), für den der sizilianische Regisseur Giuseppe Tornatore 1995 in Venedig den Spezialpreis der Jury erhielt. Der Hochstapler Morelli reist angeblich im Auftrag römischer Filmstudios 1953 auf Talentsuche durch Sizilien. »Was für ein Gesicht!«, versichert er gestandenen Alten, Männern und Frauen in den besten Jahren, jungen Mädchen und jugendlichen Liebhabern, die alle kommen und auf ihre Entdeckung für das Kino hoffen. Doch bevor Morelli sie auf Zelluloid verewigt, müssen sie erst Mal 1500 Lire für Probeaufnahmen zahlen. Schließlich wird der trickreiche Betrüger – der Film in seiner Spule ist längst unbrauchbar – von noch skrupelloseren Hochstaplern hereingelegt. Das Besondere an diesem Film sind einmal die Personen

selbst, ihre Gesichter und ihre Geschichten: Neben Schauspielern holte Tornatore, der schon in »Cinema Paradiso« (s. o.) seine beiden Lieblingsthemen Sizilien und das Kino meisterhaft verband, rund 100 Amateure vor die Kamera.

Ein mit relativ geringen Mitteln gedrehter, kurz nach seiner Premiere im Jahr 2000 mehrfach prämierter Film ist **»I Cento Passi«** (»Die 100 Schritte«). Marco Tullio Giordana erzählt die wahre Geschichte von Giuseppe Impastato, genannt Peppino. Dieser stammte aus dem nur einen Steinwurf von Palermos Flughafen entfernten Städtchen Cinisi und engagierte sich in den 1970er-Jahren für eine linke Partei. In einer Radiosendung verspottete er den örtlichen Mafiaboss Gaetano Badalamenti (Don Tano), dessen Haus nur »100 Schritte« von seinem eigenen entfernt lag. Daraufhin warf Peppinos Vater, selber Mafiamitglied, seinen Sohn aus dem Haus. In der Nacht des 8. Mai 1978 fand man Peppinos von einer Bombe zerfetzte Leiche. Der Untersuchungsbericht stellte »Tod durch Selbstmord« fest. Über 20 Jahre kämpften Freunde Peppinos darum, dass der Fall doch noch vor Gericht kam. Badalamenti, der wegen anderer Delikte in den USA im Gefängnis saß, erhielt als Auftraggeber des Mordes an Peppino eine lebenslange Haftstrafe.

John Dickie: Cosa Nostra. Die Geschichte der Mafia, Fischer, Frankfurt a. M., 2006 – Recherchen zum organisierten Verbrechen

Moses I. Finley, Denis Mack Smitz, Christopher Duggan: Geschichte Siziliens und der Sizilianer, Becksche Reihe, München, 2006

Giovanni Francesio, Enzo Russo: Sizilien – Mythos, Kunst und Kultur, Hirmer, München, 2003 – Siziliens Schönheiten in Bild und Text

Dieter Mertens: Städte und Bauten der Westgriechen. Von der Kolonisation bis zur Krise Ende 5. Jh. v. Chr. Hirmer, München, 2006

DuMont Bildatlas Nr. 3 Sizilien: Schön bebildertes Porträt der Insel. DuMont Reiseverlag, Ostfildern

Bern Rill: Sizilien im Mittelalter. Das Reich der Araber, Normannen und Staufer, Belser, Stuttgart, 2000

Steven Runciman: Die Sizilianische Vesper. Der Volksaufstand und die europäische Geschichte im 13. Jh., C. H. Beck, München, 1984

Roberto Saviano: Gomorrha. Reise in das Reich der Camorra, Hanser, München, 2008

Alexander Stille: Citizen Berlusconi, C. H. Beck, München, 2006
Faktenreiche politische Abenteuergeschichte

Sympathie Magazin: Sizilien verstehen, Hrsg. vom Studienkreis für Tourismus und Entwicklung e. V., Kapellenweg 3, 82541 Ammerland/Starnberger See, Tel. 0 81 77 / 17 83, www.studienkreis.org

Rund um Wein und Küche

Vini d'Italia: Italiens Weine, Gräfe und Unzer, Hallwag, München (jährlich aktualisiert)

Martina Meuth, Bernd Neuner-Duttenhofer: Andrea Camilleris sizilianische Küche, Edition Lübbe, Bergisch Gladbach, 2005 – Kulinarische Sizilienreise auf den Spuren des Commisario Montalbano

Cornelia Schinharl: Süditalien Küche und Kultur, Gräfe und Unzer, München, 2002

Slow Food: Osterie d'Italia. Italiens schönste Gasthäuser, Gräfe und Unzer, Hallwag, München (jährlich aktualisiert)

Belletristik

Andrea Camilleri: Kriminalromane, bei Lübbe, Piper und Wagenbach erschienen, die alle auf Sizilien spielen. Die Hauptperson ist der gutmütige, launische und kluge Commissario Montalbano aus Vigàta, einer fiktiven Kleinstadt auf Sizilien (▶Berühmte Persönlichkeiten).

Robert Harris: Imperium, Heyne, 2006. Historischer Roman: Cicero führt Anklage gegen den korrupten Gouverneur Siziliens.

Alban Nikolai Herbst: Eine sizilische Reise, dtv, München, 2002 Der Bericht eines jungen Mannes und Weltenbummlers von seiner Sizilienreise verwandelt sich in einen magischen Thriller.

Giuseppe di Lampedusa: Der Leopard, Piper, München, 2005 – Über den Untergang eines sizilianischen Adelsgeschlechts z. Z. Garibaldis

Dacia Maraini: Die stumme Herzogin, Piper, München, 2002 – Porträt eines sizilianischen Adelsgeschlechts zu Beginn des 18. Jh.s

Leonardo Sciascia: Mein Sizilien, Wagenbach, Berlin, 1995. Sciascia gibt Antworten auf die Frage, wie man Sizilianer sein kann. Derselbe, Candido oder ein Traum in Sizilien, Ullstein, Berlin, 1994 Derselbe, Das Gesetz des Schweigens, Zsolnay, München, 1998 Derselbe, Der Fall Majorna, Wagenbach, 2003. Eine Auseinandersetzung mit der realen Person Ettore Majorana, einem der bedeutendsten Physiker des 20. Jh.s und dessen Verschwinden im Jahre 1938

Giovanni Verga: Mastro Don Gesualdo, Roman, Wagenbach, Berlin, 1998; derselbe, Sizilianische Novellen, Philipp Reclam, Leipzig, 1998

Peter Peter: Sizilien – Literarische Entdeckungen im Land, wo der Teufel sein Weib nahm, Klett-Cotta, Stuttgart, 2003

Medien

Deutsche Zeitungen und Zeitschriften sind in Palermo, Taormina, Catania und in Lìpari erhältlich (meist mit einem Tag Verspätung). Sizilianer lesen den liberalen »Giornale di Sicilia« oder das eher konservative Blatt »La Sicilia«. In Messina sieht man außerdem die »Gazzetta del Sud«. Die beiden monatlich erscheinenden Magazine »Ciao Sicilia« (in Englisch und Italienisch) und »Un mese a Palermo« sind auch für Besucher interessant, da sie viel Informationen über die Insel und über die wichtigsten Ereignisse enthalten.

Naturparks · Naturreservate

Es gibt in Sizilien drei Regionalparks und zahlreiche Naturschutzgebiete; fast 10 % der Insel sind als Schutzfläche ausgewiesen. Informationen zu den einzelnen Naturschutzgebieten erhält man bei der ENIT, den lokalen Fremdenverkehrsbüros und unter www.parks.it/regione.sicilia/index.php (auf Italienisch, z. T. auch auf Englisch).

Der **Parco Naturale dell'Etna**, das Gebiet um den Ätna an der Ostküste Siziliens, ist einer der größten Regionalparks Italiens.

Die nach der Ortschaft Zingaro benannte **Riserva Naturale dello Zingaro** liegt im Nordwesten Siziliens zwischen Palermo und Tràpani.

Der **Bosco della Ficuzza**, ein ausgedehntes Wald- und Wiesengebiet zwischen Palermo und Agrigent, das von dem Kalksteinwall der Rocca Busambra überragt wird, war das ehemalige königliche Jagdrevier.

Die **Riserva Naturale Orientata Vendicari**, das Feuchtgebiet ganz im Süden der Insel, ist ein wichtiges Rückzugsgebiet für Vögel.

Der **Parco delle Madonie** und der **Parco dei Nébrodi** im Hinterland der Nordküste sind beliebte Ausflugsgebiete mit Unterkunftsmöglichkeiten (Schutzhütten, Agriturismi und einfache Hotels).

Das Meeresgebiet rund um die Insel Ùstica ist als **Riserva Naturale Marina Isola di Ùstica** ein Paradies für Schnorchler und Taucher.

Auch die **Isole Eolie** stehen unter Naturschutz und sind UNESCO Weltnaturerbe.

Notrufe

▶ **Gebührenfreier Notruf für Polizei und Unfallrettung**
Aus dem Mobil- und Festnetz
(Carabinieri, Soccorso pubblico):
Tel. 112

▶ **Feuerwehr**
(Vigili fuoco)
Tel. 115

▶ **ADAC-Notruf**
Deutschsprachiger Hilfsdienst
Tel. 03 92 10 41

▶ **Pannenhilfe des ACI**
(Soccorso stradale)
Tel. 800 116 800

▶ **ACE-Notrufzentrale Stuttgart**
Tel. 00 49 / 18 02 / 34 35 36

▶ **DRK-Flugdienst Bonn**
Tel. 00 49 / 228 / 23 00 23

▶ **Deutsche Rettungsflugwacht Stuttgart**
Tel. 00 49 / 711 / 70 10 70

Öffnungszeiten

Kirchen   Viele Kirchen bleiben zwischen 12.00 und 16.00 / 17.00 Uhr geschlossen (ausgenommen die Kathedrale von Palermo).

Die Öffnungszeiten der Museen, insbesondere der kleinen, sind abhängig von der Saison und ändern sich häufig. Detaillierte Angaben zu den großen Einrichtungen finden sich im Kapitel »Reiseziele von A bis Z«. Wer ganz sicher gehen will, sollte vor Ort bei der Touristeninformation nachfragen. Im Allgemeinen sind die Museen täglich außer montags zwischen 9.00 und 13.00 Uhr geöffnet, einige nach einer Mittagspause außerdem von 15.00 / 16.00 bis 19.00 Uhr. Letzter Einlass ist in vielen Fällen eine halbe Stunde vor dem Schließen.

Museen

Archäologische Sehenswürdigkeiten sind meist Di.– So. von 9.00 Uhr bis eine Stunde vor Sonnenuntergang zugänglich.

Ausgrabungen

Post · Telekommunikation

In den italienischen Postämtern kann man nicht telefonieren, sie sind nur für den Post- und Paketdienst zuständig. Geöffnet sind sie Mo.– Fr. 8.30 – 13.30, Sa. 8.30 – 12.00 Uhr.

Postämter

Briefmarken (francobolli) gibt es in Postämtern und in Tabakgeschäften (zu erkennen an einem Schild mit einem »T«) kaufen. Ein Brief bis 20 g sowie eine Postkarte ins europäische Ausland kosten 0,75 €.

Briefmarken

Die öffentlichen Fernsprecher akzeptieren (fast) nur noch Telefonkarten (Scheda oder Carta telefonica), die in Bars, Tabak- und Zeitungsläden erhältlich sind. **Die ehemaligen Ortsvorwahlen einschließlich der Null sind Bestandteil der italienischen Rufnummern.** So muss auch bei Ortsgesprächen sowie bei Anrufen aus dem Ausland die Null mitgewählt werden. Davon ausgenommen sind Notfall-, Service- und Handynummern (sie beginnen nicht mit einer Null). Servicenummern – mit der Vorwahl 800 – sind kostenlos.

Telefonieren

Die Nutzung von Mobiltelefonen (telefonini, cellulari) ist überall möglich. Da die Gebühren für die Nutzung innerhalb der EU gedeckelt sind, unterscheiden sich die Kosten bei Telefonaten in den einzelnen Roaming-Partnernetzen fast nicht.

Mobil telefonieren

VORWAHLEN

▶ **aus Italien …**
... nach Deutschland 00 49
... in die Schweiz 00 41
... nach Österreich 00 43
(danach jeweils die Ortsvorwahl ohne die »0«)

▶ **nach Italien**
00 39 (danach jeweils die ehemalige Ortsvorwahl mit der »0«)

▶ **Telefonauskunft**
Inland: Tel. 412
Ausland: Tel. 176

Preise und Vergünstigungen

Eintritt Besucher aus der EU, die unter 18 Jahre alt bzw. Rentner sind, erhalten zu vielen Sehenswürdigkeiten freien Eintritt. Für 18- bis 25-Jährige lohnt sich oftmals die Frage nach Jugendrabatt.

Trinkgeld ▶Essen und Trinken und ▶Übernachten

 ## WAS KOSTET WIE VIEL?

Einfaches Doppelzimmer ab 60 €

Mietwagen ab 280 € / Woche

1 l Super ca. 1,60 €

3-Gänge-Menü ab 25 €

Einfache Mahlzeit ab 8 €

Tasse Kaffee 1,50 €

Reisezeit

Subtropisches Klima Sizilien hat ein warm gemäßigtes Subtropenklima vom Mittelmeertyp mit feucht milden Wintern und trocken heißen Sommern. Ursache für den jahreszeitlichen Witterungswechsel ist die Verlagerung des subtropischen Hochdruckgürtels mit dem Sonnenstand. Das Frühjahr ist bis Ende April überraschend kühl und wechselhaft, der Herbst noch lange warm, aber ab Mitte Oktober schon recht unbeständig. Mit 2700 Stunden im Jahr belegt Palermo den Spitzenplatz beim Sonnenschein. Zwischen Juni und August bringt es die Sonne hier auf über 80 % der astronomisch möglichen Zeit.

Niederschläge Messina ist mit einem mittleren Jahresniederschlag von 832 l / m² die feuchteste der großen Küstenstädte. Catania, im Regenschatten des Ätna, mit 547 l / m² die trockenste. Deutlich mehr Niederschlag fällt in höheren Lagen, oberhalb von 1500 bis 1800 m im Winter auch als Schnee. Problematisch für die Wasserversorgung, vor allem der Landwirtschaft, sind die Schwankungen der Niederschläge von Jahr zu Jahr. Geradezu lebenswichtig ist deshalb der Ätna als »Wasserturm« der Insel. An ihm fällt das Doppelte bis Dreifache der Menge von Catania. Mit je 7 bis 12 Regentagen sind von Oktober bis Februar die feuchtesten Monate. Von Mai bis September bleibt es, abgesehen von einigen Gewitterschauern, fast trocken. Noch relativ unbeständig zeigen sich die Übergangsmonate März/April und der Oktober, in dem der so genannte »Ausbruch des Herbstwetters« ansteht. Ursache für die Wetterumstellung ist die fortgeschrittene Jahreszeit, in der Kaltlufteinbrüche im westliche Mittelmeer häufiger und massiver werden. Über dem bis zu 24 °C warmen Wasser können sich dann Tiefdruckwirbel explosionsartig entwickeln. Sintflutartige Regenfälle mit schweren Gewittern sind die Folge. Auf Sizilien können örtlich 40 bis 60 l/m² in 24 Stunden niedergehen und heftige Überschwemmungen auslösen. Langere Schlechtwetterperioden bleiben aber auch im Spätherbst die Ausnahme.

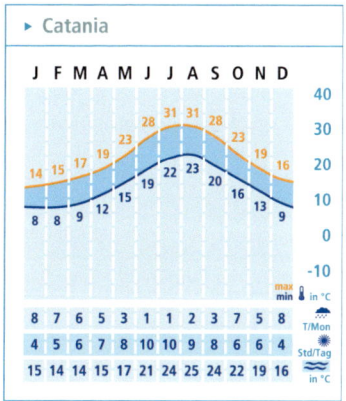

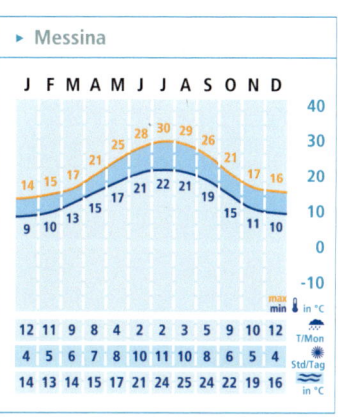

Der sizilianische Sommer ist von Mitte Juni bis etwa Mitte September heiß und ziemlich schwül. 30 °C und mehr sind im Juli und August bis in eine Höhe von 500 m an der Tagesordnung. Spitzenreiter ist Catania mit einem mittleren Tagesmaximum von 32 °C. In den aufgeheizten Häuserschluchten kühlt sich die Luft bis zum frühen Morgen kaum unter 25 °C ab. Nur an den Küsten bringt der tagsüber aufkommende Seewind leichte Linderung. Weht der heiße Schirokko aus Afrika herüber, sind mit Föhnunterstützung vom Ätna über 40 °C drin (Catana: abs. Max. 46 °C, Juli). Deutlich angenehmer zeigen sich Frühjahr und Herbst mit Mittagstemperaturen von gewöhnlich 22 bis 26 °C. Der Winter präsentiert sich in den Küstenhöfen von seiner milden und sonnigen Seite. Hier laden Tageswerte um 17 °C auch im Januar noch zum Verweilen ein. Erheblich härter zeigt sich die kalte Jahreszeit in den höheren Lagen. So bestehen auf den knapp 2000 m hohen Bergen der Madonie sogar einige Wintersportmöglichkeiten. In der Gipfelregion des Ätna ist von November bis März mit scharfen Frösten und Schnee zu rechnen.

Temperaturen

Reisezeit Abseits der extremen Sommerhitze sind Mai/Juni und der September die günstigsten Reisemonate. Den herbstlichen Badeurlaub sollte man wegen des zunehmenden Regenrisikos bis Mitte Oktober beendet haben. Danach empfehlen sich die geschützten Küsten von Palermo und Catania, die auch im Winter mit Sonne und milden Temperaturen punkten können. Anfang August ist das Mittelmeer mit 25/26 °C am wärmsten, Ende Februar mit 13/14 °C am kühlsten.

Shopping

Öffnungszeiten Die üblichen Ladenöffnungszeiten sind von 8.30/9.00 – 13.00 und von 16.00/16.30 – 19.30 Uhr (Winter). Im Sommer verschieben sich die Zeiten abends um eine Stunde (17.00 – 20.30 Uhr). Viele Läden bleiben Montagvormittag geschlossen.

Souvenirs Trotz der mehr oder weniger industrialisierten Souvenirherstellung, zum Teil sogar aus außereuropäischer Produktion, werden in Sizilien auch Erzeugnisse des traditionsreichen Handwerkes und Kunstgewerbes angeboten. Töpferwaren, handgewebte Stoffe und Teppiche, Ledertaschen, Schmiedeeisenwaren und vieles mehr werden zwar vorwiegend für die Touristen gefertigt, dennoch sind sie vielfach traditionellen Vorbildern nachempfunden und zum Teil handwerklich ganz gut gemacht sowie erschwinglich. Darüber hinaus besteht eine große Auswahl an kulinarischen Mitbringseln wie Wein (▶ Wein), Kapern, Olivenöl, Mandelplätzchen oder anderen Süßwaren. Ein Besuch der Märkte oder der Spezialitätenläden in den Städten bietet viele Anregungen.

Typisches Mitbringsel aus Sizilien: farbenfrohe Keramikarbeiten

In Santo Stéfano di Camastra, Burgio, Sciacca und Caltagirone werden vor allem **Keramikarbeiten** angeboten. Die Provinz Ragusa ist für ihre Vasen bekannt. Um Monreale flechten die Cannestrari Körbe und Stühle. **Teppiche und Stoffe** werden besonders um Palermo gewoben. Enna ist das Zentrum der **Spitzenherstellung**. Alle möglichen **Marionetten** und die berühmten bemalten **Holzkarren**, Carretti, bzw. deren Miniaturausführungen, die

Carrettini, gibt es in allen Souvenirläden, letztere v. a. in Bagheria, Vittória und Tràpani. Giarre ist bekannt für seine Gebrauchsgegenstände und Zierrat aus **Schmiedeeisen**. Hier findet sich von Kerzenständern über Terrassenlampen bis zu Bettgestellen fast alles. Die Korallenverarbeitung, für die einst Tràpani berühmt war, ist fast verschwunden, nachdem die Korallengründe vor der Küste Westsiziliens leer geplündert worden sind.

Bei jedem Einkauf müssen der Kassenzettel oder die Quittung (scontrino oder ricevuta) mitgenommen und eine Weile aufgehoben werden (um Steuerhinterziehung zu erschweren). Auch Italiener greifen bei gefälschten und unschlagbar billigen Markenartikeln zu, die überall angeboten werden. Die Polizei drückt zwar oft ein Auge zu, aber nicht immer! Dann können die fast echte Prada-Brille oder das Dolce e Gabbana-Shirt schnell sehr teuer werden. *Hinweise*

Sprache

Das Italienische hat sich aus dem Lateinischen entwickelt und steht diesem von allen romanischen Sprachen am nächsten. Nicht zuletzt infolge der früheren politischen Zerrissenheit des Landes entstanden zahlreiche Mundarten, unter denen sich im Verlauf des 13. und 14. Jh.s das Toskanische durchsetzte und sich zur heutigen Schriftsprache entwickelte. *Allgemeines*

Die Betonung liegt bei den meisten mehrsilbigen Wörtern auf der vorletzten Silbe; liegt sie auf der letzten Silbe, ist die Verwendung eines Akzents (Gravis, z. B. città) üblich. Wird auf der drittletzten Silbe betont, kann zur Verdeutlichung ein Akzent gesetzt werden; in diesem Reiseführer wird dies bei der ersten Nennung eines Ortsnamens so gehandhabt. *Betonung*

Kleiner Sprachführer Italienisch

Auf einen Blick

Sì / No	Ja / Nein
Per favore / Grazie	Bitte / Danke
Scusi! / Scusa!	Entschuldigen Sie!
Come dice?	Wie bitte?
Non La / ti capisco	Ich verstehe Sie / dich nicht
Parlo solo un po' di ...	Ich spreche nur wenig ...
Mi può aiutare, per favore?	Können Sie mir bitte helfen?
Vorrei ...	Ich möchte ...

(Non) Mi piace	Das gefällt mir (nicht)
Ha ...?	Haben Sie ...?
Quanto costa?	Wie viel kostet?
Che ore sono? / Che ora è?	Wie viel Uhr ist es?
Come sta? / Come stai?	Wie geht es Ihnen / dir?
Bene, grazie. E Lei / tu?	Danke. Und Ihnen / dir?

Unterwegs

a sinistra / a destra / diritto	nach links / nach rechts / geradeaus
vicino / lontano	nah / fern
Quanti chilometri sono?	Wie weit (in Kilometern) ist das?
Vorrei noleggiare ...	Ich möchte ... mieten
... una macchina	... ein Auto
... una bicicletta / una barca	... ein Fahrrad / ein Boot
Scusi, dov'è ...?	Bitte, wo ist ...?
la stazione centrale	der Hauptbahnhof
la metro(politana)	die U-Bahn
l'aeroporto	der Flughafen
all'albergo	zum Hotel
Ho un guasto	Ich habe eine Panne
Mi potrebbe mandare ...	Würden Sie mir einen ...
... un carro-attrezzi?	... Abschleppwagen schicken?
Scusi, c'è un'officina qui?	Gibt es hier eine Werkstatt?
Dov'è la prossima stazione di servizio?	Wo ist die nächste Tankstelle?
benzina normale	Normalbenzin
super / gasolio	Super / Diesel
deviazione	Umleitung
senso unico	Einbahnstraße
sbarrato	gesperrt
rallentare	langsam fahren
tutti direzioni	alle Richtungen
tenere la destra	rechts fahren
zona di silenzio	Hupverbot
zona tutelata inizio	Beginn der Parkverbotszone
Aiuto!	Hilfe!
Attenzione!	Achtung!
Chiami subito ...	Rufen Sie schnell ...
... un'autoambulanza	... einen Krankenwagen
... la polizia	... die Polizei

Ausgehen

Scusi, mi potrebbe indicare ...	Wo gibt es ...
... un buon ristorante?	... ein gutes Restaurant?
... un locale tipico?	... ein typisches Restaurant?

C'è una gelateria qui vicino?	Gibt es hier eine Eisdiele?
Può riservarci per stasera	Kann ich für heute Abend
... un tavolo per quattro persone?	... einen Tisch für vier Personen reservieren?
Alla Sua salute!	Auf Ihr Wohl!
Il conto, per favore	Bezahlen, bitte
Andava bene?	Hat es geschmeckt?
Il mangiare era eccellente	Das Essen war ausgezeichnet
Ha un programma delle manifestazioni?	Haben Sie einen Veranstaltungskalender?

Einkaufen

Dov'è si può trovare ...	Wo finde ich ...
... una farmacia	... eine Apotheke?
... un panificio	... eine Bäckerei?
... un negozio di articoli fotografici	... ein Fotogeschäft?
... un grande magazzino	... ein Kaufhaus?
... un negozio di generi alimentari	... ein Lebensmittelgeschäft?
... il mercato	... den Markt?
... il supermercato	... den Supermarkt?
... il tabaccaio	... den Tabakladen?
... il giornalaio	... den Zeitungshändler?

Große Käseauswahl auf dem Markt in Syrakus

Übernachten

Scusi, potrebbe consigliarmi ...?	Können Sie mir bitte ... empfehlen?
... un albergo	... ein Hotel
... una pensione	... eine Pension
Ho prenotato una camera.	Ich habe ein Zimmer reserviert.
È libera ...	Haben Sie noch ...
... una singola	... ein Einzelzimmer?
... una doppia	... ein Zweibettzimmer?
... con doccia / bagno	... mit Dusche / Bad?
... per una notte	... für eine Nacht?
... per una settimana	... für eine Woche?
... con vista sul mare	... mit Blick aufs Meer?
Quanto costa la camera ...	Was kostet das Zimmer ...
... con la prima colazione?	... mit Frühstück?
... a mezza pensione?	... mit Halbpension?

Arzt und Apotheke

Mi può consigliare un buon medico?	Können Sie mir einen guten Arzt empfehlen
Mi può dare una medicina per ...	Geben Sie mir bitte ein Medikament gegen ..
Soffro di diarrea	Ich habe Durchfall
Ho mal di pancia	Ich habe Bauchschmerzen
... mal di testa	... Kopfschmerzen
... mal di gola	... Halsschmerzen
... mal di denti	... Zahnschmerzen
... influenza	... Grippe
... tosse	... Husten
... la febbre	... Fieber
... scottatura solare	... Sonnenbrand
... costipazione	... Verstopfung

Zahlen

zero	0
uno	1
due	2
tre	3
quattro	4
cinque	5
sei	6
sette	7
otto	8
nove	9
dieci	10
undici	11

dodici	12
tredici	13
quattordici	14
quindici	15
sedici	16
diciassette	17
diciotto	18
diciannove	19
venti	20
ventuno	21
trenta	30
quaranta	40
cinquanta	50
sessanta	60
settanta	70
ottanta	80
novanta	90
cento	100
centouno	101
mille	1000
duemille	2000
diecimila	10 000
un quarto	1/4
un mezzo	1/2

Un gelato per favore ...

Speisekarte

Prima colazione	Frühstück
caffè, espresso	kleiner Kaffee ohne Milch
caffè macchiato	kleiner Kaffee mit wenig Milch
caffè latte	Kaffee mit Milch
cappuccino	Kaffee mit aufgeschäumter Milch
tè al latte / al limone	Tee mit Milch / Zitrone
cioccolata	Schokolade
frittata	Omelett / Pfannkuchen
pane / panino / pane tostato	Brot / Brötchen / Toast
burro	Butter
salame	Wurst
prosciutto	Schinken
miele	Honig
marmellata	Marmelade
iogurt	Joghurt

Antipasti	Vorspeisen
affettato misto	gemischter Aufschnitt
anguilla affumicata	Räucheraal

melone e prosciutto	Melone mit Schinken
vitello tonnato	kalter Kalbsbraten mit Thunfischsauce

Primi piatti	Nudel- und Reisgerichte, Suppen
pasta	Nudeln
fettuccine / tagliatelle	Bandnudeln
gnocchi	kleine Kartoffelklößchen
polenta (alla valdostana)	Maisbrei (mit Käse)
vermicelli	Fadennudeln
minestrone	dicke Gemüsesuppe
pastina in brodo	Fleischbrühe mit feinen Nudeln
zuppa di pesce	Fischsuppe

Carni e pesce	Fleisch und Fisch
agnello	Lamm
ai ferri / alla griglia	vom Grill
aragosta	Languste
brasato	Braten
coniglio	Kaninchen
cozze / vongole	Mies- / Venusmuscheln
fegato	Leber
fritto di pesce	gebackene Fische
gambero, granchio	Garnelen
maiale	Schweinefleisch
manzo / bue	Rind- / Ochsenfleisch
pesce spada	Schwertfisch
platessa	Scholle
pollo	Huhn
rognoni	Nieren
salmone	Lachs
scampi fritti	gebackene Langustinen
sogliola	Seezunge
tonno	Thunfisch
trota	Forelle
vitello	Kalbfleisch

Verdura	Gemüse
asparagi	Spargel
carciofi	Artischocken
carote	Karotten
cavolfiore	Blumenkohl
cavolo	Kohl
cicoria belga	Chicorée
cipolle	Zwiebeln
fagioli	weiße Bohnen

fagiolini	grüne Bohnen
finocchi	Fenchel
funghi	Pilze
insalata mista / verde	gemischter / grüner Salat
lenticchie	Linsen
melanzane	Auberginen
patate	Kartoffeln
peperoni	Paprika
pomodori	Tomaten
spinaci	Spinat
zucca	Kürbis

Formaggi	Käse
parmigiano	Parmesan
pecorino	Schafskäse
ricotta	quarkähnlicher Frischkäse
Dolci e frutta	Nachspeisen und Obst
cassata	Eisschnitte mit kandierten Früchten
coppa assortita	gemischter Eisbecher
coppa con panna	Eisbecher mit Sahne
tirami su	Löffelbiskuit mit Mascarpone-creme
zabaione	Eierschaumcreme
zuppa inglese	likörgetränktes Biskuit mit Vanillecreme

Bevande	Getränke
acqua minerale	Mineralwasser
aranciata	Orangeade
bibita	Erfrischungsgetränk
bicchiere	Glas
birra scura / chiara	dunkles / helles Bier
birra alla spina	Bier vom Fass
birra senza alcool	alkoholfreies Bier
con ghiaccio	mit Eis
digestivo	Digestif
gassata / con gas	mit Kohlensäure
liscia / senza gas	ohne Kohlensäure
secco	trocken
spumante	Sekt
succo	Fruchtsaft
vino bianco / rosato / rosso	Weiß- / Rosé- / Rotwein
vino della casa	Hauswein

Italienisch lernen in den Ferien? Verschiedene Einrichtungen auf Sizilien bieten Italienischkurse an, für Anfänger oder für Fortgeschrittene, mit Unterkunft oder ohne, u. a. Solemar, Via F. Perez 85 a, 90010 Aspra / Palermo, Tel. 33 87 37 28 33, www.solemar-sicilia.it. Auskünfte erteilen u. a. die italienischen Kulturinstitute und die ENIT (▶Auskunft).

Übernachten

Große Auswahl Das Spektrum an Unterkünften reicht von luxuriösen bis einfachen Stadt- und Landhotels über Agriturismi und Ferienwohnungen bis zu Privatunterkünften. Einen Überblick vermittelt das Unterkunftsverzeichnis »Sizilien Unterkünfte« (erhältlich über die ENIT, ▶Auskunft). Empfehlenswerte Adressen finden preisbewusste Reisende unter www.sicilyhotelsnet.it; die hier aufgeführten 3-Sterne-Hotels zeichnen sich durch ein gutes Preis-Leistungsverhältnis aus, allerdings darf man nicht bei allen ein besonders ausgewähltes oder romantisches Ambiente erwarten. Für Reisende mit etwas größerem Budget, die Wert auf ein stilvolles bis edles Ambiente legen, ist der Zusammenschluss »Le Soste di Ulisse« (»Die Stationen des Odysseus«; www.lesostediulisse.it) ein sehr guter Tipp. Hier finden sich hervorragende Restaurants, besondere Hotels sowie ausgewählte Weingüter Siziliens vereint.

ℹ Preiskategorien

■ Die in diesem Reiseführer empfohlenen Hotels sind in folgende Preiskategorien eingeteilt (Doppelzimmer pro Nacht ohne Frühstück):
Luxus: ab 190 €
Komfortabel: 80 – 190 €
Günstig: bis 80 €

Agriturismo Agriturismo lässt sich mit »Ferien auf dem Land« übersetzen. Die Auswahl an Unterkünften ist breit gefächert und reicht von Campingmöglichkeiten und Zimmern auf Bauernhöfen bis zu komfortabel ausgestatteten Apartments und Ferienhäusern.

Bed & Breakfast Marktführer bei der Vermittlung von Privatunterkünften ist »Bed & Breakfast Italia«. Das Angebot reicht von Zimmern mit Badmitbenutzung (2 Sterne) bis zu Unterkünften in namhaften historischen Gebäuden mit eigenem Bad (4 Sterne). Bei der Vermittlung behilflich sind auch die Fremdenverkehrsämter vor Ort.

Camping und Caravaning
Wildes Campen ▶ Auf Sizilien und den vorgelagerten Inseln gibt es rund 100 Campingplätze. In der Hochsaison (Mitte Juli – Mitte Sept.) empfiehlt sich rechtzeitige Voranmeldung. Wildes Zelten ist verboten. Wer mit Wohnmobil oder Wohnwagen reist, kann eine Nacht auf einem Park- oder Rastplatz verbleiben, wenn dies nicht ausdrücklich verboten ist. Campingplatzverzeichnisse werden von der ENIT (▶Auskunft) sowie vom italienischen Campingverband herausgegeben.

Die Hotels in Italien sind in fünf Kategorien eingeteilt, vom Luxushotel mit fünf Sternen bis zur einfachen Unterkunft mit einem Stern. Neben diesen gibt es aber auch kleinere, nicht klassifizierte Unterkünfte. Die Anzahl der Sterne gibt nur bedingt Auskunft über den tatsächlichen Komfort und die Preise, die je nach Saison und Gegend stark variieren können. So bezahlt man im Sommer an der Küste für ein Doppelzimmer mitunter das Dreifache wie im Landesinnern. **HotelsHotels**

In Hotels und Restaurants ist (wie in Deutschland) die Bedienung im Preis inbegriffen, jedoch werden 5 – 10 % des Rechnungsbetrages als Trinkgeld (mancia) erwartet. In Bars und italienischen Cafés ist die Bedienung nicht eingeschlossen, weshalb man 12 – 15 % gibt. **Trinkgeld**

Die italienischen Jugendherbergen (Alberghi per la gioventù) sind dem Internationalen Jugendherbergsverband angeschlossen. Für die Übernachtung benötigt man einen internationalen Jugendherbergsausweis, der u. a. beim DJH erhältlich ist. Auf Sizilien gibt es Jugendherbergen in Catania, Palermo, Piazza Armerina und Noto (siehe auch www.aighostels.com), bei denen eine Voranmeldung ratsam ist. **Jugendherbergen**

 ## WICHTIGE ADRESSEN

AGROTOURISMO

► **Agriturist Sicilia**
Via A. d. Giovanni 14
90144 Palermo
Tel. 0 91 34 60 46
www.agriturist.it

► **Turismo Verde Sicilia**
Via Remo Sandron 65
90143 Palermo
Tel. 0 91 30 81 51 und
0 91 34 58 78
www.turismoverde.it

► **Weitere Informationen**
www.terranostra.it
www.enexa.com/agriturismo

BED & BREAKFAST

► **B & B Italia**
Corso Vittorio Emanuele II 282
00186 Roma
Tel. 0 66 87 86 18
www.bbitalia.it, www.bbsicilia.com, www.italiabb.com

CAMPING / CARAVANING

► **Federazione Italiana del Campeggio e del Caravaning**
Via Vittorio Emanuele 11
50041 Calenzano (Firenze)
Tel. 0 55 88 23 91
www.federcampeggio.it
wwww.camping.it

JUGENDHERBERGEN

► **Deutsches Jugendherbergswerk (DJH)**
Bismarckstr. 8
32756 Detmold
Tel. 0 52 31 / 7 40 10
www.djh.de

► **Associazione Italiana Alberghi per la Gioventù**
Via Cavour 44
00184 Roma
Tel. 0 64 87 11 52
www.aighostels.com

Urlaub aktiv

Auf Sizilien und den vorgelagerten Inseln werden verschiedene Wassersportarten angeboten. In den letzten Jahren vergrößerte sich auch das Netz an Wander- und Radsportwegen. Informationen gibt es bei der ENIT, bei den örtlichen Fremdenverkehrsbüros sowie bei den diversen Spezialreiseveranstaltern.

Angeln Zum Angeln im Meer braucht man keine Genehmigung. Für Flüsse und Seen benötigt man einen Berechtigungsschein, den man gegen Gebühr bei der zuständigen Verwaltung (in den Touristenbüros zu erfragen) sowie bei der Federazione Italiana Pesca Sportiva (www.fipsas.it) erhält. Die Unterwasserjagd (Pesca subacquea) ist allen Tauchern, die das 16. Lebensjahr erreicht haben, gestattet. Der Gebrauch von Tauchgeräten (Atemhilfe) ist jedoch verboten.

Segeln, Surfen, Tauchen An der Küste gibt es Segel-, Surf- und Tauchschulen. In Mondello (bei Palermo) finden jedes Jahr Weltmeisterschaften im Windsurfen statt. Um ein Boot zu mieten, benötigt man einen Segel- bzw. Motorbootführerschein. Für Boote mit Motoren über 3 PS ist eine Haftpflichtversichung vorgeschrieben.
Ùstica und auch die anderen kleineren, um Sizilien gelegenen Inseln sind wahre Tauch- und Schnorchelparadiese; Auskünfte erteilen die Fremdenverkehrsämter.

Auch unter Wasser hat Sizilien wie hier vor Ùstica Schönes zu bieten.

Zwischen Dezember und April herrschen auf dem Ätna oberhalb 2500 m sichere Wintersportbedingungen. Auf der Nordseite gibt es Liftanlagen und Schutzhütten, die Südseite ist für erfahrene Tiefschneefahrer geeignet. In den Hochlagen der Madoníe sowie der Monti Nébrodi gibt es ebenfalls Abfahrtsmöglichkeiten (mit Lift) und Langlaufloipen.

Skisport

Auf Sizilien gibt es einen sehr schön am Fuß des Ätna gelegenen 18-Loch-Golfplatz. Angeschlossen sind ein kleines Hotel und ein Restaurant (Il Picciolo Golf Club, 95012 Castiglione di Sicilia, Contrada Rovittello, Tel. und Fax 0 95 98 62 52, www.ilpicciologolf.com).

Golf

▶dort

Wandern

Verkehr

Fast alle Autobahnen (autostrada) in Italien sind gebührenpflichtig (pedaggio), so auch die zwischen Messina und Palermo sowie zwischen Messina und Catania. Die Autobahngebühr kann entweder bar, mit Kreditkarte oder mit der »Viacard« bezahlt werden (erhältlich bei Automobilclubs, ACI-Büros an den Grenzübergängen, bei Autobahneinfahrten, in Tabakwarengeschäften sowie an Tankstellen).

Autobahn

Die Einfuhr und der Transport von Benzin in Kanistern sind verboten. Es gibt bleifreies Benzin (95 Oktan, benzina senza piombo oder benzina verde), Superbenzin (97 Oktan) und Dieselkraftstoff (gasolio). Die Tankstellen sind in der Regel täglich von 7.00 bis 12.00 und 14.00 bis 20.00 Uhr geöffnet. An den Autobahnen gibt es meist einen 24-Stunden-Service. An den Wochenenden, vermehrt auch über die Mittagspause und nachts, kann bei vielen Tankstellen nur an automatischen Tanksäulen getankt werden.

Tankstellen

Die Promillegrenze in Italien liegt bei 0,5. Außerhalb geschlossener Ortschaften muss tagsüber mit Abblendlicht gefahren werden; bei Regen sind auf der Autobahn maximal 110 km / h anstatt 130 km / h erlaubt! Ansonsten gelten folgende Tempolimits: Pkw, Motorräder und Wohnmobile bis 3,5 t: innerorts 50 km / h, außerorts 90 km / h, auf Schnellstraßen (2 Fahrstreifen in jeder Richtung) 110 km / h und auf Autobahnen (Autostrada) 130 km / h; Pkw und Wohnmobile über 3,5 t: außerorts 80 km / h, auf Schnellstraßen 80 km / h und auf Autobahnen 100 km / h. Wer zu schnell fährt und erwischt wird, muss mit hohen Geldstrafen rechnen. Wichtig: **Pannenwesten** sind in Italien Pflicht!

Verkehrsvorschriften

Privates Abschleppen auf Autobahnen ist verboten. Im Falle einer Panne werden ausländische Auto- oder Motorradreisende vom Pan-

◀ Weitere Vorschriften

nendienst des italienischen Automobilclubs zur nächsten Werkstatt abgeschleppt. Auf Motorrädern über 50 ccm³ besteht Helmpflicht.

Autodiebstahl Vor allem Kleinbusse und teure oder noch ziemlich neue Autos werden häufig aufgebrochen oder gar gestohlen. Wichtigste Regel beim Abstellen des Fahrzeugs: Nichts, aber auch gar nichts im Auto liegen lassen – schon gar keine Wertsachen! –, Handschuhfach leeren und offen lassen, Autoradio, wenn möglich, herausnehmen. Wer kann, sollte das Fahrzeug über Nacht auf einem abgeschlossenen Parkplatz oder in einer Garage parken. Ist das Unglück dennoch passiert, dann den Schaden in jedem Fall der Polizei melden. Das ist unbedingt erforderlich für die Schadensmeldung bei der Versicherung!

Parken Viele Stadtzentren sind verkehrsberuhigt und Parkplätze Mangelware. Am sichersten ist das Auto in Garagen und auf bewachten Parkplätzen. Parkverbotsschilder (Zona tutelata INIZIO = Beginn der Parkverbotszone, Divieto di sosta u. U. mit dem Zusatz ambo i lati = auf beiden Straßenseiten) sollte man unbedingt beachten. Die Farbmarkierungen der Straßenränder bedeuten: weiß = kostenloses Parken, gelb = für Berechtigte wie z. B. Taxis und Busse reservierte
Parkgebühr ▶ Parkflächen, oder blau = Parken gegen Gebühr. Üblich ist meist **»gratta e sosta«**, d. h. man kauft im nächsten Tabakladen eine Karte, auf der man Tag, Monat und Tageszeit freirubbelt und die hinter der Windschutzscheibe abgelegt wird. Entlang von schwarzgelb markierten Randsteinen ist das Parken ebenfalls verboten.

Entfernungen

	Agrigento	Caltanissetta	Catania	Enna	Messina	Palermo	Ragusa	Siracusa	Tràpani
Agrigento		57	167	95	265	126	133	218	180
Caltanissetta			110	38	207	127	131	161	236
Catania				85	94	207	103	60	316
Enna					183	136	136	137	245
Messina						237	202	158	346
Palermo							248	259	107
Ragusa								86	308
Siracusa									368

⚓ Reggio di Calabria 4 Std.

⚓ Villa San Giovanni 0,30 Std.

⚓ Schiffahrtslinien
Mittlere Fahrzeiten (Stunden)
Std. zwischen Festland und Sizilien
sowie zwischen Sizilien und Sardinien

⚓ Cagliari 12 Std.
⚓ Genova 22 Std.
⚓ Livorno 18 Std.
⚓ Napoli 9,30 Std.

km Entfernungen in Kilometern   ©*Baedeker*   ⚓ Cagliari 11 Std. Tràpani

Um in Italien ein Auto mieten zu können, muss man mindestens 21 Jahre alt sein, eine Kreditkarte und seit einem Jahr einen nationalen Führerschein besitzen. Bei den internationalen Autovermietern kann man bereits von Deutschland aus buchen – das kommt in der Regel billiger. Die örtlichen Autovermieter stehen im Telefonbuch unter »Noleggio«. Interessante Angebote haben auch sog. **Car-Broker**, www.sunnycars.de, www.holidayautos.de, www.drivefti.de. ▶ **Mietwagen**

Die Taxis sind häufig ohne Taxameter ausgestattet. Um Missverständnisse auszuschließen, empfiehlt es sich, bei längeren Fahrten den Preis vor Antritt auszuhandeln. ▶ **Taxis**

Verspätungen sind fast die Regel, man muss häufig umsteigen; auch liegen viele Bahnhöfe außerhalb der Ortszentren. Die Hauptstrecken führen großenteils entlang der Küste von Messina nach Palermo und weiter nach Tràpani sowie von Messina über Taormina, Catania nach Syrakus bzw. Agrigent. Auskünfte über Fahrpläne erhält man bei der Vertretung der Trenitalia in Deutschland (▶ S. 71), an Bahnhöfen und in Reisebüros. Ein Fahrplanverzeichnis (orario generale) gibt es an jedem Bahnhofskiosk. ▶ **Bahn**

Ein besonderes Erlebnis ist die Fahrt mit der Schmalspurbahn Ferrovia Circumetnea. Sie verkehrt zwischen Catania und dem Bahnhof Giarre/Riposto. Dabei umrundet sie den Ätna. Die 114 km lange Fahrt dauert dreieinhalb Stunden (▶S. 223). ◀ Ferrovia Circumetnea

Ein dichtes Netz von Stadt- und Überlandbussen verbindet alle größeren Städte Siziliens miteinander. Abfahrt und Ankunft meistens auf den Plätzen vor dem Bahnhof; nähere Informationen erteilen die örtlichen Auskunftsstellen. Die Fahrkarten gibt es entweder am Schalter oder direkt beim Chauffeur (**Fahrplaninfos**: www.italybus.it). Fahrscheine für die Stadtbusse erhält man an Kiosken der Verkehrsbetriebe sowie in Tabak- und Zeitungsläden. Fähren ▶S. 74 ▶ **Stadt- und Überlandbusse**

◀ Fähren

 ## WICHTIGE ADRESSEN

MIETWAGEN

▶ **Avis**
Tel. 0 18 05 / 21 77 02 (14 ct/Min. aus dem Festnetz), www.avis.de

▶ **Budget**
Tel. 0 18 05 / 21 77 11 (14 ct/Min. aus dem Festnetz), www.budget.de

▶ **Europcar**
Tel. 01 80 / 80 00 (14 ct/Min. aus dem Festnetz), www.europcar.de

▶ **Hertz**
Tel. 0 18 05 / 33 35 35 (14 ct/Min. aus dem Festnetz), www.hertz.de

▶ **Holiday Autos**
Tel. 0 18 05 / 17 91 91 (14 ct/Min. aus dem Festnetz)
www.holidayautos.de

PANNENDIENSTE

▶ **siehe Notrufe S. 98**

Wandern

Wer geht, der sieht mehr

Das antike Symbol Siziliens, die **Trinakría**, ein geflügeltes Mädchenhaupt mit Schlangenhaar, um das drei angewinkelte Beine laufen, ist auch heute überall präsent. Tausendfach als Souvenir angeboten, ziert es das Wappen der autonomen »Regione Sicilia« und die Uniformknöpfe ihrer Beamten. Wir nehmen die Einladung wörtlich und entdecken die größte Mittelmeerinsel zu Fuß. **Johann Gottfried Seume**, der im Jahre 1802 einen Spaziergang von Sachsen nach Syrakus unternahm, liefert das Motto: »Wer geht, sieht anthropologisch und kosmisch mehr, als wer fährt, und ich bin der Meinung, dass alles besser gehen würde, wenn man nur mehr ginge.«

Wandern auf Sizilien

Trekking nennt man, mit einem Ruch von Abenteuer, das Wandern auf Sizilien. Auch immer mehr Sizilianer entdecken den aktiven Naturspaß. Ortsgruppen der Umweltschutzverbände und des **Clup Alpino Italiano** (CAI, Italienischer Alpenverein; Tel. 0 22 05 72 31, Fax 0 22 05 72 32 01, www.cai.it) laden zu organisierten Ausflügen ein. Nicht nur während der »Primavera siciliana«, wenn die Insel in einem Blütenmeer explodiert, sondern auch im Herbst oder Winter empfiehlt sich die Sonneninsel zum Laufen. Die Landschaft steckt dabei voller Überraschungen. Der höchste Berg ist zugleich ein aktiver Vulkan. Eine Fahrt auf den über 3300 m hohen **Ätna** und seine Besteigung führen durch die unterschiedlichsten Klima- und Vegetationszonen, fast wie eine Reise von Palermo zum Nordkap. Vom Rifugio Sapienza starten Geländebusse bis in 2900 m Höhe. Hier sind Exkursionen zu den jüngsten Ausbruchskratern in Begleitung autorisierter Bergführer möglich. An klaren Tagen liegt einem fast ganz Sizilien zu Füßen. Naturlehrpfade führen auf der Ätna-Ostseite unterhalb des Rifugio Sapienza zum Monte Nero degli Zappini bzw. auf den Monte Zoccolaro und auf der Nordostflanke um die Monti Sartorius. Die Forstverwaltung unterhält ein ausgedehntes Wegenetz auf der Ätna-Westseite oberhalb Bronte. Karten und Informationen gibt es bei den lokalen Fremdenverkehrsämtern bzw. bei der Parkverwaltung in Nicolosi (Info: www. parcoetna.ct.it, www.etnatrekking.com, www.si ciltrek.ch, www.apt.catania.it).

! *Baedeker* TIPP

Für Wanderfreunde

Sechs besonders schöne Wandertouren findet man in diesem Buch ab S. 134; weitere Vorschläge bei den Sizilienkennern Caterina Mesina und Nikolaus Groß, Wandern auf Sizilien, DUMONT aktiv, und bei Peter Amann, Landschaften auf Sizilien. Ein Wander- und Autoführer, Sunflower, London; derselbe: Liparische Inseln. Wander- und Inselführer, Iwanowski, Dormagen.

Liparische Inseln

Der Nordküste vorgelagert, liegen die Äolischen oder Liparischen Inseln, ein vulkanischer Brückenschlag vom Ätna zum Vesuv. Die sieben Eilande feurigen Ursprungs sind jede für sich ein kleines Wanderparadies. Viele Touren lassen sich auch mit Kindern unternehmen, und am Ende lockt fast immer ein erfrischendes Bad im Meer, das an manchen Stellen durch Dampf erwärmt wird. Nach den jüngsten Aufsehen erregenden Eruptionen wurde die Gipfelbesteigung des über 900 m hohen Stròmboli zeitweise ausgesetzt.

Eine Gebirgskette zieht sich an der Nordküste Siziliens entlang, die Peloritani im Osten, gefolgt von den Nébrodi und den Madonie. Ausgedehnte Buchenwälder und Hochgebirgsweiden prägen den Naturpark der Nébrodi, aufregende Felsformationen erheben sich über Alcara Li Fusi. Ausgeschilderte Wanderwege wurden und werden angelegt (www.parcodeinebrodi.it). Die sich westlich anschließenden Madonie beherbergen die artenreichsten Wälder des Mittelmeerraums, phantastische Karstformationen sind durch ein dichtes Netz an Wanderwegen erschlossen; Infos in den Fremdenverkehrsbüros und in Cefalù. In vorbildlicher Weise hat die Arbeitsgruppe um Girolamo Lombardo von der AAPIT Palermo die Provinz Palermo für den Wander- und Radtourismus erschlossen, z. B. in der topographischen **Wanderkarte des Naturparks »Madonie«** (1:50 000). Die »Carta dei Sentieri e del Paesaggio dell'Alto Belice Corleonese« (1:50 000) deckt sich mit dem großen Einzugsgebiet des Fiume Belice. Die Landschaft zwischen Palermo und Sciacca zählt zu den wenig bekannten Schönheiten Siziliens, obwohl sie Tomasi di Lampedusa in »Der Leopard« beschrieben und das amerikanische Kino Ortsnamen wie Prizzi und Corleone weltbekannt gemacht hat. Der sizilianische Regisseur und Oscarpreisträger Giuseppe Tornatore drehte »Cinema Paradiso« in **Palazzo Adriano**. Erstaunlicherweise ist der Ort in Wirklichkeit genauso anheimelnd wie im Film und kennt trotzdem keinen Touristenrummel. Jetzt kann jeder selbst einen Blick hinter die Kulissen werfen und sich aufmachen, albanische Orte wie Piana degli Albanesi oder Mezzojuso, das Glockengießerstädtchen **Burgio**, den Adlerhorst Caltabellotta oder die Ausgrabungen des antiken Iato zu erwandern. Majestätisch erhebt sich die 1613 m hohe Rocca Busambra wie ein kleiner Alpenzug über dem **Bosco della Fi-**

Peloritani, Nébrodi und Madonie

Ein Naturjuwel: die Pantàlica-Schlucht

cuzza. Am schönsten ist der Eichenmischwald im Mai, wenn die Pfingstrosen blühen. Das Tal des **Fiume Sosio** ist ein Mekka für Paläontologen. Die Karten erweisen sich als zuverlässige Reisebegleiter. Neben Straßen und bezeichneten Wanderwegen sind auch die »Regie trazzere«, die alten königlichen Herdenwege, eingezeichnet. Stillgelegte Schmalspurbahnen sollen als Radwege ausgebaut werden. Auf der Rückseite der Kartenblätter stehen zahllose praktische Tipps wie Adressen von Agriturismi, Bed & Breakfast, Berghütten, Trattorien, Weinkellereien, Ölmühlen oder Käsereien. Die Legende und alle wichtigen Erklärungen sind auch auf Deutsch.

Riserva Naturale dello Zingaro

Exotik verbreitet der Parco dello Zingaro, das älteste Naturschutzgebiet Siziliens in der Provinz Tràpani. Vorbei an Zwergpalmen führen alte Saumpfade mit Blick auf den Golf von Castellamare. Im Eintrittspreis ist eine Wanderkarte und der Besuch der interessanten Naturkundemuseen enthalten (www.riservazingaro.it). Auch die Ägadischen Inseln gehören zur Provinz Tràpani. Besonders gut mit Wegen erschlossen ist Maréttimo (www. egadi.com).

Ägadische Inseln ▶

Im Südosten Siziliens

Zu den Naturjuwelen im Südosten Siziliens zählen die **Riserva Naturale Orientata Vendicari**, die Talschluchten von **Pantàlica** und **Cassibile** sowie das von Papyrus gesäumte, lauschige Flüsschen **Ciane**. Wanderkarten und Infos bei den Fremdenverkehrsämtern der Provinzen Ragusa und Siracusa (www.ragusaturismo.it, www.siracusa1.it).

Wein

Weine auf Sizilien

Auf Sizilien hat der italienische Wein seinen Ursprung. Heute gehört die Insel neben der Emilia-Romagna, Apulien und Venetien zu den vier großen Wein produzierenden Regionen Italiens. Zwei Drittel der gesamten Jahresproduktion (9 Mio. hl) entfallen auf Rotweine (rosso), ein Drittel auf Weißweine (bianco). Der in der Pizzeria oder Trattoria offen ausgeschenkte Wein vermittelt nur in qualitätsbewussten Betrieben echtes Trinkvergnügen. Weniger romantisch, dafür eine Nummer sicherer ist der Griff zur etikettierten Flasche. Die aufmerksame **Lektüre des Etiketts** lohnt sich, denn das italienische Gesetz klassifiziert Weine in verschiedene Kategorien und schreibt bei einigen strenge Kontrollen vor. Die einfachsten Weine sind die sog. Vini da tavola (VDT). Sie heißen nur Rosso oder Bianco und weisen keine Herkunfts-, Sorten- oder Jahrgangsangabe auf. Weine mit typischer Herkunfts- oder Rebsortenbezeichnung sind IGT-Weine (Indicazione geografica tipica), zu den bekanntesten gehören die zwei Marken Corvo und Regaleali.

VDT ▶

IGT ▶

DOC ▶

Zur Oberklasse gehören die DOC-Weine (Denominazione di origine controllata), Weine mit kontrollierter Herkunftsbezeichnung. Auf Sizilien, wo es 19 DOC-Bereiche gibt, machen sie 3 % aus. Weine mit kontrollierter und garantierter Herkunftsbezeichnung (**DOCG**, Denominazione di origine controllata e garantita) gibt es auf Sizilien nur den Cerasuolo di Vittoria. DOC- und DOCG-Weine werden vor dem Verkauf immer analytisch und degustatorisch geprüft. Am Flaschenhals garantiert ein nummerierter staatlicher Kontrollstreifen die Einhaltung der Richtlinien.

Siziliens moderne Weine gelten als die zuverlässigsten Süditaliens. Anfang der 1990er-Jahre, als vom sizilianischen Weinwunder die Rede war, machten die Winzer mit Chardonnay, Merlot und Cabernet Furore, in der Zwischenzeit setzen immer mehr Weingüter auf heimische Rebsorten, allen voran auf »Nero d'Ávola«, den »Schwarzen aus Avola«. Zu den sizilianischen Besonderheiten gehören außerdem der wieder belebte **Marsala** (weiße und rote Rebsorten; verschiedene Dessert- und Aperitifweine, von trocken bis süß, von alt bis jung, manchmal gespritet) und in kleinerem Umfang auch die (süßen) **Passito-Weine**, die auf Pantellería von Moscato und auf den Liparischen Inseln von Malvasia erzeugt werden. Zu den **bekanntesten Erzeugern** gehören Benanti (u. a. kraftvolle Etnaweine), COS (u. a. ein großartiger IGT Nero d'Ávola), Donnafugata (bei den Weißweinen vor allem Chiaranda del Merlo, Vigna di Gabri; bei den Rotweinen Angheli, Milleunanotte und Tancredi), Duca di Salaparuta (ohne eigne Anbauflächen; überwiegend gute IGT-Weine, die einfachsten kommen unter der Marke Corvo auf den Markt), Firriato (u. a. Santagostino Bianco und Rosso), Planeta (Spitzenweine an fünf Standorten), Rapitalà (DOC Álcamò), Regaleali – Tasca d'Almerita (u. a. großartiges Sortiment an IGT-Weinen der Marke Regaleali), Settesoli (führende Genossenschaft mit IGT-Sortenweinen und -Verschnitten der Marke Mandrarossa) und Barone di Villagrande (u. a. Etnaweine). Interessante Marsala-Sortimente bieten Carlo Pellegrino, Florio und Vecchio Samperi.

> **!** *Baedeker* TIPP
>
> **Weinreise**
>
> Die Wurzeln der sizilianischen Familie Planeta reichen weit zurück, eigene Weine gibt es jedoch erst seit 1995. Diese werden auf der Insel an fünf Standorten produziert und gehören heute zu den besten. Besucher und Weininteressierte sind willkommen, einige Weingüter bieten Gästezimmer. Ein schöner Ausgangsort für kulturelle, kulinarische und oenologische Genüsse ist **La Foresteria** bei Selinunt. Hier wird vorzüglich gekocht (es gibt auch Kochkurse), dazu gibt es exzellente Weine (Infos: www.planeta.it).

Zeit

In Italien gilt die Mitteleuropäische Zeit (MEZ). Von Ende März bis Ende Oktober gilt europaweit die Mitteleuropäische Sommerzeit (MESZ = MEZ + 1 Std.).   **MEZ**
Sommerzeit

Touren

SIZILIEN: KUNST UND KULTUR
ZWISCHEN SONNE UND MEER.
IM FOLGENDEN VORSCHLÄGE
FÜR ENTDECKUNGSFAHRTEN UND
WANDERUNGEN

TOUREN DURCH SIZILIEN

Sizilien ist wegen ihrer Lage und langen Geschichte vielleicht die eigenständigste der italienischen Regionen. Im Folgenden Vorschläge, wie man sich dieser »Welt für sich« mit dem Fahrzeug oder zu Fuß nähern kann.

TOUR 1 **Inselrundfahrt**
Die klassische Sizilienrundreise ► **Seite 124**

TOUR 2 **Ein Hauch der Götter**
Reise zu den schönsten Beispielen antiker Baukunst ► **Seite 128**

TOUR 3 **Barockes Sizilien**
Auf die Katastrophe folgte ein glanzvoller Wiederaufbau. ► **Seite 130**

TOUR 4 **Sikaner Berge**
Sanfte Hügel und unzugängliche Erhebungen ► **Seite 132**

Zu Fuß die Landschaften entdecken
Sechs besonders schöne Wanderrouten auf Sizilien ► **Seite 134–145**

Castellammare del Golfo, eine hübsche Hafenstadt an der Nordküste Siziliens

Agrigent
Heratempel im
Valle dei Templi

Piazza Armerina
Erotik in der Antike: Mosaik
in der Villa Romana del
Casale

Noto
Ein Barockjuwel: Dom Santi
Nicola e Corrado

Milazzo
★ San Vito   **TOUR 2**   ★ Tindari
lo Capo   **TOUR 1**   ★ Messina
★ Érice   ★ ★ ★ Palermo   Sant' Àgata
   Zingaro   Monreale   ★ Solunto   di Militello   Patti
Tràpani   Termini   ★ Cefalù   **TOUR 1**
              Álcamo   Piana   Imerese   Taormina
zia   degli Albanesi ★ Imera   S. Stéfano   ★ ★ ★
★ ★ Segesta   Vicari   di Camastro   ★ Naxos
★ Marsala   Corleone   **TOUR 4**   ★ Etna
★ Castelvetrano   Prizzi Lercara Friddi
★ Mazaro   Pian del   Castronovo   ★ Catania
del Vallo   Sciacca   Leone   Cammarata ★ Calascibetta   Nicosia
Cave di Cusa   Caltanissetta   ★ ★ Enna   **TOUR 3**
★ ★ Selinunte   Ribera   ★ Calta-   Augusta
TOUR 1   **TOUR 2**   ★ Piazza   girone   Grammichele
   Eraclea   Armerina   ★ ★   ★ Megara
   Minoa   ★ Agrigento Villa Romana Pantálica   Hyblaia
                     del Casale   **TOUR 3**   ★ ★
              Licata   ★ Gela   Palazzolo   Siracusa
                        TOUR 1 Vittória Acréide
                                  ★ Ragusa   ★ Noto
                                  ★ Módica   ★ ★ Vendicari
                                  Scicli   ★ Íspica

© *Baedeker*

Unterwegs auf Sizilien

»Kunst und Kultur zwischen Sonne und Meer« – so wirbt Sizilien um Urlauber. Die größte Mittelmeerinsel ist ein klassisches Bildungsreiseziel. Und obwohl in den letzten Jahren auch die Naturschönheiten – die Sand- und Felsküsten sowie (fast) unberührte Landschaften im Inselinneren – »entdeckt« wurden, steht der Bade- oder Wanderurlaub hier nach wie vor nicht an erster Stelle. So ist eine Sizilienreise vor allem eine Erkundungsfahrt auf den Spuren der griechischen, römischen, byzantinischen, arabischen, normannischen, französischen sowie spanischen Kultur. Und diese findet man überall, in den Großstädten, Dörfern, in der Sprache und in den Gesten der Menschen.

Fortbewegungs-mittel Am bequemsten reist es sich mit dem eigenen Auto. Das Straßennetz ist gut ausgebaut, auch wenn die Ortsdurchfahrten häufig eng und die Bergstrecken kurvenreich sind. Klassisch ist die **Sizilienrundreise**. Sie gibt ein mehr oder weniger vollständiges Bild der Insel. Als Alternative empfehlen sich folgende Städte als **feste Standorte**: Cefalù (für Westsizilien), Taormina oder ein Ätnaort (für Ost- und Nordostsizilien), Syrakus oder eine der Barockstädte Módica, Noto oder Ragusa (für Ost- und Südwestsizilien), Agrigent (für Westsizilien und Ausflüge ins Landesinnere) und Marsala oder Castellammare del Golfo (für West- und Nordwestsizilien). Außer in der Hauptsaison im Juli und August, in der man unbedingt frühzeitig buchen sollte, gibt es genügend Unterkunftsmöglichkeiten.

> *i* **Badefreuden ...**
>
> ■ ... und/oder Trekking: Kristallklares Wasser, feine Sandstrände, beeindruckende Steilküsten, aktive Vulkane, unberührte Wanderparadiese, das Angebot auf Sizilien ist riesengroß. Wählen Sie aus ...

Wandern Und weil es immer mehr Menschen gibt, die Landschaften zu Fuß entdecken möchten, stellen wir in diesem Kapitel ab S. 134 sechs besonders schöne Wanderungen auf Sizilien vor.

Tour 1 Sizilienrundfahrt

Start und Ziel: Messina   **Länge:** 1100 km
Dauer: mind. 3 Wochen

Die große Rundreise folgt bis auf zwei oder drei Abstecher ins Landesinnere immer der Küste. Und um die Inselhauptstadt Palermo nicht ans Ende der Reise zu stellen, empfehlen wir, die Tour entgegen dem Uhrzeigersinn zu unternehmen.

Die Rundfahrt beginnt in Messina, das sich für Bahn- und Autoreisende anbietet. Wer zu Schiff oder mit dem Flugzeug anreist, kann die Etappen leicht auch von Palermo oder Catania aus planen. Die SS 113 d führt von ❶ ✶ **Messina** nordostwärts, immer mit Blick auf die Meerenge, bis zur Punta del Faro und biegt dann nach Westen um, vorbei am Strand von Mortelle, und erreicht bei Divieto die SS 113 (34 km von Messina). In Olivarella (19 km) zweigt rechts die Straße nach ❷ **Milazzo** (7 km) ab, das Schiffsverbindung mit den Liparischen Inseln (►Lípari, Isole) hat. Hinter Falcone geht es in Serpentinen nach ❸ ✶ **Tindari** (Wallfahrtskirche, Ausgrabungen des antiken Tyndaris, 30 km). Nächste Station ist das hoch gelegene **Patti**, bei dem eine römische Villa freigelegt wurde (6 km). Wir passieren einige Badeorte und kommen nach ❹ **Sant'Àgata di Militello** (44 km), von wo man einen Abstecher nach Süden zur 1505 m hohen Portella della Miraglia in den Nebrodischen Bergen (SS 289, 30 km) unternehmen kann. Die Küstenstraße geht weiter nach **Santo Stéfano di Camastra** (29 km), das durch seine Keramik bekannt ist; hier zweigt die SS 117 ab, die durch die Berge nach **Nicosia** führt (47 km). Bei der Weiterfahrt liegt der mächtige Felsen der Hafenstadt ❺ ✶ ✶ **Cefalù** vor uns, deren Altstadt sich um den berühmten Normannendom gruppiert (34 km). Bei Buonfornello fahren wir unter der Autobahn Catania–Palermo durch und kommen zur Ausgrabungsstätte der westlichsten Griechenstadt auf Sizilien, Himera

Von Messina nach Palermo
◄ 275 km

Badespaß vor schöner Kulisse: Cefalù

(✳ **Imera**), bei welcher Syrakus und Akragas 480 v.Chr. eine erfolgreiche Schlacht gegen Karthago bestanden (19 km). Nach weiteren 16 km sind wir im Thermalbad **Termini Imerese** am Fuß des Monte San Calógero. Die Straße passiert nun einige Badeorte, die Ruinen des antiken Soluntum (✳ **Solunto**; schöne Panoramastraße um das Kap) sowie **Bagheria**, einst ein malerischer Villenvorort, heute ein gesichtsloses Landstädtchen. Schließlich erreichen wir die Vorstädte von ❻ ✳✳ **Palermo** (41 km), einer der ältesten Städte Europas.

Von Palermo nach Tràpani
105 km ▶

Wir verlassen Palermo auf der SS 186 und fahren zunächst zum 301 m hoch gelegenen ❼ ✳✳ **Monreale** mit seiner wegen ihrer Mosaiken berühmten Klosterkirche (8 km). Weiter geht es nach Partinico (21 km) und auf der SS 113 an **Álcamo** vorbei in die Elymerstadt ❽ ✳✳ **Segesta** mit ihrem antiken Theater und vor allem ihrem einsam gelegenen Tempel (35 km). An **Calatafimi** vorbei, erreichen wir schließlich die Provinzhauptstadt ✳ **Tràpani** (41 km), Fährhafen zu den westlich vorgelagerten Ägadischen Inseln (Égadi, Isole). Von hier geht es auf einer steilen Bergstraße zum 751 m hoch gelegenen mittelalterlichen Städtchen ❾ ✳✳ **Érice**.

Von Tràpani nach Agrigent
200 km ▶

Die SS 115 führt von Tràpani aus südwärts durch flaches Land zur Hafenstadt ❿ ✳ **Marsala** mit ihren Weinkellereien (31 km) und von hier südostwärts zur hübschen Hafenstadt ✳ **Mazara del Vallo** (22 km). Über ✳ **Castelvetrano** erreichen wir das Ruinengelände der Griechenstadt Selinunt (⓫ ✳✳ **Selinunte**), einst eine der größten Städte im Mittelmeerraum mit über 100 000 Einwohnern (35 km). Erholung bietet der benachbarte Fischer- und Ferienort Marinella mit schönen Sandstränden. Nun können wir für die Fahrt zum Thermalbad ⑫ ✶ **Sciacca** zu Füßen des Berges San Calógero zwischen der Staatsstraße 115 oder der kurvenreichen, aber reizvollen alten Straße über Menfi wählen (42 km).

Der letzte Tourabschnitt geht über **Ribera** (22 km) zum Fluss Plàtani (11 km), hinter dem rechts ein Weg zu den Ruinen des antiken Herakleia Minoa (⑬ **Eraclea Minoa**) abzweigt. Badespaß garantieren die ✶ ✶ **Sandstrände** am Capo Bianco (►Baedeker Tipp S. 199). Vorbei an Siculiana und dem Hafen Porto Empédocle, kommen wir nach Agrigent (⑭ ✶ ✶ **Agrigento**). Seine antiken Tempel gehören zu den bedeutendsten Zeugnissen antiker Kultur (36 km).

Auf dieser Etappe kann man die kürzere Küstenstrecke über **Licata** nach Gela nehmen (44 km), doch bevorzugen wir die Fahrt durch das Landesinnere wegen seiner landschaftlichen Schönheit und kunsthistorischen Bedeutung. Die SS 640 wendet sich von Agrigent nach Nordosten zur Provinzhauptstadt **Caltanissetta**, dem Zentrum des Schwefelbergbaus (53 km), und weiter zum 948 m hoch gelegenen ⑮ ✶ ✶ **Enna** (34 km), dem »Balkon Siziliens«, in dessen Nähe das malerische **Calascibetta** einen Besuch wert ist (7 km).

Von Agrigent nach Enna und Gela
◄ 188 km

Wir wenden uns nun südwärts auf der SS 561, passieren den ehemaligen See von Pergusa (9 km), an dem der antike Mythos die Entführung der Persephone durch den Unterweltsgott Hades lokalisiert – während heutzutage Autorennfahrer auf der hiesigen Rundstrecke um die Wette fahren –, und kommen auf einer reizvollen Gebirgsstraße nach ⑯ ✶ **Piazza Armerina** (29 km), von wo aus wir die ✶ ✶ **Villa Romana del Casale** mit ihrem reichen Mosaikschmuck des 3./4. Jh.s besuchen (6 km südwestlich). Der letzte Teil der Fahrt führt auf der SS 117b südwärts zur Hafen- und Industriestadt ⑰ ✶ **Gela** mit ihren archäologischen Sehenswürdigkeiten (44 km).

Die SS 115 verlässt kurz hinter Gela die Küste. Sie erreicht die Barockstädte **Vittória** (33 km) und ✶ **Ragusa** (25 km), geht dann über ⑱ ✶ **Módica** (15 km) und ✶ **Ìspica** (18 km) nach ⑲ ✶ ✶ **Noto**, der barocken Perle Siziliens (21 km). Für Wanderer und Wasserratten bieten sich von Módica oder Noto sehr schöne Ausflüge ins Landesinnere oder ans Meer an (►Tour 3, S. 131).

Von Gela nach Ragusa und Syrakus
◄ 144 km
◄ Ausflüge

Die SS 115 gelangt nun bei **Ávola** zur Küste, lässt den Badestrand von Ognina rechts liegen und endet in Syrakus (⑳ ✶ ✶ **Siracusa**) (32 km), einst die größte Griechenstadt Siziliens mit großartigen Zeugnissen ihrer glanzvollen Vergangenheit.

Auf der SS 124 erreicht man das 697 m hoch gelegene ㉑ **Palazzolo Acréide** (42 km), eine Barockstadt mit den Resten des antiken Akrai (u.a. Theater und Nekropole). Von hier aus geht es zunächst 10 km nordwestwärts in Richtung Caltagirone, dann rechts ab über Càssaro und Ferla zur Nekropole von ✶ ✶ **Pantálica** (32 km), der größten Gräberstadt Siziliens mit über 5000 frühgeschichtlichen Gräbern in wunderschöner Landschaft hoch über dem Anapotal.

◄ Ausflug

Von Syrakus nach
Messina
175 km ▶

Dieser Teil der Rundfahrt erschließt die Ostküste Siziliens. Die Staatsstraße 114 berührt bei der Ausfahrt von Syrakus das Plateau, auf dem Neapolis lag, der Hauptteil des antiken Syrakus, gelangt dann zur Küste und passiert die schmale Halbinsel Magnisi. Kurz danach (15 km von Syrakus) zweigt die Zufahrt zur Ausgrabungsstätte des antiken ㉒ ✳ **Megara Iblea** ab. 1 km später folgt rechts die Straße zur Hafenstadt **Augusta** (14 km). Nun durchquert die Straße die Ebene von Catania, überschreitet den Fluss Simeto und erreicht die quirlige Metropole ㉓ ✳ **Catania** (32 km von Syrakus).

Catania ist Ausgangspunkt für Ausflüge zum Ätna (㉔ ✳✳ **Etna**) oder für eine Fahrt rund um Europas aktivsten Vulkan nach Taormina. Diese Route beläuft sich auf 112 km (gegenüber 50 km für die direkte Strecke Catania–Taormina). Von Catania bis Messina von der Autostrada A 18 begleitet, berührt die SS 114 bei der Weiterfahrt die »Riviera dei Ciclopi« mit Urlaubsorten wie **Aci Castello**, **Aci Trezza** und **Acireale**. Weiter geht es über Giarre und Fiumefreddo bis zum Kap Schisò mit den Ruinen von ✳ **Naxos**, der ältesten griechischen Kolonie auf Sizilien (45 km), und nach **Giardini** (2 km), Badeort und Bahnhof von ㉕ ✳✳ **Taormina** (3 km). Das Städtchen gehört wegen seiner Lage hoch über dem Meer und dem schönen Teatro Greco mit Blick auf den Ätna zu den Höhepunkten einer Sizilienreise. Im weiteren Verlauf folgt die Straße der Küste bis **Messina** (6 km), dem Ausgangsort der Rundfahrt.

 NICHT VERSÄUMEN

- Die Inselhauptstadt Palermo
- Segesta, Selinunt, Agrigent, die Zeugnisse »Großgriechenlands«
- Syrakus, Hafenstadt mit bedeutendem antiken Erbe
- Catania und der Feuerberg Ätna, Europas größter und aktivster Vulkan
- Taorminas atemberaubende Lage
- Bilderbuchsilhouette Cefalù
- Im Inselinnern: Piazza Armerina mit den Mosaiken der römischen Villa del Casale
- Nekropole von Pantálica
- Noto, Ragusa und Módica, Siziliens lebensfrohe Barockstädte

Tour 2 Ein Hauch der Götter: Tempel, Theater, Ruinen

Start und Ziel: Palermo
Dauer: mind. 8 Tage

Länge: 500 km

Die ersten Griechen landeten in der 2. Hälfte des 8. Jh.s v. Chr. auf Sizilien. Innerhalb weniger Generationen erlebte »Großgriechenland« einen enormen Aufschwung. Diese Tour führt zu den schönsten Beispielen der antiken Baukunst, die schon Reisende aus allen Epochen bezaubert haben.

Nach der ausgiebigen Besichtigung von ❶ ✶ ✶ **Palermo** (einschließlich eines Ausflugs zum Dom von ❷ ✶ ✶ **Monreale**) geht es am Golf
von Carini entlang nach ❸ ✶ ✶ **Segesta**. Seit knapp 2500 Jahren erhebt sich der unvollendete Tempel majestätisch in einem Talkessel
am Monte Bàrbaro. Wer gut zu Fuß ist, der wandert von hier zum
griechischen Theater hinauf (es gibt auch Busse). Als Übernach-
tungsquartier bietet sich ❹ ✶ ✶ **Érice** an: Die Stadt ist mit ihren gepflegten Gassen und historischem Gemäuer hoch über dem Meer
vermutlich die hübscheste Stadt Siziliens nach Taormina.

In ❺ ✶ **San Vito lo Capo** laden schöne Sandstrände zu ein paar er- ◄ Ausflüge
holsamen Tagen ein. Unbedingt zu empfehlen ist ein Ausflug (von
hier oder von dem hübschen Fischerdorf Scopello; Anfahrt über Castellammare del Golfo) in Siziliens schönstes Naturreservat ✶ ✶ **Zingaro** mit seinen zauberhaften kleinen Buchten, steilen Felsküsten
und unberührter Natur.

Die Hauptroute schließt einen Abstecher zu der Laguneninsel
❻ ✶ **Mózia** mit ihren punischen Ausgrabungen ein. Weiter geht es
über das für seinen Dessertwein bekannte ✶ **Marsala**, das eine uner-
wartet hübsche Altstadt besitzt, und ✶ **Mazara del Vallo**, Siziliens
wichtigstem Fischereihafen. Ein empfehlenswerter Halt ist der antike
Steinbruch **Cave di Cusa**, wo man die einzelnen Phasen, in denen die
Säulentrommeln für die Tempel in Selinunt ausgeschnitten wurden,
erkennen kann. Nun erwartet uns ein weiterer Höhepunkt, die Aus-

grabungen von ❼ ✶ ✶ **Selinunt**, einst eine der größten Städte im Mittelmeerraum. Schöne Sandstrände gibt es im benachbarten Ferien- und Fischerort Marinella. Über ❽ ✶ **Sciacca**, eine bedeutende Hafenstadt und Siziliens bekanntestes Thermalbad, erreichen wir die einstige griechische Siedlung ❾**Eraclea Minoa** mit den Ruinen eines Theaters. Unterhalb des Felsens erstreckt sich ein herrlicher, kilometerlanger ✶ ✶ **Sandstrand** (▶ Baedeker Tipp S. 199), der ideale Ort für eine Verschnaufpause, bevor wir ❿ ✶ ✶ **Agrigent** erreichen, dessen Heiligtümer im Tal der Tempel zu den bedeutendsten Zeugnissen antiker Kultur gehören.

Zwischen Agrigent und Palermo
Von hier geht es nun zurück nach Palermo durch das Landesinnere. Und zwar nicht auf der SS 189 bzw. 121, sondern auf der weniger befahrenen SS 118. Das Gebiet gehört zu den eher unbekannten Schönheiten Siziliens, obwohl es Tomaso di Lampedusa bereits im »Leoparden« beschrieben und das amerikanische Kino Ortsnamen wie ⓫**Prizzi** und ⓬**Corleone** weltweit bekannt gemacht hat. Der von den Felswänden der Rocca Busambra bestimmte ✶ **Bosco della Ficuzza**, etwa 15 km nordöstlich von Corleone, bietet Lebensraum für selten gewordene Tiere und Pflanzen sowie schöne Wandermöglichkeiten. ⓭**Piana degli Albanesi**, das Ende des 15. Jh.s von albanischen Flüchtlingen gegründet wurde, ist vor allem an Wochenenden ein beliebtes Ausflugsziel für die Bewohner der Hauptstadt. Von hier sind es noch 20 km bis vor die Tore **Palermos**.

Tour 3 Versteinerte Leidenschaften: Reise zur Barockkultur

Start und Ziel: Catania **Länge:** 400 km
Dauer: 7 Tage

Am Anfang stand eine Katastrophe: Das gewaltige Erdbeben 1693 vernichtete Catania und Dutzende Städte und Dörfer im Südosten der Insel. Doch schon kurze Zeit später wurde mit dem glanzvollen Wiederaufbau begonnen.

Catania und zahlreiche weitere Städte, darunter Noto, Módica, Grammichele, Ragusa, Scicli und Palazzolo Acréide, entstanden neu, zeitbedingt im damals bevorzugten Barockstil, der überschäumenden Lebensgenuss und tiefe Religiosität verknüpft und verherrlicht. Diese Route führt zu den bedeutendsten Beispielen dieses stilistischen und städtebaulichen »Experiments«.
Ausgangsort ist ❶ ✶ **Catania**, die »schwarze Tochter des Ätna«, die sowohl beim Vulkanausbruch 1669 als auch beim Erdbeben 1693 stark zerstört wurde. Bei ihrem Wiederaufbau wurde bevorzugt

schwarzer Lavastein verwendet. Prachtvolle Barockbauten zieren z. B. den Domplatz. Es gibt aber auch interessante Zeugnisse aus der Antike und dem Mittelalter zu entdecken. Weiter geht es an der Küste entlang und an einem **Augusta** vorbei nach ❷ ✶ ✶ **Siracusa**, eine Stadt mit großer Vergangenheit. Wer Lust auf Landschaft und Bewegung hat, der sollte einen Abstecher zur Nekropole von ❸ ✶ ✶ **Pantálica** unternehmen (einfache Strecke über Floridia, Casa Valle Fame, Càssaro und Ferla ca. 50 km).

Im weiteren Verlauf folgen nun entlang der SS 115 die Barockstädte wie Perlen einer Kette: ❹ ✶ ✶ **Noto**, das wie keine der anderen Städte sein barockes Stadtbild bewahrt hat; **Ìspica**, das hübsche Landstädtchen **Scicli** und das in eine Ober- und Unterstadt geteilte ❺ ✶ **Módica**. Auch ❻ ✶ **Ragusa** besteht aus zwei Teilen, einer barocken Oberstadt und einer überwiegend mittelalterlichen Unterstadt, in der der Dom San Giorgio steht, eines der bedeutendsten Barockbauwerke Siziliens.

Noto und Módica sind Ausgangsorte für wunderbare Ausflüge ins Landesinnere, wo meist längst versiegte Flüsse spektakuläre Schluchten (ital. Cava) in die Ausläufer der Monti Iblei gegraben haben. Die wildromantische, 13 km lange ✶ **Cava d'Ìspica** (►Módica) war von der Steinzeit bis 1693 bewohnt. Die ✶ ✶ **Cava Grande del Cassibile** (►Ávola) lockt mit mehreren idyllisch gelegenen Wasserbecken. Wer sich für Vögel oder die besonders abwechslungsreiche Unterwasserwelt interessiert, unternimmt einen Abstecher ins Naturreservat ❼**Vendicari** (►Baedeker Tipp S. 239), eines der wichtigsten Feuchtgebiete Siziliens, das sich fast bis nach **Marzamemi** zieht, wo man einige erholsame Tage an der Küste verbringen kann. Zwischen Marzamemi und **Pozzallo** gibt es noch weitere kleine, vorwiegend von

◄ Ausflüge

Die Barockstadt Noto begrüßt den Frühling.

Italienern besuchte Badeorte. Die »Barockroute« folgt nun entweder der SS 194 über Giarratana oder der SS 514 über das für seine Würste bekannte Bergstädtchen Charamonte Gulfi nach ❽ **Grammichele**. Nur 15 km trennen das Barockstädtchen von ❾ ✳ **Caltagirone**, der »Città della Ceramica«, der »Keramikhauptstadt« Siziliens, mit ihrer barocken Oberstadt. Von hier sind es noch rund 65 km auf der Staatsstraße 417 bis nach **Catania**, dem Ausgangspunkt dieser Rundreise.

Tour 4 Die Sikaner Berge

Start und Ziel: Vicari   **Länge:** knapp 100 km
Dauer: Fahrzeit ca. 4 Stunden

Dieser Ausflug führt durch den südlichsten Teil der Provinz Palermo entlang der Sikaner Berge. Von der Ortschaft Vicari geht es über Prizzi nach Santo Stéfano und über Cammarata und Lercara Friddi wieder zurück. Unterwegs gibt es viele Wandermöglichkeiten.

Sanfte Hügellandschaften und raue, noch unzugängliche Erhebungen bis in eine Höhe von 1000 m werden passiert und bilden faszinierende Kontraste. Darüber hinaus zählt diese Region zu den fruchtbarsten, da wasserreichsten Gegenden. Einige der Bergorte dienten der Mafia als Hochburgen. ❶**Vicari** liegt zu Füßen der Überreste einer mächtigen, im 11. Jh. erbauten Normannenburg, die einst das gesamte Flusstal des San Leonardo beherrschte. Ein Spaziergang zur Ruine lohnt wegen des großartigen Rundumblicks. Von Vicari aus geht es auf einer kleinen Landstraße nach Prizzi. Sie führt an der **Portella della Croce** und am **Castello della Márgana** vorbei, das auf einem unzugänglichen Felsblock thront. Im Süden erstreckt sich das Naturschutzgebiet Monte Cáraci. Die schmucke Altstadt des 1000 m hoch gelegenen Bergstädtchen ❷**Prizzi** lädt zu einem Spaziergang ein. An Ostern ziehen beim »Ballo dei Diavoli« Tod und Teufel durch die verschachtelten Gassen, um schließlich von Engeln in die Flucht geschlagen zu werden. Raue Landschaften auf der einen, dichte Eichenwälder auf der anderen Seite von Prizzi sorgen für eine kontrastreiche und begeisternde Stimmung.

Empfehlenswert ist auch ein Ausflug in die südlich gelegene **Montagna dei Cavalli**, eine unberührte Naturlandschaft mit seltenen Wäldern, Pflanzen und vielen Orchideenarten. Auf der Staatsstraße 118 geht es zum See ❸**Pian del Leone**, einem Rastplatz für Zugvögel.

Durch unberührte Natur

In Santo Stéfano Quisquino verlassen wir die SS 118 und folgen einer Nebenstraße bis nach ❹**Cammarata** – unterwegs besteht die Möglichkeit zu einem Abstecher zur Einsiedelei der S. Rosalia.
Die Strecke führt durch das Naturschutzgebiet Monte Cammarata; der gleichnamige Berg ist die höchste Erhebung der Monti Sicani. Auf der Weiterfahrt von Cammarata nach ❺**Castronovo di Sicilia** passiert man die Steilhänge des Monte Cammarata und des Monte Kassar, ein Refugium für Gänsearten,

Reiher und Silbermöwen. Vorbei an weiteren Ausgangspunkten für Wanderungen und an Picknickplätzen, lohnen verschiedene Abstecher in nahe gelegene Naturschutzgebiete (wie etwa das des Monte Carcaci mit dichten Stein- und Flaumeichen sowie seltenen Falkenarten). Schließlich erreicht man ❻**Lercara Friddi**, wo einst Schwefel abgebaut wurde und heute Siziliens beste Liköre hergestellt und verkauft werden (►Tipp S. 172). Über die Staatsstraße 189 geht es nun hinunter in Richtung Palermo zum Ausgangspunkt **Vicari**.

Wanderroute 1 Monte Venere

Start/Ziel: Taormina/Castelmola **Länge:** 7 km
Gehzeit: 3 Std. 45 Min. **Höhe:** 630 m Auf-, 380 m Abstieg

Der Ausflug von Taormina nach Castelmola war immer schon ein beliebtes Touristenvergnügen und bietet – ob mit Linienbus oder zu Fuß – auch heute noch viel Belvedere. Folgt man weiter den alten Maultierwegen, kann man vom 884 m hohen Monte Venere einen noch grandioseren Blick meist völlig touristenfrei genießen.

Verlauf Die Wanderung von ✶✶ **Taormina** nach Castelmola beginnt am Largo S. Caterina vor dem **Palazzo Corvaia** (Tourismusamt; ▶ Karte S. 422). Hinter dem römischen **Odeon** geht es auf die Via Circonvallazione, wo bald der bezeichnete Treppenweg hinauf zur **Kirche Madonna della Rocca** abzweigt. Fantastische Ausblicke und eine artenreiche Felsvegetation begleiten den Aufstieg. Weiter Richtung Castelmola folgen wir ein kurzes Stück der Asphaltstraße und biegen auf Höhe der Casa Gigi Samperi, einer Keramikwerkstatt, links ab. Auf steiler Straße und einem zementierten Treppenweg erreichen wir die Straßenunterführung unterhalb von **Castelmola** (1 Std.).

Ins Ortszentrum ginge es nun mit ein paar Schritten links hoch. Wir biegen hier jedoch rechts ab, queren die Straße, folgen den Treppenstufen und der Straße ein kurzes Stück bergab bis zur nächsten Kreuzung. Eine Padre-Pio-Statue und das Kriegerdenkmal zur Linken, geht es auf der Straße bergauf. Das Metallschild **»M. Venere«** weist den Weg. An der Gabelung auf Höhe des Friedhofs setzt sich der Weg geradeaus fort, vorbei an einer großen Antenne. Der geschotterte, teils betonierte Fahrweg steigt in Serpentinen zwischen den Häusern der Contrada Roccella rasch an. Oberhalb der Häuser verschmälert sich die Fahrspur, schwenkt nach rechts und führt beinahe eben an aufgelassenen Terrassen vorbei. Aus einem Sattel – kurz vorher zwei private Hauszufahrten – biegen wir links auf den rot markierten Pfad, der in einen schönen Treppenweg mündet. Die alte **Mulattiera** (= steingepflasterter Maultierweg) folgt der Gratlinie. Kurz bevor der Treppenweg von der Straße unterbrochen wird, lädt eine steinerne Sitzbank zur Rast ein (1 Std. 40 Min.).

Weiter geht es auf der schmalen Straße ein kurzes Stück bergauf, vorbei an einer Antenne. Unterhalb des Wasserspeichers setzen wir den Weg nach links fort, queren die Straße und folgen dem alten Wirtschaftsweg am Grat entlang – unterwegs die rosa Ruinen der Bar Scalia, die bis in die 1950er-Jahre ein beliebtes Ausflugslokal war. Geblieben ist die schöne Aussicht. Ein letztes Mal queren wir die schmale Asphaltstraße. Wenn wir das nächste Mal auf sie treffen, folgen wir ihr nach links bis in einen Sattel (2 Std. 5 Min.). Rechts zweigt ein bezeichneter Weg in Richtung Forza d'Agrò ab, der rot markierte Aufstieg in Richtung Gipfel führt über Felsplatten scharf

Castelmola: das kleine Bergnest scheint über dem Meer zu schweben.

nach rechts und dann auf deutlichem Pfad weiter. Wir queren eine Sattelmulde und zwischen verkarstetem Kalkgestein geht es auf den Monte Venere (2 Std. 20 Min.), dessen Gipfel eine Steinpyramide und ein trigonometrischer Vermessungspunkt markieren. Der Rundumblick ist grandios! Im Norden erstrecken sich die Peloritani, im Osten breitet sich die Straße von Messina aus und dahinter die Berge Kalabriens. Zu unseren Füßen liegen Taormina und die Bucht von Naxos, im Süden beherrscht der majestätische Ätna das Bild. Vom Gipfel kehren wir auf bereits bekanntem Weg nach Castelmola zurück. Von der Piazza am Ortseingang fahren Linienbusse zurück nach Taormina.

Wanderroute 2 Monte Nero und Grotta dei Lamponi

Start/Ziel: Piano Provenzana   **Länge:** 10 km
Gehzeit: 3 Std. 30 Min.   **Höhe:** 350 m Auf- und Abstieg

Urgewaltiger noch als an der touristenüberlaufenen Südseite präsentiert sich der ✳ ✳ Ätna im Norden. Der Piano Provenzana, ein beliebtes Wintersportgebiet, wurde 2002/03 von der Lava komplett verschüttet. Die Wanderung um den Monte Nero und zur Grotta dei Lamponi präsentiert den vulkanischen Formenreichtum des mächtigen Feuerberges in großer Bandbreite.

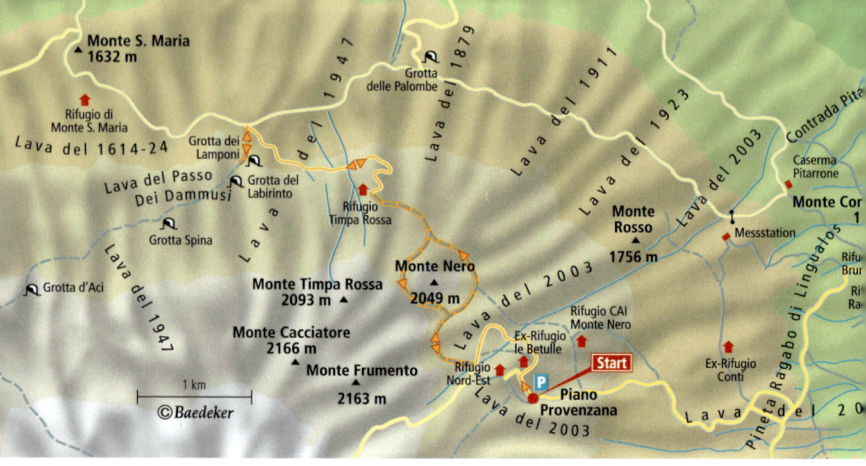

Verlauf Am **Piano Provenzana** zweigt vom Parkplatz auf Höhe des STAR-Büros (Geländewagen-Exkursionen in Richtung Gipfelkrater) eine Jeep-Spur Richtung Norden ab. Wir folgen ihr durch ein Feld schwarzer Aa-Lava aus den Jahren 2002/03 mit typisch rauher Oberfläche und vorbei an weißen Baumskeletten bis zum bezeichneten Abzweig »Monte Nero – Rifugio Timpa Rossa« (15 Min.). Steinmännchen markieren den Pfad durch die junge Lava. Dabei halten wir auf den kahlen Kegel des Monte Nero zu und queren anschließend eine sandige Hochfläche auf der Ätna-Tragant in dornigen Kissen wächst. An der Ostflanke des **Monte Nero** (35 Min.) schwenkt der Pfad nach rechts und führt parallel zu einer Reihe kleiner Krater, einer sogenannten Bottoniera (Knopflochleiste).

Von oben treffen wir auf einen Weg, dem wir nach links folgen, mittlerweile an der Nordflanke des Monte Nero. Rechter Hand blicken wir über das Alcantara-Tal auf die Peloritani und Nebrodi. Ein Steinmännchen markiert die nächste Gabelung (45 Min.), links ansteigend verläuft der spätere Rückweg – hier ließe sich die Wanderung abkürzen. Nach rechts setzt sich die Wanderung in Richtung Grotta dei Lamponi fort, quert ein weites Lavafeld und führt anschließend in den Buchenwald. Auf einer Lichtung steht das **Rifugio Timpa Rossa** (1 Std. 5 Min.) mit einem offenen Schutzraum.

Von der Hütte folgen wir der abfallenden Forstpiste durch den Buchenwald und stoßen am **Passo dei Dammusi** (1 Std. 35 Min.) auf die Pista Altamontana, die im Westen einen weiten Bogen um den Ätna schlägt. Während Aa-Lava am Ätna vorherrscht, hat der Ausbruch 1614–1624 in diesem Bereich überwiegend dünnflüssige Stricklava (oder Pahoehoe) gefördert. Typisch sind die wulstigen Oberflächen und oft auch Lavahöhlen; große Hohlräume entstanden, als die Lava im Innern noch weiter floss, während die Oberfläche bereits erstarrte. Folgen wir der breiten Piste wenige Schritte nach links, um gleich darauf links auf einen Pfad abzubiegen, führen uns verwaschene Farbzeichen und Steinmännchen zur **Grotta dei Lamponi** (1 Std. 40 Min.). An zwei Stellen ist die Decke dieser mächtigen Lavahöhle eingebrochen. Mit Vorsicht und Taschenlampen kann man ihr Inneres erkunden. Ohne kundige Bergführung kehren wir an dieser Stelle um und auf bekanntem Weg, am **Rifugio Timpasole** vorbei, zurück zur Weggabelung an der Nordflanke des Monte Nero (2 Std. 40 Min.). Hier biegen wir rechts ab und folgen dem ansteigenden Weg, der in weiten Abständen von Holzpflöcken und gelegentlich durch rote Farbzeichen markiert ist. Dabei umrunden wir den Monte Nero gegen den Uhrzeigersinn. Unterwegs kommen die dampfenden Gipfelkrater zum Vorschein. Auf der sandigen Hochfläche im Osten des Monte Nero schließt sich der Kreis und der markierte Pfad führt durch das junge Lavafeld zurück auf die Jeep-Piste. Nach links geht es zurück zum **Piano Provenzana**.

Zum Schluss noch einige Sicherheitshinweise: Sollte unterwegs Nebel aufkommen, auf bekanntem Weg umkehren und bei Anzeichen von Gewitter gar nicht erst losgehen!

Wanderroute 3 Pantàlica

Start/Ziel: Anaktoron   **Länge:** 13 km
Gehzeit: 3 Std. 45 Min.   **Höhe:** 500 m Auf- und Abstieg

Von der UNESCO zum Weltkulturerbe erklärt, zählt ✷ ✷ Pantàlica (► Palazzolo Acréide, Umgebung) mit Tausenden bronzezeitlichen Felsgräbern in tiefen Talschluchten auch landschaftlich zu den Höhepunkten Siziliens: ein idealer Tagesausflug von Syrakus!

Vom Kiesparkplatz unterhalb des **Anaktoron**, dem sog. Königspalast des mythischen Königs Hyblos, sind es wenige Schritte auf die kleine Anhöhe mit Grundmauern des megalithischen Palastes. Der beschilderte Weg in Richtung »Necropoli Sud. Villaggio Bizantino« führt zunächst nach Osten um dann zurück in Richtung Westen zu schwenken. Vorbei an Kammergräbern stößt aus dem Tal von links ein Weg dazu, später der Rückweg. Es geht geradeaus weiter, zur Linken die Schlucht des Anapo. Am vorher angekündigten **Belvedere Necropoli Sud** (20 Min.) gabelt sich der Weg. Vor dem Abstieg lohnt noch der Abstecher rechts zum byzantinischen Felsendorf S. Micidiario und den Nekropolen von Filiporto. Im Sattel von Filiporto (30 Min.) durchschreiten wir den antiken Verteidigungsgraben, der das Plateau mit dem Anaktoron vor Angriffen aus dem Westen schützte. Zurück am Abzweig Belvedere Necropoli Sud, gelangt man auf Felsstufen ins Tal. An der nächsten Gabelung halten wir uns links und treffen auf die Schotterstraße, die von oben bereits als helles Band zu erkennen war. Bis 1956 verband eine Schmalspurbahn Syrakus mit

Verlauf

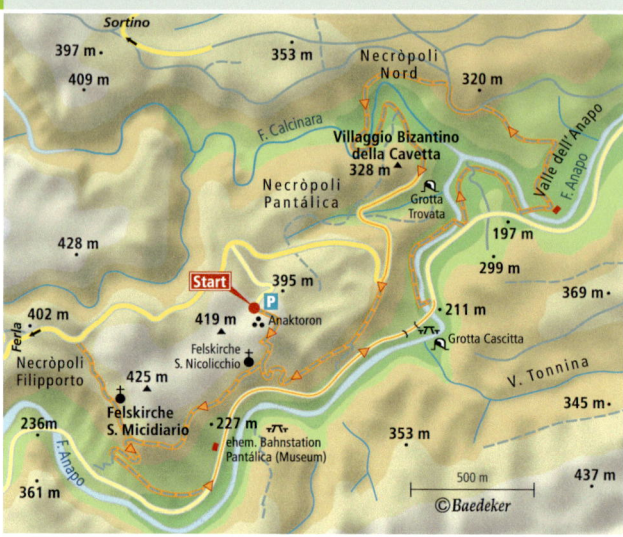

Vizzini. Nach links erreichen wir mit wenigen Schritten den **ehemaligen Bahnhof Necropoli Pantàlica** (1 Std. 15 Min.), nebenan ein Toilettenhäuschen. Vom Gebäude folgen wir der alten Bahntrasse weiter flussabwärts (es besteht die Möglichkeit, einen Schlenker rechts hinab zum Fluss zu unternehmen). Etwas weiter vorne zweigt linker Hand ein Pfad ab, als »Percorsi Particolari D« bezeichnet. Hier aufsteigend, kann man auf kürzestem Weg zum Ausgangspunkt zurück kehren. Wir setzten die Wanderung geradeaus auf der Kiesstrasse fort, erst durch einen kurzen Tunnel, dann über eine Brücke. Vor dem nächsten langen Tunnel (1 Std. 45 Min.) biegen wir links auf einen Pfad, den anfänglich ein Holzgeländer begleitet.

Der Weg folgt mit leichten Kletterpassagen in einem Halbbogen dem Lauf des Anapo. Kurz bevor er wieder auf die Schotterstraße trifft, biegen wir bei einer Gruppe Zitterpappeln links zum Fluss (2 Std.) ab. Auf Trittsteinen geht es ans gegenüberliegende Ufer. Vom Fluss steigt die Fahrspur in Serpentinen an, vorbei an einem verlassenen Gehöft durch Mandel- und Karubenhaine. Auf einer Holzleiter überquert man den Zaun und hier treffen wir auf die von Sortino heranführende Straße (2 Std. 20 Min.). Diese setzt sich nach links (Richtung Osten) als Schotterstraße fort und mündet in einen schmalen Weg, der zwischen Trockensteinmauern weiter absteigt. Die in die steilen Kalkfelswände gehauenen Grabhöhlen erinnern an Bienenwaben. Über Felsstufen erreicht man in 2 Std. 45 Min. den Talgrund des Calcinara. In kleinen Kaskaden ergießt sich das klare Wasser in Felsenbecken; ab Ende Mai steht der Oleander hier in voller Blüte.

Auf Trittsteinen kommt man an das andere Ufer und über Stufen wieder den Berg hinauf, wo wir auf das Ende einer Asphaltstraße (3 Std.) stoßen.

Pantálica: auf den Spuren der Sikuler

Dieser folgen wir in Richtung Ferla bis zu einer scharfen Rechtskurve (3 Std. 10 Min.). Die Gehrichtung beibehaltend, verlassen wir die Straße nach links und nehmen den schmalen Pfad, der sich in Serpentinen hinunter schlängelt. Wir treffen von oben auf einen querenden Weg, auf dem wir nach rechts ansteigen. Auch an den nächsten beiden Gabelungen biegen wir jeweils rechts ab und erreichen so unseren Ausgangspunkt am Anaktoron (3 Std. 45 Min.).

Wanderroute 4 Riserva dello Zingaro

Start/Ziel: Parkeingang Süd (Scopello)   **Länge:** 15 km
Gehzeit: 5 Std. 30 Min.   **Höhe:** 600 Auf- und Abstieg

Eine wilde Berglandschaft kontrastiert mit versteckten Buchten am türkisblauen Meer und exotischen Zwergpalmen. Badesachen gehören im ✳ ✳ Zingaro genauso zur Ausrüstung wie feste Schuhe. Am Parkeingang (Eintritt) verteilen freundliche Ranger eine Wanderkarte. Mit kleineren Kindern empfiehlt es sich, auf dem Hauptweg parallel zur Küste zu wandern, zumal man hier an mehreren Stellen zum Meer absteigen und jederzeit wieder umkehren kann.

Verlauf Vom Südeingang der Riserva (▶Castellammare del Golfo) führt eine Schotterstraße durch einen Felstunnel und verschmälert sich anschließend zu einem deutlich erkennbaren Pfad. Wir verlassen den küstenparallelen Hauptweg nach links, um oberhalb des **Centro Visitatori** (12 Min.) in kurzen Serpentinen den Hang hinaufzusteigen. Von unten treffen wir auf eine Fahrspur (45 Min.), der wir nach rechts folgen. Sie endet vor einem kleinen Haus. Kurz vorher biegen wir links auf den bezeichneten Pfad, der im verkarsteten Hang schräg ansteigt. An der nächsten Gabelung halten wir uns rechts, queren eine Tallinie und ignorieren auch den nächsten Abzweig linker Hand. Der Weg führt über eine kleine Hochfläche in den Sattel zwischen Pizzo Passo del Lupo (610 m) und Pizzo del Corvo (415 m). Für den kurzen »weglosen« Abstecher rechts auf den **Pizzo del Corvo** (1 Std. 25 Min.) werden wir mit einem herrlichem Blick belohnt: Er reicht von Scopello und dem Monte Inici im Süden, über den Golf von Castellamare im Osten bis zum gebirgigen Rückgrat des Zingaro im Norden und Westen. Im Norden sind auch Sughero und Baglio Co-

senza auszumachen, zwei verlassene Siedlungen, an denen unser Weg
vorbeiführt. Wir steigen nach Norden mit Blick auf eine Gruppe von
Häusern ab. Durch verwilderte Mandel- und Olivenhaine erreicht
man die **Località Sughero** (2 Std. 15 Min.). Der rechts abzweigende
Pfad würde uns zum küstenparallelen Hauptweg bringen. Wir setzen
den Weg jedoch geradeaus fort, steigen auf der Höhe des letzten im
Norden liegenden Hauses links in Serpentinen wieder auf und kommen über einen Pass zum **Borgo Cusenza** (3 Std.), das bis in die
1960er-Jahre noch bewohnt war. Hier folgen wir der Fahrspur nach
Norden bis zu einem Taleinschnitt und biegen rechts auf den bezeichneten Pfad, der in die Contrada Uzzo hinabführt, vorbei an der
Grotta Mastro Peppe Siino. In Meeresnähe treffen wir auf den
Hauptweg und folgen ihm in Richtung Süden nach rechts. Nach der
rauen Berglandschaft erscheint die **Contrada Uzzo** als grüne Oase,
dichtes Zwergpalmengebüsch umgibt den verwilderten Mandelhain.
In der Felswand rechts öffnet sich die **Grotta dell'Uzzo** (4 Std. 15
Min.). Seit vorgeschichtlicher Zeit bot die Karsthöhle Menschen

Im Zingaro-Naturpark unterwegs

Schutz, in den 1950er-Jahren diente sie dem Banditen Giuliano und seiner Bande als Unterschlupf. Vorbei an der Grotta dell'Uzzo bringt uns der küstenparallele Hauptweg zurück zum südlichen Parkeingang. Bergseitig stößt der Weg aus der Località Sughero dazu. Unterwegs führen immer wieder Stichwege zum Meer hinunter. Auf Höhe des Besucherzentrums zweigt links ein Pfad zur **Punta della Capreria** (auch Cala della Capreria genannt) ab, der letzten der wunderschönen Badebuchten. Durch den Felstunnel erreichen wir den Ausgangspunkt dieser Tour am Südeingang (5 Std. 30 Min.).

Wanderroute 5 Bosco della Ficuzza

Start/Ziel: Ficuzza
Gehzeit: 2 Std. 15 Min.

Länge: 9 km
Höhe: 250 m Auf- und Abstieg

Zu Füßen der stolzen Rocca Busambra breitet sich einer der schönsten Eichenwälder Siziliens aus. Die Jagdleidenschaft des Bourbonenkönigs Ferdinand IV. hat ihn vor Holzeinschlag bewahrt, heute steht er unter Naturschutz. Am schönsten ist der Bosco della Ficuzza im Mai, wenn die wilden Pfingstrosen blühen.

Verlauf Vor dem Jagdschloss in **Ficuzza** (► S. 383) erstreckt sich ein weiter Platz. Hinter der Fassade mit dem Bourbonenwappen erheben sich nicht minder königlich die Felswände der **Rocca Busambra**. An der Nordwestecke des Platzes informiert eine Wandertafel. Das Schloss im Rücken, geht es rechts an der Bar Cavaretta vorbei, über die nächste Querstraße und auf dem gepflasterten Treppenweg hinab. Wir queren eine Asphaltstraße und treffen von oben auf eine Schotterpiste; der ehemalige **Bahnhof von Ficuzza** zur Linken ist heute ein **Restaurant mit Übernachtungsmöglichkeiten** (Antica Stazione di Ficuzza, Tel. 09 18 46 00 00, www.anticastazione.it).

Die 1954 stillgelegte Bahntrasse von Palermo ins Hinterland von Corleone ist inzwischen als Wander- und Radweg präpariert. Vorbei am alten Wasserturm, folgen wir ihrem ebenen Verlauf nach rechts, die Antica Stazione im Rücken. Unterwegs kommen wir an der Vasca Rifornimento Locomotive, einem nicht mehr genutzten Wasserbecken, und einem Bahnwärterhäuschen vorbei. Von einer Brücke genießen wir den Blick zurück auf Ficuzza mit Schloss und Rocca Ramusa, der westlichen Fortsetzung der Rocca Busambra. Die Trasse beschreibt anschließend einen Rechtsbogen und schneidet sich durch den Sandsteinhügel; auf beiden Seiten wird sie von gemauerten Stützwänden gesäumt. Kurz darauf gabelt sich der Weg im Wald. Während links eine Piste zu einer Tränke hinab führt, folgen wir der Bahntrasse noch ein kurzes Stück geradeaus, um kurz vor dem Tun-

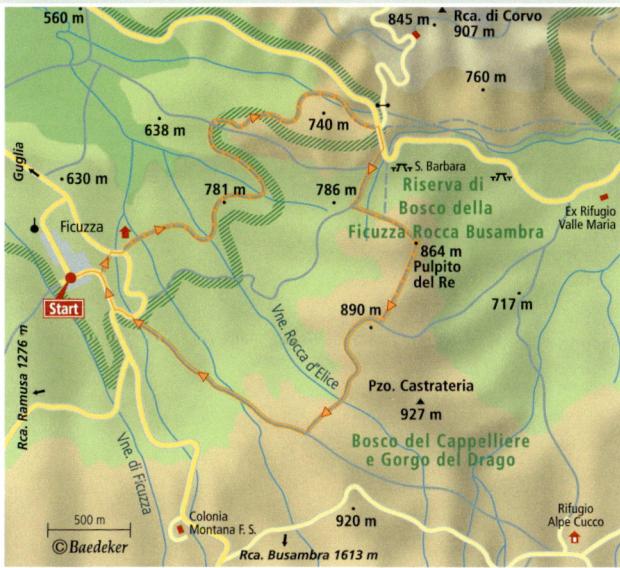

neleingang rechts auf dem Pfad bis zur Kreuzung **Quattro Finaite** (50 Min.) aufzusteigen. Die asphaltierte S P 26 führt hier vorbei.

Ohne die Provinzstraße zu berühren, setzen wir unsere Wanderung nach rechts fort. Die sanft ansteigende Kiesstraße verlassen wir an ihrem Scheitelpunkt (1 Std.) nach links. Vorbei an einer Schranke steigt der breite Weg zum Pulpito del Re an. Unterwegs lädt rechter Hand eine Gruppe von Felsen zur Rast ein. Im Westen erhebt sich bei Piana degli Albanesi die markante, 1233 m hohe **Kumeta**. Ganz ohne Fernsicht liegt auf einer erhöhten Lichtung der **Pulpito del Re** (Königskanzel; 1 Std. 10 Min.), ein in den Sandsteinfels geschlagener Jagdsitz. Hier erlegte König Ferdinand IV. das ihm vor die Flinte getriebene Wild – heute findet man im Wald von Ficuzza jedoch nur noch den Fuchs.

Die ursprüngliche Gehrichtung beibehaltend, folgen wir dem schmalen Pfad bergauf, der bald darauf nach rechts schwenkt. In südliche Richtung queren wir die bewaldete Anhöhe. Dann öffnet sich von einer Lichtung der Blick auf die steilen Felswände von Rocca Busambra (1613 m) und Rocca Ramosa (1276 m). Unterhalb erstreckt sich Steineichenwald, weiter rechts sind Ficuzza und das Jagdschloss zu sehen. Der Pfad führt wieder bergab und trifft im **Vallone Rocca d'Elice** auf eine beschilderte Wegkreuzung (1 Std. 30 min.).

Der Weg zurück nach Ficuzza führt am gegenüberliegenden Ufer zwischen Weidezaun und Bachbett nach rechts bergab. Von oben stoßen wir auf die Schotterpiste, der wir nach links bis zur Asphaltstraße folgen. Auf dieser Straße geht es nach links über die Brücke und kurz darauf, an der nächsten Kreuzung, in wenigen Minuten nach rechts zurück in den Ort.

Wanderroute 6 Piano Pomo und Cozzo Luminario

Start/Ziel: Piano Sempria   **Länge:** 3,5 km
Gehzeit: 1 Std. 45 Min.   **Höhe:** 325 m Auf- und Abstieg

Auf dem Piano Pomo überdauert als Relikt der letzten Eiszeit ein märchenhafter Wald von Riesenstechpalmen, ein in Europa einzigartiges Naturdenkmal. Vom Cozzo Luminario genießt man einen der schönsten Ausblicke im ✳ Parco delle Madonie. An klaren Tagen reicht die Sicht bis zum Ätna und den Äolischen Inseln.

Verlauf   Der Piano Sempria, Ausgangspunkt der Wanderung, ist nur mit eigenem Fahrzeug zu erreichen. In **Castelbuono** (▶Monti Madoníe) folgt man der S S 286 Richtung Geraci Siculo, um kurz vor dem südlichen Ortsrand rechts auf die Straße Richtung **San Guglielmo** abzubiegen. Die im letzten Abschnitt schlechte Asphaltstraße endet auf dem Piano Sempria (1187 m). Das **Rifugio Crispi**, eine urige Berghütte des sizilianischen Alpenvereins C.A.S. und gute Einkehrmöglichkeit, ist bekannt für kräftige Küche (Rifugio F. Crispi, Contrada Piano Sempria, Tel. 09 21 67 22 79, rifugiofrancescocrispi@ristorantiitaliani.it)!

Am **Piano Sempria** erklärt eine Tafel den Verlauf des **Naturlehrpfads** (Sentiero Natura). Der markierte Pfad biegt rechts in den Buchenwald und steigt in Serpentinen rasch an, im Unterwuchs Alpenveilchen und Mäusedorn. Unterwegs queren wir die vom Piano Sempria in Richtung Piano Pomo aufsteigende Forststraße – unser späterer Rückweg. Am Wegesrand steht eine mächtige **Flaumeiche**, deren Alter auf über 800 Jahre geschätzt wird. Der hohle Stamm birgt eine Marienkapelle. Der Pfad steigt weiter an, quert eine Schneise und führt in einen Steineichenwald. Von einer Lichtung (15 Min.) ober-

halb des Vallone Canna genießen wir einen weiten Ausblick. Im Süden erhebt sich der Monte S. Salvatore, während im Osten Geraci Siculo, die Monti dei Nébrodi und mit Glück sogar der Ätna zu sehen sind. Der Pfad folgt der Geländekante, quert einen Felsriegel und trifft von unten auf die Forststraße. Nach links geht es mit wenigen Schritten durch ein Gatter auf den **Piano Pomo** (1261 m; 35 Min.). Auf der Weidefläche steht ein binsengedeckter Unterstand, wie ihn früher die Hirten errichteten. Der sogenannte Pagghiaru dient heute

Forstarbeitern als **Schutzhütte** und einer der Räume steht für Wanderer offen. Den Pagghiaru im Rücken, geht es über den Zaun nach rechts und nach wenigen Schritten in einen verwunschenen Hain hinein mit bis zu 15 m hohen **Stechpalmen**. Das Holzschild »Agrifogli giganti« markiert den Eingang der »Naturkathedrale«. Im November überziehen leuchtend rote Beeren die immergrünen Bäume. Oberhalb der Stechpalmen erhebt sich eine mächtige Buche mit dem Holzschild »Faggio secolare«. Hier biegt der Pfad scharf nach rechts, und steigt, vorbei an uralten Buchen und Eichen zwischen Sandsteinfelsen hoch zum **Cozzo Luminario** (55 Min.) mit einem Gipfelkreuz (1512 m). Ringsum breitet sich das Madonienmassiv aus, im Norden erstreckt sich das Tyrrhenische Meer. Castelbuono liegt uns zu Füßen, deutlich sind Piazza, Corso und Kastell des Städtchens zu erkennen. Vom Gipfelgrat steigt der Weg in einem Rechtsbogen nach Norden ab und trifft am **Piano Imperiale** (1 Std.), einer weiten Karstsenke, auf eine querende Fahrspur. Dieser folgen wir nach rechts. Zurück im Buchenwald, beginnt die Forststraße in Serpentinen abzusteigen. An der nächsten Kreuzung (1 Std. 10 Min.) kann man zwischen zwei Abstiegsvarianten wählen: Während die Forststraße links steil abfällt, erreicht man rechts in wenigen Minuten, kurz vor dem Piano Pomo, wieder den Anschluss an den Naturlehrpfad. Beide Wege enden am Rifugio Crispi auf dem Piano Sempria.

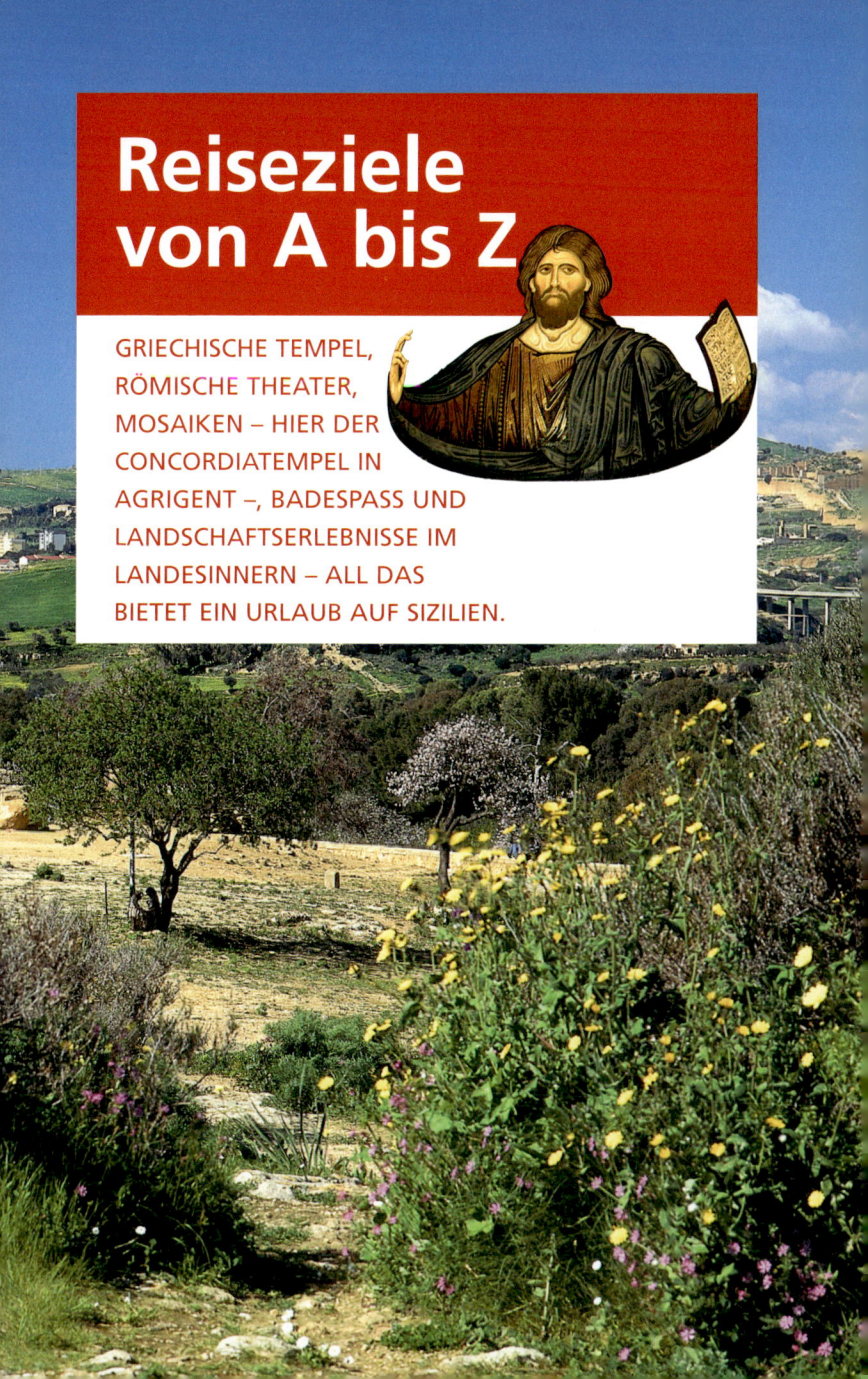

Reiseziele von A bis Z

GRIECHISCHE TEMPEL, RÖMISCHE THEATER, MOSAIKEN – HIER DER CONCORDIATEMPEL IN AGRIGENT –, BADESPASS UND LANDSCHAFTSERLEBNISSE IM LANDESINNERN – ALL DAS BIETET EIN URLAUB AUF SIZILIEN.

Acireale

Provinz: Catania   **Höhe:** 160 m ü.d.M.
Einwohnerzahl: 53 000

Das lebendige Städtchen Acireale thront auf einer Lavaterrasse über dem Meer am nördlichen Ende der Riviera dei Ciclopi.

Barocke Eis-
macherstadt mit
Belvedere
Es ist die Nachfolgerin der 731 v. Chr. gegründeten griechischen Kolonie Xiphonia. Das heutige Stadtbild erhält seinen Akzent durch die nach dem Erdbeben 1693 errichteten Barockbauten um die Piazza del Duomo mit ihren erlesenen Gelaterie. Bekannt ist Acireale durch das **Puppentheater** (www.operadeipupi.com; ► Baedeker Special S. 342), durch seinen Karneval und durch eine Krippe von 1736, die in der Weihnachtszeit in einer Lavagrotte gezeigt wird.

Sehenswertes in Acireale

Piazza del
Duomo
Der Domplatz wird vom **Dom** (1597 – 1618) dominiert mit reich dekoriertem Barockportal und neugotischer Fassade. Im Innern bemerkt man einen Meridian (1843) und in der Cappella di Santa Venera eine Silberstatue der Stadtpatronin (1651). Rechts neben dem Dom erheben sich die Chiesa dei Santi Pietro e Paolo (18. Jh.) mit unvollendetem Nordturm und der barocke Palazzo Comunale (1659). Auf der benachbarten Piazza Vigo fällt die Chiesa **San Sebastiano** (17. Jh.) mit ihrer reich ornamentierten Fassade von Giovanni Battista Marino (1754) und integriertem Glockenturm auf; die Fresken im Innern malte Pietro Paolo Vasta (1697 – 1760).

Sammlungen
Im Palazzo Pennisi di Floristella links neben dieser Kirche wird eine bedeutende Sammlung antiker Münzen aufbewahrt.
Weitere Sammlungen enthält die Pinacoteca dell'Accademia Zelantea (Via Marchese di San Giuliano 15; u. a. eine historische Büchersammlung sowie eine Caesarbüste).

? **WUSSTEN SIE SCHON …?**

■ Granite, eine vor allem im Sommer heißbegehrte sizilianische Spezialität, sind Mischungen aus grieskornfeinen Wasserkristallen mit Kräuteressenzen, Kaffee oder mit dem Saft von Zitronen, Orangen, Feigen und Pfirsichen. Ganz besonders gute gibt es im Café Costarelli an der Piazza Duomo in Acireale. Bildschön und kaum zu bewältigen sind auch die opulenten Eisbecher der traditionsreichen Pasticceria.

Im Süden der Stadt, zwischen Bahnhof und Staatsstraße 114, befindet sich das **Thermalbad** Santa Venera (schwefelhaltige und radioaktive Quellen, www.terme-acireale.com), ein klassizistisches Gebäude aus dem 19. Jahrhundert.
Einen traumhaften Blick auf den Ätna und die Küste hat man vom Park **Villa Belvedere** in der nördlichen Oberstadt (im Park eine Skulptur von Acis und Galathea).

⏵ ACIREALE ERLEBEN

AUSKUNFT
Via Oreste Scionti 15
Tel. 0 95 89 19 99
www.acirealeturismo.it

VERANSTALTUNG
Im Februar wird in Acireale der berühmte Karneval gefeiert.

AUSGEHEN
Eine der größten Sommer-Open-Air-Disco der Insel: Banacher, Via Vampolieri 66, Aci Castello
www.banacher.com

ESSEN
▶ Erschwinglich
Trattoria Al Ficodindia
Piazza San Domenico 1
Tel. 09 57 63 70 24
Familiäres Lokal, viele Gerichte auf Kaktusfeigenbasis, köstliche Liköre

L'Antica Osteria
Via Carpinati 30, Tel. 095 60 57 56
Beliebte Trattoria/Pizzeria in der Nähe der Piazza Duomo

Santa Maria la Scala · La Grotta
Via Scalo Grande 46
Tel. 09 57 64 81 53; Di. Ruhetag
Einfache und gute Fischtrattoria wenige Schritte vom Hafen

Il Covo Marino
Lungomare dei Ciclopi 149
Tel. 09 57 11 66 49, Mo. Ruhetag
Ausgezeichnete Antipasti, beste Fischplatten, Terrasse und Meerblick

ÜBERNACHTEN
▶ Komfortabel
Maugeri
Piazza G. Garibaldi 27, Tel.
0 95 60 86 66, www.hotel-maugeri.it
45 Z.; nahe dem Dom, gute Küche

Santa Caterina
Via Santa Caterina 42/b
Tel. 09 57 63 37 35, Fax 09 57 63 52 74
www.santacaterinahotel.com; 20 Z.
Die Altstadt in Gehdistanz, komfortable Zimmer, Top-Ristorante

Scillichenti · Il Limoneto
Via D'Amico 41, Tel. 095 88 65 68
www.illimoneto.it – Ruhig gelegener Agriturismo mit Miniapartments und einer herrlichen Sicht über Land und Meer

Santa Tecla · Santa Tecla Palace
Via Balestrate 100
Tel. 09 57 63 40 15, www.hotelsanta
tecla.it – 209 Z.; schöne Lage über der Steinküste; geräumige Zimmer

Capomulini · Parkhotel Capomulini
Viale della Fiera Franca 33
Tel. 0 95 87 75 11, www.parkhotelca
pomulini.it; 103 Z.
Am kleinen Hafen; mit vielen Restaurants in der Umgebung; die Zimmer zum Meer sind leise.

Aci Trezza · I Faraglioni
Lungomare dei Ciclopi 115
Tel. 09 50 93 04 64
www.grandhotelfaraglioni.com
Zimmer mit Meerblick

▶ Günstig
Bed & Breakfast Al 22
Via San Carlo 22, Tel. 0 95 69 40 88
und 33 45 91 41 17
www.al22.eu – 4 Zi. in renoviertem Altbau oberhalb der Piazza del Duomo; Frühstück auf der Terrasse

▶ Camping
Panorama
Via Santa Caterina 55, Tel. 09 57 63
39 78, www.panoramavillage.it

Grotta lavica del Presepio In der Lavagrotte (an der Straße nach Santa Maria La Scala im Nordwesten der Stadt) ist eine Krippe mit lebensgroßen Figuren aus Holz und Wachs ausgestellt.

Strände und Ausflüge Einheimische baden beim Fischerdorf Santa Maria La Scala (1 km nördlich), am Strand von Santa Tecla (4 km nördlich), in Stazzo und Pozillo.

Umgebung von Acireale

Aci Castello Am Osthang des Ätna gelegen, gehört das Seebad Aci Castello (18 100 Einw.) zu den beliebten Ferienorten der Region. Beherrscht wird es vom Normannenkastell (1076) auf einem Basaltfelsen über dem Hafen. Zur Gemeinde gehört auch **Aci Trezza**. In dem Fischerstädtchen (2500 Einwohner, 2 km nördlich) mit Blick auf die bizarren Kyklopenfelsen (Isole dei Ciclopi, Bootsverbindung) verfilmte 1947 Luchino Visconti den Roman von Giovanni Verga »I Malavoglia« (1881; »Die Besiegten«, ►Baedeker Special S. 92).

✳
Riviera dei Ciclopi Mit den Isole dei Ciclopi, Zyklopeninseln, ist die mythische Überlieferung von den riesenhaften, einäugigen Kyklopen verbunden, nach denen der Strandabschnitt nördlich von Catania »Riviera dei Ciclo-

Bootsausflug zu den bizarr geformten Kyklopenfelsen von Acitrezza

pi« genannt wird. Einer der Kyklopen, Polyphem, Sohn des Meeresgottes Poseidon, nahm Odysseus und seine Gefährten gefangen. Nachdem er sechs seiner Gefangenen verschlungen hatte, gelang es Odysseus, ihn zu blenden und zu fliehen. Polyphem schleuderte ihm Felsbrocken nach, die ins Meer fielen, ohne Odysseus zu treffen – die Kyklopenfelsen, **Isole dei Ciclopi**. Mythischen Ursprungs sind auch Aci Castello, Acireale und Aci Trezza. Theokrit und Ovid berichten, dass Akis (italienisch Aci), der Ge-

> ## ! Baedeker TIPP
>
> ### Museo del Palmento
>
> In Santa Venerina, 15 km nördlich von Acireale, lebt und arbeitet das Künstlerpaar Cristina Amblard und Nino Carnabuci. Sie fertigt Keramiken, er ist ein bekannter Maler. In ihrem Museo del Palmento haben sie landwirtschaftliche Geräte und vor allem ländliche Haushaltsgegenstände zusammengetragen (Via Palombaro 56; tägl. 9.30 Uhr bis 1 Std. nach Sonnenuntergang, Juli/Aug. 13–16 Uhr Mittagspause).

liebte der Nereide Galathea, vom eifersüchtigen Kyklopen Polyphem in den Fluss Akis (heute Fiume di Jaci) verwandelt wurde. Georg Friedrich Händel wurde durch diesen Stoff zu zwei verschiedenen Kompositionen angeregt. 1708 schrieb er in Neapel die Serenade »Aci, Galatea e Polifemo«, zehn Jahre später vertonte er den Stoff völlig neu, diesmal auf einen englischen Text.

Auf der Isola di Aci – Polyphems gewaltigstes Wurfgeschoss – befindet sich heute die meeresbiologische Station der Universität Catania.

✶✶ Agrigento · Agrigent

J 9

Provinz: Agrigento
Einwohnerzahl: 60 000

Höhe: 230 m ü.d.M.

Die an der Südküste Siziliens in hügeligem Gelände herrlich gelegene Provinzhauptstadt ist wegen ihrer großartigen Tempelruinen eine der sehenswertesten Städte Siziliens. Die zahlreichen antiken Bauten stehen in Kontrast zu den Hochhäusern, welche zum Teil den Blick auf die hoch gelegene Neustadt verstellen. Ein beliebtes Ausflugsziel ist der Badeort San Leone (7 km südöstlich) mit einem kilometerlangen Sandstrand.

Tyrannen, Dichter und Philosophen

Das Stadtgebiet und seine Umgebung waren schon in prähistorischer Zeit besiedelt. Die antike Überlieferung schreibt die Gründung Daidalos zu, der vor König Minos von Kreta nach Sizilien geflohen war. Historisch greifbar wird Akragas mit der Gründung 581 v.Chr. durch dorische Kolonisten aus Gela und deren Mutterstadt Rhodos. Ihren Namen erhielt sie nach dem Fluss Akrágas, der im Osten des antiken

Stadtgebiets fließt (heute Fiume San Biagio) und sich weiter südlich mit dem im Westen fließenden Hypsas (heute Fiume Drago) vereinigt. Kurze Zeit nach der Stadtgründung, 570 v. Chr., warf sich Phalaris zum Herrn von Akragas auf; er hatte den Bau des Zeustempels auf der Akropolis (an der Stelle des heutigen Domes) übernommen, seine Bauarbeiter bewaffnet und mit ihnen die Stadt unterworfen. In der Überlieferung wurde Phalaris zum Inbegriff des grausamen Tyrannen. 488 v. Chr. gewann Theron aus dem Geschlecht der Eumeniden die Macht, Akragas wurde zur blühenden Stadt und zur stärksten Macht Siziliens nach Syrakus. Zusammen mit seinem Schwiegersohn Gelon von Syrakus besiegte Theron 480 v. Chr. in der Schlacht von Himera die Karthager. In den folgenden 70 Jahren erlebte die Stadt politisch, kulturell und wirtschaftlich ihre große Zeit, von der noch heute die Tempelbauten Zeugnis ablegen.

Der Dichter Pindar pries das auf 200 000 Einwohner angewachsene Akragas in der 12. pythischen Ode als »schönste der sterblichen Städte«. Es war die Zeit, in der der Philosoph **Empedokles** hier wirkte, der spöttisch über seine Landsleute anmerkte, sie bauten, als ob sie ewig leben, und speisten, als ob sie morgen sterben sollten. Diese glanzvolle Epoche fand ihr Ende mit dem karthagischen Angriff 409 v. Chr., dem 406/405 v. Chr. – nach Selinus und Himera – auch Akragas zum Opfer fiel. Im 1. Punischen Krieg wurde Akragas 261 v. Chr. von den Römern, 255 von den Karthagern erobert und ausgeplündert. 210 kamen wieder die Römer, die die Einwohner versklavten und im Jahr 207 v. Chr. durch neue Siedler ersetzten. Seitdem hieß die Stadt Agrigentum.

828 fiel die von Vandalen und Ostgoten verheerte Stadt den Arabern in die Hände. In normannischer Zeit ist Girgenti als wohlhabender Bischofssitz bekannt. Erst 1927 wurde es in Agrigento rückbenannt.

Leo von Klenze (1784–1864), seit 1818 Hofbauintendant in München, bereiste 1823/1824 mit Ludwig I. Sizilien. Er war der Erste, der die Tempel von Agrigent wissenschaftlich vermaß und aufzeichnete. Der nahe gelegene Hafen Porto Empédocle ist der Geburtsort der Schriftsteller Luigi Pirandello und Andrea Camilleri (▶ Berühmte Persönlichkeiten).

Sehenswertes im modernen Agrigent

Die heutige Stadt　Ausgangspunkt für eine Besichtigung der heutigen Stadt mit ihrem labyrinthischen Gewirr steiler Straßen und vieler Treppen ist der Piazzale Aldo Moro. Hier beginnt die Via Atenea, die Hauptgeschäftsstraße der Stadt. Aufwärts geht es durch winkelige Gassen und über Treppen zur Kirche **Santa Maria dei Greci**. Der dreischiffige Bau aus normannischer Zeit wurde über den Resten eines dorischen Athenatempels von 488 v. Chr. errichtet, der recht klein war (35 x 15 m). Durch einen Glasboden im Altarraum und im rechten Seitenschiff sind die beleuchteten Reste des Tempels, ein Stufenbau und Säulen, gut zu erkennen.

► AGRIGENT ERLEBEN

AUSKUNFT

Servizio Turistico
Piazza Aldo Moro, 92100 Agrigento
Tel. 0 92 22 03 91, Fax 0 92 22 02 46
www.parcovalledeitempli.it

VERANSTALTUNGEN

Eindrucksvoll sind das Mandelblütenfest (Anfang Februar), die Karfrei-
tagsprozessionen, das Fest des
Stadtheiligen San Calogero (1. und
2. Sonntag im Juli), Pirandello-Feiern
(August), Feste di Persefone, klassische Theateraufführungen im Tal der
Tempel (Juli/August) und der Wett-
bewerb »Efebo d'oro« für Film-
musikkomponisten (September).

ESSEN

► Erschwinglich

① *Kalotta*
Piazza San Calogero
Tel. 0 92 22 63 89; So. Ruhetag
Am Rand der Altstadt, modernes
Ambiente; v. a. Fischgerichte, gutes
Angebot an regionalen Weißweinen

② *Kokalos*
Via Cavaleri Magazzeni
Tel. & Fax 09 22 60 64 27 / 28
www.ristorante-kokalos.com
Restaurant und Pizzeria mit Blick auf
das Tal der Tempel. Wein vom
eigenen Berg

③ *San Leone · Caico*
Via Nettuno 35, Tel. 09 22 41 27 88
mittags und abends, Di. geschl.
Beliebte, gemütliche Trattoria in
Strandnähe mit Veranda. Der Besitzer
ist Weinliebhaber! Schwerpunkt der
empfehlenswerten Küche sind Fischgerichte.

④ *San Leone · Leon d'Oro*
Viale Emporium 102

*Die Auswahl an Antipasti und anderen
Gerichten im Le Caprice ist riesengroß.*

Tel. 09 22 41 44 00, Mo. Ruhetag
Es gibt vor allem Fischgerichte und
andere regionale Spezialitäten. Von
der Terrasse Ausblick in die Landschaft.

⑤ *San Leone · Le Caprice*
Via Cavaleri Magazzeni
Viccolo Kreta 2, Tel. 09 22 41 13 64
Gepflegte Pizzeria (auch zum
Draußensitzen). Die Antipasti-Aus-
wahl ist so groß (und gut), dass man
sich leicht ein Menü zusammenstellen
könnte.

ÜBERNACHTEN

► Luxus

① *Villa Athena*
Via Passeggiata Archeologica 33
Tel. 09 22 59 62 88
www.athenahotels.com
31 Z.; alte Adelsvilla in weitläufigem
Garten mit einzigartigem Blick auf
den Concordiatempel

War früher ein Landsitz:
Foresteria Baglio della Luna

⑥ *Baglio della Luna*
Contrada Maddalusa an der SS 640
Tel. 09 22 51 10 61, Fax 09 22 59 88 02
www.bagliodellaluna.com
24 Z.; Landsitz auf einem Hügel in
Weinbergen. Schöner Blick auf das Tal
der Tempel. Das Restaurant genießt
einen ausgezeichneten Ruf.

▶ **Komfortabel**
⑦ *Kaos*
Villaggio Pirandello an der SS 640
Tel. 09 22 59 86 22, Fax 09 22 59 87 70
www.athenahotels.com
105 Z.; südwestlich vom Valle dei
Templi, schöne Anlage mit großem
Schwimmbad; Reisegruppen

② *Colleverde Park*
Via dei Templi 48
Tel. 0 92 22 95 55, Fax 0 92 22 90 12
www.colleverdehotel.it
48 komplett renovierte Zimmer; aus
dem großen Park und aus einigen
Zimmern genießt man einen Blick auf
die Tempel.

▶ **Günstig**
③ *Concordia*
Via San Francesco 11
Tel. & Fax 09 22 59 62 66
26 Z.; angenehmes kleines Hotel in der
Altstadt, in einer Parallelstraße unterhalb der Via Atenea; einfach möbliert,
die Zimmer sind nicht besonders
groß, aber sauber und preisgünstig.

④ *Belvedere*
Via San Vito 20
Tel. & Fax 09 22 2 00 51
30 Z.; in der Altstadt Agrigents, sehr
gastfreundlich mit kleinem Garten;
einige Zimmer mit Ausblick

⑤ *Terrazza sul Corso*
Via Atenea 165, Tel. 092 22 65 55
www.terrazzasulcorso.it
4 Z.; freundliches B & B unterhalb des
Altstadtcorsos; bestens ausgestattete
Zimmer mit Balkon und Gästeküche.
Nette Gastgeber und gute Tipps

Dom

Weiter aufwärts kommt man zum Dom. Er wurde im 11. Jh. von
den Normannen auf der Akropolis über den Ruinen des Zeustempels
erbaut. Im 13./14. Jh. wurde er erweitert, im 17. Jh. barock umgestaltet. Neben dem wuchtigen, unvollendeten Campanile (15. Jh.) führt
eine Freitreppe zum Hauptportal. Das Innere der dreischiffigen Basilika wurde nach Erdbebenschäden im Jahr 1966 restauriert, wobei
man sich bemühte, im Langhaus den mittelalterlichen Raum-
charakter wieder herzustellen; hier hat man aus späterer Zeit lediglich die prächtige Holzdecke von 1518 belassen. Der Chor weist noch
den üppigen barocken Schmuck auf. Der Silberschrein des heilig gesprochenen Bischofs Gerlando aus dem Jahre 1639 befindet sich in
einer gotischen Kapelle des rechten Seitenschiffes.

In östlicher Richtung führt die Via Fodera zum ehem. Zisterzienserkloster Santo Spirito (Mo. – Fr. 9.00 – 13.00, 15.00 – 17.30, Sa. mittag geschl.). Die Fassade (um 1260) ziert noch das ursprüngliche gotische Spitzbogenportal und eine Fensterrose. Sie gipfelt in einem barocken Giebel. Im Innenraum dominiert die reiche Stuckdekoration, die Giacomo Serpotta um 1695 geschaffen hat (Weihwasserbecken 5. Jh.). Rechts der Kirche finden sich Reste des Kreuzgangs, der Kapitelsaal und das Refektorium.

Santo Spirito

> ! **Baedeker** TIPP
>
> **Kühle Erfrischung**
> Sehr gutes Eis oder Eistorten und damit eine ideale Belohnung für das viele Treppensteigen gibt es im familiengeführten Caffé Concordia an der Piazza Pirandello.

Die Sammlung des **Museo Civico** zeigt Gemälde, Skulpturen und Erinnerungen an Luigi Pirandello. Gegenwärtig sind die Exponate jedoch im Palazzo dei Filippini ausgestellt (Via Athenea). Die Theaterstücke des Schriftstellers werden während der Saison (Okt. – März) im nahe gelegenen **Teatro Pirandello** aufgeführt (Piazza Pirandello).

Antike Stätten

Aus der Neustadt führt der Viale della Vittoria zur Kirche San Biagio am Ostende des **Athenafelsens** (Rupe Atenea, 351 m; prächtiger Ausblick). Die kleine Kirche ist geschlossen. Sie wurde im 12. Jh. über einem antiken Demetertempel (480/460 v.Chr.) errichtet. Die Fundamente und Teile der nördlichen Antenmauer sind hinter der Kirchenapsis zu sehen. Außerdem bemerkt man nördlich des Gebäudes zwei Rundaltäre, die vielleicht auch als Bothros (Opfergrube) dienten, in ihrem Innern wurden rituelle Gefäße gefunden.

San Biagio

Auf einem Treppenweg gelangt man hinunter zum Felsheiligtum von Demeter und Persephone (Santuario Rupestre di Demetra) am Steilhang des Athenafelsens. Diese älteste Kultstätte von Agrigent wird ins 7. Jh. v.Chr., also in vorgriechische Zeit, datiert. Es handelt sich um eine schmale Felskammer, hinter der zwei Quellhöhlen liegen. Die Weihgaben an die Mysteriengöttin Demeter und ihre Tochter lassen sich im Museo Archeologico besichtigen.

Santuario Rupestre di Demetra

Im Archäologischen Museum sind die Funde chronologisch geordnet, darunter eine der umfangreichsten Sammlungen antiker Keramik, die in den umliegenden Nekropolen geborgen wurde. Eine kleine Schale (6. Jh. v.Chr.) zeigt das Motiv der dreibeinigen »Triscele«, heute noch als »Trinakria« im Wappen der autonomen Region Sizilien präsent. Die meisten der schwarz- und rotfigurigen Vasen wurden als Luxusgüter aus Athen importiert. Zahlreiche Votivgaben aus Terrakotta, zu denen auch die Modeln gefunden wurden, bezeugen die Beliebtheit des Demeterkultes im antiken Akragas.

✷ ✷ Museo Archeologico Regionale

🕐
Öffnungszeiten:
Di. – Sa.
9.00 – 19.00
So., Mo.
9.00 – 13.00

Agrigent Museum

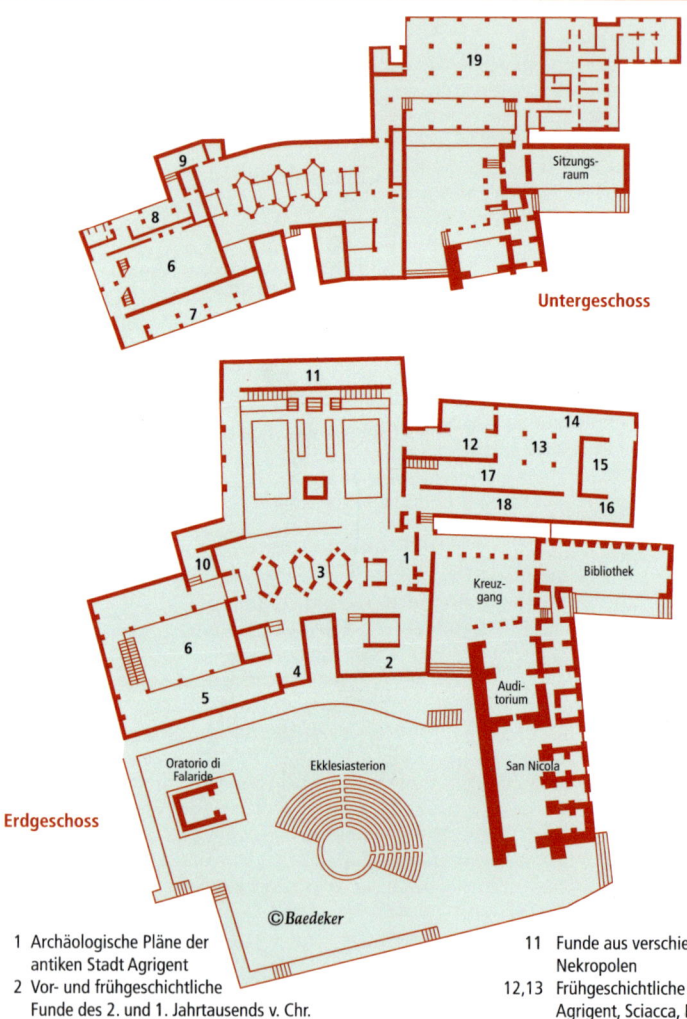

Untergeschoss

Erdgeschoss

Oratorio di Falaride

Ekklesiasterion

San Nicola

Auditorium

Kreuzgang

Bibliothek

Sitzungsraum

©Baedeker

1 Archäologische Pläne der
   antiken Stadt Agrigent
2 Vor- und frühgeschichtliche
   Funde des 2. und 1. Jahrtausends v. Chr.
3 Griechische und italienische Vasen
   aus dem 6.-3. Jh. v. Chr.
4 Fragmente aus verschiedenen Tempeln
5 Opfergaben aus dem 6.-4. Jh. v. Chr.
6 Über zwei Stockwerke:
   Tempel des Olympischen Zeus,
   Original eines Telamon
7-9 Ausgrabungen aus dem hellenistisch-
   römischen Areal
10 Griechisch-römische Skulpturen

11 Funde aus verschiedenen
   Nekropolen
12,13 Frühgeschichtliche Funde aus u.a.
   Agrigent, Sciacca, Palma di Monte
   Chiaro, Montallegro, Milena,
   Favara, Sant'Angelo Muxaro
14 Funde aus u.a. Eraclea Minoa,
   Ribera, Sambuca
15 Dokumentation über Gela
16,17 Funde aus Ravenusa, Favara,
   Canicatti, Licata, Caltanissetta,
   Raffe
18 Verschiedene Kleinfunde
19 Noch nicht geordnete Funde

Über einen Raum mit Kapitellen und Wasserspeiern mit Löwenköpfen aus verschiedenen Tempeln gelangt man in die zweistöckige Sala dei Telamoni. Sie ist dem heute in Trümmern liegenden Tempel des Olympischen Zeus gewidmet. Neben einem Modell und Rekonstruktionszeichnungen gibt es eine der ursprünglich 38 je 7,65 m hohen Atlantenfiguren, zwei Köpfe weiterer Atlanten und andere Fragmente zu sehen. Weitere Glanzstücke sind die Skulptur eines knienden Kriegers (vermutlich vom Giebelschmuck des Olympieions, 480/470 v. Chr.), die Marmorstatue eines Epheben (um 480 v. Chr.), ein römischer Kindersarkophag und ein unbeschädigter Prachtkrater aus Gela mit der Darstellung der Amazonenschlacht (5. Jh. v. Chr.).

Neben dem Museum erhebt sich die im 13. Jh. von Zisterziensern erbaute einschiffige Kirche San Nicola. In einer rechten Seitenkapelle der beliebten Hochzeitskirche steht der berühmte marmorne Phädra-Sarkophag (2. Jh. n. Chr.) mit drei Szenen aus dem Mythos von Phädra und Hippolytos. Die Ehefrau des Theseus hatte sich in ihren Stiefsohn Hippolytos verliebt, war jedoch von ihm zurückgewiesen worden. Die Verschmähte nahm sich das Leben. Theseus legte ihren Tod falsch aus, unterstellte seinem Sohn, ihr gegenüber aufdringlich gewesen zu sein, und ließ ihn mit Poseidons Hilfe von dessen Pferden zu Tode schleifen.

San Nicola

◄ Öffnet meist nur für Hochzeiten und Messen

Hinter der Kirche stößt man auf eine Anlage, die im 1. Jh. v. Chr. als **Versammlungsplatz** (Ekklesiasterion) angelegt und später zu einem kleinen Theater umgebaut wurde. Am Rande sieht man einen kleinen Tempel des 2. Jh.s n. Chr., das sog. **Oratorium des Phalaris**.

Auf Höhe des Museums befindet sich ein freigelegtes Stadtviertel aus hellenistischer und römischer Zeit (Quartiere Ellenistico Romano, 4. Jh. v. Chr. – 4./5 Jh. n. Chr.; tägl. 9.00 – 19.00, Mo., So. bis 13.30 Uhr).

Antikes Stadtviertel
🕐

✳ ✳ Valle dei Templi · Tal der Tempel

Zu Füßen der Stadt reihen sich auf einem Höhenzug die weltberühmten dorischen Tempel von Agrigent, UNESCO-Weltkulturerbe. Dass sie mit Namen wie Herakles, Concordia und Hera Lakinia (oder Juno Lacinia) belegt sind, ist mehr oder weniger willkürlich. Abends sind die Tempel beleuchtet.

🕐 Öffnungszeiten: tägl. 8.30/9.00 bis 19.00

Vom Parkplatz geht es zunächst zu den drei Bauten des östlichen Tempelhügels.

Die östlichen Tempel

Der sog. Heraklestempel, ein archaischer Ringhallentempel (Peripteros) wurde gegen 500 v. Chr. errichtet. Mit einem Stylobat von 25,28 x 67,04 m hat er eine beachtliche Größe, mit 6 x 15 Säulen einen gestreckten Grundriss. Hinter der Cella folgt ein Opisthodomos, analog der Vorhalle mit zwei Säulen zwischen den Antenmauern. Der Tempel wurde 406 v. Chr. von den Karthagern zerstört, von den Römern wieder aufgebaut und später durch ein Erdbeben erneut zer-

✳ ✳ Tempio di Ercole

Agrigent Orientierung

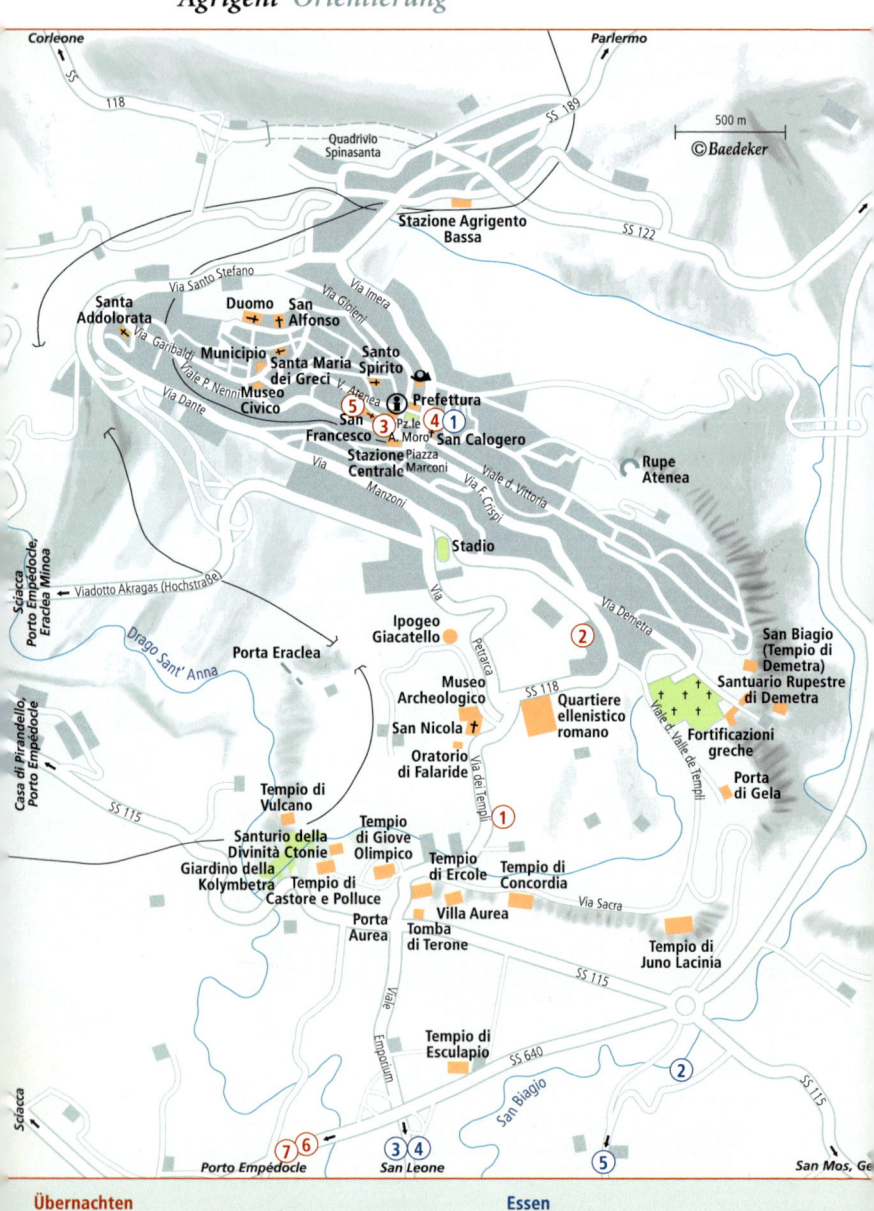

Corleone
Parlermo
Quadrivio Spinasanta
Stazione Agrigento Bassa
SS 122
SS 189
SS 118
500 m
©Baedeker

Via Santo Stefano
Via Imera
Via Gioieni
Santa Addolorata
Duomo
San Alfonso
Via Garibaldi
Municipio
Viale P. Nenni
Santa Maria dei Greci
Santo Spirito
Via Dante
Museo Civico
V. Atenea
Prefettura
San Francesco
Pz. le A. Moro
San Calogero
Stazione Centrale
Piazza Marconi
Via Manzoni
Viale d. Vittoria
Viale F. Crispi
Rupe Atenea

Stadio
Viale Demetra
San Biagio (Tempio di Demetra)
Santuario Rupestre di Demetra
Fortificazioni greche
Porta di Gela

Ipogeo Giacatello
Porta Eraclea
Drago Sant' Anna
Viadotto Akragas (Hochstraße)
Sciacca
Porto Empédocle, Eraclea Minoa
SS 115
Casa di Pirandello, Porto Empédocle
Museo Archeologico
San Nicola †
Oratorio di Falaride
Quartiere ellenistico romano
SS 118
Via dei Templi
Petraca
Viale E. Valle de Templi

Tempio di Vulcano
Santurio della Divinità Ctonie
Giardino della Kolymbetra
Tempio di Castore e Polluce
Tempio di Giove Olimpico
Porta Aurea
Tempio di Ercole
Tempio di Concordia
Villa Aurea
Tomba di Terone
Via Sacra
Tempio di Juno Lacinia
SS 115

Viale Empórium
Tempio di Esculapio
SS 640
San Biagio
SS 115
Sciacca
Porto Empédocle
San Leone
San Mos, Ge

Übernachten
1. Villa Athena
2. Colleverde Park
3. Concordia
4. Belvedere
5. Terrazza sul Corso
6. Baglio della Luna
7. Kaos

Essen
1. Kalotta
2. Kokalos
3. Caico
4. Leon d'Oro
5. Le Caprice

stört. Dass acht Säulen des südlichen Umgangs aufrecht stehen, verdanken wir dem Engländer Alexander Herdenstel, der sich 1923 für die Restaurierung finanziell ruinierte. Im Übrigen gilt, dass die ursprüngliche Widmung des Tempels unbekannt ist; in römischer Zeit war er dann – so Cicero – dem Herkules geweiht, dessen Kultstatue die Gläubigen besonders anzog.

Villa Aurea

Der Prozessionsstraße langsam aufwärts folgend, passieren wir die Villa Aurea in ihrem üppigen Garten mit Überresten von Nekropolen aus römischer und christlicher Zeit. Gräber sind auch weiter aufwärts in den Felsen entlang der Stadtmauer zu erkennen. Dann zieht der so genannte Concordiatempel den Blick auf sich.

★ ★
Tempio di Concordia

Zusammen mit dem Hephaisteion in Athen und dem klassischen Heratempel in Paestum zählt der Concordiatempel zu den vollständigsten Tempeln der griechischen Welt und ist der am besten erhaltene dorische Tempel Siziliens.
Er wurde um 425 v.Chr. erbaut, in Formen, die im griechischen Mutterland bereits überholt waren. Mit einem Stylobat von 16,92 x 39,42 m ist er erheblich kleiner als der Heraklestempel. Mit 6 x 13 Säulen hat er die klassische Proportion. Auch das Innere ist in

Als christliche Kirche für die Nachwelt gerettet: der Concordiatempel

der Weise konzipiert, die im griechischen Mutterland kanonisch war: Pronaos, Cella, Opisthodomos – ohne das in Sizilien sonst meist anzutreffende Adyton im Hintergrund der Cella. Links und rechts vom Cellaeingang führten Treppen zum Dachstuhl. Der Bau ist bis auf das Dach fast vollständig erhalten. Dass der Eindruck dennoch von dem des originalen Zustands entfernt ist, liegt an dem oxydierten roten Sandstein. Einst war der Tempel mit weißem Stuck überzogen und farbig gefasst. Die gute Erhaltung verdankt er der Tatsache, dass er im 6. Jh. unter Papst Gregor d. Gr. in eine christliche Kirche umgewandelt wurde. Dabei diente die Cella als Mittelschiff, die Interkolumnien wurden vermauert, so dass die Umgänge als Seitenschiffe fungierten. Rundbogige Durchbrüche in den Cellawänden schufen die Verbindung von Mittelschiff und Seitenschiffen (so wie das im Dom zu Syrakus, einem früheren Athenatempel, noch heute der Fall ist). 1748 hat man die kirchliche Nutzung aufgegeben und das Gebäude als Tempel restauriert.

★★
Tempio di Juno Lacinia

Fast dieselben Fundamentmaße und gleichfalls eine Ringhalle von 6 x 13 Säulen hat der Tempel der Hera Lakinia (lat. Juno Lacinia) an der obersten Stelle der Tempelreihe. Von seinen Säulen stehen noch 25 aufrecht. Eine Kultbildbasis ist nicht vorhanden; auch fehlt jeder Hinweis, welche Gottheit hier verehrt wurde. Der Tempel wurde von den Karthagern zerstört (Brandspuren) und erhielt beim Wiederaufbau durch die Römer eine Rampe an der östlichen Eingangsseite. Vor dieser befinden sich Reste eines großen Opferaltars.

★★
Die westlichen Tempel

Tempio di Giove Olimpico

Der Tempel des Olympischen Zeus (Olympieion) ist heute eine ungeheure Trümmermasse von Steinblöcken und Säulentrommeln, die ein Erdbeben über eine Fläche von 6000 m² hingeworfen hat. Es ist schwer, sich ohne Pläne oder die im Archäologischen Museum vorhandenen Rekonstruktionsvorschläge ein Bild vom originalen Zustand jenes Baus, der alle Maße sprengte, zu machen.
Der Tyrann Theron hat das Olympieion nach dem Sieg über Karthago bei Himera 480 v. Chr. als Siegesmonument entwerfen lassen. Es ist der größte dorische Tempel überhaupt und »die originellste, aber auch die abstruseste Schöpfung der griechischen Welt« (G. Gruben). Das Fundament nimmt ein Rechteck von 56,30 x 113,45 m ein (Verhältnis 1:2). Darauf liegt der Stylobat (52,74 x 110,10 m), auf dem je 7 Säulen an den Schmal- und je 14 Säulen an den Langseiten standen. Diese Säulen hatten eine (errechnete) Höhe von etwa 18,20 m und einen entsprechend enormen unteren Durchmesser von 4,05 m. **Goethe** hat 1787 notiert: »Von der Cannelirung der Säule kann dies einen Begriff geben, dass ich, darin stehend, dieselbe als eine kleine Nische ausfüllte, mit beiden Schultern anstoßend. Zweiundzwanzig Männer, im Kreise nebeneinander gestellt, würden ungefähr die Peripherie einer solchen Säule bilden.«
Der Bau weicht völlig vom Kanon des griechischen Tempels ab. Die Säulenzwischenräume waren vermauert, was man an Resten der süd-

Einst trug er das Gebälk des Zeustempels: ein Atlant, auch Telamon genannt.

lichen Langseite noch im Gelände erkennen kann. Die Quadermauer reichte bis gut zur halben Säulenhöhe. Darüber waren Nischen eingefügt, in denen vollplastische Atlanten standen. Diese gigantischen Figuren waren 7,65 m hoch. Man hat ihre Zahl auf 38 errechnet. Sie trugen das Gebälk mit den Giebeln, deren Reliefs eine Höhe von 6 m erreicht haben müssen; sie behandelten laut Diodor den Kampf der Götter mit den Giganten und die Eroberung Trojas. Die Gesamthöhe des Tempels wird mit rund 40 m angegeben.

Die Vermauerung der Interkolumnien bewirkte, dass kein lichter Umgang um die Cella vorhanden war, sondern der gesamte Bau einen riesigen geschlossenen Saal mit winzigen Eingängen darstellte. Wie dieser gewaltige Raum belichtet war, ist unklar; E. Langlotz denkt an einen Hypäthraltempel mit größerer Dachöffnung, H. Drerup an einen phönikisch-karthagischen Pfeilersaal. Der gigantische Zeustempel, Zeugnis des ungebrochenen Vertrauens in die unerschöpflichen Möglichkeiten des damaligen Sizilien, überstieg Menschenkräfte; er war unvollendet, als die Karthager im Gegenzug Akragas eroberten, und blieb als Torso liegen. Erdbeben haben ihn getroffen, und seine Trümmer dienten als Steinbruch, als man im 18. Jh. den Hafen Porto Empédocle ausbaute.

Westlich des Olympieions erstreckt sich das ausgedehnte **Heiligtum der chthonischen Gottheiten**, Santuario delle Divinità Ctonie. Es geht schon auf die Sikuler zurück und wurde im 6. und 5. Jh. v. Chr. von den Griechen ausgebaut.

★ ★
Tempio di Castore e Polluce

Zu ihm gehört der sog. **Dioskurentempel** (Kastor-und-Pollux-Tempel), dessen 1836–1871 phantasievoll wieder aufgerichtete Nordwestecke (vier Säulen und ein Stück von Gebälk und Giebel) zum Wahrzeichen Agrigents geworden ist. Er hatte einen Säulenumgang von 6 x 13 Säulen auf einem Stylobat von 13 x 31 m und gehörte zur letzten Phase des Ausbaus dieses Areals. Die älteren Anlagen haben ihren Mittelpunkt in einem großen Rundaltar von 8 m Durchmesser. Daneben gab es kleine Tempelchen und im Norden des Bezirks zwei ummauerte heilige Bezirke. Gottfried Gruben sagt über diese noch eher ländlichen Kultgebäude: »Wurden hier, wie in Eleusis, die ›Mysten‹ bei ihrer Aufnahme in die Kultgemeinschaft geweiht? Fanden hier geheime Opferriten statt?«

Giardino della Kolymbetra

Ein kleines Schild im westlichen Tempeltal verrät den Eingang zum Kolymbetra-Garten. In dem Tal zwischen Dioskuren- und Vulkantempel sorgte in der Antike ein kleiner See für die Wasserversorgung der Stadt. Der See vertrocknete, aber dank ausreichender Feuchtigkeit wurden hier ab dem 14. Jh. Zuckerrohr und später bis weit ins 20. Jh. Obst und Gemüse angebaut. Dann verwilderte das Gelände und verkam zu einer Mülldeponie. Nun entstand der Garten neu als Initiative der Umweltstiftung FAI.

! Baedeker TIPP

Picknick im Garten Eden

Der Garten der Kolymbetra »is a small valley, whose magnificent fertility makes it look like the Valley of Eden« (»das kleine fruchtbare Tal erinnert an den Garten Eden«, so ein englischer Sizilienreisender 1778). Er ist der ideale Picknickplatz; tägl. 10.00 – 19.00 Uhr. Informationen: www.fondoambiente.it und Tel. 33 51 22 90 42.

Weitere Sehenswürdigkeiten

Von dem weiter nordwestlich (jenseits der heutigen Bahnlinie) um 430 v.Chr. errichteten Vulkantempel (Tempio di Vulcano) sind Fundamentreste und zwei Säulen erhalten. Unterhalb des Heraklestempels findet man das sog. Grab des Theron (Tomba di Terone), einen turmartigen Grabtempel, der jedoch nichts mit dem 472 v.Chr. gestorbenen Tyrannen zu tun hat, sondern aus dem 1. Jh. v.Chr. stammt. Weiter südlich stößt man am Ufer des Flusses Akrágas auf den Asklepiostempel (Tempio di Esculapio, 5. Jh. v.Chr.) mit einer Schlangengrube.

Umgebung von Agrigent

Porto Empédocle

7 km südwestlich von Agrigent liegt das Hafenstädtchen Porto Empédocle (17000 Einwohner), das im 18. Jh. gegründet wurde und heute ein Industrieort sowie der Fährhafen zu den Pelagischen Inseln Lampedusa und Linosa ist. Hier wurde der Krimiautor Andrea Camilleri 1921 geboren (▶ Berühmte Persönlichkeiten). Im Ortsteil Caos befindet sich das Geburtshaus des Schriftstellers Luigi Pirandello (1867 – 1936; ▶ Berühmte Persönlichkeiten), der unter seiner (mittlerweile vom Blitz getroffenen) Lieblingspinie begraben ist (kleines Museum; Mo. – Fr. 9.00 – 13.00, 14.00 – 19.30 Uhr).

Pirandello-Haus ▶

🕐

Scala dei Turchi

Bei der »Türken-Treppe«, einem Ausflugsziel, handelt es sich um Kreidefelsen, deren durch Erosion entstandene horizontal verlaufende Riesenstufen an Treppen erinnern. Westlich der Scala erstrecken sich an der eindrucksvollen Steilküste lange Sandstrände (Anfahrt:

von Porto Empedocle an der Küste Richtung Westen bis zum Lido Majata, dann weiter zu Fuß, oder mit dem Auto auf der SS 115 nach Realmonte und weiter auf einer Stichstraße zum Meer).

Naro

Das malerische Städtchen (10 000 Einw.) liegt 520 m hoch auf einem Hügel, 24 km östlich von Agrigent. Im 13. Jh. entstand die Stadtmauer mit ihrer Zinnenbekrönung, im 14. Jh. errichtete die Familie Chiaramonte als Lehensherren an der Stelle einer Sarazenenfestung auf dem höchsten Punkt das **Kastell** (Bergfried, Saal mit Zwillingsfenstern). Aus gotischer Zeit stammt die Ruine der Chiesa Matrice Vecchia mit Spitzbogenportal, die neue Chiesa Matrice (ehem. Jesuitenkirche) wurde im 18. Jh. erbaut (Skulpturen von Gagini). Im Zentrum der Stadt, wo im Sommer Theatervorstellungen in sizilianischer Mundart stattfinden, steht San Francesco mit ihrer frühbarocken Fassade (vor 1635, im Innern eine sehr reich dekorierte Sakristei von 1721). Die Fassade der ehem. Benediktinerinnenkirche San Salvatore blieb unvollendet; der dunkelgrüne Marmorsarkophag des Giuseppe Lucchesi im Innern ist eine Kopie des Sarkophags Friedrichs II. in ►Palermo. In den Vierteln Donna Licata und Canal Baglio sind Reste von christlichen **Katakomben** und die **Nekropole** »Grotta delle Meraviglie« zu sehen.

Palma di Montechiaro

◄ Die Stadt des Leoparden

Palma, eine verwahrloste Kleinstadt (24 000 Einw.), 31 km südöstlich von Agrigent unweit der Südküste, wurde 1637 von Fürst Carlo Tomasi di Lampedusa gegründet. Bekannt wurde der seit eh und je mit den Lampedusa verbundene Ort, als hier 1962 Visconti den Roman »Der Leopard« verfilmte (►Baedeker Special S. 92). 1666 beauftragte Giulio Tomasi di Lampedusa den Jesuiten-Architekten Angelo Italía aus dem nahen Licata mit dem Bau der Hauptkirche **Santa Maria del Rosario**. Die durch eine vorgelagerte monumentale Freitreppe und Doppeltürme in ihrer Wirkung gesteigerte, zweigeschossige Fassade bildet »einen wichtigen Ausgangspunkt in der sizilischen Architektur des Barock« (Krönig). Gewölbe und Kuppel erhielt die dreischiffige Säulenbasilika erst 1683. Auf die Fürsten Lampedusa geht auch das Kloster Santa Maria del Rosario zurück, in das mehrere Familienmitglieder eintraten (Backwerk an der Klosterpforte). Das **Castellazzo di Montechiaro**, 5 km südöstlich der Stadt auf einer Anhöhe über dem Meer, wurde im 14./15. Jh. zum Schutz gegen Piraten erbaut. Das hemmungslos zubetonierte Seebad **Marina di Palma** liegt 5 km südlich. Die trutzige Torre di San Carlo stammt aus dem 17. Jh. und geht ebenfalls auf Carlo Tomasi di Lampedusa zurück.

Sant'Angelo Muxaro

◄ Nekropole

Der kleine Ort liegt 36 km nördlich von Agrigent oberhalb des Plàtaniflussbetts. Die Nekropole der Sikaner im Tal gehört neben der von Pantálica zu den eindrucksvollsten auf Sizilien. Die Grabhöhlen stammen aus dem 11. bis 5. Jh. v. Chr. und weisen meist einen Vorraum und einen gewölbten Hauptraum mit umlaufenden Bänken auf. Die Grabbeigaben sind im Museum von Syrakus ausgestellt.

Die Nekropole unterstützt die These, dass sich hier die sikanische Hauptstadt Kamikos des mythischen Königs Kokalos befunden habe.

! **Baedeker** TIPP

Auf Maultierpfaden unterwegs

Der engagierte Bürgermeister hat die alten Maultierpfade auf den Monte Castello (vorbei an bronzezeitlichen Grabhöhlen) als Wanderwege neu ausbauen lassen. Es werden auch Höhlen- exkursionen (Gipshöhlen) organisiert (Informa- tionen: www.valdikam.it).

Kokalos hatte Daidalos, den Er- bauer des Labyrinths von Knossos, aufgenommen, als der vor König Minos geflohen war. Minos landete bei seiner Verfolgung in Minoa (Eraclea Minoa) und gelangte zur Felsenburg Kamikos, die Daidalos dem König Kokalos errichtet hatte. Der König nahm Minos freundlich auf und sagte ihm die Auslieferung des Flüchtlings zu; »beim Baden wurde er dann aber von den Töchtern des Gastgebers umge-

bracht, indem sie ihn mit siedendem Pech übergossen. Nach anderen fand er den Tod durch kochendes Wasser.« Daraufhin unternahmen die Kreter einen Kriegszug gegen Kokalos und belagerten Kamikos fünf Jahre lang vergeblich. Antiker Überlieferung zufolge wurden bei der Gründung von Akragas (Agrigent) 583 v.Chr. die Gebeine des Minos den Kretern zurückgegeben. – Sophokles hat diese Sage in sei- ner nur fragmentarisch erhaltenen Tragödie »Kamikoi« behandelt. Erwähnt wird Kamikos in den historischen Quellen noch zweimal: vor 480 v.Chr. (Verwandte des Theron von Akragas empören sich gegen diesen, werden geschlagen und besetzen Kamikos) sowie 258 v.Chr. (die Römer nehmen Kamikos ein).

Ätna

►Etna

Ávola

S 11

Provinz: Siracusa   **Höhe:** 37 m ü.d.M.
Einwohnerzahl: 31 000

Ávola an der Südostküste Siziliens ist wie das nur 8 km entfernte Noto eine barocke Neugründung des ausgehenden 17. Jh.s, darüber hinaus ist es Zentrum des Mandelanbaus.

Nach Erdbeben neu erbaut Die alte Stadt (Ávola Vecchia) wurde durch das Erdbeben von 1693 so gründlich zerstört, dass man sich zur Neugründung entschloss. Im ebenen Gelände war eine regelmäßige Stadtanlage mit geometri- schem Grundriss möglich. Man wählte die Form eines Sechsecks.

Ávola und Umgebung

 ÁVOLA

Am großen, quadratischen Haupt-platz (Piazza Umberto I) erhebt sich die ansehnliche Chiesa Matrice San Nicola; auch steht hier das Museo Civico. Wo die vier von diesem Platz ausgehenden Hauptstraßen auf den Sechseck-Straßenring treffen, hat man je einen weiteren Platz angelegt. Sie sind mit Blumen- und Brunnenanlagen versehen, vor allem die Piazza Regina Elena, deren eine Seite von der barocken Kirche Sant'Antonio Abbate (18. Jh.) beherrscht wird. **Bademöglichkeiten** gibt es am Lido d'Ávola (nordöstlich, Felsküste mit schmalen Kies- und Sandabschnitten).

AUSKUNFT

Pro Loco
Via Ravenna 15, 96012 Ávola
Tel. 09 31 82 35 66
www.prolocoavola.it

Ávola Vecchia Die Ruinen der seit dem 2. Jt. v.Chr. bewohnten und 1693 zerstörten Vorgängersiedlung von Ávola befinden sich 8,5 km nordwestlich von Ávola (kurvenreiche Bergstrecke, schöne Aussicht).

Süßwasserpools in der Schlucht Cava Grande

✷ ✷
Cava Grande

🕐

**Für Wasserratten
und Wanderer ►**

Der Fluss Cassíbile bildet 8 km nordwestlich von Ávola Vecchia eine ca. 10 km lange, bis zu 250 m tiefe Schlucht, die Cava Grande del Cassíbile, in der es zahllose Felsgräber einer sikulischen Nekropole zu erwandern gibt (1 Std. Abstieg; im Sommer tägl. 8.00 – 19.00 Uhr). Drei idyllisch gelegene Seen in der Schlucht Cava Grande sind vor allem an Sommerwochenenden ein beliebtes Ausflugsziel. Man erreicht sie auf einem schmalen, zum Teil in den Fels gehauenen Weg, der beim Belvedere beginnt (der Aussichtspunkt liegt an der SP 4, etwa 3 km hinter Ávola Vecchia). Hier gibt es eine kleine Trattoria (Mo. geschl.; Tel. 09 31 81 12 20) sowie Parkmöglichkeiten.

Cassibile

Nördlich der Mündung des Cassíbile ins Meer liegt an der SS 115 der gleichnamige Ort an der Stelle des antiken Kakyparis (10 km nördlich von Ávola). Nahe der Flussmündung besiegte 413 v.Chr. das syrakusanische Heer die Invasionsarmee der Athener, und am 3. September 1943 unterzeichnete Italien in Cassíbile den Separat-Waffenstillstand mit den Alliierten.

Caltagirone

P 9

Provinz: Catania
Einwohnerzahl: 38 000

Höhe: 608 m ü.d.M.

Die »Capitale della Ceramica«, die »Keramikhauptstadt« Siziliens, liegt malerisch auf drei Hügeln. Die Araber nannten sie nach ihrer Eroberung im 9. Jh. Qalat-al-Ghiran, Burg über den Höhlen. Die moderne Stadt erstreckt sich auf dem südlichen, der ursprünglich mittelalterliche Stadtkern, der nach dem Erdbeben 1693 im 17./18. Jh. barock neu aufgebaut wurde, liegt auf dem nördlichen Hügel.

Sehenswertes in Caltagirone

✷
**Stadt der
Keramik**

Hauptplatz der Hügelstadt ist die Piazza Umberto I. Hier stehen der **Dom** (18. Jh., innen im 19. Jh. erneuert) und der **Palazzo Corte Capitaniale** (Palast der Stadthauptmannschaft), errichtet um 1600 von Antonuzzo und Gian Domenico Gagini. Es ist ein nur eingeschossiger Bau mit dorischen Pilastern an den Ecken und reizvollem Wechsel von Fenstern und Portalen.

Rund 300 m westlich erhebt sich die **Chiesa San Giacomo**, ursprünglich ein Normannendom, der 1694 als dreischiffiger Bau neu errichtet wurde. Im Innern eine Statue des hl. Jakob, des Schutzpatrons der Stadt (1518).

> **!** *Baedeker* TIPP
>
> **Dem Töpfer auf die Finger geschaut**
>
> In Caltagirone gibt es über 80 Keramikwerkstätten. Häufig kann man den Handwerkern bei der Arbeit zuschauen. Dauerausstellungen gibt es im Hof des Palazzo Corte Capitaniale und in der Galleria L. Sturzo.

▶ CALTAGIRONE ERLEBEN

AUSKUNFT

Servizio Turistico
Volta Libertini 4, 95041 Caltagirone
Tel. 0 93 35 38 09, Fax 0 93 35 46 10

VERANSTALTUNGEN

»La Scala illuminata« an der großen
Treppe (24. – 25. Juli)

ESSEN

▶ Erschwinglich
La Locandiere
Via Luigi Sturzo 55, Tel. 0 93 35 82 92
Mo. geschl.; kleines Restaurant am
Fuß der berühmten Treppe; vor allem
Fischgerichte. Große Weinkarte

▶ Preiswert
La Scala
Scala Santa Maria del Monte
Tel. 0 93 35 77 81; Mi. geschl.
Nette Trattoria direkt an der
berühmten Treppe mit feiner
Lokalküche

ÜBERNACHTEN

▶ Komfortabel
Villa San Mauro
Via Porto Salvo 10
Tel. 0 93 32 65 00, www.nh-hotels.it
92 Z.; komplett modernisiertes,
komfortables Hotel in der Unterstadt

▶ Günstig
San Michele di Ganzaria · Pomara
Via V. Veneto 84, Tel. 09 33 97 69 76
www.hotelpomara.com
40 Z.; einfaches Familienhotel ca.
12 km Richtung Piazza Armerina.
Zimmer teils mit hübscher Aussicht,
Pool. Beste Landküche im Restaurant

La Casa degli Angeli
Contrada Angeli
Tel. & Fax 0 95 44 20 25
7 Z.; etwa 9 km außerhalb an der
SP 29 nach Niscemi in einem großen
Anwesen; mit eigenem Wein und
großartiger Panoramaterrasse

An der Piazza del Municipio, etwas östlich vom Domplatz, befinden sich außer dem barocken Rathaus der ehemalige Senatspalast von 1483 und die moderne **Galleria L. Sturzo**. Benannt ist sie nach dem ehemaligen Bürgermeister, Keramikförderer, Antifaschist und Gründungsvater der Christdemokratie (1871 – 1959).   **Piazza del Municipio**

Von der Piazza del Municipio steigt man auf der von Giuseppe Giacalone 1608 entworfenen Treppe, deren 142 Stufen mit neuzeitlichen Keramikkacheln geschmückt sind, hinauf zur **Oberstadt**. Hier steht als Blickpunkt oberhalb der Treppe die Kirche Santa Maria del Monte, errichtet im 18. Jh. an der Stelle eines 1693 zerstörten Vorgängerbaus aus dem 12. Jh.; im Innern ein Bild der Madonna di Conadomini aus dem 13. Jh. (Kopie; das Original ist nur im Mai zu sehen).   **Scala**   ◀ Santa Maria del Monte

Das Museo Civico im alten bourbonischen Gefängnis, zu dem man von der Piazza del Municipio auf der Via Roma gelangt, widmet sich vor allem der Stadtgeschichte (Di. – So., 9.30 – 13.30, Di., Fr., Sa. auch 16.00 – 19.00 Uhr).   **Museo Civico** ⏱

*Caltagirone, dessen Berge einen guten Ton liefern,
ist seit jeher das Keramikzentrum Siziliens.*

★

**Museo della
Ceramica**

🕐

Eine mit Keramik verkleidete Brücke führt zur Kirche San Francesco di Paola am Eingang des prachtvollen, gepflegten **Stadtparks** (Giardino Pubblico), in dem sich das Keramikmuseum befindet. Es demonstriert die Geschichte der Keramik in Sizilien von den prähistorischen Anfängen bis ins 21. Jh. (tägl. 9.00 – 18.30 Uhr).

Umgebung von Caltagirone

★

Grammichele

Grammichele (520 m, 15 km östlich; 13 600 Einw.) gehört mit Ávola, Noto und Pachino zu den Städten in Südostsizilien, die nach dem großen Erdbeben von 1693 planmäßig neu gegründet wurden. Die Anregung ging von Carlo Maria Carafa, Principe di Butera e di Roccella aus, die Planung stammte von Michele da Ferla. Wie in Ávola liegt dem Plan ein Sechseck zugrunde, allerdings hier mit äußerster Konsequenz: Auch der zentrale Platz mit zahlreichen Herrenclubs (Stachelschweintrophäen zieren den Jäger-Circolo) ist kein Vier-, sondern ein Sechseck. An ihm stehen Rathaus und Kirche, und von ihm gehen durch die Mitte der sechs Seiten sechs axiale Straßen aus. Sie führen zur Peripherie und treffen jeweils in der Mitte der äußeren Stadtbezirke auf einen quadratischen Platz, der seinerseits das Zentrum eines Straßenkreuzes ist.

Caltanissetta

M 8

Provinzhauptstadt
Einwohnerzahl: 60 000

Höhe: 534 m ü.d.M.

Caltanissetta, größte Stadt im Innern Siziliens, liegt schön über dem Salso-Tal am Fuß des Monte San Giuliano (727 m). Der lebhafte Marktort war Zentrum des Abbaus von Schwefel, Pottasche und Magnesium. Der Name leitet sich von der alten Sikanerstadt Nissa ab, an deren Stelle die Araber eine Burg (Qalat) errichteten.

Sehenswertes in Caltanissetta und Umgebung

Caltanissettas Männerwelt zeigt sich gerne auf der zentralen Piazza Garibaldi, an der der Neptunbrunnen und der Dom (1570–1622) mit seiner Zweiturmfassade und den Fresken des Flamen Guglielmo (Willem) Borremans (1720) stehen. Gegenüber erhebt sich die Chiesa di San Sebastiano (Neurenaissance-Fassade; 1891). Der Platz wird von **Corso Umberto** tangiert. Im nördlichen Teil befinden sich das Rathaus, dahinter der Palazzo Baronale Moncada (1625), ein typisch sizilianischer Barockbau; am Ende des Corso steht die Jesuitenkirche Sant'Àgata (17. Jh.). Westlich davon findet ein hübscher Vormittagsmarkt statt.

Caltanissetta

> ! **Baedeker** TIPP
>
> **Bücherfreunde**
> Die Libreria Sciascia, Corso Umberto 111, ist eine kleine, gut sortierte, altmodische Verlagsbuchhandlung in Caltanissetta mit einer großen Sizilienabteilung.

Unweit des Bahnhofs in der Via Cavour zeigt das Museo Archeologico archäologische Funde der Gegend und Stücke zur Lokalgeschichte (tägl. 9.00–13.00, 15.00–19.00 Uhr).

◀ Museo Archeologico ⏱

Im Ostteil der Stadt stehen die Chiesa San Domenico mit geschwungener Barockfassade des 18. Jh.s (Via S. Domenico; Gemälde von Filippo Paladino sowie Guglielmo (Willem) Borremans und – am Ende der Via Angeli vor dem Burgfelsen – die Chiesa Santa Maria degli Angeli, bei der das gotische Portal an ihren Ursprung im 14. Jh. erinnert. Der Burgfelsen wird beherrscht vom **Castello di Pietrarossa**, das auf eine arabische Burg zurückgeht.

San Domenico

Auf dem Monte San Giuliano (727 m, 2 km nördlich; beeindruckende Aussicht) errichtete E. Basile 1900 eine große Christusstatue.

Monte San Giuliano

Diese ehem. Augustiner-Chorherren-Kirche 3 km nördlich wurde gegen 1086 vom Normannengrafen Roger I. und seiner Frau Adelasia nach dem Sieg über die Sarazenen gestiftet. Es handelt sich um eine 1153 geweihte, einschiffige Saalkirche mit dreiteiligem Sanctuarium,

Badia di Santo Spirito

▶ CALTANISSETTA ERLEBEN

AUSKUNFT

Servizio Turistico
Corso Vittorio Emanuele 109
Tel. 09 34 53 48 26

VERANSTALTUNGEN

Großartige Prozession am Gründonnerstag mit Mysteriengruppen; Michaelsmarkt (29. September); Folklorefestival (September)

EINKAUFEN

Ein außergewöhnlicher Augen-, Ohren- und Gaumenschmaus ist der (Einkaufs-)Gang über den Mercato storico in der Via Consultore Benintente, einer Parallelstraße zum Corso V. Emanuele.

ESSEN

▶ **Erschwinglich**
Vicolo Duomo
Vicolo Duomo 7, Tel. 09 34 58 23 31
So. geschl.; gute rustikale Gerichte

Le Fontanelle
Contrada Fontanelle Nord-Ouest
Via Pietro Leone 45, Tel. 09 34 59 24 37
Fax 09 34 56 11 19 – Mo. geschl.
Bekanntes Agriturismo-Restaurant, schöne Terrasse und Reitmöglichkeit; 5 km außerhalb Richtung San Cataldo

ÜBERNACHTEN

▶ **Komfortabel**
San Michele
Via dei Fasci Siciliani, Tel.
09 34 55 37 50, Fax 09 34 59 87 91
www.hotelsanmichelesicilia.it
122 Z.; moderner Betonklotz; gut ausgestattete Zimmer, einige mit Aussicht, unmittelbar an der Autobahn. Gute Ausgangsstation für Ausflüge

▶ **Günstig**
Plaza
Via B. Gaetani 5, Tel. 09 34 58 38 77
www.hotelplazacaltanissetta.it, 20 Z. einfache Unterkunft im historischen Zentrum

---

Bittersüßes Geheimnis ▶

dessen Apsiden außen mit schmalen Lisenen gegliedert sind. 1859 vertraute ein Ordensmitglied aus Dankbarkeit für dessen Speden Salvatore Averna das Rezept für ein Elixier aus Kräutern, Wurzeln, Rinden, Beeren und Zitrusschalen an. Der findige Textilunternehmer und seine Nachkommen machten daraus den heute in über 50 Ländern bekannten Kräuterlikör Averna (= Magenbitter).

Monte Sabucina　An diesem 706 m hohen Berg (6 km nordöstlich, SS 122) gibt es eine archäologische Zone mit Überresten einer sikanischen, später griechischen Stadt aus dem 6.–4. Jh. v.Chr.; die Funde sind im Museo Civico in Caltanissetta zu sehen.

Canicatti　Die Landstadt Canicattì (23 km südwestwärts auf der SS 640, dann links ab auf die SS 123, 5 km, 32000 Einwohner) liegt 465 m hoch in einer Hügellandschaft mit ausgedehnten Rebhängen (Tafeltrauben). Ihre Gründung geht wahrscheinlich auf die arabische Zeit zurück. Außer dem Castello Bonanno gibt es mehrere Kirchen (San Diego, Chiesa del Purgatorio) zu besichtigen.

Cammarata / San Giovanni Gémini

J 7

Provinz: Agrigento
Einwohnerzahl: 6300

Höhe: 682 m ü.d.M.

Die kleine Stadt liegt zusammen mit dem Nachbarort San Giovanni Gémini malerisch am Osthang des Monte Cammarata nördlich von Agrigent.

Sehenswertes in Cammarata und Umgebung

Besuchenswert sind die Ruine des Castello dei Branciforti sowie die Kirche Santa Maria mit einer Gagini-Statue. Auf dem 1578 m hohen Monte Cammarata, mit seinem Doppelgipfel der höchste Berg in Südsizilien, sind schöne Wanderwege und Picknickplätze angelegt.

Cammarata

Die ca. 10 000 Einwohner zählende Kleinstadt liegt 554 m, 20 km südlich von Cammarata. Bekannt ist sie für die »Sagra del Tataratà«,

Casteltèrmini

Eindrucksvolles mittelalterliches Zeugnis: Castello Manfredonico in Mussomeli

auch Fest zu Ehren des hl. Kreuzes (Santa Croce) genannt, die alljährlich am vierten Maisonntag und an beiden vorhergehenden Tagen vom ganzen Ort gefeiert wird. Damit wird an ein 1667 hier gefundenes Holzkreuz erinnert, das im 3. Jh. während der Christenverfolgung als Marterinstrument benutzt worden sein soll. An der Prozession treten Säbel schwingende und trommelnde Tataratà-Kämpfer und Reiter in historischen Kostümen auf.

> ## ! *Baedeker* TIPP
>
> ### Erstklassige Liköre
>
> In Lercara Friddi werden Siziliens beste Liköre hergestellt, allesamt auf der Basis von Kaktusfeigen. Einer der auf Feigenanbau spezialisierten Bauernhöfe ist Friddicelli in Roccapalumba, 30 km nördlich von Cammarata (Via Portella 12, Tel. 09 18 21 56 04, www.friddicelli.it, Besuch nach Voranmeldung). Hier gibt es nicht nur Likör, sondern auch köstliche Marmeladen.

Das malerische Landstädtchen **Mussomeli** (13 500 Einw.) liegt 27 km südöstlich von Cammarata unterhalb des Gipfels des Monte San Vito (895 m). In seinem Namen hat es die Erinnerung an eine arabische Burg bewahrt. An deren Stelle errichtete Manfredi III. Chiaramonte 1370 das mächtige, nach ihm benannte **Castello Manfredonico**, das 2 km östlich auf einem 80 m hohen, strategisch günstigen Gipfel über der Stadt thront. Der Bau ist eine der imponierendsten sizilischen Burgen. In ihrem Innern sind die gotische Kapelle und ein großer »Saal der Barone« erhalten geblieben.

Capo d'Orlando

Q 4

Provinz: Messina   **Höhe:** 18 m ü.d.M.
Einwohnerzahl: 12 000

Das ansprechende Fischerdorf, das sich zum Badeort entwickelt hat, liegt im östlichen Teil der Nordküste am Fuß des gleichnamigen Kaps. Auf diesem Vorgebirge stand wahrscheinlich die antike Stadt Agathyrnon, Diodor zufolge gegründet von Agathyrnos, Sohn des Windgottes Aiolos.

Sehenswertes in Capo d'Orlando und Umgebung

Capo d'Orlando

Auf dem nach Norden vorspringenden Vorgebirge sieht man die Ruinen eines Kastells und eine Wallfahrtskirche aus dem 16. Jahrhundert. Östlich des Kaps erstreckt sich eine 2 km lange Küstenstrecke mit Buchten und Felsklippen. Der Vorort Capo d'Orlandos trägt den Namen San Gregório und lockt mit klarem Wasser, Kieselstränden und im Sommer entsprechend aufgerüsteter Infrastruktur, die keine Kinderwünsche offen lässt. Schließlich schließt sich daran das Feriendorf **Testa del Monaco** an.

► CAPO D'ORLANDO ERLEBEN

AUSKUNFT

Servizio Turistico
Via G. Amendola 20, 98071 Capo
d'Orlando, Tel. 09 41 91 27 84
www.aastcapodorlando.it

VERANSTALTUNG

Am 15. August Bootsprozession

FERIENUNTERKÜNFTE

Ferienunterkünfte, Bootsausflüge mit
Fischern und Wanderungen im nahen
Parco dei Nebrodi organisiert Carlos
Vinci, Borgo S. Gregorio 8, Tel.
09 41 95 51 57, mobil 33 56 59 99 41,
www.maredamare.com.

ESSEN

► **Erschwinglich**
San Marco d'Alunzio · La Macina
Via Aluntina 48, Tel. 09 41 79 78 48
Di. Ruhetag – Nebrodische Küche in
einem gemütlichen Familienbetrieb in
einem Bergdorf

Capri Leone · Antica Filanda
Contrada Raviola, Tel. 09 41 91 97 04

Mo. Ruhetag
Ausgezeichnete Nebrodi-Küche mit
Blick auf die Eolie und angeschlosse-
nem Mini-Hotel

ÜBERNACHTEN

► **Komfortabel**
La Tartaruga
Lido San Gregorio, Tel. 09 41 95 50 12,
www.hoteltartaruga.it – 38 Z.; östlich
des Kaps, großes Hotel, durch eine
Straße vom Meer getrennt. Im Res-
taurant (kein Ruhetag) hervorragende
Regionalgerichte

Il Mulino
Via Andrea Doria 46
Tel. 09 41 90 24 31, Fax 09 41 91 16 14
www.hotelilmulino.it
92 Z.; modernes Hotel in der Nähe
vom Zentrum und vom Meer

► **Günstig**
Gioiosa Marea · Puglia
Via Umberto I 247, Tel. 09 41 30 11 77
34 Z.; sehr freundliches Ambiente,
viele Stammgäste

Östlich von Capo d'Orlando, über Testa del Monaco hinaus, erstreckt **Bucht von**
sich die weit geschwungene Bucht, die am Capo Calavà endet, mit **Gioiosa**
den Orten Brolo, Gliaca und Gioiosa Marea. **Marea**

Das Bergstädtchen Naso mit seinen Nussbaum- und Kastanienpflan- **Naso**
zungen (11 km südöstlich, auf der serpentinenreichen SS 116 zu erreichen) liegt in 497 m Höhe.
Hier gibt es die mittelalterliche Chiesa dei Minori Osservanti. Die
Straße führt weiter nach Randazzo am Nordfuß des Ätna (65 km
von Capo d'Orlando, ►Etna).

In dem 560 m hoch gelegenen Bergort (15 km südlich) bewahrt das **Frazzano**
im 5./6. Jh. gegründete Kloster San Filippo di Fragolà (1090 wieder
aufgebaut, 15. – 18. Jh. ergänzt) den typischen T-förmigen Grundriss
(Antoniuskreuz) einer orthodoxen Basilianerkirche.

Carini

H 4

Provinz: Palermo   **Höhe:** 181 m ü.d.M.
Einwohnerzahl: 34 000

Carini liegt 26 km westlich von Palermo in den Bergen und ist ein Ausflugsziel mit antiken Ursprüngen.

Le Donne di Carini

In historischer Zeit gab es an dieser Stelle die kleine Siedlung Hykkara, ein Gegner von Segesta. Die mit Segesta verbündeten Athener eroberten sie 415 v.Chr. und versklavten die Einwohner. Darunter befand sich auch die sieben Jahre alte Lais, Tochter von Timandra, der Freundin des Atheners Alkibiades. Sie kam nach Korinth, wo sie eine der großen Hetären wurde, und anschließend nach Thessalien. Hier wurde sie von Frauen aus Neid in einem Aphroditeheiligtum erschlagen. Ein ähnliches Schicksal widerfuhr Baronessa di Carini. Eine berühmte Ballade beklagt ihre Hinrichtung 1508 durch ihren eifersüchtigen Vater.

Sehenswertes in Carini und Umgebung

Carini

Am Domplatz stehen zwei Kirchen, der barocke Dom und die Chiesa di San Vito (mit Bild des San Vito, 14. Jh.). Ebenfalls aus dem 14. Jh. stammt das Kastell. Sehenswert ist die schöne Holzdecke des Festsaals und eine Madonnenstatue von Andrea Mancino in der Kapelle.

★

Grotta di Carburangeli

Die außergewöhnliche, 400 m lange Höhle ist eines der schönsten Beispiele für unterirdische Karstbildung in Sizilien. Im Laufe von

▶ CARINI ERLEBEN

AUSKUNFT
www.comune.carini.pa.it
www.prolocoterrasini.it

ESSEN
▶ **Erschwinglich**
Terrasini · Primafila
Via Benedetto Saputo 8
Tel. 09 18 68 44 22; Mo. geschl.; ambitionierte Küche; elegantes Ambiente

ÜBERNACHTEN
▶ **Komfortabel**
Montelepre · Castello di Giuliano
Via Pietro Merra 1

Tel. 09 18 94 10 06, Fax 09 18 94 11 10
www.castellodigiuliano.it
23 Z.; der Hotelier, ein Neffe des Banditen Salvatore Giuliano, erinnert in dem zum Hotel umgebauten Kastell an seinen berüchtigten Vorfahren; schön eingerichtete Zimmer und eine hervorragende Küche

Terrasini · Hotel Cala Rossa
Via Marchesa di Cala Rossa
Tel. 09 18 68 51 53, Fax 09 18 68 47 27
www.hotelcalarossa.com
68 große Zimmer mit Balkon an schöner Badeküste

Jahrmillionen entstanden schöne Stalaktiten und Stalagmiten (Carini, Via Umberto I 64; Besichtigung nach Voranmeldung, Tel. & Fax 09 18 66 97 97, www.legambienteriserva.it).

Terrasini

Man fährt von Villagrazia auf der Küstenstraße SS 113 westwärts am Kap Punta Raisi vorbei und erreicht nach 8 km das in der Küstenebene gelegene Städtchen Terrasini (11 500 Einwohner). Hier ist auf einem Felsplateau das Villagio Turistico entstanden, eine 25 ha große Feriensiedlung mit Wassererlebnispark, Riesenrutschen zum Meer und Busverbindung zum kleinen, 3,5 km entfernten Strand (Cittá del Mare). Im **Palazzo d'Aumale** (an der Küstenstraße) sind eine sehenswerte ornithologische Ausstellung und eine Sammlung bunter sizilianischer Karren (carretti siciliani) zu sehen (Mo.–Sa. 9.00 bis 13.30, 14.00–18.45, So. bis 13.00 Uhr).

Montelepre

Montelepre (10 km südlich von Carini; 6000 Einw.) mit seiner mittelalterlichen Burg gehörte früher zum Jagdgebiet des Erzbischofs von Monreale; die Wälder von einst sind aber verschwunden. Bekannt wurde das Bergdorf als Geburtsort und Stützpunkt von Salvatore Giuliano, der hier auch bestattet ist (1922–1950; ► Berühmte Persönlichkeiten. Beim Besuch des Grabes ist Zurückhaltung geboten!).

Partinico

Partinico (20 km südlich von Carini) liegt in einem Landwirtschaftsgebiet und zählt 32 000 Einwohner. Südlich erstreckt sich der Stausee Lago Poma. Partinico gilt als ein Mafia-Zentrum und war Hauptstützpunkt von Salvatore Giuliano. Hier lebte auch längere Zeit der aus Triest stammende **Danilo Dolci** (1924–1997), Schriftsteller und Sozialreformer. Der »Ghandi von Sizilien« kämpfte mit phantasievollen Aktionen gegen Armut, Analphabetentum und Mafia-Terror.

Castellammare del Golfo

F 4

Provinz: Tràpani   **Höhe:** 63 m ü.d.M.
Einwohnerzahl: 15 000

Die hübsche verwinkelte Hafenstadt an der Nordküste wurde im Altertum als Hafen der Elymerstadt Segesta gegründet. Später verdankte sie ihren Aufschwung dem Thunfischfang.

Sehenswertes in Castellammare und Umgebung

Castellammare

Am Hafen wurde im 14. Jh. ein aragonesisches Kastell erbaut (Abb. S. 122). Die Fassade der Chiesa Madre stammt von 1726; im Innern eine Madonnenstatue aus Majolika. 45 °C warme schwefelhaltige Quellen gibt es in den Terme Segestane (7 km südlich).

▶ CASTELLAMMARE DEL GOLFO ERLEBEN

AUSKUNFT

Ufficio Turistico
Via Umberto I 1
91014 Castellammare del Golfo
Tel. 0 92 43 13 20
www.castellammareonline.it

AUSGEHEN

In der Hauptsaison Open-Air-Discos

ÜBERNACHTEN

▶ Komfortabel

Al Madarig
Piazza Petrolo 7
Tel. 0 92 43 35 33
www.almadarig.com
33 Z.; östlich des Kastells, angenehme
Hotelleitung, gutes Restaurant

▶ Günstig

Balata di Baida · Agriturismo
Camillo Finazzo
Contrada Molinazzo , Tel. 0 92 43
80 51, Mobil 32 96 19 97 98 www.ca
millofinazzo.com ; Febr.-Dez., 10 Z.
liebevoll geführter Bauernhof 5 km
südwestlich von Scopello. Von der SS
187 in Balata di Baida ausgeschildert

Scopello · Locanda La Tavernetta
Via Armando Diaz 2, Tel. & Fax
09 24 54 11 29, www.albergolataver
netta.it, 7 Z.; gemütliche Pension mit
guter Lokalküche

Scopello · Torre Bennistra
Via N. Roma 19, Tel. & Fax 09 24 54
11 28, www.hoteltorrebenistra.com
Familiengeführtes Ristorante-Albergo,
gemütliche Zimmer mit Meerblick

ESSEN

▶ Erschwinglich

La Cambusa
Via Don Luigi Zangara 67
Tel. 0 92 43 01 55 – Am Hafen von
Castellammare mit Außenplätzen

Scopello · La Terrazza
Via Marco Polo 5, Tel. 09 24 54 11 16
Lokale Speisen, u. a. Couscous mit
Meerestieren; Blick auf die Faraglioni

Egesta
Piazza Petrolo, Tel. 0 92 43 04 09
Beliebtes Lokal mit sehr guter
Fischküche am Hauptplatz

Östlich des Ortes Castellammare gibt es einen ausgedehnten **Sandstrand**, sonst Felsküste. Kenner bevorzugen die Strände im nahen
Nationalpark Zingaro. Der **Monte Inici** (1065 m) kann in etwa 3 Std.
bestiegen werden, was sich wegen der Aussicht durchaus lohnt.

★ ★
Riserva naturale
dello Zingaro

Wanderroute 4,
S. 139 ▶

Scopello (9 km nordwestlich) ist ein sehr schön gelegenes Fischerdorf mit Strandanlagen sowie einer ehemaligen Tonnara (Thunfisch-
fangstelle). Kurz hinter dem Ort beginnt der Naturpark Zingaro mit
einer der schönsten Naturküsten Siziliens. Pläne, zwischen Scopello
und San Vito lo Capo eine Straße zu bauen, lösten 1980 einen wahren Volksaufstand aus. Die Regierung musste nachgeben, stattdessen
entstand 1981 hier das erste Naturschutzgebiet Siziliens. Die urwüch-
sige Landschaft wird bestimmt von steilen Kalksteinwänden, brüsken
Felsabstürzen und karger Vegetation. Auch die Küste ist zum großen

Teil felsig und bis auf wenige wunderschöne Sand- und Kiesbuchten unzugänglich. Höchste Erhebung ist der Monte Speziale (913 m). Eine Besonderheit sind die hier verbreiteten Zwergpalmen. Es gibt zwei Parkeingänge: Der Nordeingang liegt etwa 12 km südöstlich von **San Vito lo Capo** (► Tràpani), der Südeingang rund 1 km nordöstlich von **Scopello**. An beiden Parkeingängen erhält man Fotokopien von Wanderkarten. Verschiedene, zwischen 7 und 14 km lange ausgeschilderte Wanderrouten führen durch das Gelände. Die einfachste Route verläuft oberhalb der Küste von Eingang zu Eingang (7 km einfach, ohne Abstecher bzw. Badepause rund 2 Std. Gehzeit). Das Museo Naturalistico informiert über die Pflanzen- und Tierwelt, im Museo della Civiltà erfährt man etwas über die einstigen Lebensbedingungen in der Region. Der Park ist ganzjährig zugänglich (täglich Apr.–Sept. 7.00–18.30, sonst 8.00–16.00 Uhr; weitere Informationen: www.riservazingaro.it). Das Besucherzentrum (Centro visitatori) befindet sich kurz nach dem Eingang von Scopello aus.

Eine der schönsten Küsten Siziliens unter Naturschutz: Zingaro

Álcamo, Weißwein und Sonette

Die für ihre Weine bekannte, betriebsame Landwirtschafts- und Industriestadt (46 000 Einw.) liegt 11 km südöstlich nahe der Nordküste am Fuß des 826 m hohen Monte Bonifato, auf dem sie 828 von dem Araberfürsten Al Kamûk gegründet wurde. Aus seinem Namen leitet sich der Ortsname ab. 1233 wurde Álcamo von Friedrich II. an den heutigen Standort verlegt. Hier wurde auch der Dichter Ciullo geboren, der am Hof Friedrichs II. tätig war und dessen Ambition unterstützte, das damalige Sizilianisch zur Literatursprache zu machen; ihm wird die Versdichtung »Rosa fresca aulentissima« zugeschrieben. An der Piazza Ciullo steht die von Giovan Biagio Amico im 18. Jh. errichtete Kirche Sant'Oliva. Im Innern eine Statue der hl. Oliva von Antonello Gagini (1511); das Altarbild wurde 1642 von Pietro Novelli gemalt. An der Piazza 4 Novembre erhebt sich die Chiesa Matrice; vom Vorgängerbau stammen das 1499 datierte Seitenportal und der mit Zwillingsfenstern versehene Campanile. Der heutige Bau, eine dreischiffige, gewölbte Säulenbasilika mit Vierungskuppel, entstand als Spätwerk von Angelo Italía (1699). Zur Ausstattung gehören das Altarretabel von Antonello Gagini (1519) und ein Freskenzyklus des Flamen Guglielmo (Wilhelm) Borremans (1735–1737). Sehenswert sind außerdem in der Kirche San Francesco Skulpturen von Antonello und Giacomo Gagini (16. Jh.), in der Benediktinerinnenkirche Badia Nuova ein acht Statuen umfassender Zyklus von Giacomo Serpotta (1724) und die Casa de Ballis, ein Patrizierhaus aus dem 15. Jahrhundert.

Monte Bonifato Von dem 826 m hohen Monte Bonifato (Aufstieg in 2 Std.; Vogelbeobachtung, Picknickzone, Orchideenpfad) hat man einen wunderbaren Ausblick über Nordwestsizilien.

Castelvetrano

E 6

Provinz: Tràpani   **Höhe:** 190 m ü.d.M.
Einwohnerzahl: 30 000

Castelvetrano, im Hinterland von Selinunt, nahe der Südwestküste gelegen, ist ein landwirtschaftliches Zentrum, in dem Oliven, Wein und Holz auch industriell verarbeitet werden.

Sehenswertes in Castelvetrano und Umgebung

Castelvetrano An der Piazza Garibaldi stehen die Chiesa Madre (16. Jh.) mit reichem Portal und stuckverziertem Innern; davor die Fontana della Ninfa von 1615 sowie das Rathaus. In diesem gibt es eine kleine archäologische Sammlung, zu der auch die Bronzestatue des **Epheben von Selinunt** gehörte, bis sie 1962 aus dem Zimmer des Bürgermeisters entwendet wurde. Nach einer langen Odyssee hat die Jünglingsstatue im Museo Civico eine neue Heimstätte gefunden (Mo.–Sa. 9.00–13.00, 15.00–19.00, So. nur bis 13.00 Uhr).

San Domenico Die Kirche San Domenico, 1470 erbaut, wurde 1577 mit Stuck und Fresken von Antonino Ferraro ausgestattet. Stifter dieser Ausstattung waren, wie bei Gründung, Angehörige der in den Fürstenstand erhobenen Familie d'Aragona Tagliavia, deren Grabmäler sich im überkuppelten Chor der Kirche befinden.

Der öffentliche Garten **Villa Garibaldi** bietet eine schöne Aussicht über die Stadt und ihre Umgebung bis zum Meer.

 CASTELVETRANO

AUSKUNFT

Ufficio Turistico
Piazza Carlo d'Aragona
91022 Castelvetrano
Tel. 09 24 90 20 04
www.selinunte.com

Oberhalb des zum Lago della Trinità aufgestauten Delia-Flusses steht die sehenswerte Chiesa di Santissima Trinità di Delia (4 km westlich von Castelvetrano; 9.00 – 13.00, 16.00 – 20.00 Uhr) im öffentlich zugänglichen Landgut der Familie Saporito. 1140 – 1160 als basilianische Kreuzkuppelkirche errichtet, diente sie den Gutsherren später als Grablege. Das Innere zeigt eine auf Sicht gearbeitete, sorgfältige Quaderung. In seiner Mitte steht ein monumentaler Marmorsarkophag, der den Porphyrsarkophag Kaiser Friedrichs II. im Dom von Palermo imitiert. Der Außenbau ist von blockhafter Geschlossenheit, die Rahmung der spitzbogigen Fenster und die Kuppel verraten arabischen Einfluss.

Ein Kleinod: die Normannenkirche
Santissima Trinità di Delia

Santissima Trinità di Delia

Cave di Cusa heißt das Gelände der antiken Steinbrüche von Selinunt, 11 km südwestlich von Castelvetrano (3,5 km von Campobello di Mazara).ier wurden die Steine gebrochen, bis Selinunt 409 v.Chr. von Karthago zerstört wurde. Seitdem stehen und liegen Werkstücke in allen Stadien der Bearbeitung herum, von gerade aus dem Fels gelösten Säulentrommeln bis zu anderen, die fast fertig waren zum Transport in das 10 km entfernte Selinunt. Von hier stammen auch die Riesenblöcke, -säulentrommeln und -kapitelle vom Tempel G, deren Gewicht bis zu 100 t erreicht. So gibt dieser Steinbruch Einblick in das handwerkliche Schaffen der Antike.

Gibellina Nuova

Das 20 km nördlich von Castelvetrano gelegene Landstädtchen Gibellina (4000 Einw.) erlitt in der Nacht des 14. Januar 1968 so schwere Erdbebenschäden, dass man sich entschloss, Gibellina Nuova 18 km westlich neu aufzubauen. Bekannte Architekten, Bildhauer und Maler wie Pietro Consagra, Arnaldo Pomodoro, Oswald Mathias Ungers oder Rob Krier stifteten Werke. So gilt Gibellina Nuova als kulturgeschichtliches Denkmal mit der höchsten Dichte an moderner Kunst in ganz Italien. Der nicht unumstrittene Neubau entstand nach dem Grundriss englischer Gartenstädte mit breiten Straßen und zweistöckigen Wohnkomplexen in Reihenhausbau mit kleineren Vorgärten und Grünflächen – für Sizilien eine absolut untypische Bauweise. Entrée ist das sternförmige Stadttor »Porta di Ferra« (Pietro Consagra, 1980). Bei einem Spaziergang passiert man das schneckenförmige »Meeting«, ein durchsichtiges Gebäude von Consagra, das heute als Bar, Sozialzentrum und Treffpunkt genutzt wird, und die arabisch anmutende Kirche »La grande Sfera« von Ludovico Quaroni. In dem etwas nördlich gelegenen **Museo d'Arte Contemporaneo** ist der Großteil der Künstlerspenden ausgestellt (Via Segesta, Di. – So. 9.00 – 13.00, 16.00 – 19.00 Uhr). In der Casa di Lorenzo verarbeitete Francesco Venezia die alte Fassade des einstigen Palazzo, in dessen Innenhof im Sommer Veranstaltungen stattfinden (Info: IAT, Piazza XV Gennaio 1968, 91024 Gibellina, Tel. 0 92 46 78 77, www. comune.gibellina.itt).

Gibellina **Il Cretto**
Die Ruinen des alten Gibellina begrub der umbrische Maler Alberto Burri unter weißem Zement und schuf so das faszinierende Kunstwerk »Il Cretto« (= der Riss; Abb. S. 190). Zwischen Juni und Oktober finden hier die Theaterfestspiele »**Orestiadi di Gibellina**« statt (Fondazione Orestiadi di Gibellina, Baglio di Stefano, Tel. 0 92 46 78 44, www.orestiadi.it).

Salemi
Das Weißweinstädtchen (446 m, 25 km westlich von Gibellina; 12 300 Einw.) erlitt 1968 ebenfalls Erdbebenschäden. Im Mittelalter errichtete Roger I. eine Burg, die Friedrich II. ausbaute. Garibaldi rief sich hier im Mai 1860, drei Tage nach seiner Landung in Marsala, zum Diktator über Sizilien aus. In der Archäologischen Zone sind Reste der frühchristlichen Basilika San Michele zu sehen.

✶ Catania

S 7

Provinzhauptstadt **Höhe:** 10 m ü.d.M.
Einwohnerzahl: 333 000

Die in der Mitte der hier flachen Ostküste gelegene Stadt ist ein wichtiges Handels- und Industriezentrum und Sitz der ältesten Universität von Sizilien. Mit ihren barocken Sakral- und Profanbauten, zahlreichen Denkmälern aus Altertum und neuerer Zeit sowie ihrer Lage in einer fruchtbaren Ebene zwischen Ätna und Meer, der Piana di Catania, ist Catania eine faszinierend vitale Stadt.

Katane unter dem Ätna
An einem von Sikulern besiedelten Platz gründeten ionische Griechen aus Naxos (bei Taormina) die Stadt Katane 729 v.Chr. Im 6. Jh. v.Chr. lebte hier der Gesetzgeber Charondas. In der ersten Hälfte des 5. Jh.s wurde die Geschichte der Stadt dramatisch: Sie stand damals unter der Herrschaft von Syrakus. Der Tyrann Hieron I. verpflanzte

die Bevölkerung nach Leontinoi und bevölkerte Katane, das nun (wie der nahe Vulkan) Aitne genannt wurde, mit 10000 neuen Siedlern. Doch diese wurden nach Hierons Tod 466/465 v.Chr. vertrieben und gingen nach Inessa am Südabhang des Ätna, das sie nun Aitne nannten. Die früheren Bewohner kehrten nach Katane zurück. Dieses wurde 425 v.Chr. durch einen Lavastrom des Ätna verwüstet. 415 diente es den Athenern als Operationsbasis bei ihrem Feldzug gegen Syrakus. Nach deren Scheitern eroberte Dionysios I. von Syrakus die Stadt 403 v.Chr., versklavte die Einwohner und setzte an ihre

CATANIA ERLEBEN

AUSKUNFT

Ufficio Turistico
Via Vittorio Emanuele II 172
95131 Catania, Tel. 09 57 42 55 73
www.apt.catania.it
www.comune.catania.it – Büros im
Bahnhof und am Flughafen

Wahrzeichen Catanias: der Lavaelefant

VERKEHR

Flughafen (Aeroporto) Fontanarossa in Stadtnähe; gute Busverbindungen ins Zentrum und andere Städte. Vom Hafen Schiffsverbindungen nach Salerno, Neapel, Salerno, Reggio di Calabria und Malta. Die Hauptsehenswürdigkeiten gruppieren sich um die Piazza del Duomo. Alternativ kann man auch die Busse der Linie 410 (Linea turistica – Catania da vedere) besteigen. Die Anreise mit Zug oder Linienbussen von Taormina oder Syrakus ist stressfrei.

VERANSTALTUNGEN

Völlig untouristisch ist die grandiose Festa de Sant'Àgata vom 2. bis 6. Februar. Die Heilige wird als Beschützerin vor Ätna-Ausbrüchen beschworen. Im August wird die Rückführung der Reliquien der hl. Agathe von Konstantinopel nach Catania gefeiert. Über die Stadtgrenzen hinaus bekannt sind außerdem die Opern-, Konzert- und Theater-

aufführungen im Teatro Bellini (www.teatromassimobellini.it, Tel. 09 57 30 61 11) und das Ätnafest in den Ciminiere (Jan. – Juli; Musik, Theater und Kunst).

EINKAUFEN

Vor allem auf der Via Etnea präsentiert sich Catania als elegante Einkaufsstadt. Erfrischungen, als Spezialität Granita, bieten die zahlreichen Gran Caffès und Kioske. Volksnah geht es Mo. – Sa. vormittags auf den Märkten La Pescheria (beim Dom) und Fera o Luni (Piazza Stesicoro/Corso Sicilia) zu. Marionetten, Keramik und Tamburins gibt es am Domplatz im Gran Basar Artigianato Siciliano, Via Etnea 2.

AUSGEHEN

Catania hält auf Sizilien das Primat der Nacht- und alternativen Musikszene. Tipps gibt es im Faltblatt

Catania Orientierung

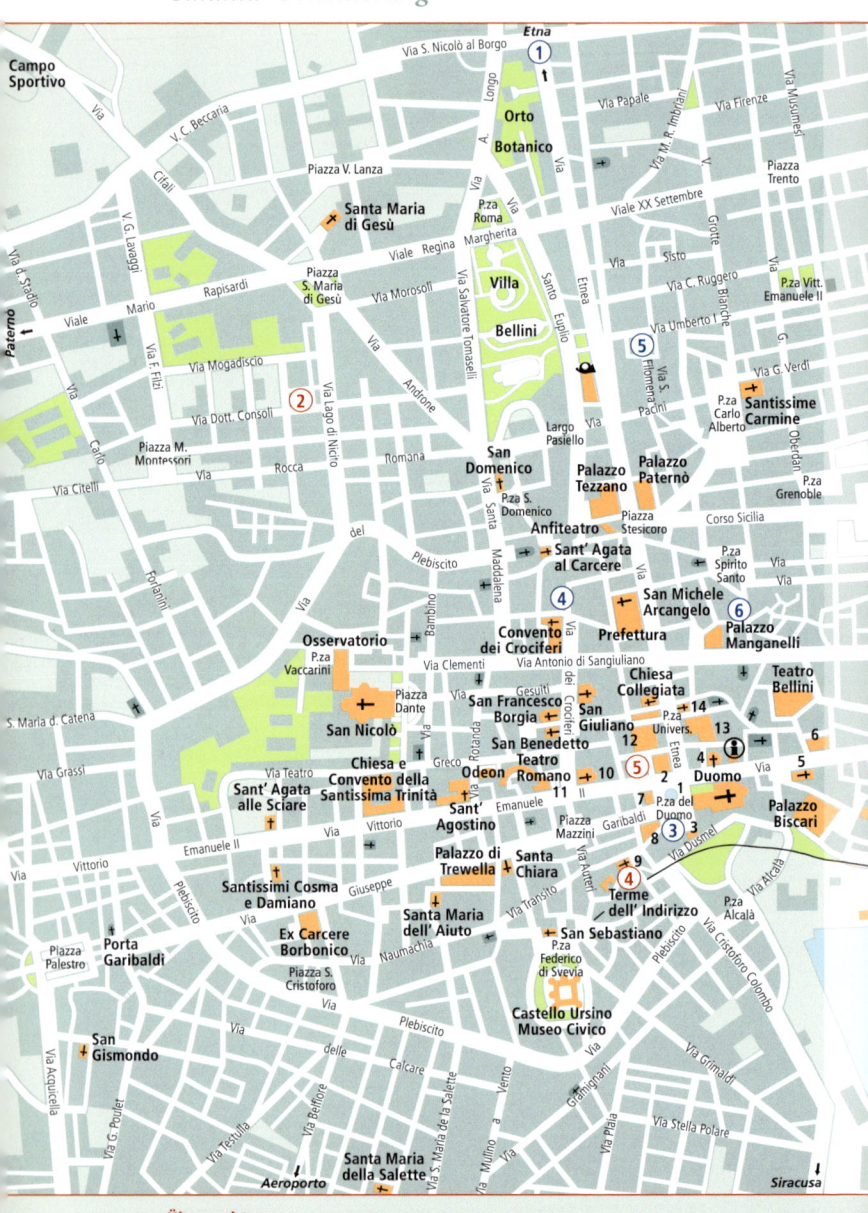

Übernachten
① Grand Hotel Excelsior
② Mediterraneo
③ Nettuno
④ Agora Hostel
⑤ Savona
⑥ Centro Storico

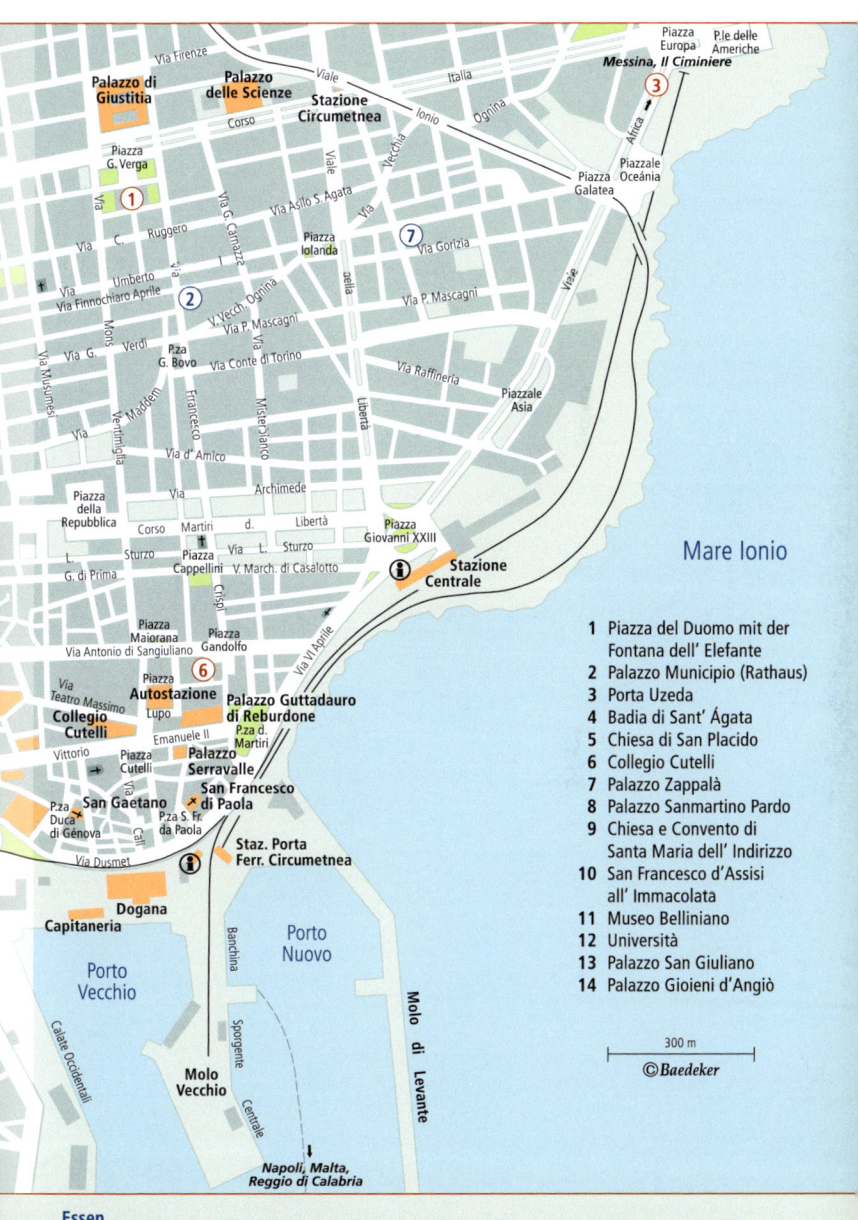

Via Firenze
Via Italia
Viale Ionio Ognina
Via Firenze
Palazzo di Giustitia
Palazzo delle Scienze
Stazione Circumetnea
Corso
Piazza G. Verga
Via C. Ruggero
Via G. Camazzo
Via Asilo S. Agata
Piazza Iolanda
Via della
Via Umberto
Via Finnochiaro Aprile
Via Vecch. Ognina
Via P. Mascagni
Via P. Mascagni
Via Gorizia
Via G.
Verdi
Maldem
Via Francesco
Via d' Amico
Via Misteribianco
Via Conte di Torino
Via Raffineria
Via Libertà
P.za G. Bovo
Via Vertimiglia
Via Musumeci
Via Mons.
Piazza della Repubblica
Via Archimede
Corso Martiri d. Libertà
G. di Prima
Sturzo
Piazza Cappellini
Via V. March. di Casalotto
Crispi
Sturzo
Piazza Giovanni XXIII
Stazione Centrale
Piazza Maiorana
Via Antonio di Sangiuliano
Piazza Gandolfo
Via VI Aprile
Via Teatro Massimo
Piazza
Autostazione
Lupo
Collegio Cutelli
Palazzo Guttadauro di Reburdone
Emanuele II
Vittorio
Piazza Cutelli
P.za d. Martiri
Palazzo Serravalle
Via Cali
San Gaetano
P.za Duca di Génova
San Francesco di Paola
P.za S. Fr. da Paola
Staz. Porta Ferr. Circumetnea
Via Dusmet
Dogana
Capitaneria
Porto Nuovo
Barchina
Via Sporgente
Porto Vecchio
Galate Occidentali
Molo Vecchio
Via Centrale
Molo di Levante

Piazza Europa
P.le delle Americhe
Messina, Il Ciminiere
Africa
Piazzale Oceánia
Piazza Galatea
Viale
Piazzale Asia

Mare Ionio

Napoli, Malta, Reggio di Calabria

1 Piazza del Duomo mit der Fontana dell' Elefante
2 Palazzo Municipio (Rathaus)
3 Porta Uzeda
4 Badia di Sant' Ágata
5 Chiesa di San Placido
6 Collegio Cutelli
7 Palazzo Zappalà
8 Palazzo Sanmartino Pardo
9 Chiesa e Convento di Santa Maria dell' Indirizzo
10 San Francesco d'Assisi all' Immacolata
11 Museo Belliniano
12 Università
13 Palazzo San Giuliano
14 Palazzo Gioieni d'Angiò

300 m
© Baedeker

Essen
① Poggio Ducale   ③ Ambasciata del Mare   ④ Mètro   ⑥ Trattoria Casalinga
② Il Cuciniere   ⑤ Vico S. Filomena   ⑦ Le Tre Bocche

»Lapis« (in Bars, Pubs und im Fremdenverkehrsamt) sowie unter www.lapisnet.it. Besuchenswert ist auch die zu einem Kulturzentrum mit Museen umgebaute Schwefelraffinerie Ciminiere, Viale Africa 12, Tel. 09 57 46 42 07.

ESSEN
► Fein & teuer
① *Poggio Ducale*
Via Paolo Gaifami 5 – 7, Tel.
0 95 33 00 16, www.poggioducale.it
So. abend u. Mo. mittag geschl.
2 km von der Autobahnausfahrt
Catania est; Spitzenküche auf
traditioneller Basis. Mit Hotel

② *Il Cuciniere*
Via Finnochiaro Aprile 110
Tel. 09 57 47 07 02; nur abends
Feinschmecker-Treff im Hotel Katane
Palace

③ *Ambasciata del Mare*
Piazza Duomo 6
Tel. 0 95 34 10 03; Mo. geschl.
Für beste Qualität bürgt der Fisch-
markt vor der Tür, Orienteinschlag

► Erschwinglich
④ *Mètro*
Via Crociferi 76, Tel. 0 95 32 20 98
So. geschl.; in der schönsten Barock-
straße, feine Fischgerichte und Dolci;
auch Tische im Freien

► Preiswert
⑤ *Vico Santa Filomena*
Via Santa Filomena 35
Tel. 0 95 31 67 61
Schöne Atmosphäre in einer kleinen
Gasse; einfache gute Küche

⑥ *Trattoria Casalinga*
Via Biondi 19, Tel. 0 95 31 13 19
So. geschl.; Einheimischen-Trattoria,
frittiertes Gemüse, Pasta und Fisch

⑦ *Le Tre Bocche*
Via Mario Sangiorgi 7
Tel. 0 95 53 87 38, Mo. Ruhetag
Die gut besuchte Trattoria (reservie-
ren!) setzt auf fangfrischen Fisch.

ÜBERNACHTEN
► Luxus
① *Grand Hotel Excelsior*
Piazza G. Verga 39,
Tel. 09 57 47 61 11, www.amthotels.it
176 Z.; erstes Haus am Platz

► Komfortabel
② *Mediterraneo*
Via Dottor Consoli 27
Tel. 0 95 32 53 30, Fax 09 57 15 18 18
www.hotelmediterraneoct.it; 64 Z.
Gutes Mittelklassehotel

③ *Nettuno*
Viale Ruggero di Lauria 121
Tel. 09 57 12 20 06, Fax 0 95 49 80 66
www.hotel-nettuno.it
80 Z.; 3 km außerhalb am Meer,
Busverbindung; einfaches, nettes Hotel

④ *Agora Hostel*
Piazza Curro 6, Tel. 09 57 23 30 10
www.agorahostel.com; 8 Doppel- und
Mehrbettzimmer in einem sauberen
und freundlichen Hostel

► Günstig
⑤ *Savona*
Via Vittorio Emanuele 210
Tel. 0 95 32 69 82, Fax 0 95 32 69 82
www.hotelsavona.it; 30 Z.; frisch renoviert in der Nähe des Domplatzes;
Zimmer nach hinten sind leiser.

⑥ *Centro Storico*
Via Spadacini 16
Tel. 0 95 53 44 70, 33 87 68 13 08
www.bbcentrostorico.it
Freundliches B&B auf halber Strecke
zwischen Bahnhof und Dom. Sehr
privat, kleine Terrasse

Stelle kampanische Söldner. Dennoch blühte Katane in der Folgezeit dank ertragreicher Landwirtschaft wieder auf. 278 v.Chr. nahm es den epirotischen König Pyrrhos auf. 263 von den Römern erobert, gehörte es als Civitas decumana fortan zur römischen Provincia Sicilia. In der Kaiserzeit erlebte Katane/Catania eine Blüte, von der die Ruinen mehrerer Bauwerke zeugen. In der byzantinischen Zeit von Syrakus und in der arabischen Zeit von Palermo in den Schatten

❗ *Baedeker* TIPP

Nicht versäumen

Legendäre Mandelgranita gibt es in der Pasticceria Savia (Via Etnea 302 – 304). Angesagt ist auch das »Nievski«, ein postmarxistischer Studententreff, Scalinata Alessi 15 – 17. Marella Ferrara, die schrägste Topdesignerin Italiens, »verwebt« sizilianische Terrakotta und Ätnalava in ihrer Damenmode (Showroom Ferrara Couture, Via Alberto Mario, www.marellaferrara.com).

gestellt, gewann Catania im 12. Jh. erneut an Bedeutung, als es sich unter normannischer Herrschaft zu einem Handels- und Seefahrtszentrum entwickelte. Eine tiefe Zäsur brachten das **Erdbeben** von 1169 (15000 Tote) und die Verwüstung durch den Stauferkaiser Heinrich VI. 1194. Die spanischen Herrscher aus dem Hause Aragon förderten die Stadt (1434 Gründung einer Universität). 1576 fiel der Großteil der Bewohner der Pest zum Opfer, 1669 zerstörte ein **Lavastrom** den Westteil der Stadt, der Rest ging beim **Erdbeben** 1693 zugrunde. Danach erfolgte im 18. Jh. der großartige Wiederaufbau Catanias, u.a. nach Plänen von Giovanni Battista Vaccarini, von dem auch mehrere Bauten (Sant'Àgata, Domfassade, San Giuliano, Universität) und der berühmte Elefantenbrunnen stammen. So entstand eine Stadt mit axialen breiten Hauptstraßen und rechteckigen Platzanlagen. Zwar wirkt sie durch das häufig als Baumaterial verwendete Lavagestein düster, doch konnte man 1768 mit Recht an die Porta Ferdinandea (heute Porta Garibaldi) das Motto setzen: »Melior de cinere surgo« (»Blühender stehe ich aus der Asche wieder auf«).

◀ Phönix aus der Asche

729 v. Chr.	Griechen gründen die Stadt Katane.
263 v. Chr.	Römer erobern die Stadt.
12. Jh.	Unter normannischer Herrschaft wird Catania zu einem Handels- und Seefahrtszentrum.
16. – 17. Jh.	Pest, Ätna-Ausbruch und Erdbeben richten große Zerstörungen an.
18. Jh.	Großartiger Wiederaufbau Catanias

Die Alma Mater sorgt auch heute für junges Leben in der Stadt: Pubs, Enoteche und Musikclubs drängen sich in den zu Fußgängerzonen erklärten, barocken Prachtstraßen des Centro storico. Le Ciminiere, die revitalisierten Schwefelöfen des 18. Jh.s am Hafen, sind zum kulturellen Aushängeschild geworden. Hier finden Kongresse, Ausstellungen und Musikevents von internationalem Rang statt.

»La Nera«, die »Schwarze Stadt« heute

Sehenswertes in Catania

Piazza del Duomo

Mittelpunkt der Stadt ist die verkehrsfreie Piazza del Duomo, die ihre endgültige Gestalt im ausgehenden 17. und 18. Jh. erhielt, mit Porta Uzeda (1696), Dom (1730–1739), Sant'Àgata (1735–1767), Elefantenbrunnen (1736) und Palazzo del Municipio (1741) – allesamt Schöpfungen von Giovanni Battista Vaccarini. Das Vorbild für Vaccarinis Elefantenbrunnen, **Fontana dell'Elefante** – ein Elefant aus schwarzer Lava trägt einen kleinen ägyptischen Obelisken –, war Berninis Elefantenobelisk in Rom.

Dom Sant'Àgata

Der Dom Sant'Àgata steht der Tradition zufolge an der Stelle, an der die hl. Agathe 251 den Märtyrertod starb (►Baedeker Special S. 406), und ging aus der Benediktiner-Abtei Sant'Àgata hervor, die 1092 zum Bischofssitz erhoben wurde. Zwischen 1086 und 1090, nachdem Catania von den Normannen erobert worden war (1085), begann man mit dem Bau an der Stelle, an der sich die römischen Achillesthermen befunden hatten. Aus deren Überresten wie auch von anderen antiken Bauten entnahm man Baumaterial für die dreischiffige kreuzförmige Pfeilerbasilika. Erdbeben 1140 und 1169 machten schon bald umfangreiche Reparaturen nötig, und nach dem Erdbeben von 1693 war eine völlige Erneuerung erforderlich. Bei dieser hielt man sich im Langhaus an die ursprünglichen Maße. Die drei normannischen Apsiden aus Lava, deren Außenseiten durch Blend-

Die Piazza del Duomo, Mittelpunkt der »schwarzen« Stadt am Fuße des Ätna

Catania Dom Sant' Àgata

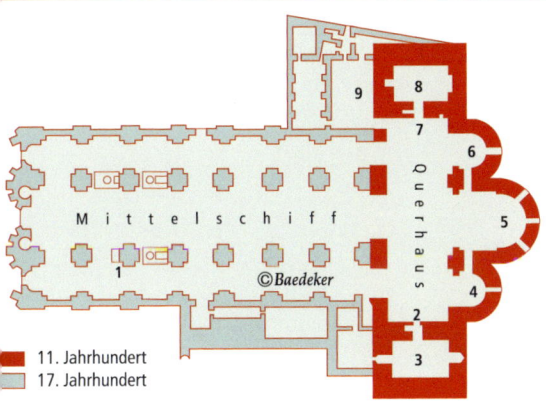

1 Grabmal Vincenzo Bellini (1801-1835)
2 Marmorportal von Giovanni Battista Mazzolo (1545)
3 Cappella della Madonna
4 Cappella di Sant' Àgata
5 Presbyterium, Chorgestühl von Scipione di Guido (1588)
6 Capella del Sacramento
7 Marmorportal von Giandomenico Mazzolo (1563)
8 Cappella del Crocifisso
9 Sakristei mit Fresko von G. Platania (1679) zum Ätnaausbruch von 1669

Mittelschiff

Querhaus

©Baedeker

■ 11. Jahrhundert
■ 17. Jahrhundert

arkaden gegliedert sind, sieht man vom Hof des Erzbischöflichen Palastes aus. Diesen erreicht man, indem man an der Nordseite der Kirche etwa 150 m ostwärts geht.

Im Innern hat man in diesen Teilen die originale Bausubstanz sichtbar gemacht, samt den charakteristischen Spitzbögen und den in die Kanten eingestellten Säulen. Beim Wiederaufbau errichtete man unter Leitung von Girolamo Palazzotto das Langhaus neu, G. B. Vaccarini vollendete 1736 die Fassade. Dabei verwendete er sechs Säulen von dem zerstörten Normannendom, die ihrerseits bereits aus antiken Bauten stammten. Der von einer Tambourkuppel gekrönte Innenraum beeindruckt durch seine Ausmaße und Proportionen. Er ist als ein Pantheon Catanias ausgestaltet. Das spürt der Besucher schon, wenn er am zweiten Pfeiler rechts das schlichte Grabmal des Opernkomponisten Vincenzo Bellini sieht, der 1801 in Catania geboren, 1835 in jungen Jahren in Paris verstorben ist und 1876 in seine Vaterstadt überführt wurde (►Berühmte Persönlichkeiten).

Vom rechten Querhausarm kommt man durch ein Portal von Giovanni Battista Mazzolo (1545) in die normannische **Cappella della Madonna**, in deren beiden Sarkophagen, einem römischen und einem mittelalterlichen, aragonesische Könige und Konstanze von Aragon († 1363; Ehefrau von Friedrich III.) beigesetzt worden sind.

Hauptakzent des rechten Querhausarmes ist die **Cappella di Sant' Àgata**, die durch ein schmiedeeisernes Gitter verschlossen ist. Das marmorne Triptychon auf dem Altar dieser hochverehrten Kapelle stammt von Antonello Freri (16. Jh.). Das Leben der hl. Agathe ist das Hauptthema am geschnitzten Chorgestühl (1588), und im Chor befinden sich weitere Gräber aragonesischer Könige Siziliens. In der Sakristei gibt es eine zeitgenössische Darstellung des Ätna-Ausbruchs von 1669 mit dem Lavastrom, der das Castello Ursino erreicht.

Ein Team von Wissenschaftlern und Technikern des Instituto Nationale di Geofisica e Volcanologica beobachten rund um die Uhr jede Regung des Ätna, so auch hier im Mai 2005. Sitz des INGV ist das Ätnastädtchen Nicolosi.

WENN DIE ERDE BEBT ...

Der südliche Flair, die Zeugnisse der Antike und das schöne Wetter ziehen alljährlich Tausende Touristen nach Sizilien. Zu den Anziehungspunkten gehört auch der Ätna, der Gigant unter den Vulkanen. Er ist nicht nur der größte tätige Vulkan in Europa, sondern einer der größten der Welt.

Seine Ausbrüche haben zu allen Zeiten die Menschen in diesem Gebiet beunruhigt und bedroht. Sorgsam und sorgenvoll beobachtet man heute wie früher den Berg der Berge, den die Sizilianer **Mongibello** nennen (das italienische und das arabische Wort für Berg, Monte und Djebel, zusammenziehend). Ebenso sorgsam werden seit alten Zeiten die großen Ausbrüche registriert, seit die griechischen Dichter Pindar und Aischylos von einem solchen Ereignis um 478 / 474 v. Chr. berichtet haben. Bei einem der jüngsten Ausbrüche, 1983, hat man erstmals versucht, die vulkanischen Kräfte durch gezielte Sprengungen abzuschwächen – allerdings ohne den erwünschten Erfolg, die Natur war stärker.

Eine Fahrt in die Ätnaregion zeigt Besuchern die Spuren der Verwüstung: ältere und neuere Lavaströme, die sich durchs Gelände ziehen. Und in Catania ist das Naturelement noch im Stadtgebiet selbst zu beobachten: erstarrte Lava beim Stauferkastell (»Castello Ursino«), das ursprünglich unmittelbar am Meer gestanden hat. Beim gewaltigen Ausbruch von 1669 drang der Lavastrom bis zum Meer, floss am Kastell entlang, zerstörte außer zahlreichen Dörfern auch den Westteil von Catania und den Hafen. Seit dieser Katastrophe, der 20 000 Menschen zum Opfer fielen, ist das Meer rund 500 m vom Kastell entfernt. Aber die Verwitterung des vulkanischen Materials bringt dem Land auch eine **enorme Fruchtbarkeit, und daraus erklärt sich auch, dass die Menschen an diesem Land hängen und ihre Siedlungen im unteren Bereich der Ätnaflanken allen Launen der Natur zum Trotz zäh behaupten. Der berühmte Ätnawein gedeiht ebenso**

wie Zitrusfrüchte, Oliven, Feigen und Obstbäume bis in eine Höhe von 1000 m. Wenigstens bis in diese Höhe kann man von einer Kulturlandschaft sprechen. Kastanien gibt es bis 1600 m. Die nächste Vegetationszone ist dann allerdings bescheideneren Pflanzen vorbehalten: Akazie, Ginster, Berberitze und Farn findet man in der Region zwischen 1500 und 2500 m, ehe dann die vegetationslose Zone beginnt.

Enorme Kräfte

Der Vulkanismus Süditaliens steht im direkten Zusammenhang mit der Auffaltung des Apennin, der Italien von Norden nach Süden durchläuft und zu dem auch der Vulkan Ätna gehört. Seit dem Altquartär hat sich der Ätna über tektonischen Bruchlinien aufgebaut, die von den Liparischen Inseln entlang der Ostküste Siziliens südwestwärts verlaufen, und gewaltige Lava- und Tuffsteinmassen aufgetürmt. Daher erfolgen die neueren Ausbrüche meist an den Flanken aus Spalten und Nebenkratern, von denen zurzeit etwa 300 bekannt sind. Gegenwärtig ist der Ätna ca. 3350 m hoch, seine Basis hat einen Durchmesser von 40 km, und er überdeckt eine Fläche von rund 1400 km². Mit der Tektonik hängt auch das häufige Auftreten von Erdbeben zusammen, die wie die Vulkanausbrüche vom Altertum an bis in jüngste Zeit die Menschen heimgesucht und zahllose Opfer gefordert haben. Ein schweres Erdbeben hat im 6. Jh. die antiken Tempel von Selinunt, im Südwesten der Insel, zum Einsturz gebracht. Die meisten Beben allerdings ereigneten sich im Bereich der tektonischen Bruchzone südlich des Ätna, das folgenreichste verwüstete im Jahre 1693 den gesamten Südosten.

Neues Leben aus Ruinen

Nun hatte auch dieses verheerende Geschehen seine positiven Folgen – auf andere Weise als die Ausbrüche des Ätna. Die Zerstörungen des Erdbebens von 1693 waren nämlich der Anlass für eine Wiederaufbautätigkeit, die einfach grandios war. Sie hat – denn neues Leben blüht aus den Ruinen – dem gesamten Südosten Siziliens ein neues Gesicht gegeben, das des Barock. So entstand, in anderer Weise als in den landwirtschaftlich geprägten unteren Regionen am Ätna,

Gibellina Il Cretto – der Bildhauer Alberto Burri begrub die beim Erdbeben 1968 zerstörte Stadt Gibellina unter einer Zementdecke.

auch hier eine Kulturlandschaft, und zwar von großen Dimensionen. Dabei verband sich die Notwendigkeit, neue Behausungen zu schaffen, mit dem barocken **Repräsentationsbedürfnis**. Auch sollten wir höchst praktische politische Erwägungen der Grundherren nicht übersehen: Für eine dörfliche oder städtische Siedlung von wenigstens 80 Familien erhielt der adlige Besitzer eine Stimme im Baronalparlament.

Schon 1607, also lange vor dem genannten Erdbeben, hatte der spanische Vizekönig Marcantonio Colonna eine neue Stadt in der heutigen Provinz Ragusa gegründet und sie nach seiner Tochter **Vittória** benannt. Barocker Vorliebe für regelmäßige Anlagen folgend, ist diese gegründete, nicht gewachsene Stadt in einem Schachbrettmuster angelegt.

Nach 1693 baute man zerstörte Städte in der Regel am alten Platz wieder auf, von Caltagirone und Niscemi im Westen bis Augusta und Syrakus an der Ostküste, von Palagonia und Acireale im Norden bis Íspica, Módica und Scicli im Süden, dazu in großem Stil auch Catania. In manchen Fällen war die Zerstörung so groß, dass man

vorzog, die Stadt an einen anderen Platz zu verlegen, etwa bei Ávola, Francofonte, Giarratana, Grammichele und nicht zuletzt Noto. Dabei wirkte sich immer wieder die Liebe zur Geometrie aus – man wählte gern regelmäßige Muster für das Straßennetz. Für Ávola und Grammichele z. B. wurde ein kunstvoller Sechseckgrundriss bevorzugt.

Ein **Sonderfall ist Ragusa**. Hier baute man nicht nur die zerstörte alte Stadt Ragusa Ibla mit ihrem geländebedingt unregelmäßigen Gassengewirr wieder auf, aus dem Rosario Gagliardis großartige Kirche San Giorgio herausragt. Daneben entstand zudem auf höherem Terrain die Neustadt Ragusa Superiore mit einem Schachbrett-Straßensystem (wie schon vorher Vittória).

All dies trug – neben der Errichtung von zahllosen Kirchen und Palästen überall in Sizilien – dazu bei, dass das Barockzeitalter das architektonische Gesicht Siziliens ganz erheblich verändert hat. Zu den Relikten aus der Antike und dem Mittelalter trat nun im 18. Jh. das Barock als dritte große Epoche der Kunst-, speziell der Architekturgeschichte der Insel.

Das Geburtshaus Giovanni Vergas (1840–1922, ►Berühmte Persönlichkeiten; Via S. Anna 8, ganz in der Nähe des Doms) erinnert an den bekannten Schriftsteller und Vertreter des »Verismo« (Mo.–Fr. 9.00–13.00 Uhr).

Casa Museo Giovanni Verga

Eine hinreißende Abwechslung bietet der Besuch des labyrinthischen Fisch- und Lebensmittelmarktes, zu dem man über die Stufen in der Südwestecke des Domplatzes gelangt. Er gehört zu den farbenprächtigsten Märkten Siziliens (Mo.–Fr. nur vormittags, Sa. ganztägig).

★
Fisch- und Lebensmittelmarkt

Die Kirche des Nonnenklosters Sant'Àgata gegenüber der Nordseite des Doms (1735–1767) gilt als ein Hauptwerk von G. B. Vaccarini. Dem blockhaften, von einer mächtigen, achtseitigen Kuppel beherrschten Baukörper ist eine prächtige Fassade vorgesetzt, deren Mittelteil konkav eingezogen ist. Die Kirche ist ein Zentralbau mit vier ungleich langen Kreuzarmen rings um das Kuppelquadrat; am längsten ist derjenige des Eingangs im Westen, der auch die Nonnenempore trägt.

Badia Sant'Àgata

Geht man auf der Via Vittorio Emanuele, zwischen Sant'Àgata und Dom, ein wenig nach Osten, so kommt man zur einschiffigen Nonnenkirche San Placido mit ihrer dreigeschossigen konkaven Fassade, einem Werk von Stefano Ittar (1769).

San Placido

Über die Via Teatro Massimo gelangt man zur Piazza Bellini mit dem Teatro Bellini, einem der schönsten Opernhäuser Italiens. 1890 wurde das im Stil der Neurenaissance gehaltene Gebäude mit Bellinis »Norma« eröffnet.

Teatro Bellini

Wieder zum Domplatz zurückgekehrt, wenden wir uns südwärts zur Porta Uzeda (1696), die den Anfang der Via Etnea vom Hafenviertel trennt.

Porta Uzeda

Hinter diesem Prachttor links in der Via Dusmet befinden sich der Erzbischöfliche Palast und der Palazzo Biscari, den die Familie Paternò Castello, Fürsten von Biscari, von 1707 bis 1763 von A. Amato in mehreren Abschnitten erbauen ließ. An der Fassade fallen die reichen Fensterrahmungen des Obergeschosses ins Auge. Der Enkel des Erbauers, Ignazio Biscari, erweiterte den Palast, um Raum für seine umfangreichen Sammlungen zu gewinnen. Goethe besuchte 1787 »das Museum, wo marmorne und eherne Bilder, Vasen und alle Arten solcher Altertümer beisammen stehen« und ihm Fürst Vinzenzo, der Sohn des Sammlers, »seine Münzsammlung aus besonderem Vertrauen vorwies« (heute im Museo Civico im Castello Ursino).

Palazzo Biscari

Auf der Piazza Federico di Svevia erhebt sich das Castello Ursino, ein trutziger Bau aus Lavagestein. Von 1239 an durch Riccardo da Lentini errichtet, erweist dieser staufische Wehrbau seine enge Verwandt-

★
Castello Ursino

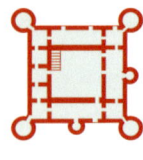

Das Theater Bellini erinnert an den 1801 in Catania geborenen Komponisten.

schaft mit den Kastellen Friedrichs II. in Syrakus und Augusta. Der Grundriss ist eine Vierflügelanlage um einen Innenhof. Schmuckelemente sind spärlich; an der Eingangsseite im Norden sieht man einen hasenschlagenden Staufer-Adler. Das Kastell stand ursprünglich unmittelbar am Hafen. Der große Lavastrom von 1669 floss jedoch an seiner Westseite entlang (dort ist er noch zu sehen) und schob die Küstenlinie nach Osten vor. Das Castello beherbergt das **Museo Civico** (Stadtmuseum) mit lokalen Funden und Sammlungen. Ausgestellt sind Skulpturen, eine hellenistische Reliefdarstellung des von Odysseus geblendeten Polyphem; außerdem Porzellan, Waffen, Gemälde (u. a. sizilianische Schule des 19./20. Jh.s; tägl. 8.30 – 13.30 Uhr).

Piazza Mazzini Die Piazza Mazzini, eine quadratische barocke Platzanlage inmitten eines Straßenkreuzes, ist im Zustand des 18. Jh.s erhalten geblieben, mit ringsum laufenden Portiken, für die 32 antike Säulen Verwendung fanden, und den gleichhohen Gebäuden mit ihren Pilastern.

Porta Garibaldi Von hier aus westwärts führt die Via Garibaldi zur Porta Garibaldi (Porta Ferdinandea). Dieses monumentale Tor wurde 1768 zu Ehren von König Ferdinand IV. und seiner Gemahlin Maria Carolina, einer Tochter von Kaiserin Maria Theresia, errichtet. Die Architekten waren Francesco Battaglia und sein Schwiegersohn Stefano Ittar. Sie bauten das Tor aus horizontalen Schichten von weißem Kalkstein und schwarzer Lava. Die Stadtseite ist schlichter, die reichere Feldseite mit konkaven Flügeln ausgestattet und gipfelt in einer Bekrönung durch eine Uhr zwischen geflügelten Figuren, die den Ruhm symbolisieren.

Teatro Romano

Von der Piazza Mazzini in nördlicher Richtung stößt man nach wenigen Metern auf die Via Vittorio Emanuele, die gleichfalls vom Domplatz ausgeht, und ist damit im Bereich der antiken Stadt. Hier, am Südhang der einstigen Akropolis, befindet sich (Eingang Via Vittorio Emanuele 266) das Teatro Romano. Es wurde im 2. Jh. v.Chr. anstelle einer griechischen Anlage errichtet. Der Zuschauerraum mit zwei Rundgängen hat einen Durchmesser von 100 m. Die Stufen bestehen aus Lava, Orchestra und Sitzreihen waren mit Marmor verkleidet. Westlich schließt das **Odeon** an, ein kleines Theater ebenfalls aus Lava, dessen Orchestra auf derselben Höhe liegt wie der oberste Korridor des Theaters (Mo.–Fr. 9.00–13.30, 15.00–19.00 Uhr). ⊙

Museo Belliniano

An der Ecke Via Vittorio Emanuele/Via Crociferi befindet sich das Geburtshaus des Komponisten Vincenzo Bellini (1801–1835, ►Berühmte Persönlichkeiten; tägl. 9.00–12.30, im Winter bis 13.30 ⊙ Uhr). Gegenüber erhebt sich die Kirche **San Francesco d'Assisi** mit einer eindrucksvollen barocken Fassade.

San Benedetto

Ein wenig nordwärts stehen an der linken Seite der Via Crociferi zwei bedeutende barocke Kirchenbauten: zunächst die Chiesa di San Benedetto, die Kirche der Benediktinerinnen. Ihre Besonderheit ist die Vorhalle mit ihrer eleganten Treppe, die zum einschiffigen Kirchenraum hinaufleitet. Das Deckengemälde (»Glorie des hl. Benedikt«) schuf 1726 Giovanni Tuccari aus Messina.

Chiesa dei Gesuiti

Unmittelbar oberhalb dann das Jesuitenkolleg, das Angelo Italía im ausgehenden 18. Jh. entwarf. Es hat eine Front von sieben Achsen, an die sich diejenige der Kirche **San Francesco Borgia** (doppelte Säulenpaare in zwei Geschossen) anschließt. Gegenüber erbaute G. B. Vaccarini 1739 den Ovalbau der Kirche **San Giuliano** mit einer konvex vorspringenden Fassade und einer riesigen Kuppel.

San Nicolò

Nun biegt man von der Via Crociferi links ein in die Via Gesuiti, die in die Piazza Dante mündet. Hier, an der Stelle der griechischen Akropolis, begannen die Benediktiner 1702 mit dem Bau der Kirche San Nicolò und der dazugehörigen Klosteranlage, die zu den größten in Europa gehört und trotz langer Bauzeit allerdings Fragment blieb. Die unvollendete Fassade ist gekennzeichnet durch Paare gewaltiger Säulenstümpfe auf hohen Sockeln. Eine große Kuppel überwölbt den schmucklosen, dreischiffigen Innenraum, zu dessen Ausstattung neben einem Meridian von 1841 (Querhaus) das Chorgestühl (18. Jh.) und die schon von Goethe gerühmte große Orgel (1755–1767, Donato del Piano) gehören. Von der Kuppel aus (Zugang gegen Trinkgeld) bietet sich ein schöner Rundblick bis zum Ätna.

◄ Aussicht

Das ehemalige Kloster links neben der Kirche weist eine reiche Fassadengestaltung mit Rustikapilastern und plastischem Dekor der Fenster auf, ferner zwei schöne Innenhöfe (von vier geplanten).

Sonstige Sehenswürdigkeiten

Wir empfehlen, nun in östlicher Richtung zur großen Nord-Süd-Achse der Via Etnea zu gehen. In deren unterem Teil, nicht weit von der Piazza del Duomo, wird ihr Verlauf unterbrochen von der Piazza dell'Università; diese Schöpfung Vaccarinis wird gesäumt von der Universität mit ihrem Glockengiebel (auf der linken Seite) und dem Palazzo San Giuliano (1745, auf der rechten Seite). Nicht weit davon entfernt steht auf der linken Straßenseite die **Chiesa Collegiata**, eine dreischiffige gewölbte Basilika, deren geschwungene Fassade Stefano Ittar 1768 schuf. Weiter oberhalb durchquert die Via Etnea die Piazza Stesicoro, an der rechts ein Bellini-Denkmal von 1882 (G. Monteverde) steht, während links Reste des einst 16000 Zuschauer fassenden römischen **Amphitheaters** (2.–3. Jh.) zu sehen sind. Die Fassade im Hintergrund gehört zur Kapuzinerkirche. Die **Chiesa Sant'Àgata al Carcere** etwas oberhalb an der gleichnamigen Piazza (18. Jh.) erinnert an die hl. Agathe, die vor ihrem Martyrium in dem (im Innern sichtbaren) Kerker gefangen gehalten wurde. Das schöne Portal der Kirche aus dem 13. Jh. befand sich bis zum Erdbeben von 1693 an der Domfassade. Vor der Kreuzung Via Etnea/Via Regina Margherita liegt links die **Villa Bellini**, der Stadtpark mit Grünanlagen, Freitreppe und zwei Hügeln, die eine Aussicht über Catania bieten. Nördlich schließt sich der **Botanische Garten** an.

An der Piazza Santa Maria di Gesù steht die gleichnamige Kirche, die Anfang des 18. Jh.s auf einem Vorgängerbau aus der Renaissance errichtet wurde. Im Innern verschiedene Werke von Antonello Gagini, das Kruzifix des Hauptaltars stammt von Fra Umile da Petralia.

Museen im Kulturzentrum Il Ciminiere

An der Viale Africa im Komplex des Kulturzentrums Il Ciminiere befinden sich zwei sehenswerte Museen. Das **Museo del Cinema** (Di. bis So. 9.30–12.30 Uhr, Di., Do. auch 15.00–16.30 Uhr) widmet sich der Geschichte des Kinos und der Drehorte auf Sizilien für Regisseure wie Rosselini und Visconti. Das **Landungstag-Museum** (Museo Storico della Sbarco in Sicilia 1943; Di.–So. 9.30–12.30 Uhr, Di., Do. auch 15.00–17.00 Uhr) beleuchtet die Inselgeschichte zur Zeit der Landung der Amerikaner im Zweiten Weltkrieg.

Umgebung von Catania

Lido Plaia

Rund 3 km südlich beginnt der Badestrand der Stadt. Schöne Sandstrände folgen in Richtung Norden zwischen Aci Castello und Giarre-Riposto (▶Acireale und ▶Taormina).

Motta Sant'Anastasia

8 km westlich liegt der malerische Ort Motta Sant'Anastasia mit einem normannischen Kastell. Auf dem Wege dorthin passiert man einen Friedhof für 4561 deutsche Soldaten des Zweiten Weltkrieges.

Das Städtchen Misterbianco (7 km westlich) ist nach dem Weißen Kloster (Monastero bianco) der Benediktiner benannt, das 1669 durch einen Ätna-Ausbruch verschüttet wurde.

Misterbianco

►Etna (33 km nordwestlich); Catania ist Ausgangspunkt der täglich mehrmals verkehrenden Ätna-Rundbahn (Circumetnea; ►Etna)

Ätna

✳ ✳ Cefalù

M 4

Provinz: Palermo   **Höhe:** 15 m ü.d.M.
Einwohnerzahl: 14 000

Das Badestädtchen Cefalù mit seiner unverwechselbaren Silhouette liegt im mittleren Teil der Nordküste Siziliens. Die malerische Altstadt mit dem berühmten Normannendom drängt sich zwischen Meer und dem rund 270 m hohen Felsen Rocca di Cefalù. Im Westen erstreckt sich eine kilometerlange Bucht mit feinem Sandstrand, im Hinterland beginnen die Berge der Madonie – so wundert es nicht, dass Cefalù sich nach Taormina zum beliebtesten Ferienort der Insel entwickelt hat.

Blick von der Rocca di Cefalù auf den berühmten Normannendom Rogers II.

Normannendom am Meer

Der Ortsname erklärt sich beim ersten Blick auf Cefalù: Kephaloi-dion – von Kephalos, Kopf – nannten die Griechen die antike Siedlung auf dem Felsenberg. Seine Blütezeit erlebte Cefalù unter dem Normannen Roger II., der sie an den Fuß des Berges verlegte und 1131, ein Jahr nach seiner Königskrönung, die majestätische Kathedrale stiftete, die bis heute das Stadtbild beherrscht.

Sehenswertes in Cefalù

Altstadt

Der Grundriss der Altstadt stammt aus dem 12., die Mehrzahl der Häuser jedoch aus dem 16. Jahrhundert. Hauptachse ist der Corso Ruggero, der sich von der Piazza Garibaldi bis ans Nordufer hinzieht. Auf der einen Seite ziehen sich unzählige Treppen und Gassen an den Burgfelsen heran, auf der anderen führen geradlinige Sträßchen zum Meer hinab. An der Kreuzung mit der Via Amendola (Corso Ruggero 75) steht das Hosterium Magnum, einst die Residenz des Normannenkönigs mit einem schönen Drillingsfenster.

Hosterium Magnum ►

► CEFALÙ ERLEBEN

AUSKUNFT

Servizio Turistico
Corso Ruggero 77, 90015 Cefalù
Tel. 09 21 42 10 50, Fax 09 21 42 23 86

ESSEN

► Erschwinglich

① *La Brace*
Via 25 Novembre 10
Tel. 09 21 42 35 70

Il Trappitu

Mo. und Di. mittag geschl.; Restaurant im Bistrostil; gute einheimische Küche

② *Il Trappitu*
Via C. O. di Bordonaro 96
Tel. 09 21 92 19 72
Geschmackvoll und rustikal einge-richtet mit Terrasse über dem Meer; umfangreiche Weinkarte, große Auswahl an regionaler Küche

③ *Baglio di Falco*
Contrada Vallone di Falco
Tel. 09 21 42 08 20
www.bagliodelfalco.it, Mi. Ruhetag
schöner Innengarten, man sitzt unter alten Olivenbäumen, im Winter innen mit Holzofen; ca. 2 km stadtauswärts

► Preiswert

④ *Trattoria Al Girotondo*
Via Gibilmanna 46, Tel. 09 21 42 13 12
Mo. geschl.; dort gehen die Sizilianer aus der Umgebung hin. Außen eher unscheinbar mit schöner Dachterrasse (im Sommer geöffnet); die Pizzen gelten als die besten in der Gegend.

Cefalù Orientierung

Mare Tirreno

200 m
©*Baedeker*

Belvedere
San Giovanni
Fortificazioni Arcaiche
② Via C. Ortolano di Bordonaro
Via Candeloro
Madonna del Carmine
P.za Marina
Via Veterani
San Sebastiano
Museo Mandralisca
Cattedrale
P.za d. Duomo
San Biagio
Fischerhafen
Municipio
① Via Gioeni
Lavatoio Arabo
Purgatorio
Via Vanni
Tempio di Diana
Osterio Magno
Santissima Trinità
Sant' Anna
Piazza C. Colombo
Lido
①
Santa Maria della Catena
P.za d. Garibaldi
Eingang
San Giuseppe
Rocca di Cefalù
Via Prestissimone
Villa Comunale
Piazza San Francesco
San Francesco d'Assissi
Via Roma
Stazione FS
Via A. Gramsci
Pietragrossa
④ Via Gibilmanna
② Messina
SS 113
③ ③
Palermo, Catania, Gibilmanna
Touristenhafen

Übernachten
① Riva del Sole
② Kalura
③ Baia del Capitano

Essen
① La Brace
② Il Trappitu
③ Baglio del Falco
④ Al Girotondo

ÜBERNACHTEN

► Komfortabel

① Riva del Sole
Viale Lungomare 25
Tel. 09 21 42 12 30
Fax 09 21 42 19 84
www.rivadelsole.com
28 Z.; zentrumsnahes Badehotel, nüchtern mit geräumigen Zimmern

② Kalura
Località Caldura
Via Vincenzo Cavallaro 13
Tel. 09 21 42 13 54
Fax 09 21 42 31 22

www.kalura.it, 80 Z. – Sehr schön gelegen; Traditionsadresse über dem Meer mit eigener kleiner Badebucht und sehr schönen Zimmern. Großes Sportangebot

③ Baia del Capitano
Contrada Mazzaforno
Tel. 09 21 42 00 05, Fax 09 21 42 01 63
www.baiadelcapitano.it
39 Z.; 6 km westlich der Altstadt; die bequem eingerichteten Räume sind eher klein; die Außenanlagen großzügig aufs Meer ausgerichtet; eigener Strand

✶✶
Kathedrale
🕐
Öffnungszeiten:
tägl. 8.00 – 12.00
15.30 – 19.00

Die Legende berichtet, dass der in Seenot geratene König Roger II. im Fall seiner Bergung am rettenden Strand eine Kirche zu stiften gelobte. Konkret war der Bau »ein Zeichen der Dankbarkeit für die erfolgreiche, umfassende Kolonisierung des moslemischen Siziliens durch die normannischen Eroberer« (G. Cassata). Auch muss die politische Motivation gesehen werden: Roger II. erhob unmittelbar nach seiner Königskrönung die Bistümer Palermo und Messina zu Erzbistümern und schuf die neuen Diözesen Lìpari, Patti und Cefalù. Auch sollte die Kathedrale von Cefalù die Grablege der normannischen Dynastie werden. Dies unterblieb, weil der Bau bei Rogers Tod 1154 noch unvollendet war – der König fand sein Grab in Palermo; die beiden Porphyrsarkophage, die er 1145 für sich und die Königin in Cefalù aufgestellt hatte, ließ Kaiser Friedrich II. später in die Hauptstadt bringen.

Der Kathedralbau wurde nur zögernd zu Ende geführt (Weihe erst 1267), wobei man überdies für die jüngeren Bauteile (Langhaus) von der Monumentalität des ursprünglichen Planes abwich. Es handelt sich um eine dreischiffige Säulenbasilika mit mächtigem Querhaus und Chor. Die Eingangsseite krönt den ansteigenden Domplatz. Zwischen zwei wuchtigen quadratischen, kaum gegliederten Türmen befindet sich ein 1471 von Ambrogio da Como geschaffener Portikus. Zwei übereinander liegende Spitzbogenfriese, der untere überkreuzt, zieren die Wand oberhalb des Portikus. Unter diesem öffnet sich das Königsportal, die so genannte Porta Regum.

? WUSSTEN SIE SCHON …?

■ In dem aufgeschlagenen Buch, das Christus in der linken Hand hält, steht: »Ich bin das Licht der Welt. Wer mir folgt, der wird nicht in der Finsternis wandeln, sondern das Licht des Lebens haben« (»Ego sum lux mundi, qui sequitur me non ambulabit in tenebris sed habebit lucem vitae«; Joh. 8, Vers 12).

Imposant ist der **Ostbau**. Man sieht ihn, wenn man hinter der Apsis auf schmalem Pfad den Hang bis zu einer kleinen Plattform hinaufgeht, oder aber von der Höhe der Rocca di Cefalù (Abb. S. 195). Die Ostteile sind erheblich höher als das Langhaus. Das halbrund abgeschlossene Chorhaupt springt weit nach Osten vor. Im unteren Teil wird es von Pilastern gegliedert, auf denen gekuppelte Säulen stehen. Den oberen Wandabschluss bildet ein Rundbogenfries. Der für die normannische Baukunst charakteristische Fries aus überkreuzten Spitzbögen wurde an den Seitenwänden des Chorhauptes und an den östlichen Querhauswänden ausgeführt. Der südliche (linke) Querhausarm ist höher als der nördliche und das Mittelschiffdach, weil er im 15. Jh. eingewölbt wurde.

Innenraum

Das Mittelschiff wird gegliedert mit zwei Reihen von Granitsäulen, deren antike und byzantinische Kapitele gestelzte Spitzbögen tragen. Mittel- wie Seitenschiffe haben einen offenen hölzernen Dachstuhl, dessen Balken reich bemalt waren. Zur Ausstattung gehören ein Taufbecken im rechten Seitenschiff (12. Jh.) und eine Statue der Muttergottes von A. Gagini im linken Seitenschiff (1533). Der von zwei mächtigen Säulen getragene Triumphbogen leitet vom Lang- zum Querhaus über. Es handelt sich um einen doppelten Triumph- bogen: Der höhere gehört zur ursprünglichen Planung; in ihn hat man einen niedrigeren eingesetzt, als man sich entschloss, das Lang- haus niedriger auszuführen, als zunächst geplant. Beide Querhaus- arme weisen in der oberen Partie eine Galerie auf. Die modernen Glasfenster des Palermitaners Michele Canzoneri, eines wahren Meisters des Lichts, werden zu Unrecht manchmal übersehen.

Mosaiken

Im Chor sind die Seitenwände mit Stuckaturen versehen. Den Blick ziehen die zum Originalbestand gehörenden Goldgrundmosaiken an, die sich im Altarraum erhalten haben. Sie sind das Werk byzantini- scher Künstler, die Roger II. zwangsverpflichtete. Dominierend ist der segnende Christus als Herrscher der Welt (Pantokrator) in der Halbkuppel der Apsis. »Mensch geworden, ich, der Schöpfer des Menschen und Erlöser des von mir geschaffenen Menschen, urteile ich als Fleisch gewordener über das Fleisch und als Gott über die Herzen«, steht in der Inschrift über dem Bogen. Das darunterliegen- de Halbrund ist in vier Zonen gegliedert. Im oberen Register sieht man Maria als stehende Orantin zwischen den Erzengeln Raphael und Michael, Gabriel und Uriel. Im dritten Register (zu Seiten des Mittelfensters) befinden sich Petrus und Paulus, Schutzheilige des normannischen Königshauses, zwischen den vier Evangelisten, darun- ter weitere Apostel. Die seitlich anschließenden Wände zeigen in vier Reihen Propheten und Heilige der West- und der Ostkirche – ein Zei- chen herrschaftlicher Suprematie über die katholischen und orthodo- xen Untertanen. Reich geschmückt ist auch das Kreuzrippengewölbe des Altarraumes: mit Seraphim und Cherubim. Trotz häufiger Restau- rierungsarbeiten gelten die Mosaiken von Cefalù als die am besten er- haltenen in Sizilien.

Kreuzgang
🕐

Links vom Dom geht es in den jahrzehntelang geschlossenen Kreuzgang (10.00 – 13.00, 15.00 – 18.00 Uhr) mit spitzbogigen Arka- den über fein gearbeiteten Doppelsäulen (Mitte 12. Jh.).

Museo Mandralisca ⏱ An der Westseite der Piazza del Duomo steht das moderne Rathaus. Daneben verläuft die Via Mandralisca. Das gleichnamige Museum (Nr. 13; tägl. 9.00 – 12.30, 15.30 – 19.00 Uhr) enthält die Privatsammlung des Kunstliebhabers Baron von Mandralisca. Zu sehen sind u. a. griechische Vasen (darunter ein Stück mit der Darstellung eines Thunfischverkäufers), arabische Vasen, Münzen und eine Muschelsammlung. Die Hauptsehenswürdigkeit ist das rätselhafte »Porträt eines Unbekannten« von Antonello da Messina (1465).

San Biagio, Lavatoio ▶ An der Via Vittorio Emanuele befinden sich die Kirche San Biagio (13. Jh.) und ein wohl aus arabischer Zeit stammender Waschplatz.

! *Baedeker* TIPP

Le Petit Tonneau

Die feinen Unterschiede zwischen Marsala, Malvasia, Zibibbo, Crema di Mandorla, Passito und, und, und erfährt man beim Probieren – zum Beispiel in der schönen Enoteca in der Via Vittorio Emanuele 49 (www.lepetittonneau.it).

Wanderung auf die Rocca di Cefalù ⏱ Vom Corso Ruggero nahe der Piazza Garibaldi führt ein steiler Treppenweg auf den 270 m hohen Felsen von Cefalù (tägl. 9.00 – 20.00, im Winter bis 17.00 Uhr). Hier lagen die prähistorischen und antiken Siedlungen. Man sieht Reste eines megalithischen Dianatempels (9. Jh. v. Chr.), eine Zisterne aus arabischer Zeit sowie die Kastellruine und Umfassungsmauer aus der Zeit der Normannen. Schön ist die Aussicht auf die Ziegeldächer der Stadt und bei klarem Wetter bis zu den Liparischen Inseln (▶Lìpari, Isole). Ein idealer Picknickplatz!

Umgebung von Cefalù

Gibilmanna Eine kurvenreiche, landschaftlich reizvolle Straße führt von Cefalù zum Wallfahrtsort Gibilmanna (25 Einw.), der 14 km südlich am Hang des 1081 m hohen Pizzo Sant'Angelo liegt. Hier befindet sich in sehr schöner Lage das **Kloster Gibilmanna** (Mannaberg; 17./18. Jh.). Jeweils am Fest Mariä Geburt (8. September) ist das Santuario di Gibilmanna Ziel von Pilgern aus ganz Sizilien. Eine unbefestigte Straße stellt die Verbindung mit dem 4 km entfernten Observatorium auf dem **Cozzo Timpa Rosa** in 1005 m Höhe her (Aussicht).

Pollina Rund 20 km östlich von Cefalù liegt die kleine Ortschaft Pollina auf einem Felssporn in 900 m Höhe. Hier wird **Manna** geerntet. Ein kleines Museum dokumentiert, wie aus der Rinde der Manna-Eschen der in der Pharmazie verwendete Rohstoff gewonnen wird. Von hier oben hat man an manchen Tagen einen herrlichen Ausblick bis zum schneebedeckten Ätna.

Isole Égadi · Ägadische Inseln

A–C 4/5

Provinz: Tràpani   **Einwohnerzahl:** 4400

Die drei Ägadischen Inseln erheben sich vor der Westküste Siziliens vor Tràpani aus dem Wasser: Favignana ist die größte und Sitz der einzigen Gemeinde, ihr gegenüber liegt Lévanzo; Maréttimo, die wildeste, ist die letzte Insel und keine 160 km von der tunesischen Küste entfernt. Zwischen Tràpani und Lévanzo liegen die Eilande Formica und Maraone (unbewohnt).

Favignana und Formica sind Fischereihäfen und vor allem für den Thunfischfang (die »Mattanza« im Mai; ► Baedeker Special S. 204) von Bedeutung. Der Fremdenverkehr entwickelt sich dank der schönen Landschaft und der Unterwassersportmöglichkeiten. Vor allem im August strömen die Badeurlauber aus den nahen Küstenstädten auf die Inseln.

Thunfisch- und Touristenschwärme

 ## ÄGADISCHE INSELN ERLEBEN

AUSKUNFT

www.egadi.com
www.isoleegadi.it (kommerzielle Seite mit vielen Informationen)

VERKEHR

Fähren und Schnellboote von Tràpani nach Favignana und Lévanzo (1 bis 1,5 Std.; Schnellboote 15 Min.) sowie Maréttimo (3 Std.; Schnellboote 45 Min.); Autos dürfen nur nach Favignana mitgenommen werden. Trapani hat einen Regionalflughafen (von hier verkehren regelmäßig Busse zum Hafen).

EINKAUFEN

Favignana ·
Conservittica Sammartano
Strada Comunale Madonna 4
Tel. 09 23 92 19 54
Alle möglichen Thunfisch-Spezialitäten, u. a. Ventresca, Bauchfleisch, Mosciame, gepresstes Thunfilet

ESSEN

► **Erschwinglich**
Favignana · El Pescador
Piazza Europa 38
April – Nov.; Tel. 09 23 92 10 35
Alles dreht sich hier um Fische und andere Meeresfrüchte.

Maréttimo · Hiera
Via G. Maiorana 8, Tel. 32 87 44 56 90
Lokale Küche, abends auch Pizza

ÜBERNACHTEN

► **Komfortabel**
Favignana · Aegusa
Via Giuseppe Garibaldi, Tel.
09 23 92 24 30, www.aegusahotel.it
15 Z.; angenehme Zimmer in einem Palazzo; Restaurant im Innenhof

Favignana · Delle Cave
Contrada Torretta (Scalo Cavallo),
Tel. 09 23 92 54 23
www.hoteldellecave.it, 9 Z.
2 km östlich außerhalb, nahe der Nordküste; schlichte stilvolle Zimmer

Maréttimo · Maréttimo Residence
Via Telegrafo, Tel. 09 23 92 32 02
www.marettimoresidence.it, 75 B.
Kleine Ferienanlage südlich vom
Ortskern; nach ökologischen Gesichts-
punkten geführt; komfortable Apartments; Bootsausflüge, Tauchkurse etc.

Levanzo · Residenz La Plaza
Via Salita Poste, Tel. 33 95 04 54 08
www.levanzoresidence.com
Apartments im Dorf mit Bad und
Kochgelegenheit

► **Preiswert/komfortabel**
Lévanzo · Paradiso
Via Lungomare, Tel. 09 23 92 40 80
15 Z., März – Nov., 16 Z.
Kleine Pension mit feiner Küche über
der Hafenmole

Lévanzo · Dei Fenici
Via Calvario 18, Tel. 09 23 92 40 83
10 Z.; die Pension liegt nur wenige
Meter oberhalb des Paradiso; Meerblick

Geschichte Mit ihrem Sieg über die Karthager beendeten die Römer 241 v. Chr.
hier den 1. Punischen Krieg. Im Mittelalter widmeten sich Siedler
aus Ligurien dem Fischfang und der Gewinnung von Korallen, wodurch sie zu Wohlstand kamen. 1860 dienten die Inseln als Schlupfwinkel für Garibaldis Schiffe, bevor der Freiheitskämpfer am 11. Mai
mit seiner »Schar der Tausend« zur Küste Siziliens übersetzte.

Favignana

Favignana (4500 Einw.), nur 6 km von der Küste entfernt und mit
19 km² die größte Insel der Gruppe, ist das antike Aegusa. Höchste
Erhebung ist der Monte Santa Caterina (302 m) im gebirgigen Ostteil der Insel. Der **Hauptort** Favignana liegt in einer tiefen Bucht an
der Nordküste, überragt vom Castello Florio. Das gute Straßennetz
(50 km) ermöglicht Ausflüge mit dem Fahrrad (Verleih am Hafen)
und Linienbussen, wobei man reizvolle Landschaftsbilder entdecken
kann. Aussicht auf den Archipel sowie die Küste mit Érice hat man
bei einem Spaziergang zum Fort Santa Caterina. Es locken auch
Bootsrundfahrten um die Insel mit ihren vielen Grotten und Unterwassersport in fischreichen, allerdings nicht ganz ungefährlichen Gewässern. Bizarre Felsstrände gibt es bei den antiken Steinbrüchen der
Cala Rossa im Nordosten der Insel.

Lévanzo

Lévanzo (5,8 km², 200 Einw.), das antike Phorantia und die kleinste
Insel des Archipels, liegt 12 km von Tràpani und 4 km von Favignana
entfernt. Höchste Erhebung ist der Pizzo di Monaco (278 m). Die
Küste ist sehr zerklüftet, auf der Insel wird Getreide und Wein angebaut sowie Weidewirtschaft betrieben. Mit Pinien hat man das Gebiet am Kap Minoia aufgeforstet. Der ruhige **Hauptort** Lévanzo mit
seinen niedrigen, weißen Häusern liegt an der Südküste an der Cala

Favignana: Tuffsteinbrüche an der Cala Azurra

Dogana, wo Schiffe anlegen. Die quellenlose Insel hat zahlreiche Grotten, darunter die Grotta del Genovese in 30 m Höhe über der Westküste (steinzeitliche Tier- und Menschendarstellungen). Man erreicht sie entweder zu Fuß auf einem Saumpfad oder mit dem Boot (nur in Begleitung des Kustoden, www.grottadelgenovese.it).

Maréttimo

Maréttimo (12 km², 800 Einw.) ist die westlichste Insel der Gruppe, etwa 30 km von Tràpani entfernt. Das gebirgige Innere steigt im Monte Falcone auf 686 m an, an der Küste gibt es kleine Ebenen. Die Vegetation besteht zum größten Teil aus Macchia. Die Insel hat Süßwasserquellen. Die Küste ist reich an Buchten und Grotten (Tropfsteingrotten del Cammello, della Bombarda und del Presepe). Eine Burg beherrscht die Punta Troia an der Nordostspitze von Maréttimo. Der Ort Maréttimo liegt an der Ostseite. Im August sind die Privatquartiere restlos ausgebucht, den Rest des Jahres bleibt Maréttimo ein Geheimtipp. Vorbildlich angelegte Wanderwege erschließen das Inselinnere.

Schlussakt einer Mattanza oder das gewaltsame Ende eines perfekten Schwimmers: Zu mehreren ziehen die Männer mit Eisen ihre halbtote Beute ins Boot.

MATTANZA – TODESTANZ IM MEER

Langsam rücken die Boote aufeinander zu. Die Fischer singen. »E aiamola e vai avanti«, ruft der Vorsänger. »Lasst uns beginnen und los mit dir«. Die anderen antworten: »Aiamola, aiamola.« Sie singen ruhig, und ohne Hast ziehen sie die Netze ein. Das von den Booten gebildete Rechteck wird immer kleiner, die Hälfte des Bodennetzes ist eingeholt. Nun hören die Männer auf zu singen.

Plötzlich fängt das Meer an zu kochen – die Fische tanzen die »Sarabanda della morte«, den Todestanz, in der nur noch 10 m breiten, 20 m langen und 2 m tiefen Todeskammer, der »Camera della morte«. Rund 200 Thunfische jagen durch das enge Bassin, springen hoch oder versuchen unterzutauchen, doch das Netz gewährt kein Entrinnen. Dann hebt der »rais«, der Anführer, die Hand. Die Männer verharren still. Nur das Meer tobt von den Schwanzschlägen der eingekesselten Tiere. Auf ein Kommando schlagen die Männer gewaltige Haken in die mächtigen Fischleiber. »Prima i piccoli e poi i grandi«, »erst die kleinen und dann die großen«, hört man jemand brüllen. Manch einem Fisch gelingt es, sich vom Haken loszureißen, doch dauert es nicht lange, bis sich ein weiteres Eisen in seinen Körper bohrt.

Blutiges Schauspiel

Das Wasser färbt sich mit Blut, dazwischen treiben leblose Thunfische, schwächere Tiere, die an einem Herz-infarkt gestorben sind. Die Männer ziehen mit ihren Eisen die Beute heran und hieven sie mit beiden Händen an Bord. Eine Knochenarbeit, schließlich wiegt ein Thunfisch im Schnitt 200 kg. Außerdem ist große Vorsicht geboten: Die messerscharfe Schwanzflosse des Fisches kann einen Menschen töten. Dann liegen die Tiere im Boot. Auch jetzt müssen sich die Männer noch in Acht nehmen. Denn in seinem Todeskampf, der bis zu 10 Minuten dauern kann, windet und krümmt sich der Thun und schlägt mit seinem Schwanz auf den Bootsboden. Wehe, ein Mann gerät in diesen Trommelwirbel! Nach etwa 15 Minuten ist das Inferno vorbei. An die 200 Tiere liegen mit weit geöffneten Augen in den Booten, die Kurs auf das Schlachthaus nehmen. Das Netz der Todeskammer liegt wieder in 30 m Tiefe, bereit für die nächste »mattanza«.

Der **perfekte Schwimmer**, dessen Körper zu 75 % aus Muskeln besteht, bringt es auf 90 Stundenkilometer. Aber auch als Langstreckenschwim-

mer stellt der Thun einen Rekord auf: In 15 Jahren legt er durchschnittlich 1,5 Mio. km zurück – zwischen der Nordsee und den norwegischen Fjorden, wo er jagt, und den Gewässern vor Sizilien, wo er laicht. Das höchstentwickelte Tier aus der Familie der Makrelen hat nur drei Feinde: den Schwert- (bzw. Killer-)wal, den Makohai – und den Menschen.

Sehr alte Fangmethode

Und der stellt ihm vor Sizilien schon lange nach. Bei der »tonnara«, dem Thunfischfang, bedienen sich die Fischer von Favignana einer sehr effizienten Methode, die ihre Vorfahren im 9. Jh. von den Arabern erlernten. Dabei werden den Thunfischen auf ihren alten Wanderwegen fest verankerte, kilometerlange Netze in den Weg gestellt, so dass sich ein Schwarm schließlich in der sog. Eingangskammer verfängt. Von dieser werden die Fische durch mehrere hafenbeckengroße Reusen in die »Camera della morte« getrieben, um die sich die Fischerboote postieren. Dieser Aufwand ist unumgänglich, da der begehrte rote Tonno, der Rote Thun, vor dem Laichen nicht auf Köder geht. Schon im April beginnt die »Schlacht um den Thun«. Schließlich müssen an die 10 km Netze, 450 Anker, rund 6000 Steingewichte und 3500 kleine Bojen zur Markierung der Netze vorbereitet und ausgelegt werden. Allein dafür benötigt man einen Monat; das Einholen und Lagern dauert dann nochmals einen Monat. Viermal pro Fangperiode (April bis Mitte Juli) findet die »mattanza« statt. Aber nur noch etwa 40 Fischer sind daran beteiligt.

Überfischung

Doch die Zeiten, als die Insel ausschließlich vom Fang lebte, sind vorbei. Immer kleiner werden die Thunaschwärme vor Favignana, seit genuesische und neapolitanische Fischer das Mittelmeer durchkreuzen und den Thun mit Hubschrauber und Echolot aufspüren. Heute werden nur noch vor Favignana und Bonagia Netze aufgestellt. Ohne staatliche Hilfe wären auch diese Betriebe längst geschlossen – und ohne die Begeisterung der Japaner für den mediterranen Roten Thun, die den Favignaneser Fang zu fast 90 % aufkaufen. Gleich nach der »mattanza« werden die Tiere von japanischen Spezialisten zerteilt und für die Reise nach Tokio eingefroren. Den Insulanern bleiben Innereien und Knochen sowie das zarte Fleisch um die Augen. Übrigens: Der in Italien in Dosen angebotene Thun, es handelt sich um den weniger wohlschmeckenden Weißen Thun, wird nicht von italienischen Schiffen gefangen, sondern von japanischen!

✱ ✱ Enna

N 7

Provinzhauptstadt
Einwohnerzahl: 28 300

Höhe: 931 m ü.d.M.

Knapp 1000 m hoch gelegen, gilt Enna seit dem Altertum als »Nabel« Siziliens. In der Antike gab es hier ein zentrales Heiligtum der Demeter (Korngöttin) und Persephone. Am nahen Pergusa-See raubte der Sage nach Hades die Persephone in die Unterwelt.

Geschichte Die Stadtgeschichte spiegelt im Namen wider. Griechisch hieß sie Enna, lateinisch Henna; aus Castrum Hennae wurde in arabischer Zeit Kasr Jânna, das als Castrogiovanni ins Italienische übersetzt wurde – und als unter Mussolini 1927 wieder auf antike Traditionen zurückgegriffen wurde, erhielt die Stadt ihren Namen Enna zurück.

▶ ENNA ERLEBEN

AUSKUNFT

Servizio Turistico
Piazza N. Colajanni 6
94100 Enna, Tel. 09 35 50 08 75
Fax 0 93 52 61 19
www.ennaturismo.info

VERANSTALTUNGEN

Höhepunkt in der Karwoche (Settimana Santa) ist die Karfreitagsprozession; im Sommer Theater und Konzerte im Castello Lombardia

ESSEN

► Erschwinglich

① *Ariston*
Via Roma 365, Tel. 0 93 52 60 38
So. geschl.; neben traditioneller Küche auch sehr gute Meeresfrüchte

② *Calascibetta · La Brace*
Contrada Longobardi
Tel. 0 93 53 46 99
Mo. geschl.; liebevoll zubereitete lokale Gerichte

③ *La Trinacria*
Via Caterina Savoca 10

Tel. 09 35 50 20 22, Mo. Ruhetag
Einfache Trattoria mit Köstlichkeiten aus der Region nach alten Rezepten

ÜBERNACHTEN

► Komfortabel

① *Bristol*
Piazza Arcangelo Ghisleri 13
Tel. & Fax 09 35 52 44 15
www.hotelbristolenna.it
Hotel mit ordentlichen Zimmern im Stadtzentrum; Garage

② *Grande Albergo Sicilia*
Piazza Napoleone Colajanni 7
Tel. 095 35 50 08 50
Fax 093 55 50 04 88
www.hotelsiciliaenna.it; 80 Z.
Traditionshotel leicht zurückversetzt vom Corso

③ *Località Pergusa · La Giara*
Via Nazionale 125
Tel. 09 35 54 16 87
Fax 09 35 54 15 21
www.parkhotellagiara.it; 20 Z.
An der Ostseite des Pergusa-Sees, in Richtung Piazza Armerina

Die Sikulerfestung wurde seit dem 5. Jh. v.Chr. unter Einfluss ihrer Handelspartner Syrakus und Gela hellenisiert. Im 1. Punischen Krieg (264–241 v.Chr.) war das als uneinnehmbar geltende Enna umkämpft, fiel 258 durch Verrat an die Römer, die es 214, als es auf die Seite Karthagos überwechseln wollte, grausam bestraften. 136 v.Chr. ging von Enna der große Sklavenkrieg aus: Der Sklavenführer Eunus, der sich stolz »Antiochos, König der Syrer« nennen ließ, kontrollierte vorübergehend ganz Sizilien. Am Fuß der Lombardenburg hat man diesem Mann ein Denkmal gesetzt. Seine Herrschaft ging zu Ende, als die Stadt 132 v.Chr. nach langer Belagerung ausgehungert und von den Römern unter P. Rupilius eingenommen wurde. Im selben Jahr schickte Rom eine Gesandtschaft zum berühmten Tempel der Ceres (Demeter) in Enna, dessen Kultbild vom räuberischen Praetor Verres (73–70 v.Chr.) entführt wurde.

◀ Ein syrischer Spartakus

In byzantinischer Zeit, 535, galt Enna als wichtige Festung. Die Araber konnten sie erst 859 unter Abbas Ibn Fadhi erobern. Roger I. besiedelte die Stadt mit Landsleuten seiner lombardischen Frau Adelasia. Am stärksten hat dann Kaiser Friedrich II. die Burg ausgebaut. Friedrich III. von Aragon wurde 1314 hier zum »König von Trinakrien« gekrönt und berief 1324 das Parlament der Barone ein. In der Folgezeit sank Castrogiovanni allmählich zur Bedeutungslosigkeit ab. Im Zweiten Weltkrieg erlitt es erhebliche Schäden.

Enna Orientierung

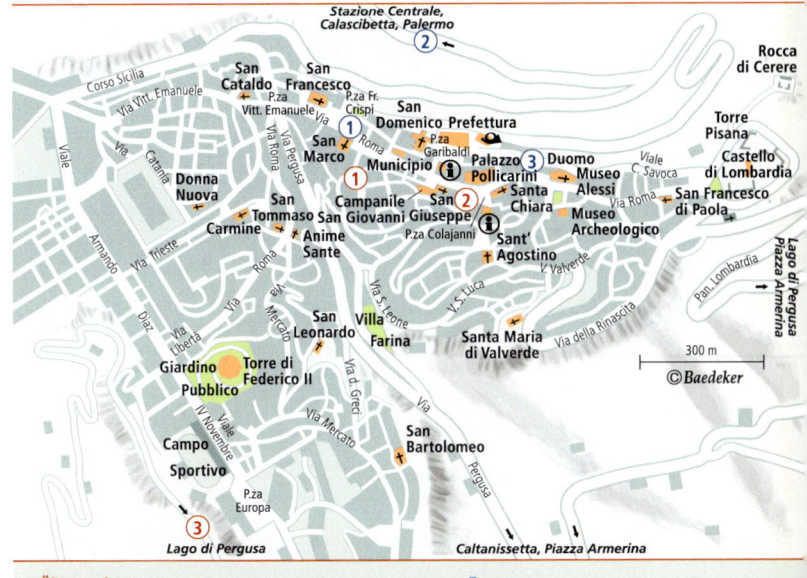

Übernachten
① Bristol ② Grande Albergo Sicilia ③ La Giara

Essen
① Ariston ② La Brace ③ La Trinacria

Sehenswertes in Enna

Piazza Vittorio Emanuele
Am Hauptplatz der Stadt, Piazza Vittorio Emanuele, steht die Kirche San Francesco mit einem Campanile des 15. Jh.s. Nördlich schließt die Piazza F. Crispi mit dem Belvedere an, der eine hinreißende Aussicht auf das benachbarte Calascibetta, die Madoníe und den Ätna bietet. In den parkartigen Anlagen steht ein Brunnen mit einer Nachbildung von Berninis »Raub der Proserpina« (lat. Name der Persephone). Von der Piazza Vittorio Emanuele geht die **Via Roma** langsam bergan, mehrfach zu kleinen Plätzen erweitert. Wir passieren die Barockkirche San Benedetto (Piazza VI Decembre) und kommen am gotisch-katalanischen Palazzo Pollicarini vorbei zum Dom (Piazza Mazzini).

Dom
1307 erbaut, wurde diese Chiesa Madre nach einem Brand erneuert; der Ausbau zog sich bis ins 17. Jh. hin. Vom ersten Bau ist noch das Querhaus erhalten. Aus dem ausgehenden 15. Jh. stammt die Außenseite der Apsiden. Im Innern gibt es phantastische Holzdecken (Engelskampf). Pietro Rosso aus Bologna fügte in der Hauptapsis um 1595 eine reich stuckierte Marienkrönung ein. Die Säulenkapitelle und -basen des dreischiffigen Raumes haben reichen Skulpturenschmuck, Einzelne sind inschriftlich als Werke von Gian Domenico Gagini von 1560 ausgewiesen. Das Gestühl stammt aus dem 16. Jh., die Gemälde im Presbyterium von F. Paladino ebenfalls.
Im **Museo Alessi** neben dem Dom sind der Domschatz, eine Münzsammlung sowie mittelalterliche Kunstwerke ausgestellt (tägl. 9.00 – 12.30, 16.30 – 19.30 Uhr).

Museo Archeologico
Das Museum an der Piazza Mazzini präsentiert archäologische Fundstücke aus der Umgebung (z. Z. geschl.).

★★ Castello di Lombardia
Die Via Roma setzt sich fort im Viale Savoca und endet am Castello di Lombardia, einem der größten sizilischen Kastelle (tägl. 9.00 bis 20.00, im Winter nur bis 17.00 Uhr). Benannt ist es nach der lombardischen Garde von Adelasia, der Gemahlin des Normannen Roger I., die nach dessen Tod den König von Jerusalem heiratete und 1118 in Patti starb. Die Burg – an deren Fuß ein modernes Denkmal an den Sklavenführer Eunus erinnert – besteht aus byzantinischen, normannischen und staufischen Elementen. Von den einst 20 Türmen sind sechs erhalten, darunter als höchster die **Torre Pisana** (95 Stufen; Aussicht).

Rocca di Cerere
Nördlich vom Kastell erhebt sich die Rocca di Cerere, auf der sich einst das berühmte Heiligtum der Demeter (lateinisch Ceres) befand. Cicero schreibt: »So groß war das Ansehen und Alter jenes Kultes, dass die Menschen, wenn sie dorthin gingen, nicht zu einem Tempel der Ceres, sondern zu Ceres selbst aufzubrechen schienen.« Das von Verres geraubte Kultbild war so herrlich, dass die Menschen »entwe-

Castello di Lombardia

der Ceres selbst zu sehen glaubten oder aber ein Bild der Ceres, das nicht von Menschenhand geschaffen, sondern vom Himmel gefallen war«. Heute sind von alledem außer Felsabarbeitungen keine Spuren mehr erhalten.

In einem öffentlichen Garten im Südwesten der Stadt erhebt sich auf einem Hügel isoliert die Torre di Federico II. Der achteckige Turm, umgeben von einer in Teilen erhaltenen achteckigen Umfassungsmauer, wiederholt Grundmuster des Castel del Monte in Apulien und hat ein Vorbild im elsässischen Egisheim. Er ist 26 m hoch, hat einen Durchmesser von 17 m und eine Mauerstärke von 3,50 m. In der Mauer ist eine Wendeltreppe ausgespart, die zu den beiden Obergeschossen führt. Die beiden Hauptgeschosse haben stattliche Räume mit achtteiligen Rippengewölben. Einst verband ein 1 km langer unterirdischer Gang die Torre di Federico mit dem Castello di Lombardia.

★
Torre di Federico II

Umgebung von Enna

Das Bauernstädtchen Calascibetta (7000 Einwohner) liegt 7 km nördlich von Enna auf 691 m. Wie Nekropolen belegen, war es bereits seit dem 11. Jh. v.Chr. von Sikulern bewohnt. 841 haben Araber den Ort, den sie Kalat Scibet nannten, als Stützpunkt bei der Belagerung von Enna gegründet. Auch Roger I. belagerte Enna 1087

Calascibetta

Blick vom Belevedere in Enna auf das benachbarte Calascibetta

von hier aus. Von seinem Kastell ist nur der Glockenturm der jetzigen Kirche San Pietro erhalten. Diese Chiesa Matrice (14. Jh.) besitzt eine Bibel in gotischer Handschrift aus dem 14. Jahrhundert.

Pergusa-See 10 km südlich von Enna (SS 561) liegt 667 m hoch zwischen Berghängen, die mit Eukalyptusbäumen bewachsen sind, der in der Zwischenzeit ausgetrocknete ovale Lago di Pergusa. Er war einst 1 km breit, 2,2 km lang und 4,6 m tief. Der Mythos sagt: Hier wurde Persephone (lat. Proserpina), während sie Blumen pflückte, von Hades geraubt und in die Unterwelt entführt. Ihre Mutter Demeter (Ceres) ließ das Land verdorren und erzwang damit, dass ihre Tochter im Frühjahr und Sommer zur Erde zurückkehren durfte. Daraus entwickelte sich einer der großen antiken Vegetations- und Mysterienkulte. Die Autorennbahn und ein Drahtzaun rings um den ehemaligen See haben dessen Zauber verjagt … Es gibt jedoch Pläne, dieses Beispiel von Umweltzerstörung zu beheben.

Leonforte Das 17 000 Einwohner zählende Leonforte liegt 18 km nordöstlich von Enna (an der SS 121) in 612 m Höhe. Im 17. Jh. hat Fürst Nicolò Placido Branciforte die kleine Stadt gegründet. Außer der Kirche San Giovanni Battista und dem Branciforte-Palast von 1620 sei die

★

Granfontana ▶ Granfontana genannt. Diese monumentale Viehtränke wurde 1651 auf Initiative des Stadtgründers am Ortsrand angelegt. Unter einer Arkadenwand, auf der mehrere schwungvoll entworfene Giebel sitzen, strömt das Wasser aus 24 Röhren in ein Becken – »ein prachtvolles Beispiel künstlerischer Lösung einer praktischen Aufgabe im sizilischen Barock« (Krönig).

Agira

Das Landstädtchen (12 000 Einw.; 650 – 824 m ü.d.M.) liegt 13,5 km östlich von Leonforte oberhalb des Salso-Tales. Der Salso ist östlich des Ortes zum Lago di Pozzilo aufgestaut. Zu Beginn des 4. Jh.s v. Chr. hatte die Sikulerstadt Agyrion 20 000 Einwohner und war mit Syrakus verbündet. 339 v.Chr. verjagte Timoleon den Tyrannen Appolloniades und siedelte 10 000 Griechen an. Weit bekannt war das Herakles-Heiligtum der Stadt. Diese Angaben verdanken wir dem in Agyrion geborenen Geschichtsschreiber **Diodorus Siculus**, der im 1. Jh. v.Chr. u.a. in Alexandrien und Rom lebte. Seine in Griechisch geschriebene **Universalgeschichte** reicht von der Entstehung der Welt bis zur römischen Eroberung Britanniens 54 v.Chr.; sie ist die wichtigste Quelle für die antike Geschichte Siziliens.

Das Ortsbild bestimmen ein Gewirr malerischer Treppengassen, barocke Kirchen und Palazzi, darunter die Chiesa San Salvatore an der Piazza Roma im Mittelpunkt des Ortes. Das Kastell geht auf arabische Zeit zurück und wurde nach Vertreibung der Araber von den Normannen übernommen.

Eraclea Minoa

H 8

Die antike Stadt, die seit 1907 erforscht wurde, liegt nur 35 km westlich von Agrigent auf einem hoch gelegenen Plateau östlich der Mündung des Flusses Plàtani, des antiken Halykos.

✶✶
Strände

Am Fuß des weiß leuchtenden Kreidekalkfelsens Capo Bianco erstrecken sich eine kilometerlange, geschwungene Strandbucht und ein Pinienwäldchen. Die kleine Feriensiedlung und ein Campingplatz sind nur während der Hochsaison überlaufen. Für das **leibliche Wohl** sorgt das »Lido Garibaldi«, das direkt am feinen Sandstrand liegt (Bar, Ristorante, Pizzeria).

Die Stadt wurde von Selinunt im 6. Jh. v. Chr. an der Stelle einer vorgriechischen Siedlung angelegt. Der Ort hieß Minoa, weil nach griechischer Überlieferung König Minos von Kreta bei der Verfolgung des Daidalos hier, im Gebiet des Sikanerkönigs Kokalos, landete. Er forderte die Auslieferung des

i **Übernachtungstipps**

- Das ganzjährig geöffnete Strandrestaurant Lido Garibaldi vermittelt auch Apartments (Tel. 09 22 84 60 61, 09 22 84 05 34, Handy 33 98 13 79 07).
- Glasklares Wasser und einen fast menschenleeren langen Sandstrand gibt es auch am Torre Salsa, wo Annemarie Harser Camperstellplätze und kleine Apartments vermietet (15 km östlich von Eraclea Minoa, an der SS 115 in Richtung Agrigent, 92010 Montallegro, Tel. & Fax 09 22 84 70 74 sowie 3 36 94 59 67, www.torresalsa.it).

Daidalos, wurde aber in der von diesem erbauten Burg Kamikos von Kokalos ermordet (▶ S. 163, Sant'Angelo Muxaro). Um 505 v. Chr. besetzte Euryelon den Ort, der nun Herakleia benannt wurde. Im karthagisch-griechischen Grenzgebiet gelegen, wechselte die Stadt häufig den Besitzer und wurde 210 v. Chr. römisch. Im 1. Jh. n. Chr. wurde sie verlassen.

Ausgrabungen Bei den Ausgrabungen wurden Teile der 6 km langen antiken Stadtmauer mit Bastionen und Toren freigelegt, ferner ein griechisches Theater (3. Jh. v. Chr.; ziemlich eingefallen) mit Meerblick. Beachtenswert sind die neun Sitze mit Seiten- und Rückenlehnen, die offenbar für wichtige Persönlichkeiten bestimmt waren, sowie öffentliche und private Gebäude (z. T. unter Schutzdächern) und eine griechische Nekropole. Im Antiquarium sind örtliche Funde (u. a. Vasen, Terrakottafiguren, Hausgerät), Rekonstruktionszeichnungen und Pläne ausgestellt (tägl. 9.00 Uhr bis 1 Std. vor Sonnenuntergang).

Siculiana Marina Siculiana Marina (18 km südöstlich) ist ein Ferienort mit einem langen, recht breiten Sandstrand und Felsküste.

Ribera Die 230 m hoch gelegene Stadt Ribera (18 km nordwestlich nahe der SS 115; 17000 Einwohner) ist ein Zentrum des Orangenanbaus. Hier kam der Politiker Francesco Crispi (1819 – 1901) zur Welt, der zweimal Ministerpräsident Italiens war.

Am Capo Bianco, direkt unterhalb der antiken Stadt Eraclea Minoa

✶ ✶ Érice

D 4

Provinz: Tràpani   **Höhe:** 751 m ü.d.M.
Einwohnerzahl: 29 000

Auf dem 751 m hohen Érice, dem Eryx des Altertums, liegt die gleichnamige stille Bergstadt wie auf einer Felsbastion, die Westsizilien überragt. Von oben genießt man einen herrlichen Blick über Tràpani, seine Salinen und die Küste. Zwar sind die Zeugnisse der Antike weitgehend verschwunden, das mittelalterliche Stadtbild jedoch ist erhalten, die gepflasterten Gassen zwischen geschlossenen Häuserfronten haben ihre unverwechselbare Atmosphäre.

Der Mons Eryx war seit früher Zeit Sitz eines Kultes einer alten mittelmeerischen Muttergottheit. Sie wurde von den Elymern, die hier eine Polis gründeten, verehrt und später mit der Astarte der Karthager, der Aphrodite der Griechen und der Venus der Römer, gleichgesetzt. Der Kult war mit sakraler Prostitution von Hierodulen verbunden. Die Stelle des Tempels ist bekannt, der Bau selbst nicht mehr vorhanden.

Mythos und Geschichte

Die antike Tradition schrieb die Gründung von Stadt und Tempel dem Eryx, einem Sohn von Poseidon und Aphrodite, zu. Er unterlag im Kampf mit Herakles, doch ließ dieser ihm weiterhin die Herr-

◄ Herakles in Eryx

Chiesa Matrice im Bilderbuchstädtchen Érice

⏵ ÉRICE ERLEBEN

AUSKUNFT

Servizio Turistico
Viale Conte Pepoli 11, 91016 Érice
Tel. 09 23 86 93 88, Fax 09 23 86 95 44

GUT ZU WISSEN

Schwebend nach Érice
Den östlichen Stadtrand von Tràpani und den Eryx-Berg verbindet eine moderne Gondelbahn (Tel. 09 23 86 97 29, www.funiviaerice.it).

Terra Libera
In der Via S. Rocco 1, einer Seitenstraße der Via Vittorio Emanuele, werden u. a. Lebensmittel und Wein verkauft, die auf »Terra libera«, ehem. Mafia-Land, produziert wurden.

VERANSTALTUNGEN

Eindrucksvolle Osterprozession am Karfreitag. »Venere d'Argento« von Juli bis Sept., Sommerfestival mit Musik, Tanz und Theater. »Zampogna d'Oro«, Fest mit volkstümlichen Musikinstrumenten im Dezember

ESSEN

▸ Fein & teuer

① *Monte San Giuliano*
Vicolo S. Rocco 7, Tel. 09 23 86 95 95
Mo. geschl.; regionale Spezialitäten in feinem Ambiente, im Sommer auch im Garten

▸ Erschwinglich/preiswert

② *Osteria da Venere*
Via Roma 6, Tel. 09 23 86 93 62

Mo. Ruhetag; elegantes Speisen in einer säkularisierten Kirche

ÜBERNACHTEN

▸ Komfortabel

① *Moderno*
Via Vittorio Emanuele 63
Tel. 09 23 86 93 00, Fax 09 23 86 91 39

www.hotelmodernoerice.it
40 Z.; im Zentrum; das Hotel bietet gepflegte Zimmer mit Stilmöbeln und ein bekanntes Restaurant

② *Ermione*
Via Pineta Comunale 43, Tel. 09 23 86 91 38, www.ermionehotel.it
46 Z.; ca. 1,5 km unterhalb der Stadt; einfaches Hotel mit Ausblick auf Tràpani und die Äolischen Inseln

Valderice · ③ *Baglio Santacroce*
Contrada Santa Croce, an der SS 187
Tel. 09 23 89 11 11
www.bagliosantacroce.it, 25 Z.
Landgasthaus aus dem 17. Jh. mit schönem Garten; auch das Restaurant genießt einen guten Ruf.

schaft – unter der Bedingung, dass er sie einem Herakles-Nachkommen abtrete. Vergil zufolge kam der Trojaner Aeneas auf der Fahrt von Karthago nach Rom auf den Eryx, wo er seiner Mutter Aphrodite/Venus einen Tempel errichtete.

Érice Orientierung

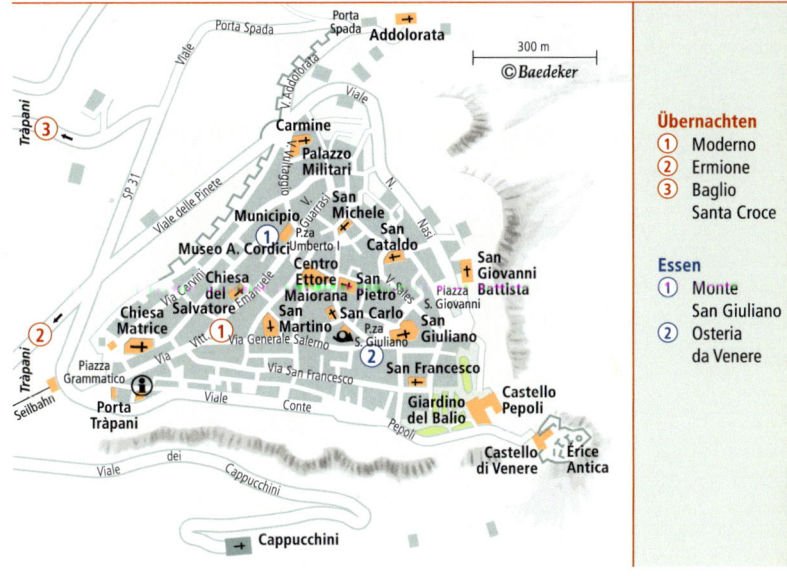

Porta Spada

Porta Spada **Addolorata**

Viale

Viale

300 m

©*Baedeker*

Tràpani ③

Viale delle Pinete

SP 31

Carmine

Palazzo Militari

Municipio

Museo A. Cordici ①

P.za Umberto I

San Michele

San Cataldo

Centro

Chiesa del Salvatore

Ettore Maiorana

San Pietro

Piazza S. Giovanni

San Giovanni Battista

Chiesa Matrice

San Martino

San Carlo

San Giuliano

② ①　Via Generale Salerno　P.za S. Giuliano　②

Tràpani ②

Piazza Grammatico

Porta Tràpani

Seilbahn

Via San Francesco

San Francesco

Viale

Conte

Giardino del Balio

Castello Pepoli

Pepoli

Viale

dei

Cappucchini

Castello di Venere

Érice Antica

Cappucchini

Übernachten

① Moderno
② Ermione
③ Baglio Santa Croce

Essen

① Monte San Giuliano
② Osteria da Venere

Das elymische Segesta, dem Eryx später unterstand, reizte – so Thukydides (6,46) – die Athener 416 v.Chr. zu ihrem sizilischen Abenteuer, indem es sie mit den angeblich reichen Tempelschätzen von Eryx lockte: »Die Segester hatten aber folgendes ausgeklügelt damals, als die ersten Gesandten von Athen zu ihnen kamen ... Sie führten sie zum Tempel der Aphrodite auf dem Eryx und wiesen ihnen dort die Weihgeschenke, Schalen, Weinkrüge, Räucherurnen und nicht wenig anderes Gerät, versilbert, das mit wenig Geldwert aufs Auge viel größere Wirkung tat, und in allen Häusern gaben sie Gastereien für die Schiffsmannschaften, wozu sie in Segesta selbst die Gold- und Silberbecher zusammensuchten und die aus den benachbarten phönizischen und hellenischen Städten ausliehen und bei den Bewirtungen verwendeten, als gehörten sie ihnen. Da nun fast alle fast immer wieder dieselben aufstellten und überall so viel zu sehen war, machte es auf die Athener den größten Eindruck, und heimgekehrt verkündeten sie überall, welchen Reichtum sie gesehen.«

In der Folgezeit war Eryx ein Stützpunkt der Karthager. 260 v.Chr. gründete Hamilkar von hier aus Drepanon (Tràpani). 241 v.Chr. aber fiel die Stadt an Rom. Da die Römer sich selbst auf Aeneas zurückführten, war der Tempel von Eryx als Gründung des Aeneas hochangesehen, und die Bewohner hatten eine Sonderstellung. Die Araber nannten den Eryx Gebel-Hamed, die Normannen Monte San Giuliano (nach dem Sarazenenbezwinger Julianus); dieser Name wurde erst 1934 durch den antiken abgelöst.

◀ Ein großer Schwindel

Sehenswertes in Érice

Porta Tràpani

Die Stadt hat den Umriss eines Dreiecks. Die Serpentinenstraße endet an dessen Südwestecke, vor der Porta Tràpani, eines der drei normannischen Stadttore, die die Stadtmauer unterbrechen.

! *Baedeker* TIPP

Mandelgebäck

Érice ist für sein süßes Mandelgebäck bekannt. Eine große Auswahl gibt es z. B. bei den Hüterinnen alter Rezepte: Maria Grammatico (Via Vittorio Emanuele 14) und Caterina Silvestro (Pasticceria San Carlo, Via San Domenico 18 und Via Guarnotti 52).

Castello Pépoli

Durch den Park mit seinen uppigen Grunanlagen, der nach dem normannischen Balio (Gouverneur) benannt wurde, kommen wir zum mittelalterlichen Kastell Pépoli. Es steht an der Stelle der antiken Akropolis und wurde im 19. Jh. renoviert (heute Luxushotel). Östlich erhebt sich – am Platz des Aphroditetempels – das **Castello di Venere**, »Venusschloss«, aus dem 12./13. Jh. (grandiose Aussicht; tägl. 9.00 bis 2 Std. vor Sonnenuntergang geöffnet).

San Giuliano

Nun gehen wir in nordwestlicher Richtung durch die Via Roma zur Piazza San Giuliano mit der gleichnamigen Kirche, die unter Roger I. 1076 errichtet und im 17./18. Jh. erneuert wurde.

San Carlo, San Pietro

Die Via Filippo Guarnotti führt zur Kirche San Carlo (17. Jh.) und gleich darauf rechts zur Kirche San Pietro (1363, erneuert im 18. Jh.) sowie dem benachbarten Institut San Rocco, einem früheren Kloster.

Centro Ettore Majorana

Die Straße mündet auf die Piazza S. Domenico mit der 1486 geweihten Kirche San Michele, die heute – wie San Rocco – vom Kulturzentrum »Ettore Majorana« genutzt wird. Das Forschungszentrum wurde 1963 gegründet und nach dem sizilianischen Atomwissenschaftler benannt, der spurlos verschwand (1965 schrieb Leonardo Sciascia »La scomparsa di Majorana«, »Der Fall Ettore Majorana«, der sich mit dem Schicksal des Wissenschaftlers befasst). Das Forschungszentrum veröffentlichte u.a. 1982 das »Manifest von Érice« gegen das atomare Wettrüsten.

San Giovanni Battista

Unweit östlich, an der gleichnamigen Piazza, steht die Chiesa San Giovanni Battista. Vom ursprünglichen Bauwerk ist noch das Osttor im gotisch-normannischen Stil zu sehen. Im Innern Werke u. a. von Antonello Gagini (1531) und Antonio Gagini (1525).

Am höchsten Punkt von Érice, wo einst die Elymer ihre Göttin verehrten, erhebt sich das Castello di Venere, auch Castello Normanno genannt.

Richtung südwest kommt man durch die Via Cordici, Via Fontana und Via Salerno zur gotischen Kirche San Martino (1339, erneuert 1682 und 1858). Dann kehrt man zurück bis zur **Piazza Umberto I**, dem zentralen Platz der Stadt. Hier steht das Rathaus mit dem Museo Comunale A. Cordici. Es zeigt lokale Funde aus punischer bis römischen Kultur, u. a. einen schöner Aphrodite-Kopf des 4. Jh.s v. Chr., der an den einstigen Kult dieser Göttin erinnert (Mo.–Fr. 8.30 bis 13.30, Mo., Do. auch 14.30–17.30 Uhr, Sa., So. geschl.).

San Martino

◄ Museo Comunale A. Cordici

🕐

Die Chiesa del Carmine befindet sich nördlich nahe der Porta Carmine, beim Palazzo Militari, dessen Fassade sich durch Ornamente im plateresken Stil auszeichnet. Beide Gebäude wurden 1423 von dem Erzpriester Bernardo Militari errichtet.

Chiesa del Carmine

Folgt man von hier der Via Rabata in südwestlicher Richtung, so passiert man die vor 3000 Jahren errichtete elymische Stadtmauer. Die Straße führt zur Hauptkirche (Chiesa Matrice) und gleich darauf zur Porta Tràpani, dem südwestlichen Stadteingang.

Stadtmauer

Die der Assunta geweihte Chiesa Matrice, mit schöner Fensterrose an der Front, ist der bedeutendste Bau der Stadt. Sie wurde 1314 aus Steinen antiker Bauten errichtet – auf Veranlassung von Friedrich von Aragon, der bereits 1312 den Campanile als Wehrturm errichten ließ (Aufstieg). 1426 wurde die Fassade der Kirche mit einer gotischen Vorhalle versehen. Das Innere wurde im 19. Jh. erneuert.

Chiesa Matrice

★ ★ Etna · Ätna

R/S 6

Der Ätna ist der größte und höchste Vulkan Europas. Seine Basis hat einen Durchmesser von etwa 40 km, und er bedeckt eine elliptische Fläche von annähernd 1400 km². Über eine schwach geneigte Hochfläche, die 2900 m erreicht, steigt der Gipfelkegel auf, dessen Höhe infolge der vulkanischen Tätigkeit wechselt (3369 m).

Fruchtbarer Feuerberg

Der Vulkan hat sich seit dem Altquartär über tektonischen Bruchlinien aufgebaut, die von den Liparen über die sizilianische Ostküste bis zu den Hybläischen Bergen verlaufen, und gewaltige Lava- und Tuffsteinmassen aufgetürmt. Die Ausbrüche des Stratovulkans erfolgen meist an den Flanken aus Spalten und Nebenkratern (über 400). Im porösen Tuffstein versickern die Niederschläge und treten in tieferen Lagen als Quellen hervor, was zusammen mit den mineralreichen Böden intensiven Land- und Gartenbau ermöglicht. Verschiedene Vegetationszonen liegen ringartig um den Bergkegel – eine Fahrt zum Gipfel gleicht einer botanischen Reise von Palermo bis zum Nordkap (►Baedeker Special S. 188).

Bedrohliches und faszinierendes Naturschauspiel: die talwärts strebenden Magmaströme des Ätna

Die Griechen verbanden mit dem Feuerberg den Mythos von Typhon oder Enkelados, die im Gigantenkampf von den Göttern unter dem Ätna verschüttet wurden. Auch verlegten sie die **Werkstatt des Schmiedegottes Hephaistos** und der Kyklopen hierher. Sie nannten den Berg »Aitne« (= feuerglühend). Die Sizilianer verbanden die italienischen und arabischen Bezeichnungen für Berg – Monte und

! Baedeker TIPP

Mit Führer auf den Vulkan

Sicher und hochinteressant ist eine geführte Wanderung auf den Ätna, z. B. mit dem Schweizer Bergführer und Vulkanologen Andrea Ercolani (Guida Vulcanologica, Via Marconi 27, Sant'Alfio, Tel. & Fax 0 95 96 89 92, www.sicil trek.it; weitere Vorschläge siehe S. 116 und 135).

Djebel – und nennen ihn Mongibello = Berg der Berge. 1987 wurde das Gebiet zum **Naturpark** erklärt (Parkverwaltung in Nicolosi, ►unten). Reste eines antiken Gebäudes in 2917 m Höhe **(Torre del Filosofo)** wurden von den Ausbrüchen 2002/2003 völlig verschüttet. Die heutigen Siedlungen sind ungeachtet der Gefahren erstaunlich weit vorgeschoben – im Westen und Norden bis auf 15 km vom Hauptkrater.

ÄTNA ERLEBEN

AUSKUNFT

Linguaglossa · Pro Loco
95015 Linguaglossa
Piazza Annunziata 5, Tel. 0 95 64 30 94
www.prolocolinguaglossa.it
Infos über Exkursionen auf den Ätna

Nicolosi · Servizio Turistico
Via Martiri d'Ungheria 36/38
Tel. 0 95 91 15 05, Fax 09 57 91 45 75
www.aast-nicolosi.it

Nicolosi · Parco dell'Etna
Via del Convento 45 A
Tel. 0 95 82 11 11, Fax 0 95 91 47 38
www.parcoetna.it

Randazzo · Ufficio Turismo
95036 Randazzo, Piazza Municipio 17
Tel. 09 57 99 00 64
www.prolocorandazzo.it

Zafferana Etnea · Pro Loco
95019 Zafferana Etnea
Piazza Luigi Sturzo 1, Tel.

09 57 08 28 25; www.zafferana-etnea.it
Hier auch Infos über Ätna-Ausflüge

ESSEN

► Fein & teuer

San Giovanni la Punta · ① Giardino di Bacco
Via Piave 3
Tel. 09 57 51 27 27
Mittags und Mo. geschl.; elegant, mit schönem Garten; gute Küche

► Erschwinglich

Nicolosi · ② Grotta del Gallo
Via Madonna delle Grazie 40
Tel. 0 95 91 13 01
Außerhalb der Saison Mo. geschl.; Gartenlokal in schöner Lage

Randazzo · ③ S. Giorgio e il Drago
Piazza S. Giorgio 28
Tel. 0 95 92 39 72
Di. geschl.; Trattoria mit traditionellen Spezialitäten, im Sommer Außenplätze

Randazzo · ③ **Veneziano**
Via Romano 8a, Tel. 09 57 99 13 53
So. abend und Mo. geschl.; familien-
geführte Trattoria, traditionelle Küche

Sant'Alfio ④ **Case Perrotta**
Loc. Perrotta, Via Andronico 2
Tel. 0 95 96 89 28, www.caseperrotta.it
Mo. geschl.; 8 km außerhalb, beliebtes
Agriturismo-Restaurant mit schönen
Zimmern

ÜBERNACHTEN

▶ **Luxus**
San Giovanni La Punta · ① **Villa
Paradiso dell'Etna**
Via Viagrande 37
Tel. 09 57 51 24 09, Fax 09 57 41 38 61
www.paradisoetna.it
35 Z.; traditionsreiches Luxushotel

▶ **Komfortabel**
Mascalucia · ② **Azienda Trinità**
Via Trinità 34
Tel. & Fax 09 57 27 21 56
www.aziendatrinita.it, 8 Z.; freund-
liche Apartments in einem herrlichen
Garten mit Pool und Ätna-Blick,
prima Küche

Linguaglossa · ⑥ **Il Nido dell'Etna**
Via G. Mateotti
Tel. 0 95 64 34 04, Fax 0 95 64 32 42
www.ilnidodelletna.it
Familiengeführtes Hotel am Ortsrand,
das Ambiente geschmackvoll modern.
Ätna-Blick und sehr gutes Restaurant

Linguaglossa · ⑥ **Valle Galfina**
Contrada Valle Galfina
Tel. 34 88 62 97 54 und 095 64 77 89
www.scilio.com; 7 Z.
Agriturismo mit Ätna-Blick in Weinbergen, 1 km südlich von Linguaglossa; Zimmer tiptop, Küche ebenso

Nicolosi · ③ **Biancaneve**
Via Etnea 163

Tel. 0 95 91 11 76, Fax 0 95 91 11 94
www.hotel-biancaneve.com
80 schöne Zimmer, ideal für Ätna-
touren, oberhalb von Nicolosi auf
900 m; ideal für Gipfelexkursionen

Nicolosi · ④ **Corsaro**
Piazza Cantoniera Etna Sud
Tel. 0 95 91 41 22, Fax 09 57 80 10 24
www.hotelcorsaro.it
12 Z.; 300 m vom Rifugio Sapienza;
komfortable Zimmer und Restaurant

Zafferana Etnea · ⑤ **Primavera
dell'Etna**
Località Airone, Via Cassone 86
Tel. 09 57 08 20 10, Fax 09 57 08 16 95
www.hotel-primavera.it
57 Z.; große Anlage mit geräumigen
Zimmern, gutes Restaurant

▶ **Günstig**
Linguaglossa · ⑥ **Villa Refe**
Via Mareneve 42, Tel. & Fax
0 95 64 39 26 – Acht saubere Pen-
sionszimmer mit eigenem Bad

Nicolosi · ③ **Etna Garden Park**
Via della Quercia 5
Tel. 09 57 91 46 86, Fax 09 57 91 47 01
www.etnagardenpark.com; 24 Z.
Hotel im Zentrum

Randazzo · ⑦ **Scrivano**
Via Bonaventura 121
Tel. 0 95 92 11 26, Fax 0 95 92 14 33
www.hotelscrivano.com, 30 Z.
Zentral an der SS 120 gelegen; kom-
fortable Zimmer und gutes Restaurant

Randazzo · ⑦ **Antica Vigna**
Contrada Monte La Guardia
4 km außerhalb von Randazzo
Tel. 34 94 02 29 02, Fax 0 95 92 33 24
www.anticavigna.it, 15 Z.; Agriturismo
mit bequemen Apartments auf einem
schönen Weingut; in der Küche gibt es
v. a. biologisch angebaute Produkte.

Etna Orientierung

Übernachten
1. Villa Paradiso dell'Etna
2. Azienda Trinità
3. Biancaneve, Etna Garden Park
4. Corsaro
5. Primavera dell'Etna
6. Villa Refe, Il Nido dell'Etna, Valle Galfina
7. Scrivano, Antica Vigna

Essen
1. Giardino di Bacco
2. Grotta del Gallo
3. S. Giorgio e il Drago, Veneziano
4. Case Perrotta

Ausbrüche

Immer wieder hat der Ätna seine Umgebung mit Eruptionen gefährdet; erwähnt sind rund 150 gewaltige Ausbrüche. Aus dem Altertum haben wir Kenntnis verheerender Lava-Ausbrüche in den Jahren 479, 425, 396 (bis zum Meer), 141, 135, 126, 122 (Katane wird zerstört), 50, 44, 38, 32 v. Chr. sowie 40 n. Chr. In neuerer Zeit fanden starke Ausbrüche statt: u.a. 1669 (Zerstörung von Catania), 1893 (Entstehung der Silvestri-Krater), 1910, 1911 (Entstehung des Nordostkraters), 1923, 1928, 1971, 1981, 1983 und 1986. Beim Ausbruch im Herbst 1989 entstanden zwei neue Krater, 1992 kam der Lavastrom erst kurz vor Zafferana Etnea zum Stehen. Schlagzeilen machten die Ausbrüche 2002/2003, bei denen eine Reihe neuer Vulkankegel unterhalb des Gipfels entstanden, sowie zuletzt 2011, als der Flughafen Catanias vorübergehend gesperrt werden musste.

Auf den Vulkan

Vorbereitung

Eine Besteigung des Ätna gehört zu den stärksten Eindrücken einer Sizilienreise; sie ist relativ bequem, setzt allerdings voraus, dass man selbst im Sommer Schutz gegen Kälte, Wind und Regen bei sich hat. Hohe Bergstiefel schützen vor feinen Steinchen und Sand. Kontaktlinsenträger sollten sich auf feine Asche in der Luft und starke Winde einstellen.

Wanderroute 2, S. 135 ►

Etna-Süd

Von Catania aus fährt man auf der Strada Etnea über Gravina (8 km, rechts Ausbruchsspalte von 1381) und am Lavastrom von 1669 vorbei nach **Nicolosi**. Das Bergführerdorf (700 m, 5300 Einw.) liegt am Südhang des Ätna und bietet sich durch sein Klima als sommerlicher Ausflugsort oder Basis für Exkursionen auf den Ätna an. Es ist Sitz der **Parkverwaltung** (►S. 219). Im Museum (Museo Vulcanologico Etneo, Via C. Battisti 32) sind Mineralien, Lavasteine verschiedener Arten, Erzeugnisse aus Lava und Beispiele ländlicher Bauwerke zu sehen. In der Nähe liegen die heute mit Pinien bewachsenen Krater der Monti Rossi (949 m), von denen beim Ausbruch von 1669 der mächtige Lavastrom ausging, der bis nach Catania vordrang. Bei der Fahrt in die Gipfelregion passiert man die verschiedenen Vegetationsbereiche und kann auch einige Lavaströme des 19. und 20. Jh.s beobachten. Vom Belvedere in **Trecastagni** (586 m, 5 km östlich, 4000 Einw.) bietet sich eine weite Aussicht auf den Ätna und das Meer. Sehenswert ist auch die Chiesa Madre mit einer Gagini-Skulptur.

Von Nicolosi geht die gut ausgebaute Straße vorbei an der Abzweigung zum Grande Albergo Etna (1715 m) bis zum **Rifugio Sapien-**

Die Ausbrüche des Ätna bringen fruchtbaren Boden.

za, einem Schutzhaus des Alpenvereins in 1935 m Höhe (Restaurants und Souvenirbuden). Wer nicht höher hinauf möchte, besichtigt hier die Crateri Silvestri, um 1893 entstandene Vulkankrater. Von hier geht die Kabinenbahn zur Bergstation La Montagnola (2500 m), wo man in Geländewagen der SITAS umsteigt (www.funiviaetna.com). Diese bringen die Besucher bei gutem Wetter bis auf 2900 m Höhe (Herz- und Asthmapatienten sollten Vorsicht walten lassen). Bergführer zeigen die jüngsten Eruptionskrater und entscheiden, ob das Wetter einen Aufstieg zum Hauptkrater möglich macht.

Linguaglossa (Auskunft: Pro Loco, ► S. 219) ist der Ausgangspunkt für eine Ätna-Befahrung von der Nordseite aus. Hier beginnt die 20 km lange Panoramastraße Mareneve in Richtung Piano Provenzana (1800 m, Wander- und Wintersportgebiet).

Etna-Nord

Fahrt um den Ätna

Kontrastreiche Landschaftseindrücke bietet die Fahrt mit der dieselgetriebenen Schmalspurbahn Circumetnea. Vom Bahnhof Catania Borgo, in der Via Caronda am oberen Ende der Via Etnea gelegen, führt die 110 km lange Strecke in 3,5 Std. in einem Dreiviertelkreis um den größten Feuerberg Europas bis Giarre/Riposto (hier Anschluss in Richtung Messina oder Catania) zurück an die Ostküste. Hat man die ausufernden Vorstädte Catanias zurück gelassen, geht es durch Obst- und Weingärten, vorbei an den Pistazienhainen von Bronte und immer wieder durch bizarre Lavafelder mit Blicken bis hoch zu den Gipfelkratern. Die Fahrt kann beliebig unterbrochen werden, z. B. in freundlichen Ätnaorten wie Randazzo oder Linguaglossa (Info: Tel. 0 95 54 12 50, www.circumetnea.it; nur Mo. – Sa.). ⏱

**Ferrovia
Circumetnea**

Mit der Circumetna erkundet man die Landschaft rund um den Ätna am bequemsten.

FRUCHTBARER FEUERBERG

✱ ✱ **Der Vulkan liegt auf der Bruchlinie zwischen der afrikanischen und euro-päischen Kontinentalplatte. Die Erdkruste ist hier ständig in Bewegung; entlang dieser »Schwächezone« kann das Magma aufsteigen. Der Ätna ist somit einer der aktivsten, wenn nicht der aktivste Vulkan der Welt.**

① Brodelnde Urgewalt

Die ersten Ätna-Ausbrüche fanden vor etwa 700 000 Jahren statt. Der Ätna in seiner heutigen Gestalt entstand vor ca. 3000 Jahren. Man schätzt, dass er in den vergangenen 400 Jahren mehr als eine Milliarde m³ Lava an die Erd-oberfläche beförderte. Jährlich entweichen rund 25 Mio. t Kohlendioxyd aus seinen Kratern und Spalten – damit ist der Ätna einer der größten Luftverschmutzer der Erde.

② Magmazufluss

Seine feurige Fracht bezieht der Ätna aus dem oberen Erdmantel in 70 bis 120 km Tiefe. In Richtung Gipfel ist die Schmelze in zahllosen Hohlräumen verteilt. Von hier führen verschiedene Förderschlote an die Oberfläche. Die oberste Magmakammer befindet sich nur 2 bis 3 km unterhalb des Gipfels.

③ Gipfel

Der Ätna hat vier ständig aktive Hauptkrater, wobei der heute 300 m hohe Nordostkrater erst 1979 entstand. Ständig bilden sich neue Ne-benkrater oder öffnen sich Spalten, aus denen Lava strömt. Der erste überlieferte Ausbruch vertrieb 1500 v. Chr. die Sikaner von der Ostküste.

④ Der Ätna bringt nicht nur Zerstörung

Die rasche Zersetzung der Lava zu fruchtbarer Erde sorgt seit Jahrtausenden für reichhaltige Wein-, Orangen- und Zitronenernten am Ätna. Die erkaltete Lava ist ein begehrtes Material für neue Bauten: Der aus den Lavamassen herausgebro-chene schwarze Stein bestimmt viele Ortsbilder in Ätnanähe.

⑤ Glühende Lavaströme

Wie glühende Bäche wälzen sich die Lavaströme zu Tal und zerstören alles, was auf ihrem Weg liegt. Einige sind bis zu 15 km lang, andere enden schon 250 m unter der Ausbruchsstelle. Stoppen kann sie niemand, höchstens umlenken, indem man z. B. Erdwälle zusammenschiebt.

⑥ Empedokles und der Berg

Der Legende nach hoffte der sizilianische Natur-philosoph Empedokles, durch einen Sprung in den Krater unsterblich zu werden. »O gebt euch der Natur, eh sie euch nimmt«, lässt Hölderlin ihn noch ausrufen, bevor er dort verschwand, wo »der Erde Gluth aus Bergestiefen quillt«. Doch anstatt göttliche Attribute zu erlangen, ver-dampfte sein Körper im über 1000 ° C heißen Silikatgestein.

Der Ätna ist einer der größten Luftverschmutzer der Erde.

Beim Ausbruch 2002/ 2003 schossen die Lavafontänen bis zu 200 m hoch in den Himmel.

Dekorativ: Der schwarze Lavastein kontrastiert schön mit den hellen, pastellfarbenen Steintönen; hier die Kirche Santa Maria in Randazzo.

© Baedeker

Auch Kaktusfeigen gedeihen prächtig auf den fruchtbaren Böden ...

Nichts kann die glühenden Lava-ströme stoppen. Sie zerstören alles, was sich ihnen in den Weg stellt.

Paternò Paternò, eine antike griechische Gründung (225 m, 44 000 Einw.), liegt 20 km nordwestlich von Catania am Südwesthang des Ätna mitten in Agrumenhainen; eine Blutorangensorte ist sogar nach der Stadt benannt. Im Westen mäandriert der Fluss Simeto. Im Mittelalter wurde der Ort von Normannen gegründet. Auf dem Felsen, der die Stadt überragt, ließ Roger I. im Jahre 1073 ein Kastell erbauen, das er seiner Tochter Flandrina und ihrem Mann Heinrich von der Lombardei übereignete; von deren Nachkommen gelangte es um 1193 an Bartolomeo De Luca, Graf von Paternò. 1900 wurde es umgebaut. In der Nähe befindet sich die 1342 erbaute Chiesa Madre (Santa Maria dell'Alto). Eine weitere Kirche, Santa Maria della Valle (1072), hat ein herrliches gotisches Portal. Die kleine Stadt **Belpasso** (551 m, 5 km nordöstlich) verdankt ihre schachbrettartige Anlage dem 1695 erfolgten Wiederaufbau nach einem verheerenden Erdbeben 1669.

Biancavilla Biancavilla (3 km vor Adrano) wurde nach Contessa Entellina (1450) und Piana degli Albanesi (1488; ▶S. 350) 1489 von Flüchtlingen aus Albanien gegründet. In der Chiesa Madre wird die albanische Madonna dell'Elemosina verehrt.

Adrano Die Stadt (560 m, 32 500 Einw.), ein Mittelpunkt des Zitrusfrüchte- und Weinanbaus, liegt auf einer Lavaterrasse am Südwesthang des Ätna. Bis 1929 hieß sie Adernò, dann erhielt sie ihren antiken Namen wieder. Dieser leitet sich von dem sikulischen Hundegott Adranos ab. Unter Roger I. (1060–1091) entstand hier um 1070 auf sarazenischen Ruinen ein normannisches **Kastell**, das wie die Wehranlagen in Paternò und Motta Sant'Anastasia zur Sicherung der Herrschaft über Catania dienen sollte. Es ist ein rechteckiger Donjon, der im 14. und 16. Jh. verändert wurde (Kapelle mit Freskenresten), heute beherbergt es das sehens-

> **?** **WUSSTEN SIE SCHON …?**
>
> ■ Aus der Gegend von Adrano und Bronte stammen über 90 % der Pistazien Siziliens. Die im 10. Jh. von den Arabern eingeführte Pflanze ist wenig anspruchsvoll und recht widerstandsfähig. Alle zwei Jahre bringt ein Hektar Anbaufläche rund 4 bis 5 Doppelzentner Pistazien, die gehackt und gemahlen in den Pasticcerie der Insel zu Kuchen, Konfekt und Speiseeis verarbeitet werden.

Museuo di Adrano ▶ ⏱ werte Archäologische Museum (Di.–Sa. 9.00–13.00, 16.00 bis 19.00, So. 9.00–13.00 Uhr). Die benachbarte Chiesa Madre, deren drei Schiffe durch 16 Lavasäulen getrennt werden, geht ebenfalls auf normannische Zeit zurück. 1980 wurde etwas südwestlich von Adrano Euryalos eingeweiht, das erste Sonnenkraftwerk Europas. Das französisch-deutsch-italienische Gemeinschaftsprojekt aus 182 Spiegeln arbeitet mittlerweile nicht mehr.

Ca. 6 km nordwestlich von Adrano spannt sich eine mittelalterliche Brücke, der so genannte **Ponte dei Saraceni**, über den Simeto (die letzten 2 km Schotterpiste sind ein Härtetest für Fahrzeuge).

Ponte dei Saraceni bei Adrano

Ein Abstecher führt nach Centùripe, ursprünglich eine sikulische Gründung. Das Landwirtschaftsstädtchen liegt großartig auf einer Bergkuppe zwischen den beiden Tälern des Simeto und des Dittaino (18 km südwestlich von Adrano, 6600 Einw., mit Ätnablick!). Seit dem frühen 3. Jh. v. Chr. entwickelte sich hier eine lokale Keramikproduktion mit lebendigen, kräftigen Farben, die durch die Verbindung von Enkaustik und Tempera erzielt wurden. Kaiser Friedrich II. zerstörte die Stadt 1233 wegen eines Aufstandes. 1548 wurde sie neu gegründet. Im Museo Archeologico (im Rathaus) sind u. a. eine schwarzfigurige attische Vase mit dem seltsamen Motiv des Leier spielenden Herakles (530 v. Chr.), Terrakotta-Skulpturen sowie die charakteristische Keramik aus Centùripe selbst, z. B. Dionysos mit der personifizierten Weinrebe (Ampelos) ausgestellt. Die meisten Funde aus Centùripe befinden sich allerdings im Archäologischen Museum in Syrakus (▶ Siracusa). Beim **Castello di Corradino** (auf dem Piazzale Belvedere im Südosten der Stadt) handelt es sich nicht um einen mittelalterlichen Bau, sondern um die Reste eines römischen Mausoleums. Weitere antike Reste finden sich in der nahen Umgebung: im Vallone Difesa ein römisches Gebäude, das als Sitz der den Kaiserkult besorgenden Augustalen gedeutet wird; im Vallone dei Bagni eine Thermenanlage, in der Contrada Panneria ein hellenistisches Haus. Schließlich sind Teile der Stadtmauer an verschiedenen Stellen erhalten.

Wieder auf der Hauptstrecke um den Ätna passiert man das »Pistazienstädtchen« Bronte (760 m, 20 000 Einw.). Von hier sind es 13 km in Richtung Norden zur ehemaligen Benediktinerabtei Maniace, Abbazia oder auch **Castello di Maniace** genannt. Der Name geht auf

Centùripe
◀ Ein antikes
Töpferzentrum

Bronte

Randazzo wurde auf einer alten Lavaschicht erbaut.

den byzantinischen General Georgios Maniakes zurück, der hier 1040 die Araber besiegte (sein Name lebt auch im Castello Maniace in Syrakus weiter). 1799 gab König Ferdinand IV. die Abtei zusammen mit dem Ort Bronte dem britischen Admiral Nelson aus Dankbarkeit für seine geleistete Hilfe zu Lehen; Nelson war seitdem Herzog von Bronte. Nach dem Besuch der kleinen Kirche lädt der schöne Garten zu einer Pause ein (Di.–So. 9.00–13.00, 15.00 bis 17.00, im Sommer bis 19.00 Uhr).

Randazzo

Stadt auf Lava ▶

Randazzo wurde am Nordhang des Ätna in beherrschender Lage über dem Alcàntara-Tal auf einer alten Lavaschicht erbaut (765 m, 11 500 Einw.). In historischer Zeit blieb es, wiewohl nur 15 km vom Hauptkrater entfernt, von den Ausbrüchen des Ätna verschont. Doch erlitt es im Zweiten Weltkrieg große Schäden. Im mittelalterlich wirkenden Zentrum stehen drei Pfarrkirchen, denn in Randazzo gab es bis ins 16. Jh. drei christliche Gemeinden, eine griechische, eine lateinische sowie eine lombardische. Die Chiesa Madre di Santa Maria ist eine aus behauenen Lavasteinen errichtete (lateinische) Kirche aus dem 13. Jh. (Abb. S. 81). Aus dieser Zeit stammen noch die mächtigen Apsiden; Portale und Fenster

! **Baedeker** TIPP

Randazzo Pasticciere

Vor oder nach der Stadtbesichtigung von Randazzo sollte man der Pasticciere Santo Musumeci einen Besuch abstatten (gegenüber der Chiesa Madre di Santa Maria am gleichnamigen Platz). Die selbst gebackenen Plätzchen, süßen Stückchen und Torten sind ein Gedicht (und absolut wert, das Kalorienzählen für einen Moment zu unterbrechen).

wurden im gotisch-katalanischen Stil verändert. Die (griechische) Chiesa di San Nicolò stammt aus dem 14. Jh.; erhalten sind das Querhaus und die Apsiden. Im Innern sieht man Skulpturen von Antonello und Giacomo Gagini und ein Triptychon aus dem 15. Jahrhundert. Der gegenüberliegende Palazzo Finocchiaro wurde zu Beginn des 16. Jh.s erbaut und ist ein schönes Beispiel des Übergangs von der Gotik zur Renaissance. Am Gurtsims der Fassade befindet sich eine lateinische Inschrift. Die (lombardische) Chiesa di San Martino hat einen eleganten Campanile mit Zwillings- und Drillingsfenstern sowie eine Zinnenbekrönung (14. Jh.). Im Innern befindet sich ein marmornes Taufbecken von 1447, das Kruzifix in der rechten Apsis stammt von 1546 und das Marmortabernakel in der linken Apsis aus dem 15. Jahrhundert. Im Palazzo Reale (13./14. Jh.) in der Hauptstraße Via Umberto I nahm einst Kaiser Karl V. Quartier.

Im beschaulichen Linguaglossa (550 m, 5500 Einw.) beginnt die Panoramastraße Mareneve (= Meer und Schnee) zum weniger besuchten Ätna-Nordhang und weiter aufwärts zur Hochebene Piano Provenzana (1800 m, 5,5 km). Im Sommer ist das Städtchen Ausgangspunkt für Gipfelbesteigungen und Touren mit Allradbussen bis auf rund 2900 m Höhe. Im Fremdenverkehrsamt gibt es ein kleines Ätna-Museum. Der Friedhof an der Straße nach Piedimonte Etneo lohnt wegen eindrucksvoller Grabkapellen im Jugendstil einen Besuch.

Linguaglossa
✹
◄ Panoramastraße

Die hübsche kleine Stadt Zafferana liegt 24 km nördlich von Catania an der Ostflanke des Ätna (574 m, 7300 Einw.). Ihre Lage inmitten von Gärten an der Grenze des Weinanbaus machen es zu einer beliebten Sommerfrische, die einerseits den Blick aufs nahe Meer bietet, andererseits ein guter Ausgangspunkt für Wanderungen und Fahrten im Ätnagebiet ist. Beim großen Ätna-Ausbruch 1992 blieb Zafferana wie durch ein Wunder verschont: Der Lavastrom kam 800 m vor Ortsanfang zum Stillstand.

Zafferana Etnea

Gela

N 10

Provinz: Caltanissetta   **Höhe:** 45 m ü.d.M.
Einwohnerzahl: 77 000

Gela, einst eine der bedeutendsten griechischen Kolonien auf Sizilien, hat sich seit der Entdeckung von Erdölquellen 1956 sehr verändert. Erdölraffinerien, Bohrtürme und Neubausiedlungen bestimmen im Wesentlichen das Stadtbild. Nur wenige Zeugnisse der großen Vergangenheit sind erhalten geblieben. Das Archäologische Museum ist wegen seiner Schätze durchaus einen Besuch wert.

► GELA ERLEBEN

AUSKUNFT

AAST
Via Pisa 75, 93012 Gela
Tel. 09 33 91 37 88

ÜBERNACHTEN

► **Komfortabel/Günstig**

Sileno
① Contrada Giardinelli
an der SS 115 bis, Tel. 09 33 91 11 44
Fax 09 33 90 72 36
www.alberghiinsicilia.com/sileno.php
88 Z.; Hotelkasten mit gutem Standard; bei Geschäftsreisenden beliebt

② *Stella del Mediterraneo*
Località Falconara an der SS 115
Tel. & Fax 09 34 34 90 04
www.stelladelmediterraneo.it
12 Z.; etwa 20 km nordwestlich;
modernes, liebevoll geführtes kleines
Hotel neben dem Castello Falconara

ESSEN

► **Erschwinglich**

① *Casanova*
Via Venezia 89–91, Tel. 09 33 91 85 80
So. abend, Mo. und im August geschl.;
lokale Küche in angenehmer Atmosphäre

Der Tyrann Gelon Gegründet wurde Gela 690 v. Chr. von Siedlern aus Rhodos und Kreta. Benannt wurde die Stadt nach dem Fluss Gelas (heute Torrente Gattano). Sie blühte auf, 581 v. Chr. gründete sie Akragas (Agrigent) und errichtete um 550 v. Chr. in Olympia ein Schatzhaus. 505 v. Chr. schwang sich Kleandros, Sohn des Olympiasiegers Pantares, mit Hilfe sikulischer Söldner zum Tyrannen auf. Ihm folgte nach sieben Jahren sein Bruder Hippokrates (498 – 491 v. Chr.), der weite Teile Ostsiziliens eroberte. Nach seinem Tode trat sein Reiterführer Gelon (491 – 478 v. Chr.) die Herrschaft über Gela an, das für kurze Zeit die mächtigste Stadt Siziliens war – bis Gelon Syrakus für sich gewann, seine Residenz dorthin verlegte und die meisten Bewohner mitnahm. Gemeinsam mit seinem Schwiegervater Theron von Akragas besiegte er 480 v. Chr. die Karthager in der Schlacht von Himera (Imera). Der griechische Tragiker **Aischylos** verbrachte seine letzten Lebensjahre in Gela und fand hier 456 v. Chr. sein Grab. Beim Einfall der Athener 415 – 413 unterstützte Gela Syrakus. Bald darauf, 405 v. Chr., wurde es – nach Selinunt und Agrigent – von den Karthagern bei ihrem großen Vernichtungsfeldzug zerstört.

Der Wiederaufbau erfolgte um 340 v. Chr. durch Timoleon von Syrakus, doch waren Gela nur noch wenige Jahrzehnte beschieden: 311 v. Chr. überfiel Agathokles von Syrakus die Stadt, tötete 4000 Einwohner und ließ sie in Massengräbern beisetzen (von denen einige gefunden wurden). 284 v. Chr. zerstörten die Mamertiner die Stadt völlig. Der Platz blieb verödet, bis Kaiser Friedrich II. 1230 an seiner Stelle den Ort Terranuova gründete. 1928 erhielt die Stadt ihren alten Namen Gela wieder. Am 10. Juli 1943 landeten die alliierten Streitkräfte bei Gela und Licata.

Gela Orientierung

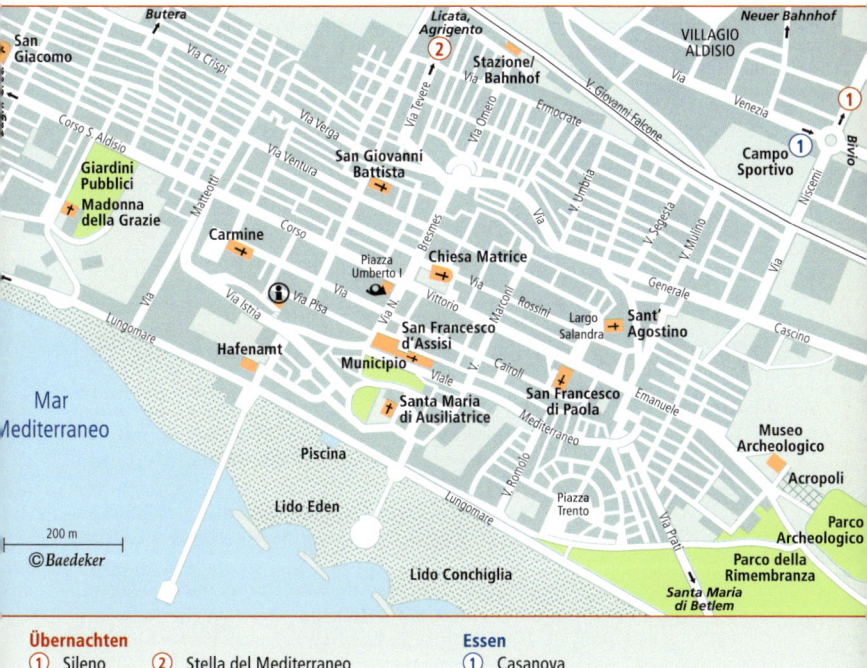

Übernachten		Essen
① Sileno	② Stella del Mediterraneo	① Casanova

Sehenswertes in Gela

Piazza Umberto I

Das Zentrum der Industriestadt liegt etwas oberhalb der Küste. Hauptverkehrsader ist der Corso Vittorio Emanuele mit der Piazza Umberto I, die von der klassizistischen Fassade der **Chiesa Matrice** (18. Jh., Fassade 1844 erneuert) beherrscht wird.

★ Museo Regionale Archeologico

Das Museum mit Funden aus Gela und dem Gebiet von Caltanissetta steht am Südostende des Corso. Hervorgehoben seien großartige Architekturfragmente: ein Pferdekopf aus Terrakotta vom Akroter eines Tempels (1. Viertel 5. Jh. v.Chr.), eine Mädchengestalt (Kore), die ein Räuchergefäß auf dem Kopf trägt (Ende 6. Jh. v.Chr.), eine Grabstele aus Sandstein mit der genauen Nachbildung eines Tempeldaches (1. Hälfte 5. Jh. v.Chr.) sowie die bemerkenswerte numismatische Sammlung mit über 5000 Münzen aus archaischer Zeit (vor 490 v.Chr.), Silber- und Goldmünzen des 5. Jh.s v.Chr.); die Münzen von Gela zeigen den Flussgott Gelas, einen Stier mit Menschenkopf (tägl. 9.00 – 19.00 Uhr; die Zona Archeologica schließt 1 Std. vor Sonnenuntergang).

✴ **Zona Archeo-
logica Acropoli,
Parco della
Rimembranza**

Unmittelbar an das Museum schließt sich der östliche der beiden antiken Bezirke an: die Zona Archeologica Acropoli und der Parco della
Rimembranza auf dem Hügel »Molino a vento«. Hier wurden Wohnquartiere der Stadt, die Timoleon um 340 v.Chr. angelegt hat, ausgegraben. Im Park, der die Südseite der Akropolis einnimmt, gibt es
Reste zweier dorischer Tempel; der eine war vermutlich der Athena
geweiht (6. Jh. v.Chr.), der andere den chthonischen Gottheiten Demeter und Persephone, von ihm steht eine Säule (5. Jh. v.Chr.).

Bagni Greci

Der westliche Ausgrabungsbezirk liegt am entgegengesetzten Ende
des Corso, 3 km entfernt. An der Gabelung des Corso folgt man der
Via Manzoni (links) und etwas später der Via Europa (rechts). In der
Nähe des Krankenhauses hat man an der Stelle einer Nekropole des
5. Jh.s v.Chr. die Reste öffentlicher Bäder gefunden, eine hufeisenför-
mige Anlage des 4. Jh.s v.Chr. mit Wannen und Sitzen aus Ton.

Capo Soprano

Einige 100 m westlich schließt sich das Capo Soprano an. An der
Südseite des Viale Indipendenza macht ein Hinweisschild auf den
Eingang zu dem weiträumigen archäologischen Gelände aufmerksam. An diesem Kap wurden beachtliche Teile der antiken Stadtbefestigung unter 13 m hohen Sanddünen gefunden. Die zinnenge-
krönte Mauer ist die größte und am besten erhaltene ihrer Art. Sie
geht auf das 5. Jh. v.Chr. zurück und wurde nach der karthagischen
Zerstörung 405 v.Chr. in ihrer jetzigen Gestalt erneuert, als Timoleon Gela 340 v.Chr. neu gründete. Ihre Besonderheit ist, dass sie in
»dualer« Technik errichtet ist: Die unteren, bei Angriffen am meisten

Rund 2500 Jahre alt: die Stadtmauer auf dem Capo Soprano

Das stattliche Kastell Castellucio

gefährdeten Teile bestehen aus exakt behauenen Kalkquadern (bis 4 m hoch); für die oberen Teile dagegen wurden ungebrannte Lehmziegel verwendet, die jetzt durch Glasplatten gegen Witterungsschäden geschützt sind. Insgesamt ist die in ihrem Verlauf mehrfach abknickende Mauer noch 7–8 m hoch erhalten. Nachts wird die Anlage angeleuchtet. Vom Gelände vor der Mauer bietet sich eine schöne Aussicht auf den kleinen Hafen (Porticciolo) und auf den Strand in Richtung Agrigent.

Umgebung von Gela

Das stattliche Kastell Castelluccio (7 km nördlich) stammt aus dem 14. Jh. und liegt weithin sichtbar links oberhalb der SS 117b.

Castelluccio

Butera liegt 19 km nordwestlich von Gela 402 m hoch auf einem Bergkamm im Hinterland des Golfes von Gela unweit der Südküste. Es ist eine Gründung der Araber, nach deren Vertreibung die Normannen 1096 ein ansehnliches Kastell errichtet haben.

Butera

Auf der Küstenstraße erreicht man nach ca. 20 km das am Meer gelegene, zinnenbekrönte Kastell aus dem 14. Jh.; der kilometerlange **Sandstrand** ist an Wochenenden und in den Ferien gut besucht.

Falconara

Die Hafen-, Industrie- und Handelsstadt Licata (41 300 Einw.), 33 km nordwestlich von Gela, nimmt die Stelle des antiken Phintias ein,

Licata

das der gleichnamige agrigentinische Tyrann 280 v.Chr. gründete, um den Einwohnern des von den Mamertinern zerstörten Gela eine neue Heimat zu geben. Die Bewohner nannten sich, wie Inschriften und Münzen zeigen, weiterhin Geloer.

Lara wollte Hosen ▶

Der heutige Ort wurde im Mittelalter gegründet und blühte, in aragonesischer Zeit befestigt, im 16./17. Jh. auf. Am 10. Juli 1943 landeten hier und bei Gela amerikanische Truppen. Zu literarischem Ruhm kam Licata 1989 als Heimatort von Lara Cardella. Die Siebzehnjährige eroberte mit ihrem Erstlingswerk »Volevo i pantaloni« (1989; »Ich wollte Hosen«) sämtliche Bestsellerlisten. In dem Buch beschreibt sie das Wesen des sizilianischen Macho und die Unterdrückung der Frau. »Sie [die Mutter der Erzählerin] sagte zu mir: ›I pantaluna falli purtari e masculi e buttani. Hosen lass mal Männer und Nutten tragen.‹ Weil ich kein Mann werden konnte, beschloss ich, Nutte zu werden. ... Nutte ist jede beliebige Frau, die in der Art, wie sie sich kleidet und wie sie sich gibt, sozusagen freizügig wirkt. ... Nutte ist nur ein Etikett, ein Passierschein für den Klatsch anderer, eine Art gutes Werk.«

Beim Rathaus in der Via Dante gibt es ein kleines Museum mit antiken Funden. Die Kirche del Carmine stammt aus dem 18. Jh. (Giovan Biagio Amico). Sie schließt das ehemalige Kloster und einen Kreuzgang aus dem 16. Jh. sowie den Rest eines Vorgängerbaus aus dem 14. Jh. ein. Das im Jahr 1615 erbaute **Castello Sant' Angelo** thront über der Stadt. Hier fanden sich Reste der antiken Stadt Phintias. Im Stadtbereich und in der Umgebung erstrecken sich mehrere angenehme **Badestrände**.

> ## ! *Baedeker* TIPP
>
> ### Wir wollen gut essen
>
> Literarischer Ruhm hin oder her, Licata ist kein Top-Ten-Ort auf einer Sizilien-Rundreise geworden. Umso erfreulicher das Engagement des Küchenchefs Pino Cuttaia, der hier sein Ristorante La Madia betreibt. Fisch, Meeresfrüchte und Artischocken sind die Protagonisten seiner feinen Regionalküche (Kat.: Fein & teuer, Di. und sonntagabends geschl.; Corso F. Re Capriata 22, Tel. 09 22 77 14 43, www.ristorantelamadia.it).

Ravanusa

Im 304 m hoch gelegenen Ravanusa (24 km nördl. von Licata) ist im Archäologischen Museum »Salvatore Lauricella« eine schöne Sammlung antiker Keramik ausgestellt (Corso della Repubblica, neben der Bar »Curti Vella«, Mo. – Fr. 8.30 – 13.30 Uhr). Das 11 km entfernte Keramikstädtchen **Riesi** (330 m, 18000 Einw.) ist Sitz des waldensischen Servizio Cristiano, der sich für die Entwicklung besserer Lebensverhältnisse einsetzt (mit Gästehaus; Via Monte degli Ulivi 6, Tel. 09 34 92 81 23, www.serviziocristiano.org).

Isola, Isole ...

▶siehe Hauptnamen

Lentini

Provinz: Siracusa
Einwohnerzahl: 27 700

Höhe: 56 m ü.d.M.

Lentini liegt am Nordrand der Hybläischen Berge (Monti Iblei), rund 30 km südwestlich von Catania. Der Sage nach lebten hier die Laystrygonen, die Menschen fressenden Riesen, auf die Odysseus bei seinen Abenteuern traf (Odyssee, Vers 10).

Sehenswertes in Lentini und Umgebung

Die Ebene von Leontinoi war schon im Altertum wegen ihrer Fruchtbarkeit bekannt. Auch heute werden Zitrusfrüchte angebaut. Das antike Leontinoi war wie seine Mutterstadt Naxos und das gleich alte Katane eine Siedlung ionischer Griechen. Später geriet es in Konflikte mit Gela und Syrakus. Es ist die Heimat des Redners Gorgias (geb. um 480 v. Chr.), der in Athen mit flammenden Reden um Unterstützung gegen Syrakus bat und dem Platon einen Dialog gewidmet hat, und von Giacomo (geb. um 1210), der Notar Friedrichs II. und ein bedeutender Lyriker war. In der Chiesa Madre (17. und Ende 18. Jh.), einem dreischiffigen Bau über einem Hypogäum aus frühchristlicher Zeit (3. Jh.), wird eine byzantinische Marienikone aufbewahrt. Das Archäologische Museum (Via del Museo) präsentiert Funde aus der Region seit sikulischer Zeit.

Lentini

Die antike Stadt Leontinoi lag 3 km südlich im Tal San Mauro und auf den Hügeln Metapiccola und Colle San Mauro. In der Archäolo-

Leontinoi

LENTINI ERLEBEN

ÜBERNACHTEN

▶ **Agriturismo**

Casa dello Scirocco
Contrada Piscitello, zwischen Lentini und Carlentini
Tel. & Fax 33 94 90 77 43
www.casadelloscirocco.it
Schönes altes Gutshaus, eingebettet in Orangenhainen. Angeboten werden Ausflüge, Kochkurse, Reiten.

Tenuta di Roccadia
Contrada Roccadia
südlich von Carlentini
Tel. & Fax 0 95 99 03 62

www.roccadia.com
16 Zimmer in einem ehemaligen Kloster, breites Sportangebot, Keramikkurse etc.; ausgezeichnetes Essen

Il Giardino del Sole
Contrada Masseria San Demetrio, nordöstlich von Lentini
Tel. 33 89 44 41 22
www.ilgiardinodelsole.it
Rekonstruierter Bauernhof zwischen Orangen, Feigen und Oliven mit 9 Zimmern und typischer Regionalküche

gischen Zone (an der Straße nach Carlentini) sind die Reste der mit zahlreichen Türmen bestückten Stadtmauer des 7./5. Jh.s v.Chr., des Syrakuser Tors im Süden, der Agora und eines griechischen Tempels zu sehen. Außerhalb der Stadtbefestigung befindet sich eine Nekropole des 4./3. Jh.s v.Chr.; in der Umgebung gibt es Reste von Höhlenkirchen aus dem 7. Jh. und aus normannischer Zeit. An den Wänden der Grotta del Crocifisso haben sich Freskenreste aus dem 11. bis 15. Jh. erhalten. Nördlich der Archäologischen Zone errichtete Friedrich II. an der Stelle eines antiken Gebäudes ein Kastell.

Carlentini

Carlentini (228 m, 3 km südlich von Lentini, 13 000 Einw.) geht auf Kaiser Karl V. zurück, der es 1551 gründete. Hierher zogen sich Bewohner aus Malariagebieten zurück.

Biviere di Lentini

Der im 12./13. Jh. von den Templern als riesiger Fischweiher aufgestaute Biviere wurde in den 1920er-Jahren im Zuge der Malaria-Bekämpfung trockengelegt. In den 1970er-Jahren wurde das natürliche Becken zu Füßen der Mont Iblei zur Bewässerung der großen Orangenkulturen wieder geflutet und ist heute eines der wichtigsten Vogelschutzreservate Siziliens.

Francofonte

Die Landstadt Francofonte (281 m, 13 km südwestlich, 14 000 Einw.) ist durch ihre Orangenpflanzungen bekannt. In der Stadtmitte erheben sich die Chiesa Madre mit Werken von Spagnoletto sowie der barocke Palazzo Comunale.

Palagonia

Palagonia (200 m, 26 km nordwestlich von Lentini, 14 000 Einw.) liegt am Übergang der Monti Iblei in die Ebene von Catania. 1,5 km vor dem Ort befindet sich an der SS 385 die Einsiedelei San Febbronia mit einer kleinen Basilika und byzantinischen Fresken (6./7. Jh.) in der Apsis. Die SS 385 führt weiter nach ▶Caltagirone (28 km).

Militello in Val di Catania

Die Kleinstadt (413 m, 8900 Einw.), nach dem Erdbeben 1693 im Barockstil wieder aufgebaut, gehört seit 2002 wegen seines schönen Ortsbilds und seiner Barockkirchen zum UNESCO-Weltkulturerbe. Einen Besuch wert sind unter anderem die Kirche San Benedetto und das angeschlossene ehemalige Benediktinerkloster (Rathaus), das noch vor dem Erdbeben erbaut wurde. Die Kirche San Nicolò beherbergt heute das gleichnamige Museum mit liturgischen Exponaten und einigen Gemälden.

> ## ! *Baedeker* TIPP
>
> ### La Mostarda
> Stolz ist man in Militello nicht nur auf das schöne Ortsbild, sondern auch auf die hiesigen Konditorei-Erzeugnisse, vor allem auf die Mostarda, in Senfsirup eingelegte Früchte. Man feiert sie alljährlich an einem Wochenende im Oktober anlässlich der »Sagra della Mostarda e del Fico d'India«.

Vizzini (619 m, 8000 Einw.) gehört zu den Orten in den Monti Iblei, die nach dem schweren Erdbeben

1669 barock wieder aufgebaut wurden. Dank Giovanni Vergas (1840 bis 1922, ►Berühmte Persönlichkeiten) ging es in die Literatur und in die Welt der Oper ein. Der sizilianische Schriftsteller befasste sich in seinen veristischen Regionalromanen hauptsächlich mit einfachen Bauern und Fischern. Sein Roman »Mastro Don Gesualdo« spielt in Vizzini, desgleichen die Erzählung »Cavalleria rusticana« (Alfio z.B. stammt aus dem wenige Kilometer südwestlich von Vizzini gelegenen Licodia), die Pietro Mascagni (1863–1945) in seiner erfolgreichen Oper vertont hat.

Ein schönes Beispiel für die Barockisierung Vizzinis ist die Kirche **San Giovanni Battista** mit dreigeschossiger, säulengeschmückter Fassade, die in der Mitte steil in die Höhe strebt, und hoher Tambourkuppel. Im Innern ist die große dreischiffige Pfeilerbasilika mit feinem Stuckdekor ganz in Weiß versehen.

✶ ✶ Isole Lìpari · Liparische Inseln

O – W 1/2

Provinz: Messina
Einwohnerzahl: 12 600

Höhe: Meereshöhe bis 962 m

Die Liparischen oder Äolischen Inseln (Isole Eólie) ragen zwischen 30 und 80 km vor der Nordküste Siziliens aus dem Tyrrhenischen Meer. Sie sind vulkanischen Ursprungs, wie die Fumarolen, Thermal- und Schwefelquellen sowie der noch tätige Stròmboli-Vulkan zeigen. Einst wurden Verbrecher auf die Inseln verbannt, heute kommen die Menschen gerade wegen der Unberührtheit der Inselgruppe, wegen der Strände mit vulkangeheiztem Meerwasser sowie der Kletter- und Wandermöglichkeiten hierher.

Für die gebirgigen, zerklüfteten Küsten sind jedoch nicht nur die ehemals tätigen Vulkane, sondern vor allem das Meer verantwortlich. Der sich aus einer Tiefe von 4000 m erhebende Archipel besteht aus sieben Hauptinseln, von denen Vulcano der Küste Siziliens am nächsten ist. Nördlich schließen sich Lìpari und Salina, westlich Filicudi und Alicudi an, während nordöstlich von Salina die Inseln Panarea sowie Stròmboli liegen.

Sieben Inselschönheiten

Die Größenordnungen schwanken zwischen 3,4 km² mit 270 Einwohnern (Panarea) und 37,6 km² mit 11 000 Einwohnern (Lìpari), die Berghöhen zwischen 420 m (Panarea) und 962 m (Salina). Insgesamt

! **Baedeker TIPP**

Wandern auf Vulkanen

Der Sizilienkenner Peter Amann schlägt 30 Routen vor, auf denen man die »Feuerinseln« zu Fuß entdecken kann. Darüber hinaus hat er viel Lesenswertes zu Kultur und Natur der Liparen zusammengetragen (Peter Amann, »Liparische Inseln«, Iwanowski).

▶ LIPARISCHE INSELN ERLEBEN

AUSKUNFT

Servizio Turistico
Corso Vittorio Emanuele 202
98055 Lìpari
Tel. 09 09 88 00 95
Fax 09 09 81 11 90
www.aasteolie.191.it
www.portaledelleeolie.it

Zimmer, Ferienwohnungen und Häuser

Zimmer und Apartments vermietet
u. a.:
auf Lìpari, Enza Marturano, Fax
09 09 88 05 92, www.enzamarturano.it
Ferienwohnungen und -häuser auf
Filicudi, A Tana, Tel. 34 73 60 95 und
34 97 89 17 28, www.atana.it
auf Salina, Didyme Viaggi, Santa
Marina, Via Risorgimento 196, Tel.
09 09 84 33 10, Fax 09 09 84 30 78,
didymeviaggi@tiscalinet.it

VERKEHR

Schnellboote (Aliscafi und Catamarani) und Autoähren (Traghetti) zwischen den Inseln und Milazzo; im Sommer auch regelmäßiger Schiffsverkehr mit Palermo, Messina, Reggio Calabria und Neapel.
Anreise per Flugzeug und Schiff: Günstigster Flughafen ist Catania; von hier zwischen April und September Giuntabusse nach Milazzo.
Auf den Inseln: Die stark eingeschränkte Mitnahme von Autos und Motorrädern lohnt, wenn überhaupt, nur auf Lìpari und Salina (Auskunft beim Fremdenverkehrsamt).

ESSEN

▶ Fein & teuer

Lìpari · ① Filippino
Piazza Municipio
Tel. 09 09 81 10 02
www.filippino.it

Im Winter Mo. geschl.; unterhalb der Akropolis mit Blick aufs Meer; hervorragende Inselküche

Lìpari · ② E Pulera
Via Diana 51
Tel. 09 09 81 11 58, www.pulera.it
Nur im Sommer geöffnet; kleine Speisekarte mit typischen Inselgerichten; in einem wunderschönen Garten mit Jasmin und Steintischen gelegen; sehr freundlicher Service

Lìpari · ③ La Nassa
Via Franza 36, Tel. 33 55 26 29 66
www.lanassavacanze.it
Mo. geschl., Apr.–Okt.
Familienlokal für Feinschmecker mit kleinem Garten und Dachterrasse; auch schöne Ferienwohnungen

Stròmboli · Punta Lena
Via Marina, Tel. 0 90 98 62 04
Apr.–Okt.; viel gelobte Küche am Ostrand der Bucht von Ficogrande mit Blick auf Strombolicchio

▶ Erschwinglich

Lìpari · ④ Kasbah Café
Via Maurolico 25; nur abends geöffn.
Café und Restaurant mit Gartenplätzen; feine Antipasti sowie Pizzen; auch beliebte Musikbar

Salina · Mamma Santina
Santa Marina
Via Sanità 40, Tel. 09 09 84 30 54
www.mammasantina.it – Probieren Sie die Spaghetti mit 14 Kräutern; mit empfehlenswertem Hotel.

▶ Preiswert

Lìpari · ⑤ Pescecane
Corso Vittorio Emanuele 223
Tel. 09 09 81 27 06
Tische im Freien; sehr gute Pizzen

Strómboli · La Lampara
Via V. Emanuele 27
Tel. 0 90 98 60 09 – Beliebte Pizzeria;
man sitzt auf einer großen über-
dachten Terrasse (auch B & B).

Vulcano · Maria Tindara
Via Piano 38, Tel. 09 09 85 30 04
Lokale Küche; auch ein paar Frem-
denzimmer

ÜBERNACHTEN
► Luxus
Lìpari · ① *Villa Meligunis*
Via Marte 7, Tel. 09 09 81 24 26
www.villameligunis.it, 32 Z.
Kerngebäude ist ein alter Palazzo,
komfortabel eingerichtete Zimmer in
modernen Bauten, Dachterrasse

Strómboli · La Sirenetta Park Hotel
Loc. Ficogrande, Via Marina 33
Tel. 0 90 98 60 25, Fax 0 90 98 61 24
www.lasirenetta.it
55 Z.; komfortable Hotelanlage am
Meer; in der Nebensaison unbedingt
nach Spezialangeboten fragen

► Komfortabel
Lìpari · ② *Giardino sul Mare*
Via Maddalena 65
Tel. 09 09 81 10 04, Fax 09 09 88 01 50
www.giardinosulmare.it, 46 Z.
In der Nähe des Hafens Marina Corta
oberhalb der Küste; Meerzugang,
Salzwasserschwimmbad, Terrassen;
Restaurant mit Terrasse

Lìpari · ③ *Gattopardo Park*
Viale Diana, Tel. 09 09 81 10 35
www.gattopardoparkhotel.it; 47 Z.
Etwas oberhalb des Zentrums; Zimmer in Bungalows oder im Haupthaus
einer Villa aus dem 18. Jh.

Filicudi · La Canna
Contrada Rosa
Tel. 09 09 88 99 56, Fax 09 02 50 99 29

Beliebte Pizzeria auf Strómboli: La Lampara

www.lacannahotel.it; 10 Z.
Panoramalage und gutes Restaurant

Panarea · Oasida Pina
Via San Pietro, Tel. 090 98 33 24
www.panareadapina.it; 12 Z.
Edle Bungalows um einen grünen
Innenhof mit Thermaldusche und
Pool; das Ristorante Da Pina nebenan
ist Legende.

Panarea · Tesoriero
Via C. Lani 3, Tel. 0 90 98 30 98
Fax 0 90 98 30 07, www.hoteltesoriero.
it – 11 geräumige Zimmer oberhalb
des Hafens, schöne Dachterrasse

Salina · Signum
Loc. Malfa, Via Scalo 15
Tel. 09 09 84 43 75, Fax 09 09 84 41 02
www.hotelsignum.it; 30 Z.
Schönes Haus in einem Weingarten
an der Nordküste; mit ausgezeichne-
tem Restaurant und Pool

Salina · B & B La Praia di Rinella
Loc. Rinella, Via Rombo 41, Tel.
09 09 80 90 82, 34 72 81 45 22
www.lapraiadirinella.com – Kleines
B & B des Fotografen Francesco Ian-
nello am Hafen; Frühstück gibt es auf
der Sonnenterrasse.

Stròmboli · Miramare
Via Vito Nunziante 3
Tel. 0 90 98 60 47, Fax 0 90 98 63 18
www.miramarestromboli.it; 12 Z.
Hübsche kleine Anlage an der Strand-
straße von Ficogrande (in der Nebensaison günstige Preise)

Vulcano · Eolian Hotel
Loc. Porto Ponente, Tel. 09 09 85 21 51
www.eolianhotel.it; 88 Z.
Schönes Hotel mit Haupthaus und

Hotel Signum auf Salina

kleineren Häusern in einem üppig
bewachsenen Garten. Mit Restaurant
und Panoramaterrassen

Vulcano · Conti
Loc. Porto Ponente, Tel. 09 09 85 20 12
www.contivulcano.it; 67 Z. – Schönes
Haus am Meer; Familienbetrieb

▶ **Günstig**
Lìpari · ④ La dolce Vita
Contrada Monte, Mobil Tel.
360 96 99 60 und 360 69 97 72
www.ladolcevitalipari.it; 4 Z.
März–Dez. – Agriturismo mit tollem
Vulcano-Blick am westlichen Hang des
Monte Giardina; die schöne Spiaggia
Valle Muria liegt nur einen kurzen
Spaziergang entfernt. Frisch reno-
vierte, fröhliche Zimmer

Lìpari · ⑤ Enzo il Negro
Via Garibaldi 29
Tel. & Fax 09 09 81 31 63
www.enzoilnegro.altervista.org
14 einfache Zimmer ganz in der Nähe
vom Hafen Marina Corta

Alicudi · Ericusa
Loc. Perciato, Tel. 09 09 88 99 02
www.alicudihotel.it; 20 Z. – Einziges
Hotel auf Alicudi mit einfachen Zimmern. Mit Restaurant

leben auf diesen sieben Inseln, zu denen noch eine Reihe kleiner Eilande und Felsklippen kommt, etwa 12 600 Menschen. Da es nur auf
Vulcano und Salina Quellen gibt und die Zisternen lediglich Nutz-
wasser liefern, werden sie durch Tankschiffe von Messina aus mit
Trinkwasser versorgt.

Eilande des
Windgottes
Die Mythologie der Griechen und Römer sah in diesen Inseln den
Sitz des Aiolos (lat. Aeolus). Der Sohn des Hippotes wurde – wie
Homer (Odyssee, 10) berichtet – von Zeus als Verwalter der Winde
eingesetzt. Dies geschah, wie sehr viel später der sizilische Ge-
schichtsschreiber Diodor vermerkte, weil er die Schiffer den Ge-
brauch der Segel gelehrt und den Wechsel der Winde aus den Vorzei-

Lipari: Blick vom Belvedere Quattrocchi auf Vulcano

chen des vulkanischen Feuers vorhergesagt habe. Er lebte glückselig mit Frau, sechs Söhnen und sechs Töchtern auf der unzugänglichen, schwimmenden Insel Aiolia. Er beherbergte den herumirrenden Odysseus und seine Männer einen Monat lang und steckte die Winde in einen Ledersack; doch die neugierigen Gefährten öffneten diesen Sack bei der Weiterfahrt, worauf die Stürme sie zur Aiolia-Insel zurücktrieben, deren Herr sie schroff abwies. Bei Vergil (Aeneis 1, 52) herrscht Aiolos mit seinem Zepter über die in einer Höhle auf der Insel Lipara tobenden Winde.

Menschliche Spuren gibt es seit dem Neolithikum, in dem die Bewohner den vulkanischen Glasfluss Obsidian für die Herstellung von Waffen und Werkzeugen benutzten und ihre Produkte exportierten. Um 575 v.Chr. kam eine Gruppe von dorischen Kolonisten aus Knidos und Rhodos unter ihrem Führer Pentathlos und ließ sich auf den Liparischen Inseln nieder. Sie schufen im Kampf mit den Etruskern eine starke Flotte. Da sie mit Syrakus verbündet waren, wurden ihre Inseln 427 – 425 v.Chr. von der Flotte Athens heimgesucht und geplündert. Längere Zeit zwischen Griechen und Karthagern umstritten, wurden die Inseln dann 252 v.Chr. endgültig von den Römern erobert. Diese machten sich die Alaunvorkommen und Thermalquellen zu Nutze.

Geschichte

Nach dem Ende der Antike waren die Inseln Schlupfwinkel von Piraten. Um 836 wurden sie von Arabern, um 1080 von Normannen erobert. 1544 plünderte der Flottenchef des osmanischen Sultans Süleyman der Prächtige, der gefürchtete Chaireddin Barbarossa, Lìpari und versklavte die Bevölkerung. Das veranlasste Kaiser Karl V., zum Schutz der Neusiedler die Zitadelle auf Lìpari zu errichten.

Kapern und Bimsstein

Die Bevölkerung zieht ihren Lebensunterhalt längst nicht mehr nur aus der Landwirtschaft (Malvasia di Lìpari, Kapern), Fischerei und der Arbeit in den Bimssteinbrüchen – Bimsstein wird heute u. a. zum Präparieren von »stone washed« Jeans geschätzt. Der Fremdenverkehr sorgt für einen spürbaren Aufschwung. Zwischen 1880 und 1960 emigrierte über ein Drittel der Bevölkerung nach Australien und Amerika. Heute kehren die Nachkommen zurück und investieren im Tourismus.

✳ Lìpari

Hauptinsel Lipari

Informationen:
www.lipari.com ►

Lìpari (bis 602 m, 37,6 km², 11000 Einw.), das antike Lipara, ist die größte und am stärksten besiedelte Insel. Vulkanischen Ursprungs, steigt sie im Monte Chirica auf 602 m, im südlich davon gelegenen Monte Sant'Angelo auf 594 m an. Der Monte Pelato im Nordosten erreicht noch 476 m, der Monte Guardia im Süden 369 m. Die Westküste fällt steil ab, im Osten und Norden finden sich schmale, ebene Küstenstreifen.

Lìpari *Orientierung*

Übernachten
1. Villa Meligunis
2. Giardino sul Mare
3. Gattopardo Park
4. La dolce Vita
5. Enzo il Negro

Essen
1. Filippino
2. E Pulera
3. La Nassa
4. Kasbah Café
5. Pescecane

© Baedeker

Der Burgberg von Lìpari

Die **Hauptstadt Lipari** (5000 Einw.) liegt an der Ostküste. Ihr Kern ist der Burgberg, eingefasst von der Marina Lunga und der Marina Corta. Die antike Akropolis wurde abgelöst von einer mittelalterlichen Burg (13. Jh.) und der Festung, die Kaiser Karl V. im 16. Jh. nach der Plünderung durch Chaireddin Barbarossa erbauen ließ. Westlich des Burgbergs erstreckt sich die **Neustadt** mit dem langen, geraden Corso Vittorio Emanuele, der von Geschäften, Cafés und Restaurants gesäumten Flanierstraße Lìparis.

Die Treppenstraße Via Concordato führt unmittelbar auf den Dom San Bartolomeo zu, der im 12. Jh. vom Normannenkönig Roger II. errichtet und 1654 im barocken Geschmack umgebaut wurde. Die moderne Bronzetür zeigt die Plünderung der Stadt durch Korsaren. Im Innern eine lebensgroße Silberstatue des Schutzpatrons. Der Normannenkreuzgang mit originellen Tierkapitellen wurde erst vor wenigen Jahren wieder entdeckt.

San Bartolomeo

Das besuchenswerte Archäologische Museum befindet sich in mehreren Gebäuden rund um die Kathedrale. Das ehem. Bischofspalais (10. Jh.) enthält die prähistorische Sammlung, das linke Gebäude die klassische Abteilung (Mo. – Fr. 9.00 – 13.30, 15.00 – 19.00, Sa., So. nur bis 13.00 Uhr). Die bedeutenden stein- und bronzezeitlichen Inselkulturen und ihre weitreichenden Handelsbeziehungen sind chronologisch anhand von Keramik- und Grabfunden dargestellt. Besonders anschaulich ist die Bandbreite neolithischer Obsidianwerkzeuge (5.–3. Jt. v. Chr.), denen Lìpari seinen ersten Wirtschaftsboom ver-

★
Museo Archeologico

dankte. Besonders reiche Ausbeute erbrachte der Bothros von Eolos, ein Behälter für Weihgegenstände aus Lavastein (550 v.Chr.). Im **Pavillon der kleineren Inseln** gegenüber dem Bischofspalast sind Funde von den übrigen Liparischen Inseln ausgestellt. Im nebenan liegenden Haus gibt es eine eigene **vulkanologische Abteilung**, in der der geologische Aufbau der Inseln und der Vulkanismus erklärt wird.

◄ Klassische Abteilung ►

Im Gebäude links von der Kathedrale sind weitere Funde aus den Nekropolen von Lìpari und Milazzo ausgestellt. Von herausragender Bedeutung sind die bunten Vasen des »Lìpari-Malers« (1. Hälfte 3. Jh. v.Chr.), die rotfigurige attische Schale des Pan-Malers (480 – 470 v.Chr.), sizilisch-griechische Keramiken und Schalen mit mythischen Motiven, u.a. dem des Hippolytos: Hippolytos lenkt ein Viergespann mit wilden Pferden, diese werden durch ein Meeresungeheuer erschreckt, der Wagen kippt um und begräbt ihn unter sich. Oder die Darstellung der Hochzeit des Herkules und der Deianeira, Schalen aus Paestum mit mythologischen Szenen aus der Mitte des 4. Jh.s v.Chr. und eine einzigartige Kollektion von Tonstatuetten mit Charaktermasken der Mittleren und Neuen Komödie (4. – 3. Jh. v.Chr.).

Archäologische Zone

Vor den Museen sieht man freigelegte Schichten, die die uralte Besiedlung des Ortes dokumentieren (Hinweistafel). Am Südende der Via Castello wurde der Archäologische Park angelegt, u.a. mit einem kleinen Theater in antiker Form sowie griechischen und römischen Sarkophagen. Diese stammen meist aus dem Ortsteil Diana, wo griechische Siedler seit dem 6. Jh. v.Chr. an der Stelle eines neolithischen Dorfes eine Nekropole anlegten, die später auch von den Römern benutzt wurde. Vom Park hat man einen schönen Ausblick auf die Marina Corta.

Inselrundfahrt

Eine gut ausgebaute Ringstraße (27 km) führt um die Insel. Von Lìpari nordwärts kommt man nach 3,5 km nach Canneto, dem Zentrum der Bimssteingewinnung; von diesem Ort aus kann man zu Fuß die Obsidianfelder und Bimssteingruben von Forgia Vecchia und Rocche Rosse erwandern. Ein Kilometer nördlich von Canneto beginnt die Spiaggia Bianca, der Hauptstrand von Lìpari. Er ist nicht weiß, sondern besteht aus dunklem Kies mit Bimssteinschotter. Weiter entlang der Ost- und der Nordküste fahrend, erreicht man nach 6,5 km Acquacalda. Von seinem lang gezogenen Strand aus dunklem Kies hat man einen Traumblick hinüber zur Insel Salina. Dann verlässt man die Küste und fährt über das auf einer Hochebene gelegene Quattropani (5,2

! *Baedeker* TIPP

Besonderes Glas

Vor der Bronzezeit war Obsidian, ein kieselsäurereiches vulkanisches Gesteinsglas mit Gasresten und weniger als 3 % Wasser, sehr begehrt und wurde bis nach Ägypten exportiert. Aus dem Werkstoff wurden Werkzeuge und Waffen hergestellt. Heute liegt dieser Stein mit seinen messerscharfen Kanten unbeachtet in der Landschaft, u.a. um das Bimsstein-Abbaugebiet zwischen Canneto und Acquacalda.

km) südwärts zum 4 km entfernten Bauerndorf Pianoconte. Bald danach zweigt rechts eine Stichstraße zum Thermalbad San Calògero ab, wo es eine 60° C heiße Schwefel-Bikarbonat-Quelle und ein Kurhaus von 1887 gibt. Bei Bauarbeiten wurden römische Schwitzbäder sowie eine bald 4000 Jahre alte »mykenische« Saunakammer entdeckt. Beim **Belvedere di Quattrocchi** nahe der Südküste bietet sich ein Postkartenpanorama auf Vulcano. Ein Fußmarsch (2 km) führt zur Bucht Spiaggia Valle Muria hinunter. Sie besteht an einigen Stellen aus feinem dunklen Lavasand (Dampfaustritt im Meer). Die Hauptstraße wendet sich nun ostwärts zur Stadt Lìpari zurück (9,5 km südöstlich von Quattropani).

San Calògero

Die besten Bademöglichkeiten sind bei Canneto (Spiaggia Bianca), Acquacalda und der Spiaggia Valle Muria (► oben). Tauchschulen gibt es an der Marina Corta. Fischerkooperativen organisieren Bootsausflüge zu den Felsklippen vor der Süd- und Westküste (Faraglioni, Pietra del Bagno).

Strände

◄ Bootsfahrten

✴ ✴ Vulcano

Vulcano, die 21 km² große, bis zu 499 m hohe und südlichste der Liparischen Inseln, wird durch einen knapp 1 km breiten Kanal (Bocche di Vulcano) von der größeren Nachbarinsel Lìpari getrennt. Im Altertum wurde die Insel Hiera Hephaistou, aber auch Therasia und

Beliebter Kurort

Schlafender Vulkan Gran Cratere auf Vulcano

Thermessa genannt. Heute ist sie dank ihrer Fangotümpel und des zu allen Jahreszeiten heißen Meers ein beliebter Kurort (467 Einw.).

Schlafende Vulkane ► Vulcano besteht zum großen Teil aus den Vulkanen Gran Cratere (391 m), Monte Saraceno (481 m) und Monte Aria (499 m). Während die beiden letztgenannten schon früh erloschen sind, hatte der Gran Cratere zuletzt noch 1889/1890 einen größeren Ausbruch. Heute befindet er sich im Stadium der Solfatara; besonders im Piano delle Grande Fumarole an seinem Südosthang gibt es heiße Schwefeldämpfe und -ausblühungen. Zwischen Gran Cratere und Monte Aria im Osten und dem Monte Saraceno im Westen dehnt sich eine von tiefen Tälern durchzogene grüne Hochebene aus (Süßwasserquellen). Erst in historischer Zeit – 183 v.Chr. – erhob sich laut Plinius im Norden die kleine Kraterinsel Vulcanello (123 m) aus dem Meer, die im 19. Jh. erloschen ist. Mit der Hauptinsel ist sie durch einen schmalen Isthmus verbunden, zu dessen Seiten die beiden Siedlungen Porto di Ponente (im Westen) und Porto di Levante (im Osten, Schiffsanlegestelle) liegen. Der 500 m lange schöne Hauptstrand liegt am Porto di Ponente (feiner Lavasand), beim Osthafen gibt es Thermalquellen, deren Schwefelschlamm heilen soll.

Ausflugsziele Die einzige Inselstraße (8 km) führt in die ländliche Streusiedlung Piano (Hühnerbratereien) und endet in Gelso an einem winzigen Sandstrand (Fischtrattoria). Absolut lohnend, aber nicht ganz ungefährlich ist der ausgeschilderte Aufstieg zum Gran Cratere mit seinen Schwefeldämpfen (1 Stunde). Vulcano lockt außerdem mit besonders schönen Meeresgrotten, u. a. die Grotta del Cavallo im Westen.

✳ Salina

Kaperninsel Salina, die zweitgrößte Insel des Archipels (26,8 km², 2150 Einw.), besteht aus sechs erloschenen Vulkanen. Sie ist weithin erkennbar an ihren zwei Hauptgipfeln, denen sie wohl ihren antiken Namen Didyme (Zwillinge) verdankt: der Monte Fossa delle Felci (962 m) und der Monte dei Porri (850 m) westlich davon, durch das Valdichiesa-Tal voneinander getrennt.

Salina gehört als Einzige nicht zur Gemeinde Lìpari. Es besteht selber aus drei Gemeinden: Santa Marina Salina in der Mitte der Ostküste, an deren Südende sich der Ortsteil Lingua befindet; Malfa auf einer Hochebene an der Nordküste mit dem westlichen Ortsteil Pollara; Leni im Tal zwischen den Hauptbergen nahe der Südküste mit dem nahen Ortsteil Rinella, Zentrum des Unterwassersports. Charakteristisch auf der Insel sind die eingeschossigen Häuser mit ihrem Terrassendach und einer von Säulen getragenen Weinlaube. Der Film »Il Postino« wurde auf Salina gedreht (1994; ►Baedeker Special S. 92).

Vegetation Salina besitzt Wasser, ist daher besonders fruchtbar. Die üppige Flora lässt es freundlicher und weniger bizarr als die Nachbarinseln erscheinen. In den höheren Lagen wuchert mannshohe Macchia, wei-

Schöner Sandstrand in Rinella, dem Zentrum des Unterwassersports auf Salina

ter unterhalb Feigenkaktusse, Kapernsträucher und auf Terrassen angebauter Wein. Die **Kapern** von Salina sind wegen ihres Aromas berühmt und der gold- bis bernsteinfarbene **Malvasia** – es gibt eine natursüße Version, einen Passito mit üppigerer Süße und einen alkoholstarken Liquoroso – erzielt Spitzenpreise.

Eine 17 km lange u-förmige Straße verbindet die Orte miteinander (gutes Busnetz). Lohnende Ausflugsziele sind die Wallfahrtskirche Madonna del Terzito (1630) im schönen Valdichiesa westlich von Leni und der zum Meer hin abbrechende Krater von Pollara.

Inselrundfahrt

Für Vulkanbesteiger und Naturliebhaber ist die Insel ein Paradies (markierte Wanderwege). Strände finden sich bei Lingua und Santa Marina Salina (Kies) sowie bei Rinella (Sand). Gelegenheit für Unterwassersport gibt es bei Pollara, an der nördlich davon gelegenen Punta und in Rinella, bei welchem man auch Sconcassi (Ausströmungen von Schwefelwasserstoff) findet. Von Malfa kann man mit dem Boot zum eindrucksvollen Naturbogen bei der Punta del Perciato und dem Faraglione di Pollara fahren.

? WUSSTEN SIE SCHON …?

- Vielleicht kommt er aus Kleinasien, vielleicht aus der Sahara, der dornige Kapernstrauch »Capparis spinosa«. Seine Blüten sind so schön wie Orchideen, aber wenn die Kaper blüht, ist es für die Ernte zu spät. Denn alles dreht sich um die dunkelgrünen Knospen, die in mühevoller Handarbeit gepflückt, in Meersalz eingelegt und schließlich in Salz, Essig oder Öl konserviert verkauft werden. Das große Kapernfest, die »Sagra del cappero«, findet jedes Jahr am 1. Juniwochenende in Pollara statt.

✳ Filicudi

Das 9,5 km² große Filicudi, das antike Phoinikussa, gehört zu den westlichen der Liparischen Inseln. Über 1000 m tiefes, fischreiches Meer trennt es von den Nachbarinseln Alicudi und Salina. Es ist ein zerklüfteter Kegel mit den drei erloschenen Vulkanen Fossa delle Felci (773 m), Montagnola (383 m) und Torrione (280 m). Im Südosten schließen sich eine kleine Ebene und die Halbinsel Capo Graziano (174 m; Abb. S. 18) an. Felsen, kleine Inseln und Klippen (u.a. die 85 m hohe Canna) sowie einzelne grüne Terrassen prägen das Bild der zu drei Vierteln unter Naturschutz stehenden Landschaft. Bei einer Bootsfahrt kann man mehrere Meeresgrotten besuchen, darunter die geräumige Grotta del Bue Marino an der Südwestküste.

Auf der Halbinsel Capo Graziano im Südosten wurde eine bronzezeitliche Siedlung mit Ovalhäusern und einer kleinen Felsnekropole (18.–13. Jh. v.Chr.) gefunden; vorgeschichtliche Siedlungen gab es auch im Piano del Porto. Die 245 Bewohner leben wie im Altertum hauptsächlich im Südteil der Insel: in den Häfen Filicudi Porto und Pecorini sowie in Valdichiesa, das seinen Namen nach einer Kirche des Heiligen Stefan hat.

✳ Alicudi

Alicudi, das antike Erikusa (Heidekraut), ist die westlichste der Liparischen Inseln und liegt 16 km westlich von Filicudi. Die fast kreisrunde, 5,2 km² große Insel hat die Form eines stumpfen Kegels.

Auf der kleinen Insel Alicudi geht es recht gemächlich zu.

Höchste Erhebung ist der 675 m hohe Filo dell'Arpa (auch Timpone della Montagnola genannt). Sein Westhang besteht aus korrodierter Lava, an der Ostseite werden auf Terrassen Feigen, Mandeln und Weinreben angebaut. Statt Straßen gibt es Treppenwege, statt Autos Maulesel. Grabfunde aus dem 4. Jh. v. Chr. belegen, dass die Insel auch im Altertum bewohnt war.

Schiffsanlegestelle ist **Alicudi Porto** im Südosten der Insel. Gut die Hälfte der Bevölkerung (100 Seelen) sind Aussteiger aus Deutschland und Norditalien. Alicudi hat erst seit 1990 Strom; im Sommer öffnet das einzige Inselhotel.

✳ Panarea

Panarea, 15 km nordöstlich von Lìpari gelegen, ist die kleinste und feinste der Liparen (bis zu 420 m, 3,4 km², 270 Einw.). Zusammen mit den unbewohnten Felseninseln Basiluzzo, Spinazzola, Panarelli, Lisca Bianca, Lisca Nera, Bottaro, Dáttilo und Le Formiche bildet es einen Archipel, Überrest eines teilweise im Meer versunkenen Vulkans. Die vulkanische Natur äußert sich in Fumarolen (Conca della Calcara im Norden, wo der Boden fast 100 °C heiß ist) sowie Heilquellen mit 50 °C warmem Wasser im Dorf San Pietro. Auf der Westseite von Panarea fallen die Felswände steil zum Meer ab. Die Osthälfte Panareas bedeckt ein grüner, wildwürzig duftender Macchiamantel. Im Sommer Refugium der italienischen Schickeria, ist Panarea ein grünes Wanderparadies mit kulinarischer Note.

Das Dorf Panarea besteht aus den Ortsteilen Ditella (Norden), San Pietro an der gleichnamigen Cala (Mitte; hier legen die Aliscafi an) und Drauto (Süden). Von San Pietro und Ditella aus kann man den 420 m hohen Timpone del Corvo besteigen und von Drauto aus die **prähistorische Siedlung** mit 23 ovalen Hütten aus dem 14. – 13. Jh. v. Chr. besuchen, die 1948 auf der nach Süden vorspringenden, felsigen Punta Milazzese oberhalb der malerischen Badebucht Cala Junco ausgegraben worden ist.

Die schönste Badebucht ist die Cala Juneo zu Füßen der Punta Milazzese, ein familienfreundlicher Sandstrand liegt in der Caletta dei Zimmeri. Das klare und fischreiche Wasser zieht Unterwassersportler an. Empfehlenswert ist auch ein Bootsausflug zum Felseneiland **Basiluzzo** (165 m, 3,5 km nordöstlich). Interessant sind die Ruinen einer römischen Villa, der Überrest eines römischen Hafenbeckens ist bei der Anlegestelle auf dem Meeresboden sichtbar.

Mondänes Naturjuwel
◄ Informationen:
www.ama
panarea.it

◄ Freizeit

✳ ✳ Strómboli

Strómboli, die Isola di Fuoco (Feuerinsel; bis zu 924 m, 12,6 km², 650 Einw.) im äußersten Nordosten des Inselreichs, ist berühmt für den einzigen noch aktiven Vulkan des Archipels – jenen Berg, der seit dem Altertum nachts den Seeleuten als »Fackel des Meeres« und gigantischer Leuchtturm den Weg weist. Er gipfelt in der Serra Van-

Vulcanissimo!

cura (924 m); die Eruptionen erfolgen in etwa 700 Meter Höhe. Die letzten größeren Ausbrüche ereigneten sich 1930, 1971, 2002/2003 und 2007. In kurzen Abständen schleudert er glühende Lavamassen in den Himmel, die entweder in den Krater zurückstürzen oder am Nordwestabhang in den Sciara del Fuoco zum Meer hinunterstürzen. Da hier keine Siedlungen sind, besteht für die Bevölkerung keine Gefahr.

Einen starken Kontrast zur schwarzen Wand der Sciara del Fuoco bildet die üppige Vegetation mit Macchia, Palmen, Obstbäumen und rankenden Bougainvilleas auf der Ostseite der Insel.

Der Ort **Stròmboli** im Nordosten der Insel besteht aus zwei Dörfern: San Bartolo und San Vincenzo mit der gleichnamigen Kirche. Zwischen ihnen befindet sich die Anlegestelle Ficogrande. Entgegengesetzt, an der Südwestküste, liegt der kleine Ort Ginostra, den man nur mit dem Boot erreichen kann. Typisch auch hier die flache Bauweise einstöckiger Häuser mit Terrassendach und Pergola.

Spiel mit dem Feuer auf Stròmboli und trotzdem unbedingt empfehlenswert: eine geführte Wanderung zum Kraterrand

Der – nicht einfache – Aufstieg zum Vulkan benötigt gut drei Stunden. Er sollte so beginnen, dass man das Schauspiel bei Dunkelheit beobachten kann. Über San Bartolo geht der Weg zum ehemaligen Observatorium an der Punta Labronzo und weiter über Geröllfelder bis zur Kuppe, wo man dem Krater auf etwa 250 m gegenüber steht und sich einen geschützten Beobachtungsplatz sucht (nur mit Führung; zu buchen u. a. bei Magmatrek, Via Vittorio Emanuele, Tel. 09 09 86 57 68, www.magmatrek.it).

Vulkanaufstieg

Bei der Bootsfahrt nach Ginostra passiert man die wild zerklüftete Südküste. An der Nordküste beeindruckt das nächtliche Schauspiel der glühend ins Meer stürzenden Lavabrocken. 2 km nordöstlich von Stròmboli erhebt sich die Basaltklippe **Strombolicchio** aus dem Meer. Über 200 Stufen führen zur Terrasse beim Leuchtturm des 43 m hohen Felsens.

Bootsausflüge

✴ Marsala

C 6

Provinz: Tràpani   **Höhe:** 12 m ü.d.M.
Einwohnerzahl: 83 000

Die lebhafte Barockstadt an der Westküste Siziliens verdankt den Karthagern ihre Gründung, den Arabern ihren Namen, dem Engländer John Woodhouse ihren weltberühmten Wein und Garibaldi ihren patriotischen Ruhm.

Die Westspitze Siziliens am Kap Boeo, nur 140 km von Tunesien entfernt, war von jeher ein Orientierungspunkt für die Schifffahrt. Hier gründeten die Karthager, nachdem sie 397 v. Chr. ihren Stützpunkt Motya (► Mózia) verloren hatten, die Stadt Lilybaeum und bauten sie zur starken Seefestung aus. Diese fiel beim Friedensschluss nach dem 1. Punischen Krieg 241 v. Chr. an Rom. Als erster Bischof ist Pascasinus überliefert, der 440 vom Vandalenkönig Geiserich mit Teilen der Bevölkerung nach Nordafrika verschleppt wurde und nach seiner Rückkehr im Auftrag von Papst Leo d. Gr. 451 am Konzil von Chalkedon teilnahm. Als die Araber 827 im nahen Mazara landeten, gaben sie dem Ort den Namen Mars-al-Allah (Hafen Gottes), wovon sich der heutige Stadtname herleitet. Auch die Normannen förderten die Stadt, die unter Roger I. befestigt wurde. Kaiser Karl V. aber ließ 1541 bei seinem wenig erfolgreichen Kampf gegen die algerischen Piraten den Hafen zuschütten. Damit verlor Marsala seine Bedeutung an Tràpani.
Einen Aufschwung erlebte Marsala erst, als der Engländer John Woodhouse aus Liverpool 1773 mit der Erzeugung von Marsalawein begann, der die Portwein-Konkurrenz alsbald aus dem Felde schlug. Bald nach 1806 eröffnete ein anderer Brite, Benjamin Ingham, eine

Geschichte

● MARSALA ERLEBEN

AUSKUNFT

Pro Loco
Via XI Maggio 100
91025 Marsala
Tel. 09 23 71 40 97

AUSGEHEN UND WEINPROBE

Im Sommer spielt sich das Nachtleben am Lungomare ab.
Sehr guten und erschwinglichen Wein gibt es u. a. in der Cantina Pellegrino (Via Fante 39, Tel. 09 23 71 99 11, www.carlopellegrino.it, Führungen Mo. – Fr. 9.00 – 12.30, 15.00 – 18.00).

ESSEN

▶ **Erschwinglich**

① *Divino Rosso*
Via XI Maggio/
Largo A. di Girolamo 1
Tel. 09 23 71 17 70
Mo. geschl.; elegantes Restaurant und Enoteca in einem schönen Palazzo; den Aperitif nimmt man an der Bar und entscheidet dann, ob man drinnen oder draußen speisen möchte.

② *Garibaldi*
Piazza dell'Addolorata 35
Tel. 09 23 95 30 06
Sa. geschl.; gemütliche Trattoria in der Altstadt hinter der Chiesa Madre; typische Meeresgerichte – eine Spezialität: Couscous mit Fisch

ÜBERNACHTEN

▶ **Komfortabel**

① *President*
Via Nino Bixio 1
Tel. 09 23 99 93 33
Fax 09 23 99 91 15
www.presidentmarsala.it

128 Z.; in dem recht zentral gelegenen Hotel sind Geschäftsleute, Reisegruppen und Individualreisende gut untergebracht.

② *Villa Favorita*
Via Favorita 27
Tel. 09 23 98 91 00
Fax 09 23 98 02 64
www.villafavorita.com
87 Z.; schöne Villa in einem Park; auf dem Gelände gibt es auch kleine Bungalows; mit gutem Restaurant

ähnliche Fabrik, und bis 1814 gab es allein vier britische Kellereien in Marsala und mehrere in Mazara – passenderweise war der Schutzpatron der Stadt der Heilige Thomas Becket von Canterbury!

Tausend Rothemden ▶ Am 11. Mai 1860 landete Giuseppe Garibaldi und trat mit seinen tausend schlecht ausgerüsteten, aber hochmotivierten Freischärlern seinen berühmten Siegeszug gegen die bourbonischen Truppen an.
Auf den Tag genau 83 Jahre später, am 11. Mai 1943, brachten Luftangriffe verheerende Schäden.

Marsala Orientierung

Map of Marsala showing:

Mózia, Via A. De Gasperi, Battisti, Via Colocasio, Lido Boeo, Insula Romana, Viale Plave, San Francesco, Villa Cavallotti, Piazza G. Marconi, Corso Gramsci, Capo Giamsa, Trapani, Atleti, Via degli, Baglio Anselmi Museo, Capo Boeo, Viale Vitt. Veneto, P.za d. Vittoria, Via XI Maggio, Via Frisella, Largo Sansone, Via Pascasino, Stadio, San Giovanni, Porta Nuova, Ex Collegio Gesuitico, San Pietro, P.za Sutera, Chiesa del Collegio, Piazza Castello, Santa Maria della Grotta, Mare Mediterraneo, Duomo, P.za d. Repubblica, Palazzo VII Aprile, San Matteo, Museo d. Arazzi, Carmine, Municipio, P.za Matteotti, Via Istria, Porta Garibaldi, P.za del Popolo, Alagna, Via del Mille, Via Boeo, Via Roma, Nuccio, Sbarco, Via Roma, 300 m, ©Baedeker, Via M., Via Mazzini, P.za Piemonte e Lombardo, Porto, Via d., V. Crispi, Stazione

Übernachten
① Presidente   ② Villa Favorita

Essen
① Divino Rosso   ② Garibaldi

Marsala wird aus Grillo-, Damaschino-, Insolia- und Catarratto-Trauben gewonnen. Aus gekochtem Most (Concia) und verschiedenen Aromastoffen entsteht nach alten Firmentraditionen ein Dessertwein, dessen Alkoholgehalt 13 – 16 % beträgt; das Gütezeichen ist SOM (Superior Old Marsala). Die Jahresproduktion beläuft sich auf etwa 3 Mio. Hektoliter, die sich die englischen mit einheimischen Firmen wie Florio, Rallo und De Bartoli teilen. Man unterscheidet mehrere Qualitätsgrade: Der Marsala Fine entsteht nach einer viermonatigen Lagerung in Steineichenfässern, der Marsala Superiore setzt eine Lagerung von zwei Jahren voraus, und die letzte Stufe, den Vergine oder Soleras, gewinnt man erst nach fünf Jahren.

Marsala-Wein

Die Kellereien (Baglio) liegen zwischen Kap Boeo und Hafen. Sie sind zur Besichtigung und zur Weinprobe für Besucher offen (Infos beim Fremdenverkehrsamt). Heute wird um Marsala, Álcamo, Salemi, Menfi und Castelvetrano außerdem leichter Bianco erzeugt, der sizilianischen Wein weltweit erfolgreich gemacht hat.

Tipp: Weinverkostung und -verkauf z. B. in der Enoteca La Ruota, Lungomare Boeo 36A (Tel. 09 23 71 52 41, neben dem Archäologischen Museum). Wer mehr wissen möchte: Die Weinkellerei Montalto unterhält etwa 5 km südlich von Marsala ein kleines **Weinmuseum** (Enomuseo mit angeschlossenem Restaurant; Contrada Berbaro, Tel. 09 23 96 96 67, www.cantinemontalto.com).

Sehenswertes in Marsala

Mittelpunkt ist die **Piazza della Repubblica** an der langen Straßen-
achse, die die Stadt von Nordwesten nach Südosten durchzieht (Via
Vittorio Veneto – Via XI Maggio – Via Calatafimi). An der einen
Schmalseite dieses rechteckigen Platzes steht der im 16. Jh. errichtete
Palazzo VII Aprile mit lichter Rundbogenloggia und beherrschendem

San Tomaso Mittelturm. Im Winkel dazu erhebt sich die imposante Fassade des
Domes San Tomaso. Er ist eine Säulenbasilika normannischen Ur-
sprungs, die im 18. Jh. völlig erneuert wurde. Sie beherbergt mehrere
Werke der Familie Gagini.

Museo degli Arazzi Berühmt ist die früher in der Kirche aufbewahrte Folge von acht
großen **flämischen Bildteppichen** aus Brüssel. Nach gründlicher Restaurierung sind sie seit 1984 im Museo degli Arazzi ausgestellt (Via
Garraffa 57; Di.–Sa. 9.30 bis
13.30, 16.30–18.00, So. nur
bis 13.00 Uhr).

Die etwa 1565–1570 geschaf-
fenen Teppiche behandeln
Themen aus dem Jüdischen
Krieg, der mit der Zerstörung
Jerusalems durch Titus im
Jahre 70 endete. Die kostbaren
Stücke stammen aus dem Be-
sitz des in Marsala geborenen
Erzbischofs Antonio Lombar-
do von Messina, der zweimal
in diplomatischer Mission in
Madrid war und die Teppiche
vom spanischen König Philipp
II., zu dessen Reich damals
Flandern gehörte, als Geschenk
erhielt. Er vermachte sie seiner
Vaterstadt Marsala, in deren
Chiesa Madre er 1596 beige-
setzt wurde.

Geht man vom Teppichmu-
seum aus ein wenig weiter, so
stößt man auf ein Plätzchen
mit der hochbarocken Fassade
der **Chiesa del Purgatorio**
(1701), die heute als Auditorium Santa Cecilia genutzt
wird. Von der Piazza della Repubblica führt die Via Garibaldi in südwestlicher Richtung

*San Tomaso, normannischer Dom mit
schmucker Barockfassade*

zunächst zum Municipio (in einem spanischen Palazzo von 1576) und an diesem vorbei zur **Porta Garibaldi** (früher Porta di Mare), die im 17. Jh. in Form eines römischen Triumphbogens errichtet wurde. Unmittelbar daneben erhebt sich die barocke Kirche Sant' Addolorata.

Von der Piazza della Repubblica in nordwestlicher Richtung – Via XI Maggio – passiert man die Klosterkirche San Pietro (1569) mit ihrem mächtigen Turm und einem mit Majolika verkleideten Helm. In der Grotte unterhalb der Kirche gibt es ein römisches Mosaik.

San Pietro

Am Ende der Straße wurde 1789 die **Porta Nuova** errichtet, vor der die Piazza Vittoria liegt. Nördlich schließt sich der schmalrechteckige Park der Villa Cavalotti an, begrenzt von Resten einer spanischen Bastion.

Nach Nordwesten hin zum Kap Boeo erstreckt sich freies Gelände; hier lag die antike Stadt Lilybaeum, von der ein Teil – die **Insula Romana** – ausgegraben worden ist; zu sehen ist u.a. eine kleine Thermenanlage mit Mosaiken (Mo. – Sa. 9.00 – 13.00 und 15.00 Uhr bis 1 Std. vor Sonnenuntergang; Auskunft im Archäologischen Museum).

Baedeker TIPP

Antichi Sapori

Viele verschiedene Weine, aber auch Saucen, süße Leckereien, Kräuter, Gewürze und andere Essenzen – kurz fast alle traditionellen italienischen »sapori« (= Geschmacksrichtungen, Gewürze) gibt es hier zum Kaufen. Teilweise können sie auch zuerst probiert werden: Enoteca Antichi Sapori, Via XI Maggio 10 in der schönen Altstadt.

Das besuchenswerte Museum liegt an der Uferstraße unmittelbar am Kap (Lungomare Boeo; Di. – So. 9.00 – 19.00, Mo. 9.00 – 13.30 Uhr). Einst war es der Feudalsitz (= Baglio) eines der Nobili von Marsala. In der linken Halle sind Funde aus Marsala (Lilybaeum), Mózia und Umgebung ausgestellt; in der Raummitte Mosaikböden und ein großes Modell des römischen Lilybaeum.
Die rechte Halle wird beherrscht von einem 35 m langen punischen Schiffsrest aus dem 3. Jh. v.Chr., der im Meer bei Mózia gefunden und rekonstruiert wurde.

Museo Archeologico Baglio Anselmi

★

 Nave Punica

Der schlichte Bau mit einem Portal von 1555 südlich vom Museum löste eine frühchristliche Kirche aus dem 5. Jh. ab. Vom ursprünglichen Bau ist das Taufbecken erhalten, das örtlicher Tradition zufolge zum antiken Orakelheiligtum der Sibylle von Lilybaeum gehörte.

San Giovanni

Westlich am Kap Boeo steht eine einzelne römische Säule. Die Inschrift erinnert an Scipio Africanus, der von hier aus 146 v.Chr. zum Vernichtungsangriff auf Karthago ansetzte, und an die Landung Garibaldis am 11. Mai 1860. Schließlich sei der **Weinbrunnen** von Salvatore Fiume erwähnt (1982; Piazza F. Pizzo südlich des Bahnhofs).

Römische Säule

Zwischen Marsala und Tràpani

Via del Sale

An der etwa 30 km langen, sog. Salzstraße zwischen Marsala und ▶ Tràpani (eine Parallelstraße zur SS 115) liegen mehrere Salzgärten. In den flachen Becken verdunstet Meerwasser, zurück bleibt eine Schicht kristallisierten Salzes. Die »Ernte« wird zu Salzhügeln aufgetürmt und mit Ziegeln abgedeckt. Mehr über die Jahrhunderte alte Methode der Salzgewinnung erfährt man im Salzmuseum **Mulino Salina Infersa**. An Werktagen sind einige Windmühlen in Betrieb, die das Salzwasser von einem Becken in das nächste pumpen (Contrada Ettore Infersa; Mai – Sept. tägl. 9.30 – 13.00, 15.00 bis Sonnenuntergang). Im **Museumsladen** gibt es sizilianisches Meersalz mit dem rosa Flamingo auf dem Karton zu kaufen, nebenan das nette Café bzw. Ristorantino Mamma Caura, einen der zwei Anleger für die Bootsfahrt nach ▶Mózia sowie ein Kanuverleih.

www.saline
ettoreinfersa.com ▶

🕐

✹ Mazara del Vallo

D 7

Provinz: Tràpani   **Höhe:** 8 m ü.d.M.
Einwohnerzahl: 51 500

Der alte, an der Mündung des Fiume Mazaro und an der südlichen Westküste Siziliens gelegene Hafenplatz Mazara del Vallo ist einer der wichtigsten Fischereihäfen Italiens.

Geschichte

Das phönizische Mazara wurde nach der Gründung von ▶ Selinunt zu dessen Hafen. 409 v.Chr. nahm Hannibal den Ort am Beginn seines Zuges gegen die Griechenstädte Südsiziliens ein. Weitere Zerstörungen brachten die Römer im 1. Punischen Krieg (264 – 241 v.Chr.). 827 begann hier die Eroberung durch die Araber, die Mazara zum Hauptort einer der drei sizilischen Provinzen machten, des Val di Mazara, das Westsizilien umfasste (neben dem Val di Noto im Südosten und dem Val Démone im Nordosten). 1072 wurden sie von den Normannen abgelöst. Roger von Hauteville richtete hier seine provisorische Regierung ein und berief das erste Adelsparlament der europäischen Geschichte nach Mazara ein.

Sehenswertes in Mazara

Hafen

Seit der Antike ist der Flusshafen der wirtschaftliche Mittelpunkt. Rings um ihn spielt sich das Leben der Fischer – größtenteils tunesische Gastarbeiter – ab. Im Süden schließt das geräumige Becken des neuen Hafens an (Schiffe nach Pantellería und Porto Empédocle).

San Nicolò Regale

An der Ostseite des Porto di Canale steht etwas erhöht die kleine Normannenkirche San Nicolò Regale, ein quadratischer Baukörper

Rings um den Hafen spielt sich das Leben der Fischer von Mazara del Vallo ab.

des 11. oder 12. Jh.s, dessen Grundriss – wie Trinità di Delia bei ▶ Castelvetrano – dem Vorbild byzantinischer Kirchen folgt. Die Außenseiten weisen je drei dreimal gestufte Blendbögen auf, die die Fenster umgeben. Am Chor treten die drei Apsiden hervor. Den oberen Abschluss bildet ein Zinnenkranz. Die Kuppel im Innern wird von vier Säulen mit antiken Kapitellen getragen.

Kasbah

Das im Norden von hier gelegene Viertel um die Via Bagno geht auf die arabische Epoche zurück. Heute leben in der Kasbah hauptsächlich seit den 1960er-Jahren eingewanderte Nordafrikaner.

Palazzo dei Cavalieri di Malta

Folgt man dem Küstenverlauf vom neuen Hafen in südöstlicher Richtung, gelangt man zur Mündung des Mazaro. Hier erhebt sich mit breiter Front und reich geschmücktem Portal der ehemalige Palast der Malteserritter (16./17. Jh.), heute Rathaus (Municipio).

Museen
🕐

Im Museo Civico an der Piazza San Bartolomeo (ehemaliges Jesuitenkolleg, 17. Jh.; tägl. 10.00 – 12.30 Uhr) sind lokale Fundstücke aus der römischen Antike und eine Gemäldesammlung zu sehen.

◀ Museo del Satiro Danzante

1988 ging Fischern zwischen Sizilien und Tunesien die Statue eines Satyrs ins Netz. Der Bronzeskulptur aus dem 4./3. Jh. v. Chr. fehlen das Schwänzchen, die Arme zu mehr als der Hälfte und das linke Bein. Vielleicht handelt es sich bei dem auf einem Bein herumwirbelnden Gefährten des Dionysos um die im Altertum berühmte Figur des **Praxiteles** (Piazza Plebiscito, tägl. 9.00 – 18.00 Uhr).

🕐

▶ MAZARA DEL VALLO ERLEBEN

AUSKUNFT

Ufficio Informazione
Piazza Santa Veneranda 2
91026 Mazara del Vallo
Tel. & Fax 09 23 94 27 76

ESSEN

▶ Fein & teuer

① *Pescatore*
Via Castelvetrano 191
Tel. 09 23 94 75 80
Mo. geschl.; Fisch in allen Varianten
und scharfe Nudelgerichte

▶ Erschwinglich

② *La Bèttola*
Via Maccagnone 32
Tel. 09 23 94 64 22
So. geschl.; beliebtes Restaurant,
v. a. Fischgerichte

ÜBERNACHTEN

▶ Luxus

① *Kempinski Giardino di Costanza*
Via Salemi km 7, 100
Tel. 09 23 67 50 00
Fax 09 23 67 58 76
www.kempinski-sicily.com
91 Z.; das 2005 in einem großen Park
6 km vom Meer eröffnete Hotel bietet
allen erdenklichen Komfort und Entspannung im hoteleigenen Spa.

▶ Komfortabel

② *Hopps*
Via G. Hopps 29
Tel. 09 23 94 61 33
Fax 09 23 94 60 75
www.hoppshotel.it
188 Z.; auch wenn der äußere An-
schein trügt, es ist eine gute Adresse
mit hübschem Innenhof.

Sant'Ignazio   Die anschließende Kirche Sant'Ignazio wurde 1701 – 1714 über quer-
ovalem Grundriss auf einem Vorgängerbau errichtet.

Piazza della   Eine Gasse führt hinter Sant'Ignazio rechts zur Piazza della Republi-
Repubblica   ca. Der rechteckige, großzügige Platz wird vom San-Vito-Brunnen
(Ignazio Marabitti, 1771) beherrscht. Umgeben wird er von imposanten Barockbauten, u. a. dem Bischofspalast (1596; im 18. Jh. verändert) und dem kirchlichen Seminargebäude (Seminario) mit seinen zweigeschossigen Bogenhallen (1710).

Santissimo   Diese dreischiffige, kreuzförmige Säulenbasilika ist eine normanni-
Salvatore   sche Gründung. Errichtet um 1086, wurde sie nach 1696 barock ver-
größert und erhielt 1906 eine neue Fassade. Reste der ursprünglichen
Außengliederung sieht man noch an der Ostapsis. Westbau und Vierungskuppel der späteren Umgestaltung beherrschen den Platz.
Im Innern der Kathedrale beeindrucken die klaren Maßverhältnisse
und die Ausmalung des Gesamtraumes. Eine freiplastische Gruppe
der Verklärung Christi auf dem Berg Tabor, ein Werk von Antonello
Gagini oder seinem Sohn Antonino (1537), prägt den Chorraum.
Die katholische Kirche nahm das Fest der Verklärung erst 1457 auf,
während es in der byzantinischen Kunst seit jeher ein häufiges Motiv
ist. W. Krönig erklärt sein Vorkommen in Mazara damit, dass der

Mazara del Vallo *Orientierung*

vor den Türken aus Byzanz geflohene griechische Kirchenfürst Bessa-
rion 1449–1458, obwohl er in Rom residierte, Bischof von Mazara
war und seiner Kathedrale eine Ikone der Verklärung schenkte. In
der Nordwestecke des Doms steht ein Sarkophag ähnlich demjenigen
Friedrichs II. in Palermo, allerdings nicht aus kaiserlichem Porphyr,
sondern aus grünem Marmor. Das 3,15 m hohe bemalte Holzkruzifix (nach 1200) in der Apsiskapelle des nördlichen Querhausarmes
ist wohl das älteste von zahlreichen gemalten Kruzifixen in Sizilien.

Die Parkanlage Villa Garibaldi verläuft parallel zur Uferstraße. An ihrem Südostende, am Übergang zur Piazza Mokarta, steht die Ruine
eines normannischen **Kastells**; eine Inschrift erinnert daran, dass
Graf Roger das Kastell von Mazara im Jahre 1072 erbaut hat.

Villa Garibaldi

Von der Piazza Mokarta führt die Via Giuseppe wieder zur Piazza
Plebiscito, vorbei an der Ostapsis des Domes. Hier schließt rechts die
Piazza Santa Caterina mit der gleichnamigen Kirche an (im Innern
eine Katharinenstatue von Antonello Gagini, 1524).

Santa Caterina

Die Via di San Michele mündet in einen Platz, an dem die Benediktinerinnenkirche Santa Veneranda steht. Sie ist ein reizvoller, kreis-

Santa Veneranda

runder überkuppelter Bau mit vier kurzen Kreuzarmen (vermutlich nach 1651), dem um 1750 eine hohe und – mit Rücksicht auf die Platzfront – schräg gestellte Doppelturmfassade vorgeblendet wurde.

Tonarella Zwei Kilometer außerhalb (in südlicher Richtung) erstreckt sich ein schöner Sandstrand.

Umgebung von Mazara del Vallo

Cave di Cusa Die antiken Steinbrüche von Selinunt (15 km östlich) erreicht man auf der SS 115 bis zur Bahnstation Campobella di Mazara, überquert die Bahn und biegt dann scharf rechts ein (▶Castelvetrano). Sehenswert ist auch die **Chiesa Trinità di Delia** (▶Castelvetrano).

✴ Messina

V 3

Provinzhauptstadt   **Höhe:** 3 m ü.d.M.
Einwohnerzahl: 243 000

Messina, drittgrößte Stadt der Insel, ist das »Tor Siziliens«: Hier betritt der Bahn- und Autoreisende zuerst sizilischen Boden, begrüßt von der großen Marienstatue am Hafen mit der Sockelinschrift »Vos et ipsam civitatem benedicimus« (»Wir segnen Euch und Eure Stadt«) – einem Zitat aus einem Brief, den Maria, der Legende zufolge, den Christen der Stadt hat zukommen lassen.

Messinas Naturhafen, die Lage an der so genannten Straße von Messina, die hier gerade 3 km breit ist, und die Nähe zum Festland sind Faktoren, die seit dem Altertum die Stadtgeschichte bestimmt haben. Heute ist Messina, zwischen Meer und Peloritanischen Bergen gelegen, eine moderne Stadt mit breiten Straßen, vielen Hochhäusern und großen Plätzen, ein Zentrum von Handel und Verkehr. Lebendig ungeachtet aller Wechselfälle, die Natur und Geschichte ihr bis hin zum Erdbeben von 1908 und den Bomben der Alliierten des Jahres 1943 gebracht haben.

»Straße von Messina« Die Meeresstraße, Lo Stretto di Messina, ist geologisch ein vor etwa 600 000 Jahren entstandener Grabenbruch, durch den Sizilien zur Insel wurde. Durch die trichterförmige Gestalt der Meeresstraße, die bei Messina zur Meeresenge wird, sind die Gezeitenströmungen hier stärker als sonst im Mittelmeer; sie schlagen im Wechsel von je sechs Stunden um und erreichen eine Geschwindigkeit bis zu 10 km/Std. Das hat zwei Folgen: Das Meereswasser, stets in Bewegung und daher sauerstoffreich, lockt Plankton in großer Menge an und dieses wiederum Schwärme von Fischen – ein Dorado für Fischer. Zum anderen brachten gerade die wechselnden Strömungen früher Probleme für die Schifffahrt. Das spiegelt sich in dem alten Mythos von den Meeresungeheuern **Skylla und Charybdis**, den wir aus der Odyssee des Homer kennen: Skylla raubt die Männer von den Schiffen und Charybdis zieht jeden Seefahrer hinab, der ihr zu nahe kommt. Dieser Mythos lebt in dem Ortsnamen Scilla am kalabrischen Ufer und dem Strudel Cariddi vor der Nordostecke Siziliens weiter. Der Grabenbruch der Straße von Messina hat auch zur Folge, dass hier ein äußerst aktives **Erdbebengebiet** ist.

1985 ist vom römischen Parlament der **Bau einer Hängebrücke** über den Stretto beschlossen worden. Technische Probleme und die Finanzierung haben dieses ehrgeizige Projekt viele Jahre verzögert. Nun steht immerhin der Zeitplan für den Bau (►Special S. 72).

Schon in vorgriechischer Zeit war der strategisch günstig gelegene Platz von Sikulern besiedelt. Ins Licht der Geschichte tritt er um 730 v. Chr. Damals wurde die Stadt von Griechen gegründet, die von Chalkis auf Euböa aus die Stadt Kyme (lateinisch Cuma) westlich von Neapel – als erste griechische Siedlung auf italischem Boden –

Kultureller Brückenkopf

◄ weiter auf S. 266

Messina, das »Tor Siziliens«

▶ MESSINA ERLEBEN

AUSKUNFT

Servizio Turistico
Piazza Cairoli 45
98100 Messina
Tel. 09 02 93 52 92
Fax 0 90 69 47 80
www.comune.messina.it

VERKEHR

Eisenbahn- und Autofähren nach
Villa San Giovanni und Reggio di
Calabria; Schnellboote nach Villa San
Giovanni, Reggio di Calabria und zu
den Liparischen Inseln; Fähren nach
Kalabrien und Malta;
Flughafen Aeroporto dello Stretto
(Reggio di Calabria);
Schmalspurbahn Circumetnea von
Giarre-Riposto über Randazzo nach
Catania

GUT ZU WISSEN

Messinas wichtigste Einkaufsmeile ist
der Viale San Martino zwischen
Piazza Cairoli und Viale Europa; hier
und in den Nebengassen bekommt
man alles vom Designer-Modell bis
zum Schnäppchen.

VERANSTALTUNGEN

Umzug der Riesen Mata und Grifone
am 14. August; Vara-Prozession am
15. August zu Ehren der hl. Maria

ESSEN

▶ Erschwinglich

① *Le Due Sorelle*
Piazza del Municipio 4
Tel. 09 04 47 20
Sa. mittag und So. geschl.; kleines
Gourmetlokal mit großer Wein-
auswahl

② *Capo Peloro · Lilla Curro*
Via Lido Ganzirri 19
Tel. 090 39 50 64, Mo. geschl.

Ausgezeichnete Küche in einfachen
Räumlichkeiten – Reduktion auf das
Wesentliche: Fischgerichte

▶ Preiswert

③ *Trattoria del Popolo*
Piazza del Popolo 30
Tel. 090 67 11 48; So. geschl.
Unter Arkaden gibt es bodenständige
regionale Küche, die gut schmeckt.

④ *Trattoria al Padrino*
Via Santa Cecilia 54–56
Tel. 09 02 92 10 00; Sa. abend + So.
geschl. Hier kehren v. a. Einheimische
ein. Cucina messinese, die Gerichte
werden mündlich vorgetragen.

ÜBERNACHTEN

▶ Komfortabel

① *Jolly Hotel dello Stretto*
Via Garibaldi 126
Tel. 0 90 36 38 60, Fax 09 05 90 25 26
www.medeahotels.com, 96 Z.
Gutes Mittelklassehotel; zentral und
daher nicht ganz ruhig; schöner Blick
auf die Meerenge

▶ Komfortabel/Günstig

② *Paradis*
Loc. Contemplazione
Via Consolare Pompea 335
Tel. 0 90 31 06 82, Fax 0 90 31 20 43
www.hotelsparadis.it; 88 Z.
Ein Neubau am Lungomare im Nor-
den der Stadt; Blick auf die Meerenge

③ *Villa Morgana*
Loc. Ganzirri
Via Consolare Pompea 237
Tel. 0 90 32 55 75, Fax 0 90 32 55 77
www.villamorgana.it; 13 Z.
Am Ortsrand von Ganzirri, kleines
Hotel mit Garten, ca. 10 km außer-
halb von Messina

Messina Orientierung

Milazzo

Torre Faro
② ③ ②
Viale Giostra

Museo Regionale

Isole Lipari
(nur Aliscafi)

 appuccini

400 m
©Baedeker

Margherita

Via Palermo

L.go
Cailler

Santa Lucia

Via
Fata Morgana

Fiera
di Messina

Via della Libertà

Via Garibaldi

Regina

La Maria
La Nuova

Santa Maria
dei Angeli

Via
P.za
Casa
Pia

P.za S.
Vincenzo

Via Placida

San
Giuliano

Mare Ionio

Reggio di Calabria, Villa San Giovanni

Maria Santissima
di Pompei

Osservatorio
Meteorologico

Viale

Via S. Giovanni di Malta

Prefettura

San Giovanni
di Malta

Fontana
del Nettuno

P.za
Unità
d' Italia

Taormina

Viale

Boccetta

San Francesco
d' Assisi

Aquario

Villa
Mazzini

Forte
San Salvatore

Maglio

Cristo
Re

Viale Principe Umberto

Viale

P.za
Basicò

Monte
Vergine

Teatro
Vittorio
Emanuele ①

Colonna
Votiva

Monte
di Pietà

Annunziata

Via
S. Camillo

Via Vitt. Emanuele II

①

Santuario
i Montalto

Via XXIV

Municipio

P.za
Antoniello

Garibaldi

Porto

Laterna
Raineri

Via P.
Frumentario

Duomo

Fontana
di Orione

Santissima
Annunziata
dei Catalani

SS
Salvatore

Corso Cavour

Via

Università

P.za
Masuccio

P.za
Maurolico

Museo
Zoologico

Santa Maria
Alemanna

Via L.
Rizzo

Citadella

Carmine

Palazzo
di Giustizia

Via

Santa
Caterina
Valverde

Sant'
Elia

Dogana

P.za
Cavallotti

Stazione
Marittima

to
ito

③ P.za
d. Popolo
Lo Sardo

lino

Via Cesare Battisti

Via

Piazza
Cairoli

Via Ricorsimento

San Martino

Mille

Bassi

Cannizzaro

Piazza
Repubblica

**Stazione
Centrale**

Stretto di Messina

ant'
onio

Via S. Cecilia

Viale

Sen

Maddalena

Ugo

Via Giuseppe La Farina

Via S. Raineri

Palazzo
Gallo

Catania   ④

Catania

Übernachten
① Jolly Hotel
   dello Stretto
② Paradis
③ Villa Morgana

Essen
① Le Due Sorelle
② Lilla Curro
③ Trattoria del Popolo
④ Trattoria al Padrino

DIE SEESCHLACHT VON LEPANTO UND DER ROSENKRANZ

Don Juan d'Austria, Sohn Kaiser Karls V., wurde am 24. Februar 1547 in Regensburg geboren. Von seinem Halbbruder König Philipp II. von Spanien mit kriegerischen und administrativen Aufgaben betraut, hat er in seinem kurzen Leben – er starb 31-jährig an der Pest – Verdienst und Ruhm erworben.

Vor allem durch den Sieg in der Seeschlacht von Lepanto am 7. Oktober 1571 über die osmanische Flotte – einem großen militärischen Unternehmen, zu dem er mit seiner Flotte von Messina aufgebrochen war.
Die europäischen Mächte hatten lange gezögert, bis sie sich zu einem Schlag gegen die Osmanen aufraffen konnten. 1453 war Konstantinopel gefallen und damit das tausendjährige byzantinische Kaiserreich erloschen; im 16. Jh. eroberten die Osmanen nicht nur die Johanniterfestung Rhodos, sondern auch Ägypten und das weitere Nordafrika bis hin nach Tunis und Algier. Eine andere Stoßrichtung bedrohte Europa direkt: die Eroberung von Ungarn und Rumänien und die erste Belagerung Wiens 1529.
Die einzige Mittelmeermacht, die noch ein Gegengewicht darstellte, war Venedig. Doch auch diese Seerepublik erlitt empfindliche Verluste. Die barbarische Grausamkeit des türkischen Befehlshabers Lala Mustafa Pascha gegenüber dem venezianischen Verteidiger Bragadino löste Empörung und Entsetzen aus. Endlich schlossen sich Venedig, Spanien und der Kirchenstaat in der Heiligen Liga zusammen und setzten ihre Flotten in Marsch.

Sieg trotz Unterzahl

Die osmanische Flotte hatte ihre Basis in Naupaktos, dem Lepanto der Venezianer, verlassen und war westwärts in den Golf von Patras gefahren. Hier, bei den Oxia-Inseln, trafen die beiden Flotten am 7. Oktober 1571 aufeinander. Es kam zu einem mörderischen Kampf mit etwa 40 000 Toten, der spanische Dichter Cervantes erlitt eine Verstümmelung der linken Hand. Diese letzte große Galeerenschlacht überhaupt endete mit dem triumphalen Sieg der Heiligen Liga über die zahlenmäßig überlegene osmanische Flotte. Ali Pascha, osmanischer Befehlshaber nahm sich angesichts der Niederlage das Leben. Nach seinem Amtssitz in Lepanto/ Naupaktos wurde das Gefecht fortan

*Am 7. Oktober 1571 besiegte die
Flotte der Heiligen Allianz
unter ihrem Befehlshaber
Don Juan d'Austria
die zahlenmäßig überlegene
türkische Seemacht bei Lepanto.*

die **Seeschlacht von Lepanto** genannt. Ruhmreich kehrte Don Juan d'Austria, der junge Befehlshaber der europäischen Verbündeten, zurück. Schon ein Jahr später wurde ihm in Messina, wo er zu seinem ruhmreichen Unternehmen gestartet war, ein Denkmal errichtet.

Der Rosenkranz entsteht

Es war eine Schlacht von immenser Bedeutung. Nach den erfolglosen Belagerungen von Wien (1529) und Malta (1565) war der Mythos von der unbesiegbaren Militärmacht der Osmanen gebrochen. Nun schrieb man das Verdienst nicht nur Don Juan d'Austria, sondern auch himmlischem Beistand zu. Die Legende erzählt, dass die Gottesmutter Maria durch ihre Fürbitte den Sieg bewirkt habe. Das war Anlass für Papst Pius V., 1572 das Rosenkranzfest einzuführen.

Der Rosenkranz, eine Gebetsfolge zu Ehren der Gottesmutter, basiert auf dem Ave-Maria, das neben dem Vaterunser das am weitesten verbreitete Gebet war. Die Teile dieser Gebetsfolge werden symbolisch als ein Kranz geistlicher Rosen aufgefasst. Ein Vaterunser, zehn Ave-Maria und ein »Ehre sei dem Vater« bilden ein »Gesätz«, der Rosenkranz besteht aus 15 Gesätzen. Fünf bilden den freudenreichen, den schmerzhaften und den

glorreichen Rosenkranz – analog zu Verkündigung und Geburt, Passion und Auferstehung Christi. Rasch hat sich das Gebet allgemein durchgesetzt.

Rosenkranz-Bruderschaften

Am Jahrestag von Lepanto – der 7. bzw. erste Sonntag im Oktober – findet das Rosenkranzfest statt. Im Mittelalter haben sich Bruderschaften gebildet, die auf sozialem Gebiet tätig waren. Auch heute organisieren bzw. finanzieren sie u. a. die aufwendigen Umzüge der sizilianischen Heiligenfeste, vor allem in der Karwoche. Rosenkranz-Bruderschaften widmen sich den Rosenkranzfesten. Sie haben ihre eigenen Oratorien (Andachts- und Gebetsstätten), u. a. das **Oratorio del Rosario di Santa Zita** in Palermo. Und das nicht so sehr wegen der Bildnisse notabler Repräsentanten dieser Bruderschaft im Vorraum, auch nicht wegen C. Marattas Rosenkranzmadonna auf dem Hochaltar, sondern vor allem wegen der Stuckarbeiten von Giacomo Serpotta im Hauptraum (um 1700). An der Eingangswand ist die Seeschlacht von Lepanto dargestellt, über den Schiffen schwebt die fürbittende Muttergottes. Damit erinnert der Künstler an die geschichtliche Wurzel des Rosenkranzfestes und fasst historisches Ereignis und fromme Legende im Sinne einer höheren Wirklichkeit zusammen.

ins Leben gerufen hatten. Sie nannten die neue Siedlung nach der Gestalt der den Hafen umschließenden Landzunge **Zankle** (Sichel). Zu Beginn des 5. Jh.s v.Chr., nach dem Zusammenbruch des Aufstandes der ionischen Städte gegen Persien (494 v.Chr.), kamen Flüchtlinge aus Milet und Samos hinzu. Schließlich nahm die Stadt im Zusammenhang mit der kriegerischen Politik Spartas gegen seine Nachbarn zahlreiche Messenier auf, die aus ihrer peloponnesischen Heimat geflohen waren. Der selbst aus Messenien stammende Anaxilaos, der sich zum Tyrannen von Rhegion in Kalabrien aufgeworfen hatte, eroberte Zankle bald nach 490 v.Chr. und gab ihm den Namen **Messana/Messene**, woraus das heutige Messina wurde. 426 schloss Messina sich den Athenern an, ging aber bald wieder zu Syrakus über. 396 wurde es von den Karthagern zerstört, 395 von Syrakus wieder errichtet. 289 fiel es nach dem Tode des Tyrannen Agathokles von Syrakus an dessen Leibwache, die Mamertiner (Marssöhne), die die gesamte männliche Bevölkerung umbrachten und von hier aus Sizilien tyrannisierten. 264 lösten die Mamertiner, indem sie die Römer zu Hilfe riefen, den 1. Punischen Krieg aus. 263 v.Chr. wurde Messina »Civitas foederata« der Römer und erlebte in der Folgezeit eine Blütezeit als römischer Handelsplatz.

730 v. Chr.	Gründung der Stadt durch die Griechen
263 v. Chr.	Messina wird römische Civitas foederata und erfolgreicher römischer Handelsplatz
1302 – 16. Jh.	Residenzstadt für das Haus Aragon
1908	Erd- und Seebeben: 60 000 Tote, enorme Verwüstungen
1943	Schwere Bombenangriffe der Alliierten

Eine blühende Stadt war Messina auch in den drei Jahrhunderten der byzantinischen Herrschaft (535 – 843). Dann lösten einander die Araber (843 – 1061) und die Normannen (1061 – 1194) ab. Die Normannen förderten das griechisch-orthodoxe Basilianerkloster San Salvatore dei Greci als einen Ort, der die ostkirchlich-byzantinische Kultur dem Westen vermittelte. Gegen Ende der Stauferherrschaft (1194 – 1266) gründete Messina 1255 gemeinsam mit Milazzo und Taormina einen Freistaat, der aber 1266 mit der Herrschaft Karls von Anjou endete. Die nach der Sizilianischen Vesper des Jahres 1282 zur Herrschaft gekommenen Spanier aus dem Haus Aragon (▶ Baedeker Special S. 42) residierten vorzugsweise in Messina – erst im 16. Jh. wurde Palermo wieder Residenz der Könige und Vizekönige.

Chronik der Katastrophen ▶ Die guten Zeiten Messinas gingen mit dem fehlgeschlagenen Aufstand gegen die spanische Herrschaft (1674 – 1678) zu Ende. In der Folgezeit gab es eine Reihe von Katastrophen: 1743 Pest (40 000 Opfer), 1785 Erdbeben (12 000 Tote), 1823 Überschwemmungskatastrophe, 1847/1848 Aufstand gegen die Herrschaft der neapolitanischen

Bourbonen und Beschießung durch die Truppen Ferdinands II. (»Re Bomba«), 1854 Cholera (15000 Tote), 1894 Erdbeben, 1908 (28. Dezember) Erd- und Seebeben (60000 Tote, neun Zehntel des Gebäudebestandes vernichtet), 1943 Luftangriffe der Alliierten, die über die Hälfte aller Gebäude in Schutt legten.

Sehenswertes in Messina

Zwei Faktoren prägen das heutige Stadtbild: Nach der Zerstörung **Stadtbild** von 1785 legte man einen regelmäßigen, großzügigen Plan zugrunde, und nach der Katastrophe von 1908 wurde die Stadt nach diesem Plan mit großer Konsequenz im Jugendstil wieder aufgebaut, wobei man eine glückliche Hand in der Bewahrung und Wiederherstellung einiger wesentlicher Bauten hatte. Allerdings hat sich der Schwerpunkt der Stadt vom Domplatz weg nach Süden verschoben, zum Verkehrsmittelpunkt Piazza Cairoli, Ausgangspunkt des Viale San Martino. Hier befinden sich auch die Kaufhäuser, eleganten Boutiquen und Cafés. Städtebaulich wie stadthistorisch ungleich bedeutsamer ist natürlich der Domplatz.

Piazza del Duomo, das historische Zentrum Messinas

Messina Dom

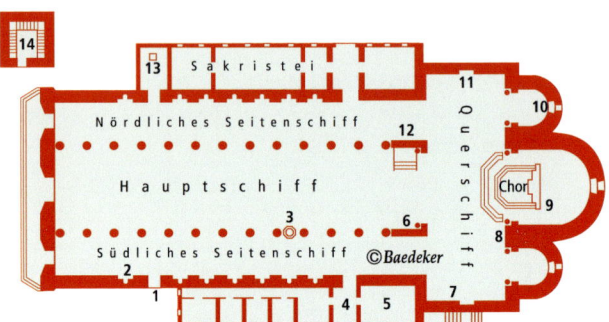

1 Portal (Entwurf: Polidoro da Caravaggio; Ausführung: Domenico Vanello, 16. Jh.)

2 Johannes der Täufer, Skulptur von Antonello Gagini (1525)

3 Kanzel (Entwurf: Polidoro da Caravaggio; Ausführung: Domenico Vanello, 1539)

4 Eingang und Vestibül

5 Domschatz

6 Grabmal von fünf Bischöfen (Anfang 15. Jh.)

7 Orgel (1948) mit fünf Manualen, 170 Registern und 16 000 Pfeifen, Grabmal von 1195 sowie der Zugang zur Krypta

8 Grabmal des Erzbischofs Guidotto De Tabiatis (Goro di Gregorio, 1333)

9 Chorgestühl (16. Jh.; Rekonstruktion)

10 Cappella del Sacramento mit einem Originalmosaik aus dem 14. Jh. (u.a. Jungfrau mit Kind, sowie die kniende Königin Leonora)

11 Grabmal des Erzbischofs Antonio La Lignamine von Giovanni Battista Mazzolo

12 Grabmal des Erzbischofs Bellorado von Giovanni Battista Mazzolo (1513)

13 Taufkapelle, Eingangsportal von Polidoro da Caravaggio, Taufbecken (16. Jh.)

14 Campanile mit Glockenspiel (1933)

Piazza del Duomo
Die Piazza del Duomo erhält ihre Akzente als historisches Zentrum durch Dom und **Orionbrunnen**. G. A. Montorsoli, ein Schüler Michelangelos, schuf den Brunnen 1547 – 1551 zu Ehren des legendären Stadtgründers. Mit dem Pathos seiner Figuren bildet er einen starken Kontrast zum strengen Umriss des Domes, an dessen linker Langseite die barocke Mariensäule von Giuseppe Buceti (1758) steht.

✹✹ Dom
Der Dom, eine normannische Gründung, wurde 1160 begonnen und 1197 geweiht. Bei der Wiederherstellung nach dem Erdbeben von 1908 hat man sich bemüht, die ursprüngliche Gestalt wieder zu gewinnen. Dabei wurde auf erhaltene Teile wie die skulptierten Portale des 15. und 16. Jh.s zurückgegriffen; anderes dagegen musste nachgebaut werden, so der 60 m hohe **Campanile**. Er enthält eine der größten astronomischen Uhren, ein Werk der Straßburger Firma Ungerer (1933); jeweils mittags um 12 Uhr setzen sich die Figuren in Bewegung und zeigen Szenen aus der Geschichte Messinas, u.a. die Überreichung des legendären Schutzbriefes der Madonna an Messina. Im Innern ist der Dom – wie alle normannischen Kathedralen in Sizilien eine dreischiffige kreuzförmige Pfeilerbasilika mit drei Apsiden und offenem, farbig bemaltem Dachstuhl – von monumentaler

Raumwirkung. Die Arkaden haben Spitzbögen; die Apsismosaiken des thronenden Christus sind ebenso wie die Apostelaltäre der Seitenschiffe Rekonstruktionen. Die Skulptur des Täufers Johannes am ersten Altar rechts stammt von A. Gagini (1525). Einen Blick in die Schatzkammer des Doms (Mo. – Sa. 9.00 – 13.00, Sommer auch Mo. bis Fr. 16.00 – 19.00 Uhr) sollte man nicht versäumen. Der goldgewirkte Mantel von 1668 schmückt jeden 3. Juni die Altarmadonna.

★ ★
Santissima Annunziata dei Catalani

Der zweite bedeutende Kirchenbau ist die Santissima Annunziata dei Catalani (Piazzetta dei Catalani). Sie hat als einzige das Erdbeben von 1908 überstanden. Erbaut wurde sie in der zweiten Hälfte des 12. Jh.s unter normannischer Herrschaft. Aus dieser Zeit stammt noch die Ostseite; die Hauptapsis zwischen den Querhausarmen zeichnet sich durch die delikate architektonische Gliederung mit Blendarkaden auf zierlichen Säulchen und durch Mehrfarbigkeit des Baumaterials aus. Die Westseite mit ihren drei Portalen stammt von einer Veränderung des 13. Jh.s. Im dreischiffigen Innenraum tragen antike Säulen auf unterschiedlichen Kapitellen gestelzte Bögen. Das Mittelschiff ist tonnengewölbt, die Seitenschiffe haben Kreuzgewölbe.

Piazzetta dei Catalani

An der Piazzetta dei Catalani erinnert ein bronzenes Denkmal von Andrea Calamecca an Don Juan d'Austria, den Sohn Kaiser Karls V. und der Regensburger Bürgertochter Barbara Blomberg (Kopie des Denkmals seit 1977 vor dem Alten Rathaus in Regensburg); Don Juan brach 1571 von Messina zur Seeschlacht von Lepanto auf, in der er die Türken besiegte (►Baedeker Special S. 264). Das Denkmal wurde schon ein Jahr später eingeweiht.

Santa Maria Alemanna

Gehen wir nun auf der Via Garibaldi, die in Nordsüdrichtung parallel zum Hafen verläuft, ein wenig nach Süden, so kommen wir gleich jenseits der Via I Settembre zur Ruine der Kirche Santa Maria Alemanna (12. – 13. Jh.), der Kapelle im Hospiz des Deutschen Ordens.

Piazza Municipio

Über die Piazza del Duomo geht es zum Rathaus an der Piazza Municipio und zum Teatro Vittorio Emanuele. Weiter nordwärts auf der Via Garibaldi empfehlen wir einen Besuch des Stadtparks Villa Mazzini und der **Fontana del Nettuno** (1557), wie der Orionbrunnen ein Werk von Montorsoli. Bei diesem Brunnen beginnt die Via della Libertà, die stadtauswärts nach Norden zum Ausstellungsgelände der Fiera di Messina (jeweils im August) und zum Museum führt.

◄ Villa Mazzini

★
Museo Regionale

In dem Museum werden Kunstwerke ausgestellt, die die Katastrophe von 1908 überstanden haben (Viale della Libertà 465; Do. – Di. 9.00 – 13.30, Di., Do., Sa. auch 16.00 – 18.30, im Winter 15.00 – 17.30 Uhr). Zu den größten Schätzen zählen das 1473 gemalte, beim Erdbeben 1908 beschädigte zweigeschossige »Polyptychon des heiligen Gregorius« von Antonello da Messina (Saal 4) und zwei Hauptwerke Caravaggios, die der wegen Totschlags gesuchte Maler während seines kurzen Sizilien-Asyls 1608/1609 schuf: »Die Anbetung der Hirten« und »Die Auferweckung des Lazarus« (Saal 10).

Panoramastraße

Eine sehr schöne, stark befahrene Panoramastraße beginnt unter dem Namen Viale Italia westlich der Universität und führt unter wechselnden Namen (V. Principe Umberto, V. Regina Margherita) westlich der Stadt, der ehem. Befestigung folgend, und endet im Norden an der Uferstraße. Sie berührt den Botanischen Garten, das Santuario di Montalto und die Votivkapelle Cristo Re.

Halbinsel

Auf der Halbinsel, die von Westen in die Hafenbucht hineinragt (miltärisches Sperrgebiet) stehen die Reste der **Zitadelle** aus dem Jahr 1681, das Fort San Salvatore, welches nach dem berühmten, im 12. Jh. von den Normannen geförderten, im 16. Jh. zerstörten griechischen Kloster benannt ist, und an der Spitze die »Madonnina« von 1934 mit der eingangs zitierten Inschrift »Vos et ipsam civitatem benedictimus« (»Wir segnen Euch und Eure Stadt«).

Ausflug nach Reggio di Calabria

★
Nationalmuseum

(zur Zeit
geschlossen) ▶

🕑

Auf dem italienischen Festland liegt dieses Ausflugsziel, mit dem Schnellboot nur eine halbe Stunde von Messina entfernt. Im Nationalmuseum, nicht weit vom Hafen entfernt, sind die beiden 1972 von Amateurtauchern gefundenen **Bronzestatuen von Riace** ausgestellt. Sie wurden im 5. Jh. v.Chr. vermutlich von Phidias geschaffen. Bemerkenswert sind außerdem der bronzene »Philosophenkopf« aus Porticello (Ende 5. Jh.) sowie Gemälde von Mattia Preti und Antonella da Messina (Piazza de Nava; Di. – So. 9.00 – 19.00 Uhr; www. museonazionalerc.it).

Nördlich von Messina

Capo Peloro

Die Küstenstraße in Richtung Norden passiert Fischerdörfer mit poetischen Namen wie Paradiso, Contemplazione, Pace und Grotta; sodann Ganzirri mit einem Salzsee, in dem Muscheln gezüchtet werden. Schließlich erreicht man das Kap mit dem alten Leuchtturm (Faro, 12 km) neben dem gigantischen Turm des einstigen Meerengenkabels. Das Festland ist hier nur 3 km entfernt (Aussicht). Man kann in westlicher Richtung weiterfahren über Acquarone nach Spartà, wo eine Seitenstraße links abzweigt und auf schöner Bergstrecke über Castane di Furie nach Messina zurückführt (18 km).

Punta del Faro ▶

Scala

In Scala (6 westlich von Messina an der SS 113 Richtung Palermo) geht es zu Fuß zu den Ruinen der gotischen Kirche Santa Maria della Scala. 4 km weiter aufwärts erreicht man an der Portella San Rizzo in 465 m Höhe die Wasserscheide der **Monti Peloritani**. Von hier folgt man einer schönen Panoramastraße Richtung Südwesten bis zum Santuario di Dinnamare am **Monte Antennamare** (1127 m).

In der Kapuzinerkirche von Gesso (Chiesa dei Cappuccini; an der SS 113, 18 km nordwestlich von Messina) gibt es ein bemerkenswertes Altarbild von Antonio Catalano d. Ä. (1560 – 1630), das die Anbetung der Hirten zeigt.

Gesso

Rometta am Nordhang der Peloritanischen Berge, hat sich einen Namen gemacht, als es der arabischen Eroberung der Insel, die 827 mit der Eroberung von Marsala begonnen hatte, lange widerstand – der Ort fiel als letzte Bastion 925. Ein architektonisches Denkmal ist die kleine Chiesa del Salvatore, ein Zentralbau byzantinischer Art.

Rometta

Zwischen Messina und Taormina

Mili (12 km südlich von Messina an der SS 114) erreicht man über Mili Marina, dann rechts in das Mili-Tal. Kurz vor dem Ortseingang steht in einer Höhe von 199 m die Klosterkapelle Santa Maria, eines von mehreren Beispielen normannischer Kirchen in dieser Region. Es handelt sich um einen einschiffigen Bau mit dreiteiligem, überkuppeltem Altarraum. Santa Maria ist eine ehemalige Kirche der Basilianer, griechisch-orthodoxer Mönche, die auch unter den Normannen gefördert wurden und von Graf Roger I. 1092 eine Bestätigung ihrer Bauabsicht erhielten.

Mili

Man fährt auf der SS 114 weiter südwärts bis Itála Marina, biegt dort rechts ab zum 210 m hoch gelegenen **Itála** (2,5 km von der Küste). 1,5 km hinter dem Ort wurde 1093 auf Anordnung von Roger I. nach einem Sieg über die Sarazenen eine Normannenkirche errichtet, Santi Pietro e Paolo, und dem Basilianerorden zugewiesen. Der Außenbau ist an der Seite mit verschränkten Bogenfriesen geschmückt. Das Innere ist eine dreischiffige Säulenbasilika mit Spitzbogenarkaden und gewölbtem Altarraum. Die Trompenkuppel wurde bei der Restaurierung von 1930 rekonstruiert.

Santi Pietro e Paolo: byzantinisches Kleinod in Casalvecchio Siculo

Ali Terme Der am Meer in fruchtbarer Landschaft gelegene, 2300 Einwohner zählende Ort Alí Terme (rund 30 km südlich von Messina; 5 km südlich von Itála Marina) ist bekannt als Schwefelbad.

Sávoca Das malerische Bergdorf Sávoca (auf der SS 114 bis kurz hinter Santa Teresa di Riva) ist einer der Schauplätze von Francis Ford Coppolas Mafia-Epos »Der Pate«. Sehenswert sind eine normannische Kastellruine sowie eine Kirche (14. Jh.), unterhalb der in Wandnischen die mumifizierten Leichen der einstigen Nobili ausgestellt sind.

Casalvecchio Siculo

★

Santi Pietro e Paolo ▶

Casalvecchio Siculo liegt 6 km hinter Sávoca, 383 m hoch im sommertrockenen Tal des Agrò. An seinem nördlichen Ufer, inmitten von Oliven und Orangen, erhebt sich einer der faszinierendsten spätbyzantinischen Sakralbauten (Abb. S. 271). Die Kirche Santi Pietro e Paolo gehörte zu einem griechisch-orthodoxen Basilianerkloster, wurde wahrscheinlich 1116 unter Roger II. erbaut und 1172 unter Wilhelm II. erneuert. Es handelt sich um einen blockhaft geschlossenen Baukörper mit polychromen Außenmauern (roter Ziegel, goldbrauner Kalkstein und schwarze Lava); diese sind gegliedert durch schmale Lisenen, die sich oben teilen und in einen Kreuzbogenfries übergehen. Den oberen Abschluss des rechteckigen Baukörpers bilden Zinnen. Das schmucklose Innere ist ungeachtet des gestreckten Grundrisses keine Basilika, wie sie für den »lateinischen« Bereich charakteristisch ist. Vielmehr folgen aufeinander nach ostkirchlichbyzantinischem Usus ein Narthex zwischen zwei (nur noch halb erhaltenen) Treppentürmen, ein Zentralbau auf dem Grundriss eines griechischen Kreuzes sowie der dreiteilige Altarraum.
Der Zentralraum wird von einer größeren, der Altarraum von einer kleineren Trompenkuppel überwölbt.

Sant'Alessio Siculo Am Meer folgt der gern besuchte Badeort Sant'Alessio Siculo, Ausgangsort für einen Abstecher nach Forza d'Agrò (▶Taormina).

Milazzo

T 3

Provinz: Messina		**Höhe:** Meereshöhe
Einwohnerzahl: 33 000		

Auf einer schmalen, weit ins Meer vorspringenden Landzunge am gleichnamigen Golf liegt Milazzo, Fährhafen und Fischerort. Die meisten Gäste sehen von der hübschen Altstadt nicht viel, da sie sich direkt zu den Liparischen Inseln einschiffen.

Geschichte Griechen aus Zankle (Messina) gründeten 716 v.Chr. die Stadt Mylai, in deren Nähe die Römer 260 v.Chr. mit dem Sieg über die karthagische Flotte ihren ersten Seesieg errangen. Im Mittelalter errichteten

▶ MILAZZO ERLEBEN

AUSKUNFT

Servizio Turistico
Piazza Caio Duilio 20, 98057 Milazzo
Tel. 09 09 22 28 65, Fax 09 09 22 27 90,
www.aastmilazzo.it

VERKEHR

Hauptfährhafen zu den Liparischen
Inseln. Tägl. Giuntabus zum Flughafen Catania (www.giuntabus.com)

ESSEN

▶ Fein & teuer

① *Piccolo Casale*
Via Riccardo d'Amico 12
Tel. 09 09 22 44 79
Mo. geschl.; von außen unauffällig,
aber bestes Restaurant in der Stadt

▶ Erschwinglich

② *Al Castello*
Via Federico di Svevia 20
Tel. 09 09 28 21 75, Di. geschl.
Die gute Küche belohnt die Mühen
des Aufstiegs.

ÜBERNACHTEN

▶ Komfortabel

① *Riviera Lido*
Strada Panoramica, Loc. Corrie
Tel. 09 09 28 34 56, Fax 09 09 28 34 57
www.hotelrivieralido.it; 49 Z.
2 km außerhalb; komfortabel mit
Blick auf Bucht und auf Raffinerien

② *Petit Hotel*
Via Dei Mille 37
Tel. 09 09 09 28 67 84
www.petithotel.it, 9 Z.
Öko-Grand-Hotel im Miniaturformat
an der Hafenparallele, Bio auch das
Angebot im kleinen und feinen
Restaurant

▶ Günstig

③ *Jack's Hotel*
Via Colonello Magistri 47
Tel. 09 09 28 33 00, Fax 09 09 24 12 17
www.jackshotel.it, 13 Z.
Ca. 400 m vom Hafen; nett einge-
richtete Zimmer

die Normannenkönige ein Kastell, das von Kaiser Friedrich II. ausgebaut und im 15./16. Jh. von den Spaniern erweitert wurde (Tel.
09 09 23 12 92, Führungen Di.–So. 9.30, 10.30, 11.30, 17.00, 18.00 ☺
und 19.00 Uhr). 1860 besiegte hier Garibaldi die bourbonischen
Truppen, die sich im Kastell festgesetzt hatten.

Milazzo und Umgebung

Die moderne **Unterstadt** am Hafen entstand großteils nach 1860. In   Milazzo
der charmanten **Oberstadt** erheben sich das mächtige, von Friedrich
II. ausgebaute und von den Spaniern im 15. und 16. Jh. erweiterte
Kastell (im Innern u.a. der Große Saal) und der Alte Dom, den der
Florentiner Camillo Camilliani Ende des 16. Jh.s entwarf. In der
Kirche San Papino (1629) gibt es ein Kruzifix von Fra Umile da Petralia. Alle drei Straßen Richtung Norden führen in das 6 km
entfernte **Capo di Milazzo** mit seinem 78 m hohen Leuchtturm. Hier
bietet sich ein toller Blick auf die Liparischen Inseln und zum Ätna.

Milazzo *Orientierung*

Übernachten
1. Riviera Lido
2. Petit Hotel
3. Jack's Hotel

Essen
1. Piccolo Casale
2. Al Castello

Santa Lucia del Mela Der Winzerort Santa Lucia del Mela (12 km südlich von Milazzo) liegt 215 m hoch über dem Tal des Torrente Floripotena, am Nordhang des Monte Melia in den **Peloritanischen Bergen**.

Das alte Casale war eine von Friedrich II. bevorzugte Ortschaft, der er Kirchenprivilegien gewährte. Von der 1322 wieder aufgebauten Burg stehen noch ein dreieckiger Turm und ein runder Wachturm. Die große jüdische Gemeinde wurde 1492 von den Spaniern vertrieben. Die Santa Lucia geweihte Chiesa Madre mit einem schönen Renaissanceportal vom Ende des 15. Jh.s wurde im 16./17. Jh. verändert. Im Tympanon sieht man die Madonna mit dem Kinde zwischen den Heiligen Lucia und Agathe. In der Kirche der Annunziata wird ein großes Tafelbild der Madonna mit dem Kinde aufbewahrt (um 1400).

Novara di Sicilia in den Peloritanischen Bergen

Über Monforte Marina erreicht man den 341 m hoch in den Monti Peloritani gelegenen Ort Roccavaldina (ca. 20 km südöstlich von Milazzo). 1509 erwarb die Adelsfamilie Valdina das Kastell und ließ den Bau um 1600 palastartig erweitern; wahrscheinlich durch Camillo Camilliani aus der Toscana, auf den auch der Alte Dom in Milazzo zurückgeht. 1623 wurde Pietro Valdina zum Marchese della Rocca erhoben, seitdem heißen Ort wie Familie Roccavaldina.

Roccavaldina

Der zur Gemeinde Terme Vigliatore gehörende Badeort mit seinen Thermalquellen Ciapazzia und Fonte di Venere liegt am weit geschwungenen Golf von Patti (ca. 18 km südwestlich von Milazzo). In San Biagio (2 km westlich an der SS 113) wurden die Ruinen einer römischen Villa des 2. Jh.s n. Chr. freigelegt. Um ein großes Peristyl gruppieren sich Räume mit schönen Mosaikfußböden. Den Schlüssel zu der Ausgrabung erhält man in der Metzgerei an der Hauptstraße.

Castroreale Terme

◄ Wellness in der Venusquelle

Über Barcellona Pozzo Grotto erreicht man auf einer schönen Strecke den 394 m hoch in den Peloritanischen Bergen gelegenen Ort Castroreale (16 km südöstlich von Castroreale Terme). Neben Barockkirchen gibt es den Turm eines Kastells von 1324 zu besichtigen.

Castroreale

Das wegen seines mittelalterlichen Stadtbildes besuchenswerte Novara di Sicilia (650 m, 20 km südlich von Terme Vigliatore) ist Ausgangspunkt für die lohnende Besteigung der Rocca di Novara (1340 m), des höchsten Gipfels der Peloritanischen Berge.

Novara di Sicilia

✳ Módica

Q 11

Provinz: Ragusa   **Höhe:** 381 – 449 m ü.d.M.
Einwohnerzahl: 55 000

Das malerisch an den Südhängen der Hybläischen Berge (Monti Iblei) gelegene Módica, 15 km südöstlich von Ragusa, geht auf das sikulische Motyka zurück und war im Mittelalter, unter der Herrschaft der aus Spanien stammenden Adelsfamilien Cabrera und Enriquez, der Hauptort der gleichnamigen Grafschaft.

Barockpomp in der Schlucht

Beim Erdbeben 1693 erlitt Módica größere Schäden. Einige der älteren Gebäude blieben zwar verschont, im Wesentlichen wurde die Stadt jedoch neu aufgebaut. Daher ist das Stadtbild sowohl der im engen Tal gelegenen, quirligen Unterstadt als auch der auf einem Felssporn angesiedelten Oberstadt faszinierend barock.

Sehenswertes in Módica

Módica Bassa
Museo delle Arti e Tradizioni Popolare ▶

In der **Unterstadt** steht in der Via Leva der Palazzo de Leva mit einem Portal, das ein Zickzack-Ornament normannischer Herkunft mit Pflanzenmotiven verbindet (um 1400). Das Volkskundemuseum im Palazzo Mercredi zeigt traditionelle sizilianische Handwerksgeräte.

▶ MÓDICA ERLEBEN

AUSKUNFT

Ufficio Turistico Comunale
97015 Módica, Corso Umberto 72
Tel. 09 32 75 92 04
www.modicaonline.it

ESSEN

▶ Fein & teuer/erschwinglich

① *Fattoria delle Torri*
Vico Napolitano 14, Tel.
09 32 75 12 86, Mo. geschl.
Trattoria in ehem. Meierei; sehr gute Küche, heimische Produkte

▶ Erschwinglich/preiswert

② *I Baccanti*
Via Grimaldi 72
Tel. 09 32 94 11 33 und 32 91 04 82 72
Ein Gaumen- und Augenschmaus

③ *Hostaria San Benedetto*
Via Nativo 30, Tel. 09 32 75 48 04
Di. geschl. – In jeder Hinsicht erfreuliche Trattoria in der Oberstadt

ÜBERNACHTEN

▶ Komfortabel

① *Palazzo Failla*
Via Blandini 5, Tel. & Fax
09 32 94 10 59, www.palazzofailla.it
Elegantes Mini-Hotel in noblem Palazzo; feines & teures Ristorante

▶ Günstig

② *Bristol*
Via Risorgimento 8b, Tel. & Fax
09 32 76 28 90, www.hotelbristol. it;
27 Z.; kleines Hotel mit Garten; etwa 3 km außerhalb

Aus dem 15. Jh. stammt die Chiesa del Carmine; an der Fassade weist sie Portal und Fensterrose gotischen Stils (15. Jh.) auf; die marmorne Verkündigungsgruppe im Innern ist von Antonello Gagini (1528–1530).

Chiesa del Carmine

Die Chiesa Santa Maria di Betlem in der Via Marchese Tedeschi hat als Besonderheit die Cappella del Sacramento (auch Cappella Cabrera) mit spätgotischen und Renaissanceformen (um 1500).

Santa Maria di Betlem

Ein reiner Barockbau ist die Chiesa di San Pietro (um 1720; Corso Umberto), die mit ihrer Freitreppe die steigernde Wirkung der Hanglage ausnutzt. Die reiche zweigeschossige Fassade weist gesprengte Giebel und rustizierte Pilaster auf; bewegte Heiligenfiguren gruppieren sich zum barocken Theater.

San Pietro

Módica Orientierung

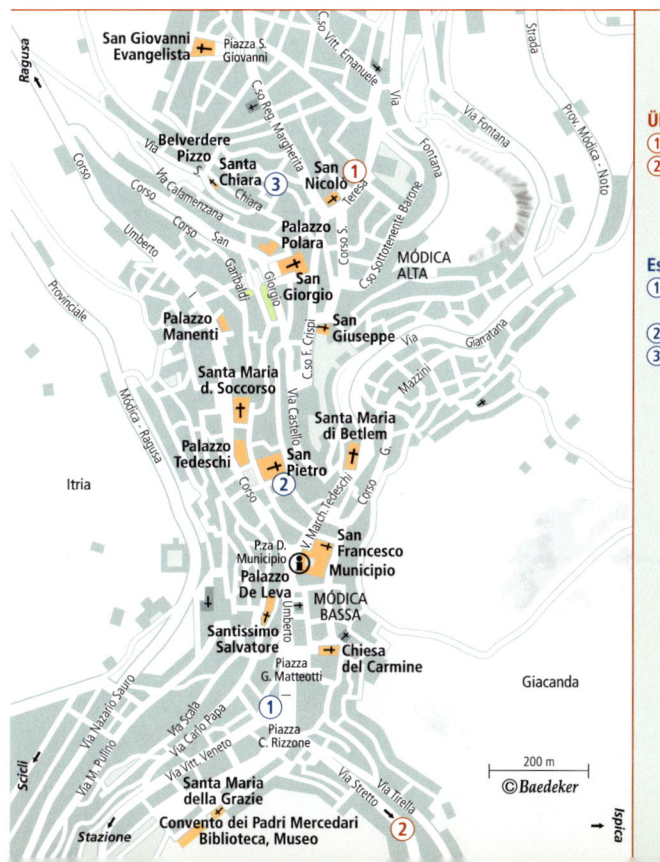

Übernachten
① Palazzo Failla
② Bristol

Essen
① Fattoria delle Torri
② I Baccanti
③ Hostaria San Benedetto

Salvatore Quasimodo

Am Bahnhofsgebäude, am Südende der Unterstadt, erinnert eine Marmortafel an Salvatore Quasimodo (1901–1968), den berühmtesten Sohn der Stadt. 1959 erhielt er den Literaturnobelpreis. In seinem Geburtshaus in der Via Posterla 84 berichtet ein Museum über sein Leben und Werk (Di.–So. 10.00–13.00, 16.00–19.00 Uhr).

Convento dei Padri Mercedari, Museo Civico

In der Via della Mercé, ebenfalls im Süden, befinden sich in einem ehemaligen Kloster die Bibliothek sowie das Stadtmuseum für archäologische Fundstücke, eine völkerkundliche Sammlung und Gemälde aus dem 18. und 19. Jahrhundert.

Módica Alta
✸
San Giorgio ▶

Die **Oberstadt** wird beherrscht von der Kirche San Giorgio, die ihre heutige Gestalt in den Jahren 1720–1738 erhielt. Zu ihrer Höhe führt ein Treppenweg mit 250 Stufen, der am Corso Umberto neben San Pietro beginnt. Die Fassade mit ihren fünf Portalen gipfelt in einem hochgezogenen mittleren Turm, der die Höhenlage noch einmal unterstreicht. Sie ist deutlich mit der gleichnamigen Kirche im nahen ▶Ragusa verwandt und geht wie diese auf Rosario Gagliardi zurück. Im Chorraum ein 8 x 6 m großes Altarretabel, das der Maler Bernardino Niger 1573 in Hochrenaissanceformen für den Vorgängerbau schuf.

Umgebung von Módica

Scicli (26 000 Einw.), zwischen Módica und der Südküste in einer Mulde zwischen Felsenhügeln gelegen, ist ein unbekanntes Barockjuwel mit Kirchen und Palästen, die nach dem Erdbeben von 1693 erbaut worden sind. Die Chiesa Madre wurde als Kirche Sant'Ignazio des Jesuitenkollegs erbaut und folgt der Tradition dieses Ordens mit dem dreischiffigen basilikalen Grundriss wie mit dem Aufriss der zweigeschossigen, mit drei Portalen versehenen und durch Pilaster gegliederten Fassade. Die beiden niedrigen seitlichen Türme sind in origineller Weise leicht zurückgesetzt. Ebenfalls für einen Orden erbaut wurden die Kirche der Kar-

Barockes Glanzstück in der Oberstadt von Módica: San Giorgio

meliter und das dazugehörige Kloster (heute Amtsgericht). Die Fassade weist ähnliche Merkmale wie die Chiesa Madre auf; ihre schlankere, eintürige Form entspricht dem einschiffigen Kirchenraum. Bei San Bartolomeo haben wir es mit einer turmartig hochgezogenen Fassade zu tun, wie sie im Südosten Siziliens nicht selten ist. Die Mitte wird durch je drei Säulen betont, die das Portal flankieren, durch die Heiligenfigur in der großen Nische des Obergeschosses und den Kuppelaufsatz des Glockengeschosses. 1763 wurde der üppig dekorierte Bau geweiht. Im

> ## ! Baedeker TIPP
>
> ### Süßes aus Módica
>
> Die Stadt ist für ihre Süßigkeiten berühmt. Eine hervorragende Auswahl u. a. an 'Mpanatigghie (süße Ravioli), Nucatoli (S-förmige Plätzchen mit Feigen, Honig, Mandeln und Quittenmarmelade), Cedrata und schwarze spanische Aztekenschokolade findet man u. a. in der Antica Dolceria Bonajuto – Siziliens elitärster Pasticceria –, schräg gegenüber der Chiesa San Pietro, Corso Umberto Primo 159, bei Rizza, Corso Umberto 128, und im Laboratorio Dolciario Artigianale »Don Giuseppe Puglisi«, Largo 11 Febbraio.

Innern eine kunstvolle Krippe (16. Jh.), die Kreuzabnahme (17. Jh.) stammt von dem Kalabresen Mattia Preti. Der Palazzo Beneventano aus dem späteren 18. Jh. steigert die barocke Schmuckfreude enorm. Das gilt für die grotesken Köpfe der Balkonkonsolen, aber auch für die überaus phantasievoll gestalteten Eckpilaster.

Marienheiligtum

Das Marienheiligtum Santuario di Santa Maria delle Milizie, das auf ein antikes Gebäude zurückgeht, befindet sich 5 km südwestlich von Scicli, rechts oberhalb der Straße nach Donnalucata.

Donnalucata

Der Badeort Donnalucata (6 km südlich von Scicli) hat einen guten Strand; 2 km westlich erstreckt sich der Strand Plaia Grande mit Ferieneinrichtungen.

Sampieri

Sampieri ist ein Fischerdorf, 9,5 km südöstlich von Scicli. Die Küstenstraße verbindet es mit dem kleinen Ort Cava d'Aliga an der Punta del Corvo (Sandbucht zwischen Felsen, 4 km westlich) und der Marina di Módica (6 km östlich; 22 km südöstlich von Módica), ein Badeort mit einem guten Sandstrand.

Marina di Módica

Pozzallo

Der Hafenort Pozzallo (ca. 20 km südlich von Módica; 17 700 Einw.; Schiffe nach Malta) erstreckt sich an einer schönen Bucht der Südküste. Die Gegend findet dank ihrem sauberen Meer und der Verbindung von Dünenlandschaft und Wald das Interesse von Urlaubern. Westlich der Altstadt ist ein moderner Hafen entstanden, von dem die Maltafähren ablegen. Sehenswert ist ein mittelalterlicher Turm, den die Grafen von Módica im 14. Jahrhundert zum Schutz gegen Überfälle von Piraten am Meer errichtet haben.
Stichstraßen führen zu den einzelnen, außerhalb des Ortes gelegenen Badeständen, u. a. zur Spiaggia di Raganzano, Spiaggia delle Pietre Nere, Santa Maria Focalla, Marza sowie Lido Otello.

Ìspica

Das 170 m hoch auf einer weißen Kalksteinbastion gelegene Bauernstädtchen (15 500 Einw.; 18 km südöstlich von Módica) wurde nach dem Erdbeben von 1693 gegründet. Bis 1935 hieß es Spaccaforno. Es gibt einige Barockkirchen, u.a. die Basilika Santa Maria Maggiore, die im Innern aufwendig mit Stuck und Fresken von Olivio Sozzi geschmückt ist, sowie die dem hl. Bartholomäus geweihte Chiesa Madre (um 1750), die beherrschend an der Piazza Maria Josè steht. Am nordöstlichen Ortsrand liegt der wildromantische **Parco Archeologico della Forza** am Zugang zur Cava d'Ìspica. Die Schlucht lädt zu anfangs lauschigen Wanderungen ein (zu Fuß 4 Std.), archäologisch interessanter ist allerdings der nördliche Abschnitt der Cava.

Cava d'Ìspica

Östlich von Módica (bzw. 16 km nordwestlich von Ìspica) zieht sich die 13 km lange, tief eingeschnittene Schlucht Cava d'Ìspica durch die Monti Iblei (im Sommer tägl. 9.00 – 19.00, sonst Mo. – Sa. 9.00 bis 13.30 Uhr), in deren Wände zahllose Höhlen eingetieft sind, vielfach in mehreren Geschossen übereinander. Teilweise bereits in der Steinzeit geschaffen, wurden sie später von den Sikulern als Gräber verwendet; in frühchristlicher Zeit dienten sie als Katakomben, im Mittelalter als Wohnhöhlen. Besonders sehenswert sind die Grotta di San Nicola (mit Resten byzantinischer Malerei), die Grotta di Santa Maria (6. Jh.) sowie die christlichen Grabhöhlen »u campusantu«, »urutti caruti« und »urutti giardina«, ferner das »Castello«. Bei den Häusern am Beginn des Tals sollte man nach einer Führung fragen.

✶✶ Monreale

H 4

Provinz: Palermo
Einwohnerzahl: 37 000

Höhe: 310 m ü.d.M.

Monreale ist ein am Hang des Monte Caputo über der Conca d'Oro, 8 km südwestlich von Palermo gelegenes Städtchen und Sitz eines Erzbischofs. Der prächtige Dom mit seinem Zyklus von Goldgrundmosaiken und dem Kreuzgang ist das bedeutendste Denkmal der Normannenkunst auf Sizilien. In ihm spiegelt sich auf unvergleichliche Weise die Idee des normannischen Königtums als oberste weltliche wie kirchliche Instanz.

Geschichte

Die Baugeschichte von Monreale ist eng mit der Konstellation der Kräfte beim Regierungsantritt des normannischen Königs Wilhelm II. verknüpft. Wilhelm, geb. 1154, wurde nach dem Tode seines Vaters Wilhelm I. 1166 König und regierte nach der Volljährigkeitserklärung als 18-jähriger selbstständig von 1172 bis zu seinem frühen Tode 1189, also 17 Jahre. Es gab Spannungen zwischen der Krone und dem Papst, analog zu dem, was wir aus der Geschichte des mittelalterlichen Kaiserreiches als Investiturstreit kennen. Die päpstliche Position hatte der englische Erzbischof der Residenzstadt Palermo, Walter of the Mill, unübersehbar bezogen: Auf sein Geheiß wurde König Roger II. nicht, wie er verfügt hatte, in der Kathedrale von Cefalù beigesetzt, sondern in derjenigen von Palermo, die dem Erzbischof selbst unterstand. Damit betonte der Kirchenfürst den Anspruch, dass die sizilische Königswürde vom Papst herrühre und dass er, Walter of the Mill, den Monarchen diese Würde zu bestätigen habe. Also galt es, die Autorität des Königs so durchzusetzen, wie es Wilhelms Großvater Roger II. getan hatte – nach dem Vorbild der Kaiser von Byzanz, die unbestritten über dem Patriarchen und dem Klerus standen.

Wilhelm II. reagierte eindeutig und mit den Mitteln seiner Zeit. Er betonte den theokratischen Charakter seines Regimes, indem er auf einer Anhöhe oberhalb von Palermo in einem großen königlichen Park – daher der Name Monreale, königlicher Berg – einen Baukomplex begründete, der ein Benediktinerkloster und eine Residenz umfasste. Der Abt wurde Bischof und schon 1183 Erzbischof. Der König stattete seine Gründung mit Privilegien und ausgedehntem Landbesitz aus, so dass Monreale reicher war als das Erzbistum Palermo. Außerdem bestimmte er das bereits 1185 weitgehend vollendete Monreale zur Grablege der Dynastie.

Ein Meisterwerk mittelalterlicher Baukunst: Dom und Kreuzgang in Monreale

▶ MONREALE ERLEBEN

AUSKUNFT

Ufficio Informazioni Turistiche
Piazza Guglielmo II, Tel.
09 16 56 46 79, www.monreale.net

VERKEHR

AMAT-Bus 389 (www.amat.pa.it) und
Busse der AST (www.aziendasiciliani
trasporti.it) zwischen Palermo (Piazza
Indipendenza) und Monreale

ESSEN

▶ **Erschwinglich**
Bricco & Bacco
Via B. d'Acquisto 13
Tel. 09 16 41 77 73, Mo. geschl.

Nur ein Steinwurf vom Dom entfernt
(gegenüber der Banca di Sicilia); viele
Vorspeisen und Fleischgerichte (keine
Pasta); sehr gutes Preis-Leistungs-
Verhältnis

▶ **Fein & teuer**
Il Trogoletto
Via Benedetto D'Acquisto
Tel. 09 16 41 90 23
Feinstes Geschirr und edelste
Tischwäsche, die Speisen auf höchsten
Niveau und dazu ein Blick über
Palermo und den Golf

ÜBERNACHTEN ▶**Tipps S. 291**

✳ ✳ Dom

🕐
Öffnungszeiten:
tägl. 9.00 – 13.00
14.30–17.30

Außenbau

Der Dom ist eine dreischiffige, kreuzförmige Säulenbasilika von
beträchtlichen Ausmaßen (102 m lang, 40 m breit, 35 m hoch). Die
Westseite ist eine für die Normannenarchitektur typische Zweiturmfassade (der linke Turm blieb unvollendet), vor der sich einst, an
Stelle der heutigen Piazza Guglielmo II, ein Atrium erhob. Zwischen
die Türme wie auch vor die Nordseite wurde im 18. Jh. ein Portikus
gesetzt. Den stärksten Eindruck am Außenbau vermittelt die noch
ursprüngliche **Ostseite** mit ihren drei Apsiden (Abb. S. 286). Mit ihren verschränkten Spitzbogen-Blendarkaden und ihrer kontrastrei-
chen Dekoration aus hellem Kalktuff und schwarzer Lava bezeichnet
sie die liturgische Würde, die diesem Teil der Kirche auch im Innern
zukommt. Vom Innenhof des benachbarten Gebäudes hat man einen
sehr schönen Blick Richtung Palermo und die gleichnamige Bucht.
Achten Sie auf die beiden **Bronzeportale**. Das Westportal, ein Werk
des Bonnano Pisano von 1186, mit 7,80 x 3,70 m das größte Bronze-
portal seiner Zeit, schildert auf 42 Bildfeldern biblische Szenen. Vier
Reliefs bilden den Sockel, phantastische Tiere, die Symbole der
Dummheit darstellend. Das kleinere Nordportal von Barisano da
Trani (etwa aus der gleichen Zeit) stellt auf 28 Bildfeldern Heilige
und Evangelisten dar.

Im Innern

Der Innenraum weist im Langhaus drei Schiffe auf, die durch 2 x 9
meist antike Säulen mit reichen korinthischen Kapitellen getrennt
werden. Sie tragen Spitzbogenarkaden. Das Mittelschiff hat einen
reich ausgemalten, nach einem Brand 1811 originalgetreu wieder

Der Weltenherrscher im Chor des Doms

hergestellten offenen Dachstuhl. Über der Vierung war vermutlich eine (nicht ausgeführte) Trompenkuppel auf achtseitigem Tambour geplant. Der Marmorfußboden stammt, von einigen Ausbesserungen abgesehen, aus der Erbauungszeit.

Das durch eine Chorschranke abgetrennte, seiner Bedeutung entsprechend leicht erhöhte Sanktuarium ist fast so lang wie der Laienraum. Es besteht nach byzantinisch-ostkirchlicher Tradition aus drei Räumen: dem Altarraum zwischen Prothesis und Diakonikon. Vor den Vierungspfeilern stehen im Mittelschiff unter Mosaikbildern Wilhelms II. der Thron des Königs (links) und der des Bischofs (rechts, eine Stufe tiefer). **Sanktuarium**

Im rechten Schiff des Sanktuariums befindet sich die Grablege der Normannenkönige: der Porphyrsarkophag Wilhelms I. (1154 – 1166) und der Marmorsarkophag, in dem Wilhelm II. (1166 – 1189) ruht, seit man 1575 die ursprüngliche Ziegelkiste beseitigte. Im linken Raum des Sanktuariums sind die Gräber von Wilhelms I. Frau Margarete und seinen Söhnen Roger, Herzog von Apulien, und Heinrich, Prinz von Capua; an der linken Wand befindet sich die Urne mit dem Herzen des heilig gesprochenen französischen Königs Ludwig IX., der 1270 auf seinem Kreuzzug in Tunis starb.

Vom linken Raum des Sanktuariums kommt man in die Cappella del Crocifisso (17. Jh.) und zum Domschatz. Im Westende des südlichen Seitenschiffes befindet sich der Zugang zur Besteigung des Kirchendaches (180 Stufen, Ausblick). **Nebenräume**

DOM UND KREUZGANG MONREALE

✷ ✷ **Mit dem Bau von Monreale wollte Wilhelm II. vor allem seinen Machtanspruch gegenüber dem Papst demonstrieren. Erhalten geblieben sind nur der Dom und der Kreuzgang, eine »Schatzkammer« des Mittelalters.**

🕐 Öffnungszeiten:
Dom: täglich 9.00 – 13.30, 14.30 – 17.30 Uhr

🕐 Kreuzgang:
Di. – So. 9.00 – 16.30, Mo. nur bis 13.00 Uhr

① Ostfassade des Doms
Die Ostseite des Doms mit ihren drei Apsiden spiegelt die Lust der Baumeister wider, mit orientalisch anmutendem Dekor umzugehen: sich überschneidende spitzbogige Blendarkaden und Einlegearbeiten aus schwarzer Lava und gelblichem Stein des Monte Pellegrino.

② Westfassade
Der linke der beiden Türme blieb unvollendet. Hinter dem schmiedeeisernen Tor (18. Jh.) verstecken sich Bronzetüren von Bonanno Pisano von 1186; auf den Bildfeldern biblische Szenen.

③ Im Innern
Kostbare Goldgrund-Mosaiken überziehen sämtliche Innenwände über 6000 m²!

④ Königliche Grablege
Links vom Sanktuarium stehen die Sarkophage der königlichen Familie, auf der gegenüberliegenden Seite die von Wilhelm I. und Wilhelm II.

⑤ Kreuzgang
Arabische Spitzbogen ruhen auf 228 Doppelsäulen. Sie sind glatt, mit Zickzackkanneluren oder Mosaikbändern geschmückt. In einer Ecke befindet sich ein im Quadrat angelegter Brunnen. Ein Wunderwerk der Romanik sind die Kapitelle mit ihren Szenen aus christlicher und islamischer Welt, eine bunte Mischung von Heiligem und Heidnischem.

⑥ Aufstieg
Schön ist der Blick in den quadratischen Kreuzgang vom Kirchendach.

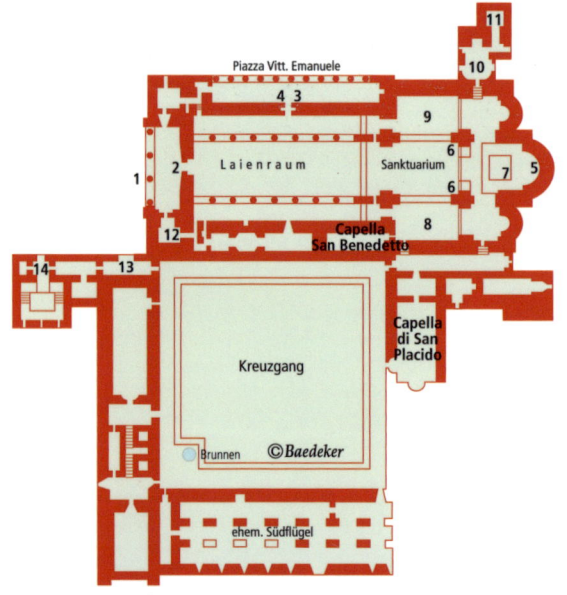

1 Dreibogiger Portikus
   (Ignazio Marabitti, 1770)
2 Westportal
   (Bonnano Pisano, 1186)
3 Portikus
   (Gian Domenico und
   Fazio Gagini 1547-1559)
4 Nordportal
   (Barisano da Trani, 1179)
5 Ostapsiden
6 Bischofs- und Königsthron
7 Hochaltar
8,9 Normannengräber
10 Capella del Crocifisso
11 Zugang zum Domschatz
12 Zugang zum Kirchendach
13 Eingang zum Kreuzgang
14 Eingang zum Belvedere

30 m

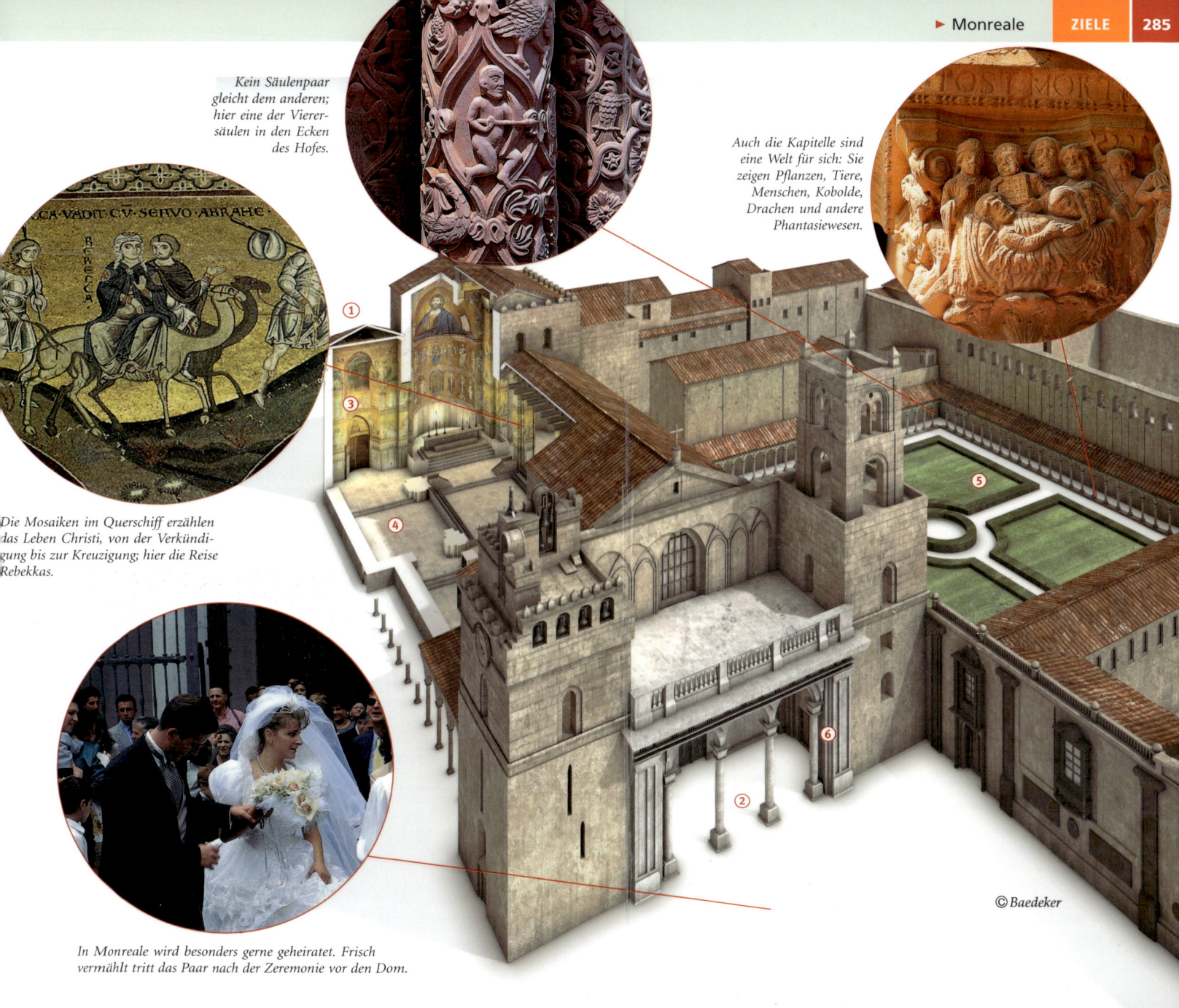

Kein Säulenpaar gleicht dem anderen; hier eine der Vierersäulen in den Ecken des Hofes.

Auch die Kapitelle sind eine Welt für sich: Sie zeigen Pflanzen, Tiere, Menschen, Kobolde, Drachen und andere Phantasiewesen.

Die Mosaiken im Querschiff erzählen das Leben Christi, von der Verkündigung bis zur Kreuzigung; hier die Reise Rebekkas.

In Monreale wird besonders gerne geheiratet. Frisch vermählt tritt das Paar nach der Zeremonie vor den Dom.

© Baedeker

Mosaiken (Karte S. 288/289)

Überwältigend ist die Pracht der überaus kostbaren, goldgrundigen Mosaiken. Sie überziehen sämtliche Wände über 6000 m²! Was Künstler aus Konstantinopel zusammen mit einheimischen Mosaizisten hier in der kurzen Zeit von 1179 bis 1182 geschaffen haben, ist einmalig. Aus dem mystisch schimmernden Goldgrund treten unzählige biblischen Gestalten und Szenen hervor – ein ganzer Kosmos bildlicher Erzählung und Verkündigung.

Übersicht Das Mittelschiff behandelt alttestamentliche Szenen, die Seitenschiffe zeigen Wunder Jesu. Das Querhaus ist dem Leben und der Passion Jesu sowie dem Auferstandenen gewidmet, ferner den Aposteln Paulus und Petrus. Den Chor beherrscht die Gestalt des Pantokrators Christus, des Weltenherrschers, der seinen Platz oberhalb seiner Mutter Maria hat.

Mosaiken im Langhaus Im Langhaus sind die Bilder immer im Uhrzeigersinn angeordnet, wie schon in der Cappella Palatina (▶Palermo). Wie dort beginnt die Betrachtung an der südlichen Mittelschiffwand am linken (östlichen) Ende mit der oberen Bildreihe: die Schöpfungsgeschichte bis zu Adam im Paradies. An der westlichen Schmalseite folgen die Erschaffung der Eva; an der Nordseite: Sündenfall, Vertreibung aus dem Paradies, Kain, Noahs Auftrag zum Bau der Arche.
Nun wieder zur gegenüberliegenden Südseite, zur unteren Bildreihe (v.l.n.r.): Noahs Arche, Abraham und die drei Engel. Die Westwand streut im mittleren Streifen Lot und die Zerstörung Sodoms ein (dazwischen die Heiligen Cassius und Castus). Abrahams Geschichte wird an der Nordseite fortgesetzt mit der Opferung Isaaks. Es folgen Isaak und Jakob bis hin zu »Jakobs Kampf mit dem Engel«.

Querhaus Im Querhaus treten wir in die Welt des Neuen Testamentes ein. Die Ostseiten sind den Aposteln Paulus (links) und Petrus (rechts) vorbehalten; unter dem Bild ihres Martyriums sieht man sie jeweils als zeitlos thronende Gestalten. Die beiden Apostel sind auch im Chorhaupt zwischen Querhaus und Apsis dargestellt.
Am südlichen Vierungsbogen sehen wir oben Zacharias, die Verkündigung, Mariä Heimsuchung, Flucht nach Ägypten. Die Fortsetzung ist gegenüber am Bogen der Nordseite: die drei Könige, der bethlehemitische Kindermord. Darunter die Taufe Jesu und das Wunder zu Kana.
Nun wieder zur gegenüberliegenden Seite, wo die Südwand Versuchung, Verklärung sowie den Beginn der Passion (Gethsemane) zeigt. Die Nordwand setzt die Passion mit der Kreuzigung fort und fügt die Erscheinungen des Auferstandenen bis zum Pfingstfest an. An der Schwelle zum Chorhaupt ist an den Vierungspfeilern zweimal König Wilhelm II. dargestellt: wie er von Christus gekrönt

Byzantinische Künstler und einheimische Mosaizisten schufen einen überwältigenden Bilderteppich, der alle Wände überzieht.

wird (links, über dem Thron des Königs; Abb. S. 39) und wie er der Gottesmutter das Modell der von ihm gestifteten Kirche von Monreale übergibt (rechts, über dem Thron des Bischofs). Der König trägt – wie sein Großvater Roger II. auf dem Krönungsmosaik in der Martorana in Palermo (Abb. S. 38) – den Ornat byzantinischer Kaiser, doch ist die Inschrift nicht griechisch (wie bei Roger), sondern lateinisch, ein Hinweis auf die allmähliche Lösung von Byzanz und den wachsenden Einfluss der lateinischen Kultur.

Apsis

In der Apsis bilden die Heiligen Clemens und Petrus von Alexandrien, Silvester und Thomas Becket die Basis. (Becket, Erzbischof von Canterbury, war 1170, gerade ein Jahrzehnt vor Herstellung der Mosaiken von Monreale, in seiner Kathedrale ermordet und bereits 1173 heilig gesprochen worden.) Im mittleren der drei Register ist die thronende Maria die zentrale Gestalt zwischen den Erzengeln Michael und Gabriel und den Aposteln Petrus und Paulus. Das Bildprogramm gipfelt in der Halbkuppel der Apsis mit dem monumentalen Bild des Pantokrators Christus, dessen majestätisches Antlitz den gesamten Kirchenraum beherrscht. Die rechte Hand im Segensgestus erhoben, hält er in der linken Hand das aufgeschlagene Buch mit den Worten: »Ich bin das Licht der Welt.«

Monreale Mosaiken

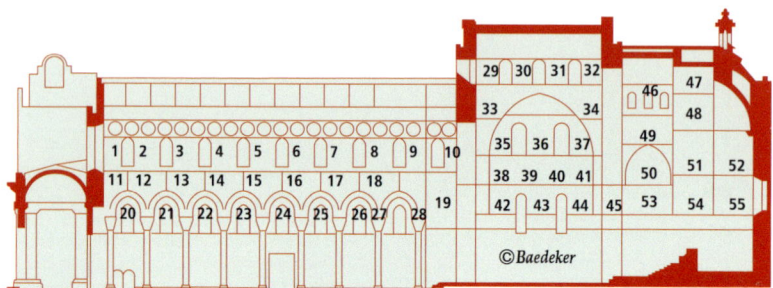

Nordwand
1 Eva und die Schlange
2 Sündenfall
3 Adam und Eva schämen sich ihrer Nacktheit
4 Vertreibung aus dem Paradies
5 Adam und Eva bei der Arbeit
6 Kain und Abel bringen ein Opfer dar
7 Kain erschlägt Abel
8 Gott fragt Kain nach seinem Bruder
9 Lamech erschlägt Kain
10 Gott verkündigt Noah die Sintflut
11 Gott verlangt von Abraham ein Opfer
12 Opferung Isaaks
13 Rebekka mit den Kamelen an der Wasserstelle
14 Rebekkas Reise
15 Isaak sendet Esau zur Jagd
16 Isaak segnet Jakob
17 Jakobs Flucht
18 Jakobs Traum
19 Jakobs Kampf mit dem Engel
20 Heilung der Buckligen
21 Heilung der Wassersüchtigen

22 Heilung der zehn Aussätzigen
23 Heilung von zwei Blinden
24 Vertreibung der Geldwechsler aus dem Tempel
25 Jesus und die Ehebrecherin
26 Heilung des Gelähmten
27 Heilung der Lahmen und der Blinden
28 Maria Magdalena wäscht Jesus die Füße
29 Die Drei Weisen aus dem Morgenland
30 Anbetung der Drei Weisen
31 Herodes' Befehl zum Kindermord
32 Kindermord in Bethlehem
33 Hochzeit zu Kanaa
34 Taufe Jesu
35 Kreuzigung
36 Grablegung
37 Die Höllenqualen
38 Ein Engel und die schlafende Wache vor dem leeren Grab; Jesus und die Jünger auf dem Weg nach Emmaus
39 Das Emmausmahl
40 Die beiden Jünger nachdem Jesus entschwunden ist

41 Rückkehr der beiden Jünger nach Jerusalem
42 Der wunderbare Fischfang
43 Himmelfahrt Jesu
44 Ankunft des Heiligen Geistes
45 Krönung Wilhelms II. durch Christus
46 Jakob und Zacharias
47 Zwei Cherubime
48 Erzengel Raphael und Michael
49 Malachias, Jonas, Hesekiel und Moses
50 Taufe des Paulus und sein Streitgespräch mit den Juden
51 Philippus, Bartholomäus und Lukas
52 Jakobus, Petrus und Erzengel Michael
53 Paulus flieht nach Damaskus und übergibt Briefe an Timotheus und Silas
54 Agatha, Antonius, Blasius
55 Stephanus, Petrus von Alexandrien und Clemens

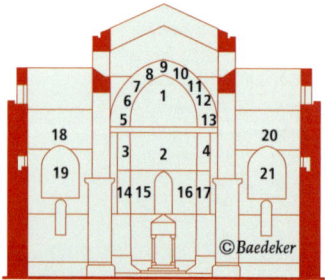

Ostwand

Westwand

©Baedeker

Südwand

1 Zwei Cherubime
2 Erzengel Gabriel und Uriel
3 Jesaja und Habakuk
4 Jeremias, Amos, Obadja und Joel (v.l.n.r.)
5 Gabriel, Paulus und Andreas
6 Markus, Thomas und Simon Zelotes
7 Auferweckung Tabitas durch Petrus; Begegnung von Petrus und Paulus
8 Silvester, Thomas von Canterbury und Martin
9 Hilarius, Benedikt, Maria Magdalena
10 Streitgespräch zwischen Petrus und Paulus mit dem Magier Simon; Sturz des Magiers
11 Wilhelm II. überreicht Maria das Modell der Kirche und weiht ihr den Dom
12 Verkündigung an Zacharias
13 Zacharias verlässt den Tempel
14 Verkündigung
15 Mariä Heimsuchung
16 Geburt Jesu
17 Josephs Traum
18 Flucht nach Ägypten
19 Beschneidung Jesu; Jesus unter den Gelehrten im Tempel
20 Drei Versuchungen Jesu
21 Jesus und die Samariterin
22 Verklärung Jesu
23 Auferweckung des Lazarus
24 Die Jünger bringen Jesus einen Esel
25 Fußwaschung
26 Jesus auf dem Ölberg
27 Verrat des Judas
28 Erschaffung von Himmel und Erde
29 Erschaffung des Lichts
30 Teilung der Erde und des Wassers
31 Erschaffung der Pflanzen und Bäume
32 Erschaffung der Gestirne
33 Erschaffung der Fische und Vögel
34 Erschaffung der Tiere und Adams
35 Ruhetag am siebten Schöpfungstag
36 Gott führt Adam ins Paradies
37 Adam im Paradies
38 Bau der Arche
39 Einzug der Tiere in die Arche
40 Noah sendet die Taube aus
41 Noah und die Tiere verlassen die Arche
42 Gottes Bund mit Noah
43 Noahs Trunkenheit
44 Turmbau zu Babel
45 Drei Engel erscheinen Abraham
46 Abraham bewirtet die drei Engel
47 Heilung eines Besessenen
48 Heilung der Aussätzigen
49 Heilung des Mannes mit der vertrockneten Hand
50 Errettung des Petrus aus dem Wasser
51 Auferweckung des Jünglings von Naim
52 Heilung der blutflüssigen Frau
53 Auferweckung der Tochter des Jairus
54 Heilung der Schwiegermutter Petrus und Speisung der Fünftausend

Ostwand

1 Christus Pantokrator
2 Maria mit dem Kind, umgeben von den Erzengeln Michael und Gabriel, sowie von Petrus und Paulus
3 Johannes
4 Matthäus
5 Nathan
6 Daniel
7 Elias
8 David
9 Christus Immanuel
10 Salomon
11 Samuel
12 Gideon
13 Elisa
14 Martin
15 Stephanus und Petrus von Alexandrien
16 Silvester und Thomas von Canterbury
17 Nikolaus
18 Martyrium des Paulus
19 Thronender Paulus
20 Kreuzigung des Petrus
21 Thronender Petrus

Westwand

1 Erschaffung Evas
2 Gott führt Eva zu Adam
3 Lot und die Engel
4 Cassius und Castus in Rom
5 Zerstörung von Sodom
6 Speisung der Fünftausend
7 Einsturz des Apollontempels durch die Gebete von Cassius und Castus
8 Teufelsaustreibung durch Castrense
9 Heilung der Buckligen

✱ ✱ Kreuzgang

🕑
Öffnungszeiten:
Di. – So.
9.00 – 16.30
Mo. nur bis 13.30

Rechts von der Domfassade ist der Eingang zum berühmten Kreuzgang, dem bedeutendsten Rest der einstigen Benediktinerabtei. Von ihr ist außerdem noch die Ruine des Südflügels vorhanden. Der Kreuzgang nimmt ein Quadrat von 47 x 47 m ein. Je 26 Arkaden öffnen sich an den vier Seiten zum üppig bewachsenen Garten. Sie werden jeweils von Doppelsäulen (insgesamt 228) mit Doppelkapitellen getragen. Diese Säulen sind entweder glatt oder aber mit farbigen Steinen inkrustiert, kein Säulenpaar gleicht dem anderen. In den Ecken finden wir je vier Säulchen mit reliefierten Schäften, in der Südwestecke ist eine orientalisch anmutende Brunnenkapelle mit besonders reich ornamentierten Säulen eingefügt; in der Mitte eine Säule mit Zickzackmuster und figürlichem Schmuck am Kopf – aus ihr rinnt das Wasser herab. Noch einfallsreicher als die Säulen sind die Doppelkapitelle gestaltet: Sie zeigen Pflanzen, Tiere, Menschen, Akrobaten und Bogenschützen, Greife und andere Phantasiewesen sowie biblische Themen, u.a. aus der Passionsgeschichte (die Frauen am Grabe). Der ganze Reichtum an dekorativen wie erzählenden Elementen erschließt sich nur bei einem geruhsamen Rundgang. Wir verweisen insbesondere auf das 19. Kapitell der Westseite, das zeigt, wie König Wilhelm II. der Madonna das Kirchenmodell darbringt; ferner auf das von vier Säulen getragene Kapitell in der Nordostecke des Kreuzgangs mit folgenden meisterhaft komponierten Themen: Verkündigung, Heimsuchung, ein Engel erscheint dem Joseph, Christi Geburt, Verkündigung an die Hirten, die Drei Könige.

Belvedere
(z. Z. geschl.) ▶

Wenn man den Kreuzgang verlässt und nach links an der Hausfront entlanggeht, gelangt man durch den nächsten Eingang zum Belvedere, einem kleinen Park mit riesigen Gummibäumen auf einer Terrasse, von der sich ein schöner Blick in die Conca d'Oro und die Bucht von Palermo bietet.

Weitere Sehenswürdigkeiten

An der Piazza Vittorio Emanuele, links vom Dom, steht das Rathaus (Municipio), welches sich in einem Teil des ehemaligen Königspalastes befindet. Im Innern sind eine Antonello Gagini zugeschriebene Skulptur (1528) sowie das Gemälde »Geburt Christi« von Matthias Stomer (17. Jh.) zu beachten. Die Via Umberto I führt in nördlicher Richtung zur Bergkirche (Chiesa del Monte), die im Innern mit Stuckverzierungen aus dem Umfeld von Giacomo Serpotta geschmückt ist. Unmittelbar anschließend die Kollegiatskirche, die 1565 erbaut und im 17. Jh. verändert wurde. Die Stuckausschmückung ist von Serpotta, die Gemälde stammen von Marco Benefial (1722, im Hauptschiff) und von Matthias Stomer (im Presbyterium). Von der Piazza Vittorio Emanuele gelangt man über die Via Roma in südlicher Richtung an der Kirche Sant'Antonio vorbei zum Collegio di Maria, 1880 nach einem Entwurf des palermitanischen Opernbaumeisters G. B. Filippo Basile erbaut.

Umgebung von Monreale

Riesige Wasserrutschen und jede Menge andere »nasse« Vergnügungsmöglichkeiten gibt es im Acqua-Park vor den Toren Monreales (Contrada Fiumelato, Via Pezzingoli 172, Tel. 09 16 46 02 46; im Sommer täglich 9.30 – 18.30 Uhr; www.acquaparkmonreale.it).

Acqua-Park

🕐

Eine 9,5 km lange Serpentinenstraße führt von Monreale hinauf zu dem luftigen Naherholungsgebiet San Martino delle Scale (507 m, 350 Einw.), das nach der ausgedehnten Benediktinerabtei benannt ist. Diese ist der Tradition zufolge von Papst Gregor d. Gr. (590 bis 604) gegründet worden. Die Gebäude wurden durch G. Venanzio Marvuglia 1770 – 1786 erneuert. Sie waren also gerade fertig gestellt, als Goethe sie 1787 besuchte. Die Kirche, vor der ein Brunnen von Ignazio Marabitti (18. Jh.) steht, ist ausgestattet mit einem Taufbecken von 1396, dem Chorgestühl von 1591 sowie Skulpturen und Gemälden des 16. – 18. Jh.s von Filippo Paladino, Giuseppe Ribera, Pietro Novelli und Paolo de Matteis.

San Martino delle Scale

In San Martino ist noch ein alter Brauch lebendig: Wie ihre Vorfahren fangen die Einwohner im Winter Tauben und Spatzen, die sie am Ostermontag zur Begrüßung des Frühlings wieder freilassen.

Von der Straße Monreale nach San Martino delle Scale führt eine kurze **Panoramawanderung** auf den »Rabenberg«, Pizzo del Corvo, mit einer normannischen Burg.

San Giuseppe Jato

San Giuseppe Jato liegt 22 km südwestlich von Monreale (auf der SS 186 bis Damiani, weiter zur ehemaligen Mafiahochburg San Giuseppe Iato und San Cipirello). Hier wurde bei Ausgrabungen die bei Diodor erwähnte antike Stadt freigelegt, die griechisch Iaitia, lateinisch Ietum hieß. Sie wurde wohl im 5. Jh. v.Chr. gegründet und bestand, zuletzt unter dem Namen Iato, bis Friedrich II. sie im 13. Jh. zerstörte. In großartiger Landschaft finden sich noch Reste der Stadtmauer, der Agora, des Aphroditetempels, des griechischen Theaters sowie von Wohnbauten (Zona Archeologica Antica Iato). Die Ausgrabungsfunde sind im Museo Civico von San Cipirello aufgestellt, u.a. ein Löwe und mehrere Kolossalstatuen.

> ❗ **Baedeker** TIPP
>
> #### Übernachtungstipps
>
> Die Anti-Mafia-Organisation »Libera terra« (»Freies Land«) unterhält auf konfisziertem Mafia-Land landwirtschaftliche Betriebe, auf denen Wein, Gemüse und Getreide angebaut werden, selbstverständlich alles bio. Zwei bieten »Urlaub auf dem Bauernhof«: Agriturismo Portella della Ginestra, an der S P 34, Km 5, Piana delgli Albanesi, Tel. 032 32 13 25 97, und Agriturismo Terre di Corleone, Contrada Drago, nördlich von Corleone, an der S S 118, Tel. 033 37 99 32 91. Informationen über dieses und ähnliche Projekte: www.liberaterra.it.
> Das Casale dello Jato ist ein schmuck hergerichteter Bauernhof mit 7 Wohnungen. Im Restaurant werden nach alten Rezepten die Ingredienzen aus der Umgebung zu feinsten Speisen verarbeitet (Località Percianotta an der S P Serralombardi nach Scassabarile, Tel. 09 18 58 23 09, www.ilcasaledellojato.it).

✴ Monti Madoníe

L – N 5/6

Die Madoníe sind die westliche Fortsetzung der Monti Nébrodi und der höchste Teil des parallel zur Nordküste verlaufenden Gebirgszuges. Im Pizzo della Carbonara und Monte San Salvatore, zwischen Castelbuono und Polizzi Generosa, sind sie 1979 und 1912 m hoch.

Zur Nordküste fallen die Madoníe steil ab, zur Südseite senken sich die Berge dagegen sanft ins Landesinnere. Das Kalkmassiv ist eine spärlich besiedelte, bäuerliche Region. 1989 wurde ein großer Teil zum Naturpark, Parco Regionale delle Madoníe, erklärt. Da die Höhenlagen nur schwer zugänglich sind, ist die Vegetation geradezu üppig. Hier gedeihen größere Laubwälder mit Kork- und Steineichen, Buchen und Ulmen, aber auch bis zu 15 m hohe Stechpalmen. In den tieferen Lagen werden Öl- und Mandelbäume, Reben sowie Gemüse und Getreide angebaut. Die meisten der kleinstadtgroßen Dörfer entstanden im Mittelalter, als die Küstenbewohner vor sarazenischen Piraten ins Hinterland flohen. Die Fahrt auf den kurven- und aussichtsreichen Straßen bietet viel Abwechslung. Auf dem Piano della Battaglia (1680 m) und dem Piano degli Zucchi (1105 m) ist sogar Wintersport möglich. Dennoch verirren sich nur selten Touristen ins Hinterland.

> **!** **Baedeker TIPP**
>
> **Tipps für unterwegs**
> Entlang der Strecke gibt es einige kleinere Hotels, Trattorien und immer wieder Hinweise auf Agriturismo-Betriebe (Ferien auf dem Bauernhof), wo man gastfreundlich empfangen und häufig auch mit regionalen Spezialitäten verwöhnt wird (Auskunft: Fremdenverkehrsämter in Cefalù und Palermo, www.agriturismosicilia. com und bei der Parkverwaltung in Petralia Sottana; hier gibt es auch die »Carta dei Sentieri del Paesaggio«, eine Karte mit Wanderwegen und Adressen).

Wanderroute 6, S. 144 ▶

Durch die Madoníe

Targa Florio
Die nach ihrem Stifter Vincenzo Florio benannte Targa Florio war das schwerste und älteste Langstreckenrennen der Erde. Ausgetragen wurde es zwischen 1906 und 1997 (die beiden Weltkriege ausgenommen) im Hinterland der tyrrhenischen Küste. Ursprünglich war der sog. Circuito delle Madoníe 150 km lang. Start und Ziel befand sich zwischen ▶Termini Imerese und Buonfornello, kurz hinter der Abzweigung der SS 120 von der Küstenstraße SS 113. Die nun folgende Route durch die Madoníe folgt zu einem großen Teil der Targa Florio.

Cerda
Das Landstädtchen (274 m hoch, 5300 Einw.) ist die »Hauptstadt« der **Artischocken** (carciofi). Zur Saison zwischen Februar und April bietet die Trattoria La Nasca 2 (Contrada Canna, Tel. 09 18 99 10 55,

▶ DIE MADONÍE ERLEBEN

AUSKUNFT

Parco Regionale delle Madoníe
90027 Petralìa Sottana, Corso Agliata
16, Tel. 09 21 68 40 11
www.parcodellemadonie.it

GUT ZU WISSEN

Die Madoníe sind das Zentrum des
sog. Equiturismo: Viele Agriturismo-
Betriebe bieten Reitunterricht und
Ausritte an.

ESSEN

▶ Erschwinglich

Castelbuono · Nangalarruni
Via delle Confraternite 7
Tel. 09 21 67 14 28; Mi. geschl.
Hübsches Restaurant, gute Regionalküche, z. B. Pilz- und Wildgerichte;
in einer Seitenstraße des Corso Umberto im historischen Zentrum

Collesano · Agriturismo Arione
Contrada Porretti, Tel. & Fax
09 21 42 77 03, Mobil 39 34 94 17
52 42, www.agriturismoarione.it
Für Wanderer und Ausflügler in den
Madoníe ein idealer Landgasthof mit
rustikaler sizilianischer Küche
(6 Gastzimmer)

Collesano · Casale Drinzi
Contrada Drinzi, außerhalb der Stadt
Richtung Isnello im Grünen
Tel. 09 21 66 40 27; kein Ruhetag
Bodenständige Gerichte in netter,
rustikaler Atmosphäre. Lokale Zuta-
ten, gute Pizzen, hervorragende
Fleischgerichte. Gute Rotweine. Mit
einfachen Gastzimmern

**Isnello · Rifugio Orestano
del Club Alpino Siciliano**
Località Piano Zucchi
Tel. & Fax 09 21 66 21 59
www.rifugiorestano.com; 31 Zimmer

Rustikale Küche, u. a. leckere lokale
Wurst- und Schinkensorten nach
alten Rezepten mit herrlicher Aussicht

ÜBERNACHTEN

▶ Komfortabel

Castelbuono · Villa Levante
Contrada Farbaudo, Via Isnello
Mobil 33 56 39 45 74
www.villalevante. it
Anspruchsvoller Agriturismo in
einem wunderschönen Landgut

▶ Preiswert/komfortabel

Castelbuono · Milocca
Contrada Piano Castagna
Tel. 09 21 67 19 44, Fax 09 21 67 14 37
www.albergomilocca.com
54 Z.; schönes Landhotel im Hinterland von Cefalù auf etwa 500 m Höhe
an der Straße auf den Piano Sempria

Petralìa Sottana · Monaco di Mezzo
Contrada Monaco di Mezzo
Tel. 09 34 67 39 49
www.monacodimezzo.com
Agriturismo; 5 Apartments mit
Küche, Schwimmbad; im Restaurant
lokale Gerichte

Piano Battaglia · Baita del Faggio
Loc. Acque del Faggio
Contrada Fontanone del Faggio
Tel. 09 21 66 21 94
www.baitadelfaggio.it
23 Zimmer und gemütliches Restau-
rant auf 1400 m Höhe zwischen Piano
Zucchi und Piano Battaglia

Isnello · Park Hotel Piano Torre
Contrada Montaspro
Tel. 09 21 66 26 71, Fax 09 21 66 26 72
www.pianotorreparkhotel.com
26 Z.; schönes Ausflugshotel, herrlicher Blick auf Meer und Gebirge;
guter Stützpunkt für Wanderungen

Do. geschl.) zu günstigen Preisen deftige Artischocken-Menüs an. Auf der Strecke nach Caltavuturo lohnt ein Abstecher nach **Sclafani Bagni**, eine wegen ihres schwefelhaltigen Wassers beliebte Thermenanlage. In dem mittelalterlichen Felsenstädtchen **Caltavuturo** mit den Ruinen eines Normannenkastells verlässt man die SS 120 und fährt ins Bauerndorf **Scillato**.

Polizzi Generosa

Auf einer Felskuppe, rund 30 km südlich von Cefalù, liegt Polizzi (915 m, 3700 Einw.): Ausgangspunkt großartiger Bergwanderungen und Heimat des schrillen Mailänder Modeschöpfers Domenico Dolce (geb. 1958; Dolce & Gabbana), dessen Vater hier Schneider war. Den Beinamen »Generosa« erhielt der Ort um 1234 durch Friedrich II. In der Chiesa Madre sind Reliefs von Domenico Gagini (1482) und ein altniederländisches Triptychon zu sehen, ein Hauptwerk des Brüsseler »Meisters mit dem gestickten Laub« (15. Jh.). Auf dem Notenblatt eines singenden Engels wurde das »Ave Regina« von Walter Frye identifiziert, der um 1450 am burgundischen Hof tätig war.

Die Bergstraße in Richtung **Pizzo della Carbonara** (15 km nördlich) führt bis zum Rifugio Giuliano Marini, das am Nordhang des 1979 m hohen Berges liegt.

> ! **Baedeker TIPP**
>
> **Giardino Donna Lavia**
>
> Sehr schön übernachten und hervorragend speisen kann man in dem liebevoll restaurierten Landgut des deutsch-sizilianischen Ehepaars Karin und Luigi. Gemüse, Weine und Liköre stammen aus eigenem Anbau, freitags gibt es Fisch und im Winter häufig Fondueabende (5 Z., günstig; 4 km außerhalb von Polizzi Generosa, Contrada Donna Lavia, Tel. 09 21 55 10 37, Fax 09 21 55 11 04, www.giardinodonnalavia.com).

Petralia Soprana

Das »obere Petralìa« thront in 1147 m Höhe malerisch auf einem Felsgipfel und ist die höchstgelegene Gemeinde der Madoníe (3500 Einw.). Der Kruzifixschnitzer Francesco Giovanni Pintorno, genannt Fra Umile, wurde hier geboren (1580 – 1639; Denkmal auf der Piazza; ein Holzkreuz von ihm in der Chiesa Madre). Die Chiesa SS. Salvatore, eine ehem. Moschee östlich der Piazza del Duomo, ließ Roger I. zur Kirche weihen. Der charakteristische kreisförmige Grundriss blieb auch beim Umbau im 18. Jh. erhalten. An der Stelle des Normannenkastells erhebt sich heute die Kirche Santa Maria di Loreto (15. Jh.; im 18. Jh. im Rokokostil erneuert). Von dem dahinter gelegenen »Belvedere u Castru« hat man einen traumhaften Ausblick.

Petralia Sottana

Das Städtchen (1000 m, 3000 Einw.) liegt etwas tiefer auf einem Felsvorsprung über dem Tal des Imera Meridionale. Der Hauptort der Madoníe geht auf das römische Petraea zurück, in dessen Gelände der Normannengraf Roger I. 1096 ein Kastell erbauen ließ. Im August finden hier der Hochzeitszug und das Pantomimen-Fest »Corteo Nuziale e Ballo Pantomima della Cordella« statt, im September das Fest der »Madonna dell'Alto«. Die Bewohner leben von der Teppichknüpferei, einem selten gewordenen Traditionshandwerk; ein neuer

In den Madoníe; im Hintergrund das über tausend Meter hoch gelegene Gangi

Arbeitgeber ist die Verwaltung des Parco delle Madoníe. Die Chiesa Matrice erhielt ihre endgültige Gestalt im Barock; aus dem 15. Jh. stammt ein gotisch-katalanisches Portal und der Campanile mit Spitzbogenarkaden. Im dreischiffigen Innern sind antike Säulen aufgestellt, das kostbare Triptychon ist aus dem 15. Jahrhundert. Ein Spitzbogenportal (15. Jh.) weist auch die Chiesa della Trinità oder della Badia auf. Das steinerne Altarretabel im Innern von Gian Domenico Gagini (ca. 1503–1567) zeigt eine Tempelfront, in deren Dreiecksgiebel Gottvater thront. Die Wand ist durch reich ornamentierte Pilaster in fünf Achsen gegliedert, kräftige waagerechte Gesimse teilen die drei Geschosse. In die so entstandenen Felder stellte Gagini 23 Szenen aus dem Leben Christi.

Gangi

Das abgelegene Bergstädtchen Gangi (rund 20 km östlich, 7100 Einw.) geht auf eine Sikuler-Siedlung zurück. Einige der vermutlich von den Ureinwohnern stammenden Felshöhlen sind erhalten, jedoch mit vorgesetzten Hausfassaden versehen und daher nicht zu erkennen. Überragt wird der Ort vom gotischen Campanile der Chiesa di San Nicola (14. Jh.). Beachtenswert sind außerdem die Chiesa Madre (17. Jh.), die im gotisch-normannischen Stil erbaute Torre Ventimiglia auf der Piazza del Popolo sowie einige Paläste, darunter der Palazzo Bongiorno (18. Jh.).

Geraci Siculo Nach diesem Abstecher geht es zurück und auf der SS 286 nach Geraci Siculo (1000 m, 2000 Einw.). Der von Arabern im 9. Jh. gegründete Ort war im Mittelalter Sitz der Fürsten Ventimiglia. Wer sich für Falken interessiert, besucht die wieder aufgebaute Falknerei.

Castelbuono Ein unverfälschter Geheimtipp zum Wohlfühlen und Ausgangspunkt für herrliche Wanderungen in den Stechpalmenwäldern am Piano Pomo ist Castelbuono (423 m, 9000 Einw.) am Fuß des Pizzo della Carbonara (1979 m). In byzantinischer Zeit hieß der Ort Ypsigro, unter den Arabern Ruqqat Basili. Gleich zwei Kostümfeste finden hier statt, die »Ntaccalora e lu triunfu di la manna« im Mai und die »L'Arrucata di li Ventimiglia« im August. Die Stadt wird beherrscht von dem Kastell, das 1316 in der Art der Stauferkastelle angelegt wurde; es war der Sitz der Grafen, seit 1595 der Fürsten Ventimiglia. Im Innern sieht man die Cappella di Sant'Anna mit Stuckdekoration von Giuseppe Serpotta (1683) und das Museo Civico mit archäologischen Sammlungen. 1350 entstand die vierschiffige Chiesa Matrice Vecchia mit einem Altarretabel von Pietro Ruzzolone. Die Chiesa Matrice Nuova enthält ein gemaltes Kruzifix aus der Zeit um 1500 (an der Piazza). In der Chiesa San Francesco befindet sich die Grabkapelle der Familie Ventimiglia, ein Achteckbau mit reichem Portal aus der Zeit um 1500.

Isnello Isnello ist ein beliebter Ausgangspunkt für Wanderungen und im Winter für die Skistation von Piano Battaglia (1648 m). Die Reste einer mittelalterlichen Burg beherrschen das Bergdorf. Der Dom San Nicolò wurde im 15. Jh. erbaut; in der spätmittelalterlichen Chiesa San Michele stammt das Holzkruzifix der Leonardo-Kapelle (rechts vom Eingang) von Fra Umile da Petralia. Das Dorf **Gratteri** (14 km westlich) ist wegen seiner großartigen Balkonlage (Aussicht) einen Abstecher wert. Hier beginnt eine lohnende Panoramawanderung um den Monte Puraccia.
Über **Collesano** (20 km westlich; Chiesa Madre 15./16. Jh.), ein weiterer Ferienort, und Campofelice di Roccella erreicht man den Ausgangspunkt dieses Rundkurses durch die Madonie.

★ Mózia · San Pantaleo

C 5

Provinz: Trápani · · · · · · · · · · **Höhe:** Meereshöhe

Mózia, die karthagische Siedlung Motya, liegt auf der kleinen, kreisrunden, heute San Pantaleo genannten Insel nördlich von Marsala. Sie gehört der Stiftung der durch den Marsala-Handel reichgewordenen Familie Whitaker, die die Ausgrabung der antiken Stadt ins Leben rief.

Von ►Marsala kommend, fährt man auf der Küstenstraße 10 km nordwärts bis Contrada Spagnola und biegt seewärts ab. Es gibt zwei Bootsabfahrtstellen: die Anlegestelle Imbarcadero storico mit einem kleinen Naturschutzbüro sowie die zweite Abfahrtstelle 500 m weiter bei der Saline Ettore e Infersa (hier auch Bushaltestelle der Linie 4 aus Marsala). Die Überfahrt dauert 10 Minuten.

Anfahrt

Die Lage der lediglich 600 x 700 m großen Insel mitten in einer Lagune, die durch die lang gestreckte Isola Grande gegen die offene See geschützt ist, war die Voraussetzung dafür, dass hier bereits im 8. Jh. v. Chr. ein phönizischer Ort bestand. Er diente der phönizisch/punischen Großmacht Karthago, als sie vor der griechischen Kolonisation zurückweichen musste, neben ►Palermo und Solunt Jahrhunderte lang als Stützpunkt im westlichen Sizilien. 397 v. Chr. wurde Motya von Dionysios I. von Syrakus erobert, 396 von den Karthagern zurückerobert, aber freiwillig aufgegeben und durch die mächtige Seefestung Lilybaion (heute Marsala) ersetzt. Heute wird auf der im Mittelalter nach dem hl. Pantaleon benannten Insel Wein angebaut.

Geschichte

Mózia San Pantaleo

✱ Ausgrabungen

Ausgrabungen unternahm zuerst 1906 Joseph Whitaker. Seitdem zeichnet sich ein Bild dieser antiken Stadt ab – der einzigen auf Sizilien, in der Reste aus karthagischer Zeit sichtbar sind.
Bei einem Rundgang entdeckt man beachtliche Teile der 2500 m langen Stadtmauer mit ihren 20 Türmen und Bastionen, ferner im Zentrum der Insel das Museum, im Südteil die nach der Zerstörung von 397 v. Chr. erbaute Casa dei Mosaici mit frühhellenistischen schwarzweißen Kieselmosaiken (um 300 v. Chr.) sowie das Südtor und einen künstlichen Binnenhafen (**Kothon**) von 40 x 50 m, der als Dockanlage gedient hat.

An der Westküste fanden sich zwei Nekropolen mit kleinen Steingräbern für die Aschenurnen und südlich davon der als »Tophet« bezeichnete heilige Bezirk mit Resten eines kleinen Baaltempels. Hier wurden die erstgeborenen Söhne und später kleine Tiere geopfert.

◄ **Nekropolen**

Nach Norden hin gelangt man zum Ausgrabungsbezirk Cappiddazzu. Es handelt sich um einen monumentalen Tempel von Tanit, der Hauptgöttin Karthagos. Von ihm sind ansehnliche Reste von Funda-

◄ **Cappiddazzu**

ment und aufgehendem Quadermauerwerk sowie einzelne Mosaiken erhalten. Von hier führt eine antike Straße mit zwei Fahrbahnen zur

Nordküste ► nahen Nordküste. Der sizilische Geschichtsschreiber Diodor berichtet, dass von der Insel ein Weg zum Festland (beim heutigen Birgi) und der dort gelegenen Nekropole führte; dieser Weg liegt jetzt knapp unter dem Meeresspiegel, wird aber zeitweise von den Bauern von Birgi noch benutzt. Er beginnt bei der **Porta Nord**, die in beeindruckenden Resten erhalten ist. Dieses Nordtor stellte mit zwei flankierenden Türmen und drei aufeinander folgenden Doppeltoren eine starke Befestigung dar. Rechts sieht man sieben in West-Ost-Richtung angeordnete Steinkistengräber.

Museum
Öffnungszeiten:
tägl. 9.00 – 13.00
im Sommer auch
15.00 – 18.30

Die Funde von Motya, von der Nekropole bei Birgi auf dem Festland und zum Teil von Lilybaeum sind zum einen im Archäologischen Museum von ►Palermo zu sehen, andere im Museum von ►Marsala und das Übrige im Museum auf der Insel selbst. Hier steht gegenüber dem Eingang ein großes Relief mit zwei Löwen, die einen Stier überwinden. Reich ist der Bestand an punischen Grabsteinen und Keramik. Bedeutendster Museumsbesitz ist eine **Marmorstatue**, die 1978 entdeckt worden ist. Etwas überlebensgroß, ist sie bis auf Arme und Füße makellos erhalten. Es handelt sich um einen Jüngling in eng anliegendem plissierten Gewand; um die Brust trägt er ein breites Band, das ebenso wie das Gewand an karthagische Einflüsse denken lässt. Während der durch das Gewand hindurchscheinende Körper weicher wirkt, ist der Kopf ganz in der Art des »Strengen Stils« der griechischen Klassik gearbeitet; die Schädelkalotte allerdings ist nur grob modelliert und in sie sind Bronzestifte eingelassen – deutliche Hinweise, dass hier ein Metallgegenstand (Helm, Krone?) aufsaß. Bei der Interpretation hat man u.a. an einen hohen Magistraten, einen Priester oder eine Gottheit (vielleicht Herakles/Melkart) gedacht. Als sicher kann gelten, dass das Werk aus griechischem Marmor im zweiten Viertel des 5. Jh.s v. Chr. – also zur Zeit der Skulpturen vom Zeustempel in Olympia – von einem griechischen Bildhauer für einen karthagischen Auftraggeber geschaffen worden ist.

Der Jüngling von Motya, ein Meisterwerk aus dem 5. Jh. v. Chr.

An der küstennahen Straße in Richtung Birgi erstrecken sich **Salz-gärten**, die sich mit ihren weißleuchtenden Salzflächen und Wind-mühlen bis nach ► Tràpani fortsetzen. Diese alte Form der Salzge-winnung durch Verdunstung ist besonders in der feineren Küche wieder gefragt.

Nicosìa

O 6

Provinz: Enna   **Höhe:** 700 m ü.d.M.
Einwohnerzahl: 15 000

Das auf mehreren Bergkuppen erbaute Nicosìa ist eine charakteris-tische Bergstadt. Sie entwickelte sich um ein (heute verfallenes) normannisches Kastell, das Graf Roger I., nachdem er hier 1062 die Araber geschlagen hatte, errichten ließ.

Sehenswertes in Nicosìa und Umgebung

Im Zentrum steht der Dom San Nicola, aus dessen Gründungszeit noch die gotische Fassade, der Campanile mit Zwillings- und Dril-lingsfenstern sowie Dachbalkenmalereien stammen. Der dreischiffige Innenraum enthält Skulpturen der Gagini, ein Gestühl von 1622 und ein Kruzifix des Fra Umile da Petralia (17. Jh.). In der im 13. Jh. er-bauten, nach einem Erdrutsch von 1757 barock erneuerten Kirche Santa Maria Maggiore ist ein Marmorpolyptychon von A. Gagini (1512, »Geschichte der heiligen Jungfrau«) sowie der Thron Karls V. zu sehen. Die Dominikanerinnenkirche San Vincenzo Ferreri weist ein Deckenfresko des flämischen Malers Guglielmo (Wilhelm) Borre-mans von 1717 auf: Die Dreifaltigkeit krönt den hl. Vinzenz Ferrer.

Nicosìa

Das 14 000 Einwohner zählende **Höhlen-Städtchen** liegt 10 km nord-westlich in 750 m Höhe auf einem kahlen Felsrücken. Beherrscht wird es von einem mächtigen Kastell, das man auf einer steilen Fel-sentreppe erklimmt. Es stammt ursprünglich aus der normannischen Ära. Am Torbogen befindet sich die Inschrift »Quod Siculis placuit sola Sperlinga negavit« (»Einzig Sperlinga verneinte, was den Sizi-lianern gefiel«) – eine Anspielung darauf, dass dieser Ort den verfolg-ten Franzosen nach der »Sizilia-nischen Vesper« von 1282 Zuflucht gewährte. Um das Kastell gibt es zahlreiche Wohnhöhlen, die teils bis in die 1960er-Jahre noch ge-nutzt wurden.

Sperlinga

? WUSSTEN SIE SCHON …?

■ Auf Sizilien gibt es über 200 Burgen. Die bedeutendsten sind die von Friedrich II., u. a. der Turm in Enna. Faszinierend ist die Burg von Sperlinga. Sie erinnert eher an einen architektonischen Maulwurfshügel: Der ganze Sandsteinhügel wurde schon ab dem Neo-lithikum ausgehöhlt und von Gängen und Räumen durchbrochen. Der Ortsname stammt von Spelunca, lateinisch = Höhle, ab.

Troina Troina, 26 km westlich von Nicosìa und einer der höchstgelegenen Orte Siziliens (1120 m, 9700 Einw.), liegt an einer Rundfahrt durch die Nebrodischen Berge. Etwas südlich gab es im Altertum eine Stadt der Sikuler, vielleicht Engyon genannt. 876 nahmen die Araber Troina ein, 1062 löste der Normanne Roger I. sie ab. Er wählte Troina zunächst zur Residenz; später wurde es Ausgangspunkt für normannische Eroberungszüge. 1088 kamen Roger I. und Papst Urban II. hier zusammen (bei der zweiten Begegnung, in Salerno zehn Jahre später, wurde Graf Roger als apostolischer Legat anerkannt). Aus normannischer Zeit stammen ein Turm, der im 15. Jh. ausgebaut wurde, und die Chiesa Madre (klassizistische Fassade). Diese Hauptkirche auf dem höchsten Punkt der Stadt – an einem Platz mit weiter Aussicht – ist eine der frühesten normannischen Kirchen auf Sizilien, denn in Troina gründeten die Normannen 1080 den ersten lateinischen Bischofssitz (1096 Messina angeschlossen). Aus dem Mittelalter stammen nur noch die Querhausmauern und der Glockenturm. Die Apsiden hat man abgerissen. Der Stausee **Lago di Ancipa** (7 km nordwestlich) füllt das Tal des Troina-Flusses aus.

◄ Normannenhorst

Cesarò In der Bergstadt Cesarò (1150 m, 20 km nordöstlich von Troina) gibt es die Ruine eines Kastells der römischen Adelsfamilie Colonna, der Cesarò als Lehen gehörte. Unmittelbar westlich des Ortes liegt das Bergdorf San Teodoro.

✳ ✳ Noto

S 11

Provinz: Siracusa   **Höhe:** 105 m ü.d.M.
Einwohnerzahl: 24 000

Noto ist eine der schönsten sizilianischen Barockstädte und Weltkulturerbe der UNESCO. Allerdings handelt es sich um ein aufwendig zu erhaltendes Erbe, was die hie und da aufragenden Baugerüste belegen.

Das sikulische Neetum (heute Noto Antica) lag rund 20 km von der Küste entfernt in rund 400 m Höhe über dem Tal des Arsinaro. Von arabischer Zeit an wurde der Südosten Siziliens nach der Stadt Val di Noto benannt. Noto löste Syrakus als Provinzhauptstadt ab und behielt diese Führungsrolle bis 1865. Das Erdbeben von 1693 zerstörte die Stadt so gründlich, dass man sich auf Betreiben des Grafen Landolina aus Syrakus entschloss, sie aufzugeben und näher an der Küste neu zu gründen, unglücklicherweise an einem geologisch nicht sehr stabilen Plateaurand, wie die jüngsten Erdbeben 1990 bewiesen. Die Architekten Rosario Gagliardi, Paolo Labisi, Antonio Mazza und Vincenzo Sinatra schufen 1703 den Stadtplan, dem Noto sein einheitliches Stadtbild verdankt. Zugrunde liegt diesem Plan ein recht-

◄ Glanzvoll aus der Katastrophe

● NOTO ERLEBEN

AUSKUNFT

Ufficio Informazioni Turistiche
Piazza XVI Maggio
96017 Noto
Tel. 09 31 83 67 44
Fax 09 31 57 37 79
www.comune.noto.sr.it

VERANSTALTUNGEN

»Primavera Barocca« am dritten
Maisonntag mit Konzerten und
einem historischen Umzug. Höhepunkt ist die L'Infiorata, ein Blüten-
teppich in der Via Nicolaci.
Ende Juli bis Mitte August: Festival
der klassischen Musik

ESSEN

► Erschwinglich
① *Trattoria del Crocifisso*
Via Principe Umberto 48
Tel. 09 31 57 11 51
Mi. geschl.; empfehlenswerter Familienbetrieb in der Oberstadt; saison-
abhängige Regionalküche

② *Trattoria del Carmine*
Via Ducezio 1
Tel. 09 31 83 87 05
www.trattoriadelcarmine.it
Mo. geschl.; beliebter und mehrfach
ausgezeichneter Familienbetrieb

ÜBERNACHTEN

► Komfortabel
① *Della Ferla*
Via Antonio Gramsci 5
Tel. 09 31 57 60 07
Fax 09 31 83 63 60
www.hotelferla.it
15 geräumige Zimmer beim Bahnhof

Lido di Noto · Villa Mediterranea
Viale Lido
Tel. 09 31 81 23 30
Fax 09 31 81 23 30

www.villamediterranea.it
15 Z.; kleines Hotel mit Garten am
Meer

*Contrada Porcari · Masseria degli
Ulivi*
Tel. 09 31 81 30 19
www.masseriadegliulivi.com; 16 Z.
Luxuriös umgebauter Gutshof mit
allen Annehmlichkeiten nördlich von
Noto (östlich der SS 287)

► Günstig
② *Al Canisello*
Via Pavese 1
Tel. 09 31 83 57 93, Fax 09 31 83 77 00
www.villacanisello.it
6 Z.; etwas versteckt am südwestlichen Stadtrand, in den Seitenflügeln
eines ehem. Bauernhofs; schöner
Garten

③ *Villa Ambra*
Via F. Giantommaso 14
Tel. & Fax 09 31 83 55 54
www.roomsambra.com
8 Z. in komfortabler Umgebung,
10 Min. zu Fuß vom Stadtzentrum

Marzamemi · La Conchiglietta
Via Regina Elena 9
Tel. 09 31 84 11 91,
www.laconchiglietta.it
17 Z.; kleines Hotel in Meeresnähe

*Portopalo · Villaggio Turistico Capo
Pássero*
Via Tagliamento 22, Tel.
09 31 84 20 30, www.capopassero.it
Einfaches Apartment-Dorf

Portopalo · Hotel Jonic
Via V. Emanuele 19, Tel. 09 31 84
27 23, www.jonichotel.com
12 gepflegte große Zimmer mit
Meerblick

> ## ! *Baedeker* TIPP
>
> ### Vorzügliche Dolci und Granita
>
> Im weithin bekannten Café Sicilia der Brüder Carlo und Corrado Assenza gibt es eine Vielzahl klassischer und selbst kreierter Dolci, Eis- und Granitavarietäten, Marmelade und andere süße Verführungen (Corso Vittorio Emanuele 125).

winkeliger Straßenraster, aus dem sich drei ostwestlich verlaufende, am Hang übereinander gestaffelte Hauptachsen herausheben: Via Ducezio, Corso Vittorio Emanuele mit zwei repräsentativen Plätzen und Via Cavour. Eine quer zu diesen Straßenzügen verlaufende weitere Achse (Via Principe Umberto) zieht sich den Berghang hinan.

Dieser Raster wurde mit Kirchen und Palästen ausgefüllt, die individuelle Vielfalt bei stilistischer Einheit dokumentieren und dank dem als Baumaterial verwendeten hellen Kalktuff der Gegend festlich und heiter wirken.

Sehenswertes in Noto

Corso Vittorio Emanuele

Von einem Parkplatz im Osten der Stadt gehen wir, empfangen von einer ausgedehnten Parkanlage (Giardino Pubblico), in westlicher Richtung und gelangen auf dem Corso Vittorio Emanuele in den Mittelpunkt der Stadt, auf die Piazza del Municipio. Auf dem Weg dorthin passieren wir die Porta Nazionale oder Reale (von Orazio Angelini, einem Schüler Canovas; 1843) und die erste monumentale Gebäudegruppe, die Franziskanerkirche San Francesco oder Chiesa dell'Immacolata von R. Gagliardi (1734) mit dem anschließenden Konvent. Die Kirchenfassade ist nach der Ordenstradition vergleichsweise schlicht (so auch der einschiffige Innenraum mit seiner Pilastergliederung), doch wird ihre Wirkung durch die Stellung oberhalb einer großen Freitreppe gesteigert.

Zur Linken von San Francesco sieht man die einfallsreich gestaltete Rückfront des Klosters Santissimo Salvatore, in dem jetzt das **Museo Civico** untergebracht ist (Eingang an der Piazza del Municipio). Ausgestellt sind eine archäologische Sammlung sowie moderne Kunst.

Piazza del Municipio

An der Piazza del Municipio stehen einander das Rathaus und der Dom gegenüber. Das Rathaus befindet sich an der Südseite des Platzes im Palazzo Ducezio, der an den Sikulerfürsten Duketios erinnert. Vincenzo Sinatra hat den eleganten Palazzo 1746 erbaut.

Dom Santi Nicola e Corrado

Die durch Arkaden aufgelockerte Fassade des Palastes blickt auf den Dom Santi Nicola e Corrado, der sich jenseits der Straße beherrschend oberhalb einer breiten Freitreppe erhebt. 1770 vollendet und erst seit 1844 Bischofskirche, zeichnet sich diese Hauptkirche der Stadt durch ihre prächtige doppeltürmige Fassade aus. Das prachtvolle Portal (1982 von G. F. Pirrone) schildert das Leben des hl. Corrado, dessen silberne Urne in der Kapelle des rechten Seitenschiffs verwahrt wird. Der dreischiffige Innenraum wird von einer großen Vierungskuppel überragt, die im März 1996 mit den Seitenschiffen

Noto Orientierung

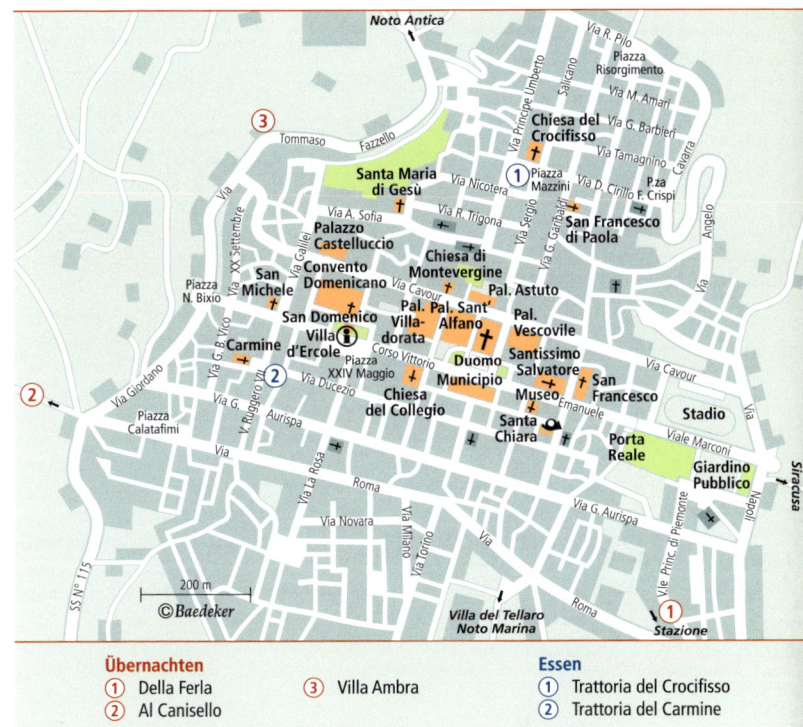

Übernachten
① Della Ferla
② Al Canisello
③ Villa Ambra

Essen
① Trattoria del Crocifisso
② Trattoria del Carmine

einstürzte (2006 wieder aufgerichtet). Rechts neben dem Dom hat der Bischofspalast seinen Platz, an den die ehemalige Klosterkirche Santissimo Salvatore anschließt. Gegenüber befindet sich die Ordenskirche Santa Chiara mit blockhafter Fassade und längsovalem Innenraum (R. Gagliardi).

Auf dem Corso in westlicher Richtung, passieren wir die Jesuitenkirche Chiesa dell Collegio (um 1740, vermutlich von R. Gagliardi) und kommen zur Piazza XVI Maggio mit einem Herkulesbrunnen (Touristeninformation) und derChiesa di San Domenico, die 1737 nach Plänen von R. Gagliardi begonnen wurde. Sie hat eine kraftvolle, konvex vorspringende Fassade, hinter der ein dreischiffiger Innenraum mit zentraler Tambourkuppel liegt. Das Teatro Comunale Vittorio Emanuele im Südwesten des Platzes entstand erst 1860.

Chiesa dell Collegio

Nun kehren wir zurück bis zur Einmündung der Via Nicolaci (links), in der der Palazzo Villadorata von P. Labisi (1737) die Aufmerksamkeit durch seine aufwendig skulptierten Balkonstützen auf sich zieht.

Palazzo Villadorata

Ausgefallener Fassadenschmuck am Palazzo Villadorata

Chiesa di Montevergine   Am nördlichen Ende wird die Straße von der Chiesa di Montevergine, einem Bau mit konkav einschwingender Fassade von V. Sinatra (1762), abgeschlossen. Rechts neben dem benachbarten Palazzo Astuto beginnt eine Treppengasse zur Oberstadt.

Oberstadt   Die Via Salicano führt zur Piazza Mazzini, deren Nordseite von der Chiesa del Crocifisso beherrscht wird. Der Bau wurde um 1715 errichtet. Die zwei Säulen tragenden Löwen im Portal der unvollendeten Fassade stammen aus romanischer Zeit. Im Innern stehen ein mittelalterlicher Löwe (vor dem ersten rechten Pfeiler) und auf dem Altar des rechten Querschiffs eine marmorne Madonna della Neve von Francesco Laurana (1471). Den Altarraum beherrscht ein monumentales Kreuz.

Umgebung von Noto

Noto Antica   Die antike Vorgängerstadt Noto Antica liegt 16 km nordwestlich (SS 287 Richtung Palazzo Acréide; nach 10 km links am Wallfahrtskloster Convento di Scala vorbei). Sie wurde 1693 nach dem verheerenden Erdbeben verlassen. Ein Spaziergang zwischen Ruinen und würzig duftender Macchia gerät zur entspannten Landpartie.

San Corrado di Fuori   5 km nördlich von Noto liegt an der SS 287 der dem Stadtpatron von Noto geweihte Wallfahrtsort San Corrado di Fuori.

Lido di Noto   Der Sandstrand des kleinen Badeorts, 7 km südöstlich von Noto, auch Noto Marina genannt, erstreckt sich bis nach Eloro.

Eloro (2 km südlich von Lido di Noto) ist das antike Heloros an der Tellaro-Mündung. Von dieser Stadt zeugen Reste der Stadtmauer (6./5. Jh. v.Chr.), des Theaters, eines Demeterheiligtums sowie die 9 m hohe Säule eines hellenistischen Grabmals, die Colonna Pizzuta.

Eloro

▶Ávola, 8 km nordöstlich von Noto

Ávola

An dieser Stelle lag ein prähistorisches Dorf des 2. Jt. v.Chr., in welchem sich Gräber und Kultgegenstände der danach benannten Castelluccio-Kultur fanden (im Museum von ▶ Syrakus ausgestellt; Anfahrt: von Noto 7 km auf der SS 115 südwestwärts, dann rechts in nordwestlicher Richtung weitere 16 km.)

Castelluccio

Die Mosaiken der spätrömischen Villa (4. Jh. n.Chr.), nach Jahren aus Syrakus zurückgekehrt, machen dem Weltkulturerbe ▶Piazza Armerina ernsthafte Konkurrenz. Sie zeigen mythologische und Jagdmotive (Anfahrt: auf der Landstraße von Noto nach Pachino, 2 km hinter der Tellaro-Brücke rechts zum Gehöft Caddeddi, ist ausgeschildert; tägl. 9.00 – 20.00 Uhr).

★
Villa del Tellaro

12 km südlich von Noto zieht sich von den Ruinen des antiken Eloro ein 8 km langer geschützter Küstenstreifen (Riserva di **Vendicari**; mit Wanderpfaden und Badebuchten) bis kurz vor Marzamemi. In den Dünen, Waldgebieten und an den sog. Pantani, salzigen Lagunenseen, lassen sich selten gewordene Wattvögel beobachten. Der Haupteingang befindet sich an der Straße nach Pachino.

> **!** *Baedeker* TIPP
>
> ### Sandstrände und Schnorchelreviere
>
> Ein Vogelparadies, feinsandige Strände, kristallklares Wasser sowie verschiedene markierte Wanderwege locken im Naturschutzgebiet Vendicari, nördlich von Marzamemi, vor der Isola di Capo Pássero und der Isola delle Correnti (Apr. – Okt. 9.00 – 18.00, sonst nur bis 17.00 Uhr, www.oasivendicari.net).

Der kleine Ferienort Marzamemi, 5 km nordöstlich von Pachino, war in den 1970er-Jahren vom Filmregisseur Luchino Visconti entdeckt worden. 1994 verfilmte hier und in Cefalù Klaus Maria Brandauer Thomas Manns Novelle »Mario und der Zauberer«. Im Ortszentrum steht eine alte Tonnara (Thunfischfabrik). Nach wie vor ist der Fischfang eine wichtige Einnahmequelle.

Marzamemi

Entlang der reizvollen Küste passiert man die **Grotta Calafarina**, in der Werkzeuge aus der Steinzeit gefunden worden sind. Als Nächstes gelangt man nach Portopalo, das schön am Kap Pássero liegt. Es ist der Hafen einer wichtigen Fangflotte. Die Küste mit ihrer starken Strömung ist fischreich, daher ist der Ort auch bei Unterwassersportlern sehr beliebt. Über der Steilküste gibt es ein Feriendorf. Im Übrigen hat der Ort keinen ausgedehnten Strand, wohl aber kleine Badebuchten. Gut baden und tauchen lässt es sich auf der vorgelagerten

Portopalo

Marzamemi, von Luchino Visconti als »Filmkulisse« entdeckt

Isola di Capo Pássero (im Sommer verkehren Fischerboote) und ca. 6 km südlich, auf der Höhe der Isola delle Correnti.

Pachino Die Stadt in der äußersten Südostecke Siziliens (6,5 km nördlich von Portopalo, 21 400 Einw.) lebt vom Weinbau. Auch reifen hier die in der EU beliebten Kirschtomaten, Pomodorini di Pachino. Mit Ávola, Grammichele und Noto gehört sie zu den planmäßigen Neugründungen barocker Zeit. Sie hat ein orthogonales Straßennetz (ähnlich wie der Kern von Mannheim) rings um einen quadratischen Hauptplatz, an dem die Kirche Santissimo Crocifisso steht (18. Jh.).

✶ Palazzolo Acréide

R 10

Provinz: Siracusa   **Höhe:** 670 m ü.d.M.
Einwohnerzahl: 9000

Das Barockstädtchen Palazzolo, 35 km westlich von Syrakus, liegt reizvoll in den Monti Iblei, über den Flusstälern des Tellaro und des Anapo. Es löste das antike Akrai ab, das südwestlich der Stadt in Teilen ausgegraben worden ist.

Akrai war die erste Tochtergründung von Syrakus 664 v.Chr. Im 12. Jh. erneuerten die Normannen die Siedlung, sie hieß nun Palazzolo. 1693 fiel sie dem verheerenden Erdbeben zum Opfer.

▶ PALAZZOLO ACRÉIDE ERLEBEN

AUSKUNFT

Ufficio Informazione
Piazza del Popolo 7
96010 Palazzolo Acreide
Tel. 09 31 47 21 81
www.palazzolo-acreide.it

VERANSTALTUNGEN

Umsonst & draußen: Ende Mai findet
im antiken Theater ein internatio-
nales Studententheater statt
(www.festivaldeigiovanipalazzolo.it).

ESSEN

▶ **Erschwinglich**
Da Andrea
Via Maddalena 24, Tel. 09 31 88 14 88
Di. geschl.; kleines Lokal mit regio-
nalen Spezialitäten sowie Pizzen

ÜBERNACHTEN

▶ **Komfortabel/Günstig**
Senatore
Largo Senatore Italia, Tel.
09 31 88 34 43, www.albergosenatore.
com, 21 Z.; freundlich geführtes,
modernes Mittelklassehotel

Palazzolo Acréide und Umgebung

An der Piazza del Municipio mit dem klassizistischen Rathaus führt **Palazzolo Acréide**
eine Freitreppe zur prächtigen Kirche San Sebastiano (1609) hoch.
Neben dem Rathaus steht am Anfang des Corso Vittorio Emanuele
der barocke Palazzo Judica, der besonders schöne Beispiele für die
phantasievoll gestalteten Balkonkonsolen sizilischer Barockpaläste
bietet. In der Chiesa dell'Immacolata am Ende des Corso Vittorio
Emanuele befindet sich eine Madonna mit Kind von Francesco Laurana (1470). San Paolo (Piazza Roma) geht vermutlich auf einen Entwurf Vincenzo Sinatras zurück (1750). Die beachtenswerte Fassade
weist hervortretende Säulen, eine sich in weiten Rundbögen öffnende
Vorhalle, einen überhöhten Glockenturm in der Mitte und reichen
Skulpturenschmuck (Epiphanie und 12 Apostel) auf. In der Nähe
(Via Annunziata) schließlich finden wir die Kirche Santissima Annunziata mit einem reich gestalteten, von Spiralsäulen mit korinthischen Kapitellen gerahmten Portal in der unvollendet gebliebenen
Fassade. Sehenswert ist das **Casa Museo** (Via Machiavelli 19; tägl. ⏲
9.00 bis 12.00, 15.30 – 19.00 Uhr). In dem schönen »Haus der Erinnerungen« hat Antonino Uccello (1922 – 1979) eine ethnographische
Sammlung zusammengetragen. Zu sehen sind u. a. landwirtschaftli-
che Arbeits- und Haushaltsgeräte, Trachten sowie Kleinkunst.

Die Reste der antiken Stadt befinden sich unmittelbar südwestlich ✱
von Palazzolo auf dem Hügel Acremonte (tägl. 9.00 Uhr bis 1 Std. **Antikes Akrai**
vor Sonnenuntergang). Jüngere Ausgrabungen haben eine große ⏲
Straße freigelegt, die von beinahe parallelen Seitenstraßen gekreuzt
wird. Östlich dieser Hauptstraße befindet sich der bedeutendste Bau,
das **Theater** (Ätnablick), welches vermutlich im 3. Jh. v.Chr. unter

Hieron II. von Syrakus geschaffen und in römischer Zeit erneuert wurde. Es fasste nur etwa 700 Zuschauer; erhalten sind 12 Sitzreihen der Cavea, der Steinbelag der Orchestra und die Fundamente der Skene. In der letzten Maiwoche führen Studenten aus aller Welt antike Tragödien und Komödien auf – unkonventionell und höchst sehenswert! Neben dem Theater bemerkt man einen kleineren Bau mit theaterförmig angeordneten Sitzreihen: das Buleuterion, Sitzungsgebäude der Ratsherren. Wohnhöhlen und Gräber aus byzantinischer Zeit sind in den beiden antiken Steinbrüchen Intagliata und Intagliatella zu sehen. An der Wand des Intagliatella-Steinbruchs ist ein Relief mit opfernden Heroen erhalten.

◀ Theateraufführungen

Akrai: seit 2300 Jahren Theaterbühne

Lassen Sie sich vom Kustoden zu den »lebensgroßen« **Santoni** führen. Sie stammen vermutlich aus dem 3. Jh. (und befinden sich außerhalb des Areals an der Straße nach Ragusa). Die zwölf verwitterten Steinbilder gehören zum Kybelekult und zeigen die alte kleinasiatische Muttergottheit umgeben von anderen Figuren, u. a. die Dioskuren, Hermes, Marsyas und Priester mit phrygischer Tracht.

Giarratana Der 582 m hoch gelegene Ort Giarratana (14 km südwestlich von Palazzolo Acréide an der Landstraße nach Chiaramonte Gulfi) wird beherrscht von der dreischiffigen Pfeilerbasilika Sant'Antonio (1783), die über dem Hauptportal den gekrönten spanischen Doppeladler aufweist. Freitreppe und Terrasse steigern die Wirkung der Fassade, die mit Pilastern und Säulen kräftig gegliedert ist und ihren eleganten Abschluss in der Dreierarkade des Glockengeschosses findet.

Buccheri Über das »Paese museo«, »Museumsdorf«, **Buscemi** (an der SS 124, 7 km nordwestlich von Palazzolo; mit volkskundlichem Lehrpfad, Itinerario Etnoantropologico; Führungen nach Anmeldung, Tel. & Fax 09 31 87 85 28) erreicht man Buccheri (15 km nordwestlich von Palazzolo Acréide). Der kleine Ort prunkt mit zwei Barockkirchen: Die Chiesa della Maddalena, 1709 nach Plänen von Michelangelo di Giacomo erbaut, ist eine dreischiffige Säulenbasilika mit einer reich ornamentierten Fassade, deren Giebel zum breiten Glockenstuhl ausgebaut ist. Sant'Antonio Abbate steht beherrschend über hoher Freitreppe. Die Fassade wird durch den turmartig hochgezogenen, dreigeschossigen Mittelteil mit seinen flankierenden Säulen bestimmt. Sie gipfelt in einem schmäleren Glockengeschoss mit aufgesetzter Kuppel.

Auch Ferla, nordöstlich von Palazzolo Acréide in 540 m Höhe, bietet **Ferla** einige sehenswerte barocke Kirchen. Sant'Antonio Abbate hat eine kraftvoll konzipierte, allerdings nicht vollendete Fassade; das reich ausgestattete Innere ist ein achtseitiger, überkuppelter Zentralraum mit vier Kreuzarmen und vier kleinen Altarräumen auch in den Diagonalen. San Sebastiano ist eine dreischiffige Pfeilerbasilika mit Vierungskuppel. Das effektvoll entworfene Portal gipfelt in der Gestalt des jugendlichen Märtyrers Sebastian zwischen zwei frommen Frauen und zwei römischen Legionären. **Sehr gutes Eis** und selbstgemachte süße Köstlichkeiten gibt es in der Bar Pasticceria Nuova Dolceria gegenüber von San Sebastiano.

Von Ferla führt eine Stichstraße zur faszinierenden Höhlenstadt Pantàlica (33 km nordöstlich von Palazzolo Acréide). Die berühmte **Pantàlica UNESCO-Welterbe** Nekropole der Sikuler mit rund 5000 Felsgräbern liegt in den **Monti Iblei** (Hybläischen Berge), einer grandiosen Landschaft mit macchiabewachsenen Felswänden oberhalb der Schluchten von Anapo und Calcinara (Pantàlica kann auch von Sortino aus angefahren werden, die Straße zwischen Ferla und Sortino ist jedoch unterbrochen).

Gut angelegte, teils in den Kalkstein gehauene und beschilderte Pfade führen den Besucher zu den Grabhöhlen. Die ältesten wurden in der Zeit um 1270 v.Chr., die jüngsten im 8. Jh. v.Chr. angelegt, ehe die dazugehörige Stadt der Sikuler um 730 v.Chr. aufgegeben wurde. Die ältesten Nekropolenbe-

> ! **Baedeker** TIPP
>
> ### Wie Bienenwaben im Stein
> Auf dem Hochplateau im Hinterland von Syrakus befand sich einst die Hauptstadt der Sikuler. Pfade und Felstreppen führen durch die grandiose Landschaft. An den Eingängen gibt es Übersichtskarten; ein Wandervorschlag siehe S. 137ff. (ausreichend Wsser und Verpflegung mitnehmen).

zirke liegen im Norden und Nordwesten, die beiden jüngeren (Necropoli di Filiporto und Necropoli della Cavetta) im Süden. In frühchristlicher Zeit hat man die Grabhöhlen teilweise als Wohnstätten benutzt und einige zu Kapellen umgewandelt.

Die zu dieser Nekropole gehörende Siedlung, die Hauptstadt der Sikuler, lag inmitten der einzelnen Grabbezirke hoch über dem **Tal des Anapo** und der **Cava Grande** des Flusses Calcinara. Von ihr hat man lediglich das **Anaktoron** ausgegraben, ein Herrenhaus aus der Zeit um 1100 v.Chr., dessen Grundriss häufig mit der Megaronform mykenischer Provenienz verglichen wird. In einem der Räume des Anaktoron wurden Reste einer Bronzeschmiede entdeckt (unterhalb des Anaktoron gibt es einen Parkplatz, und hier beginnt auch ein Wanderweg zur Anapo-Schlucht hinab).

Die Aufsehen erregenden Funde aus der Nekropole von Pantàlica befinden sich im Archäologischen Museum von Syrakus (►Siracusa). Außer Skelettresten fand man Keramik und Metallarbeiten, die Handelsbeziehungen der Sikuler zum mykenischen Griechenland wahrscheinlich machen; ferner aus byzantinischer Zeit einen Goldschatz.

Palermo
★ ★

I 4

Provinzhauptstadt
Einwohnerzahl: 656 000

Höhe: 14 m ü.d.M.

**Das Porphyrgrab des Stauferkaisers Friedrich II., rote Moscheen-
kuppeln auf Normannenkirchen, der mystische Goldglanz byzantinischer Mosaiken, schöne Paläste, Palmengärten und das größte
Opernhaus Italiens: Palermo, die chaotisch-vitale Hauptstadt Siziliens in der Goldenen Muschel (Conca d'Oro) zu Füßen des Monte
Pellegrino, bietet jede Menge touristischer Attraktionen.**

Trotz des spürbaren Aufschwungs in der letzten Dekade liegen hier
immer noch Glanz und Elend nahe beieinander – eine Welt der
Kontraste, ein Amalgam des Heterogenen. Palermo, das bedeutet
auch das niedrigste Pro-Kopf-Einkommen Italiens, hohe Jugendar-
beitslosigkeit, mafiöse Bauspekulation und gesichtslose Wohnblock-
gürtel rund um die Stadt, Elendsviertel und Weltkriegsruinen mitten
im Centro storico. Trotzdem ist Palermo eine hinreißende Stadt, die
den Besucher mitten ins pralle Leben versetzt. Das bunte Schillern
frisch gefangener Fische, die all-
morgendlich säuberlichst aufge-
schichteten Pyramiden von Ätna-
kirschen, Blutorangen, Mispeln,
Mandarinen sowie blassgrünen
Schlangenkürbissen, dazu die
orientalische Lärmkulisse der Alt-
stadtmärkte Vuccirìa oder Mercato
del Capo, das Hauen und Stechen
der hölzernen Marionettenfiguren
abends im Puppentheater – hier
sind oft die Menschen und ihre
mediterranen Affekte noch spann-
ender als die monumentalen Zeu-

Prunk und
Abgründe:
Siziliens
Hauptstadt

> **❗ Baedeker TIPP**
>
> **Porte aperte & Spettacolo dei Pupi**
> Im Mai öffnen bei freiem Eintritt auch ansonsten
> geschlossene Monumente – Schulkinder betäti-
> gen sich als begeisterte Fremdenführer.
> Und noch ein Tipp: Verlassen Sie Palermo nicht,
> ohne das Marionettenmuseum besucht zu haben
> oder besser noch ein leibhaftiges Spettacolo dei
> Pupi erlebt zu haben (siehe Special S. 342).

gen einer glorreichen Residenz im Herzen des Mittelmeeres, die Afri-
kanisches und Nordisches zu Sizilianischem verschmilzt.
Der Name Palermo hat sich aus dem arabischen Balerm entwickelt,
was seinerseits eine Umformung des griechischen Panormos (Allha-
fen) ist. Damit drückt dieser Name drei geschichtliche Epochen aus,
die die Stadt geprägt haben; der Ursprung liegt in den Zeiten, als die
Karthager hier eine ihrer wichtigsten Städte auf Sizilien hatten, damals sprach man von Ziz (die Blume) und Machanat (Lager).

◀ Die Orangen-
gärten der
Goldenen Muschel

Mahannad (das große Feld) meint das von Gebirgszügen umschlos-
sene, reiche Fruchtland der Conca d'Oro, das auch heute, soweit die

◀ Phönizier und
Karthager

← *Der Dom weist den Weg in Palermos Gewirr der Gassen und Straßen.*

sich ausdehnende Stadt das Fruchtland nicht überwuchert hat, bewachsen ist mit Zitronen- und Orangenbäumen. Im 7. Jh. v. Chr. gründeten die Phönizier eine Siedlung an der Hafenbucht, später war sie ein Stützpunkt der Karthager bei ihren Auseinandersetzungen mit den Griechen: 480 v. Chr. ankerte Hamilkar hier vor seinem Zug gegen Himera; 260 hatte Hannibal hier seine Basis im 1. Punischen Krieg. 258 versuchten die Römer vergeblich, die Stadt zu erobern. 254 nahmen sie Panormos/Panormus jedoch in einer kombinierten Land- und Seeoperation ein. In der römischen Zeit blieb Panormus mit seiner aus Griechen, Karthagern und Römern zusammengesetzten Bevölkerung eine der bedeutendsten Städte der Insel. Rückschläge gab es im 5. Jh. n. Chr., als die Vandalen und die Ostgoten Palermo eroberten. Ohne besondere Bedeutung blieb die Stadt auch, nachdem Belisar sie 535 für Byzanz in Besitz genommen hatte.

7. Jh. v. Chr.	Phönizier gründen eine Siedlung in der Hafenbucht.
831 n. Chr.	Sarazenen erobern Panormus. Als Balerm wird es Hauptstadt der Emire von Sizilien.
1072 – 1194	Normannen erobern die Insel, Palermo wird Hauptstadt.
1198	Krönung des vierjährigen Friedrichs II. in Palermo
1266 – 1860	Wechselnde Herrschaften; 1860 Einnahme Palermos durch Garibaldi und Anschluss an Italien

Wechselnde Herrscher ► Die große Zeit setzte erst 831 ein, als die **Sarazenen** Palermo unter ihrem Feldherrn Ibn el Athir eroberten. Es löste die Vorherrschaft von Syrakus ab und wurde als Balerm Hauptstadt der Emire von Sizilien. Reiseberichte stellen es seiner zahlreichen Moscheen und Paläste wie seiner Bewässerungsanlagen wegen Bagdad und Cordoba gleich. Die Einwohnerzahl stieg auf über 100 000 an, nebeneinander lebten außer den Nachkommen der autochthonen Bevölkerung Araber, Juden, Griechen und Afrikaner.

Am 5. Januar 1072 begann mit der Eroberung durch die **Normannen** unter Roger I. von Hauteville und seinem Bruder Robert Guiscard eine neue Epoche. Roger II. und Wilhelm II. bauten Palermo im 12. Jh. mit Kirchen und Palästen zur glanzvollen Hauptstadt der Monarchia Sicula aus und herrschten mit religiöser Toleranz über Christen, Moslems und Juden.

1194 lösten die **Staufer** mit Heinrich VI., dem Mann der Erbtochter Konstanze, die Normannen ab. 1198 wurde Heinrichs vierjähriger Sohn Friedrich II. in Palermo zum König gekrönt. An seinem Hof waren, wie unter den Normannen, verschiedene Nationen und Religionen vertreten, und hier entstand eine sizilianische Dichterschule, die erstmals in der Volkssprache schrieb. Nach dem Tode Friedrichs, der in seinen späteren Jahren in Apulien residiert hatte, setzte 1250 der Niedergang ein. 1266 wurde Karl von Anjou, Bruder des französischen Königs, mit Hilfe des Papstes Herr über Sizilien. Bereits 1282 aber kam es in Palermo vor der Kirche Santo Spirito zum Aufstand der »Sizilianischen Vesper«, der die Franzosen vertrieb (► Baedeker Special S. 42). Palermo kam mit ganz Sizilien an die Könige von Aragon, die durch Vizekönige vertreten wurden.

◄ Sizilianische Vesper

Im 18. Jh. folgten Savoyen (1713–1720), Habsburg (1720–1730) Bourbonen (seit 1730) aufeinander. Die Diskrepanz zwischen reichen Baronen und armen Massen führte 1773 (wie schon 1647) zu einer Revolte. Reformbestrebungen von Vizekönigen wie Caràcciolo (1782 bis 1786) brachten keine dauernden Verbesserungen. In der napoleonischen Zeit besetzten die Engländer 1806–1815 die Insel, auf der König Ferdinand IV. von Neapel zweimal im Exil lebte, ehe er 1815

Palermo Übersicht

als Ferdinand I. »König beider Sizilien« wurde. 1821, 1837 und 1848 kam es zu Revolten gegen das bourbonische Regime. Im Mai 1860 nahm Garibaldi Palermo in viertägigem Kampf ein, und es folgte der Anschluss an Italien.

Von Januar bis März 1943 war Palermo das Ziel alliierter Bombenangriffe. 1946 gab Rom der Insel Sizilien die Rechte einer autonomen Region. Seitdem hat sich Palermos Einwohnerzahl infolge der Landflucht vergrößert, der Hafen wurde erweitert, die Industrie ist gewachsen. Dennoch hat Palermo von allen Provinzhauptstädten Italiens das niedrigste Pro-Kopf-Einkommen. In Palermo gibt es neben der Universität zahlreiche kulturelle Institutionen.

 # PALERMO ERLEBEN

AUSKUNFT

Ufficio Turistico
Piazza Castelnuovo 34
90141 Palermo
Tel. 09 16 05 83 51, Fax 0 91 58 63 38
www.palermotourism.com
Im Flughafen: Tel. 0 91 59 16 98

Punti d'Informazioni-Kioske u. a. an der Piazza Bellini, Piazza Indipendenza, in der Via Cavour oder Via Vittorio Emanuele

VERANSTALTUNGEN

Ganz Palermo wird zum Spektakel, wenn vom 9. bis 15. Juli »U Festinu«, das Fest der Stadtpatronin Santa Rosalia, mit prachtvollen Umzügen, Platzkonzerten und einem fulminanten Feuerwerk gefeiert wird. Große Oper im Glanz der Belle Époque erlebt man im Teatro Massimo (Nov. – Mai, Tel. 09 16 05 31 11, www.teatromassimo.it).

AUSGEHEN

Movida Palermitana: Die früher lethargische Stadt hat sich ein lebendiges Nachtleben zugelegt. »In«-Adressen sind das Kulturzentrum Lo Spasimo (Via Spasimo, Tel. 09 16 16 48 66), die Discoteca Kandinsky mit ihrem Palmenhof (Discesa Tonnara 4) und das Gassengeviert um das Museo Archeologico. Weitere Kulturzentren sind die Cantieri Culturali alla Zisa (Via Paolo Gili 4, Tel. 09 16 52 49 42), der Kursaal Kalhesa (Foro Umberto I., www.kursaalkalhesa.it) und das Nuovo Montevergini, Heimstatt auch eines ambitionierten Theaterfestivals (www.palermoteatrofestival.com). Über Lokale und aktuelle Veranstaltungen informieren die Tageszeitungen »Giornale di Sicilia« bzw. »La Repubblica« sowie die Informationsbroschüren »Agenda« und »Lapis Palermo« (erhältlich in den Fremdenverkehrsämtern).

VERKEHR

Flughafen (Aeroporto) Falcone e Borsellino, 30 km westlich; Taxifahrt ins Zentrum ca. 40 Euro; auch regelmäßige Busverbindungen und die Metro bis zum Hauptbahnhof (Stazione Centrale).
Auf Palermos Hauptstraßen wie Via Roma oder Viale della Libertà verkehren orangefarbene AMAT-Busse (Tickets in Tabak- und Zeitungsläden und zentralen Verkaufsstellen, z. B. am Hauptbahnhof). Stadtbusse u. a. auch zum Kapuzinerkloster (Nr. 327); Monreale (389, beide ab Piazza Indipendenza); Mondello (806) und auf

den Monte Pellegrino (812, beide ab Politeama/Piazza Sturzo).

Die Hauptsehenswürdigkeiten erreicht man am besten zu Fuß. Für Museen und Monumente gibt es bis zwei Tage gültige Sammeltickets.

Parkplätze bzw. -häuser: Hauptbahnhof: Piazza G. Cesare 43; Hafen: Via Guardione 81, Via Stabile 10; Zentrum: Via Abela 13, Via Agrigento 42 und Via Belmonte 18.

EINKAUFEN

Die *Via della Libertà* ist eine mondäne Einkaufsmeile mit Showrooms fast aller Toplabels. Lebensmittel und vorzüglichen Wein vom Weingut Centopassi, die auf konfiziertem Land von verurteilten Mafiosi angebaut wurden, gibt es in den Läden »*I sapori ed i saperi della legalità*« an der Piazza Castelnuovo 13, www.libera terra.it. Eine Coppola, Schiebermütze wie aus dem Film – nur bunter und schutzgeldfrei –, gibt es zwischen Oper und Archäologischem Museum bei La Coppola Storta (Via dell'Orologio 25, www.lacoppola.com).

Farbenprächtige Lebensmittelmärkte durchziehen die Gassen der Altstadt. Der bekannteste Markt ist der in der Vucciria (S. 330). Frischer Fisch, Obst, Gemüse und Fleisch werden auch auf dem Ballarò lautstark angepriesen (S. 320). Am ursprünglichsten ist der Markt im Capo-Viertel rund um die Piazza dei Beati Paoli, wo man sich an Garküchen mit Milzbrötchen, gebackenen Kichererbsen, Fladen oder knusprig ausgebackenen Arancine (Reisbällchen) stärken kann.

Palermos Architekturhighlights in Terrakotta nachgebildet, gibt es in der Città Cotte di Vizzari, Corso Vittorio Emanuele 120.

ESSEN

► **Fein & teuer**

① *Osteria dei Vespri*
Piazza Croce dei Vespri 6, Tel.

Ein würdiger Rahmen für große Opernaufführungen: Teatro Massimo

09 16 17 16 31, www.osteriadeivespri.
it; So. Ruhetag; fürstliche Genüsse im
Palazzo Ganci; im Piano nobile drehte
Lucchino Visconti die berühmte
Ballszene des »Gattopardo«

② *Il Charleston*
Via Generale Vincenzo Magliocco 15
Tel. 091 45 01 71 – Hier speist man
auch wegen der eleganten Atmosphäre und um gesehen zu werden.

▶ **Erschwinglich**
③ *Antica Focacceria San Francesco*
Via A. Paternostro 58
Tel. 091 32 03 64; Mo. geschl.
Traditionsreiches Lokal, hier gibt es
u. a. den Palermoklassiker Milz-
brötchen mit Ricotta, Pizza und
Cucina siciliana

④ *Osteria Paradiso*
Via Serradifalco 23, Tel. 36 09 41 155
So. Ruhetag – Vor allem Einheimische
frequentieren das gute Fischlokal
östlich der Piazza Castelnuovo

⑤ *Cibus*
Via Emerico Amari 64, Tel.
091 32 30 62; kein Ruhetag
Dieses Lokal zwischen Hafen und
Teatro Politeama ist im Tagesverlauf
Bäckerei, Lebensmittelladen, Vino-
thek und Restaurant (zit. n. Osterie
d'Italia, Hallwag). Große Weinaus-
wahl, gute regionale Spezialitäten

Sferracavallo · ⑥ *Delfino*
Via Torretta 80, Tel. 0 91 53 02 82
Mo. geschl.; beliebtes Restaurant,
12 km nordwestlich von Palermo,
hervorragende Fischküche, in eher
schlichtem Ambiente

▶ **Preiswert**
⑦ *Mensa del Popolo*
Via Mariano Stabile 58
Tel. 0 91 32 59 43 – Auch bei Einhei-

mischen beliebte Pizzeria und Trattoria in einer Seitenstraße der Via
Roma

⑧ *Pizzeria Bellini*
Piazza Bellini 6, Tel. 09 16 16 55 91
Mo. Ruhetag; trotz toller Lage mit
Blick auf die roten Kuppeln von San
Cataldo, bleiben Qualität und Preise
zufrieden stellend

⑨ *Il Mirto e la Rosa*
▶Baedeker Tipp S. 329

ÜBERNACHTEN
▶ **Luxus**
① *Ai Cavalieri*
Via S. Oliva 8, Tel. 0 91 58 32 82
www.aicavalierihotel.it; 39 Z.
Gepflegtes Haus, zentral und ruhig
gelegen. Alle wichtigen Sehenswürdigkeiten sind zu Fuß erreichbar

② *Centrale Palace*
Via Vittorio Emanuele 327
Tel. 0 91 33 66 66, Fax 0 91 33 48 81
www.centralepalacehotel.it; 94 Z.;
Im historischen Zentrum, komfort-
able Zimmer und tolle Dachterrasse

▶ **Komfortabel**
③ *Grand Hotel Piazza Borsa*
Via dei Cartari 18 (Piazza Borsa), Tel.
091 32 00 75 www.piazzaborsa.com
und www.costadegliulivihotels.it
Wunderbar zentral gelegenes, elegantes Hotel in einem Gebäude des
Jugendstilarchitekten Ernesto Basile;
mit sehr gutem Restaurant Kemonia

④ *Posta*
Via A. Gagini 77, Tel. 0 91 58 73 38
www.hotelpostapalermo.it; 27 Z.
Angenehmes Familienhotel, modern
und zweckmäßig eingerichtet, ruhig

⑤ *Letizia*
Via Bottai 30, Tel. & Fax 091 58 91 10

www.hotelletizia.com; 13 Z.
Im Laufe der Jahre immer feiner
gewordene Adresse in toller Altstadt-
lage zwei Schritte von der Piazza
Marina

▶ **Günstig**

⑥ *Cavour*
Via Alessandro Manzoni 11
Tel. & Fax 09 16 16 27 59; 10 Z.
www.albergocavour.com – Sehr sau-

beres Ein-Stern-Hotel am Bahnhof,
Zimmer mit und ohne Bad, angenehme, familiäre Atmosphäre

⑦ *Cortese*
Via Scarparelli 16
Tel. 0 91 33 17 22 , Fax 0 91 33 17 22
www.hotelcortese.net; 25 B.
Einfaches Quartier im Geburtshaus
des Grafen Cagliostro in der verwinkelten Altstadt beim Ballarò-Markt

Westlich der Quattro Canti

Ausgangspunkt ist die Piazza **Quattro Canti**, »Vier Ecken« 1608 bis
1620 von dem römischen Architekten Giulio Lasso geschaffen, auch
Piazza Vigliena genannt. Es ging um die Kreuzung der beiden wichtigsten Straßen des damaligen Palermo: des Cassàro (heute Via Vittorio Emanuele), der vom Normannenpalast zum Hafen führt, und
der 1608 feierlich begonnenen Via Nuova (die später den Namen des
spanischen Vizekönigs Maqueda erhielt). Lasso setzte an die vier
»Kanten« jeweils eine konkav geschwungene Palastfassade; hinter einer verbirgt sich die **Kirche San Giuseppe dei Teatini**. Zwischen zwei
Fensterachsen ordnete er in der
Sockelzone je einen Brunnen an,
darüber in drei Etagen Skulpturen,
die von Säulen in der Folge der
klassischen griechischen Ordnun-
gen begleitet werden: unten do-
risch, darüber ionisch, oben korin-
thisch. Da ihre Fertigstellung über
1620 hinaus dauerte, konnte das
Skulpturenprogramm über den
vier Jahreszeiten (sie zieren die
Brunnen) die spanischen Könige
seit 1516 zeigen: Karl V., Philipp II., III. und IV. Oben haben die
Schutzheiligen Cristina, Ninfa, Oliva und Àgata ihren Platz.

Baedeker TIPP

In Palermo unterwegs

Eine bei Verhandlungsgeschick auch erschwing-
liche Art Palermo zu erkunden, ist eine Kutsch-
fahrt (Calesse ab Teatro Massimo und
Normannenpalast) oder die Fahrt mit einem Ape
Calessino, dem Nachfolger des klassischen Drei-
radgefährts (Tel. 38 81 16 47 72, 32 76 28 64 97).

Die Basilika San Giuseppe dei Teatini entstand 1612 – 1645 nach Plänen von Giacomo Besio (Kuppel von 1725); das Kuppelfresko im Innern, »Triumph des A. Andrea Avellino«, schuf Guglielmo (Willelm)
Borremans (1724). Beachtenswert sind außerdem Gemälde von Pietro Novelli und die Stuckmarmorausstattung des späteren 18. Jh.s.
Die Konventsgebäude beherbergen heute das Geologische Museum
und die Universitätsbibliothek. Der benachbarte **Palazzo Belmonte
Riso** beherbergt das Museo d'Arte Moderna e Contemporanea (Museum für moderne Kunst; Via V. Emanuele 365; Tel. 091 32 05 32).

**San Giuseppe
dei Teatini**

◀ www.
palazzoriso.it

Palermo *Orientierung*

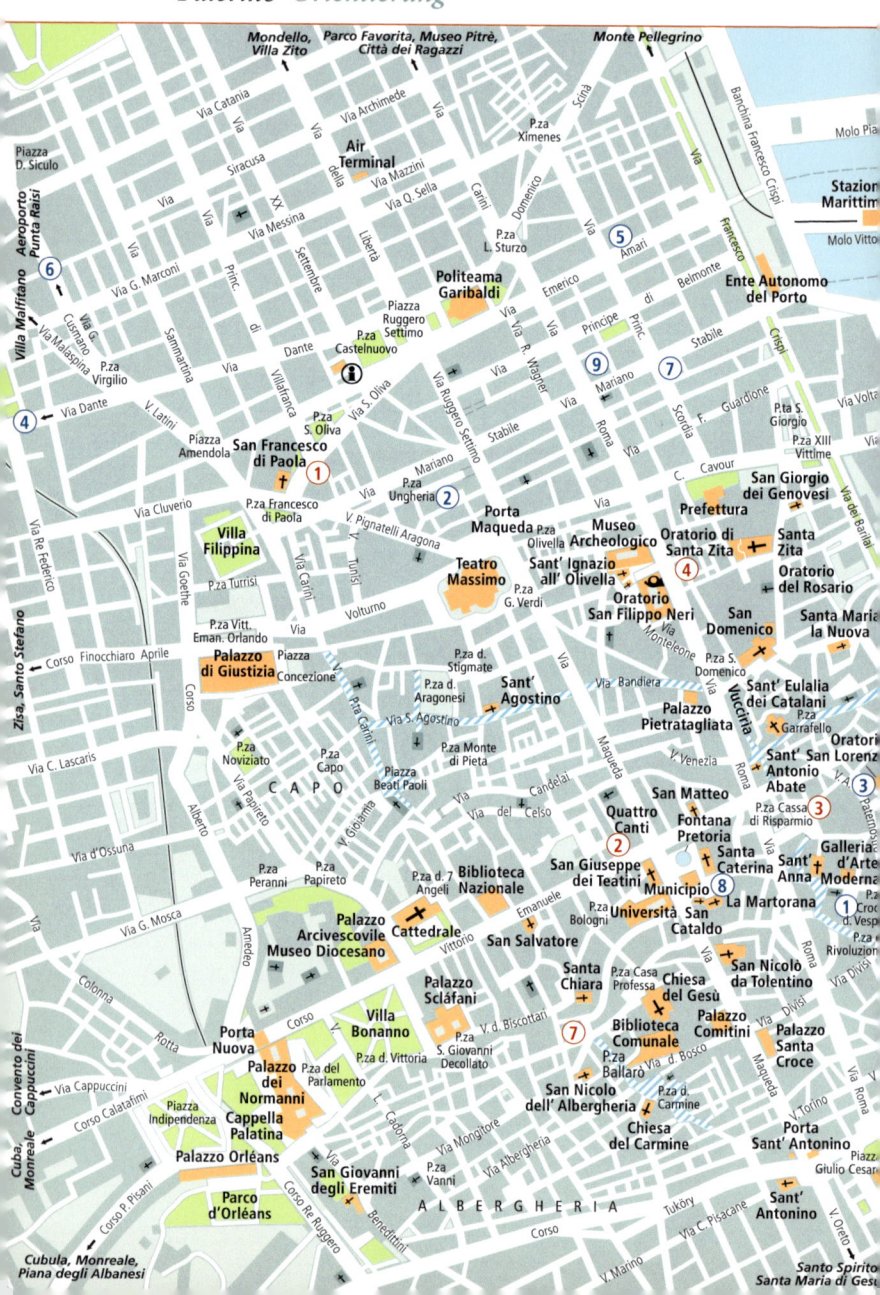

Porto

Úsrica, Cagliari, Livorno, Napoli, Genova, Tunisi

Banchina Sammuzzo

Veneto

Barchina Trapezoidale

Molo Sud

lippo Patti

Capitaneria
di Porto

300 m
©Baedeker

La Cala

Archivio
di Stato   Porta
Felice
Santa Maria
Santa   della Catena   P.za
Maria   S. Spirito
di Porto della Cala
Salvo   Corso Vittorio Emanuele Museo delle
Marionette
V. Botta Piazza   Palazzo
Giardino Chiaramonte
Garibaldi
Marina   Villa
⑤ Palazzo Santa Maria   La Pietà   a Mare
Mirto   dei Miracoli
n Francesco Alloro Palazzo Abatellis
Assisi   La Gancia   Galleria Nazionale
Via   P.za d.
Santa   Kalsa
Teresa
P.za
K A L S A   S. Euno
Via d. Spasimo   Via Abramo Lincoln

La Magione   Santa Maria   Villa
Palazzo ✕ P.za   dell' Spasimo
Aiutamicristo Magione
Lincoln   Giulia
⑥
Giardino
Tropicale   Orto
Botanico

Stazione
Centrale

Ponte dell' Ammiraglio,
San Giovanni dei Lebbrosi

Übernachten
① Ai Cavalieri
② Centrale Palace
③ Grand Hotel
Piazza Borsa
④ Posta
⑤ Letizia
⑥ Cavour
⑦ Cortese

Essen
① Osteria dei Vespri
② Il Charleston
③ Antica Focacceria
San Francesco
④ Osteria Paradiso
⑤ Cibus
⑥ Delfino
⑦ Mensa del Popolo
⑧ Pizzeria Bellini
⑨ Il Mirto e la Rosa

Highlights Palermo

Cattedrale
Kaisergrab Friedrichs II.
► Seite 322

Cappella Palatina
Der Glanz byzantinischer Mosaiken
schmückt die Kapelle des Parlaments.
► Seite 325

Teatro Massimo
Hier wurde La Bohème zum Welterfolg.
► Seite 328

San Giovanni degli Eremiti
Mediterraner Garten im Normannen-
kreuzgang
► Seite 327

Vucciria
Marktschreier und fangfrischer Fisch
► Seite 330

Museo Archeologico
Mythos aus Tuff: die Metopen von
Selinunt
► Seite 332

La Martorana
Orthodoxe Mosaiken und ein arabischer
Admiral
► Seite 335

San Cataldo
Eine Kirche wie ein Wüstenschloss
► Seite 337

Palazzo Abbatellis
Antonello da Messinas blaue Madonna
► Seite 341

Villa Giulia, Orto Botanico
Hier suchte Goethe die Urpflanze.
► Seite 344

La Zisa
Ein Emirspalast mit plätscherndem
Brunnen
► Seite 348

Catacombe dei Cappuccini
Mumien schauerlich lebendig
► Seite 347

Chiesa del Gesù Die älteste sizilische Jesuitenkirche steht an der Piazza Casa Professa. Baubeginn war 1564, im 17. und 18. Jh. wurde sie mit Reliefs und Rundplastiken aus Stuck und Marmor überreich ausgestattet. Im Apsisbereich gibt es in der Mitte eine Hl. Dreifaltigkeit, daneben zwei Marmorgruppen von Gioacchino Vitagliano (1704): Abigail vor David knieend (links), Abraham und Melchisedek (rechts), die beiden Gemälde in der zweiten Kapelle rechts stammen von P. Novelli. Die Kirche wurde nach schweren Bombenschäden 1943 rekonstruiert. In den früheren Klostergebäuden befindet sich die Stadtbibliothek.

Mercato Ballarò Eintauchen ins Volksleben kann man auf dem nur wenige Schritte entfernten Ballarò-Markt (rund um die gleichnamige Piazza) mit seinen überquellenden Obst- und Gemüseständen.

Piazza Bologni An der Via Vittorio Emanuele öffnet sich die von barocken Adelspalästen umgebene Piazza Bologni mit dem Denkmal Kaiser Karls V. von Scipione Li Volsi (1631; Inschrift gegen Luther). Vis-à-vis liegt der Rokokobau **Palazzo Belmonte-Riso** von Giovanni Venanzio Marvuglia (1784). Bald darauf, unweit der Kathedrale, folgt die Nationalbibliothek (1586).

✶ ✶ Kathedrale

Der monumentale Bau erhebt sich an einer Stelle, an der bereits im 6. Jh. eine christliche Basilika stand, die von einer Moschee abgelöst wurde. In normannischer Zeit beschloss der aus England stammende Erzbischof Walter of the Mill (Gualterius Offamilius) einen Neubau, der den Machtanspruch des Erzbischofs von Palermo dokumentieren sollte (was König Wilhelm II. bewog, im nur 8 km entfernten ► Monreale »seinen« Dom zu errichten). Der Baubeginn der extrem lang gestreckten, dreischiffigen Basilika ist 1170/1172 anzusetzen (Weihe 1185). Später wurde die Kathedrale wiederholt verändert, im 14./15. Jh. im Sinne der Gotik, vor allem aber 1781–1804, als Ferdinando Fuga den Innenraum in kühlem klassizistischem Sinn umgestaltete und Kuppel sowie zweites Querhaus hinzufügte.

Normannendom

🕐 Öffnungszeiten: 9.00–17.30 im Winter Mittagspause

www.cattedrale. palermo.it

Am Außenbau hat die Kathedrale den ursprünglichen Charakter des Normannendoms in reiner Form an der Ostseite bewahrt: die drei Apsiden, die durch verschränkte Rundbögen gegliedert sind, und geschweifte Zinnen. Die dem Domplatz zugewandte, südliche Langseite ist die eigentliche Schauseite; sie erhielt ihren besonderen Akzent durch die **gotisch-katalanische Vorhalle** von 1453, durch die man das Gotteshaus betritt. Eine ihrer Säulen (mit kufischer Inschrift) stammt aus der Moschee. Im Dreiecksgiebel ist der thronende Gottvater dargestellt, über dem Portal die Muttergottes (Goldgrundmosaik, 13. Jh.). Der Glockenturm an der Westseite geht auf das 12. Jh. zurück (heutige Form 1840). Die **Loggia dell'Incoronata** links von der Westfassade, auf der sich die Könige nach der Krönung dem Volk zeigten, wurde ebenfalls im 12. Jh. errichtet, im 15. Jh. verändert.

Außenbau

Palermo *Kathedrale*

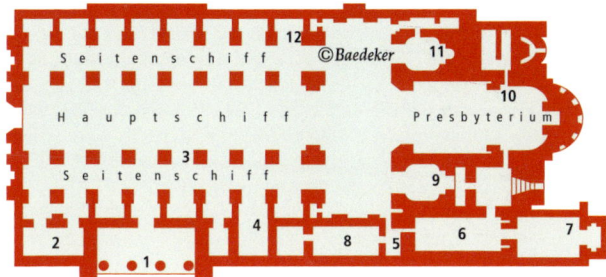

1 Portal von Antonio Gambara (1429/30)
2 Königliche und kaiserliche Gräber
3 Weihwasserbecken von Giuseppe Spadafora und Antonio Ferraro (1553)
4 Kapelle mit den Urnen der Stadtheiligen
5 Vorraum zur Sakristei
6 Sakristei der Chorherren
7 Neue Sakristei, Altar von Antonello Gagini (1503)
8 Domschatz
9 Cappella di Santa Rosalia
10 Bischofsthron
11 Ziborium
12 Marmorstatue von Francesco Laurana (1469)

**Staufergräber
aus Porphyr**

🕐

Öffnungszeiten:
9.30 – 17.00
im Winter
nur bis 15.00

Hauptsehenswürdigkeit ist die monumentale königliche Grablege des normannisch-staufischen Herrscherhauses (für deren Besichtigung man seit 2004 Eintritt zahlen muss). Vier Sarkophage aus Porphyr – jenem Material, das wegen seiner Purpurfarbe bis dahin nur für die römischen und byzantinischen Kaiser hatte verwendet werden dürfen (und aus dem islamischen Ägypten eingeführt werden musste). Zuerst wurde hier König Roger II. († 1154) bestattet – entgegen seinem Wunsch hat man ihn nicht in »seiner« Kathedrale in Cefalù, sondern hier in einem schlichten Sarkophag beigesetzt. Die beiden künstlerisch anspruchsvolleren Sarkophage, die er in Cefalù hatte aufstellen lassen, kamen auf Anordnung Friedrichs II. 1215 in die Kathedrale von Palermo. In ihnen sind Kaiser Friedrich II. selbst († 1250) und sein Vater Heinrich VI. († 1197) beigesetzt. Der vierte Sarkophag ist der von Friedrichs II. Mutter Konstanze († 1198), einer Tochter Rogers II.

Die vier Sarkophage sind in zwei Reihen aufgestellt: In der vorderen Reihe links der Sarkophag **Friedrichs II.** Getragen von vier Löwen, zeigt er im Giebelfeld die normannische Bügelkrone und auf den Dachflächen Medaillons von Maria und Christus Pantokrator zwischen den Evangelistensymbolen. Diese Stätte wird besonders von deutschen Besuchern verehrt und ist meist mit Blumen geschmückt. Dass auch sizilische Adelsfamilien dem großen Friedrich ihre Verehrung entgegenbrachten und die Form seines Sarkophages für vollendet hielten, beweisen mehrere Nachbildungen (Kathedrale von Mazaro del Vallo, Chiesa Santissimo Salvatore in Naro) – wobei man allerdings auch den Abstand zu wahren wusste und statt des kaiserlichen Porphyr (Purpur) grünen Marmor wählte. Rechts daneben steht der Sarkophag Heinrichs VI., in der hinteren Reihe links das Grabmal Rogers II., rechts dasjenige von Konstanze.

Außerdem sind zwei Wandgräber angebracht: links das von Wilhelm I. von Athen († 1339), einem Sohn Friedrichs II. von Aragon; rechts das von Friedrichs erster Frau Konstanze von Aragon († 1222); sie ruht in einem antiken Figurensarkophag mit der anrührenden Inschrift »Sicaniae regina fui Constantia coniunx augusta hic habito nunc Federice tua« (»Siziliens Königin war ich, Constanze, des Kaisers Gattin, nun wohne ich hier, Friedrich, die Deine«). Die Sarkophage wurden 1781 und 1998/1999 geöffnet. Dabei fand man die einbalsamierten Leichname Friedrichs II. und seiner Gemahlin Konstanze wohlerhalten und von kostbaren Grabbeigaben umgeben. Diese befinden sich heute im Domschatz.

**Kapelle der
heiligen Rosalia**

Ein weiterer Anziehungspunkt – außer einem metallenen Meridian im Fußboden – ist die Kapelle der hl. Rosalia (rechts vom Chor) mit einem silbernen Reliquienschrein (1625), der allerdings nur während des Festes der Heiligen im Juli zu sehen ist.

*An der Ostseite erinnert die Kathedrale am stärksten ➜
an ihren Ursprung als Normannendom.*

★★
Domschatz

Im Domschatz werden außer liturgischen Gewändern und Goldschmiedearbeiten auch Fragmente von Heinrichs VI. Totengewändern aufbewahrt, vor allem aber die kostbare Krone der Konstanze von Aragon; sie hat die Form des Kamelaukions (Nackendecke) byzantinischer Kaiser und ist mit Perlenschnüren und Edelsteinen reich besetzt. Wahrscheinlich handelt es sich um jene Krone, mit der Friedrich II. am 22. November 1220 von Papst Honorius III. zum Kaiser gekrönt worden war – er gab sie Konstanze mit ins Grab.

Palazzo Sclàfani

Gegenüber dem Erzbischöflichen Palais gelangt man auf der Via P. Novelli zum Palazzo Sclàfani (Sitz der Militärkommandantur). Mateo Sclàfani errichtete ihn 1330 im gotischen Stil, vermischt mit arabischen und normannischen Elementen. 1435 richtete man im Palast ein Bürgerspital ein, bald darauf wurde dieses mit dem Gemälde »Triumph des Todes« ausgestattet (heute im Palazzo Abatellis).

Villa Bonanno

Erholsam ist es, nun durch die palmenbestandene Villa Bonanno weiterzuschlendern zur Piazza del Parlamento. Dabei kommt man an dem figurenreichen Denkmal König Philipps IV. von Spanien (1605–1665) vorbei, das nach Beschädigung bei den Unruhen von 1848 mit einer Statue Philipps V. (1683–1746) versehen wurde.

Und nun – mit dem Gedanken, hier im Bereich der ältesten Ansiedlung von Palermo zu sein – sieht man vor sich die Front des bedeutendsten Profanbaus von Palermo: den Normannenpalast.

Palazzo dei Normanni · Palazzo Reale

Siziliens Regierungssitz

🕐

Öffnungszeiten:
Mo.–Sa.
8.30–13.00
14.00–17.00
So. bis 17.00

Auf dem Hügel, auf dem Phönizier, Römer und Byzantiner siedelten, errichteten die Araber im 9. Jh. den Palast ihrer Emire – den Al-Kasar, nach dem die von hier zum Hafen führende Straße den traditionellen Namen Cassàro erhielt. Ihnen folgten die normannischen Herrscher und der Staufer Friedrich II., unter dem die Residenz ihren höchsten Glanz entfaltete. In der Folgezeit erlebte der Palast eine lange Phase des Niedergangs, bis die spanischen Vizekönige ihn von 1555 an als Residenz ausbauten. Seit 1947 hat hier das **Regionalparlament** Siziliens seinen Sitz.

Torre Pisana

Wir stehen vor der breiten Nordostfront des Normannenpalastes. Während ein Großteil der hier sichtbaren Gebäudeteile erst seit dem 16. Jh. entstanden ist, blieb ein besonders markanter Bau aus der normannischen Ursprungszeit erhalten: die hoch aufragende Torre Pisana mit ihrem sauberen Quadermauerwerk und den spitzbogigen Blendarkaden. In ihrem Erdgeschoss befand sich einst die Schatzkammer. Sie ist der letzte von vier mächtigen Türmen und birgt im Innern einen repräsentativen quadratischen Raum von 15 m Höhe.

Im Obergeschoss ließ Vizekönig Caramanico 1791 dem Astronomen Giuseppe Piazzi ein Observatorium einrichten, dessen Kuppel über dem Normannenbau zu sehen ist.

Palermo *Normannenpalast*

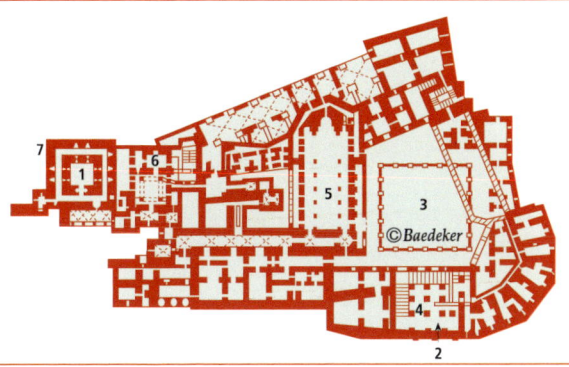

1 Torre Pisana
2 Eingang
3 Cortile Maqueda
4 Treppenhaus
5 Cappella Palatina
  (Erster Stock)
6 Appartamenti Reali
  (Zweiter Stock)
7 Porta Nuova (16.Jh.)

20 m

Cortile Maqueda

Betritt man den Komplex des Palazzo (Eingang am Corso Re Ruggero), so gelangt man zunächst in einen quadratischen, von dreigeschossigen Rundbogenarkaden umgebenen Hof, dem Cortile Maqueda; 1600 schuf ihn der Vizekönig Maqueda. Das Treppenhaus führt zum Herzstück des Palastes, der Cappella Palatina im ersten und zu den Appartamenti Reali im zweiten Obergeschoss.

✱ ✱ Cappella Palatina

Hofkirche Rogers II.

Die Cappella Palatina, die Hofkirche, wurde von Roger II. unmittelbar nach seiner Königskrönung 1130 in Auftrag gegeben und 1140 geweiht. Die Mosaiken im Altarraum waren vermutlich 1143 vollendet, diejenigen im Langhaus sind unter Wilhelm I. (1154 – 1166) entstanden. Um 1350 hat man die Mosaiken unter Ludwig von Aragon erneuert (weitere Restaurierungen im 15. und 16. Jh.). 1800 stiftete König Ferdinand von Neapel ein Mosaik für einen neuen Eingang. Auch haben spätere Anlagen dazu geführt, dass die Palastkapelle nicht mehr freisteht, sondern an drei Seiten zugebaut ist.

Frei zugänglich ist nur die südliche Langseite der Kapelle. Hier befindet sich eine Säulenhalle mit Mosaiken aus dem Anfang des 19. Jh.s, die ältere Bilder ersetzen; sie behandeln die Geschichte Davids, zeigen einen gekrönten Mann (Symbol Palermos) mit Medaillons, die das Herrscherpaar Ferdinand von Bourbon und Maria Carolina darstellen. Ungeachtet aller Veränderungen ist die Harmonie des Innenraums bis heute erhalten geblieben – eine Harmonie, die sich aus der Vereinigung der drei heterogenen Elemente von lateinischer Basilika, byzantinischem Kuppelbau und Mosaikenschmuck sowie arabischer Stalaktitendecke ergibt.

Die Kapelle, eine dreischiffige Säulenbasilika, nimmt den Besucher sofort durch das mystische, von Goldglanz durchschimmerte Halbdunkel gefangen. Die Holzdecke des Mittelschiffs ist nach arabischer Art mit Stalaktiten gearbeitet, die mit zahllosen kleinen Szenen bemalt sind. An der westlichen Schmalseite (links vom Eingang) befindet sich – als der eine Pol des normannischen Königsgedankens – der in Marmor gestaltete, erhöhte Platz für den Königsthron, hinter dem ein Mosaik mit dem Pantokrator Christus zwischen den Aposteln Petrus und Paulus (um 1350) angebracht ist.

Von hier aus blickt man durch das schlanke Langhaus zum anderen Pol: dem gleichfalls erhöhten Altarraum mit seinen drei Apsiden und der Kuppel, die sein mittleres Quadrat überspannt. Davor steht rechts ein marmorner Osterleuchter (4,50 m hoch); seine reichen Reliefdarstellungen weisen figürliche und florale Motive auf und zeigen im mittleren der fünf Register Christus und vor ihm knieend König Roger II. Dahinter steht der Ambo (Kanzel), von reliefierten Säulen mit korinthischen Kapitellen getragen und mit Intarsien versehen. Seine Lesepulte zeigen einen Löwen und einen Adler, Symbole der Evangelisten Markus und Johannes.

Mosaiken Von besonderer Wirkung sind die Mosaiken. Sie bedecken alle Innenwände. Im basilikalen Langhaus mit lateinischen Inschriften versehen, schildern sie Themen des Alten (Mittelschiff) und des Neuen Testamentes (Seitenschiffe). Die Darstellung beginnt an der südlichen Mittelschiffswand und geht im Uhrzeigersinn weiter:

Südwand, obere Reihe (v. l. n. r.): Schöpfungsgeschichte bis zur Erschaffung Evas, Nordwand, obere Reihe: Sündenfall bis zum Bau von Noahs Arche, Südwand, untere Reihe: die Taube und die Arche bis zum Thema Abraham und die drei Engel, Nordseite, untere Reihe: Lot und die Leute von Sodom bis Jakobs Kampf mit dem Engel.

Christus Pantokrator in der Kuppel der Cappella Palatina

In den Seitenschiffen sieht man Szenen aus der Apostelgeschichte mit Paulus und Petrus. Während die Langhausmosaiken fortlaufend erzählen, ist die Anordnung der Bilder in der Kuppel des Sanktuariums um den Mittelpunkt Christus zentriert. Christus als Pantokrator (Allherrscher) ist von einer griechischen Inschrift umgeben, die den Himmel als den Schemel seiner Füße bezeichnet. Unter ihm sieht man Engel und Erzengel, Propheten und Könige des alten Israel, in den vier Ecknischen die Evangelisten – ganz nach byzantinisch-ostkirchlichem Brauch. Von diesem Usus abweichend, erscheint Christus ein zweites Mal in der Halbkuppel der Hauptapsis, unter ihm die Muttergottes (18. Jh., der Qualitätsunterschied zu den Mosaiken des 12. Jh.s springt ins Auge!). Außerdem sieht man im Altarraum weitere neutestamentliche Motive wie Verkündigung, Geburt Jesu, Flucht nach Ägypten, Taufe, Verklärung, Himmelfahrt und Pfingsten. Es entspricht der religiösen Einstellung der Normannenkönige, dass die Kreuzigung fehlt.

Appartamenti Reali

Die königlichen Privaträume befinden sich im zweiten Obergeschoss des Normannenpalastes. Mit Führung sind hier zu sehen u. a. der mit sehr schönen Mosaiken mit Pflanzen, Tieren und Jagddarstellungen geschmückte sog. Saal Rogers (Sala di Ruggiero) sowie der Herkulessaal (Sala di Ercole, 1560 – 1579), in dem das sizilianische Regionalparlament tagt, die Fresken malte Guiseppe Velazquez 1799.

Porta Nuova

Westlich an den Normannenpalast schließt die Porta Nuova an, das stattliche Tor, welches 1535 als südlicher Abschluss des Cassàro erbaut und nach einem Blitzschlag 1761 erneuert wurde. Die prunkvolle Feldseite ist gekennzeichnet durch kolossale Hermenpilaster (Afrikaner erinnern an Kaiser Karls V. Sieg bei Tunis) und eine Loggia unter dem pyramidenförmigen Dach.

Palazzo Orléans-Aumale

Südwestlich des Normannenpalastes liegt der Palazzo Orléans-Aumale, benannt nach Heinrich Eugen von Orléans, dem vierten Sohn des französischen »Bürgerkönigs« Louis Philippe und Herzog von Aumale (1822 – 1897), der hier im Exil starb (heute Sitz der Provinzialregierung). Erwachsene dürfen die schöne Parkanlage nur in Begleitung von Kindern betreten.

San Giovanni degli Eremiti

Öffnungszeiten: Di.–So. 9.00 – 19.00

Südlich des Normannenpalastes erstreckt sich die Idylle der ehemaligen Klosteranlage San Giovanni degli Eremiti. Schon bevor man den stillen Bezirk betritt, locken die leuchtend roten maurischen Kuppeln. In der Tat stand hier eine arabische Moschee, die ihrerseits auf den Resten eines Benediktinerklosters errichtet worden war. Unter den Normannen erfolgte die Rechristianisierung. 1132 ließ Roger II. den kubischen, von fünf Kuppeln bekrönten Kirchenbau ausführen. Ursprünglich diente er als Trauerkapelle für den Hof. Das Innere ist streng und schmucklos, geometrische Formen wie Kreis und Halbkugel der Kuppel mit typischen Trombenzwiebeln überhöhen das

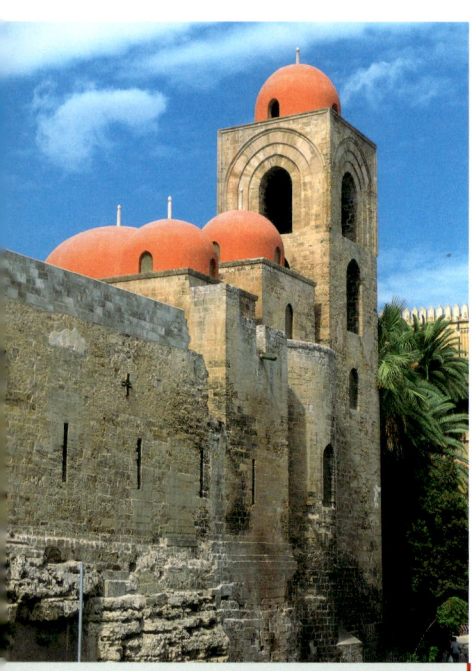

San Giovanni degli Eremiti

einfache Rechteck des Kirchenraums. Auch die beiden kleineren Räume links und rechts des Altarraums sind überkuppelt. Über dem nördlichen Querarm erhebt sich der Turm. Vom südlichen Querarm führt ein Durchgang in die Sakristei, dem ehem. Vorraum der Moschee mit Freskenspuren an der Wand. Der davor gelegene Hof war ursprünglich Friedhof; unter dem Hof sieht man Reste der Zisterne.

An die Kirche schließt der **Kreuzgang** an mit einem arabischen Brunnen in der Mitte. Die spitzbogigen Arkaden ruhen auf schlanken marmornen Zwillingssäulen. Zusammen mit der reichen Vegetation (Kapern, Pampelmusen, Mispeln, Mimosen) hat dieser Kreuzgang eine unverwechselbare Atmosphäre.

Zunächst geht es rechts in die Via Benedittini. Wo diese auf den Corso Tuköry stößt, steht die **Porta Mazara**, eines der ältesten Stadttore Palermos. Sie wurde im 12. Jh. unter Einbeziehung einer älteren Umfassungsmauer errichtet. Das Tor (im Garten des Institutes für allgemeine Pathologie) wirkt wie ein Triumphbogen und ist an den Seiten mit Blendarkaden versehen. An der Außenseite in einem Rechteck drei Wappen: oben Aragon, darunter das Stadtwappen sowie das einer adeligen Familie.

Nördlich der Quattro Canti

Sant'Agostino Von der Via Maqueda biegt die Via Sant'Agostino zur Kirche der Augustiner-Chorherren ab, die im ausgehenden 13. Jh. erbaut und im 17./18. Jh. verändert wurde. Aus dem 14. Jh. stammt die Fassade mit spitzbogigem Portal und Fensterrose. Das Innere der lang gestreckten Saalkirche hat der »Gipsbernini« Jacomo Serpotta seit 1711 mit reichem Skulpturenschmuck ausgestattet (Mo. – Sa. 7.00 – 12.00, 16.00 bis 18.00, So. nur bis 12.00 Uhr). In der Nordostecke des Kreuzgangs (1560) ist die Fassade des Kapitelsaals (um 1300) erhalten.

Teatro Massimo Auf der Piazza Giuseppe Verdi (Droschken- und Taxistände, Postamt) errichteten Giovanni Battista Basile und sein Sohn Ernesto

1875–1897 den monumentalen Opernbau mit 3200 Plätzen, der am 16. Mai 1897 mit Verdis »Falstaff« eingeweiht wurde und seitdem zu den bedeutenderen italienischen Musikbühnen gehört. 23 Jahre war es wegen Sicherheitsmängel geschlossen, seit 1998 steht es nach umfangreicher Renovierung wieder für Inszenierungen zur Verfügung und kann tagsüber besichtigt werden (Abb. S. 315, Infos ▶ S. 314). Die Statue der Lyrik stammt von Mario Rutelli (1850–1931).

Ein wenig weiter folgt am Übergang zur Viale della Libertà die Piazza Ruggero Settimo, benannt nach dem Präsidenten der kurzlebigen Republik Sizilien 1848. Der Platz ist Mittelpunkt des städtischen Lebens. Hier steht das 1867–1874 von Giuseppe Damiani Almeyda errichtete **Politeama Garibaldi**, ein kultureller Mehrzweckbau. Die Fassade in Form eines römischen Triumphbogens wird von einer Bronzequadriga von Mario Rutelli (1874) überragt>.

Piazza Ruggero Settimo

> ## ! *Baedeker* TIPP
>
> ### Fleisch, Fisch, Vegetarisch
>
> Il Mirti e la Rosa im Herzen der Altstadt ist eines der vielgepriesensten Lokale der Stadt, das Preisniveau ist im unteren, die Essensqualität, egal ob Fisch, Fleisch oder Vegetarisch, im oberen Bereich angesiedelt. Am besten bestellt man ein Degustationsmenü und lässt sich überraschen (So. Ruhetag, Via Principe di Granatelli 30, Tel. 091 32 43 53).

Von der Piazza Ruggero Settimo gelangt man durch die Via E. Amari zum **Hafen** mit der Bahnstation Marittima und den Molen für die Tragflügelboote und Fährschiffe.

Vom Hafen der Via Crispi in südöstlicher Richtung folgend, erreichen wir die 1576–1591 erbaute Kirche der Handelsniederlassung von Genua. Der interessante Renaissancebau ist eine dreischiffige, kreuzförmige Pfeilerbasilika auf rechteckigem Grundriss mit einer achtseitigen Tambourkuppel. Das Altarbild des hl. Lukas, der die Madonna malt, schuf Filippo Paladino 1601.

San Giorgio dei Genovesi

Ein wenig südwestlich von San Giorgio befindet sich in der Via Squarcialupo die ehemalige Dominikanerkirche Santa Zita, die 1369 gegründet, 1586–1603 von Kaufleuten aus Lucca erneuert und im 18. Jh. mit einer spätbarocken Fassade versehen wurde (Innenausstattung von Antonello Gagini, 1517; Mo.–Sa. 9.00–13.00 Uhr).
Links neben der Kirche steht das **Oratorio del Rosario di Santa Zita**, das Andachtshaus einer Rosenkranz-Bruderschaft (Mo.–Sa. 9.00 bis 13.00 Uhr). Es ist reich mit Stuckarbeiten Giacomo Serpottas ausgestattet, darunter die Eingangswand mit ihrem großen, gerafften Stuckvorhang, in welchen die Darstellung der Seeschlacht von Lepanto eingearbeitet ist (▶ Baedeker Special S. 264). Das Altarbild »Madonna des Rosenkranzes« malte 1695 Carlo Maratta in Rom.

Santa Zita

🕐

🕐

Nur wenig weiter erstreckt sich die Piazza di San Domenico, im Westen von der Via Roma begrenzt. Hier steht eine 1724 errichtete Im-

Piazza di San Domenico

macolata-Säule. Die Kirche **San Domenico**, die auf das 13. Jh. zurückgeht, erhielt ihre endgültige Gestalt durch die Barockisierung 1636–1640; die mächtige Zweiturmfassade kam erst 1726 hinzu. Zur reichen Ausstattung gehören eine Marmor-Pietà von Domenico Gagini (um 1460) und eine große Rokokoorgel (1781). In San Domenico tagte 1848 das von Ruggero Settimo einberufene Parlament, dann wurde die ehemalige Dominikanerkirche zu einem sizilianischen Pantheon. Hier sind u.a. die Politiker F. Crispi und R. Settimo, der Dichter G. Meli, der Maler P. Novelli und der Astronom G. Piazzi bestattet.

Museo del Risorgimento

Durch den Kreuzgang von San Domenico (14. Jh.; Eingang links neben der Kirche) gelangt man zum Museo del Risorgimento mit Erinnerungen an die italienische Einigungsbewegung, darunter die Verfassung Siziliens von 1812, Hinweise auf die Revolutionen von 1821 und 1848 sowie Garibaldis »Zug der Tausend« (1860).

Oratorio del Rosario di San Domenico ⏱

Links hinter San Domenico steht das Oratorio del Rosario di San Domenico (Via Bambinai 16, Mo.–Sa. 9.00–13.00 Uhr). Der Bau von 1578 wurde von Giacomo Serpotta – wie auch das Oratorio del Rosario di Santa Zita – verschwenderisch mit Stuck ausgestattet. Höhepunkt ist eine Rosenkranzmadonna mit dem hl. Dominicus von Anthonis van Dyck (1628).

✱ **Vucciria**

Farbenprächtige Lebensmittelstände durchziehen die Gassen der Altstadt von Palermo. Der bekannteste Markt ist der auf der Vuccirìa, der täglich (außer sonntags) vormittags und am späten Nachmittag unterhalb der Piazza S. Domenico entlang der Straßen Via Cassari – Argenteria und Umgebung abgehalten wird.

Ganz in der Nähe, an der Via Roma, steht die Kirche **Sant'Antonio Abate**, die im 14. Jh. auf einem normannischen Vorgängerbau errichtet wurde. Im Innern zwei schöne Weihwasserbecken aus dem 16. Jh. von Camillo Camilliani.

Sant'Ignazio all'Olivella

Folgt man von der Piazza San Domenico der Via Roma nordwestwärts bis zur Piazza Olivella, so kommt man zu dieser dreischiffigen Säulenbasilika, die Antonino Muttone von 1585 an für die Bruderschaft des hl. Filippo Neri erbaute. 1732 erhielt sie ihre mächtige Kuppel. Im Zweiten Weltkrieg beschädigt, wurde die Kirche seither

Farbenprächtiger Markt in der Vuccirìa, →
in Palermos Altstadt

wieder hergestellt. Auf der anderen Seite schließen sich die Klostergebäude der Bruderschaft des Filippo Neri mit ihren beiden Kreuzgängen an. Sie beherbergen seit 1866 das Archäologische Museum.

★ ★ Museo Archeologico

🕐
Öffnungszeiten:
Di. – Fr.
8.30 – 13.30
15.00 – 18.45
Sa. – Mo.
8.30 – 13.30

Erdgeschoss

Hinweis
Das Museum wird zur Zeit restauriert. Zeitweise sind große Bereiche nicht zugänglich. Ein Teil der Exponate ist im Albergo delle Povere (Corso Calatafimi 213) zu besichtigen. ▶

Das Museo Archeologico ist mit den weltberühmten Metopen von Selinunt eine der bedeutendsten italienischen Antikensammlungen. Untergebracht ist es im ehemaligen Kloster San Philippo Neri.
Im **kleinen Kreuzgang** (17. Jh.) sowie im Saal rechts sind Funde der Unterwasserarchäologie ausgestellt. In zwei angrenzenden Räumen ägyptische und phönizische Stücke, u.a. der sogenannte Stein von Palermo, dessen Hieroglypheninschrift eine Liste ägyptischer Pharaonen des Alten Reiches (3238 – 2990 v.Chr.) enthält, ein punischer Torso aus Motya (6. Jh. v.Chr.), zwei anthropomorphe Sarkophage aus Pizzo Cannita, dem archaischen Solunto, und eine dem Baal geweihte Votivsäule aus Lilybaeum.
Im **großen Kreuzgang** eine Kolossalstatue des Zeus (2. Jh. v.Chr.) und Architekturfragmente aus Solunt; im Saal der Zwillingsstelen eine Sammlung zweiköpfiger Votivstelen (6. – 4. Jh. v.Chr.), von denen rund 10000 im Heiligtum des Zeus Meilichios bei Selinunt gefunden wurden. Im Ettore-Gabrici-Saal Terracotta-Schmuck vom Tempel C in Selinunt mit der Zentralfigur der Gorgo Medusa (550 v.Chr.) in der Rekonstruktion von Ettore Gabrici.
Im Pirro-Marconi-Saal sind die Traufsima des Tempels von Himera mit Löwenkopf-Wasserspeiern (480 v.Chr.) ausgestellt.

★ ★
Saal von Selinunt

Die Metopen von Selinunt sind eine faszinierende Sammlung griechischer Bildhauerkunst. Rechts sieht man die ältesten Stücke: die vier um 575 v.Chr. geschaffenen Salinas-Metopen mit den Göttern von Delphi (Artemis, Leto, Apoll), einer Sphinx, der Entführung von Europa sowie Herakles mit dem Stier von Marathon. Dazu kommen zwei in neuerer Zeit entdeckte Metopen, die später in der Befestigung der Akropolis von Selinunt verbaut wurden (Gottheit auf einem Karren, Darbringung eines Opfers vor Göttinnen).
An der linken Wand finden sich zwei dädalische Köpfe (um 600 v.Chr.) und ein Riesentorso aus dem Tempel G (Ende 6. Jh. v.Chr.). Vom Tempel F sind die unteren Teile zweier Metopen erhalten (Dionysos schlägt einen Riesen nieder, Athena kämpft gegen Enkelados). Großartig sind die drei Metopen vom Tempel C (um 575 v.Chr.): das frontal gesehene Viergespann des Apollon, Perseus tötet die Medusa, Herakles trägt die besiegten Kerkopen an einer Stange.
Die Rückwand ist dem Tempel E gewidmet mit der Rekonstruktion von Teilen des Pronaosfrieses, in dem die Kunst von Selinunt ihren klassischen Höhepunkt erreichte (470/460 v.Chr.). Die Metopen zeigen Herakles im Amazonenkampf, die Hochzeit (Hieros gamos) von Zeus und Hera, Artemis und Aktaion, der in einen Hirsch verwandelt wird, Athena und den Giganten Enkelados.

Palermo *Museum*

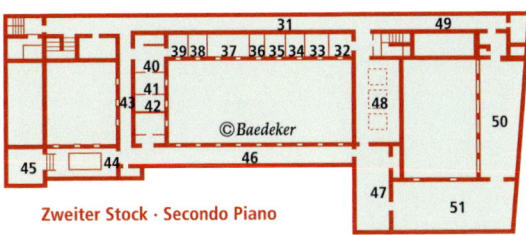

Zweiter Stock · Secondo Piano

Zweiter Stock
31-42 Prähistorische Sammlung

43-47 Griechische, apulische, kampanische und sizilische Keramik

48 Mosaike und Fresken
49-51 Keramik

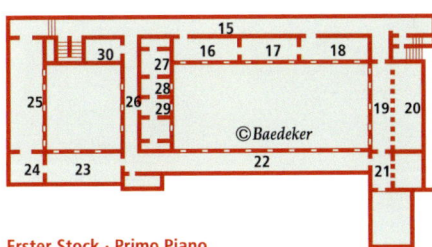

Erster Stock · Primo Piano

Erster Stock
15,19 Nach Ortschaften gegliederte
Sammlung bedeutender
Fundstücke
16-18 Funde aus der Nekropole
von Selinunt

20 Tonplastik aus Sizilien
und Griechenland
21 Gefäße verschiedener Epochen
22 Koroplastik, Terrakotten
aus Selinunt
23 Kunstbronzen

24 Griechische Marmorskulpturen
25 Römische Skulpturen
26 Funde aus der Nekropole
von Panormos
27-30 Kleine Gefäße, Gold- und Silber-
schmiedearbeiten, Münzen

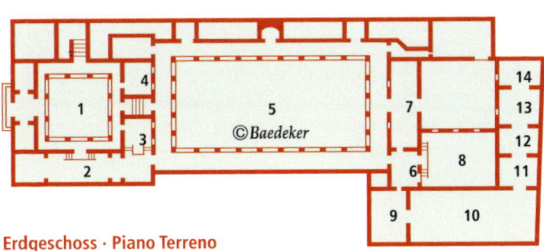

Erdgeschoss · Piano Terreno

Erdgeschoss
1,2 Unterwasserfunde
3,4 Ägyptische und phönizische
Fundstücke

5 Inschriften und Skulpturen aus
Tyndaris und Solunt
6 Saal der Zwillingsstelen
7 Saal der griechischen Inschriften

8 Ettore-Gabrici-Saal
9 Pirro-Marconi-Saal
10 Saal von Selinunt
11-14 Etruskische Sammlung

Stille Oase: Innenhof des Archäologischen Museums

In die antike Toskana führt die Casuccini-Sammlung in den anschließenden Räumen mit ihren etruskischen Stücken aus Chiusi.

Erster Stock Im Nord- und Westkorridor des ersten Obergeschosses sind die Gegenstände nach Fundorten angeordnet. Darunter befinden sich die punischen Stätten Panormos (Palermo), Solunt, Motya und Lilybaeum, Orte der Elymer (Segesta, Monte Jato, Poggioreale) und Sikaner (Castronovo). Die Abteilung für Tonplastik enthält Votivstatuetten aus dem Heiligtum der Demeter Malophoros in Selinunt.
Im Saal der Bronzen (etruskischer, griechischer und römischer Herkunft) sitzt ein lebensgroßer bronzener Widder aus hellenistischer Zeit, der früher mit einem Gegenstück das Castello Maniace in Syrakus bewachte. Eine pompejanische Brunnenfigur zeigt einen Athleten, der einen Hirsch bezwingt. Im Saal der römischen Skulpturen liegt ein spätrömisches Bodenmosaik aus Lilybaeum mit Jahreszeitenmotiven (3. Jh. n.Chr.).

Zweiter Stock Im zweiten Stock ist die prähistorische Sammlung aufgestellt. Interessant ist der Abdruck einiger Graffiti aus der Addaurahöhle. In der umfangreichen Keramiksammlung finden sich Vasen korinthischer, ionischer, lakonischer, attischer, etruskischer und italischer Herkunft.

Östlich der Quattro Canti

Der Rathausplatz in unmittelbarer Nähe der Quattro Canti, von der Via Maqueda aus über einige Stufen zugänglich, wird beherrscht von einem monumentalen Brunnen, der **Fontana Pretoria**, den die Florentiner Bildhauer Francesco Camilliani und Angelo Vagherino 1544–1555 für Vizekönig Don Pietro de Toledo geschaffen haben. Dieser akzeptierte ihn nicht, 1573 erwarb ihn die Stadt Palermo. Seitdem steht er an seinem jetzigen Standort vor dem Senat, wo er den architektonischen Rahmen mit seinem Umfang von 133 m und seiner Höhe von 12 m förmlich sprengt. Seine nackten Männer- und Frauengestalten stießen bei der Bevölkerung lang auf Ablehnung, und Goethe hat sich angesichts der phantasievollen Kombinationen von Menschen- und Tiergestalten abfällig über die »Vorfahren der Palagonischen Raserei« (►S. 352) geäußert.

* **Piazza Pretoria**

Nicht weit entfernt, erhebt sich die aus dem 17. Jh. stammende Kirche San Matteo. Die vier Statuen an den Pfeilern der Kuppel stammen von G. Serpotta (1728). Die Südseite des Platzes wird vom **Senatorenpalast** eingenommen, dem heutigen Rathaus (Municipio). Auf einen Bau von 1463 zurückgehend, in barocker Zeit verändert (woran noch Carlo d'Apriles Figur der hl. Rosalia von 1661 erinnert), erhielt er seine jetzige Fassade 1875 durch G. D. Almeyda.

San Matteo

Gleich nebenan liegt die Piazza Bellini, an der drei Kirchen zu sehen sind. Die Chiesa di Santa Caterina wurde 1566–1596 als einschiffige Kirche der Dominikanerinnen erbaut und im 17./18. Jh. im Innern in üppigstem Barock verändert (hl. Katharina auf dem Hochaltar von A. Gagini, 1534). Weit mehr als dieser Bau ziehen zwei bedeutende Zeugnisse der normannischen Ära die Aufmerksamkeit an: die nebeneinander gelegenen Kirchen La Martorana und San Cataldo.

Piazza Bellini

Die barocke Fassade (1728–1730) täuscht über das Alter von Santa Maria dell'Ammiraglio (Admiralskirche) hinweg, die Georg von Antiochien, Großadmiral des Königreiches Sizilien unter Roger II., ein orthodoxer Christ arabischer Sprache, 1143 gestiftet hat. Heute folgt die Liturgie wieder dem griechisch-orthodoxen unierten Ritus.
Das Äußere verrät mit seinen spitzbogigen Blendarkaden arabischen Einfluss, und auch der nach Erdbebenschäden 1728 wieder hergestellte Campanile hat arabo-normannischen Charakter. Aber der architektonische Grundgedanke ist byzantinisch – entsprechend dem seit mittelbyzantinischer Zeit dominierenden Typus wurde der Bau als Kreuzkuppelkirche entworfen: mit vier gleich langen Kreuzarmen, einer von vier Säulen getragenen Kuppel über dem Mittelquadrat und einem Altarraum mit drei Apsiden. Die Kreuzarme haben Tonnengewölbe, die niedrigeren, kleinen Eckräume sind mit Kreuzgratgewölben ausgestattet. Der ursprüngliche Bau hat erhebliche Veränderungen über sich ergehen lassen müssen. Bereits 1200 wurden

** **La Martorana**

🕐
Öffnungszeiten:
Mo.–Sa.
8.30–13.00
15.30–19.00
So. 8.30–13.00

Palermo *La Martorana*

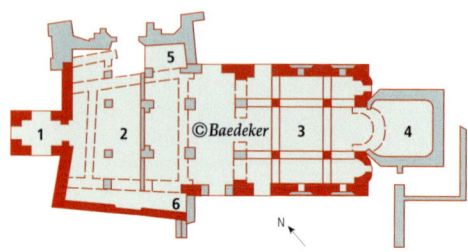

1 Campanile
2 Ehem. Normannenhof
  (Erweiterung 16./17. Jh.)
3 Ehem. Normannenkirche
4 Kapellenneubau (17. Jh.)
5 Mosaik: Hl. Jungfrau segnet
  Georg von Antiochien
6 Mosaik: Christus krönt Roger II.

im Westen Narthex, Vorhalle und Campanile angefügt. 1435 übergab König Alfons von Aragon die Kirche den Benediktinerinnen des nahen Konvents, der 1194 von Aloisa Martorana gegründet worden war; seitdem heißt die Kirche meist La Martorana. Im 17. Jh. wurden dann der Narthex und das offene Atrium einbezogen, wodurch aus dem Zentral- ein unregelmäßiger Richtungsbau wurde. Die Mittelapsis wurde 1683 – 1686 mitsamt Mosaiken abgerissen und durch einen größeren Rechteckraum ersetzt. Zudem ließen die Nonnen das Gebäude mit Fresken ausmalen.

★★
Mosaiken

Dennoch blieb das Kostbarste der Kirche erhalten, der Zyklus von Goldgrundmosaiken, der älteste in Sizilien (um 1150). Er schmückte ursprünglich über einem 4 m hohen Sockel mit Porphyr- und Serpentin-Inkrustationen alle Wand- und Gewölbeflächen. Beherrschend ist Christus Pantokrator in der Mitte der Kuppel mit der griechischen Inschrift »Ich bin das Licht der Welt«. Ihn umgeben vier Erzengel, ihre Hände mit Tüchern verhüllt. Dies war am Kaiserhof von Byzanz ein Ausdruck ehrfürchtiger Huldigung. Unterhalb von diesen wurde eine Inschrift entdeckt, die Amari als den ins Arabische übersetzten Text einer byzantinischen Hymne erkannte – kennzeichnend für die polyglotte Kultur jener Zeit.

Im Tambour der Kuppel sind Propheten dargestellt, in den vier Trompen die Evangelisten. Im Triumphbogen sieht man die Verkündigung. In den Seitenapsiden erkennt man die Eltern von Maria, Joachim (links) und Anna (rechts); das verlorene Mosaik der Mittelapsis hat wahrscheinlich Maria als Orantin dargestellt. Marienthemen kommen, was bei einer Marienkirche nicht überraschen kann, noch zweimal vor: Geburt Christi und Tod Mariens in dem Tonnengewölbe, das im Westen an das Mittelquadrat angrenzt. Christus steht neben dem Totenbett, die Seele der Verstorbenen in Gestalt eines kleinen Kindes in Händen. Die übrigen Flächen sind mit Propheten, Aposteln und Heiligen bedeckt.

Im Vorraum des Narthex (ursprüngliche Westwand): Rechts hat sich der Stifter der Kirche, Georg von Antiochien, abbilden lassen, links krönt Christus Roger II. zum König – ein Bildtypus, der bis dahin den Kaisern von Byzanz vorbehalten war und der den gegen Byzanz wie gegen den Papst gerichteten Anspruch der Normannenkönige demonstriert (Abb. S. 38).

Unmittelbar neben der Martorana steht die mit leuchtend roten Kuppeln über dem zierlichen Zinnenkranz versehene Kirche San Cataldo. Auch bei ihr handelt es sich um die Stiftung eines obersten Staatsbeamten normannischer Zeit. Als Wilhelm I. 1154 seinem Vater Roger II. folgte, berief er Maio von Bari als Nachfolger Georgs von Antiochien zum Großadmiral. Der Apulier weihte seine Kirche einem Heiligen seiner Heimat, dem Bischof Cataldo aus Tarent, und wählte die »lateinische« Grundrissform einer dreischiffigen Basilika. Deren Längsrichtung wird durch drei arabische Kuppeln über dem erhöhten Mittelschiff betont. Arabisch-normannischen Charakter hat auch hier der kubische Außenbau mit drei spitzbogigen Fenstern an jeder Seite, die von Blendbögen umgeben sind, und dem an der oberen Kante umlaufenden feinen Gesims.

Die strenge Quaderung des Mauerwerkes am Außenbau zeigt sich auch im Innern, das – bis auf die schön ornamentierten Intarsien des Fußbodens und die Kapitelle der vier antiken Säulen – völlig schmucklos ist.

San Cataldo
Öffnungszeiten:
tägl. 9.30 – 13.00
Mo. – Sa.
auch 15.30 – 18.00

Tragen die Handschrift arabischer Baumeister: La Martorana (hinten) und San Cataldo (vorne)

Piazza della Rivoluzione

Die kleine Piazza della Rivoluzione (östlich der Via Roma) erinnert daran, dass hier im Jahr 1848 die Revolte gegen die Bourbonen begann und zwölf Jahre später, 1860, Garibaldi hier erstmals in Palermo auftrat. Auf dem Platz der Brunnen mit dem »Genio di Palermo«, dem Wahrzeichen der Stadt.

Palazzo Scavuzzo

Palazzo Aiutamicristo

In der Via Garibaldi stehen zwei Paläste, der Palazzo Scavuzzo, kurz nach 1500 in spätgotischen und Renaissance-Formen errichtet, und der großzügige Palazzo Aiutamicristo (»Hilf mir, Christus«). 1490 von Matteo Carnelivari für den aus Pisa stammenden Handelsherrn Guglielmo Aiutamicristo erbaut, wurde er bereits 1494 durch Nicolò Grisafi erweitert und Ende des 16. Jh.s verändert. Hier wohnten Kaiser Karl V. und nachher sein Sohn Don Juan d'Austria, Sieger der Schlacht von Lepanto (1571). Beeindruckend ist der Innenhof mit seinen zweigeschossigen Loggien und dem zinnenbekrönten Obergeschoss (Eingang Via Garibaldi 23).

La Magione Santissima Trinità

Hinter dem Palazzo Aiutamicristo führt links die Via Magione zur Piazza Magione. Die Chiesa La Magione (Santissima Trinità) in einem Palmengarten, eine noble Normannenkirche, wurde 1191 erstmals als Tochtergründung der Zisterzienser von Santo Spirito erwähnt. Heinrich VI. übergab sie 1197 dem Deutschen Ritterorden; daraus leitet sich der Name La Magione = Ordenshaus (mansio) ab. Nach schweren Schäden im Zweiten Weltkrieg wurde die Kirche wiederhergestellt. An der Fassade gibt es drei Portale mit Polsterquadern, die im Zeitalter der Kreuzzüge aus dem Orient übernommen wurden. Darüber befinden sich spitzbogige Blendarkaden, die auch die anderen Seiten umziehen. Die drei Schiffe des Innenraums werden durch Säulen unter gestelzten Spitzbögen getrennt. Links neben der Kirche befindet sich der Nordflügel des Kreuzgangs mit seinen Zwillingssäulen und Spitzbogenarkaden aus dem 12. Jahrhundert.

Galleria d'Arte Moderna

🕐

Die lokal geprägte Sammlung der GAM in dem schön restaurierten **Palazzo Sant'Anna** umfasst Bilder und Skulpturen aus dem 19. Jh., u.a. Francesco Lojacono, Franz von Stuck, und aus dem 20. Jh., u.a. Carlo Carrà, Felice Casorati, Mario Sironi, Arturo Tosi, Renato Guttuso, Gino Severini (Via Sant'Anna 21, www.galleriadartemoderna palermo.it, Di.–Do., So. 9.30–18.30, Fr. Sa. bis 23.00 Uhr).

San Francesco d'Assisi

Nördlich der Piazza della Rivoluzione steht die Kirche San Francesco d'Assisi, eine dreischiffige Hallenkirche mit gotischen Arkaden und offenem Dachstuhl. Im Innern acht allegorische Figuren von G. Serpotta (1732), ein geschnitztes Chorgestühl (1524) und die reich ausgestattete Mastrantonio-Kapelle (linkes Seitenschiff) mit Reliefs von Francesco Laurana (1468).

Schöne Kulisse für eine kleine Unterbrechung, zum Beispiel in der →
Antica Focacceria: San Francesco d'Assisi

Oratorio di San Lorenzo

Das Oratorio di San Lorenzo links nebenan wurde um 1550 errichtet und von Giacomo Serpotta von 1699 an überreich mit Stuckarbeiten ausgestattet. Themen sind die Geschichten der Heiligen Francesco und Lorenzo. Das 1609 gemalte Altarbild von Michelangelo da Caravaggio (»Geburt Jesu«) wurde 1969 gestohlen.

Santa Maria della Catena

Die an der Uferstraße sich erhebende Kirche Santa Maria della Catena erinnert daran, dass der Hafen (Cala) früher hier mit einer Kette gesperrt werden konnte. Der Bau (1500 – 1540) ist ein schönes Beispiel für die Mischung von spätgotisch-katalanischen Elementen mit solchen der italienischen Renaissance. Die Portalskulpturen stammen von Vincenzo Gagini (16. Jh.). Eine Vorhalle mit drei flachbogigen Arkaden führt in die dreischiffige Basilika, die im 18. Jh. barockisiert wurde. In der Kirche finden häufig Konzerte statt.

✳ Marionettenmuseum

Ganz in der Nähe (Via Butera 1) befindet sich das sehenswerte Marionettenmuseum (Mo. – Fr. 9.00 – 13.00 und 15.30 – 18.30 Uhr; Tel. 0 91 32 80 60; ▶Baedeker Special S. 342).

La Cala

Der alte Hafen La Cala war ursprünglich erheblich größer als das heutige Hafenbecken, in dem man Fischerboote und Yachten sieht. Er wurde von einer inzwischen verschwundenen arabischen, später normannischen Festung bewacht. Der moderne Hafen liegt ein ganzes Stück weiter nördlich.

Porta Felice

Die Porta Felice, 1582 unter Vizekönig M. Collona und seiner Frau Felice Orsini erbaut, ist der Abschluss des Cassarò und das Gegenstück zur Porta Nuova (▶ oben, Normannenschloss). Hier beginnt die beliebte **Uferpromenade** des Foro Italico (Panoramablick).

✳ Palazzo Lo Steri Chiaramonte

Der Palast liegt südlich der Santa Maria della Catena. Erbaut wurde er von der aus dem Agrigentino stammenden Adelsfamilie Chiaramonte im 14. Jh., als diese den Höhepunkt ihrer Macht, aber auch ihren Sturz erlebte. Die Arbeiten begannen 1307 unter Manfredi I. Chiaramonte, Graf von Módica und Seneschall des Königreiches, und wurden bis 1380 fortgeführt. Doch blieb das zweite Obergeschoss unvollendet – 1396 wurde Andrea Chiaramonte wegen seiner Rebellion gegen König Martin I. von Aragon vor seinem Palast enthauptet. Später diente Lo Steri als Residenz der Vizekönige (1468 bis 1517), als Sitz der Inquisition (um 1600) und als Gericht (1799). Heute ist er Teil der Architekturfakultät. Der mächtige Baublock (40 x 40 m) umschließt mit vier Flügeln einen quadratischen Innenhof. Das Erdgeschoss wirkt abweisend, das erste Obergeschoss hat Fenster mit dreiteiligen Säulenarkaden. Im Hauptsaal ist die mit Historien- und Legendenthemen bemalte Holzdecke (14. Jh.) erhalten. Der Palast liegt an der Piazza Marina bzw. an dem kleinen Park **Giardino Garibaldi**. Hier ziehen riesige Gummibäume sowie deren Luftwurzeln alle Blicke auf sich.

Im Palast der Prinzen Lanza (17. Jh.) sind einige Räume noch original möbliert und geben einen guten Einblick in adlige Wohnkultur
des späten 18. Jh.s (Via Merlo 2; Mo. – So. 9.00 – 19.00 Uhr).

Palazzo Mirto

⊙

Der Palazzo am Ostende der Via Alloro wurde 1490 von Francesco
Abatellis, einem hohen Würdenträger am Hof König Ferdinands von
Aragon, in Auftrag gegeben. Baumeister war Matteo Carnelivari, der
Architekt des Palazzo Aiutamicristo. Das Ergebnis ist ein quadratischer Block mit reich geschmücktem Portal und einem Innenhof,
der auf einer Seite mit einer doppel-
geschossigen Loggia abgeschlossen wird.
Der Palast in gotisch-katalanischen Formen war 1526 – 1943 Dominikanerkloster
und beherbergt die von Carlo Scarpa mo-
dernisierte Galleria Regionale della Sicilia
mit Werken des Mittelalters und der Neu-
zeit (geöffnet: Di. – So. 9.00 – 13.30 Uhr).
Ein Hauptwerk der Sammlung ist das
Wandgemälde **»Triumph des Todes«** in
der Palastkapelle (Saal 2), um 1400 von
einem unbekannten Maler für das Hospi-
tal im Palazzo Sclàfani gemalt. Außerdem
beherbergt der Palazzo maurische Keramik (13. – 16. Jh.; Saal 3), Skulpturen des
Gagini-Clans (Saal 5, 6) und das um 1480
von **Francesco Laurana** geschaffene Ideal-
porträt der bereits 1405 gestorbenen Eleonora von Aragon (Saal 4). Von dem
Renaissancemaler **Antonello da Messina**
stammen drei Tafeln mit den Kirchen-
vätern Augustinus, Gregor und Hierony-
mus, vor allem aber die Verkündigungs-
madonna »Annunziata« (1474; Saal 10) in
kostbarem blauen Gewand. Beachtens-
wert ist außerdem das Triptychon von Malvagna von dem Flamen
Jan Gossaert, genannt Mabuse (1510; Saal 13).

★
**Palazzo Abatellis,
Galleria Regio-
nale della Sicilia**

Antonello da Messina: »Annunziata«

Die gotische Chiesa La Gancia (auch Santa Maria degli Angeli genannt) steht rechts neben dem Palazzo Abatellis (um 1490 als Hospi-
talkirche des Franziskanerordens erbaut). Im Innern stammt die kas-
settierte Holzdecke aus der Ursprungszeit. Ferner sieht man eine Verkündigung von Antonello Gagini (an den Pilastern des Presbyte-
riums) und die von Giacomo Serpotta stuckierte Kapelle rechts neben dem Presbyterium.

**La Gancia,
Santa Maria
degli Angeli**

Links neben dem Palazzo Abatellis errichtete der Dominikanerarchi-
tekt Andrea Cirincione 1678 – 1684 diese Saalkirche der Dominikanerinnen. Die zweigeschossige, hochragende Säulenfassade im Stil

**La Madonna
della Pietà**

◄ weiter auf S. 344

Tapfere Helden in glänzenden Rüstungen, bereit zum Kampf gegen das Böse

TEATRO DEI PUPI: HELDEN AN FÄDEN

Das »teatro dei pupi« ist seit der ersten Hälfte des 19. Jh.s auf Sizilien bezeugt. Entwickelt hat es sich aus der Tradition der »cantastorie«, der fast ausgestorbenen Straßensänger, die große Ritterepen vortrugen.

Auch das Puppentheater greift auf den Themenkreis um Karl den Großen und seine heroischen, großmütigen Paladine zurück, erzählt von der Zeit am Hofe des Königs Roger in Palermo, schöpft aus den Legenden von König Arthur und seiner Tafelrunde sowie dem spanischen Epos El Cid und dem Kampf gegen die Mauren. Und ebenso wie die Cantastorie reduziert die Opera dei pupi die historisch-legendären Begebenheiten auf die spannendsten, bewegtesten Szenen und trennt strikt zwischen **Gut und Böse** – oder besser zwischen Guten und Bösen. Phönizier, Griechen, Karthager, Römer, Wandalen, Goten, Araber, Normannen, Franzosen, Spanier – rund ein dutzendmal verlor die Insel Schlachten gegen Eindringlinge und musste sich deren Diktat beugen. Doch im Puppenspiel konnte man gegen das jahrhundertealte sizilianische Trauma vom Ewig-besiegtsein ankämpfen, durfte man endlich mal selbst als Sieger dastehen. Und wer eignete sich da als Gegner besser als diejenigen, die für die Sizilianer schon immer die »wahren Ungläubigen« gewesen sind, nämlich die **Sarazenen.** Bevor aber die blutrünstigen Sarazenen in ihren zuweilen lächerlich wirkenden orientalischen Gewändern von den tapferen christlichen Rittern in den strahlenden, kostbaren Rüstungen am Ende der Vorstellung gnadenlos besiegt werden, kommt es zu ergreifenden Liebesszenen zwischen einem holden Ritter und einer schönen Maid, werden Magier und Ungeheuer bekämpft, versucht schon mal ein übler Muselmane, eine hübsche Prinzessin christlichen Glaubens zu entführen.

Das **Teatro dei pupi** ist eine Kunst, die im Volk entstanden ist, die im Volk und mit dem Volk gelebt hat: Taxifahrer, Kleinhändler und Kellner

In seinen Händen werden sie lebendig: Pupparo Mimmo Cuticchio bei der Arbeit.

wussten stets um den jeweiligen Stand der in Fortsetzungen aufgeführten Handlung Bescheid. Wie in Seifenopern kannte das Publikum die einzelnen Charaktere und identifizierte sich mit ihnen – und lebte bei den Inszenierungen entsprechend mit: Mal war es ergriffen, mal empört, mal feuerte es seine »Helden« durch Zurufe an, mal buhte es die »Schurken« lautstark aus.

Anstrengendes Schauspiel

Doch mit der Handlung allein konnte man die Zuschauer nicht in Begeisterung versetzen – die Bewegungen der Pupi mussten natürlich auch stimmen. Und hier ist eine große Fingerfertigkeit der Puppenspieler gefragt, denn schließlich gilt es, die etwa 1 m großen und um die 20 kg schweren Holzpuppen mit Hilfe von Eisenstangen geschickt in Aktion zu versetzen. Überhaupt ist der »puparo«, der Marionettenspieler, ein echter Künstler, Theaterintendant, Regisseur, Sprecher, Kostümzeichner, Bühnenbildner, Schreiner, Schneider und Schmied in einem. In den letzten Jahren wurde das Teatro dei pupi zu neuem Leben erweckt. Zum einen hat

das touristische Interesse an dieser populär-naiven Form des Schauspiels seinen Teil dazu beigetragen, zum anderen aber auch ein neu erwachtes einheimisches Verständnis für alle volkstümlichen Ausdrucksformen der Kunst.

Lebendig ist die Marionettenkunst in Palermo. Neben Aufführungen im besuchenswerten Marionettenmuseum und im Museo Etnografico Pitrè gibt es freie Bühnen: Im Schatten des Teatro Massimo z. B. lässt die Familie Cuticchio regelmäßig ihre Ritter gegen die Sarazenen siegen (Via Bara all'Olivella 95, Tel. 0 91 32 34 00). Das Gleiche geschieht im Teatro Argento (Via P. Novelli, Tel. 09 16 11 36 80), im Teatro Ippogrifo (Vicolo Ragusi, Tel. 0 91 32 91 94) sowie im Munna in Monreale (Cortile Manin, Tel. 09 16 40 45 42). Auch Acireale (www.opera deipuppi.com) und Syrakus sind für ihre Puppentheater bekannt.

Zwar sind die Aufführungen alle auf Italienisch, aber der Besuch einer Vorstellung lohnt sich auch für Personen, die die Sprache nicht verstehen. Die Darbietungen sind voller »Action« und man kann der Handlung im Großen und Ganzen folgen.

des römischen Barocks ist ein Werk von Giacomo Amato. Das einschiffige Innere ist reich mit Stuckdekor von Giacomo, Giuseppe
und Procopio Serpotta geschmückt. Das große Deckenfresko »Glorie
des Dominikanerordens« ist ein Werk von Antonino Grano (1708).
Die benachbarte Chiesa di **Santa Teresa** steht am Platz des 937 errichteten arabischen Hafenkastells.

Santa Maria dello Spasimo

Am Südrand des Kalsa-Viertels hat sich die unvollendete spätgotische
spanische Kirche (1503), die einst als Theater, Pestlazarett und Armenhaus diente, zu einem **Kulturzentrum** entwickelt. Unter freiem
Himmel finden Konzerte und Theateraufführungen statt.

Villa Giulia

»In dem öffentlichen Garten, unmittelbar an der Reede, brachte ich
im Stillen die vergnügtesten Stunden zu. Es ist der wunderbarste Ort
von der Welt.« (Goethe am 27. April 1787). Der Park (tägl. 9.00 bis
18.00, im Winter Mo.–Sa. 9.00–17.00, So. nur bis 14.00 Uhr) geht
auf einen Rokokogarten zurück, den Niccolò Palma 1778 anlegte. In
der Mitte befindet sich ein Brunnen mit Sonnenuhr, für einen zweiten Brunnen schuf Marabitti die Figur des »Genius von Palermo«

Vermutlich die älteste Normannenkirche Palermos: San Giovanni dei Lebbrosi

(18. Jh.). Neben der Villa Giulia erstreckt sich der 1789 gegründete **Botanische Garten** (Orto Botanico), dessen monumentaler Eingang mit beidseitiger dorischer Säulenhalle und Mittelkuppel der Franzose Léon Dufourny 1789 errichtete. Über 10 000 Pflanzen aus aller Welt blühen im Freien und in acht Gewächshäusern.

Am südlichen Ende der Via Abramo Lincoln befindet sich der Hauptbahnhof. Rechts davon die kleine Klosterkirche **Sant'Antonino** aus dem 17. Jh.; in der letzten Kapelle rechts ein um 1639 von Fra Umile da Petralia und Fra Innocenzo da Palermo bemaltes Holzkruzifix.

Stazione Centrale

Außerhalb des Stadtzentrums

Östlich des Hauptbahnhofs beginnt, als Verlängerung der Via Garibaldi, der nach Südosten führende Corso dei Mille. Hier stieß in der Nacht vom 26. zum 27. Mai 1860 erstmals in Palermo Garibaldis »Schar der Tausend« mit den bourbonischen Streitkräften zusammen. Der Corso überquert das Bett des Oretoflusses; über dieses spannt sich der **Ponte dell'Ammiraglio**, die älteste Brücke der Stadt. Sie hat ihren Namen nach dem Großadmiral Rogers II., Georg von Antiochien, der sie 1113 stiftete. Die Brücke wölbt sich in sieben, zu den Ufern hin kleiner werdenden Bögen über das Flussbett.

Im Südosten Palermos

Knapp einen Kilometer weiter sehen wir links die Kirche San Giovanni dei Lebbrosi (Corso dei Mille 382). Die Datierung ist umstritten: Nach herrschender Meinung wurde die Kirche bereits von Robert Guiscard und seinem Bruder Roger I. 1071 während der Belagerung außerhalb der noch von den Arabern gehaltenen Stadt errichtet und ist damit die älteste Normannenkirche Palermos. Ursprünglich Johannes dem Täufer geweiht, erhielt sie ihren Namen nach einem Leprosenspital. Friedrich II. gab Kirche und Spital den Deutschrittern von La Magione (bis ins 18. Jh.). Bei einer Restaurierung wurden 1930 die barocken Zutaten entfernt. Der schmucklose, strenge Bau mit zwei maurischen Kuppeln hat eine asymmetrische Fassade, da an deren linker Seite der Turm steht. Der Ostteil des Langhauses ist etwas breiter als der Westteil und wird durch drei halbrunde Apsiden abgeschlossen. Zwei Reihen kräftiger Achteckpfeiler, die Rundbögen tragen, gliedern den basilikalen Innenraum.

San Giovanni dei Lebbrosi

Vom Hauptbahnhof auf dem Corso Tuköry westwärts, biegt man links in die Via del Vespro zum Friedhof Sant'Orsola ein. Auf ihm steht die nur vormittags zu besichtigende Chiesa del Vespro (Santo Spirito), vor der 1282 die »Sizilianische Vesper« begann (►Baedeker Special S. 42). Errichtet wurde sie 1173 – 1178 vom Erzbischof Walter of the Mill (Gualterius Offamilius) als Oratorium eines Zisterzienserklosters außerhalb der damaligen Stadtmauern. In der Folgezeit wurde sie mehrfach verändert, vor allem, als Vizekönig Domenico

Im Süden Palermos ★

◄ Chiesa del Vespro, Santo Spirito

Caràcciolo 1782 das Kloster abreißen ließ, um Platz für den neu begründeten Friedhof zu schaffen. Bei einer Restaurierung wurden 1882 zur 600-Jahr-Feier der Sizilianischen Vesper die späteren Einbauten entfernt. An der Nordseite fällt die farbige Fassung auf, desgleichen an der Ostseite, wo die Kreuzbogenstellungen der drei Apsiden aus Lava gearbeitet sind. Die Südseite ist einfacher, da hier der Kreuzgang angrenzte. Am südlichen Querschiffarm erkennt man noch die Ansatzstelle früherer Klostergebäude. Der von zisterziensischer Strenge geprägte Innenraum der Basilika weist zwei Reihen von runden Säulen auf, die die Spitzbogenarkaden tragen. Ein Spitzbogen trennt den erhöhten Altarraum ab. Der Dachstuhl ist offen.

Santa Maria di Gesù Kehrt man auf der Via del Vespro zurück bis zur Via Filicuzza und folgt dieser südwärts, so gelangt man zu einem kleinen Friedhof am Nordhang des Monte Grifone mit der Kirche des 1429 gegründeten Minoritenklosters (4 km südlich vom Zentrum). Das Grabmal des Gründers, Bischof Beato Matteo del Gatto von Agrigent, befindet sich im Innern; im Klosterbereich ein schöner Kreuzgang aus der Gründungszeit. Ein Mönch führt zum Belvedere (Aussicht!).

Oberhalb des Klosters (Via Conte Federico) stehen die Überreste von **Schloss Favara** oder Maredolce, einem Sommerschloss Rogers II. Es war eine (vielleicht auf arabische Anfänge zurückgehende) Vierflügelanlage, die an drei Seiten von einem Teich umgeben war. Am besten erhalten ist die mit Blendarkaden verzierte nordwestliche Schauseite. Im Innern dieses Traktes eine kleine kreuzgewölbte und überkuppelte Kapelle.

> ! **Baedeker TIPP**
>
> **Besuch im Antimafia-Zentrum**
>
> Im Quartiere Brancaccio arbeitete Priester Pino Puglisi mit Kindern und Jugendlichen, um sie nicht unter den Einfluss der Mafia geraten zu lassen. Dass diese Jugendarbeit die Macht der Clans bedroht, zeigt seine Ermordung 1993. Das Centro Padre Nostro erinnert an den engagierten Prieser und führt seine Arbeit fort. In Gesprächen mit den Mitarbeitern erfährt man einiges über die Arbeit im Antimafia-Zentrum (Via Brancaccio 461, Tel. 09 16 30 11 50, www.centropadre nostro.it; Mo. – Fr. 9.00 – 20.00 Uhr). Der Kinofilm von Roberto Faenza (»Alla luce del sole«, »Im Licht der Sonne«, 2005) erzählt übrigens die Geschichte Puglisis.

Schloss La Cuba Als das **Schloss La Cuba** (Corso Calatafimi 94) 1180 unter König Wilhelm II. vollendet wurde, lag es außerhalb der Stadt Richtung Monreale in einem Park mit künstlichem See. Mittlerweile liegt die Cuba (arab. cubat = Gewölbe) auf einem Kasernengelände. Sie ist ein Rechteckbau, dessen Mauern durch spitzbogige Blendarkaden gegliedert werden. Im Innern gibt es Reste einer arabischen Stalaktitendekoration. Ihre ursprüngliche Schönheit beschreibt Boccaccio in der sechsten Erzählung des fünften Tages seines »Decamerone«.

La Cubula Auf normannische Zeit geht der Park Villa Napoli zurück, den man durch die Einfahrt zu einem Wohnblock erreicht. Hier steht in einem Zitronenhain der Pavillon mit der »Kleinen Kuppel«, »Cubula« (Corso Calatafimi 575, Busstation Villa Napoli), der in dieselbe Zeit wie die Cuba gehört. Er ist ein quadratischer Bau mit einer kleinen, roten Kuppel, der sich an allen Seiten mit einem Spitzbogenportal mit abgestuften Archivolten und maurischem Ornament öffnet.

Vom Corso Calatafimi biegt man in die Via Pindemonte ein, die auf die Piazza Cappuccini mündet. Hier steht das Kapuzinerkloster, das durch seine Katakomben bekannt ist. Diese unterirdischen Gänge wurden seit 1599 in den Tuffstein gehauen und bis 1881 für Beisetzungen verwendet. Wer sich nicht vor dem makabren Schauspiel scheut, kann rund 8000 nach Geschlecht und Stand geordnete, mumifizierte Leichen besichtigen. Selbst die zu Staubgespinsten zerfallenen Kleider verraten noch Herkommen und Beruf der Verstorbenen, denn bis ins vorige Jahrhundert wurden viele Mumien von ihren Angehörigen noch regelmäßig frisch eingekleidet. Die Leichen wurden in das so genannte Colatoio, einen kleinen, dicht abgeschlossenen Trockenraum, gelegt, nach acht Monaten mit Essig gewaschen, angezogen und in die Wandnischen gestellt oder in offene Särge gelegt.

Convento dei Cappuccini

🕐
Öffnungszeiten:
tägl. 9.00 – 12.00
15.00 – 17.30

Mumifizierte Leichen im Convento dei Cappuccini.

✱
La Zisa

🕐
Öffnungszeiten:
Mo. – Sa.
9.00 – 19.00
So. bis 13.00

Das von den Königen Wilhelm I. und Wilhelm II. 1165 – 1180 errichtete, sehr schön restaurierte Schloss erreicht man entweder vom Kapuzinerkloster oder vom Normannenpalast sowie mit dem Bus 124. Die Anlage, arabisch El'Aziz (die Herrliche) genannt, gehört zu den islamisch-normannischen Lustschlössern (Solatia). Der dreigeschossige Bau ist querrechteckig mit Risaliten an den Schmalseiten (Zinnenkranz 16. Jh.). Vom Mitteleingang ging einst eine Brücke zu einer Pavilloninsel in einem künstlichen Teich. Hinter den Portalen läuft ein Korridor quer durch den Bau als Vestibül für die dahinterliegenden Räume. Hauptraum ist der mittlere oder Brunnensaal mit Mosaiken und Stalaktitengewölbe; an der Rückwand ist erhöht ein Brunnen angebracht, von dem das Wasser über eine schräge Wand herabfloss und für Kühlung sorgte, ehe es den Raum durchquerte und in den Teich vor der Fassade strömte – ein Motiv, das in der arabischen Palastarchitektur weit verbreitet ist. Goethe notierte am 15. April 1787: »Nicht groß, aber mit schönen, weiten und wohlproportionierten Räumen; in einem nördlichen Klima nicht eben bewohnbar, im südlichen ein höchst willkommener Aufenthalt.« Im Innern gibt es ein **Museum islamischer Kunst**.

Cantieri Culturali alla Zisa

In direkter Nachbarschaft entsand auf einem ehemaligen Fabrikgelände die so genannte **Kulturbaustelle** (Via Paolo Gili 4, Tel. 09 16 52 49 42). Hier finden Ausstellungen sowie Konzerte, Ballett- und Theateraufführungen statt.

Im Norden Palermos

Parco della Favorita

Am Südwesthang des Monte Pellegrino ließ König Ferdinand IV. von Neapel, als er 1798 – 1800 vor französischen Truppen nach Palermo ausweichen musste, für sich und seine Gemahlin Maria Carolina, eine Tochter Maria Theresias, eine Exilresidenz in einem ausgedehnten Park errichten (heute Volkspark mit Tennisplätzen, Fußballstadion und Pferderennbahn sowie drei stark befahrenen Durchgangsstraßen). Die Palazzina Cinese (Favorita) erbaute Venanzio Marvuglia 1798 – 1800 im Sinn der damaligen Chinamode. Im Innern gibt es u. a. einen chinesischen, einen türkischen und einen pompejanischen Salon (Aussicht auf Park und Monte Pellegrino von der Dachterrasse). Die ehem. Wirtschaftsgebäude beherbergen das **Museo Etnografico Pitrè** des Volkskundlers Giuseppe Pitrè. Man sieht u. a. Trachten, bemalte Bauernkarren (Carretti), Handwerksgeräte, Puppentheater- und Krippenfiguren sowie Keramik (z. Zt. geschl.; die Exponate werden vorübergehend im Palazzo Travallo, Via delle Pergole 74, ausgestellt).

🕐

Città dei Ragazzi

🕐

Die »Stadt der Kinder« ist ein pädagogisch wertvoller Spiel- und Erlebnispark für alle Altersstufen (Viale Duca degli Abruzzi 1, Tel. 09 16 71 43 73; Apr. – Sept. Di. – So. 10.00 – 20.00 Uhr).

Villa Igiea

Auf dem Weg zum Monte Pellegrino kann man zwei Villen mit ihren schönen Gärten besichtigen. Nimmt man vom Stadtzentrum aus zunächst die Via Monte Pellegrino und dann die Via Bonanno, so zweigt von dieser rechts in Richtung Küste die Via Cardinale Rampolla ab. Wo sie links in die Via Papa Sergio I übergeht, liegen rechts, am Meer, die Villa Igiea (heute Hotel mit einem Jugendstilballsaal von Ernesto Basile) und links, am Hang des Monte Pellegrino, die Villa Belmonte (1800 von Venanzio Marvuglia für Giuseppe Ventimiglia, Principe di Belmonte, errichtetes Casino).

Villa Belmonte

Nördliche Umgebung von Palermo

Das ehem. Fischerdorf Mondello liegt nur 12 km nördlich von Palermo in einer Bucht zwischen Monte Gallo (581 m) und Monte Pellegrino (606 m). Schon Anfang des 20. Jh.s war es von wohlhabenden Palermitanern »entdeckt« und zur Sommerfrische der Hauptstadt gemacht worden. Es verfügt über einen künstlich angelegten Bootshafen und einen 2 km langen Sandstrand (Anfahrt: drei Zufahrtsstraßen von Palermo, häufig Stadtbusse, nach 22 Uhr ein Nachtbus).

Mondello

An der Punta di Priola, südöstlich gelegen, gibt es mehrere Höhlen, u.a. die **Addauragrotte**, in der Ritzzeichnungen und andere prähistorische Funde entdeckt wurden. Die Tier- und Menschendarstellungen erinnern an Lascaux (Frankreich) und Altamira (Spanien). Auch Boots- oder Busfahrten zum Capo Gallo, zum Fischerdorf Sferracavallo und zum Badeort Isola delle Femmine (gegenüber der gleichnamigen Insel) bieten sich an.

Höhlen

Die Sommerfrische Palermos: Mondello

✴
Monte Pellegrino

Als das »schönste Vorgebirge der Welt« hat Goethe diesen Berg gerühmt, der im Norden Palermos, dicht am Meer, aus der Ebene auf 609 m ansteigt. Seit frühester Zeit haben hier Menschen gelebt. Im Altertum hieß der Berg Heirkte; 278/277 v.Chr. nahm Pyrrhos ihn den Karthagern ab, 248 hat ihn Hamilkar besetzt und drei Jahre gegen römische Angriffe gehalten. Im 17. Jh. wurde er, verbunden mit dem Namen der heiligen Rosalia, zu einem der großen **Wallfahrtsorte** Siziliens, zum Monte Pellegrino (Pilgerberg, vielleicht auch abgeleitet vom arabischen Djebel grin, der nahe Berg).

Auf kurvenreicher Panoramastraße erreicht man die Wallfahrtskapelle **Santuario di Santa Rosalia** (429 m, 14 km vom Stadtzentrum). Die Straße führt weiter zur Aussichtsterrasse mit einem Standbild der Rosalia (458 m). Eine Treppe führt zur barocken Fassade (1625), die der 25 m tiefen Rosalienhöhle vorgeblendet ist. In der Grotte sieht man in einem gläsernen Schrein die Heilige (Skulptur 18. Jh.; tägl. 7.30 – 12.30, 14.00 – 19.00 Uhr). Goethes Beschreibung ist in deutscher und italienischer Sprache auf einer Tafel zu lesen (► Baedeker Special S. 406). Zahllose Weihgeschenke sind Zeugnisse des intensiven Volksglaubens. Alljährlich wird die Schutzpatronin Palermos besonders vom 13. bis 15. Juli und am 4. September gefeiert.

Vom Santuario aus kann man in einer halben Stunde den Gipfel des antennenbestandenen Monte Pellegrino (609 m; **herrliche Aussicht**) erreichen.

Südliche Umgebung von Palermo

Monreale ►Monreale (8 km südwestlich)

Carini ►Carini (26 km westlich)

Piana degli Albanesi

Der gastliche Ort, 24 km südlich von Palermo (720 m, 6300 Einw.), ist auf einer Panoramastraße zu erreichen. Er wurde 1488 von griechisch-orthodoxen Albanern, die vor den Türken geflohen waren, gegründet. Andere Albanerdörfer sind das bereits 1450 entstandene Contessa Entellina und Biancavilla von 1489. Die Stadt ist Sitz eines griechisch-katholischen Bischofs für die in Italien lebende Albaner. Bis ins 19. Jh. hinein waren alle öffentlichen Ämter mit Albanern besetzt. Der heimische Dialekt lebt bis heute weiter, desgleichen die Sitte und kostbare Tracht, die noch bei den Kirchenfesten getragen wird, so an Ostern, Hl. Drei Könige und am Namenstag des hl. Georg (23. April). Messen werden auf Albanisch, Griechisch und Italienisch gelesen. Inselweit berühmt sind die mit Schafsquark und kandierten Früchten gefüllten Cannoli.

In der unierten Kirche San Giorgio trennt nach orthodoxem Brauch eine Ikonostase den Altar- vom Gemeinderaum. In der Kirche San Demetrio (16. Jh.) gibt es spätbyzantinische Ikonen sowie eine von Pietro Novelli verzierte Apsis zu sehen. Der große **Stausee** Piana degli Albanesi südlich des Ortes versorgt Palermo mit Trinkwasser.

Der kleine Ort mit seinem mittelalterlichen Kastell liegt 32 km südöstlich von Palermo (ca. 30 km von Piana degli Albanesi). Ein paar
Kilometer nördlich befindet sich an einer Brücke ein arabisches Bad
(**Bagni di Cefalà**, vermutlich aus dem 11. Jh.). Diese in der Nähe des
Flusses Cefalà und einer Thermalquelle errichtete Anlage gilt als einzigartiges Bauwerk arabischer Kultur in Sizilien. An der Außenwand
verlaufen Ornamentbänder mit kufischer Inschrift. Im Innern, einem
14 x 6,50 m großen Saal mit einem Tonnengewölbe, gibt es drei ver-
tiefte Becken. Der hintere Teil des Raums wird durch zwei Säulen,
die drei gestelzte Bögen tragen, abgetrennt. Der Bau wurde lange als
Viehtränke benutzt, dann restauriert und nun zugänglich gemacht.

Cefalà Diana
◄ Sarazentherme

Östliche Umgebung von Palermo

Die durch moderne Bauspekulation zersiedelte Stadt liegt 12 km östlich von Palermo (80 m, 54 000 Einw.; Anfahrt: A 19 oder SS 113 in
Richtung Cefalù) inmitten einer gut bewässerten Landschaft von reicher Vegetation. In Bagheria entstanden im 17. und 18. Jh. Villen des
palermitanischen Adels, der abseits von dem Sitz der Vizekönige
standesgemäß und in schöner Lage residieren wollte.
Die Serie begann, als Giuseppe Branciforte, Principe di Butera – enttäuscht darüber, dass seine Hoffnung auf das Amt eines spanischen
Vizekönigs in Sizilien sich nicht erfüllt hatte –, 1658 die **Villa Butera**
als kastellartigen Herrensitz inmitten eines weiten Gartengeländes erbaute (Corso Butera). In der Nähe steht die gut 130 Jahr jüngere
Villa Villarosa. 1790 bis 1792 wurde
sie durch den Architekten Giovanni
Venanzio Marvuglia errichtet. Als
klassizistisches Bauwerk mit einer Kolossalordnung korinthischer Säulen
steht sie am Ende der in Bagheria vertretenen Zeitstile.
Die aufwendigste Anlage ist die **Villa
Valguarnera** (Piazza Garibaldi) mit
Anfahrtsallee, einem von Säulenhallen flankierten, querovalen Hof und
der konkav geschwungenen Fassade
des Casinos. Der Dominikanerarchi-
tekt Tommaso M. Napoli baute sie
1714 für die Principessa Anna Valguarnera.

Bagheria
◄ Barockmonster
und Beton

> **!** *Baedeker* TIPP
>
> ### Residieren wie ein Gattopardo
> Ende des 18. Jh.s ließen sich die Grafen Pilo di
> Capaci bei **Santa Flavia** eine Villa inmitten
> von Orangen errichten. Die Wirtschaftsräume
> sind heute komfortable Gästeunterkünfte
> (Agriturismo Villa Cefala, SS 113 Nr. 48, Tel.
> 09 19 31 5 45, 34 77 51 93 90, www.tenuta
> cefala.it). Sehr gute, vor allem traditionelle
> Küche gibt es in Bagheria in der **Trattoria
> Don Ciccio** (Via del Cavaliere 87, Tel.
> 09 19 32 4 42; Mi. und So. geschl.).

Kurz nach 1700 entstand die Villa Cattólica von Francesco Bonanni,
Principe di Cattólica, ein erhöht liegender Bau. Seit 1974 ist die Villa
Sitz der Galleria d'Arte Moderna mit Werken des 1912 in Bagheria
geborenen Malers Renato Guttuso († 1987, ►Berühmte Persönlichkeiten) und anderer zeitgenössischer Maler (an der SS 113; Di. – So.
9.30 – 14.00, 15.00 – 19.30 Uhr; www.museoguttuso.it).

Villa Cattólica

🕐

Die Hofmauer der Villa Palagonia bevölkern bizarre Figuren.

Tommaso M. Napoli ist auch der Architekt der **Villa Palagonia,** die Ferdinando Gravina, Principe di Palagonia, seit 1715 ausführen ließ. Das Gebäude hat einen ellipsenförmigen Grundriss. Der konvex vorwärtsschwingenden Eingangsseite entspricht die konkave Mitte der Gartenseite mit ihrer aufwendigen Treppenanlage. Die Kritik u. a. Goethes an der »Palagonischen Raserei« entzündete sich an den bizarren, monströsen Steinskulpturen auf den Mauern und Portalen rings um den Hauptbau (tägl. 9.00 – 13.00, 16.00 – 19.00, im Winter 15.30 – 17.30 Uhr, www.villapalagonia..it).

Solunto

Die sehr sehenswerte Ausgrabungsstätte nahe der sizilischen Nordküste befindet sich 18 km östlich von Palermo und 3,5 km nordöstlich von Bagheria am Osthang des 374 m hohen Monte Catalfano, von dem man eine herrliche Sicht genießt. Solunt war neben Motya (▶Mózia) und Panormos (▶Palermo) einer der drei Plätze, auf die sich die Punier im 8. – 7. Jh. v. Chr. vor der griechischen Kolonisation nach Westsizilien zurückzogen. 397/396 v. Chr. zerstörte Dionysios I. von Syrakus diese punische Stadt, die wahrscheinlich in der Ebene beim heutigen Ort Cozzuo Cannita lag. Mitte des 4. Jh.s v. Chr. wurde Solunt von seinen Bewohnern am jetzigen Standort am Berghang neu gegründet. Es wuchs rasch, zumal 307 v. Chr. die Karthager den syrakusanischen Tyrannen Agathokles schlugen und seinen Soldaten freien Abzug nach Solunt gewährten. 254 v. Chr. wurde die Stadt römisch. Sie bestand bis etwa 200 n.Chr., dann wurde sie von ihren Einwohnern verlassen. Ausgrabungen fanden seit dem 19. Jh. statt. Ein Gang durch die **Ausgrabungen** vermittelt das Bild einer charakteristischen römischen Stadt (beim Eingang Antiquarium). Ihr liegt, ungeachtet ihrer Hanglage mit einer Höhendifferenz bis zu 60 m, ein regelmäßiger, schachbrettartiger Plan (Hippodamisches System) zugrunde. Vom Antiquarium aufwärts, gelangt man zunächst zum Südende der Via decumana. Sie ist fast 6 m breit und hat ein teilweise erhaltenes Pflaster aus Ziegelsteinen. Die Seitenstraßen sind nur 3 m breit und mit großen Steinplatten gepflastert. Eine Ausnahme ist der Cardo maximus, der vom Kreuzungspunkt mit dem Decumanus (181 m) nach links bis auf 217 m ansteigt. Die Häuser zu Seiten des Decumanus weisen ein Peristyl auf, um das die Wohnräume mit Fußbodenmosaiken und Wandmalereien angeordnet sind; dagegen verzichten die schlichten Gebäude am Stadtrand meist auf einen Zentralhof. Da die Stadt keine Quellen hatte, sicherte man die Wasserversorgung mit Zisternen.

Folgt man der Hauptstraße, so sieht man links zunächst das **Ginnasio**, ungeachtet dieser Bezeichnung ist es aber kein Sportplatz, sondern ein besonders aufwendiges hellenistisch-römisches Wohnhaus mit Atrium und Peristyl, von dem sechs Säulen mit Gebälk wieder aufgerichtet wurden. Jenseits des Cardo maximus befindet sich die lang gestreckte, schmale **Agora**. Vor einer Gebäudereihe steht auf diesem Platz ein Altar punischen Typs. Am linken Hang folgen ein kleines Gebäude mit halbkreisförmigen Stufen (**Buleuterion**), in dem der Rat der Stadt tagte, und ein **Theater**, das in den Hang hineingebaut wurde (schöner Blick). Beide Gebäude werden ins 4. Jh. v.Chr. datiert, erneuert wurden sie in römischer Zeit. »Solunt ist bisher der einzige Ort Siziliens, an dem eine griechisch-punische Mischkultur gefasst werden konnte.« (Margot Klee). Während die Hausformen griechisch-römisch wirken, zeigen die Kultstätten (Astarte-Statue) deutlich punische Prägung.

🕐 Öffnungszeiten:
Mo. – Sa.
9.00 – 17.30
So. nur bis 13.00

Solunto *Orientierung*

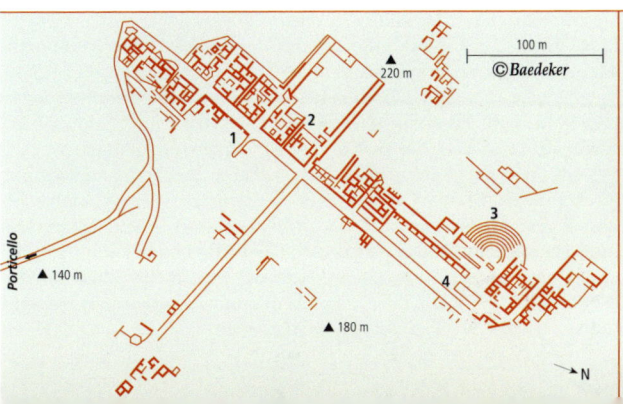

100 m
©*Baedeker*

▲ 220 m
▲ 140 m
▲ 180 m

Porticello

1 Eingang
   Antiquarium
2 Ginnasio
3 Teatro
4 Grande Cisterna

↗ N

Santa Flavia Der Fischer- und Urlaubsort liegt 2 km südöstlich von Solunt in einer schönen Bucht. Südlich davon erhebt sich am Kap Solanto ein Kastell aus der Zeit des Normannenkönigs Roger II.; später wurde es für die Verarbeitung der an der Schiffsanlegestelle an Land gebrachten Fische genutzt.

Porticello Nach Norden führt die **Küstenstraße** zu den Fischerdörfern Porticello (allmorgendlich Fischmarkt) und Sant'Elia, dann zum Kap Zafferano (226 m) und zur steilen Felswand des Kap Mongerbino und dem Fischerdorf Aspra (Badestrand).

Pantellerìa

C/D 11/12

Provinz: Tràpani	**Größe:** 83,5 km²
Höhe: 836 m ü.d.M.	**Einwohnerzahl:** 7800

Völlig isoliert liegt Pantellerìa zwischen Sizilien und Afrika – 102 km von der Westküste Siziliens und nur 84 km von Tunesien entfernt. Die Insel ist vulkanischen Ursprungs und wird von der Montagna Grande (836 m) beherrscht, deren erloschener Krater von zahlreichen Nebenkratern (Cuddie) umgeben wird.

Pantelleria Der Hauptort Pantellerìa (5000 Einwohner) ist ein Naturhafen an einer Bucht der Nordwestküste, beherrscht vom mittelalterlichen Castello Barbacane. Der Flughafen liegt 4 km südöstlich, unterhalb des Monte Sant'Elmo. Von diesem, vor allem aber vom Gipfel der 836 m hohen Montagna Grande aus hat man die schönsten Rundblicke – bis zur afrikanischen Küste. Weitere **Ausflugsziele** im Innern der Insel sind San Vito (südlich des Flughafens), Vale di Ghirlanda (südöstlich der Montagna Grande) und Khamma (auf der Ostseite der Insel). Eine archäologische Sensation war 2003 der Zufallsfund bestens erhaltener Marmorköpfe des julisch-claudischen Kaiserhauses in einer aufgelassenen Zisterne auf der Akropolis. Heute sind sie in der Festung Barbacane am Hafen zu sehen.

✳
Caesarenköpfe ▶

Eine 40 km lange Ringstraße berührt zahlreiche kleine Siedlungen. 4 km südlich des Hauptortes Pantellerìa liegen die neolithische Siedlung Mursia und die Gräbertürme (Sesi), die an die Nuraghen Sardiniens erinnern. Hat man über den kleinen Hafen Scauri hinaus das Südende der Insel (Balata dei Turchi/Türkenempore) passiert, so kommt man zur »Rückseite der Insel« (Dietro Isola). Dann kehrt die Straße an der Ostküste wieder zum Hauptort zurück. Dabei passiert man die Punta Levante und die Cala dei Cinque Denti (Bucht der fünf Zähne). Lohnend ist auch eine **Bootsfahrt** vom Hauptort oder von Scauri an der Südwestküste aus, die zu sehenswerten Meeresgrotten wie der Grotta dello Storto und zum Faraglione Dietro Isola führt, der etwa 3 m aus dem Meer emporragt.

PANTELLERÌA ERLEBEN

AUSKUNFT

Pro Loco
Piazza Cavour 1, Tel. 09 23 91 18 38
www.pantelleria.it
Informationen auch beim Fremdenverkehrsamt in Tràpani

VERKEHR

Von Trapani mehrmals die Woche
Fähren nach Pantelleria (www.sire-
mar.it, www.usticalines.it), im Sommer zusätzlich Schnellboote – bei
stürmischer See drehen die Schiffe
wieder ab. Günstige Flüge von
Palermo und Trapani (www.
flyairone.it, www.meridiana.it).
Mietfahrzeuge am Flughafen
(www.pantelleriairport.it, Tel.
09 23 91 13 98) und im Hauptort.

EINKAUFEN

Auf Pantellerìa wird aus den zucker-
süßen Zibbibo-Reben der Passito di
Pantelleria, einer der besten mediterranen Dessertweine gekeltert. Donnafugata, einer der renommiertesten
Erzeuger bietet von Anfang Juli bis

Ende Sept. Führungen auf dem
Weingut an (www.donnafugata.it).

ESSEN

► **Erschwinglich**
Il Cappero
Via Roma 31, Tel. 09 23 91 26 01
Mitte Mai-Mitte Okt.; zentral im
Hauptort gelegen und populär bei
Einheimischen

ÜBERNACHTEN

► **Komfortabel**
Mursia · Cossyra
Contrada Mursia, Tel. 09 23 91 12 17
www.mursiahotel.it; 155 Z.
Zwei schön am Meer gelegene
Ferienhotels mit allen Annehmlich-
keiten wie Pools und einem ausge-
zeichneten Restaurant

Blue Moon
Via Don Errera, Pantelleria-Stadt
Tel. 09 23 91 27 85
www.pantelleriahotel.it; 12 Z.
Modernes Hotel am Stadthafen mit
kleinem Wellness-Bereich

Das Inselfreizeitangebot wird außer durch Strände und Schwimmbe-
cken durch besonders schöne Tauchplätze, manche sprechen von
den schönsten im Mittelmeer, ergänzt (es gibt mehrere Tauchbasen).

**Strände, Unter-
wassersport**

Patti

R 4

Provinz: Messina   **Höhe:** 157 m ü.d.M.
Einwohnerzahl: 13 600

**Die Bischofsstadt Patti liegt am östlichen Teil der Nordküste zwi-
schen Cefalù und Milazzo auf einer Terrasse mit Blick auf die Liparischen Inseln.**

● PATTI ERLEBEN

AUSKUNFT
Servizio Turistico
Piazza G. Marconi 11
98066 Patti
Tel. 09 41 24 11 36, Fax 09 41 24 11 54

ESSEN

▶ **Erschwinglich**
La Capannina
Mongiove di Patti
Via Catania
Tel. 09 41 31 76 30
Nordöstlich vom Stadtzentrum; ist
ausgeschildert. Die Suche lohnt sich:
große Auswahl an Pizzen und Fisch-
spezialitäten.

Al Gambero Rosso
Bivio per Montagnareale
Tel. 09 41 24 02 28

Di. geschl.; etwas westlich vom
Stadtzentrum, an der Straße nach
Montagnareale. Sehr beliebtes
Lokal »tipo sferracafallo« (▶S. 316),
hier dreht sich alles um Fisch-
gerichte.

ÜBERNACHTEN

▶ **Komfortabel**
Hotel Club La Playa
Via Plaia 3
Marina di Patti
Tel. 09 41 36 13 98
Fax 09 41 36 13 01
www.laplaya-hotel.it
70 Z. und Apartments; direkt am
Meer (kleiner Strand) mit großem
Schwimmbad. Guter Ausgangspunkt
zur Besichtigung von Tindari

Geschichte einer Demütigung

Die Stadt hat sich aus einem Benediktinerkloster entwickelt, das Roger I. 1094 gründete, und ist mit einer bedeutenden historischen Per-
sönlichkeit verbunden: Rogers dritter Frau Adelasia (Adelheid) von
Montferrat. Adelasia begegnet uns auch in San Fratello (▶ S. 378),
das ihre lombardischen Truppen im 11. Jh. gegründet hatten. Diese
Frau hatte nach dem Tode Roger I. am 4. Januar 1101 die Regent-
schaft für ihren sechsjährigen Sohn Roger II. übernommen, bis dieser 1112 mit 17 Jahren volljährig war. 1112 warb der Kreuzfahrer-
könig Balduin I., wiewohl noch mit einer armenischen Prinzessin
verheiratet, erfolgreich um sie – ihrer Schätze wegen, aber auch wegen der politischen Bedeutung des normannischen Sizilien. Im Gegenzug brachte die Ehe mit Balduin für Adelasia den Rang einer Königin. 1113 wurde der Ehevertrag ausgehandelt, in dem Adelasia zur
Bedingung machte, dass die Krone des Königreiches Jerusalem, sollte
die Verbindung kinderlos bleiben, an ihren Sohn Roger II. fallen
würde. »Im Sommer 1113 ging die Gräfin mit solchem Gepränge
von Sizilien in See, wie man es im Mittelmeer nicht mehr erblickt
hatte, seit Kleopatra nach dem Kydnos segelte, um Mark Anton ein-
zuholen. In ihrer Galeere, deren Bug mit Gold und Silber beschlagen
war, ruhte sie auf einem Teppich von gewirktem Gold« (Runciman),
neun weitere Schiffe trugen ihre arabische Leibwache und ihre persönlichen Schätze. Doch bereits vier Jahre später, 1117, ließ Balduin,

nachdem er Adelasias reiche Mitgift ausgegeben hatte, die Ehe annullieren. Adelasia »segelte, aller Reichtümer entkleidet und fast ohne Geleit, zornerfüllt nach Sizilien zurück« (Runciman). Im folgenden Jahr 1118 starb sie in Patti (Sarkophag im rechten Querhausarm der Kathedrale).

Beim Bau der Autobahn hat man die Ruinen einer spätrömischen Villa entdeckt, die im 10./11. Jh. bei einem Erdbeben verschüttet worden war. Das Hauptgebäude bestand aus einem großen Säulenhof (Peristyl) sowie zwei Sälen. Die Fußböden waren mit Mosaiken versehen, die von Künstlern aus Nordafrika geschaffen wurden. Außerdem hat man Teile eines Thermenkomplexes ausgegraben. Freilegung und Restaurierung sind noch im Gange (tägl. 9.00 Uhr bis 1 Std. vor Sonnenuntergang).

Spätrömische Villa

🕐

! *Baedeker* TIPP

Strauße in den Nébrodi

Im schönen Hinterland von Patti, südlich von San Piero di Patti, liegt der 200 ha große Landsitz Daino, ein Familienbetrieb, der Agriturismo anbietet, mit Eichen, Haselnuss- und Olivenhainen, einem kleinen See mit Karpfen, Rotwild, Straußen, Pfauen, Pferden und Eseln. Das Restaurant in den liebevoll restaurierten ehemaligen Ställen bietet regionale Küche mit vorwiegend eigenen Produkten und eigenem Wein. Herrlich schlafen lässt es sich in den 25 Apartments und Zimmern. Il Daino, C. da Manganello San Piero di Patti, Tel. 09 41 66 03 62, Fax 09 41 66 05 40, www.ildaino.com.

Umgebung von Patti

Von der dazugehörenden Strandsiedlung Marina di Patti, 3 km nördlich mit Sandstrand, Felsküste und Hotels, bieten sich Bootsfahrten zu nahe gelegenen Grotten sowie zu den Liparischen Inseln an (▶ Lìpari, Isole).

Marina di Patti

▶Tìndari (10 km östlich)

Tindari

Das 5000 Einwohner zählende Städtchen im Nordosten Siziliens hat eine prächtige Lage am Westhang des 960 m hohen Monte Burello oberhalb des Torrente Elicona. In der Chiesa Madre gibt es ein Altarrelief mit dem Leben des hl. Nikolaus (Gagini-Schule). Das Kastell wurde von Friedrich von Aragon erbaut (1302 – 1311).

Montalbano di Elicona

Isole Pelágie · Pelagische Inseln

D–F 11–13

Provinz: Agrigento   **Einwohnerzahl:** 5500

Die Pelagischen Inseln Lampedusa, Linosa und das unbewohnte Lampione sind die südlichste Inselgruppe Siziliens, 200 bzw. 160 km von der Südwestküste Siziliens und nur 110 km von Tunis entfernt.

Fast schon Afrika
Arm an Vegetation und Quellen, umgeben von kristallklarem Wasser, südseeartigen Badebuchten und einer **bunten Unterwasserwelt**, sind die Inseln erst seit einigen Jahren begehrtes Sommerziel norditalienischer Bade- und Tauchtouristen sowie **unfreiwilliger Landeplatz** der sog. Clandestini, Bootsflüchtlinge aus Nordafrika.

Lampedusa
Lampedusa, schmal und in Ost-West-Richtung lang gestreckt, ist 21 km² groß, erreicht im Nordwesten im Albero Sole 133 m Höhe und hat etwa 5000 Einwohner, die früher vom Fischfang, heute zunehmend vom Fremdenverkehr leben. Immer wieder gerät die süd-

Lampedusa: Der Fischfang spielt im Leben der Inselbewohner auch heute noch eine große Rolle.

▶ PELAGISCHE INSELN ERLEBEN

AUSKUNFT

www.isola-lampedusa.it
www.isoladilampedusa.it
www.lepelagie.com (Reisebüro, das
viel Service bietet)

VERKEHR

Schiffsverbindungen von Porto Empédocle (Agrigent), 7 Std. nach Linosa
bzw. 9 Std. nach Lampedusa
Flugverkehr mit Palermo, Aeroporto
di Lampedusa, Tel. 09 17 02 06 19.
Es gibt einen Inselbus; Miet-Autos,
-Motorroller und -Motorboote.

ÜBERNACHTEN

▶ Komfortabel/Luxus
Lampedusa · Baia Turchese
Contrada Guitgia, Via Lido Azzurro
Tel. 09 22 97 04 55, Fax 09 22 97 00 98
www.lampedusa.to/baiaturchese
68 große Zimmer, teils mit Ausblick
auf die Bucht; durch eine Straße vom
Sandstrand getrennt

▶ Günstig/Komfortabel
Lampedusa · Borgo Cala Creta
Contrada Cala Creta
Tel. 09 22 97 03 94, Fax 09 22 97 05 90
www.calacreta.com
Gut wohnen lässt es sich auch im sog.
Villagio turistico, etwa 1,5 km vom
Zentrum entfernt; 23 Zimmer, teils in
traditionellen Steinhäusern (Dammusi genannt)

ESSEN

▶ Fein & teuer
Lampedusa · Gemelli
Via Cala Pisana 2, Tel. 09 22 97 06 99
Nur abends Mai bis Nov. geöffnet
Ausgezeichnetes Feinschmeckerrestaurant

▶ Erschwinglich
Linosa · Errera
Via Scala Vecchio, Tel. 09 22 97 20 41
www.linosaerrera.it
Ausgezeichnete Küche mit v. a. lokalen Produkten; hier auch Hilfe bei der
Vermittlung von Privatunterkünften

lichste Insel Italiens unfreiwillig in die Schlagzeilen: Mit den Volksaufständen in Nordafrika 2011 explodierten die Immigrantenzahlen
auf Lampedusa. Ihre Unterbringung stellt eine große Herausforderung dar. Noch größere Probleme bereiten die Pläne der italienischen
Regierung, aus dem »Erstaufnahmelager« ein »Abschiebelager« zu
machen.
Lampedusas Küste ist weitgehend felsig mit vielen Schluchten und
Grotten; Cala Croce, Spiaggia dei Conigli und Guitgia heißen die im
Südosten gelegenen Traumstrände mit weißem Sand und tiefblauem
Wasser. Die Vegetation ist beschränkt sich auf Feigen- und Johannesbrotbäume, Feigenkakteen und Oleandersträucher. Aus der Zeit des
antiken Lopadusa sind geringe Mauerreste erhalten. Bis ins 19. Jh.
unbewohnt, wurde die quellenlose Insel erst 1843 wieder besiedelt.
Der Autor Giuseppe Tomasi führte zwar den Titel Herzog von Palma
und Fürst von Lampedusa, in seinem »Gattopardo« hat er die Insel
jedoch mit keinem Wort erwähnt.

Der **Hauptort Lampedusa** an einer kleinen Bucht im Ostteil der Südküste hat fast afrikanischen Charakter und wird von der Wallfahrtskirche Madonna di Porto Salvo beherrscht (nahebei der kleine Flughafen). Außerhalb des Ortes gibt es nur Saumpfade, so dass Ausflüge am besten mit dem Boot unternommen werden (Inselrundfahrt in 3 Std.). Auf diese Weise gelangt man auch zu den besten Bade- und Unterwasserrevieren, etwa am Capo Ponente im Westen oder an der Nordküste.

Lampione Die Insel Lampione (180 m breit, 200 m lang) liegt 18 km westlich von Lampedusa und ist unbewohnt.

Linosa Linosa, die kleinere Insel der Gruppe, liegt 42 km nördlich von Lampedusa. Auf einer Fläche von 5,43 km² leben rund 500 Einwohner. Die Insel besteht aus Basalt-, Lava- und Tuffgestein, Asche und Lapilli und weist fünf erloschene Vulkane auf. Die höchste Erhebung ist die 195 m hohe Montagna Rossa. Der Pflanzenwuchs ist durch Macchia (Mastix, Euphorbien) gekennzeichnet. Auf den Feldern gedeihen Feigen und Weinreben. Linosa, der einzige Ort der Insel mit seinen pastellfarbenen Fischerhäusern, liegt an der Südküste beim Porto Vecchio. Seine Bewohner leben mäßig von Fischfang und Ackerbau.

Unterwasser-revier ► Wie auf Lampedusa gibt es hier außerhalb des Ortes keine asphaltierten Straßen. Sehr gute Möglichkeiten bieten sich dank dem kristallklaren Wasser und der reichen Meeresfauna (Riesenbarsche, Zahnbrassen, Adlerfische, Schwertfische usw.) für Taucher, die sich mit einfachen Herbergen oder einem Zelt begnügen (Info: www.mare nostrumdiving.it).

★ ★ Piazza Armerina – Villa Casale

O 8

Provinz: Enna **Höhe:** 721 m ü.d.M.
Einwohnerzahl: 21 000

Auf drei Hügeln mitten in den Monti Erei gelegen und reich an Kirchen und Palästen, verlockt die Garnisonsstadt, die meist nur auf dem Weg zu den Mosaiken der nahen Villa del Casale durchfahren wird, durchaus zu einem Besuch.

Piazza Armerina ist eine relativ junge Stadt, die 1080 vom Normannengrafen Roger gegründet worden ist. Dieser siedelte hier Lombar-

PIAZZA ARMERINA ERLEBEN

AUSKUNFT

Ufficio Informazione
94015 Piazza Armerina
Via S. rosalia 5
Tel. 09 35 68 30 49 65
www.piazzaarmerina.com

VERANSTALTUNG

Alljährlich am 13./14. August lockt
der Palio dei Normanni, ein beliebtes
Volksfest zur Erinnerung an die
Befreiung von der arabischen Herr-
schaft, viele Besucher nach Piazza
Armerina.

ESSEN

▶ **Erschwinglich/preiswert**
La Ruota
Contrada Paratore-Casale
Tel. & Fax 09 35 68 05 42
www.trattorialaruota.it

Nur mittags geöffnet; 800 m von der
Villa del Casale entfernt, traditionelle
Küche mit schönen Plätzen im Freien;
auch nettes Bed & Breakfast

ÜBERNACHTEN

▶ **Günstig**
Mosaici da Battiato
Contrada Paratore Casale 11
Tel. 09 35 68 54 53, Fax 09 35 68 54 53
www.hotelmosaici.com
23 Z.; einfaches, freundlich geführtes
Hotel mit Restaurant, am nächsten
zur Villa del Casale gelegen

Agroturismo Sávocca
Contrada da Polleri 13
Tel. 09 35 68 30 78, Fax 09 35 68 26 99
www.agrisavoca.com
12 hübsche Zimmer, z. T. mit Küche,
in einem Gutshof an der SP 16

den zur Kontrolle der umliegenden, von Sarazenen bewohnten Orte
an. 1161 wurde es wegen eines Aufstands der Barone auf Befehl
Wilhelms I. zerstört. 1296 war es wieder ansehnlich genug, dass
Friedrich III. von Aragon das sizilische Parlament hierher einberief.
Seit 1817 ist die Stadt Bischofssitz.

Sehenswertes in Piazza Armerina und Umgebung

Das Stadtbild dominiert der auf einem Hügel errichtete Dom Santissima Assunta mit seiner weithin sichtbaren Kuppel, 1627 nach Plänen von Orazio Torriani errichtet. Von einem älteren Vorgängerbau
ist der spätgotische Glockenturm von 1420 erhalten. Die Fassade
weist noch Renaissanceformen auf, mit denen das barocke Portal
von 1719 einen schönen Kontrast bildet. Das Innere der Pfeilerbasi-
ka hat eine klassizistische Ausstattung und wird von der Vierungskuppel beherrscht. Es birgt ein beidseitig bemaltes Kruzifix, das die
Kreuzigung und die Auferstehung Christi darstellt (1485 vom Maest-
ro della Croce di Piazza Armerina), sowie das Baptisterium von Gagini (1594). Zum Kirchenschatz gehört auch der Silberaltar mit der
juwelengeschmückten byzantinischen Ikone »Madonna delle Vitto-
rie«, die Roger I. im Kampf gegen die Araber mit sich führte.

Santissima
Assunta

Der Palazzo Trigona am Domplatz ist ein gutes Beispiel für die barocke Profanarchitektur von Piazza Armerina. Aus dem Barock stammt auch die Kirche Sant'Ignazio (1603), in deren einstigem Konvent sich Bibliothek und Stadtmuseum befinden. Dem normannischen Stil verpflichtet sind die Kirche San Giovanni (Fresken von Borremans) und vor allem die Kirche des Gran Priorato di Santo Stéfano; in diesem Bau aus dem 12. Jh. legte man Fresken aus normannischer Zeit frei.

Weitere Sehenswürdigkeiten

Die etwas außerhalb der Stadt gelegene Kirche Sant'Andrea geht auf das Jahr 1096 zurück. Ein riesiges Fresko zeigt Papst Pius II. (1458–1464), wie er im Kreise der Kardinäle eine Gregorsmesse zelebriert.

✷ ✷ Villa Romana del Casale

Die römische Villa (etwa 6 km südwestlich), Weltkulturerbe der UNESCO, lockt als Touristenmagnet viele Reisende ins Landesinnere Siziliens. Erst 1929 wurden Wissenschaftler durch Funde von Mosaiksteinchen zu Nachforschungen angeregt und gruben Teile des bei einem Erdrutsch im 12. Jh. verschütteten Luxusdomizils aus. Bisher ist das Herrenhaus mit seinen annähernd 50 Räumen freigelegt und konserviert worden, wohingegen Wirtschaftsräume und Unterkünfte der Dienerschaft noch der Erforschung harren.

Öffnungszeiten: tägl. 9.00–18.00

◄ www.villaromanadelcasale.it

Ein Vorgängerbau aus dem 2. Jh. n. Chr. wurde im 3. und 4. Jh. zu einer großartigen Villa erweitert, außergewöhnlich sowohl in den Abmessungen als auch der verschwenderischen Ausstattung – die erhaltenen Mosaikböden bedecken eine Fläche von 3500 m² !

Ein Medienmogul der Kaiserzeit

Naturgemäß drängte sich die Frage nach dem Bauherrn auf, die bis heute nicht eindeutig beantwortet ist. Frischen Wind in die Kontroverse hat die These gebracht, dass es sich nicht um den Tetrachenkaiser Maximianus Herculius (285–305), sondern um einen Tiergroßhändler handelte. Der Nordafrikaner Valerius Proculus Populonius verwaltete 327–331 Sizilien und richtete Gladiatorenspiele und Tierhatzen für Kaiser Konstantin aus. Das Mosaikprogramm mit seinen Darstellungen (Wagenrennen im Circus Maximus, Einfangen exotischer Tiere für die Arena) liefert handfeste Indizien. Aber der Nachweis steht noch aus. Die Villa war noch bis ins 5. Jh. bewohnt. Später verfiel sie, doch siedelten sich in den Ruinen Araber an.

Die Mosaiken behandeln eine Fülle von Themen aus dem täglichen und höfischen Leben, aus der Mythologie und der Jagd; dazu kommen noch Motive, die mit dem römischen Brauch der Tierhetzen in der Arena zusammenhängen, so das Einfangen, Verladen und Transportieren der Tiere. Gerade in solchen Szenen liegt der Zusammenhang mit Mosaiken des römischen Nordafrika auf der Hand: Es gilt

Mosaiken

← *Die intakte Altstadt von Piazza Armerina wird vom Dom bekrönt.*

Villa Romana del Casale *Orientierung*

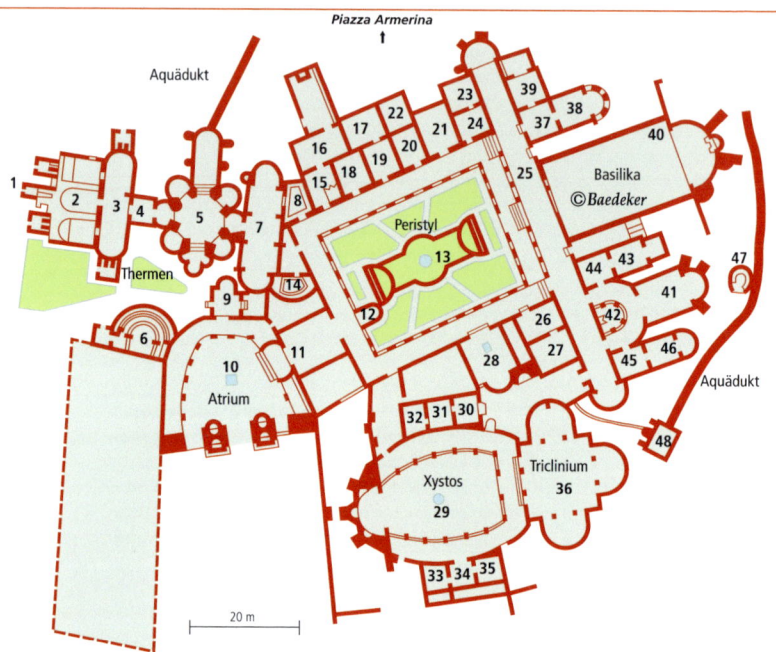

als sicher, dass hier Künstler aus dieser Region gearbeitet und einen der größten und schönsten musivischen Komplexe der römischen Antike geschaffen haben. Heute ist die gesamte Anlage überdacht. Gut gelungen ist die Anlage von Laufstegen, so dass der Besucher die Fußbodenbilder von oben betrachten kann.

Grundriss Der eingeschossige Komplex setzt sich aus fünf Bereichen zusammen: Eingangsbereich: Das aufwendige dreitorige Portal führt in ein vieleckiges **Atrium** (10). Nördlich schließt eine **Thermenanlage** an (1 – 5). Durch ein Vestibül (11) kommt man in das repräsentative, von zahlreichen Räumen umgebene **Peristyl** (13). Im Osten, also in der Hauptachse, folgt der Bereich der herrscherlichen **Großen Basilika** (40). Im Süden ist der elliptische **Xystos** (29; Säulenhof) mit dem anschließenden Triclinium (36) angeordnet.

Eingang Von der Kasse erreicht man die Villa entlang einer auf Bögen ruhenden antiken Wasserleitung (Aquädukt).

Thermen **1** Der Weg führt an den drei Praefurnia (Öfen) vorbei. Hier wurde die Heißluft erzeugt, die dann durch Tonröhren im Fußboden (Hy-

pokausten, eine frühe Form der Fußbodenheizung) sowie in den Wänden weitergeleitet wurde in das **2** Caldarium (Warmbad).
3 Daran schließt das Tepidarium (Lauwarmbad) an.
4 Durch den kleinen Salb- und Massageraum gelangt man ins
5 Frigidarium (Kaltbad), einst ein überwölbter Achteckraum. An vier Seiten öffnen sich tiefe Nischen, die Umkleideräume. Auf dem Mosaik in der westlichen Nische nehmen zwei Dienerinnen die Kleider einer Dame entgegen. Gegenüber dem Bad befinden sich **6** Latrinen.
7 Gymnastische Übungen zur Auflockerung fanden in der Palaestra statt. Das gut erhaltene Bodenmosaik zeigt den Circus Maximus in Rom. Man sieht die Rennbahn mit der Spina in der Mitte und den beiden Wendemarken, Pferdegespanne in den Farben Rot, Grün, Weiß und Blau der vier in Rom wie später in Konstantinopel wetteifernden »Zirkusparteien« (das Thema kommt, auf die Ebene des Kinderspiels übertragen, auch in Raum 45 vor). Auch werden die verschiedenen Stadien des Rennens bis zur Überreichung der Siegespalme gezeigt. Über den kleinen Vorraum **8** hatte man von der Villa Zugang in die Thermen.
9 In dem fast quadratischen Raum mit Apsisabschluss wurde Aphrodite verehrt (geringe Kultbildreste).
10 Der **einstige Haupteingang**, ein dreitoriger Triumphbogen, führte in den Innenhof (Atrium), dessen Mitte ein Brunnen schmückt. Er war auf drei Seiten von offenen Säulenhallen umgeben.

11 Vom Atrium betrat man den Hauptkomplex der Villa, das Peristyl, durch das offene Vestibül (Eingangshalle). Am Boden ist eine Begrüßungsszene (adventus) zu sehen. **12** Gegenüber dem Eingang befindet sich die Ädikula des Peristyls, ein kleines Heiligtum, vielleicht für den Kaiserkult.   **Peristyl**
13 Nun befinden wir uns im Peristyl, dem rechteckigen zentralen Raum, ein von Hallen mit 10 x 8 korinthischen Säulen umgebener Bezirk mit einem Wasserbecken in der Mitte. Die Mosaiken des Wandelgangs zeigen in Medaillons gefasste Tierköpfe.
14 Links vom Vestibül gelangt man durch einen Innenhof zur kleinen Latrine.
Links vom Portikus folgen nun die Räume 15 bis 24: **15** Raum mit Ofen; **16** innerer Saal; **17** Raum des Tanzes; **18** geometrische Sternmosaiken; **19** Raum ohne Mosaik; **20** Raum der Jahreszeiten; **21** Raum der Kleinen Jagd: Fünf Bildstreifen zeigen den Ablauf einer Jagd: Aufbruch der Jäger, Opfer an Diana, Gelage, das Herbeibringen der Beute. **22** Fischende Eroten; **23** Mosaik mit Quadraten; **24** Mosaik mit Achtecken.
25 An der östlichen Schmalseite des Hauptperistyls liegt der Korridor oder Wandelgang der Großen Jagd, dessen Wichtigkeit durch eine doppelte Säulenreihe betont wird. Dieser schmalrechteckige, in Apsiden endende Raum ist rund 65 m lang und 5 m breit. In den Apsiden sieht man Personifikationen von Ägypten (im Süden) und Armenien (im Norden).

Im Süden (rechts) beginnend, werden Tiere eingefangen, auf das Schiff gebracht und nach Italien transportiert, wo sie bei Tierhetzen verwendet werden sollen. Hier ist auch eine vornehm gekleidete Gestalt zu sehen, die als der Hausherr gedeutet wird.

26 Mosaiken in Viereckform.

27 Gymnastik treibende Mädchen, die »**Bikini-Trägerinnen**« (tatsächlich handelt es sich um Unterwäsche, welche die Frauen der spätrömischen Zeit bei der Gymnastik trugen), haben es sogar aufs Titelbild des »Time Magazine« gebracht (Abb. S. 55).

28 Raum des Orpheus: Die Tiere der Wildnis scharen sich um den Sänger Orpheus (fragmentarisch erhalten). In diesem Raum fand man Teile einer römischen Kopie des Apollon Lykeios des Praxiteles.

Große Basilika   **40** Die Große Basilika ist ein rechteckiger, halbrund abschließender Raum mit Marmorpaviment. Sie erinnert in der Form an eine Palastaula und wird auch die entsprechende Funktion bei feierlichen Empfängen gehabt haben. Flankiert wird sie von Räumen mit erlesenen musivischen Darstellungen.

Südlich der   **42** Atrium mit Säulenhalle; **41** Prunkraum, dessen gut erhaltene Mo-
Basilika   saiken den Mythos des auf dem Delphin reitenden Sängers Arion zum Thema haben; **43** jagende Knaben; **44** Vestibül mit Eros und Pan; **45** Vestibül mit Kleinem Zirkus (vergleiche hierzu die Zirkusdarstellung in der Palaestra, Raum 7); **46** Musikanten

Jagdszenen faszinierten den einstigen Hausherrn der Villa Romana.

29 Südlich vom Hauptperistyl schließt der elliptische Xystos an, ein von Kolonnaden umgebener Hof mit einem Brunnen, einer westlichen Exedra mit einer Statuennische sowie sechs kleineren Räumen an der Nord- und Südseite: **30** Amoretten bei der Weinlese; **31** Weinpresse; **32** Weinanbau; **33 – 35** fischende Amoretten. **36** Einige Stufen im Osten des Xystos führen in das **Triclinium**, einen quadratischen Raum mit drei Apsiden (Speisesaal). Die Mosaiken behandeln die zwölf kanonischen Taten des Herkules (Mitte), die besiegten Giganten (Ostapsis) und die Apotheose des Helden (Nordapsis).

Xystos

Verlässt man diesen festlichen Raum und geht um die östliche Außenseite der Villa herum, um zuletzt noch zu den Räumen **37 – 39** nördlich der Basilika zu gelangen, so passiert man dabei eine **47** Latrine sowie die Reste des **48** Aquädukts.

Dieser Bereich ist nur von außen zugänglich; deshalb wird er üblicherweise am Schluss des Rundgangs aufgesucht: **37** Vestibül des Polyphem, dem Odysseus einen Krater mit Wein reicht; **38** Mosaiken mit Obstdarstellungen; **39** gut erhaltene Mosaiken mit erotischen Szenen, vermutlich das Schlafzimmer der Villenbesitzer.

Nördlich der Basilika

Aidone · ✳ Morgantina

Das mittelalterliche Bergstädtchen Aidone (800 m hoch in den Monti Erei gelegen, 10 km nordöstlich von Piazza Armerina, 5200 Einw.) ist eine arabische Gründung. Von seinen Kirchen seien genannt Sant' Anna (Holzkruzifixus von Fra Umile da Petralia) sowie Santa Maria La Cava (Apsis aus dem 14. Jh., Renaissance-Campanile). Im ausgezeichneten **Museum** Fundstücke aus Morgantina. Auch das Ristorante Al Cordova lohnt einen Besuch (Piazza Filippo Cordopva, Tel. 0 93 58 81 12, Mo. – Sa. 8.00 – 20.00, So. bis 14.00 Uhr).

Aidone

◄ Stärkung in Aidone

Das 5 km östlich auf dem Bergrücken Serra Orlando gelegene Morgantina ist eine **alte Stadt der Sikuler**. Zu diesen kamen im 6. Jh. v.Chr. griechische Siedler aus Katane und ließen sich in einem eigenen Ort nieder, neben dem derjenige der Sikuler weiterbestand. Die Stadt, die von einer fast 10 km langen Mauer umgeben war, reichte bis zur Höhe des Monte Citadella, auf dem sich die griechische Akropolis befand. In der ersten Hälfte des 5. Jh.s v.Chr. wurde sie vom Sikulerfürsten Duketios zerstört, Syrakus betrieb den Wiederaufbau. Diodor beschreibt Morgantina im 1. Jh. v.Chr. als bedeutende, gut befestigte Stadt. Kern der stimmungsvollen, wenig besuchten Ausgrabungen ist die **Agora** mit den sie umgebenden Gebäuden (4. – 3. Jh. v.Chr.). Es handelt sich um einen rechteckigen Platz, der an drei Seiten von Hallen umgeben war. Parallel zum Zugangsweg befindet sich eine als Gymnasion bezeichnete, 90 m lange Halle, in der sportliche Veranstaltungen stattfanden. An der Ostseite stand eine Stoa, die im Innern durch eine Säulenreihe in zwei Schiffe geteilt war; die Wände

✳
Morgantina, ein antiker Geheimtipp

🕑 Öffnungszeiten: tägl. 9.00 bis 1 Std. vor Sonnenuntergang

waren mit Stuck überzogen und mit Malerei versehen. Eine ähnliche Stoa war wohl auch an der gegenüber liegenden Westseite geplant, doch blieb sie unvollendet liegen. Das Bouleuterion an der Ecke diente wohl als Versammlungsraum. Ungefähr in der Mitte des Freiraums, den diese Hallen umschlossen, gab es ein quadratisches Marktgebäude (Macellum).

Südlich davon wurde eine eigentümliche **Treppenanlage** freigelegt; sie verläuft nicht in gerader Linie, sondern beschreibt zweimal einen stumpfen Winkel und hatte eine doppelte Funktion: Zunächst trennte sie den höher gelegenen Nordteil der Agora (den Kaufmarkt) vom unteren Teil im Süden, der öffentlichen Aufgaben gewidmet war; außerdem dienten ihre Stufen als Sitzreihen für die Volksversammlung. Unmittelbar südlich der Treppenanlage sieht man die Reste von Kultbauten (Demeter-Heiligtum, 4. Jh. v.Chr.). Auf diese Gebäude öffnet sich ein kleines Theater, das sich an den westlichen Hang schmiegt (Ätnablick!). Im Osten wird die untere Agora durch ein Gebäude von fast 100 m Länge begrenzt, das als öffentlicher Kornspeicher gedeutet wird. In diesem Bereich befanden sich ein Töpferbrennofen und ein Schmelzofen (beide jetzt überdacht).

Morgantina Orientierung

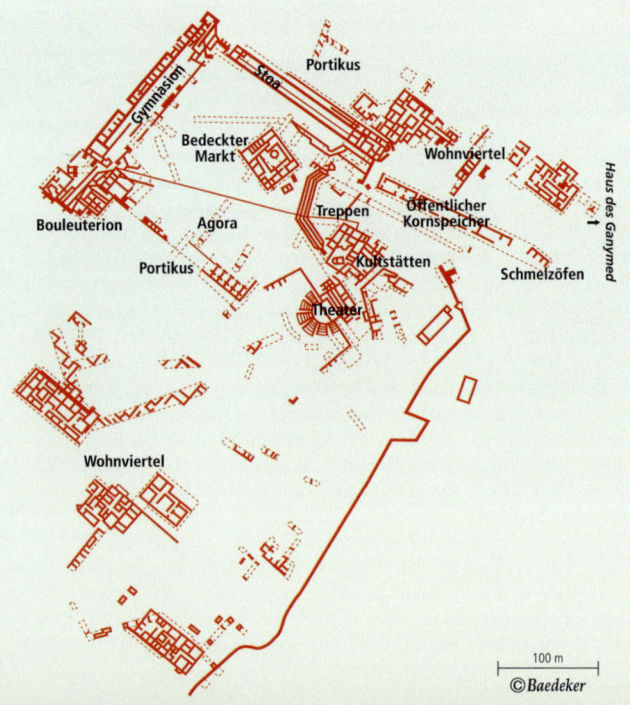

Östlich oberhalb der Agora kann man ein **Wohnviertel** besuchen. Hier gab es Peristylhäuser, die bis in hellenistische und römische Zeit reichen. Dazu gehört das Haus des Ganymed, benannt nach seinem teilweise zerstörten Mosaikboden, der den Raub des Ganymed durch den Adler des Zeus darstellt (2. Jh. v. Chr.).

Barrafranca (13 000 Einw.), ebenfalls mitten in den Erei-Bergen, 20 km westlich von Piazza Armerina gelegen, ist bekannt für Oliven, Mandeln und Haselnüsse. In der Chiesa Madre befindet sich eine »Santa Maria della Purificazione« des Toskanesen Filippo Paladino (1544–1614), der sich seit 1601 auf Sizilien aufhielt, und in der Chiesa dell'Itria ein Gemälde von Mattia Preti (2. Altar links).

Barrafranca

✶ Ragusa

Q 11

Provinzhauptstadt
Einwohnerzahl: 73 600

Höhe: 502 m ü.d.M.

Die Provinzmetropole, eine der drei bedeutendsten Barockstädte Siziliens, erstreckt sich auf einem Felsrücken der Monti Iblei zwischen den tief eingeschnittenen Tälern des Torrente San Leonardo und des Torrente Santa Domenica.

Die Stadt besteht aus zwei Teilen, die durch eine Talsenke getrennt sind: im Westen die im 18. Jh. begründete, modern ausfransende Oberstadt Ragusa Superiore, in der sich die Verwaltung sowie die Kathedrale befindet und die meisten Einwohner leben, im Osten das tiefer gelegene Ragusa Ibla mit malerischen verwinkelten Gassen und edlen Barockbauten. Am Ortseingang fallen die Petroleumfördertürme ins Auge, auch die Landwirtschaft boomt. Der Provolone-Käse von Ragusa trägt das begehrte DOP-Gütesiegel (Di Origine Protetta).

Zwei Gesichter eines Barockjuwels

Die Sikulerstadt Hybla kam im 6. Jh. v.Chr. unter den Einfluss von sizilischen Griechen. In byzantinischer Zeit wurde der Ort neu begründet, wahrscheinlich von Siedlern aus Ragusa an der dalmatinischen Küste, dem heutigen Dubrovnik. 1693 brachte das große Erdbeben so beträchtliche Schäden, dass man sich nicht nur zu einem Wiederaufbau an der alten Stelle entschloss, sondern außerdem zu einem Neuaufbau auf dem höheren Plateau im Westen, wo daraufhin die Neustadt auf einem rechtwinkligen Grundriss entstand: ein einzigartiges Barockensemble.

Geschichte

Ragusa Superiore · Neustadt

Als Ausgangspunkt wählen wir die Piazza del Popolo beim Bahnhof (zentrale Busstation). Sie befindet sich südlich der Schlucht des Tor-

Piazza del Popolo

▶ RAGUSA ERLEBEN

AUSKUNFT

Ufficio Informazione
Piazza San giovanni
97100 Ragusa Ibla
Tel. 09 32 67 66 35
www.ragusaturismo.it

ESSEN

▶ Fein & teuer

Marina da Ragusa · ① Lido Azzuro
Lungomare Andrea Doria
Tel. 09 32 23 95 22; April–15. Okt.
Am herrlichen Sandstrand; delikate
Meeresküche und grandiose Weine.
Ganzjährig und auf ebenso hohem
Niveau verwöhnen die Locanda Don
Serafino (Via Orfanotrofio 39, Tel.
093 22 48 77 81, Di. Ruhetag) und das
Hotel in Ragusa Ibla (Via XI Febbraio
15, Tel. 09 32 24 87 78); www.locanda
donserafino.it.

Nördlich von Camarina · Sakaleo
▶S. 374

▶ Erschwinglich/preiswert

② U'Saracinu
Via del Convento 9 (Ibla)
Tel. 09 32 4 69 76
Mi. geschl.; Rustikales in einem ehe-
maligen Kloster

③ La Rusticana
Via 25 Aprile 68 (Ibla)
Tel. 09 32 22 79 81, Di. geschl.;
gute traditionelle Küche im schönen
Zentrum

Donnafugata · Al Castello
▶S. 375

ÜBERNACHTEN

▶ Komfortabel

① Mediterraneo Palace
Via Roma 189,
Tel. 09 32 62 19 44, Fax 09 32 62 37 99
www.mediterraneopalace.it
92 Z.; beste Adresse der Stadt

② Il Barocco
Via S. Maria La Nuova 1 (Ibla)
Tel. 09 32 66 31 05, Fax 09 32 66 31 05
www.ilbarocco.it; 15 hübsche Zimmer
in renoviertem Altbau

Cómiso · Villa Orchidea
Contrada da Bosco Rotondo an der
Straße nach Pedalino
Tel. 09 32 87 91 08, Fax 09 32 87 90 34
www.villaorchidea.it – 56 Z. in ge-
pflegter Hotelanlage, ca. 20 km westl.
von Ragusa und genauso weit von der
Küste (Sandstrand) entfernt

---

rente Santa Domenica, die von drei Brücken überspannt wird: dem
modernen Ponte di Papa Giovanni XXIII am weitesten unterhalb,
dem Ponte dei Cappuccini (auch Ponte Vecchio genannt; 1. Hälfte
19. Jh.) sowie dem Ponte Senatore Pennavaria (auch Ponte Nuovo
genannt; 1936). Von der Piazza del Popolo gehen wir in nördlicher
Richtung zur nahen Piazza della Libertà und weiter über den breiten
Ponte Senatore Pennavaria zur Via Roma und sind damit im Bereich
der Stadtgründung des 17./18. Jh.s mit ihrer regelmäßig rechtwinkligen Anlage. An der Kreuzung mit dem Corso Italia, der in West-Ost-
Richtung verlaufenden Hauptstraße, biegen wir rechts ab und kommen zur Piazza San Giovanni.

Dieser Platz bildet eine Terrasse im abfallenden Gelände und wird **Kathedrale**
beherrscht von der imposanten Fassade der Kathedrale San Giovanni
(1706 – 1760), neben der ein hoher Campanile steht. Die Kapellen
im dreischiffigen Innern sind mit kunstvollen Stuckarbeiten ausge-
schmückt.

In der Nähe befinden sich auch das Rathaus (Municipio) sowie der
Justizpalast, die Präfektur und das **Museo Archeologico Ibleo** im Palazzo Mediterraneo (Via Natalelli;
tägl. 9.00 – 14.00, 15.30 – 18.30
Uhr). Es bietet vorgeschichtliche,
griechische und römische Funde
aus Ragusa und seiner Umgebung.

An seinem unteren Ende geht der
Corso Italia in den Corso Mazzini
über, welcher in Serpentinen zum
Stadtteil Ragusa Ibla hinunterführt.
An seinem Beginn steht die Kirche
Santa Maria delle Scale, benannt nach den hier beginnenden Scale,
dem Treppenweg zur Unterstadt. Die Kirche bewahrt im Neubau des
18. Jh.s noch Teile des spätgotischen Vorgängerbaus (15. Jh.), so den
Campanile und im Innern die portalartige Öffnung zu einer
Seitenkapelle.

! *Baedeker* TIPP

Ausblick
Besonders schön ist die Anfahrt nach Ragusa von
Módica aus: Auf dem Weg zur Oberstadt fährt
man zur Rechten an der tiefer gelegenen
malerischen Altstadt vorbei.

Am Platz vor der Kirche bietet sich eine schöne Aussicht auf die Un- ✱
terstadt Ragusa Ibla bis hin zur auffallenden Kuppel von San Giorgio. **Ausblick**
Hier beginnt – wenn man nicht dem Corso Mazzini folgt – der Abstieg auf einer Treppe von 242 Stufen zum älteren Stadtteil. ◄ La Scala

✱ Ragusa Ibla · Altstadt

Die Alt- bzw. Unterstadt, die man wegen der engen Straßen und fehlenden Parkmöglichkeiten zu Fuß besucht, befindet sich da, wo vermutlich ursprünglich die Sikulerstadt Hybla, später das griechische
Hybla Heraia lag. Auch dieser heute stillere Bereich der Stadt wurde
nach 1693 barock erneuert.

Am unteren Ende der Scala erreicht man die im Sattel liegende, kleine Piazza della Repubblica, wo eine breite Freitreppe zur barocken
Kirche Anime del Purgatorio hinanführt. In der Nähe findet man
zwei Palazzi des 18. Jh.s, den Palazzo Cosentini mit bizarren Balkon-
skulpturen und den Palazzo Bertini.

Ein Orientierungspunkt ist die verglaste Kuppel des Doms San Gior- ✱
gio, 1744 – 1775 nach Plänen von Rosario Gagliardi erbaut – ein be- **San Giorgio**
sonders schönes Beispiel der sizilischen Barockbaukunst. Beherrschend oberhalb einer breiten Freitreppe gelegen, tritt der konvexe
Mittelteil der Fassade mit dem Haupttor zwischen jeweils drei Säulen
dem Besucher entgegen. Die Säulenordnung setzt sich im Oberge-

Ragusa Orientierung

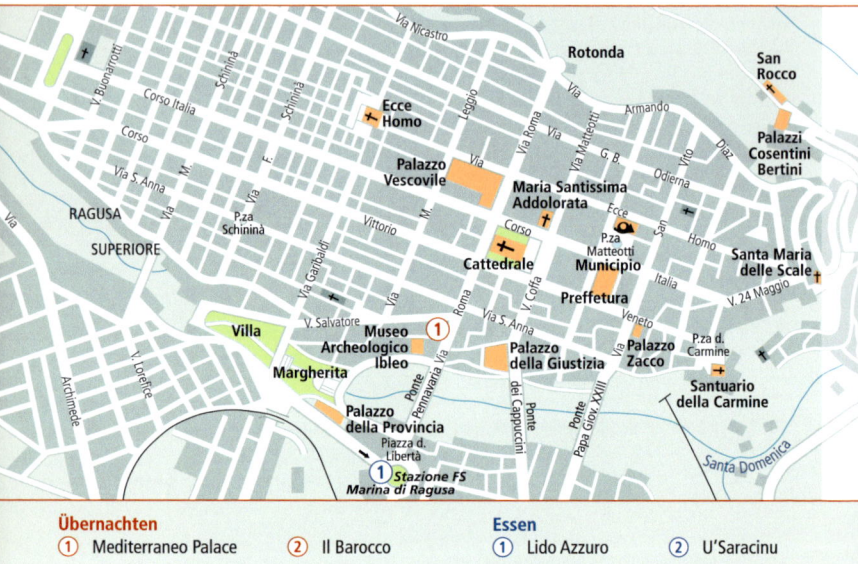

Übernachten
① Mediterraneo Palace   ② Il Barocco

Essen
① Lido Azzuro   ② U'Saracinu

---

schoss fort, auf dem das turmartige, skulpturenreiche Glockenge-schoss in den Himmel steigt. Die hohe Tambourkuppel wurde erst 1820 errichtet. Im Innern ein Altarbild von Vito d'Anna (1720 bis 1769), »Die Glorie des hl. Nikolaus«.

Weitere Sehenswürdigkeiten

Chiesa di San Giuseppe
Etwas östlich, an der Piazza Pola, folgt die Chiesa di San Giuseppe (R. Gagliardi). Die Fassade ist voller Dynamik, der Innenraum hat einen elliptischen Grundriss und eine reiche Ausstattung. Die Silber-statue des hl. Joseph stammt aus dem 16. Jahrhundert.

Giardino Ibleo
Von hier aus führt der Corso 25 Aprile zum nahen Stadtpark Giardi-no Ibleo. Im Garten selbst bietet der Belvedere eine schöne Aussicht auf die Landschaft; der majolikaverkleidete Glockenturm gehört zur Kirche San Domenico. Rechts vom Eingang in den Stadtpark über-lebte das gotische Portal der 1693 zerstörten Kirche San Giorgio Vec-chio. Ferner befindet sich hier die **Chiesa dei Cappuccini Vecchi** mit einem Hauptwerk von Pietro Novelli (1603–1647), der »Himmel-fahrt Mariens«.

Via Mercato
Die Via Chiaramonte geht in die Via Mercato über, auf der man, vorbei an der Bogenreihe einer stattlichen barocken Markthalle, zum Ausgangspunkt an der Piazza della Repubblica zurückkommt.

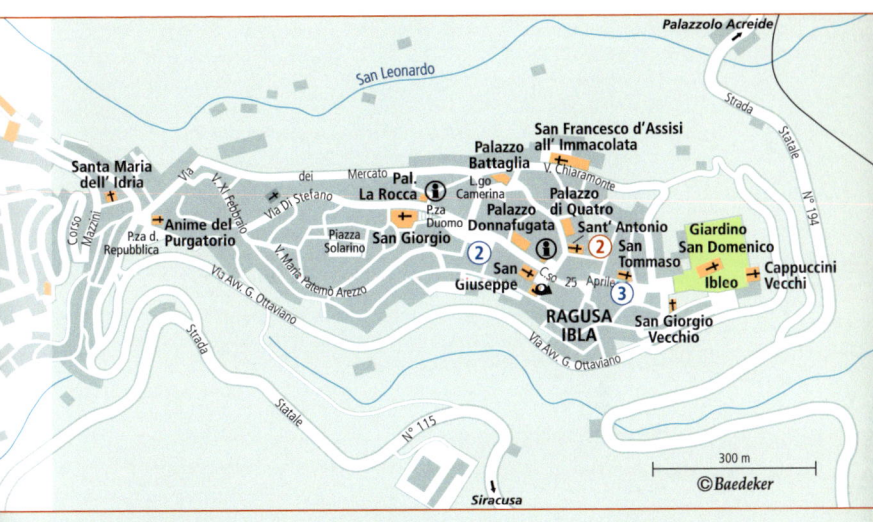

③ La Rusticana

Umgebung von Ragusa

Das südsizilianische Bauernstädtchen, 16 km westlich von Ragusa am Fuß der Hybläischen Berge (209 m, 30 000 Einw.), wurde nach dem Erdbeben von 1693 neu aufgebaut, wodurch das Stadtbild starke barocke Akzente erhalten hat. Anfang der 1980er-Jahre war es durch die Stationierung von Atomraketen der NATO in die Schlagzeilen geraten (nach dem Ende des Kalten Krieges wurden sie wieder abgebaut). Hier lebte der Schriftsteller Gesualdo Bufalino (1920–1996), der sich in seinen Werken (»Das Buch der Schatten«, 1982; »Der überwältigte Mensch«, 1986) mit Sizilien auseinander setzte.

Das Kastell der Naselli d'Aragona geht auf das 14. Jh. zurück (gotisches Portal und Achteckturm, der eine byzantinische Taufkapelle mit Fresken des 14. Jh.s umschließt) und wurde im 16. Jh. erweitert. Von den Kirchen der Stadt seien genannt: die Chiesa di San Francesco aus dem 13.–14. Jh. (in der Cappella Naselli von 1517 das Grabmal des Gaspare Naselli von Antonello Gagini) sowie aus barocker Zeit die Chiesa Madre (nach 1693 mit hochragender, dreigeschossiger Fassade erneuert) und an einer Terrasse im oberen Teil der Stadt Sant'Annunziata, eine 1772–1793 nach Plänen von G. B. Cassione erbaute, große Kuppelbasilika mit wuchtiger Fassade und einem spätbarocken, zum Klassizismus tendierenden Innenraum (Kuppel mit Säulentambour von 1877–1885). Sie ist ein »Beweis für die Langlebigkeit des Barock in Sizilien« (W. Krönig).

Cómiso
◄ Atomwaffenfreie Stadt

Vittória

Auf einem Plateau an den südlichen Ausläufern der Monti Iblei liegt Vittória, Zentrum des Wein-, Öl- und Obstanbaus (6 km westlich von Cómiso, 63 000 Einw.). Die Stadt wurde 1607 vom spanischen Vizekönig Marcantonio Colonna gegründet, der sie nach seiner Tochter benannte. Sie ist in einem Schachbrettmuster angelegt, den Mittelpunkt bildet die Piazza del Popolo, an der die Kirche Madonna delle Grazie (18. Jh.) und das klassizistische Teatro Vittorio Emanuele von Bartolo Marelli (1869) stehen. Eine andere Barockkirche ist die Chiesa Madre (San Giovanni), eine dreischiffige Säulenbasilika mit Querhaus und Vierungskuppel. Die Fassade mit ihren schlanken Pilastern weist schon auf den Übergang zum Klassizismus hin.

Camarina

Die Ruinen der antiken Stadt Kamarina/Camarina liegen 16 km von Vittória an der Südküste auf einer Terrasse an der Mündung des Fiume Ippari (dem antiken Hipparis). Die Stadt wurde zu Beginn des 6. Jh.s von Syrakus aus gegründet. Zu seinem Einflussbereich gehörte auch Morgantina. Im Jahr 405 v. Chr. verwüstete Karthago die Stadt, die Bevölkerung ging ins Exil nach Leontinoi (Lentini). In der späteren Auseinandersetzung zwischen Karthago und Rom wurde die Stadt 258 v. Chr. zerstört, die Einwohnerschaft versklavt. Bei **Ausgrabungen** wurden Teile der ehemals 7 km langen Stadtmauer (5. – 4. Jh. v. Chr.), Reste eines Athenatempels und Wohngebäude freigelegt. Im Athenatempel fand man 167 Bleitäfelchen, die vermutlich als Personenausweise dienten. Die Funde sind z. T. im Antiquarium beim Tempel zu sehen, soweit sie nicht ins Archäologische Museum von Ragusa kamen (Mai – Sept. 9.00 – 14.00, 15.30 – 18.30, Okt. – Apr. nur bis 17.30 Uhr).

> **!** *Baedeker* TIPP
>
> ### Qui si magnifica il porco
>
> Im 668 m hoch gelegenen Chiaramonte Gulfi (20 km nördlich von Ragusa, 8100 Einw.) verleiht seit 1896 das Ristorante Majore (Via Martiri Ungheresi 12, Tel. 09 32 92 80 19, Mo. geschl.) dem Schwein höchste kulinarische Ehren.

Filmset am Meer

Die endlosen **Sandstrände** nördlich von Camarina und dem Fischerdorf **Scoglitti** bilden die Kulisse für den Film »Der Kinderdieb« (»Il ladro di bambini«, 1992). Unmittelbar dahinter schließen sich Foliengewächshäuser für Tomaten, Trompetengurken und Früherdbeeren an. Die große Nekropole Passo Marinaro fand sich südöstlich, jenseits der Cava di Randello. Filmreif ist auch das Ristorante Sakaleo (Kat. Fein & teuer, Piazza Cavour 12, Tel. 09 32 87 16 88), wo der Ex-Fußballer Pasquale Ferrara inzwischen kulinarisch jedes Heimspiel gewinnt. Fisch und Meeresfrüchte sind so frisch, das sie häufig sogar roh serviert werden.

Ristorante-Tipp ▶

Donnafugata

Das Schloss Donnafugata (16 km südwestlich von Ragusa) wurde im 14. Jh. von der Familie Chiaramonte erbaut, ist im Wesentlichen aber eine romantische Neuschöpfung des Corrado Arezzo Barone di Don-

Die einstige Residenz des Barone di Donnafugata aus der Vogelperspektive

nafugata (1824 – 1895). Ein von Zinnen bekrönter Baukörper hat an der Hauptfront eine venezianische Fassade mit einer gotischen Loggia. Berühmt wurde das Schloss als Namenspate im Roman »Der Leopard« von Giuseppe Tomasi di Lampedusa (1896 – 1957), für dessen Verfilmung Visconti 1962 allerdings nicht Donnafugata, sondern die Lampedusagründung Palma di Montechiaro ausgewählt hat (geöffnet: Di. – So. 9.30 – 12.30, 15.30 bis 18.30 Uhr im Sommer). Nach der Besichtigung kommt man in der Trattoria Al Castello (Kat. Erschwinglich, Mo. geschl.; Viale del Castello, Tel. 09 32 61 92 60), untergebracht in den ehemaligen Stallungen, wieder zu Kräften.

◀ Ristorante-Tipp

Megadiskos und Wasserparks locken vor allem die sizilianische Jugend ins 24 km südlich von Ragusa gelegene Seebad Marina di Ragusa. Weitere Badeziele der Einheimischen sind Plaia Grande und Donnalucata (8 und 11 km östlich von Marina di Ragusa).

Marina di Ragusa

Santo Stéfano di Camastra

O 4

Provinz: Messina **Höhe:** 70 m ü.d.M.
Einwohnerzahl: 4500

Santo Stéfano di Camastra, schön auf einem Felsvorsprung an der Nordküste gelegen, ist neben ▶Caltagirone das wichtigste Zentrum traditioneller Keramikproduktion.

▶ SANTO STÉFANO DI CAMASTRA ERLEBEN

ESSEN

▶ **Erschwinglich**

Da Giannino
Via Garibaldi 14
Tel. 09 21 33 17 48
Traditionslokal mit lokalen Gerichten
in familiär-eleganter Atmosphäre

ÜBERNACHTEN

▶ **Komfortabel**

La Plaia Blanca
Contrada Fiumara
Tel. 09 21 33 12 48
www.laplayablanca.it
42 Z.; ganz in der Nähe vom Meer
(Steinstrand)

*Castel di Tusa · Museo Albergo
L'Atelier sul Mare*
Via Cesare Battisti 4

Tel. 09 21 33 42 95, Fax 09 21 33 42 83
www.ateliersulmare.com
50 Z.; direkt am Meer; ein Teil der
Zimmer wurde von zeitgenössischen
Künstlern gestaltet.

Sant'Àgata di Militello · Parimar
Via Medici 1
Tel. 09 41 70 18 88
Fax 09 41 70 14 97
48 Z.; einfaches Hotel am östlichen
Ortsrand

*Sant'Àgata di Militello · Giardino di
Sicilia*
Contrada Contura
Tel. & Fax 09 41 70 36 72
Mobil 32 87 07 46 15
www.giardinodisicilia.com
12 Z.; Bungalows in einem schönen

Santo Stéfano di Camastra und Umgebung

Santo Stéfano di Camastra

In den Werkstätten entlang der Hauptstraße wird von derbem
Bauerngeschirr über Nippes bis zu Nachbildungen altsizilianischer
Motive alles angeboten. Das Museo della Ceramica im Palazzo Sergio
zeigt lokale Erzeugnisse. Der Ort hat einen kleinen **Badestrand**. Weitere Strände gibt es östlich bei Canneto und Marina di Caronìa.

Letto Santo

Letto Santo – »Heiliges Bett« – heißt der ca. 500 m hohe **Hausberg
von Santo Stéfano** mit einer kleinen Kirche aus dem 18. Jh.; in einem Nebenraum werden unzählige Votivgaben von Gläubigen aus
den Nebrodigemeinden aufbewahrt, ein kleines »Museum« der
Volksfrömmigkeit. Von hier oben hat man einen wunderbaren Blick
auf die Nébrodi, die Liparischen Inseln und die Nordküste Siziliens.

Castel di Tusa

Freilichtmuseum
Fiumara d'Arte ▶

Castel di Tusa (8 km westlich von Santo Stefano di Camastra) ist ein
kleiner Badeort, der zur 10 km südlich in den Bergen gelegenen Gemeinde Tusa gehört. 1986 wurde hier von Antonio Prestidas Land-
Art-Freilichtmuseum »Fiumara d'Arte« (»Flussbett der Kunst«) gegründet. Namhafte Künstler schufen hierfür Skulpturen, u.a. Pietro
Consagra, Tano Festa, Italo Lanfredini, Hidetoschi Nagasawa, Paolo
Schiavocampo, Pietro Dorazio und Graziano Marini. Dazu gehört
auch das Hotel Museo Albergo L'Atelier sul Mare.

An der Straße nach Tusa liegt, 3 km von der Küste entfernt, das Ausgrabungsgelände der antiken Stadt Halaesa. Erhalten sind Teile der antiken Stadtmauer mit ihren Vierecktürmen und die Agora mit Fundamenten eines hellenistischen Tempels. **Halaesa**

Mistretta (16 km südlich, 5200 Einw.) liegt 950 m hoch in den Nebrodischen Bergen und ist als Ausgangspunkt für Bergwanderungen beliebt (normannisches Kastell). **Mistretta**

Der alte Köhlerort Caronìa liegt auf einem steilem Hügel inmitten des Bosco di Caronìa (304 m, 12 km östlich von Santo Stéfano, 3400 Einw.). Dieser Laubwald ist das größte Waldgebiet der Insel, seine Korkeichen waren im Altertum begehrt. Das Museo Etnoantropologico befasst sich hauptsächlich mit dem hier traditionell ansässigen Köhlerhandwerk. Im Tal des Fiume di Caronìa errichteten die Römer im 2./3. Jh. eine Brücke, von der noch mehrere Bögen vorhanden sind. **Caronia**

Die kleine Stadt Sant'Àgata di Militello (13 200 Einw.) liegt an der Nordküste in der Schwemmlandebene der Flüsse Rosmarino und Inganno, knapp 30 km östlich von Santo Stéfano (Sandstrand). Das **Sant'Àgata di Militello**

Ein Mekka für Keramikliebhaber: Santo Stéfano di Camastra

Museo dei Nébrodi, eine von verschiedenen Bergdörfern zusammengetragene Volkskundesammlung, berichtet über Geschichte und Alltag der Nebrodenbevölkerung. Siziliens erste Normannenkapitale **San Marco d'Alunuio** (5 km nordöstlich) nimmt die Bergspitze des Monte Rotondo ein. Der griechische Heraklestempel wurde von der Kirche San Marco abgelöst. Aus byzantinischer Zeit stammt die Kirche San Teodoro. Im Convento degli Agostiniani befindet sich eine Gagini-Madonna. Zu beiden Seiten von Sant'Àgata di Militello liegen einfache **Badeorte**; im Westen Acquedolci, Torre di Lauro und Marina Caronía, im Osten Torrenova und ►Capo d'Orlando.

Monti Nébrodi

Sant'Àgata di Militello ist ein guter Ausgangspunkt für einen Ausflug in die Nebrodischen Berge, auch Caroníe genannt. Sie bestehen aus Kalk- und Sandstein und setzen den Peloritanischen Gebirgszug nach Westen fort. Das Felsennest San Fratello (675 m, 15 km südwestlich, 4500 Einw.) wurde im 11. Jh. von Adelasia, Gemahlin Rogers I. gegründet. Die Pferde züchtende Bevölkerung hält am alten Dialekt fest; zu den überlieferten Bräuchen gehört die geräuschvolle Festa dei Giudei, das »Judenfest« am Gründonnerstag und Karfreitag. Normannischen Ursprungs ist die einschiffige, von einer Kuppel überragte Kirche Sant'Alfio e Cirino. Fährt man auf der SS 289 weiter, so erreicht man nach 19,5 km in einer Höhe von 1524 m die Portella della Femmina Morta, eine Wasserscheide. Kurz vorher zweigt links eine nur anfangs geteerte Straße zum **Monte Soro** ab, dem höchsten Gipfel (1847 m) der Monti Nébrodi.

San Fratello ►

Portella della Femmina Morta ►

Blauer als der Himmel: der Lago di Ancipa in den Monti Nébrodi

Sciacca

G 7

Provinz: Agrigento   **Höhe:** 60 m ü.d.M.
Einwohnerzahl: 38 300

Sciacca (sprich »Schacka«) liegt malerisch auf einer Terrasse über dem Meer an der Südwestküste. Schon die Römer schätzten die Thermalquellen, die den Ort zum bedeutendsten Heilbad der Insel gemacht haben.

Von Selinunt gegründet, kam der Ort nach dessen Zerstörung 409 v. Chr. unter karthagische Herrschaft, im 3. Jh. v. Chr. wurde er unter dem Namen Thermae Selinuntinae römisch. Seit der Einnahme durch die Araber im Jahre 840 heißt er Sciacca. 1087 vertrieben die Normannen die Araber. Das 15. und 16. Jh. waren bestimmt durch eine Fehde zwischen den Handelsfamilien Luna und Peralta, die »Casi di Sciacca«. Aus dieser Zeit stammen auch die z. T. noch sichtbaren Stadtmauern.

Kurort und Fischerhafen

 ## SCIACCA ERLEBEN

AUSKUNFT

Servizio Turistico
Via Vittorio Emanuele 84
92019 Sciacca
Tel. 0 92 52 27 44, 0 92 52 11 82
Fax 0 92 58 41 21
www.sciacca.it

VERANSTALTUNG

Berühmter Karneval

ESSEN

► **Fein & teuer**
Hostaria del Vicolo
Vicolo Sammaritano 10
Tel. 0 92 52 30 71
Mo. geschl.; feines Lokal im Stadtzentrum, das traditionelle und innovative Küche wunderbar verbindet

► **Erschwinglich**
Al Faro
Via Al Porto 25, Tel. 0 92 52 53 49
So. geschl.; günstige Gerichte mit Meeresgetier direkt von den Booten

ÜBERNACHTEN

► **Komfortabel**
Grand Hotel delle Terme
Via delle Terme 1
Tel. 0 92 52 31 33, Fax 0 92 58 70 02
www.grandhoteldelleterme.com
77 Z.; Kurhotel direkt neben den Thermen

Villa Palocla
Contrada Raganella
Tel. & Fax 09 25 90 28 12
www.villapalocla.it
8 Z.; 3 km außerhalb gelegenes spätbarockes Landhaus mit gutem Restaurant

► **Günstig/Komfortabel**
Al Moro
Via Liguori 44
Tel. & Fax 0 92 58 67 56, www.almoro.com, 10 Z.; edel-modernes B & B in altem Palazzo. Der Padrone betreibt auch die Hosteria del Vicolo. Üppiges Frühstücksbuffet mit Bioprodukten

In Sciacca ist der Fischfang immer noch die Haupterwerbsquelle.

Sehenswertes in Sciacca

Piazza Scandaliato
Stadtmittelpunkt ist die Piazza Scandaliato mit einer schönen Terrasse zum Meer und dem Rathaus (ehem. Jesuitenkolleg) von 1613.

Casa Museo Scaglione
Etwas südöstlich, am Corso Vittorio Emanuele, der Prachtstraße von Sciacca, steht die im 18. Jh. erbaute Casa Scaglione mit Deckengemälden, Originalmöbeln und Majolikafußböden – die Stadt ist für ihre Keramikproduktion bekannt. Heute sind hier Gemälde, archäologische Funde, alte Postkarten und Münzen ausgestellt (Mo. 9.00 bis 13.00, Di., Do., Fr. 9.00 – 13.00 und 15.00 – 19.00 Uhr).

Dom
Benachbart ist die Piazza Don Minzoni mit dem Dom Santa Maria Maddalena (12. Jh., Fassade 16. Jh.). Im Innern befindet sich ein vielteiliges marmornes Sakramentshaus mit Passionsdarstellungen, das Antonino Gagini zugeschrieben wird.

Palazzo Steripinto
Am westlichen Ende des Corso Vittorio Emanuele steht der imposante Palazzo Steripinto, 1501 von Antonio Noceto im Stil der katalanischen Gotik erbaut. Über einem geböschten Sockel zeigt er eine diamantierte Rustikaquaderung.

Chiesa del Carmine
Vom Steripinto folgt man der Via P. Gerardi abwärts und stößt auf die Piazza Carmine. Oberhalb einer breiten Treppenanlage steht die Porta di San Salvatore (Stadttor, 16. Jh.). Die gotische Chiesa del

Carmine auf dem Platz wurde in barocker Zeit verändert. Vom Ursprungsbau ist noch die Fensterrose erhalten, das barocke Hauptportal blieb mit seinen Säulenstümpfen unvollendet. Der Kirche gegenüber erhebt sich die heute dem Kult entzogene Chiesa Santa Margherita, gestiftet 1342 von der Infantin Eleonora d'Aragona, deren Büste sich im Palazzo Abatellis in ► Palermo befindet. Von dem gotischen Bau ist das Hauptportal erhalten. An der nördlichen Langseite befindet sich ein weiteres Portal von 1468 mit Skulpturen von Francesco Laurana. Seit der Erneuerung von 1595 ist das Innere eine einschiffige Saalkirche mit reicher Stuckausstattung.

◄ Chiesa Santa Margherita

Vor dem Dom beginnt ein Treppenweg in die Oberstadt. Dort befindet sich die Normannenkirche San Nicolò la Latina mit drei Apsiden. In der Nähe folgt das Castello dei Luna (1380), von dem nur die Außenmauern und ein Turm erhalten sind. An der Piazza G. Noceto erhebt sich die Kirche San Michele (16. Jh.).

Oberstadt

Hinter dem gepflegten Giardino Comunale im Osten der Stadt steht das **Kurzentrum** an der Stelle antiker Thermen. Es bietet heilfördernde Thermalquellen, Schlammkuren und Inhalationen.

Terme Selinuntine

Die Kalkkuppe des Monte Calògero (388 m) erhebt sich östlich der Stadt (7,5 km lange Serpentinenstraße). Auf dem Gipfel das Santuario di San Calògero (Calògero-Statue von G. Gagini). Unterhalb der Kirche tritt Dampf aus Naturgrotten (Stufe vaporose di San Calògero); sie wurden seit prähistorischen Zeiten für Heilzwecke genutzt.

Monte Calògero

Tausende in Stein gemeißelte Köpfe – Teufel, Paladine, Gottheiten – bevölkern die Mauern und Wege eines Olivenhains, etwa 2 km östlich von Sciacca an der alten SS 115 (Abb. S. 382). Sie sind das Lebenswerk von Filippo Bentivegna (1888–1967), der Anfang des 20. Jh.s nach einer unglücklichen Liebesbeziehung aus den Vereinigten Staaten in seine Heimat auf Sizilien zurückgekehrt war und sich fortan als Einsiedler der Bildhauerei widmete. (Di.–So. 9.00–13.00, 16.00–20.00, im Winter 9.00–13.00, 15.00–17.00 Uhr).

Castello Incantato

🕐

Etwa 3 km außerhalb der Stadt (zunächst Richtung Agrigent, dann Richtung Sciaccamare; ist beschildert) gibt es ein neues Thermalschwimmbad (Piscine Molinelli). Der schöne Sandstrand San Giorgio erstreckt sich ca. 6 km östlich von Sciacca (gebührenpflichtige und freie Abschnitte). Auch in westlicher Richtung gibt es einen langen Sandstrand. Er beginnt hinter dem Capo San Marco und zieht sich fast bis Menfi und Porto Palo.

Thermalschwimmbad

◄ Strände

Im Hinterland von Sciacca

Das Ausgrabungsgebiet von Adranone liegt 35 km nördlich von Sciacca an der Straße nach Contessa Entellina 900 m hoch am West-

Adranone

hang des Monte Genuardo (1179 m). Es handelt sich um eine sikulische Siedlung, die später unter punischen und dann unter griechischen Einfluss kam. Freigelegt wurde u. a. das monumentale »Grab der Königin«.

Giuliana

Das 734 m hoch auf einem Basaltfelsen gelegene Giuliana (15 km westlich von Sambuca, 2300 Einw.) wird von einem Kastell überragt, das auf Friedrich II. von Aragon zurückgeht. Die Angriffsseite öffnet sich zur Stadt hin, wo der Felsrücken leicht abfällt, während auf der Gegenseite ein Steilhang zusätzlichen Schutz bietet. Daraus ergibt sich die Form der Anlage: Zwei Flügel stoßen im stumpfen Winkel aneinander; wo sie zusammenkommen, springt ein mehrgeschossiger, polygonaler Turm gegen die Stadt vor. Auf halber Höhe zur Stadt hin liegt vor dem Kastell das Kloster Santissima Trinità, das sich mit seiner Hufeisenform dem Gelände anpasst. Es wurde 1648 – 1655 als Filialkloster der Abtei Santa Maria del Bosco errichtet.

Santa Maria del Bosco

Das ehemalige Benediktinerkloster Santa Maria del Bosco (10 km nordwestlich von Giuliana) liegt einsam in 831 m Höhe. Die bestehenden Gebäude wurden ab 1593 an Stelle einer älteren Anlage errichtet, der Ausbau zog sich bis ins 18. Jh. hin. Seit der Aufhebung der Klöster 1866 wird die Anlage als landwirtschaftlicher Betrieb genutzt. Die gesamten beweglichen Kunstschätze sind verschwunden.

Castello Incantato: in Stein gemeißelte Kopfskulpturen

Dazu gehörte auch das Grabmal der Eleonora d'Aragona, einer Wohltäterin des Klosters, die 1405 auf ihrer Burg im nahen Giuliana gestorben ist; gerettet wurde von diesem Grabmal die berühmte Marmorbüste Francesco Lauranas (heute im Palazzo Abatellis in ► Palermo).

Contessa Entellina

Der kleine Ort, 17 km nördlich von Sambuca (521 m, 2000 Einw.), wurde im 15. Jh. von Flüchtlingen aus Albanien gegründet. Die Dorfbevölkerung spricht noch heute einen albanischen Dialekt. Die Burg **Castello di Calatamauro** (5 km westlich) ist arabischen Ursprungs.

Corleone

Der 11 200 Einwohner zählende Ort liegt 20 km nördlich von Contessa im Landesinnern zwischen Erhebungen der Monti Sicani. In arabischer Zeit hatte Kürlium mit den beiden Burgen auf Hügeln im Süden und Osten strategische Bedeutung. 1237 gründete Friedrich II. hier eine Kolonie von Lombarden. 1536 zerstörte ein Felssturz einen Teil des Ortes. Nach dem Zweiten Weltkrieg diente Corleone als Verschiebebahnhof für gestohlenes Zuchtvieh – daher rührt auch sein zweifelhafter Ruf, eine der Mafiahochburgen Siziliens zu sein. Das **Antimafiazentrum** informiert mit Akten, Fotos und Videos sowie Prozessprotokollen von sog. Pentiti (»reumütige« Mafiosi) über die Mafia und bietet Stadtführungen (Centro Internationale Documentazione sulle Mafie e sul Movimento Antimafia, Via Orfano Trofio 7, Tel. 09 18 46 12 63).

Bosco della Ficuzza

Den »Wald von Ficuzza« erreicht man von Corleone auf der SS 118 nordwärts bis Mass. Castellaccio (18,5 km), dort rechts ab über Ficuzza bis Bosco della Ficuzza (4,5 km). Dieser Wald am Nordhang der Rocca Busambra gilt als der schönste Siziliens. In Ficuzza (683 m) steht ein Jagdschloss (heute Sitz der Forstverwaltung), erbaut 1803 von Giovanni Venanzio Marvuglia für König Ferdinand IV., der 1799 vor den Franzosen aus Neapel nach Sizilien geflohen war. Von hier kann man eine Wanderung unternehmen (►Vorschlag S. 142) oder – wir empfehlen mit Führer – die 1613 m hohe Rocca Busambra besteigen (Panoramablick).

◄ Wanderroute 5, S. 142

Caltabellotta
★

Von Sciacca führt eine atemberaubende Serpentinenstraße nach Caltabellotta, das sich wie ein Adlerhorst an einen bizarr zerklüfteten Berg klammert (849 m, knapp 20 km nordöstlich, 4100 Einw.). Im Altertum befand sich hier die sikulische Stadt Triocala. Im 2. Sklavenkrieg (104 – 99 v.Chr.) wurde sie von Salvius Tryphon zu einer festen Königsburg ausgebaut, später von den Römern erobert und zerstört. An ihrer Stelle gründeten die Araber im 9. Jh. Qalat-al-Ballut (Burg der Eichen). 1090 übernahmen die Normannen Rogers I. die arabische Burg. 1194 suchte Sibylla, die Witwe des letzten normannischen Königs Tancred, mit ihren Kindern hier vergeblich Zuflucht vor Kaiser Heinrich VI. 1302 wurde in Caltabellotta der Friede

◄ Lage

zwischen Anjou und Aragon geschlossen: Anjou verzichtete auf das seit der Sizilianischen Vesper von 1282 verlorene Sizilien zugunsten von Friedrich III. von Aragon. In der Kirche San Lorenzo mitten im Ort befindet sich eine vollplastische Terracottagruppe der Beweinung Christi von Antonino Ferraro (1552). Hinter der gotischen Kirche Sant'Agostino (Kreuzabnahme von A. Ferraro) geht ein Weg hinauf zu den Ruinen der Einsiedelei San Pellegrino (18. August Wallfahrten) und dann abwärts zur Chiesa Madre. Sie stammt aus der Normannenzeit; im Innern eine Madonna von Gagini. Zuletzt gelangt man noch zur kleinen gotischen Kirche San Salvatore. Auf einer Treppe steigt man steil hinauf zur Felsspitze mit den Ruinen des arabisch-normannischen Kastells (herrliche Aussicht).

★★ Segesta

F 5

Provinz: Tràpani   **Höhe:** 304 m ü.d.M.

In einsamer Hügellandschaft am Rande eines weiten Tals liegen die Ruinen der (noch nicht ausgegrabenen) antiken Stadt mit ihrem unvollendeten Tempel und dem Theater.

Vettern Roms Segesta, griechisch Egesta, war neben Eryx und Entelia die dritte Stadt der Elymer im westlichen Sizilien, eine Gründung des aus Troja geflohenen Aeneas, dessen Sohn Ascanius wiederum Alba longa, die Mutterstadt Roms, gegründet haben soll. Segesta widersetzte sich der griechischen Expansion und war traditionell mit Karthago verbündet. Bei der 1. Sizilischen Expedition Athens (427 – 424 v.Chr.) stellte es sich auf dessen Seite. 416/415 v.Chr. bat es Athen erneut um Hilfe im Kampf gegen Selinunt. Als die Athener zögerten, spiegelten die Segestaner den attischen Abgesandten mit geliehenem Tafelsilber besonderen Reichtum vor, worauf Alkibiades sich in der Volksversammlung als »Falke« gegen den besonnenen Nikias durchsetzen konnte. So kam es zur 2. Sizilischen Expedition, die für Athen verhängnisvoll enden sollte. Die Folgezeit verzeichnet einen Sieg Segestas über Selinunt (410 v.Chr.), wachsende Abhängigkeit von Karthago und die Verwüstung durch Agathokles von Syrakus (307 v.Chr.). Zu Beginn des 1. Punischen Krieges 263 v.Chr. schloss es sich unter Berufung auf die Stammverwandtschaft der gemeinsamen trojanischen Ahnen Rom an und wurde 260 römischer Hauptstützpunkt in Westsizilien. Segesta erhielt mit dem heutigen Castellammare del Golfo einen Hafen, der die Mutterstadt bald überflügelte. Der Niedergang begann 73 – 71 v.Chr. mit den Plünderungen durch den römischen Praetor Verres. Segesta verödete, die Stadt verschwand fast gänzlich vom Erdboden, nur Tempel und Theater blieben erhalten und überdauerten die Jahrhunderte. Aktuelle Grabungen haben Mauern, Tore und Wohngebiete freigelegt.

✱ ✱ Tempel

Der Peripteraltempel liegt außerhalb des antiken Stadtgebietes auf einem Hügel, der an drei Seiten von der Pispinaschlucht umgeben ist. Der dorische Bau wurde wahrscheinlich um 426 v.Chr., nachdem Segesta ein Schutzbündnis mit Athen abgeschlossen hatte, begonnen und von einem attischen Baumeister errichtet, blieb aber unvollendet, als es 416 v.Chr. erneut zu Konflikten mit Selinunt kam.

Auf einem Stylobat von 23,12 x 58,35 m erheben sich 6 Säulen an den Schmal- und 14 an den Langseiten. Zwei von ihnen waren einst umgestürzt, aber bereits im 18. Jh. wieder aufgerichtet worden, so dass die gesamte Ringhalle mit Giebeln und Gebälk erhalten ist. Da der Bau nicht vollendet wurde, blieben die Säulen ohne Kanneluren, auch sind die Kapitelle nur roh ausgearbeitet, und am Stufenbau stehen noch die Hebebossen. An diesem Stufenbau kann man eine der Finessen der griechischen Baukunst erkennen, die Kurvatur: Der Stylobat ist nicht exakt waagerecht, sondern steigt in ganz leichtem Bogen an den Schmalseiten nach der Mitte hin um 4, an den Langseiten um rund 8 cm an. Lange Zeit hat man gemeint, es handle sich bei diesem Bauwerk nicht eigentlich um einen Tempel, sondern um die monumentale, zum Himmel offene Umbauung eines Heiligtumes

🕐 Öffnungszeiten: tägl. 9.00 bis 1 Std. vor Sonnenuntergang

Der Tempel von Segesta, das unvollendete Heiligtum der Elymer

▶ SEGESTA ERLEBEN

VERANSTALTUNG

Estate Calatafimese: Mitte Juli–Sept. Theater- und Musikaufführungen im Theater (www.calatafimisegesta.com)

VERKEHR

Bahnhof Segesta, ca. 1,5 km vom höher gelegenen Ausgrabungsgelände entfernt

ESSEN/ÜBERNACHTEN

▶ **Preiswert/Günstig**

Unterhalb des Tempels Erfrischungskiosk mit Tischen im Schatten.

Bar-Ristorante Antica Stazione Turistica di Segesta
Tel. 09 24 95 13 55 und 33 08 32 537 Di. geschl. – Im Bahnhofsgebäude von Segesta

Agriturismo Baglio Pocoroba
Mobil 33 81 13 91 50
www.pocoroba.it
2,5 km von Segesta entfernt und gut ausgeschildert. Hier lässt sich ausgezeichnet essen und es gibt auch nette Gästezimmer.

der Elymer. Doch jüngere Grabungen haben ergeben, dass eine Cella (Naos) zumindest geplant war.

✴ ✴ Theater

Im Osten des Tempels erhebt sich der 431 m hohe Monte Bàrbaro. Das Theater, 415 m hoch gelegen (Shuttlebusse oder Fußweg, ca. 30 Min.), wurde im 3. oder 2. Jh. v. Chr. angelegt und um 100 v. Chr. von den Römern umgestaltet. Die halbkreisförmige Cavea ist in den Fels geschnitten. Sie weist 20 Sitzreihen in sieben durch Treppen getrennten Keilen auf und hat einen Durchmesser von 63 m. Vom römischen Bühnengebäude sind nur noch die Fundamente übrig. Daher bietet sich dem Besucher heute – anders als im Altertum – ein herrlicher Blick bis hin zum Monte Érice und Castellammare del Golfo, dem einstigen Hafen von Segesta.

Wanderweg ▶ Ein neu angelegter Pfad zweigt auf halber Höhe zu einem elymischen Heiligtum (6./5. Jh. v. Chr.) am Südosthang des Monte Bàrbaro ab.

Terme Segestane ☉ Von der Straße nach Castellammare zweigt hinter der Brücke eine Straße zu den Terme Segestane ab (Thermalschwimmbecken, tägl. außer Mo. morgen und Do., 10.00 – 13.00, 16.30 – 24.00 Uhr). Die Einheimischen vergnügen sich an einer 300 m flussaufwärts gelegenen Quelle.

Calatafimi Calatafimi (355 m, 4 km südlich von Segesta), eine arabische Gründung (arabisch Qalat = Burg), wurde durch den ersten Sieg Giuseppe Garibaldis über die bourbonischen Truppen bekannt (15. Mai 1860). An die Schlacht und ihre Opfer erinnert ein 1892 erbautes Ossario auf einem 420 m hohen Hügel 4 km südwestlich der Stadt.

✶✶ Selinunte · Selinunt

E/F 7

Provinz: Tràpani   **Höhe:** 35 m ü.d.M.

Selinunt ist mit seinen acht griechischen Tempeln des 6. und 5. Jh.s v.Chr. und dem nahe gelegenen Demeterheiligtum eine der größten und bedeutendsten antiken Stätten Siziliens.

Das zum **Archäologischen Park** erklärte Gelände liegt an der Südwestküste Siziliens auf Terrassen, die steil zum Meer abfallen. Die Akropolis auf der westlichen Terrasse und die nördlich anschließende (noch nicht ausgegrabene) Stadt befinden sich zwischen zwei kleinen Flüssen, dem Selinus (heute Modione) im Westen und dem Hypsas (heute Gorgo di Cottone) im Osten, an deren Mündungen längst verlandete Häfen lagen. Östlich des Hypsas erhebt sich, ein wenig weiter vom Meer entfernt, die östliche Tempelgruppe; hier beginnt der Rundgang. Strände, Restaurants und Übernachtungsmöglichkeiten gibt es etwas östlich in dem kleinen Feriendorf **Marinella**.

⏰
Öffnungszeiten: tägl. 9.00 bis 1 Std. vor Sonnenuntergang

Kolonisten aus Megara Hyblaia bei Syrakus gründeten um 650 v.Chr. weit im Westen an einem bis dahin unbesiedelten Platz eine Tochterstadt, der sie den Namen Selinus gaben. Selinon ist das griechische Wort für wilden Sellerie; sein Blatt schmückt die Münzen der Stadt, häufig zusammen mit dem Bild des gehörnten Flussgottes Selinos. Diese westlichste griechische Stadt auf Sizilien war – wie Himera an der Nordküste – ein Vorposten gegen den karthagischen Westteil der Insel. Sie dehnte ihren Einflussbereich rasch entlang den Küsten aus. In nördlicher Richtung stieß sie bald auf das Gebiet der Elymerstadt Segesta, und der Streit um die Grenzziehung war ein ständiges Thema. Das 6. und 5. Jh. v.Chr. war für Selinunt eine Zeit des Wohlstands und Glanzes. Er basierte auf Landwirtschaft, Binnen- und

Stadt des Selleries

Selinunt Orientierung

©Baedeker

Seehandel. Die Selinuntier – ihre Zahl wird mit 20000 freien Bürgern und 100000 Unfreien angegeben – hatten damals den Willen und auch die finanziellen Mittel, ihre Stadt in nur 100 Jahren mit einer stattlichen Reihe von Tempeln zu schmücken.

Selinunt hatte enge Handelsbeziehungen auch zu Karthago und nahm 480 v.Chr. als einzige griechische Stadt auf karthagischer Seite an der Schlacht von Himera teil, half dann aber 466 v.Chr. den Syrakusanern, den Tyrannen Thrasybulos zu stürzen. Dieser Frontwechsel sollte sich als verhängnisvoll erweisen. Als Streitigkeiten mit Segesta 416 v. Chr. die sizilische Expedition Athens auslösten, nutzte Karthago die Gelegenheit 409 v.Chr. zum Gegenschlag aus. Selinunt wurde erobert und zerstört. 15000 Einwohner fanden dabei den Berichten zufolge den Tod, der Rest wurde versklavt. Im 4. Jh. v. Chr. schleiften die Syrakusaner die gewaltigen Bastionen der Akropolis, traten die Stadt aber später kampflos an die Punier ab, die sie 250 v. Chr. vor den anrückenden Römern aufgaben. Noch vorhandene Bauten zerstörte im 6. Jh. n.Chr. ein verheerendes Erdbeben. Ein Jahrtausend lang war Selinunt vergessen, erst 1551 wurde es durch T. Fazello wieder entdeckt. Noch Goethe ließ diese Trümmerwelt bei seiner Rundreise 1787 links liegen. Ausgrabungen setzten 1822 durch die Engländer Angell und Haris und 1824 durch die Deutschen Hittdorf und Zanth ein. 1927 hat man eine Säulenreihe des Tempels C auf der Akropolis wieder aufgerichtet, 1957/1958 folgte der Aufbau des Tempels E in der östlichen Tempelgruppe. Gegenwärtig ist die Ergrabung der Stadt das bedeutendste Italienprojekt des DAI (Deutsches Archäologisches Institut).

Bezeichnung der Tempel ► Die Wissenschaft hat die Tempel mit Buchstaben bezeichnet, da meist nicht eindeutig klar ist, welchen Gottheiten sie geweiht waren.

SELINUNT ERLEBEN

AUSKUNFT
Am Eingang des Parco Archeologico Tel. 0 92 44 62 77, www.selinunte.net

GUT ZU WISSEN
Busse nach Castelvetrano und Sciacca; Station am ehem. Bahnhof in Selinunt Schöne Sandstrände an der Mündung des Belice zwischen Marinella di Selinunte und Porto Palo

ESSEN
► **Erschwinglich**
① *La Pineta*
Via Punta Cantone, Tel. 092 44 68 20
www.ristorantelapinetaselinunte.it

Frischen Fisch und cocktails gibt es direkt am Strand im Naturschutzgebiet östlich von Marinella.

ÜBERNACHTEN
► **Komfortabel**
① *Admeto*
Via Palinuro 3, Tel. 092 44 67 96
www.hoteladmeto.it, 56 Z. Top und modern. Frückstücksraum im 4. Stock mit Meeres- und Tempelblick

② *Menfi · La Foresteria*
Contrada Passo di Gurra, Menfi
Tel. 092 512 95 54 60, www.planeta.it
►Baedeler Tipp S. 119

Tempel E, Musterbeispiel eines klassischen dorischen Tempels

Als Architekturleistung und durch den plastischen Schmuck ihrer Metopen (Archäologisches Museum von ►Palermo) sind sie herausragende Dokumente für die griechische Kunst der archaischen und klassischen Zeit.

✶ ✶ Östliche Tempelgruppe

Die östliche Tempelgruppe besteht aus drei parallel zueinander **Tempel F** gelegenen Tempeln. Im Sinne der Chronologie wenden wir uns zunächst dem mittleren zu, dem Tempel F, erbaut um 530 v.Chr. und vielleicht Athena geweiht. Mit einem Stylobat von 24,37 x 61,88 m wiederholt er in etwa die Maße des Tempels C, hat aber ein Säulenverhältnis von 6 x 14 (statt 6 x 17). Um dies bei einer sehr gestreckten Cella zu erreichen, musste man von einer Grundregel griechischen Tempelbaus abweichen und die Joche der Langseiten (4,60 m) größer als die der Schmalseiten (4,47 m) machen. Zudem rückte man die innere Säulenreihe so dicht an die Cella heran, dass deren Bronzetore fast an sie stießen. Die Interkolumnien wurden durch 4,50 m hohe steinerne Schranken abgeschlossen, so dass der breite Umgang zwischen Säulen und Cella völlig von der Außenwelt abgetrennt war. Am Gebälk der Ostseite befanden sich skulptierte Metopen, von denen zwei Reliefs mit Göttern im Gigantenkampf gefunden wurden. Im Innern gab es, wie bei vielen sizilischen Tempeln, eine zweite Säulenreihe an der Ostseite.

DER GRIECHISCHE TEMPEL

In Sizilien gibt es eine Reihe ungewöhnlich gut erhaltener Tempel in verschiedenen Baustadien. So lässt sich hier der Tempelbau vom Steinbruch über den Rohbau bis zum fertigen Heiligtum studieren.

① Aufbau eines Tempels

Der hier abgebildete **Concordiatempel** in Agrigent ist einer der am besten erhaltenen Tempel der griechischen Welt. Er erhebt sich über einem abgestuften Podest. Auf allen vier Seiten ist er von Säulen umgeben. Sein Inneres besteht aus drei Räumen: Pronaos (Vorraum), Cella und Opistodomos (Abb. S. 392: Tempel von Segesta).

② Cella

In dem leicht erhöhten Raum befand sich das Kultbild der Gottheit. Einfachen Gläubigen war der Zutritt verboten. Gottesdienste fanden im Freien vor dem Tempel statt.

③ Opistodom

In diesem Raum hinter der Cella wurden der Tempelschatz und Opfergaben aufbewahrt.

④ Gebälk

Säulen tragen das Gebälk. Es besteht aus dem Architrav (Trägerbalken) und dem darüber gelegenen Metopen-Triglyphen-Fries.

⑤ Baumaterial und -technik

Die Tempel sind aus grobem Muschelkalk gebaut. Es wurde kein Mörtel verwendet. Im Wesentlichen bestand der Bau aus vorgefertigten Teilen, die montiert, mit Stuck überzogen und anschließend bemalt wurden. Gebrochen wurde der Stein jeweils in unmittelbarer Nähe. Zunächst wurden 50 bis 60 cm tiefe Gräben ausgehoben. Zum Herauslösen der Säulentrommeln trieben die

Metope vom Tempel E in Selinunt: »Hochzeit von Zeus und Hera« (heute im Museum von Palermo)

Arbeiter Holzkeile in den Stein, begossen diese mit Wasser bis sie aufquollen und den Stein absprengten. Zur Feinarbeit wurden Meißel und Holzhammer benutzt. Den Abtransport erledigten Lasttiere. Die einzelnen Säulentrommeln wurden in der Mitte angebohrt und mit Bleidübeln fest miteinander verbunden. Um die einzelnen Blöcke oder andere Lasten zu heben, benutzten die Griechen Flaschenzüge. Diese konnten bis zu 6 t schwere Lasten stemmen.

Selinunt *Tempelformen*

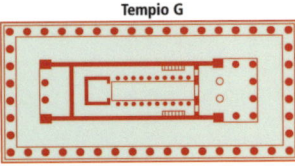

Tempio G

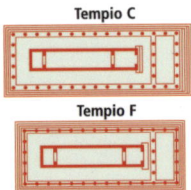

Tempio C

Tempio F

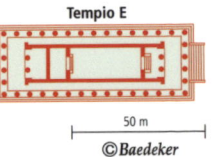

Tempio E

50 m

©*Baedeker*

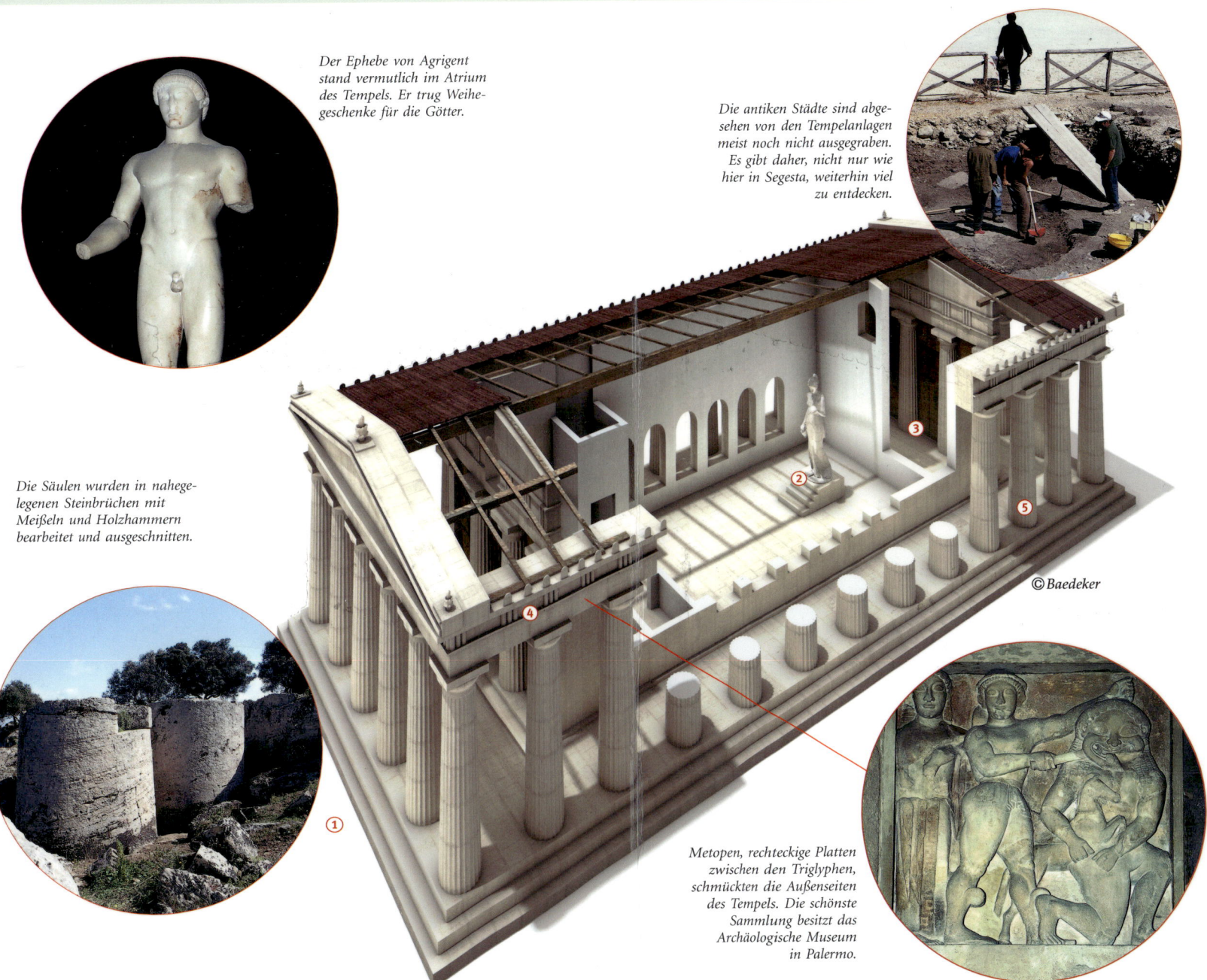

Der Ephebe von Agrigent stand vermutlich im Atrium des Tempels. Er trug Weihegeschenke für die Götter.

Die antiken Städte sind abgesehen von den Tempelanlagen meist noch nicht ausgegraben. Es gibt daher, nicht nur wie hier in Segesta, weiterhin viel zu entdecken.

Die Säulen wurden in nahegelegenen Steinbrüchen mit Meißeln und Holzhammern bearbeitet und ausgeschnitten.

© Baedeker

Metopen, rechteckige Platten zwischen den Triglyphen, schmückten die Außenseiten des Tempels. Die schönste Sammlung besitzt das Archäologische Museum in Palermo.

Tempel G Um 520 v. Chr., unmittelbar nach Fertigstellung von Tempel F, begann man mit der Errichtung des benachbarten Tempels G, der nach einer Inschrift Apollon geweiht war. Er ist heute ein riesiger Trümmerhaufen, ein wahres Gebirge aus Säulentrommeln, Kapitellen und Gebälkteilen. Für die eindrucksvolle Klettertour durch das Steinchaos empfehlen sich Schuhe mit Profilsohle. Seine Wiederaufrichtung wird als Computersimulation durchgespielt.

Tempel G maß im Stylobat 50,07 x 110,12 m, bedeckte also eine Fläche von mehr als 5500 m² und hatte eine Höhe von etwa 30 m. Er hatte damit die Maße der ionischen Riesentempel (Samos, Ephesos, Didyma), besaß allerdings nicht deren schlankere ionische Formen, sondern war ein wuchtiger dorischer Koloss. Der Grundplan sah vor: 8 x 17 Säulen umschließen in der Art eines Pseudodipteros Hallen, die zwei Joche tief sind (12 m). Eine Freitreppe führt in den östlichen Umgang, von dem man in den Pronaos mit 6 x 2 Säulen und dann in die Cella gelangte. Deren Dach wurde von zwei Reihen von je zehn Monolithsäulen getragen; sie endete in einem kleinen, quadratischen Bau, der als Adyton für das Kultbild diente und inmitten der Trümmer deutlich zu erkennen ist. Westlich an die Cella schloss sich schließlich ein Opisthodomos an.

Die Bauzeit war naturgemäß lang, was einige Änderungen im Plan und in der Ausführung zur Folge hatte. Seit etwa 490 v. Chr. machte sich klassischer Einfluss geltend. So sind die noch im 6. Jh. v. Chr. errichteten, 14,70 m hohen Säulen an Ost-, Nord- und der halben Südseite schlanker, verjüngen sich stark nach oben und haben archaische Kapitelle; diejenigen an der restlichen Südseite zeigen Übergangsformen, und diejenigen an der Westseite haben gedrungene Schäfte und weisen die straffe, klassische Kapitellform auf. Im Übrigen haben nur einige der Säulen Kanneluren, die ja bekanntlich erst nach der endgültigen Aufstellung angebracht wurden – ein Hinweis darauf, dass der Tempel G bei der Zerstörung Selinunts durch die Karthager noch nicht vollendet war.

Tempel E Der südlichste Bau dieser Gruppe ist der Tempel E. Im frühen 5. Jh. v. Chr. verloren die Selinuntier das Interesse am riesigen Tempel G und errichteten 465 – 450 v. Chr. diesen Heratempel. 1957/58 finanzierte die Cassa per il Mezzogiorno den Wiederaufbau, um den Tourismus anzukurbeln. Alle Säulen der Peristasis stehen wieder und mit ihnen ein Teil des Gebälks. Der Peripteros misst im Stylobat 25,52 x 67,74 m, war also neben dem gigantischen Apollontempel G klein, hatte aber immerhin etwa die Größe des Zeustempels von Olympia. Er hat 6 x 15 Säulen von je 10,15 m Höhe. Sie stehen in dichter Reihe und haben monumentale Wucht. Der Eckkonflikt wird durch kräftige Verengung der Eckjoche analog mutterländischer Vorbilder gelöst. Der Umgang rings um die Cella ist an den Langseiten ein Joch, an beiden Schmalseiten dagegen zwei Joch tief. Dem Pronaos im Osten entspricht wie in Griechenland der Opisthodomos im Westen. Speziell an Olympia erinnert die Verwendung des plastischen Schmucks: Wie am dortigen Zeustempel sind die Metopen der Peristasis glatt, über Pronaos und Opisthodomos dagegen waren je sechs skulptierte Platten angebracht (Archäologischen Museum von ▶Palermo). Ihre Themen sind u.a. Herakles im Amazonenkampf, die Hochzeit von Zeus und Hera, Artemis und Aktaion, Athena und der Gigant Enkelados. Die Innenaufteilung der Cella ist sizilischen Traditionen verpflichtet. Am Ende der Cella gab es das unverzichtbare Adyton, und die sakrale Steigerung auf dem Weg zum Allerheiligsten wurde durch eine Stufenfolge betont: Eine Freitreppe von zehn Stufen führt in den Tempel hinein, sechs Stufen führen hinauf in die Cella und drei zum Adyton.

✷ ✷ Akropolis

Die Via dei Templi durchquert das Tal des Gorgo di Cottone in der Gegend des versandeten antiken Osthafens und führt hinüber zur Akropolis. Mächtige Mauern schützen die Oberstadt (7.–4. Jh. v.Chr.). Sie nimmt eine Fläche von 17 ha ein und hat einen birnenförmigen Umriss. Eine Nord-Süd- und eine Ost-West-Straße bilden die sich rechtwinklig kreuzenden Koordinaten. Schachbrettartig war auch das übrige Stadtgebiet in der Art des »Hippodamischen Systems« parzelliert. Das Südostviertel der Akropolis wird von den Tempeln eingenommen, die kleine Heiligtümer aus der Gründungszeit der Stadt ablösten. Sie stehen in zwei Temenosbezirken, im südlichen die Tempel O und A, im nördlichen die Tempel C und D. Zwischen A und C, etwas nach Osten versetzt, finden sich noch die Reste des kleinen Tempels B, der erst in hellenistischer Zeit errichtet wurde.

Tempel C, der älteste und größte Tempel der Akropolis von Selinunt

Tempel A und O Von den um 450 v.Chr. errichteten Tempeln A und O (6 x 14 Säulen) sind lediglich die Fundamente erhalten.

Tempel B Jenseits der Ost-West-Straße liegen die Reste des Tempels B. Er hat keine Ringhalle, sondern nur Säulen vor der Eingangsseite (Prostylos), wurde um 280 v.Chr., drei Jahrzehnte vor dem Untergang von Selinunt, erbaut – ein bescheidener Ausklang der großen Bautätigkeit dieser Stadt.

Tempel C Den Blick zieht, dank seiner (1927 wieder aufgerichteten) monumentalen Säulenreihe, der Tempel C auf sich, der älteste und größte Tempel der Akropolis. Um 550 v.Chr. an der höchsten Stelle erbaut, misst er im Stylobat 23,94 x 63,72 m und hat eine Ringhalle von 6 x 17 Säulen, die eine Höhe von 8,43 m haben. Die zuerst angefertigten Säulen snd monolithisch, die späteren aus Trommeln zusammengesetzt. Typisch archaisch: Die Säulenabstände differieren bis 23 cm, die Zahl der Kanneluren schwankt zwischen 16 und 20.

Ungezähmte Lebendigkeit ▶ Als man diesen Tempel ohne Sorge um exakte Regelmäßigkeit baute, steigerte man die expressive Kraft noch durch die reichen Terrakottaverkleidungen von Giebel und Dachrand. Den Ostgiebel beherrschte ein gewaltiges, in grellen Farben bemaltes Gorgonenhaupt (Rekonstruktion im Archäoloigschen Museum in ▶ Palermo). Dieses 2,75 m hohe Tonrelief steht ebenbürtig neben dem Kalksteinrelief der Gorgo vom Artemistempel von Korfu, der vier Jahrzehnte älter ist. Am Gebälk unterhalb dieses Giebels waren, ebenfalls an der Eingangsseite, skulptierte Metopen angebracht: das frontal gesehene Viergespann des Apollon, Perseus und die Gorgo, Herakles und die Kerkopen (Museum ▶ Palermo). Vielleicht stand auch im Adyton, das nur von den Priestern betreten werden durfte, ein Kultbild des Herakles.

Tempel D Der benachbarte Tempel D wird um 540 v.Chr. angesetzt. Er weist bereits die klassische Proportion von 6 x 13 Säulen auf. Das Innere besteht aus einem tiefen Pronaos, Cella und Adyton. Ein Opisthodomos ist hier, wie auch bei Tempel C, nicht vorhanden.

Wohnquartiere und Nordbastionen Von hier aus der Nord-Süd-Achse in nördlicher Richtung folgend, gelangt man zwischen Resten von Wohnquartieren aus der Zeit nach 409 v.Chr. zum Haupttor der Akropolis, vor dem, wohl im 4./3. Jh. v.Chr., die syrakusanischen Tyrannen mächtige Befestigungsanlagen mit Graben, Bastionen und Türmen anlegen ließen.

✶
Demeter-Malophoros-Heiligtum Ein Wanderweg führt über den Modione (Selinus) zum Bezirk der Demeter Malophoros. Erster Vorbote ist links des Weges ein Megaron. Bald darauf erreicht man das Demeter-Temenos selbst inmitten eines weiten Gräberfeldes. Die Funktion des Heiligtums ist wohl mit seiner Lage am Weg zur großen Nekropole von Manicalunga in Verbindung zu bringen: Leichenzüge unterbrachen hier ihren Weg mit

kultischer Anrufung der Mysteriengöttin Demeter und ihrer Tochter Persephone, die als Herrinnen von Fruchtbarkeit und Vergehen, Leben und Tod die Hauptgöttinnen Siziliens waren. Hier in der Gemarkung Gaggera bei Selinunt hatten sie eine ihrer bedeutenden Kultstätten, verehrt als Malophoros (Trägerin des Granatapfels) und Pasikratea (Allherrscherin). Neben ihnen gab es in diesem Bezirk auch den Kult der chthonischen Göttin Hekate und des Sühnegottes Zeus Meilichios, einer chthonischen Erscheinungsform des Zeus.

Das Demeter-Temenos ist ein unregelmäßiges Viereck am Hang oberhalb des Flusses. Zu betreten durch ein Propylon im Osten (5. Jh. v.Chr.). Im Hof befinden sich ein kleiner archaischer Altar und ein großer rechteckiger Opferaltar. Dieser gehört zum Demetertempel, der im 6. Jh. v.Chr. an die Stelle eines älteren Quellheiligtums trat. In hellenistischer Zeit wurde südlich neben dem Propylon ein kleiner Kultbezirk der Göttin Hekate errichtet.

Gegenüber der Nordostecke des Demeter-Temenos liegt der Kultbezirk des Zeus Meilichios; man erkennt die Reste zweier Altäre und eines kleinen Tempels (300 v.Chr.), der nur 2,97 x 5,20 m groß war. In der Nähe fanden sich mehr als 10 000 kleine Stelen, die die Köpfe des Zeus Meilichios und einer ihm zugeordneten Göttin zeigen (Archäologisches Museum ▶Palermo).

Meilichios-Kultbezirk

Ein hochinteressanter Ausflug führt zu den Cave di Cusa, den antiken Steinbrüche von Selinunt (▶Castelvetrano, Umgebung).

★
Steinbrüche

★★ Siracusa · Syrakus

T 10

Provinzhauptstadt
Einwohnerzahl: 123 500

Höhe: 10 m ü.d.M.

Syrakus war in der Antike jahrhundertelang die größte und mächtigste Stadt der Insel. Die vielen Zeugnisse – das griechische Theater, antike Steinbrüche, frühchristliche Katakomben, der aus einem Athenatempel umgewandelte Dom und das archäologische Museum – machen die Stadt zu einem Höhepunkt einer Sizilienreise. Charmante Altstadtatmosphäre bewahrt die Halbinsel Ortigia mit ihren romantischen Palazzi – das »Venedig Siziliens«.

Keimzelle der Stadt ist die Insel Ortygia, die 40 ha große »Wachtelinsel«. Zwischen zwei großen Naturhäfen gelegen, mit einer ergiebigen Süßwasserquelle versehen, nur durch eine enge Durchfahrt vom Festland getrennt und doch gut zu verteidigen, bot sie ideale Voraussetzungen zur Besiedlung. Bereits seit dem 10. Jh. v.Chr. war sie von Sikulern, vielleicht auch Phöniziern bewohnt.

Von der Wachtelinsel zur Weltstadt

Die Fünfstadt
Pentapolis ▶

734 v.Chr. vertrieben Kolonisten aus Korinth unter Führung des Archias die Sikuler und ließen sich auf Ortygia sowie auf der gegenüberliegenden Festlandszunge nieder. Schon nach einigen Jahrzehnten konnten Tochterstädte gegründet werden: 664 v.Chr. Akrai, 644 Kasmenai, 599 Kamarina. Anfang des 6. Jh.s entstand auf Ortygia der erste dorische Tempel Siziliens, auf dem Festland dehnte sich der Stadtteil Achradina aus, zu dem im 5. Jh. v.Chr. noch die Stadtteile Tyche und Neapolis traten – Syrakus entwickelte sich zur größten Stadt der gesamten griechischen Welt. Nach antiken Angaben hatte sie in ihrer Blütezeit 500 000 Einwohner.

734 v. Chr.	Kolonisten aus Korinth siedeln sich auf Ortygia an.
5. Jh. v. Chr.	Syrakus ist die größte Stadt der griechischen Welt.
Ende 5. Jh.	Sieg über Athen
212 v. Chr.	Römer nehmen Syrakus ein.
535 – 878	Syrakus wird Teil des byzantinischen Reichs.
878	Sizilien wird arabisch, Palermo zur Hauptstadt – Syrakus verliert jegliche Bedeutung.

Anfang des 5. Jh.s revoltierten Bevölkerung und sikulische Hörige gegen die auf ihren Grundbesitz gestützte Aristokratie der Gamoren. Da griff Gelon von Gela ein, der bereits große Teile Südostsiziliens beherrschte. 485 v.Chr. eroberte er die Stadt und errichtete die erste Tyrannis (485 – 478 v.Chr.). Syrakus wurde damit Hauptstadt eines ostsizilischen Flächenstaates und erlebte eine Phase großen Wohlstandes, der allerdings durch rigorose Maßnahmen wie die Umsiedlung von Einwohnern Gelas oder Kamarinas nach Syrakus erzwungen wurde. Den Höhepunkt seiner Laufbahn erlebte Gelon, als er gemeinsam mit seinem Schwiegervater Theron von Akragas 480 v.Chr. bei Himera die Karthager vernichtend schlug. Danach errichtete er auf Ortygia einen Athenatempel (heute Dom).
Ihm folgte sein Bruder Hieron I. (478 – 466 v.Chr.), der 474 v.Chr. durch einen Seesieg bei Kyme über die etruskische Flotte seine Macht ausweitete und als Mäzen Aischylos, Pindar, Bakchylides und Simonides an seinen Hof holte. Ihm folgte sein jüngster Bruder Thrasybulos, der wegen seiner Grausamkeit schon nach elf Monaten wieder gestürzt wurde. Eine demokratische Ära (466 – 405) löste die Tyrannis ab. Dies feierte man alljährlich mit dem Fest des Zeus Eleutherios (Zeus der Freiheit).
450 v.Chr. unterdrückten Syrakus und Akragas einen Aufstand des Sikulerfürsten Duketios. Die nächsten Jahrzehnte brachten dann die große Auseinandersetzung mit Athen: 427 und 415 v.Chr. kam es zu den beiden sizilischen Expeditionen Athens, Syrakus wurde belagert, die Athener wurden zu Lande und zur See vernichtend geschlagen, 7000 Athener wurden als Gefangene in die Steinbrüche gesteckt und gingen kläglich zugrunde. Der

Krieg hatte auch das siegreiche Syrakus geschwächt. Das bewog
Karthago zur Revanche, es begann 409 v.Chr. mit seinem Generalangriff, dem u.a. Selinunt, Himera und Akragas zum Opfer
fielen.
Da schwang sich Dionysios I. (405 – 367 v.Chr., ►Berühmte Persönlichkeiten) zum Tyrannen von Syrakus auf, schloss hinhaltende Ver-
träge mit Karthago und nutzte die Zeit, Syrakus zu befestigen; Orty-

◄ Der Tyrann aus
Schillers
»Bürgschaft«

Siracusa Orientierung

500 m

©Baedeker

1 Catacombe di
   Vigna Cassia
2 Villa Landolina
3 Cappella del
   Sepolcro
4 Sacrario ai Caduti

5 San Giovanni
   Battista
6 Santa Maria
   dei Miracoli
7 San Tommaso
8 Chiesa del Collegio

9 Palazzo Montalto
10 San Francesco
11 Palazzo Beneventano
12 Porta Marina
13 Palazzo Interlandi
14 Forte Vigliena

Übernachten

ⓖ Centrale   ⓗ Case Damma   ⓘ Limoneto   ⓙ Don Mauro

gia erhielt einen doppelten Mauerring, nordwestlich der Stadt entstand das gewaltige Kastell Euryalos. Zielstrebig dehnte Dionysios seine Macht aus, bei seinem Tode 367 galt er als der mächtigste Fürst nach dem Perserkönig. An seinem Hof lebten Künstler und Philosophen, u.a. Platon (388/387 v.Chr.), der in den Jahren 367 und 361 erneut nach Syrakus kam, um den Sohn und Nachfolger Dionysios II. (367–357 und 347–345 v.Chr.) zu unterweisen; der Versuch jedoch, seine Philosophie in praktische Politik umzusetzen, scheiterte. Die Herrschaft Dionysios' II. endete im Konflikt mit Dion. Man holte Timoleon aus Korinth (344–337 v.Chr.), der die Demokratie wieder herstellte.

317 v.Chr. schwang sich Agathokles zum Herrn und 304 zum König auf, ein wagemutiger Emporkömmling, Sohn eines Töpfers. Hieron II. (275–215 v.Chr.) erlangte die Herrschaft. Er schloss Bündnisse mit Karthago (264) und Rom (263), schuf eine vorbildliche Finanzverwaltung und förderte eine ertragreiche Landwirtschaft. In seiner langen Regierungszeit wurde er zum Neuschöpfer des syrakusanischen Reiches, das er zu einer letzten Blüte führte.

Zwei Jahre nach seinem Tod setzten die Römer zum Angriff auf Syrakus an, das sie 212 v.Chr. einnahmen. Dabei kam der Mathematiker Archimedes um. Die Selbstständigkeit von Syrakus war beendet, doch blieb es auch in römischer Zeit Hauptstadt. Cicero gibt in seinen »Reden gegen Verres« ein noch heute nachvollziehbares Bild dieser Stadt: Sie »ist so groß, dass man sagt, sie bestehe aus vier riesigen Städten...« (4, 117–119).

Schöner alter Palazzo in der Altstadt am Hafen

⏵ SYRAKUS ERLEBEN

AUSKUNFT

Servicio Turistico
96100 Siracusa, Via Maestranza 33
Tel. 09 31 46 42 55, Fax 093 16 02 04

GUT ZU WISSEN

Auf dem Corso Gelone, zwischen
Ortigia und der Archäologischen
Zone/Archäologisches Museum, ver-
kehren Linienbusse. Ortigia, die Alt-
stadt, erkundet man zu Fuß, mit
etwas Glück findet man einen Park-
platz gleich hinter der Brücke. Auf
Taxitransfer zum Cianeflüsschen
(Papyrus!) ist Giuseppe spezialisiert
(Siracusa Taxi, Mobil 33 96 50 08 59,
www.aretusataxi.it; hin und zurück
ca. 40 €). Unterkunftverzeichnisse mit
Preisen für die vielen Bed-&-Break-
fast-Adressen gibts bei der Auskunft.
»Il Gusto dei Sapori«, ein sehr guter
Feinkostladen, befindet sich in der
Nähe des Apollontempels an der
Piazza Cesare Battista 4.
Eine Spezialität der Altstadtlokale ist
die peperoncinogewürzte »Zuppa di
cozze«, die Miesmuscheln kommen
frisch aus dem Porto Grande.
Schicke Boutiquen säumen den Corso
Gelone in der Neustadt und den
Corso Matteotti auf der Ortigia.
Kleine Traditionsläden verstecken sich
in den Altstadtgassen, darunter der
Edeljuwelier Izzo in der Via Roma, er
fasst antike Münzen und schneidet
Gemmen nach, oder Keramik-
geschäfte in der Via Cavour. Viele
Werkstätten führen die Tradition der
Ende des 18. Jh.s wieder aufgenom-
menen Papyrusherstellung fort.

VERANSTALTUNGEN

Farbenprächtige Prozessionen, Kano-
nenschläge und Lichterfest zu Ehren
der hl. Lucia (1. So. im Mai, 13. Dez.)
Aufführungen im Teatro Greco siehe

Tipp S. 414
Opera dei Pupi, Vaccaro-Mauceri, Via
della Giudecca 17, auf Ortigia, Tel.
09 31 46 55 40, www.pupari.com
(schöne Website)

ESSEN

▶ Fein & teuer

① *Don Camillo*
Via Maestranza 96, Tel. 0 93 16 71 33
www.ristorantedoncamillosiracusa.it
So. geschl.; die Nummer eins in
Syrakus, in einem alten Palast, erstklassige Fischküche und große Wein-
auswahl

② *Archimede*
Via Gemmelaro 8, Tel. 0 93 16 97 01
So. geschl.; in einem ehem. Wein-
keller; mehrfach ausgezeichnetes Restaurant mit feiner sizilianischer Küche

▶ Erschwinglich

③ *Porticciolo*
Via Trento 22, Tel. 0 93 16 19 14
Mo. geschl.; gutes Fischrestaurant

④ *La Foglia*
Via Capodieci 29, Tel. 0 93 16 62 33
Vegetarisch-mediterrane Küche in
originellem Ambiente (der Padrone
ist Bildhauer)

▶ Preiswert

⑤ *Da Mariano*
Vicolo Zuccalà 3, Tel. 0 93 16 74 44
Di. geschlossen; traditionelle Küche
der Monti Iblei in familiärer Atmosphäre

⑥ *La Ragazza Ladra*
Via Cavour 8, Tel. 34 00 60 24 28
Mo. Ruhetag; kleines sympatisches
Lokal mit offener Küche, wenigen
Tischen und regionalen Gerichten

Camillo Guarneri, Chefkoch vom »Don Camillo«

ÜBERNACHTEN
▶ Luxus
① Grand Hotel Ortigia
Viale Mazzini 1
Tel. 09 31 46 46 00, Fax 09 31 46 46 11
www.grandhotelsr.it
58 Z.; Tophotel auf Ortigia in toller
Lage am Hafen; Restaurant auf der
Dachterrasse

② Roma
Via Roma 66
Tel. 09 31 46 56 26, Fax 09 31 46 55 35
www.hotelroma.sr.it
41 Z.; elegantes Stadthotel nur zwei
Schritte vom Domplatz; gutes Restaurant

▶ Komfortabel
③ Aurora
Via della Maestranze 111
Tel. 093 16 94 75, www.siracusahotel.
com; 23 Z. Charmantes Haus in guter
Lage auf der Ortygia, Parkmöglichkeiten, sparsames Frühstück

④ Gran Bretagna
Via Savoia 21
Tel. 0 93 16 87 65, Fax 09 31 44 90 78
www.hotelgranbretagna.it
16 Z.; verwinkelt und nett eingerichtet

⑤ Domus Mariae
Via Vittorio Veneto 76, Tel.
9 93 12 48 58 oder 54
www.sistemia.it/domusmariae/; 16 Z.
Schönes Haus von Ursulinerinnen;
teilweise Zimmer mit Meerblick;
gutes Restaurant

⑧ Agriturismo Limoneto
Via del Platano 3, Tel. 09 31 71 73 52
www.limoneto.it
10 km außerhalb, an der Straße nach
Palazzolo Acreide; ruhig gelegener,
kinderfreundlicher Agriturismo in
6 ha großem, biologisch bewirtschaf-
tetem Zitronenhain

▶ Günstig
⑥ Centrale
Corso Umberto 141, Tel.
0 93 16 05 28, www.hotelcentralesr.
com; Elf fröhlich renovierte Zimmer

⑦ Agriturismo Case Damma
Strada per Cannicatini Bagni km 9
Tel. 09 31 70 52 73 und 33 58 08 65 13
www.casedamma.it – Einfach, ruhig
gelegen, rund 10 km außerhalb, an
der Straße nach Canicatti; mit
großem Garten und Restaurant

**⑨ Floridia · Agriturismo
Don Mauro**
Contrada Cugno di CanneTel.
09 31 94 10 25, Mobil 33 35 95 77 63,
www.donmauro.com
10 Z.; Von deutsch-sizilianischem
Paar aufmerksam geführter Agriturismo ca. 10 km westlich von Syrakus
inmitten von Orangen. schöne Zimmer, reichhaltiges Frühstück

Früh fasste das Christentum hier Fuß. Im Jahre 61 hielt der Apostel Paulus sich auf seiner Fahrt nach Rom drei Tage in Syrakus auf (Apostelgesch. 28, 12). Die Gemeinde musste sehr rasch stark angewachsen sein, wie die Katakomben – groß wie in Rom – nahe legen. Bei der Reichsteilung 395 kam Syrakus mit ganz Sizilien zu Westrom, dessen Kaiser ihm jedoch keinen Schutz gegen Geiserichs Vandalen bieten konnten (440). Eine neue Epoche brach an, als der byzantinische Feldherr Belisar von den Ostgoten 535 Sizilien eroberte – damit wurde Syrakus für fast 350 Jahre, bis 878, Teil des byzantinischen Reichs. Kaiser Konstans II. verlegte sogar 663–668 seine Residenz aus dem von Arabern bedrohten Konstantinopel hierher. 751 wurde Syrakus der Jurisdiktion des Papstes entzogen und dem Patriarchen von Konstantinopel unterstellt.

◀ Kaiserstadt statt Konstantinopel

Die große Zäsur kam 878 mit der Ablösung der Byzantiner durch die Araber, die Palermo zur Hauptstadt Siziliens machten. Syrakus war nicht einmal mehr Provinzhauptstadt – diese Funktion musste es an Noto abtreten – eine Regelung, die bis 1865 in Kraft blieb! Die arabische Zeit ging für Syrakus 1038 mit der byzantinischen Rückeroberung durch Georgios Maniakes (Erbauer des Maniace-Kastells) zu Ende. 1086 gewannen die Normannen die verarmende Stadt, die unter den Erdbeben von 1693 und 1757 litt.

Erst im 20. Jh. setzte ein wirtschaftlicher Aufschwung ein, nachdem sich Syrakus als geeigneter Hafen für das 1912 entstandene nordafrikanische Kolonialreich der Italiener erwies. 1921 wurde eine Einwohnerzahl von 40 000 erreicht, seitdem ist sie auf das Dreifache gestiegen. Heute ist Syrakus eine Tourismusattraktion sowie Umschlagplatz für Agrarprodukte aus dem Hinterland und Industriestandort.

✳ Altstadt · Ortigia

Betritt man die Insel Ortigia über den Ponte Nuovo, eine von drei Brücken, so steht man auf der Piazza Pancali und vor den Überresten des Apollontempels. Um 570 v.Chr. erbaut, ist er der älteste dorische Tempel Siziliens. Laut Erbauersignatur wurde er von Kleomenes dem Apollon geweiht. In nachantiker Zeit war er byzantinische Kirche, islamische Moschee, Normannenkirche und spanische Kaserne. Erhalten sind das Fundament, einige Säulen mit Gebälk und Teile der Cellamauer. Auf einem Stylobat von 21,57 x 55,33 m erhoben sich 6 x 17 Säulen – ein Grundriss, der dadurch entstand, dass den 15 Säulen der Langseiten, die man von gleichzeitig erbauten Tempeln des griechischen Mutterlandes kennt, eine Vorhalle von 6 x 2 Säulen vorgelegt wurde. Die Betonung der östlichen Eingangsseite wurde für sizilische Tempel kennzeichnend. Die knapp 8 m hohen, wuchtigen Monolithsäulen haben 16 statt der sonst üblichen 20 Kanneluren und sind so dicht gereiht, dass die Zwischenräume kleiner sind als der Säulendurchmesser. Um die Pizza ist vor allem vormittags viel los: hier befinden sich der Busbahnhof, ein Taxistand sowie vormittags einzelne Stände des Marktes in der benachbarten Via Trieste. Im Gassenge-

Piazza Pancali

Highlights Siracusa

Ortigia
Altstadtidylle auf der Halbinsel
▶ **Seite 401**

Duomo
Dorischer Siegestempel
▶ **Seite 403**

Galleria Numismatico
Die schönsten Münzen der Griechen
▶ **Seite 405**

Fonte Aretusa
Mythenquelle und Treffpunkt der Flaneure
▶ **Seite 405**

Palazzo Bellomo
Meisterwerk in Chiaroscuro: Caravaggios
»Grablegung der hl. Lucia«
▶ **Seite 409**

Santuario Madonna delle Lacrime
»Zitronenpresse« für eine Gipsmaria
▶ **Seite 411**

Catacombe di San Giovanni
Nicht nur in Rom: christliche Toten-
labyrinthe im Untergrund
▶ **Seite 411**

Museo Archeologico
Großgriechenland und noch viel mehr in
Schauvitrinen
▶ **Seite 412**

Teatro Greco und die Latomien
Antike Weltbühne und das größte Ohr der
Welt
▶ **Seite 414**

Castello Eurialo
Antike Festungstechnik: die »Maginot-
linie« Siziliens
▶ **Seite 416**

Fiume Ciane
Spaziergang am Papyrusflüsschen
▶ **Seite 417**

Ortigia, charmante Altstadtatmosphäre nicht nur am Lungomare

flecht südlich des Tempels findet man die Kirchen San Tommaso (12. Jh.) und die stimmungsvolle Chiesa di San Pietro (4./5. Jh. und 15. Jh.; Konzerte).

Vom Apollontempel führt der Corso Matteotti zur Piazza Archimede mit seinen Palästen des 14. und 15. Jh.s und einem Jugendstilbrunnen (**Fontana di Artemide** von Giulio Moschetti): Die Nymphe Arethusa wird mit Hilfe der Göttin Artemis in eine Quelle verwandelt – ein Motiv, das auf die nahe Arethusaquelle (►unten) hinweist.

Piazza Archimede – Salotto di Ortigia

Ein Abstecher in die Via della Maestranza führt zu reich geschmückten Bauwerken. Die Barockkirche San Francesco all'Immacolata (1769) bewahrt innen noch gotische Strukturen. Den Palazzo Impellizzeri kurz vor dem Belvedere zieren groteske Fratzen. Im Süden schließt sich das ehemalige Judenquartier Giudecca an. Die antike Stadtanlage erkennt man noch in dem Parallelraster der Gassen.

Zwischen Piazza Archimede und Ostküste

Zurück an der Piazza Archimede geht es auf der Via Roma und über die Via Minerva zum Dom Santa Maria delle Colonne. Schon in der Via Minerva fallen die dorischen Säulen des einstigen Athenatempels in der Außenmauer auf. Welch ein Kontrast ist dazu die schwingende Barockfassade Andrea Palmas (1693) mit ihren auf der Freitreppe stehenden Statuen der Apostel Petrus und Paulus (von I. Marabitti). Mit dieser Fassade stehen die anderen Gebäude der Piazza Duomo (17.–18. Jh.) in schöner Harmonie: das erzbischöfliches Palais (1618 von A. Vermexio und 1751), die Kirche Santa Lucia alla Badia (1695 bis 1703 von L. Caracciolo), der Palazzo Beneventano del Bosco (1788 von L. Alì restauriert) und das Rathaus (Municipio, 1633 von G. Vermexio als Palazzo del Senato errichtet).

★
Piazza Duomo

> **!** *Baedeker* **TIPP**
>
> **Enoteca Solaria**
> Die besten Weine Siziliens und Stuzzicheria (Zahnstocher-Snacks) gibt es in der Enoteca Solaria in der Via Roma 86 (Tel. 09 31 46 30 07 oder 33 88 12 16 21, www.enotecasolaria.com).

Durch die Vorhalle spaziert man direkt in die Antike: Das Mittelschiff nimmt die ehemalige Cella des Athenatempels ein, den Gelon und Hieron I. nach dem Sieg über die Karthager bei Himera 480 v.Chr. stifteten. Der Athenatempel war ein dorischer Ringhallentempel (Peripteros) mit einem Stylobat von 22 x 55 m, der 6 Säulen an den Schmal- und 15 Säulen an den Langseiten trug. Die Säulen sind 8,70 m hoch, haben die regulären 20 Kanneluren und weisen eine feine Schwellung (Entasis) auf. Der Naos bestand, wie im Mutterland üblich, aus Pronaos, Cella und Opisthodomos; das sonst in Sizilien häufige Allerheiligste (Adyton) für das Kultbild kommt hier nicht vor.
In der Antike war der Tempel besonders reich ausgestattet. So hatte man für Traufgesims (Sima) und Randziegel des Daches Marmor

★★
Dom Santa Maria delle Colonne Athenatempel
🕑
Öffnungszeiten:
7.30–19.30

Siracusa • Ortigia Orientierung

Porto
Piccolo

Mare Ionio

Piazza
d. Posta

③

Lungomare

Via di

Ponte
Nuovo
⑥⑧
⑦⑨

Piazza
Pancali

Via Trieste

Via Trento

Via

Largo
XXV Luglio

**Tempio
di Apollo**

Stazione
Marittima

Darsena

Vittorio

Levante

Via Resalibera

**Mura
Greche**

④

**Palazzo
Abela**

**San
Pietro**

**Chiesa del
Carmine**

Via Mirabella

**Palazzo
Bongiovanni**

Corso Matteotti

Via Savoia

San Tommaso

**Palazzo
Interlandi**

✠**San Filippo Neri**

**Isole
dei Cani**

Viale Mazzini

①

Via Cavour

Via Dione

**Santa Maria
dei Miracoli**

②

**Palazzo
della Banca
d'Italia**

**Palazzo
Montalto**

Piazza
Archimede

Gargallo

Veneto

⑤

Via XX Settembre

**Porta
Marina**

⑥

ⓘ

San Francesco

③

**Belvedere
San Giacomo**

**Chiesa del
Collegio**

**Palazzo
Lanza**

Via della Maestranza

Prefettura

①

Foro Italico

**Palazzo
Beneventano
del Bosco**

Via Landolina

Municipio

✠**San Giovanni
Battista**

Giudecca

Nizza

Passeggio Adorno

Via

Porto
Grande

V. Emanuele

Piazza
Duomo

②

✠**Santa Maria
delle Colonne**

**Palazzo
Arcivescovile**

Piazza
Roma

S. Giuseppe

**Capitaneria
di Porto**

Via Picherali

✠**Santa Lucia
alla Badia**

**Palazzo Bellomo
Galleria Regionale**

Via Capodieci

San Martino

Via

Fonte Ciane

**Fonte
Aretusa**

④⑤

Via Castello

Lungomare Ortigia

**Palazzo
Blanco**

Lungomare Maniace

**Spirito
Santo**

Lungomare Alfeo

Mare Ionio

P.za Federico
di Svevia

**Castello
Maniace**

200 m

©*Baedeker*

Übernachten
① Grand Hotel
   Ortigia
② Roma
③ Aurora
④ Gran Bretagna
⑤ Domus Mariae
⑥ Centrale
⑦ Agriturismo
   Case Damma
⑧ Agriturismo
   Limoneto
⑨ Agriturismo
   Don Mauro

Essen
① Don Camillo
② Archimede
③ Porticciolo
④ La Foglia
⑤ Da Mariano
⑥ La Ragazza
   Ladra

von den Kykladen importiert. Den Ostgiebel schmückte ein großer, goldener Rundschild. Die Türen waren mit kostbaren Goldarbeiten und Elfenbeinschnitzereien versehen. Im Innern gab es eine Galerie von 27 syrakusanischen Herrscherporträts. Vieles davon raubte der römische Praetor Verres im 1. Jh. v. Chr.

Im 7. Jh. baute man diesen Tempel der jungfräulichen Athena in eine Kirche der Jungfrau Maria um. Die Interkolumnien des Säulenumgangs wurden vermauert und die Cellawände mit je acht Arkaden durchbrochen. So wandelte man die seitlichen Umgänge in die Seitenschiffe einer dreischiffigen Basilika um. Dabei wurde das Mittelschiff erhöht und der ganze Bau »umgekehrt«: Der alte Tempeleingang im Osten wurde geschlossen, denn hier fand nun der Altarraum seinen Platz; der Kircheneingang wurde im Westen zwischen den beiden (noch sichtbaren) Opisthodomos-Säulen angebracht.

◄ Die erste Christengemeinde Italiens

Eine Seitenkapelle rechts ist der hl. Lucia geweiht. Hier erinnern Foto und Inschrift daran, dass die Reliquien der Heiligen 1038 – als der byzantinische General Georgios Maniakes die Araber aus Syrakus vertrieben und die Stadt für Byzanz zurückerobert hatte – nach Konstantinopel gebracht und nach dessen Eroberung 1204 von den Venezianern mitgenommen wurden (heute in San Geremia, Venedig). Eine Marmorstatue der Heiligen mit den Augenattributen (Gagini) steht im linken Seitenschiff. Winzige normannische Bronzelöwen stemmen das steinerne Taufbecken – eine antike Kultschale.

Schräg gegenüber vom Dom wartet eine sensationelle Münzsammlung auf Interessierte (Mo. – Fr. 9.30 – 13.00, Mi. auch 15.30 – 17.00 Uhr, Tel. 09 31 48 11 11).

★
Galleria Numismatica

Vom Domplatz gehen wir in südlicher Richtung an der Kirche **Santa Lucia alla Badia** (1695–1707, L. Caràcciolo; im Innern das Gemälde »Grablegung der hl. Lucia« von Caravaggio, 1608) vorbei und durch die Via Picherali abwärts zur Arethusaquelle (Fonte Aretusa), dem gefassten, von Papyrusstauden umstandenen Teich einer Süßwasserquelle unmittelbar neben dem Meer. Die Nymphe Arethusa floh vor dem griechischen Flussgott Alpheios, stürzte sich an der Ostküste

★
Fonte Aretusa

◄ weiter auf S. 409

Siracusa *Santa Maria delle Colonne*

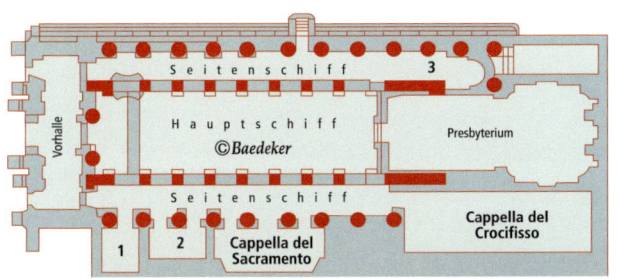

1 Taufbecken (12. Jh.)
2 Cappella di Santa Lucia (18. Jh.)
3 Byzantinische Apsis

 Athenatempel
 spätere Bauteile

ÀGATA, LUCIA, ROSALIA – DIE GROSSEN HEILIGEN

Neben Maria, die besonders verehrt wird, haben auch andere weibliche Heilige einen sehr hohen Stellenwert für die Volksfrömmigkeit der Sizilianer. Ihre Feste sind jeweils große Ereignisse. Wir greifen drei Heilige heraus, die als Beschützerinnen der Städte Catania, Syrakus und Palermo verehrt werden.

Àgata

Die heilige Agathe/Sant'Àgata lebte im 3. Jh. in Catania. Als Christin wies sie den Statthalter Quintian zurück, der »unedel von Natur, wollüstig, habgierig und ein Heide« war, wie die um 1270 geschriebene »Legenda aurea« des Jacobus de Voragine es ausdrückt. Daraufhin übergab Quintian in der Zeit, »da Decius Kaiser war« (249 bis 251), sie einer Kupplerin, die sie mit Hilfe ihrer neun Töchter zur Unzucht verleiten sollte. Als sie standhaft blieb, wurde sie grausam gemartert. Die Brüste wurden ihr zerrissen und abgeschnitten. Im Kerker erschien ihr ein Greis, der Heilige Petrus, mit heilenden Salben, doch sie lehnte Heilung durch Medikamente ab: »Will Christus, so kann er mich gesund machen.« Petrus antwortete: »Ich bin deines Herrn Apostel, er hat mich selber zu dir gesandt, davon so wisse, dass du in seinem Namen bist gesund geworden.« Auf wunderbare Weise genesen, wird Agathe einige Tage später auf glühende Kohlen und spitze Scherben geworfen und stirbt nach frommen Gebeten im Kerker. »Als aber die Christen ihren Leib mit Wohlgerüchen begruben und ihn in die Gruft legten« – so die Legenda aurea – »siehe da kam ein Jüngling in seidenem Gewand ... der ging zu dem Leichnam und setzte eine Marmortafel zu seinen Häupten, und war alsbald verschwunden. Auf der Tafel aber stund geschrieben: Heilig der Geist und willig, Gott die Ehre, Rettung dem Land.«

Eng mit ihrer **Heimatstadt Catania** verbindet die Legende die Heilige, indem sie erzählt, wie Agathe den Lavastrom des Ätna zum Stehen und damit »Rettung dem Land« brachte: »Da liefen die Heiden von dem Berg und flohen zu Sanct Agathen Grab, und nahmen den Schleier, damit das Grab bedeckt ist, und trugen ihn wider das Feuer. Da stund das Feuer und ging nicht weiter.« Auch beim verheerenden Ätna-Ausbruch von 1669 rief man die Hilfe der Heiligen an. Henry Knight berichtet im (von

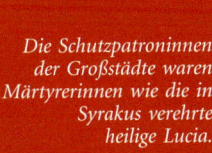

Die Schutzpatroninnen der Großstädte waren Märtyrerinnen wie die in Syrakus verehrte heilige Lucia.

Goethe zitierten) Tagebuch seiner Sizilienreise des Jahres 1777 mit skeptischem Unterton: »Anstatt einige Anstalten zu treffen, Dämme aufzuwerfen, Gräben zu ziehen, um die Gewalt zu brechen oder abzuwenden, brachten die Cataneser den Schleier der heiligen Agatha hervor, in Begleitung von einer Menge Heiligen.«

In Catania wird das Andenken an die Heilige an zwei Stellen bewahrt. **Den Kerker**, in dem sie vor ihrem Martyrium gefangen saß, zeigt man in der Kirche Sant'Àgata al Carcere, einem Bau des 18. Jh.s an der Piazza San Carcere unweit der Hauptstraße Via Etnea. An der Stelle, an der die Märtyrerin der Überlieferung zufolge starb, erhebt sich der Dom Sant'Àgata. Die **Cappella di Sant'Àgata** befindet sich im südlichen Querhausarm. Die Heilige, deren Tag der 5. Februar ist, wird in der Malerei mit Krone, Palmzweig, Fackel oder Kerze dargestellt; auf einer Platte trägt sie die Brüste, zu ihren Füßen liegt die Tafel mit der Grabinschrift. Sie gilt als Beschützerin in Feuersgefahr.

Lucia

Die heilige Lucia lebte in Syrakus, rund ein halbes Jahrhundert nach Agathe. Mit ihrer kranken Mutter pilgerte sie zu Agathes Grab in Catania, da sie dort Heilung der Mutter vom Blutfluss erhofften und auch fanden. Unter diesem Eindruck beschloss Lucia – so die Legenda aurea – ihr Verlöbnis aufzulösen und ihren Besitz den Armen zu geben. Der Bräutigam zeigte sie daraufhin beim Richter Paschasius als Christin an, und dieser verfährt ähnlich wie sein Kollege im Fall der Agathe: Lucia soll in ein Bordell gebracht werden. Da aber auch tausend Männer und ein Ochsengespann nicht imstande sind, sie von der Stelle zu bewegen, stößt man ihr – nach anderen Torturen – ein Schwert in die Kehle. Andere Berichte jedoch sagen auch aus, man hätte ihr die Augen herausgerissen. Doch kann sie vor ihrem Tode noch verkünden: »Gleich wie der Stadt Catania meine Schwester Agatha zu einer Hüterin ist gegeben, also bin ich der Stadt Syrakus verliehen zu einer Fürbitterin.« Zeitlich dürfte das Martyrium der heiligen Lucia im Jahr der Christenverfolgung unter Kaiser Diokletian, 304, anzusetzen sein – wenige Jahre also, bevor Konstantin d. Große durch das Toleranzedikt die Zeit der Christenverfolgungen beendete. Die Legenda aurea berichtet auch, dass Paschasius noch vor Lucìas Tod verhaftet und in Rom wegen Korruption enthauptet wurde.

In Syrakus ist ihr das Stadtviertel Santa Lucia gewidmet, rings um die gleichnamige Kirche, an der Stelle, an der Lucia der Überlieferung zufolge das Martyrium erlitt. Daneben erhebt sich die Chiesa del Sepolcro über dem traditionellen Grab der Heiligen. Der Name Lucia wird mit dem lateinischen lux = Licht in Verbindung gebracht. Sie ist die Lichtträgerin, von Dante (Inferno II 97) bis zum schwedischen Brauch der weihnachtlichen Kerzenkrone. Ihr Tag ist der 13. Dezember, welcher oft mit Lichtriten verbunden ist. Dargestellt wird sie häufig mit einem Schwert durch den Hals, einer Palme, einem Buch, einer Öllampe und manchmal auch mit einem Augenpaar auf einer Schüssel. Sie wird bei Augenleiden, Blutfluss, Halsschmerzen und Ruhr angebetet.

Rosalia

In der Umgebung Palermos während der Normannenzeit wirkte Rosalia. Während der Herrschaft von König Wilhelm I. (1154–1166) entfesselten die normannischen Barone einen Aufstand gegen den König und seinen Großadmiral Maio von Bari. Der verhasste Maio wurde am 10. November 1160 ermordet. Zu den Aufständischen gehörte auch Graf Sinibaldo della Quisquina, der als Gatte der Maria Guiscarda mit dem Königshaus verwandt war. Der Aufstand wurde niedergeschlagen, der Graf hingerichtet, der Familienbesitz konfisziert. Die Tochter des Grafen, seither Edelfräulein von Königin Margherita, musste vom königlichen Hof fliehen und zog sich in eine Grotte am Palermitaner Hausberg zurück. Es war Rosalia, die, wie die Überlieferung sagt, nach einem heiligmäßigen Leben bereits fünf Jahre später starb, am 4. September 1166. Fast ein halbes Jahrtausend später, am 15. Juli 1625, erschien sie zwei Eremiten, die an demselben Berg lebten, und wies sie auf ihre Einsiedelei hin. Man fand der Legende zufolge an der angegebenen Stelle in einer Felsengrotte ihren wohlerhaltenen Körper, einen Rosenkranz auf dem Haupt, dazu einen Stein mit ihrem Namen. Als man ihre Überreste nach Palermo brachte, erlosch sofort eine dort grassierende Pestepidemie. Daher gilt Rosalia als die Schutzpatronin der Stadt, und es setzten Wallfahrten zu ihrer Grotte ein. Seitdem wird der Berg, auf dem sie zuletzt lebte, Monte Pellegrino = Pilgerberg genannt.

Das Santuario di Santa Rosalia befindet sich 14 km vom Stadtzentrum entfernt an diesem Berg in 429 m Höhe. Hinter einer Barockfassade liegt die Grotte. Die Festtage der Heiligen sind vom 13. bis 15. Juli, zur Erinnerung an die Auffindung ihrer Gebeine anno 1625, und der 4. September als ihr Todestag. Dargestellt wird sie mit langem Einsiedlerinnengewand, mit Rosen, Kette und Kreuz. Sie gilt als Beschützerin gegen die Pest.

der Peloponnes ins Meer und tauchte auf Ortygia wieder auf – erzählt ein antiker Mythos. Dem Gedächtnis Vergils, »der in lateinischem Gesang die griechischen Rhythmen des (aus Syrakus stammenden) Theokrit wiedererweckt hat«, gilt eine Tafel, welche die Stadt 1981, im 2000. Todesjahr des römischen Dichters, »bei den mythischen Wassern der Arethusa« angebracht hat.

Die Via Capodieci leitet zum Palazzo Bellomo, ein staufischer Bau mit strenger Fassade, die im Erdgeschoss aus der Erbauungszeit (um 1250) stammt, und dreiteiligen katalanischen Fenstern mit dünnen Säulen (15. Jh.) im Obergeschoss. Hier zeigt die Galleria Regionale Skulptur, Malerei und Kunsthandwerk (Di. – Sa. 9.00 – 19.00, So. bis 13.00 Uhr). Höhepunkt der Gemäldegalerie ist eine stark beschädigte »Verkündigung« des Antonello da Messina (1474). Ein Meisterwerk ist ferner die »Grablegung der hl. Lucia« von Michelangelo Caravaggio (1609). Ein großes Holzmodell zeigt den Zustand von Syrakus im 18. Jahrhundert. Im Erdgeschoss sind Reisewagen und Kutschen aus dem 17. Jh. ausgestellt.

Palazzo Bellomo
✶
◄ Galleria Regionale
🕐

> ❗ *Baedeker* TIPP
>
> **Ortigia vom Wasser aus**
> Eine Hafenrundfahrt mit der »Selene« vermittelt ganz neue Eindrücke von Ortigia. Schiffsanlegestelle ist das Foro Vittorio Emanuele II.

Das Castello Maniace auf der Südspitze der Insel geht zurück auf den byzantinischen General Georgios Maniakes, 1239 wurde es von Kaiser Friedrich II. als quadratische Anlage mit runden Ecktürmen erneuert. Neben dem Marmorportal hatten zwei antike Bronzewidder ihren Platz (einer im Archäologischen Museum in ► Palermo). Sehenswert ist vor allem der Säulensaal (Di. – So. 9.00 – 13.00 Uhr).

Castello Maniace

Eine **»Passeggiata lungo al mare«** ist die Promenade des Foro Vittorio Emanuele II., die mit Ruhebänken unter Glanzfeigen zum Verweilen einlädt. Sie erstreckt sich von der Arethusaquelle bis zur Schiffsanlegestelle Molo Zanagora, der Porta Marina (15. Jh.; Rest der mittelalterlichen Stadtmauer) und der kleinen Kirche **Santa Maria dei Miracoli** (um 1500).

Acradina

Zentrum des Festlandstadtteils Acradina, der heute kleiner ist als in antiker Zeit, ist das Foro Siracusano mit einem markanten Gefallenendenkmal in der Grünanlage (bescheidene Reste der antiken Agora mit Straßenpflaster und einigen Säulen).

Foro Siracusano

Von der nahen Piazza Marconi (Busbahnhof) westwärts der Via Elorina folgend, findet man nach Überqueren der Bahngleise rechts den eingezäunten Bezirk des Ginnasio Romano (1. Jh. n. Chr.), eigentlich ein kleines Theater, das von Säulenhallen umgeben war. Der untere

Ginnasio Romano

Teil des Zuschauerraumes ist erhalten, desgleichen ein hinter der Bühne gelegener Altar auf hoher Basis.

Schiffsarsenal

Vom Foro Siracusano in nordöstlicher Richtung gelangt man über die Via Armando Diaz und Via dell'Arsenale zwischen Bahnlinie und der Nordseite des Kleinen Hafens zu den Resten eines antiken Schiffsarsenals und ist bereits auf dem Weg zum Stadtteil Tyche.

Tyche · Santa Lucia

Piazza Santa Lucia

Mittelpunkt des dicht bevölkerten Stadtviertels Tyche (heute Santa Lucia) ist die große, rechteckige, von Baumreihen gesäumte und mit Grünanlagen versehene Piazza Santa Lucia. Ihre nördliche Schmalseite wird abgeschlossen durch die gleichnamige Kirche und den Achteckbau der Chiesa del Sepolcro (17. Jh.) mit der Begräbnisstätte der hl. Lucia, der Stadtpatronin von Syrakus (▶Baedeker Special S. 406). Das Mausoleum kann man von der Kirche aus in Begleitung eines Bruders besuchen. Nicht zugänglich sind dagegen die Katakomben, die sich unter Kirche und Platz erstrecken.

✶
Santa Lucia

Die Kirche, eine dreischiffige Säulenbasilika aus dem 12. Jh., löste einen Vorgängerbau (6. Jh.) an der Stelle des Martyriums der hl. Lucia ab. Gotisch sind noch das Portal und die Fensterrose an der westlichen Schmalseite. Im Innern ist der ursprüngliche offene Dachstuhl noch vorhanden, im Übrigen wurde der Raum barockisiert. Das Altarbild »Die Grablegung der hl. Lucia« von Caravaggio (1609) befindet sich seit einigen Jahren im Museum des Palazzo Bellomo.

In den Katakomben von San Giovanni

Nordwestlich der Piazza Santa Lucia (Via dello Stadio – Via Gorizia – Via Sofocle) befindet sich die Piazza Vittoria mit einem großen Ausgrabungsgebiet; hier war u.a. ein bedeutendes Demeterheiligtum, die Votivgaben sind heute im Archäologischen Museum.

Piazza Vittoria

Nördlich davon ragt die 76 m hohe Wallfahrtskirche Santuario della Madonnina delle Lacrime (»Zitronenpresse«) von E. Castiglioni in den Himmel. Der Betonbau steht an der Stelle, an der 1953 ein Madonnenbild aus Gips mehrmals geweint haben soll, als eine Frau bei einer schwierigen Geburt die Maria anrief.

Santuario della Madonnina delle Lacrime

Auf der anderen Seite des Viale Teocrito führt ein Grünstreifen zur Kirche San Giovanni aus frühchristlicher Zeit. Sie ist seit dem Erdbeben von 1693 Ruine. Im Wesentlichen steht noch die Portalwand des 14. Jahrhunderts.

★ ★
Basilica e Catacombe di San Giovanni

Unter den Resten der Kirche befindet sich die **Krypta San Marziano**, benannt nach dem Petrusschüler Marcian, der im Jahr 44 die erste christliche Gemeinde in Syrakus gründete und nach lokaler Tradition an dieser Stelle das Martyrium erlitt. Vermutlich war die Krypta ursprünglich ein römisches Hypogäum; von diesem stammen noch acht ionische Säulenbasen. Es war die älteste Kirche in Syrakus und wurde im 3. oder 5. Jh. zu einer Dreikonchenanlage mit dem Grundriss eines griechischen Kreuzes umgebaut. Die Vierungspfeiler tragen ausdrucksvolle Kapitelle mit antiken und christlichen Elementen: über flachen ionischen Voluten Evangelistensymbole. Im Ostteil der Krypta befinden sich der Altar, an dem im Jahre 61 der Apostel Paulus gepredigt hat, sowie das Grab des hl. Marcianus. An die

> ### **?** WUSSTEN SIE SCHON ...?
>
> ■ Vor rund 5000 Jahren fanden die Ägypter heraus, dass sich aus dem Mark der Papyrusstauden Bogen herstellen lassen, die man beschreiben, bemalen und in Rollen- oder Buchform bringen kann. Darüber hinaus war Papyrus ein billiges Nahrungsmittel, und aus den Schafthüllen wurden Boote, Körbe, Segel, Matten und Netze geflochten. Im 6. Jh. v. Chr. kam das Papyruspapier wahrscheinlich nach Griechenland und mit der griechischen Literatur auch nach Rom und Italien. In Europa wachsen die zur Familie der Riedgräser gehörenden Pflanzen nur auf Sizilien.

Krypta schließen sich die **Katakomben von San Giovanni** an, eine labyrinthische unterirdische Nekropole des 4. bis 6. Jh.s (Di. – So. 9.00 bis 12.30, 14.30 – 17.30 Uhr). Hier fand man den Adelphiasarkophag (um 340), heute eines der Hauptwerke in der frühchristlichen Abteilung des Archäologischen Museums (►unten).

Dieses Museum erreicht man, wenn man vor dem Eingang zum Archäologischen Museum die schmale Straße links hinaufgeht. Es unterrichtet in drei Räumen mit originalem Material und Videofilmen über den antiken Beschreibstoff. Der Syrakusaner Graf Saverio Landolina war 1781 der erste Mensch der Moderne, der nach antiken Texten wieder Schreibpapyrus produzierte (Di. – So. 9.00 – 13.00 Uhr).

Papyrusmuseum, Istituto di Papiri

✴ ✴ Museo Archeologico Regionale Paolo Orsi

An der Ecke Viale Teocrito/Via Augusto von Platen liegt die **Villa Landolina** mit dem Archäologischen Museum. Im Garten befindet sich der protestantische Friedhof mit einem Denkmal für englische Seeleute, die in den napoleonischen Kriegen starben, und links daneben dem Wandgrab des Ansbacher Dichters Graf August von Platen. Dieser starb am 1. Dezember 1835 im Alter von 39 Jahren, als er beim Grafen Landolina zu Gast war. Landolina rühmte ihn in der Grabinschrift als deutschen Horaz (»Augusto Comiti Platen Hallermunde, Anspachiensi, Germaniae Horatio«). Gegenüber errichteten Freunde später ein Denkmal mit der Porträtbüste des Poeten.

Archäologisches Museum

🕐
Öffnungszeiten:
Mo. – Sa.
9.00 – 18.00
So. bis 13.00

Die Sammlungen des 1988 eröffneten Museums reichen von der Vor- und Frühgeschichte bis zur frühchristlichen und byzantinischen Zeit. Herzstück des Gebäudes (Franco Minnisi) ist ein Rondell, an das sich die einzelnen Abteilungen anschließen:

A   Geologie, Vor- und Frühgeschichte
B   1. Chalkidische Kolonien, Megara Hyblaea; 2. Syrakus
C   Hellenisierte einheimische Zentren sowie Agrigent und Gela.
D   Im ersten Stock: Spätgriechische und römische Zeit.

Abteilung A ►

Anschaulich erläutert werden Geologie, Paläontologie, Alt- und Jungsteinzeit (Höhlenfunde des 4. und 3. Jt.s v.Chr.) sowie die Bronzezeit. Hier findet man u.a. das bronzezeitliche Grab von Vallelungo (farbige, hohe Henkelgefäße mit schmalem, konischem Fuß, 19. – 15. Jh. v.Chr.), Stücke aus Castelluccio (19. – 15. Jh.), u.a. die Kalksteintür von Grab 31 mit einem Relief (schematisierte Darstellung des Geschlechts?), Pithoi und große Tonbecken auf hohem Ständer, der hohe Rückteil mit geometrischen Ritzzeichnungen und Fisch- bzw. Vogeldarstellungen versehen – Thapsos (15. – 13. Jh.), Funde aus Pantálica, darunter eine Kollektion leuchtend roter Gefäße (13. – 11. Jh.), Vasen und Bronzewaffen aus der Nekropole Montagna bei Caltagirone (1270 – 1000 v.Chr.), drei Bestattungen aus der Nekropole Madonna del Piano nördlich von Grammichele, wo seit 1959 300 Gräber des 11. – 9. Jh.s v.Chr. gefunden wurden; nebeneinander sieht man ein Steinkistengrab, eine Bestattung in nackter Erde und eine weitere in einem großen Tongefäß.

Abteilung B ►

Die Abteilung informiert anhand der Ausgrabungen von Naxos, Katane, Leontinoi und Megara über die griechische Kolonisation seit dem 8. Jh. v.Chr. Großartigster Fund aus einer der Nekropolen der Stadt ist die dickbrüstige, zwei Säuglinge stillende Göttin aus Kalkstein (einheimische Arbeit, am Sockel Farbreste, um 550 v.Chr.), sie gilt als Abbild der von den vorgeschichtlichen Völkern Siziliens verehrten »Urmutter«. Die **Syrakus-Sammlung** ist topographisch nach Stadtteilen angeordnet. Eine interessante Abteilung zeigt Modelle von Syrakusaner Tempeln.

Siracusa Museo Archeologico Paolo Orsi

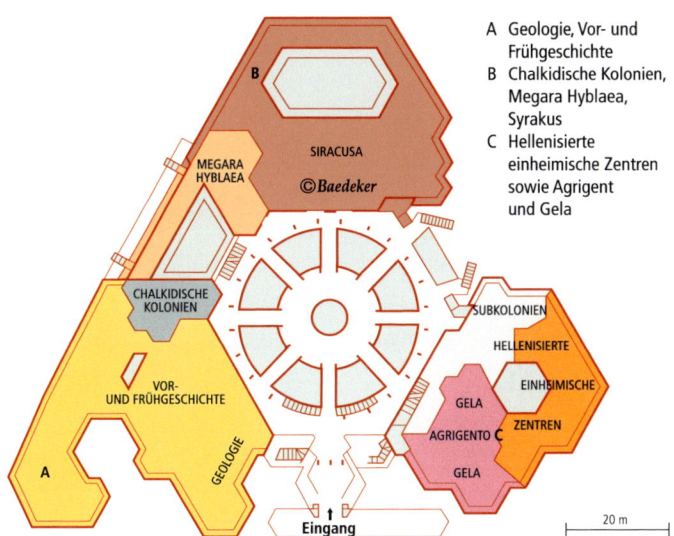

A Geologie, Vor- und Frühgeschichte
B Chalkidische Kolonien, Megara Hyblaea, Syrakus
C Hellenisierte einheimische Zentren sowie Agrigent und Gela

◄ Abteilung C

Hier finden wir Stücke aus Heloros, Akrai, Kasmenai, Monte Casale und Canicattini; u. a. eine sitzende weibliche Gottheit aus Grammichele, die durch ihr geheimnisvolles Lächeln betört (Terrakotta, um 470 v. Chr.); »Pinakes« (Reliefplatten) aus Francavilla erzählen vom Demeterkult: Demeter und Hades thronend, Persephone und vor ihr ein Mädchen, Hermes tritt dem Unterweltsgötterpaar entgegen usw.

◄ Abteilung D

Die berühmtesten Exponate dieser der spätgriechischen und römischen Zeit vorbehaltenen Abteilung sind die 1804 von Landolina gefundene **Venus Landolina**, die römische Kopie einer hellenistischen Arbeit aus dem 2. Jh. v. Chr., und der Adelfia-Sarkophag (4. Jh.) mit Darstellungen aus dem neuen und alten Testament.

Latomia dei Cappuccini

Am Nordostrand von Tyche erreicht man unweit der Küste beim stilvollen Grand Hotel Villa Politi einen weiten, malerisch bewachsenen Steinbruch mit bizarren Felsgebilden. Die üppige Vegetation mildert die Erinnerung daran, dass 415 v. Chr. die 7000 gefangenen Athener hier nach ihrer Niederlage vegetierten und starben.

Neapoli · ✷ ✷ Parco Archeologico

Die »Neustadt« (Neapolis) der Antike wird heute als Parco Archeologico besichtigt. Umfährt man das Gelände auf dem Viale Rizzo, so bietet sich vom höher gelegenen Nordteil dieser Straße aus ein Blick über die Ausgrabungen und von der Einmündung auf den Viale Teracati eine Übersicht über die Necropoli Grotticelli (▶ unten) mit dem sog. Grab des Archimedes.

Öffnungszeiten:
tägl. 9.00 – 18.00,
im Winter bis 15.00

Busse, Taxis usw. fahren bis zum Largo Anfiteatro, wo es neben der ehem. Kirche San Nicolò (im 11./12. Jh. über einer römischen Zisterne erbaut) unzählige Orangenpresser und Souvenirläden gibt. Hier ist der Eingang zu den archäologischen Sensationen (Ticket aufbewahren, es wird innerhalb des Geländes nochmals benötigt).

Altar Hierons II.

Der Altar Hierons II. ist eine wahrhaft monumentale Anlage. Gestiftet wurde er von Hieron II. (275 – 215 v. Chr.) zur Erinnerung an den Sturz des Tyrannen Thrasybulos, der in Syrakus alljährlich mit dem Fest des Zeus Eleutherios gefeiert wurde. Dabei opferte man, wie der Geschichtsschreiber Diodor meldet, 450 Stiere, die als Festmahl für die Bürger verwendet wurden. Erhalten ist der aus dem Felsen herausgearbeitete Unterbau, der über 180 m (= 1 Stadion) lang und 23 m breit ist und an den Schmalseiten Rampen für die Opfertiere aufweist. Der nicht mehr vorhandene Aufbau dürfte etwa 15 m hoch und mit Skulpturen geschmückt gewesen sein.

✷✷
Griechisches
Theater

Das griechische Theater wurde in seiner ursprünglichen Gestalt um 470 v. Chr. unter Hieron I. errichtet; der Baumeister hieß Demokopos. In diesem Theater erlebten »Die Perser« des Aischylos ihre sizilische Erstaufführung. Das Festspiel »Die Frauen von Aitne«, das der attische Tragiker während seines Aufenthaltes in Syrakus für Hieron I. schrieb, ist hier ebenfalls uraufgeführt worden. Daneben spielte man Tragödien von Sophokles und Euripides, ferner Stücke des sizilischen Komödiendichters Epicharmos. Seine jetzige Gestalt verdankt das Theater einem Umbau, der – wie eine Weihinschrift an der Dia-

> **!** *Baedeker* TIPP
>
> **Ein Muss, nicht nur für Philologen …**
>
> … sind von Mitte Mai bis Juni die ambitionierten Inszenierungen antiker Tragödien und Komödien (in italienischer Sprache) im Griechischen Theater (www.indafondazione.org). Achtung: Hotels sind auf Monate hin ausgebucht!

zomamauer mitteilt – zur Zeit des Königs Hieron II., seines Sohnes Gelon und ihrer beiden Frauen vollendet war. Da Gelon 238 v. Chr. heiratete und Hieron 215 starb, sind damit die Eckdaten, zwischen denen die Erneuerung stattfand, gegeben. Mit 138 m Durchmesser und 61 aus dem Felsen gehauenen Sitzreihen, auf denen rund 15 000 Zuschauer Platz hatten, ist es eines der **größten Theater** der griechischen Antike. Der Zuschauerraum (Cavea) ist weitgehend erhalten. Bühne und Szenengebäude waren zwischen zwei würfelförmig behauenen Felsen angeordnet, sind aber verschwunden. In flavischer Zeit (69 – 96) wurde die Orchestra nach römischem Geschmack für Gladiatorenspiele eingerichtet (für die später das römische Amphitheater erbaut wurde). Im Sommer werden hier griechische Dramatiker aufgeführt, allerdings in italienischer Sprache.

Im Teatro Greco erlebten einige Tragödien von Aischylos ihre Premiere.

Oberhalb des Theaters zog sich auf einer Terrasse ein Säulengang hin; in der dahinterliegenden Felswand befand sich ein den Musen geweihtes Nymphaeum. Aus einer der Nischen strömt noch immer das Quellwasser und fließt durch antike Kanäle ab. Nach links kommt man zu einer in die Felsen eingetieften Gräberstraße mit Grabnischen aus byzantinischer Zeit.

Nymphaeum

Die Latomien, antike Steinbrüche, wurden seit dem 6. Jh. v.Chr. ausgebeutet und im Lauf der Zeit 20 bis 40 m tief in den Kalkstein gehauen. Einst waren sie nicht zum Himmel hin offen, sondern unterirdisch. Pfeiler stützten ihre Gewölbe. Heute ist das Gelände fast zugewachsen, und nur noch einzelne, bizarr geformte Stützen sind stehen geblieben.

Latomien

Der größte und berühmteste dieser Steinbrüche ist die Latomia del Paradiso östlich des Griechischen Theaters. Ein gigantischer Stollen (60 m lang, 5 bis 11 m breit und 23 m hoch) wird wegen seiner Akustik »**Ohr des Dionysios**« (Orecchio di Dionisio) genannt. Die Überlieferung berichtet, dass der Tyrann Dionysios vom einen Ende des Stollens aus noch die leisesten Gespräche von Gefangenen belauschen konnte – die Bezeichnung findet sich allerdings erstmals 1608 bei dem Maler Michelangelo Caravaggio.

◄ Latomia del Paradiso

In der Seilergrotte, **Grotta dei Cordari**, betrieben über Jahrhunderte die Seiler ihr Handwerk. In dem feuchten Klima ließen sich die Hanffasern gut lagern und verarbeiten.

✱
**Römisches
Amphitheater**

Zurück auf der Via Paradiso, versteckt sich der Eingang zum Amphitheater hinter Nippesbuden. Die Vergnügungsstätte aus dem 3. Jh. n.Chr. ist teilweise aus dem anstehenden Felsen herausgehauen. Die Zugänge lagen an beiden Enden der Längsachse. Unter den vorderen Sitzreihen ist ein Gang für Gladiatoren und wilde Tiere erhalten. Heute finden hier gelegentlich Rockkonzerte statt.

**Necropoli
Grotticelli**

Nordöstlich liegt die Necropoli Grotticelli mit vielen Gräbern, die in griechischer, römischer und byzantinischer Zeit aus dem Kalkfelsen gehauen wurden. Darunter ist das so genannte **Grab des Archimedes**, kenntlich durch seine Giebelfassade, die man – falls der Bezirk geschlossen ist – auch von außen sehen kann. Der berühmte Mathematiker, der bei der römischen Eroberung von Syrakus 212 v.Chr. umkam, war jedoch, wie Cicero festgestellt hat, nicht an diesem Platz, sondern vor dem Tor nach Agrigent bestattet – hier handelt es sich um ein römisches Columbarium des 1. Jh.s n. Chr.

Epipolai · ✱ ✱ Castello Eurialo

🕐
Öffnungszeiten:
tägl. 9.00 – 19.30

Epipolai, heute so gut wie unbewohnt, war der nördlichste und zugleich größte Stadtteil der antiken Großstadt Syrakus. Er liegt auf einem Kalksteinplateau, das eine Fläche von rund 15 000 m² einnimmt und die Form eines Dreieckes hat. Dieses Plateau beherrschte die wichtige Straße ins Landesinnere und wurde von Dionysios I. gegen 400 v.Chr. mit einer 6 km langen Mauer befestigt. Wie Diodor berichtet, haben 60000 Arbeiter unter der persönlichen Anleitung des Tyrannen mitgewirkt und den Mauerring in der kurzen Zeit von 20 Tagen vollendet. Seine kurze Ostseite verläuft parallel zur Meeresküste, die langen Seiten im Südwesten und Norden vereinigen sich beim Kastell Euryalos (Castello Eurialo), das 8 km nordwestlich des Stadtzentrums liegt (Achtung: wenig Parkplätze; Busverbindung mit Linie 11 ab Riva della Posta; nachmittags genießt man eine herrliche Aussicht auf Ortigia und den großen Hafen). Das Kastell nimmt eine Fläche von 1,5 ha ein und ist eine der stärksten Befestigungen aus griechischer Zeit. Hier soll der Belagerung durch die Römer 213/212 v.Chr. der Brennspiegel gestanden haben, den Archimedes konstruiert hatte, um die Segel der feindlichen Flotte in Brand zu setzen. Der Eingang befindet sich im Westen (kleines Museum), auf der am meisten gefährdeten Seite, die entsprechend stark gesichert war. Drei Gräben sind hier in den Felsen eingetieft, dahinter

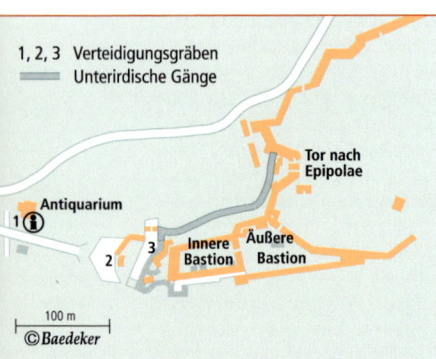

Siracusa Castello Eurialo

1, 2, 3 Verteidigungsgräben
━━━ Unterirdische Gänge

Tor nach
Epipolae

Antiquarium

1 ⓘ

2   3   Innere   Äußere
          Bastion   Bastion

100 m
© Baedeker

Antike Festungstechnik: Castello Eurialo

liegt die durch fünf massive Türme verstärkte Hauptbastion. Eine spätere, vielleicht erst byzantinische Mauer trennt den Ostteil ab, in dem es mehrere Zisternen zur Wasserversorgung gibt. Unterirdische Gänge, in denen sich Truppen unbemerkt bewegen konnten (z. T. noch begehbar), gehören zu den wohldurchdachten Anlagen. Besonders interessant ist das Zangentor nördlich unterhalb des Kastells.

Außerhalb des Stadtgebietes

An der Westseite des Großen Hafens liegen zwei höchst gegensätzliche Stätten antiker Tradition: Kyanequelle und Zeustempel.

Die Kyanequelle, Fonte Ciane, 7 km südwestlich des Zentrums, erreicht man am stimmungsvollsten mit dem Boot (und anschließend zu Fuß) vom Foro Italico aus (mit dem Pkw in Richtung Canicattini Bagni, dann links der Beschilderung folgend). Sie hat ihren Namen nach der Nymphe Kyane, die versuchte, den Raub von Demeters Tochter Persephone durch den Unterweltsgott Hades zu verhindern, weshalb Hades sie in eine Quelle verwandelte. An dieser Quelle begingen die Syrakusaner des Altertums einst jährlich ein Fest zu Ehren von Persephone und Kyane. Der von Picknickresten ummüllte und von wild wachsenden Papyrusstauden umstandene Quellteich ist der Ursprung des nur 6 km langen Cianeflusses.

Kyanequelle

Gleich südlich von Anapo- und Cianefluss, die sich erst kurz vor der Einmündung in das Meer vereinen, zweigt von der SS 115 die Zufahrt zum Zeustempel ab: Fundamente, auf denen man zwei Säulen

Zeusheiligtum

Hier entspringt das Kyaneflüsschen.

wieder aufgerichtet hat (um 560 v. Chr.). Längst verschwunden ist der goldene Mantel des Kultbilds, für den Gelon 480 v. Chr. nach seinem Sieg über die Karthager die unvorstellbare Summe von 85 Talenten (1 Talent entsprach 26,196 kg) stiftete. Dionysios I. bemächtigte sich seines gegen 400 v. Chr. und kleidete den Gott mit einem wollenen Gewand.

Magdalenen-Halbinsel Ein ansprechender Ausflug geht von der Stelle des Zeustempels zunächst auf der SS 115 in südlicher Richtung, bald darauf links ab zur Magdalenen-Halbinsel, dem antiken Kap Plemmyrion, das den Großen Hafen von Syrakus im Süden abschließt. Von der Felsküste bietet sich beim Leuchtturm ein schöner Blick nach Norden auf die vom Castello Maniace und dem Dom beherrschte Insel Ortigia.

Umgebung von Syrakus

Thapsos Thapsos liegt 18 km nordwestlich. Man erreicht es über die SS 114 bis Priolo Gargallo, biegt dort meerwärts ab und gelangt über die Bahnstation Priolo Melilli zur Halbinsel Magnisi. Hier lag die vorgriechische bronzezeitliche Siedlung Thapsos (15.–13. Jh. v. Chr.). Um 730 v. Chr. ließen sich griechische Kolonisten, die unter Führung des Lamis aus Megara gekommen waren, vorübergehend nieder, ehe sie das 8 km nordwestlich gelegene Megara Hyblaea gründeten. Es fanden sich die Reste von zwei Häfen, Straßen, öffentlichen Gebäuden und Privathäusern. Reiche Funde heimischer und mykenischer Keramik kamen in einer Nekropole mit über 4000 Felsgräbern zu Tage (heute im Museum von ►Syrakus).

Die Ruinenstätte Megara Iblea am Golf von Augusta, dem antiken Megara Hyblaea (heute im Industriegebiet, 21 km nördlich von Syrakus an einer nicht bezeichneten Abzweigung von der SS 114), ist eine der ältesten dorischen Kolonien in Sizilien, wenn nicht die älteste überhaupt. Siedler aus Megara bei Athen ließen sich unter Führung von Lamis zunächst in Leontinoi, dann in Thapsos nieder, ehe sie im Einvernehmen mit Hyblon, dem König der Sikuler, 728 v. Chr. endlich einen Platz fanden, an dem sie auf Dauer heimisch werden konnten. 100 Jahre später wurde von hier aus Selinunt gegründet. Darüber hinaus ist Megara Hyblaea bekannt als Geburtsstadt des ersten Komödiendichters Epicharmos (um 550 – 460 v. Chr.). Zu dessen Lebzeiten eroberte Gelon die Stadt, siedelte die Aristokraten nach Syrakus um und verkaufte die restliche Bevölkerung in die Sklaverei. Megara lag wüst, bis um 350 v. Chr. eine Neubesiedlung einsetzte. Diese kleinere Siedlung fand ihr Ende mit der römischen Eroberung durch Marcellus (214 v. Chr.). Fortan gab es nur noch den Ankerplatz und vielleicht eine dörfliche Siedlung.

Französische **Ausgrabungen** legten 1872 – 1889 Teile der archaischen Stadt frei: Mauerring, zwei archaische Tempel, Kaianlagen und zwei Nekropolen (tägl. 9.00 bis 1 Std. vor Sonnenuntergang). Neuere Ausgrabungen untersuchten 1949 – 1961 die jüngere hellenistische Stadt, die 350 – 214 v. Chr. existierte; man fand im engeren Mauerring die Agora und einen kleinen dorischen Antentempel sowie große Mengen archaischer Keramik. Einige Funde sind in dem kleinen Antiquarium am Meer, die meisten im Archäologischen Museum von Syrakus zu besichtigen; herausragend ist die von einem einheimischen Künstler geschaffene Kalksteinfigur einer sitzenden Fruchtbarkeitsgöttin, die zwei Säuglinge stillt (Kurotrophos, um 550 v. Chr.).

★ **Megara Hyblaea**

◄ Hier wurde die Komödie geboren

🕐

Augusta (34 000 Einw.) liegt an der Ostküste Siziliens (10 km nördlich von Megara Iblea und 34 km nordwestlich von Syrakus) auf einer schmalen, nach Süden in den Golfo di Augusta vorspringenden Halbinsel, die von zwei Naturhäfen flankiert wird. Die Stadt hatte früher ihren Wohlstand vor allem durch Meersalzgewinnung erworben. Heute ist Augusta geprägt durch seine Industrieanlagen (Zement, Chemie, Raffinerien, Erdölhafen) und durch den Stützpunkt der italienischen Kriegsmarine.

1232 gründete Kaiser Friedrich II. anstelle des antiken Xiphonia Augusta, die »Kaiserliche«. Kern war das Kastell, eine quadratische Vierflügelanlage. Der doppelte Befestigungsring entstammt dem 16. und 17. Jahrhundert. Dieser Bau ist in seiner ursprünglichen Gestalt nach vielen Umbauten weder außen noch im Innern zu erkennen. Aus dem Mittelalter stammt auch der Kreuzgang der Chiesa di San Domenico (13. Jh.).

Augusta

✴ ✴ Taormina

T 5

Provinz: Messina
Einwohnerzahl: 10 120

Höhe: 204 m ü.d.M.

Taormina liegt hoch über dem Ionischen Meer auf einer Felsenterrasse mit Blick auf den meist schneebedeckten Ätna. Diese Lage, üppige Vegetation und ein mildes Klima im Winter sowie ein Stadtbild, in dem sich Urbanität und Historie mischen – all das hat Taormina schon im 19. Jh. zum meistbesuchten Ferienort Siziliens werden lassen.

Der Salon Siziliens

Ein Hauch hiervon hat sich, ungeachtet aller Souvenirläden, die sich vor allem auf dem Corso Umberto, der großen Flaniermeile, aneinander reihen, bis heute erhalten.

 TAORMINA ERLEBEN

AUSKUNFT

AAST
Palazzo Corvaja
Piazza Santa Caterina
98039 Taormina, Tel. 0 94 22 32 43
www.gate2taormina.com

VERANSTALTUNGEN

»Fest des sizilianischen Karren« im Mai; Musik im Teatro Greco

VERKEHR

Der Flughafen Catania ist 47 km entfernt; in Naxos legen Kreuzfahrtschiffe an. Taorminas Altstadt ist für den Autoverkehr weitgehend gesperrt; es gibt zwei Parkhäuser unterhalb des Ortes, das Parkhaus Porta Catania im Westen und das Parkhaus Lumbi im Nordosten des Zentrums. Auch bei der Talstation der Seilbahn gibt es Parkmöglichkeiten. Linienbusse fahren zu den Nachbarorten. Die Funivia (Seilbahn) verbindet die (Ober)-Stadt mit der Strandsiedlung Mazzarò. Es führen auch Treppenwege zu den kleinen, aber feinen Buchten.

GUT ZU WISSEN

Neben den Souvenirs locken die Schaufenster des Corso Umberto mit dem ganzen Warensortiment Siziliens, von Caltagirone-Keramik über kulinarische Angebote bis zu den großen Namen der Alta Moda. Im Delikatessenschäft *La Torinese* ist man auf sizilianische Raffinessen wie Feigenkakteengrappa oder Thunfischkaviar spezialisiert (Corso Umberto 59). Der schnauzbärtige Karrenmaler *Cesare Filistad* zaubert mit dem Pinsel naive Szenen u. a. aus der »Cavalleria rusticana« auf dünne Bretter (Via Calapitrulli 19). An Wochenenden sind die Discotheken, Night Clubs und Wine Bars bis auf den letzten Platz gefüllt.

ESSEN

▶ **Fein & teuer**
① *Maffei's*
Via San Domenico Guzman 1
Tel. 0 94 22 40 55
Im Winter Di. geschl.; edles Ambiente, exquisite kleine Häppchen und große Menüs für Feinschmecker

⑥ *Osteria Nero d'Avola*
Vico Spuches 8, Tel. 09 42 62 88 74
Einfallsreiche Kreationen und bestes
Weinangebot nahe der Porta Catania.
Jeden Cent wert

▶ Erschwinglich
② *L'Arco dei Cappuccini*
Via Cappuccini 1, Tel. 0 94 22 48 93
Mi. geschl.; nördlich der Porta Mes-
sina; hier dreht sich (fast) alles um
Fisch, der köstlich zubereitet wird.
Unbedingt reservieren. Große Wein-
auswahl und kundige Beratung

③ *Al Giardino*
Via Bagnoli Croci 84
Tel. 0 94 22 34 53; Mo. geschl. – Im
»Giardino« arbeitet die ganze Familie.
Sprachprobleme gibt es keine, da
Sebastiano Puglia viele Jahre als
Übersetzer in Deutschland gearbeitet
hat. Vielerlei Pasta und andere her-
vorragende regionale Spezialitäten

④ *Al Duomo*
Vico Ebrei 11, Tel. 09 42 62 56 56
www.ristorantealduomo.it; im Winter
Mi. geschl.; am Domplatz, allerdings
befindet sich der Zugang rechts vom
Straßencafé! Nicht nur bei den Touristen, auch bei den Einheimischen
sehr beliebtes Lokal mit klassischer
sizilianischer Küche

▶ Preiswert
⑤ *Vecchia Taormina*
Vico Ebrei 13, Tel. 09 42 62 55 89
Gute Pizzen in einer Seitengasse des
Corso Umberto, zwischen Piazza
Duomo und dem Porta Catania

ÜBERNACHTEN
▶ Luxus
① *Grand Hotel Timeo*
Via Teatro Greco 59, Tel. 0 94 22 38 01
www.grandhoteltimeo.com
73 Z.; in einem schönen Park unterhalb des Theaters mit großartigem
Ausblick und allen Annehmlichkeiten

▶ Komfortabel
② *Villa Schuler*
Piazzetta Bastione 16
Tel. 0 94 22 34 81, Fax 0 94 22 35 22
www.villaschuler.it; 29 Z. und 1 kleine
Ferienwohnung – Liebevoll gepflegte
Villa in einem parkähnlichen Garten,
durch den man direkt ins Stadtzentrum gelangt; das Frühstück gibt es à
la carte auf der Terrasse mit Blick auf
die Bucht von Naxos und den Ätna.
Mountainbikes und Tourentipps für
Gäste des Hauses gratis

Villa Schuler, Frühstücksterrasse

④ *Giardini Naxos · Arathena Rocks*
Via Calcide Eubea 55, Tel.
0 94 25 13 49, www.hotelarathena.it
49 Z.; hinter dem Kap an der Südseite
gelegen, mit Stilmöbeln eingerichtete
Zimmer; mit Garten oberhalb des
Meeres, Strand aus Lavafelsen

▶ Günstig
③ *Pensione Svizzera*
Via Luigi Pirandello 26
Tel. 0 94 22 37 90, Fax 09 42 62 88 74
www.pensionesvizzera.com
16 ordentliche Zimmer in hübscher
Villa, kleiner Garten

Begehrtes Belvedere Eine Siedlung der Sikuler lag in der Nähe des heutigen Kastells auf dem Berge Tauros. 396 v.Chr. begründete der Karthager Himilkon hier die Stadt Tauromenion, die er mit Sikulern aus der Umgegend bevölkerte. Schon nach vier Jahren fiel sie in einem Friedensvertrag Syrakus zu. Dionysios I. vertrieb die Sikuler und siedelte eigene Söldner an. Doch auch die syrakusanische Herrschaft dauerte nur kurz, 358 v.Chr. überführte Andromachos die überlebenden Bewohner von Naxos, das Dionysios 403 zerstört hatte, nach Tauromenion. Unter diesem Andromachos, Vater des Geschichtsschreibers Timaios, kam die Stadt zu Wohlstand. Auch nahm Andromachos 345 v.Chr. den aus Korinth herübergekommenen Timoleon auf seinem Wege nach Syrakus auf – weshalb Timoleon, dort zur Macht gelangt, ihm als einzigem sizilischen Tyrannen seine Herrschaft beließ. Um 315 v.Chr. beherrschte Agathokles von Syrakus die Stadt, die nach dessen Niederlage zu den Karthagern überging. Auch die Folgezeit brachte wiederholten Machtwechsel: Seit 285 v.Chr. herrschte in Tauromenion der Tyrann Tyndarion, 278 v.Chr. ließ er Pyrrhos von Epeiros landen und ermöglichte damit dessen Sizilienzug. Später wechselte Tauromenion zu dem Römer Marcellus über, woraufhin Rom der

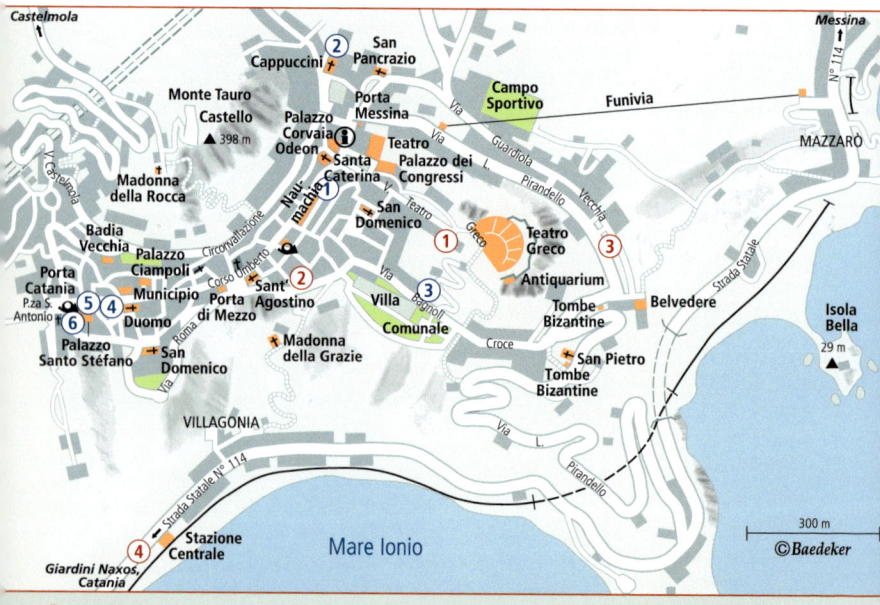

Taormina Orientierung

Übernachten
① Grand Hotel Timeo
② Villa Schuler
③ Pensione Svizzera
④ Arathena Rocks

Essen
① Maffei's
② L'Arco dei Cappuccini
③ Al Giardino
④ Al Duomo
⑤ Vecchia Taormina
⑥ Nero d'Avola

Stadt den Rang einer Civitas foederata einräumte. Im 1. Sklavenkrieg war die Stadt eine der Hauptfestungen der Sklaven. Octavian (der nachmalige Augustus) erlitt hier in den Kämpfen mit Sextus Pompeius eine schwere Niederlage, doch 30 v.Chr. baute er den Ort als Veteranensiedlung wieder auf. In der Kaiserzeit blühte die Stadt auf. Taormina fiel erst 902 in die Hand der Araber. Größere Bedeutung erlangte es, nachdem 1079 die Normannen die Araber vertrieben hatten. 1410 trat hier das sizilische Parlament zusammen, um einen Nachfolger für den verstorbenen König Martin von Aragon zu wählen. In der Folgezeit diente Taormina als Stützpunkt gegen Piraten. Im 19. Jh. trat ein neuer Aspekt in den Vordergrund: Die Stadt wurde als Luftkurort und Winteraufenthalt des mitteleuropäischen Großbürgertums und von Intellektuellen entdeckt. Das Flair, das sich insbesondere vor dem Ersten Weltkrieg entwickelte, hat auch die Zeiten des Zweiten Weltkrieges, in dem Taormina als Sitz deutscher Kommandostellen alliierten Luftangriffen ausgesetzt war, überdauert und ist noch heute trotz Massentourismus spürbar. In den letzten Jahren habe reiche Messinesen und Catanesen das Bergstädtchen als schicke Wochenenddestination entdeckt.

◄ Urlaub im Winter

Sehenswertes in Taormina

Von der Küstenstraße am Kap Taormina zieht sich die Via Pirandello in vielen Serpentinen bergan. Vorbei an byzantinischen Felsgräbern, dem Belvedere, dem Busparkplatz und der Bergstation der Seilbahn (Funivia) nach Mazzarò endet sie schließlich vor der Porta Messina, die zusammen mit der anschließenden Piazza Vittorio Emanuele das Entree zur eigentlichen Stadt ist. Hier beginnt der Corso Umberto, der sich in südwestlicher Richtung durch die Stadt zieht, am Dom vorbei führt und an der Porta Catania endet – eine Straße zum Flanieren, Einkaufen und zum Sehen und Gesehenwerden.

Rechts an einer belebten Piazza erhebt sich der Palazzo Corvaia, in dem 1410 das sizilische Adelsparlament tagte. Der kurz vorher fertig gestellte Palazzo, in dem ein Turm aus arabischer Zeit (10. Jh.) verbaut ist, gilt als der am besten erhaltene in Taormina. Im ersten Stock das **Volkskundemuseum** mit naiven Malereien (Di. – So. 9.00 bis 13.00, 16.00 – 20.00 Uhr). Daneben die einschiffige **Katharinenkirche** (17. Jh.), dahinter die Reste eines kleinen **Odeons** aus römischer Zeit sowie die Marmorstufen vom Unterbau eines griechischen Tempels.

Palazzo Corvaia

🕐

Gegenüber dem Palazzo Corvaia geht von der Piazza V. Emanuele die Via del Teatro Greco ab. Sie führt vorbei am Hotel Timeo, das nach dem Historiker Timaios von Tauromenion benannt ist – hier stiegen die Schriftsteller Guy de Maupassant, Anatole France und André Gide, der Rasputin-Mörder Fürst Jussupoff, aber auch der deutsche Kaiser Wilhelm II. ab.

Hotel Timeo

✸
**Griechisches
Theater**

🕐
Öffnungszeiten:
tägl. 9.00–19.00,
im Winter bis 16.00

Die Straße endet, wie ihr Name verkündet, bei Taorminas berühmtester Sehenswürdigkeit: dem Griechischen Theater. Diese Bezeichnung trifft nur insofern zu, als das Theater im 3. Jh. v. Chr. unter Hieron II. von Syrakus angelegt wurde; in römischer Zeit (2. Jh. n. Chr.) wurde es rundum erneuert und hat daher alle Merkmale eines spezifisch römischen Theaters: die exakt halbrunde Cavea (neun Keile, oberer Durchmesser 109 m), die über die Orchestra-Ebene erhöhte Bühne – die korinthischen Säulen und das Stück Marmorgebälk hier wurden wieder aufgestellt – und das reich gegliederte Bühnenhaus, das so hoch ist, dass es seitlich an die obersten Sitzreihen anschließt, wodurch ein geschlossener Raum entstand. Der Blick durch eine breite Lücke in dieser Bühnenwand hinüber zum Ätna ist durchaus unantik, sondern romantisch-modern und daher tausendfach beschrieben und gemalt, millionenfach fotografiert. Sehr schön ist der Blick von der Terrasse beim Antiquarium auf das Meer, auf den Ätna, auf die Küste im Norden und hinüber nach Kalabrien.

> ! **Baedeker** TIPP
>
> **Il Fascino delle Pietre**
>
> Die Faszination von Steinen erlebt man im kleinen Laden von Michael Samperi, wo Intarsien und Mosaike aus Marmor angefertigt werden. Die Wandbilder oder Tischplatten, kann man kaufen und sich nach Deutschland liefern lassen (Via G. di Giovanni 52, Tel. 09 42 62 52 66).

Zurück zum Corso Umberto: Durch den Vicolo Naumachia links abwärts geht es zum **Naumachia**, einer imponierenden, mit Nischen geschmückten Ziegelsteinmauer von 122 m Länge. Doch hat sie nichts mit einer Arena zu tun, die zur Inszenierung von Seegefechten (Naumachien) hergerichtet wurde. Sie diente wahrscheinlich als Begrenzung einer sehr großen kaiserzeitlichen Zisterne oder eines repräsentativen Nymphaeums.

Piazza IX Aprile

Wahrzeichen der Piazza IX Aprile sind legendäre Cafés, eine wunderbare Aussichtsterrasse, die Stadtbibliothek in einer profanierten Kirche (1448) und der Uhrturm. Hier beginnt der ältere Teil der Stadt. Rechts oberhalb einer Treppengasse erscheint der **Palazzo Ciampoli** (1412). Gleich darauf passiert man das Rathaus.

Dom San Nicola

Gegenüber weitet sich die Straße zum Domplatz: San Nicola, im 13. Jh. von den Staufern begründet, im 15.–17. Jh. mehrfach verändert, verbindet mittelalterliche und jüngere Elemente. Das unverputzte Äußere mit seinen Zinnen gehört in die Ursprungszeit, das barocke Hauptportal wurde 1636 eingefügt und korrespondiert mit dem Barockbrunnen (1635) in der Mitte des Platzes. Das Innere ist mit zahlreichen Werken geschmückt, u. a. rechts die »Heimsuchung Mariä« von Antonio Giuffrè (15. Jh.) sowie die »Madonna mit Kind und Heiligen« von Antonello da Saliba (1504).

Wasser speiende
Wappentiere ▶

Antikes Theater in Taormina mit dem Ätna als Naturkulisse →

Porta Catania

Der Corso endet an der mit dem Wappen von Aragon versehenen Porta Catania (1400), unterhalb derer sich der dreigeschossige, turmartige **Palazzo Duca di Santo Stéfano** (um 1400) befindet (öffentlich zugängiger Garten). Dem Bildhauer Giuseppe Mazzullo (1913 – 1988) sind zwei Räume gewidmet. Südlich des Domplatzes erstreckt sich der große Komplex des im 16. Jh. gegründeten Klosters San Domenico. Nach Kriegsschäden (1943) blieb von der Kirche nur der Campanile erhalten, ferner der Kreuzgang (heute Luxushotel).

San Domenico ►

Villa Comunale

Den Komplex umgibt die Aussichtsstraße Via Roma, die dann in östlicher Richtung weitergeführt ist bis zum **Stadtpark** (Villa Comunale), einst Privatgrundstück der exzentrischen Lady Trevelyan, die für ihre exotischen Tiere ausgefallene Pavillons erbauen ließ.

Umgebung von Taormina

Parallel zum Corso Umberto verläuft die Circonvallazione. Von ihr geht ein schöner **Treppenweg** hinauf zur Wallfahrtskirche **Madonna della Rocca** und weiter zum 398 m hoch auf dem Monte Tauro gelegenen **Castello Saraceno** der antiken Akropolis (Aussicht!).

✳ ✳
Aussicht ►

✳
Castelmola

Wanderroute 1,
S. 134 ►

Man erreicht das Kastell auch über die Serpentinenstraße, die an der Circonvallazione beginnt und weiterführt zum herrlich gelegenen Bergdorf Castelmola (5 km von der Stadt, 529 m, Busverbindung). Vom 19. bis 23. April findet hier alljährlich ein Fest zu Ehren des Ortspatrons San Giorgio statt. Berühmt ist Castelmola für seinen »Vino alla mandorla« (süßer Mandelwein) sowie für den Ätnablick von der Ruine des Kastells (16. Jh.; Ausblick!). Castelmola erreicht man auch sehr schön zu Fuß. Von der Kirche Madonna della Rocca folgt man ein Stück weit der Autostraße und biegt dann links auf einen Treppenweg ab. Nach etwa einer Stunde hat man die Piazza Sant'Antonio erreicht, wo die wohlverdiente Erfrischung wartet. Nun geht es durch den Ort und unterhalb des Doms auf der Via dei Saraceni zurück. Der Fußweg führt durch Feigenkakteenfelder, immer mit prächtigem Ausblick auf Taormina und das Meer.

Taormina ist kein idealer Badeort. Die **Strände der Umgebung**, meist gegen Gebühr zugängliche

---

! *Baedeker* TIPP

Übernachtungstipps …

Näher am Wasser ist man z. B. im Badeort Letojanni bei »Da Peppe«. Der Besitzer, ein Maler, spricht Deutsch. Die 45 Zimmer sind einfach, sehr gut ist das hauseigene Restaurant (Via Vittorio Emanuele 345, Tel. 0 94 23 61 59, Fax 0 94 23 68 43, www.hoteldapeppe.com). Mitten in einer Zitronenplantage, in der Nähe von Giardini Naxos, liegt der Bauernhof Terrenia absolut ruhig und trotzdem nur 3 km von Taormina entfernt. Gemütlich eingerichtete Komfortzimmer, ein Restaurant mit sizilianischen Spezialitäten und Pizza und ein Spielplatz sorgen für einen unbeschwerten Familienurlaub (Via Contrada Filomena, Trappitello, Tel./Fax 094 25 29 49, www.agriturismoterrenia.it).

Letojanni: Nördlich von Taormina gibt es schöne Strände.

»stabilimenti« (Strandbäder), sind im Sommer in der Regel überfüllt. Hinzu kommt, dass die Strände von **Isola Bella** (eigentlich eine Halbinsel, die unter Naturschutz steht) und **Mazzarò** grobkieselig sind. Mehr Platz bieten **Letojanni** im Norden und **Capo Schisò** sowie **San Marco** im Süden. Die schnellste Verbindung nach Mazzarò ist die Seilbahn Funivia (► oben); zu den Stränden zwischen Capo Schisò und Letojanni verkehren Busse. Fahrpläne erhält man in allen Hotels sowie am Busbahnhof (Via Pirandello).

5 km südlich springt der Basaltfelsen des Capo Schisò nach Osten ins **Naxos** Meer vor. An der Mündung des Alcántaraflusses stand Naxos, die **erste griechische Stadt in Sizilien**, gegründet 735 v.Chr. von Siedlern aus Chalkis (Euböa) und der Kykladeninsel Naxos, einst Sitz eines Apollo-Orakels. Angesichts des unscheinbaren Trümmerterrains, das einst die Keimzelle griechischen Lebens auf Sizilien war und heute eingekeilt ist zwischen Ferienhäusern und einem Orangenhain, urteilte Dagmar Nick: »Nirgends in Sizilien lässt sich weniger Vergangenheit entdecken und zugleich mehr Ehrfurcht empfinden als hier vor den schräg in die Erde gerutschten Stufen eines Opferaltars oder dem Fundament eines Stadttores, das älter ist als die Grundmauern Roms. Diese lavaschwarze Einsamkeit bleibt ein Geheimtipp für alle, die Siziliens Wurzeln kennen lernen wollen – und nicht nur irgendeinen Lido mit einer tobsüchtigen Straße im Rücken.«

Giardini   Der Badeort Giardini liegt unterhalb Taorminas an der Ostküste Siziliens an der Bucht zwischen Kap Taormina und Kap Schisò. Er besteht im Wesentlichen aus zwei Parallelstraßen, die zwischen der Bahnlinie, der viel befahrenen Durchgangsstraße und dem Meer verlaufen. Ausgedehnte Sand- und Kiesstrände haben es zu einem beliebten Ferienort werden lassen.

Forza d'Agrò   Das von den Ruinen eines Kastells aus dem 16. Jh. überragte Bergdorf Forza d'Agrò liegt ca. 12 km nordöstlich von Taormina, nahe der Mündung des Flusses Agrò in 420 m Höhe (Anfahrt: von dem Badeort Sant'Alessio Siculo). Der Ort wurde 1117 von Roger II. dem besuchenswerten griechisch-orthodoxen Basilianerkloster Santi Pietro e Paolo (►S. 272) geschenkt. In der Chiesa della Triade hängt ein berührendes Bild von Antonio Giuffrè aus dem Kreis um Antonello da Messina (Abraham bewirtet die drei Engel, um 1500).

★ ★
**Gola
dell'Alcàntara**
Öffnungszeiten:
8.00 – 19.00,
im Winter bis 18.00

Der 48 km lange, durch seine Schluchten und Wasserfälle bekannte Fluss Alcàntara (arab. die Brücke) entspringt in 1250 m Höhe in den Monti Nébrodi, fließt zunächst südostwärts, biegt bei Randazzo am Nordrand des Ätna nach Osten um und mündet südlich von Taormina ins Meer. Sein Tal ist fruchtbar und dicht besiedelt. Lava- und Tuffgesteine bilden interessante Formationen und sichern dem Fluss-

Eindrucksvolle Naturszenerien und Badespaß in der Gola dell'Alcántara

lauf seine Vielgestaltigkeit. Eine **wildromantische Schlucht** mit phantastischen Basaltpfeifen, stellenweise 50 m tief und nur 5 m breit, lockt 18 km westlich von Taormina. Die meisten Besucher erreichen die Schlucht, die es im Frühjahr und im Sommer zu durchwaten lohnt, mit dem Aufzug vom großen Parkplatz von der Straße nach Francavilla. Am Eingang werden Gummilatzhosen mit

> ! **Baedeker** TIPP
>
> **Guter Standort**
>
> Das Hotel d'Orange in Francavilla di Sicilia ist ein günstig gelegener Stützpunkt für Ausflüge in die Alcàntaraschlucht und auf den Ätna; Zimmer zur Straße hin mit Balkon (Kat. »komfortabel«; 42 Z.; Via dei Mulini, Tel. 09 42 98 13 74, Fax 09 42 98 17 04, www.hoteldorange.it).

Stiefeln verliehen. Etwa 200 m vom Parkplatz entfernt, beginnt ein (kostenloser) Fußweg zur Schlucht hinunter (www.golealcantara.it).

Castiglione di Sicilia, ein charmantes Bergstädtchen mit der Ruine eines normannischen Kastells, liegt rund 20 km von Taormina. Der strategischen Lage ist der umwerfende **Blick auf den Ätna** zu verdanken. Als »Citta del vino« liegt Castiglione in einem bedeutenden Weinanbaugebiet und urige Trattorien locken Feinschmecker an. Empfehlenswert ist u. a. die Trattoria La Porta del Re (Mo. geschl., Via V. Doberdó 2, Tel. 32 86 55 95 72, www.laportadelre.com). Der sympatische Wirt, nach einigen Jahren Exil aus dem Ruhrgebiet heimgekehrt, setzt ganz auf heimische Bergküche.

Castiglione di Sicilia

◄ Salsiccia e vino

Termini Imerese

K 5

Provinz: Palermo
Einwohnerzahl: 28 000

Höhe: 77 m ü.d.M.

Termini Imerese an der Nordküste Siziliens an einem Ausläufer des 1326 m hohen Monte Calògero gelegen, ist Hafen-, Kur- und (kriselnde) Industriestadt. Der Ortsname Termini geht auf die heißen Thermalquellen (42°C) zurück, die seit der Antike bekannt sind.

Der Ort ist zweigeteilt: Die ruhige, ältere Oberstadt mit der Mehrzahl der Sehenswürdigkeiten liegt auf einer Terrasse; in der Unterstadt mit ihren kleinen Gassen und Plätzen findet das Alltagsleben statt; hier befinden sich auch die Thermen. Im Altertum war der Ort eine Siedlung der Sikaner, die wohl mit dem nahen griechischen Himera Handelsbeziehungen hatten und nach dem Desaster von 409 v.Chr. (► S. 433) die wenigen Überlebenden der Nachbarstadt aufnahmen. Seitdem führte die Stadt in griechischer, römischer und neuerer Zeit den Doppelnamen Thermai Himeraiai, Thermae Himerenses sowie Termini Imerese. Das Bad erlebte eine Blüte in römischer Zeit und war auch bei Arabern und Normannen beliebt.

▶ TERMINI IMERESE ERLEBEN

AUSKUNFT

Ufficio Informazione
Via Cortile Maltese, 90018 Termini
Imerese, Tel. 09 18 12 82 53
www.comuneterminiimerese.it

VERANSTALTUNGEN

Sehr bekannt ist der Karnevalsumzug
im Februar mit traditionellen Masken
von »U Nannu« und »La Nanna«
(Großvater und Großmutter) sowie
liebevoll geschmückten Wagen
(www.carnevaleterminitano.it)

ÜBERNACHTEN

▶ **Komfortabel**
① *Grand Hotel delle Terme*
Piazza Terme 2

Tel. 09 18 11 35 57, Fax 09 18 11 31 07
www.grandhoteldelleterme.it
69 Z.; schönes altes Kurhotel mit Park

② *Il Gabbiano*
Via Libertà 221
Tel. 09 18 11 32 62, Fax 09 18 11 42 25
www.hotelgabbiano.it
24 Z.; Neubau am Ortsausgang in
Richtung Cefalù, v. a. Geschäftsleute

③ *Trabia · Tonnara di Trabia*
Largo Tonnara
Tel. 09 18 14 79 76, Fax 09 18 12 48 10
www.hoteltonnaratrabia.it
114 Z.; 6 km westlich, direkt am
Meer, in einer ehemaligen Anlage
zum Thunfischfang

Sehenswertes in Termini Imerese

Dom San Nicola
Zentrum der **Oberstadt** ist die Piazza del Duomo: Im Campanile
von San Nicola (15./16. Jh.) sind römische Spolien verbaut. Im dreischiffigen Innern sind das Gemälde einer Kreuzigung (Pietro Ruzzolone, 1484) sowie Skulpturen aus der Renaissance- und Barockzeit
zu sehen.

Museo Civico
Gegenüber gehen drei Straßen vom Domplatz ab. An der linken steht
das ehemalige Krankenhaus Fatebenefratelli (14. Jh.), heute Museo
Civico. Zu sehen sind archäologische Funde, darunter die Löwenkopf-Wasserspeier aus Himera, Münzen sowie Gemälde (Öffnungszeiten: Di. – Sa. 9.00 – 13.00, 16.00 – 18,30, So. 8.00 bis 12.30 Uhr).

Santa Caterina
An der gleichnamigen Piazza steht die Kirche Santa Caterina
(15. Jh.). Im Innern eine mit alten sizilianischen Sprüchen verzierte
volkstümliche Darstellung der Heiligen (Giacomo und Nicolò Graffeo, spätes 15. Jh.).

**Weitere Sehens-
würdigkeiten**
Die Via Mazzini führt vom Domplatz zur Piazza Umberto I; an ihr
stehen rechts die **Chiesa di Santa Maria della Misericordia** (im Innern ein Triptychon von Gaspare da Pésaro, 1453) und links die
Chiesa del Monte. An der rechts vom Domplatz abzweigenden Via
Garibaldi liegt der Stadtpark **Villa Palmeri** mit spärlichen Resten des

römischen Forums und des Amphitheaters. Das Kurhaus Albergo delle Terme (19. Jh., Damiani Almeyda) befindet sich in der lebhaften **Unterstadt**. Sehenswert ist schließlich noch das schöne Gemälde »Hl. Georg und Drachen« von Nicolò da Voltri (14./15. Jh.) in der 1472 erbauten Kirche **Santa Maria del Gesù** im Süden der Stadt (Largo Gancia).

Umgebung von Termini Imerese

Càccamo (8400 Einw.) ist ein malerisch in 521 m Höhe gelegenes Bergstädtchen, 10 km südlich von Termini Imerese, das man auf kurvenreicher, landschaftlich reizvoller Straße erreicht. Auf einem Felsen erhebt das mächtige Kastell, das die Adelsfamilie Chiaramonte im 12. Jh. an der Stelle antiker Anlagen errichten ließ. Matteo Bonello zog sich hierher zurück, nachdem er 1161 Maione da Bari, den Großkanzler und Großadmiral des Normannenkönigs Wilhelm I., ermordet hatte. Aus der Normannenzeit stammt auch die mehrfach umgebaute Chiesa Madre.

Càccamo

Termini Imerese Orientierung

Übernachten
① Grand Hotel delle Terme
② Il Gabbiano
③ Tonnara di Trabia

Cáccamo: Ein Kastell wacht über das Bergstädtchen.

Himera Die antike Tempelstätte liegt an der Küstenstraße, 15 km östlich (nahe der Autobahnausfahrt Buonfornello). 649/648 v.Chr. wurde Himera von Zankle (Messina) aus als gemischt dorisch-ionische Siedlung gegründet. Den vorgriechischen Namen verstanden die Siedler als Hemera (Tag), weshalb sie den Hahn als Künder des Tagesanbruchs zum Wappentier ihrer Münzen wählten. Es war – neben Selinunt an der Südküste – die am weitesten gegen das karthagische Gebiet nach Westen vorgeschobene griechische Siedlung. Ihr bedeutendster Bürger war der aus Süditalien stammende Chorlyriker Stesichoros, der Stoffe aus der Heldensage in einer balladenhafter Form behandelte (um 600 v.Chr.). Die große Stunde von Himera kam 480 v.Chr. Vom Tyrannen Terillos gegen den ihn bedrohenden Theron von Akragas zu Hilfe gerufen, landeten die Karthager unter dem Kommando von Hamilkar in Himera – gewiss im Einvernehmen mit dem Perserkönig Xerxes, der gleichzeitig Griechenland angriff.

! ***Baedeker* TIPP**

Junges Gemüse

Cerda im Hinterland zwischen Cefalù und Termini Imerese ist die Artischockenhochburg in Sizilien. Alljährlich zwischen Februar und April ist Hochsaison, und in der Gemeinde gibt es dann außer der »Sagra di Carciofi«, Artischockenmesse, drei Monate lang Menüs mit mindestens zehnerlei Variationen des gesunden Gemüses. Im Ort sind die Ristorantebesitzer gerne bereit, über Anbau und Rezepte Auskunft zu geben, und nach jeder Mahlzeit gibt es mindestens einen Kräuterlikör oder – solange es reicht – einen Artischockenschnaps.

Sie wurden aber von Theron von Akragas und seinem Schwiegersohn Gelon von Syrakus vernichtend geschlagen. Dies geschah Herodot zufolge am selben Tag, an dem die Athener die Perser in der Schlacht von Salamis besiegten. 409 v.Chr. rächten sich die Karthager; befehligt von Hamilkars Enkel Hannibal (nicht zu verwechseln mit dem berühmten Feldherrn gleichen Namens), eroberten sie Himera und machten es dem Erdboden gleich. Die wenigen überlebenden Griechen retteten sich in das benachbarte Thermai, das seither den Doppelnamen Thermai Himeraiai/Termini Imerese trägt.

Geblieben ist nach der radikalen Zerstörung von 409 v.Chr. von dem einst blühenden Himera neben geringen Resten der Stadt die Ruine des Tempels, der nach dem Sieg von 480 v.Chr. errichtet und wahrscheinlich dem Zeus Eleutherios (Zeus der Freiheit) geweiht worden war. Bauherr war Theron von Akragas, dessen Bruder Gelon zur selben Zeit den Athenatempel in Syrakus errichtete. Der Tempel von Himera besteht aus Kalkstein und hat einen vierstufigen Stylobat von 22,5 x 56 m. Übrig geblieben sind das Fundament und die unteren Teile der Säulen und Cellamauern. Die charaktervollen Löwenkopf-Wasserspeier sind im Archäologischen Museum von ▶Palermo, einige im Museo Civico von Termini Imerese ausgestellt.

✶
◀ Ausgrabungen
🕐
Öffnungszeiten:
Mo. – Sa.
9.00 – 17.30
So. bis 12.30

✶ Tìndari

Provinz: Messina   **Höhe:** 280 m ü.d.M.
Einwohnerzahl: 70

Über einem 280 m hohen Steilabfall an der sizilianischen Nordküste thront die weithin sichtbare Wallfahrtskirche der Schwarzen Madonna. Hier liegt Tìndari, das antike Tyndaris, eine der letzten griechischen Gründungen auf Sizilien.

Tyndaris ist eine späte Gründung im Verlauf der griechischen Kolonisation. 396 v.Chr. gründete Dionysios I. von Syrakus die Stadt zur Sicherung der Nordküste gegen karthagische Übergriffe. Er besiedelte sie mit Flüchtlingen aus Griechenland, vor allem aus Messenien, Zakynthos und Naupaktos, die durch den Peloponnesischen Krieg ihre Heimat verloren hatten. Benannt wurde Tyndaris nach dem König Tyndareos von Sparta, dessen Frau Leda die Zwillinge und Dioskuren (= Zeussöhne) Kastor und Pollux geboren hatte. Zahlreiche in Tyndaris gefundene Münzen zeigen daher diese Zwillinge, entweder als Köpfe oder als Sternbild. Im 1. Punischen Krieg stand Tyndaris zuerst auf karthagischer Seite, ging aber 254 zu den Römern über; Rom zählte es später zu den »17 treuesten Gemeinden Siziliens«. In römischer Zeit erlebte die Stadt eine beachtliche Blüte, die an der regen Bautätigkeit abzulesen ist. Verres stahl den Tyndariden eine goldene Hermes-Statue; 836 wurde die Stadt von den Arabern zerstört.

Die Stadt der Zeussöhne

▶ Tìndari

AUSKUNFT

Ufficio Turistico Regionale
Via Teatro Greco 15
Tel. 09 41 36 91 84

VERANSTALTUNGEN

Im Juni werden im Teatro Greco antike Schauspiele aufgeführt
Das Hauptfest zur Verehrung der Schwarzen Madonna findet am 8. September statt.

Das auf dem Hochaltar des Santuario della **Madonna Nera** verehrte Gnadenbild kam der Überlieferung zufolge im 8./9. Jh. aus Konstantinopel, wo der Bildersturm entbrannt war, nach Sizilien. Die Legende sagt, dass das Schiff, auf dem es in Sicherheit gebracht werden sollte, vor Tìndari in Seenot geriet und erst weiterfahren konnte, nachdem das Marienbild an Land gebracht worden war. Es entstand dort eine Kapelle, die von Korsaren im 16. Jh. zerstört wurde. Einmal soll eine Pilgerin beim Anblick der Schwarzen Madonna zu sehr enttäuscht gewesen sein und sich etwas abfällig geäußert haben. Wenig später stürzte das Kind der vorlauten Pilgerin über die Klippen. Als Beweis ihrer Gnade, aber auch ihrer Macht ließ die Madonna an dieser Stelle das Meer zurücktreten, und weiche Sandpolster aus dem Meer fingen das fallende Kind auf. Bei dieser Gelegenheit soll sie gesagt haben »Nigra sum, sed formosa« (»Schwarz bin ich, aber schön«). Seitdem thront Tìndari über dem **Mare secco**, dem »trockenen Meer«. Die bonbonfarbige Marmorkirche mit ihrer weithin sichtbaren Kuppel stammt aus den 1950er-Jahren.

✱ Parco Archeologico

Öffnungszeiten: tägl. 9.00 – 18.00/ 19.00

Die Ausgrabungen, die 1812 auf Initiative des englischen Konsuls Fagon begannen, haben Teile des antiken Stadtgebietes freigelegt. Bereits bei der Anfahrt bemerkt man beachtliche Überreste der antiken Stadtmauer sowie die **Porta Principale** (3. Jh. v.Chr.). Vom Piazzale Belvedere gelangt man auf der Via Teatro Greco zwischen Devotionalienläden für die Madonnenpilger zum Eingang des Grabungsbezirkes. Hier wende man sich nach rechts und gelangt zu **Wohnquartieren** der Stadt, die mit rechtwinkligem Straßensystem angelegt worden ist. Besonders auffällig ist die Casa Romana, ein Haus wohlhabender Bürger aus dem 1. Jh. v.Chr. (Umbauten 1. Jh. n.Chr.) mit Peristylhof und Mosaikfußboden. Man passiert dieses Gelände auf dem Decumanus, der zur **Basilika** (1. Jh. n. Chr.) führt. Sie weist einen interessanten Mischstil auf mit griechischer Quaderung und römischen Gewölben und war zugleich das Eingangstor zur Agora. Das **Theater** liegt auf einem Hügel und ist zum Meer gerichtet. Es wurde im 4. Jh. v.Chr. erbaut, jedoch in römischer Zeit verändert. Dabei hat man das griechische Bühnengebäude abgeris-

Wird sehr verehrt: die wundertätige schwarze Madonna von Tìndari →

Tìndari *Orientierung*

Mare Tirreno

Teatro Greco
Museo
Casa Romana
Terme
Griechische Mauern
Basilika
Byzantinische Mauern
Agora
Zweites Tor
Piazzale Belvedere Santuario
▲ 280 m
Griechische Mauern
Haupttor
200 m
© Baedeker
Patti, Messina

sen, die untersten der 28 Sitzreihen abgetragen, die Orchestra tiefer gelegt und mit einer Mauer umgeben, so dass das Publikum gefahrlos den Gladiatorenkämpfen und Tierhetzen zusehen konnte (Rekonstruktion im Antiquarium). Ausgrabungen im Bereich der antiken Akropolis verbieten sich, da dort – jenseits des Piazzale Belvedere, der seinen Namen wegen des herrlichen Blicks hinunter zur Küste zu Recht trägt – die **Wallfahrtskirche** steht.

Am Fuß des Capo Tìndari erstreckt sich das so genannte **Mare secco**, eine wunderschöne, weit ins Meer reichende Sandbank mit mehreren flachen Laghetti genannten Lagunenseen. Man erreicht es vom kleinen, recht jungen Badeort Oliveri nach einem knapp 45-minütigen Fußmarsch.

★ Tràpani

D 4

Provinzhauptstadt
Einwohnerzahl: 71 000

Höhe: 3 m ü.d.M.

Die lebhafte Bischofs-, Hafen-, Handels- und Industriestadt Tràpani erstreckt sich auf einer im Nordwesten Siziliens weit ins Meer hinausragenden Landzunge bis zum Fuß des Monte Érice.

Stadtgeschichte

Drepanon ist das griechische Wort für Sichel. So hieß Tràpani in der Antike wegen der Gestalt seiner Halbinsel, obwohl es nie griechisch besiedelt war. Vielmehr war es ein Stützpunkt der Karthager, die es als Kriegshafen ausbauten. 249 v.Chr. erlitten die Römer eine vernichtende Niederlage, als sie unter Führung des Konsuls P. Claudius Pulcher versuchten, die Stadt von der See her einzunehmen. 242 v.Chr. konnte aber C. Lutatius Catulus die Stadt besetzen. Einen Aufschwung erlebte Tràpani im 9. Jh. unter arabischer Herrschaft, damals lebten arabische und jüdische Bürger im sog. Araberviertel (zwischen Via XXX Gennaio und Via Torrearsa). In der Zeit der Aragonesen wurden im 15. Jh. die großen Salzfelder angelegt, in denen heute das begehrte Meersalz gewonnen wird. Im 19. Jh. gab es mehrfach Aufstände gegen die bourbonische Herrschaft (1820/1821, 1848). Im Zweiten Weltkrieg erlitt die Stadt schwerste Bombardements. Als Fährhafen nach Tunesien hat sie einen hohen Anteil maghrebinischer Bewohner.

▶ TRÀPANI ERLEBEN

AUSKUNFT

Servizio Turistico
91100 Trapani
Via San Francesco d'Assisi 27
Tel. 09 23 80 69 13 (-08 oder -45)
Infopoint Strada del Vino
Piazza Saturno, Tel. 09 23 54 45 33
www.apt.trapani.it

VERKEHR

Schiffsverbindungen mit Tunis und
Cagliari (1x wöchentlich), den Äga-
dischen Inseln und Pantelleria (tägl.)
Vom Flugplatz (13 km südlich)
täglich Flüge nach Rom, Mailand und
Pantelleria (Aeroporto Birgi Nuovo,
Tel. 09 23 32 11 11)
Der zentrale Busbahnhof (u.a. Busse
nach ►Érice) liegt an der Piazza
Malta, in der Nähe des Bahnhofs.
Vom östlichen Stadtrand auch Gon-
delbahn nach Èrice (►dort).

VERANSTALTUNGEN

Prozession der »Misteri«, riesiger
Heiligenfiguren, am Karfreitag; Fest
San Liberante (Pfingstmontag)
Mattanza del Tonno (Thunfischfang,
Ende Mai; ► Baedeker-Special S. 204)

ESSEN

▶ Erschwinglich

① *Da Peppe*
Via Spalti 50, Tel. 09 23 2 82 46
Mo. geschl.; gute Nudel- und Fisch-
gerichte in einem Jugendstillokal

② *Cantina Siciliana*
Via Giudecca 34
Tel. 0 92 32 86 73
Mo. geschl.; beliebte Trattoria mit
frischem Fisch; gute Regionalküche

③ *P & G*
Via Spalti 1
Tel. 09 23 54 77 01
So. geschl.; kleines Restaurant beim
Margherita-Park; Fisch und Couscous

ÜBERNACHTEN

▶ Komfortabel

① *Crystal*
Via San Giovanni Bosco 17
Tel. 0 92 32 00 00
Fax 0 92 32 55 55
www.nh-hotels.com
68 Z.; bestes Hotel der Stadt

② *Vittoria*
Via F. Crispi 4
Tel. 09 23 87 30 44
Fax 0 92 32 98 70
www.hotelvittoriatrapani.it
65 Z.; Mittelklassehotel in Meernähe

③ *Agriturismo Duca di Castelmonte*
Località Xitta
Via Salvatore Motisi 3
Tel. & Fax 09 23 52 61 39
www.ducadicastelmonte.it
Bezauberndes Landgut vor den Toren
der Stadt (6 km außerhalb in Rich-
tung Marsala); exzellente Küche

Sehenswertes in Tràpani

Die Altstadt liegt westlich der Piazza Umberto I (Bahnhof). Sie beginnt mit der nordsüdlich verlaufenden Via XXX Gennaio, nimmt
die nach Westen vorspringende schmale Halbinsel ein und wird in
Ost-West-Richtung vom Corso Italia und dem Corso Vittorio Emanuele durchschnitten. Gleich jenseits der Via XXX Gennaio verläuft

Altstadt

parallel zum Corso Italia die Via Giudecca. Im ehemaligen Getto steht der **Palazzo Giudecca** (16. Jh., gotisch-katalanischer Stil). Weiter westlich sehen wir in einer Seitenstraße die spätmittelalterliche Franziskanerkirche **Santa Maria del Gesù** (nach 1528, in der Cappella Staiti unter einem Marmorbaldachin von Antonello Gagini eine Terracotta-Madonna, von Andrea della Robbia) und in der nächsten südlichen Seitenstraße, der Via Biscottai, die **Biblioteca Fardelliana**, deren 1748 geschaffene, aufwendige Fassade sich auf den Largo San Giacomo öffnet.

Sant'Agostino Der Corso Italia endet an der Piazza Sant'Agostino, an der die schlichte Apsis der gleichnamigen Kirche den Blick auf sich zieht. Diese, im 14. Jh. als Templerkirche erbaut, wurde nach ihrer Zerstörung im Zweiten Weltkrieg als Konzertsaal wieder aufgebaut. Vom alten Bau ist noch die außerordentlich schöne Fensterrose erhalten. Die Westfassade geht auf die Piazza Saturno, die nach dem Saturnbrunnen (16. Jh.) benannt ist, der an den Gründungsmythos von Tràpani erinnert: Der Brunnen zeigt den antiken Gott Kronos-Saturn, Sohn des Urvaters Uranos, der seine Kinder in der Unterwelt gefangen hielt. Auf Geheiß seiner Mutter entmannte Saturn den Vater und warf die Waffe, eine Sichel, ins Meer. Daraufhin entstieg Aphrodite der Brandung, und die sichelförmige Landzunge, auf der Tràpani liegt, entstand.

Tràpani *Orientierung*

Übernachten
① Crystal
② Vittoria
③ Agriturismo
   Duca di Castelmonte

Essen
① Da Peppe
② Cantina Siciliana
③ P & G

Die **Via Torrearsa** trennt das verwinkelte von dem geradliniger aufgebauten westlichen Viertel der Altstadt und endet im Norden am halbrunden Kolonnadenbau des Marktes. An dieser Straße erhebt sich ein wenig nördlich der Piazza Saturno die reich gegliederte Fassade des **Palazzo Cavarretto** (um 1700).

Der Palazzo blickt auf den Corso Vittorio Emanuele, die einstige Prachtstraße (Fußgängerzone), an der sich mehrere beachtenswerte Gebäude befinden: zunächst die Jesuitenkirche **Chiesa del Collegio**(1606 – 1638), ein Werk des Ordensbaumeisters Natale Masuccio. Ihren Hochaltar schmückt eine Relieftafel der Immaculata von Ignazio Marabitti (1766). Die zweigeschossige Fassade der Kirche steht in einer Front mit dem anschließenden Jesuitenkolleg (Gymnasium).

Corso Vittorio Emanuele

> *Baedeker* TIPP
>
> ### Exzellente Eismacherkunst
> Selbstgemachtes Eis, Granite oder klassische süße Stückchen gibt es bei »Da Gino«, Piazza Generale Dalla Chiesa 4 (bei der Piazza Garibaldi) oder »Da Gelatissimo«, Via Pepoli 172 (außerhalb des Zentrums an der SS 113) sowie in der Pasticceria-Gelateria Ignazio Benivegna, Via Monzoni 99 (an der Straße nach Erice).

Es folgen ein barocker Palazzo (heute Teil der Stadtverwaltung) und die Kathedrale **San Lorenzo**. Seit 1635 als dreischiffige Basilika erbaut, wurde sie 1740 durch Giovan Biagio Amico erweitert; damals entstanden die Vorhalle und die Kuppel, deren Tambour von vier Türmen flankiert wird.

Auf der südlichen Seite des Corso Vittorio Emanuele steht an der Ecke zur Via Turrette (gegenüber der Jesuitenkirche) der **Palazzo Riccio**, im 17. Jh. als einer der ersten Barockpaläste der Stadt errichtet; interessant ist der dreigeschossig umbaute Innenhof.

Der achteckige Festungsturm am nordwestlichen Ende der Halbinsel stammt aus dem 14. Jh.; er wurde um 1670 unter dem Vizekönig Fürst von Ligny ausgebaut (heute Museo della Preistoria e del Mare, Museum mit Funden aus der Vor- und Frühgeschichte; tägl. 9.30 bis 12.30, 16.30 – 19.00 Uhr, Jan. – 21.3. Mo. – Fr. nur vormittags, Sa., So. auch mittags).

Torre di Ligny

🕐

Immer wieder einmal scheint beim Spaziergang durch die Altstadt am Ende einer Gasse das Blau des Meeres auf, das die Halbinsel im Norden und Süden umgibt. Im Süden befindet sich der Hafen mit der Piazza Garibaldi (Fähren zu den Ägadischen Inseln ►Égadi, Isole) und dem Viale Regina Elena mit Blick auf die Salinen und Ägadischen Inseln. Vor der Hafeneinfahrt liegt die **Insel La Columbaia**.

Hafen

Parallel zur Nordküste verläuft die Via della Libertà, die sich am östlichen Ende – am Übergang zur Neustadt – zu einer Platzfolge erweitert: An der Piazza Vittorio Veneto stehen Municipio und Provinzverwaltung (Prefettura) einander gegenüber. Es schließt sich an die

Piazza Vittorio Veneto

Piazza Vittorio Emanuele. Sein Denkmal (1882) blickt auf den angrenzenden Park der **Villa Margherita** mit altem Baumbestand und zahlreichen Porträtbüsten, darunter Dante, Bellini und der 1980 von der Mafia ermordete Piersanto Mattarella, Präsident der Region Sizilien; im Sommer finden hier Platzkonzerte statt.

★
**Santuario dell'
Annunziata**
🕐
Öffnungszeiten:
9.00 –12.00
16.00 – 19.00

Im Ostteil der Stadt steht das bedeutendste Bauwerk von Tràpani, die Marien-Wallfahrtskirche. Sie geht auf eine Gründung im 13. Jh. zurück. Von dem Kirchenbau des 14. Jh.s ist die Fassade mit reichem Portal und Fensterrose erhalten. Völlig erneuert wurde der Bau seit 1742 durch G. B. Amico, der eine einschiffige, gewölbte Saalkirche mit einer querovalen Kuppel vor dem Altarraum schuf. Der Innenraum und ihre Kapellen sind mit Kunstwerken reich ausgestattet: Da ist die Fischerkapelle (Cappella dei Pescatori, 15. Jh.) im spätgotischen Stil mit oktogonaler Kuppel und Freskomalereien aus dem 16. Jh., die quadratische, überkuppelte Kapelle der Seeleute (Cappella dei Marinai, 1514 – 1540), vor allem aber die Cappella della Madonna im Scheitel des Chores; sie wurde 1498 für das Gnadenbild der Madonna von Tràpani errichtet. Die lächelnde Marmorstatue, geschaffen um 1350 von Nino Pisano oder seiner Schule, wird bei der Karfreitagsprozession mitgetragen.

Religiöse Hingabe: Karfreitagsprozession in Tràpani

Die Annunziata-Kirche gehörte zum Karmeliterkloster (1866 säkularisiert), heute Sitz des Museo Regionale Pépoli. Es umfasst Sammlungen des bourbonischen Ministers G. B. Fardella und des Grafen Pépoli, ferner Bestände aus Klosterbesitz. Im Erdgeschoss werden Architekturfragmente und Skulpturen des Mittelalters gezeigt, u.a. eine San-Giacomo-Statue von Antonello Gagini (1522). Eine großzügige Treppe führt zum Obergeschoss, in dessen 24 Räumen die Pinakothek (Werke von Tizian, Veronese, Ribera und Serpotta), herrlicher Korallenschmuck und das Antiquarium (Funde aus Lilybaion, Érice und Selinunt) untergebracht sind. Majolikafußböden (18. Jh.) zeigen Fischfangszenen, darunter auch die Mattanza (Mo.–Sa. 9.00–13.30, So. nur bis 12.30).

Museo Regionale Pépoli

An der Küste zwischen Tràpani und Marsala breiten sich ausgedehnte, in der Sonne je nach Salzgehalt weiß oder rosa glitzernde **Salinenfelder** aus. Die weißen Salzhügel werden mit Ziegeln bedeckt, um das Verwehen zu verhindern und dennoch das Trocknen zu gewährleisten. Seit dem 15. Jh. war die Salzgewinnung durch Verdunstung der bedeutendste Wirtschaftszweig der Gegend. Mit den restaurierten Windmühlen ist sie eine einzigartige Kulturlandschaft und ein Zugvögelparadies.

> **!** *Baedeker* TIPP
>
> **Wer mehr über die Salzgewinnung wissen möchte, ...**
>
> ... der besucht die Saline »Ettore e Infersa« vor Mózia (Mo.–So. 9.00–19.00 Uhr; Tel. 09 23 96 69 36, www.salineettoreinfersa.com). Mittwochs und samstags (16.00–18.00 Uhr) wird die traditionelle Windmühle in Betrieb gesetzt. In der Saline »Culcasi« (Ortschaft Nubia) sind in einem kleinen Salzmuseum (Museo del Sale; Mo.–Sa. 9.30–13.00, 15.00–18.00 Uhr) typische Gerätschaften ausgestellt. Im angrenzenden ehemaligen Lagerhaus kann man nach Vorbestellung auch ausgezeichnet essen (Tel. 09 23 86 71 42). Salz gibt es natürlich auch zu kaufen – ein nettes Mitbringsel.

Umgebung von Tràpani

► Égadi, Isole

Ägadische Inseln

In Bonagia (15 km nördlich) gibt es eine der wenigen noch aktiven Tonnare (Anlagen zum Thunfischfang) Siziliens. Das Gebäude selbst beherbergt heute ein Vier-Sterne-Hotel (La Tonnara di Bonagia, Kat. »Komfortabel/Luxus«, Tel. 09 23 43 11 11, www.tonnaradibonagia.it).

Bonagia

Am Capo San Vito (40 km nördlich) liegt der angenehme Badeort San Vito lo Capo (3600 Einw.) mit seinem feinsandigen, sanft ins Meer abfallenden Sandstrand und guter touristischer Infrastruktur. Trubel herrscht hier nur an den Wochenenden und während der Hochsaison. Die Kirche wurde im 17. Jh. an der Stelle einer Festung aus dem 16. Jh. erbaut, von der noch die viereckige Struktur erhalten ist. Ca. 10 km östlich befindet sich ein Eingang in den Naturpark Zingaro (►Castellammare del Golfo, Umgebung).

★ San Vito lo Capo Sandstrand

▶ SAN VITO LO CAPO ERLEBEN

AUSKUNFT

AAPIT
Via Savoia 61
91010 San Vito lo Capo
Tel. 09 23 62 14 90

ESSEN

▶ Erschwinglich/fein & teuer
Alfredo
Contrada Valanga 3
Tel. 09 23 97 23 66
Außerhalb der Saison Mo. geschl.;
etwas außerhalb gelegen, vor allem
Fischspezialitäten; schöne Terrasse
mit Meerblick

▶ Preiswert/erschwinglich
Piccolo Mondo
Via Nino Bixio 7, Tel. 09 23 97 20 32
www.piccolomondohotel.net
Beliebtes Restaurant mit feiner Küche
im gleichnamigen Hotel

ÜBERNACHTEN

▶ Komfortabel
Capo San Vito
Via Principe Tommaso 29
Tel. 09 23 97 21 22, Fax 09 23 97 25 59
www.caposanvito.it (Apr. – 15. Okt.)
36 Z.; gepflegtes und schön einge-
richtetes Hotel direkt am Sandstrand

Mira Spiaggia
Via Lungomare 6
Tel. 09 23 97 23 55, Fax 09 23 97 22 63
www.miraspiaggia.it (Apr. – Okt.)
Gepflegtes Strandhotel, auch Aparte-
ments mit Küche

Calampiso Club
Contrada Sauci Grande
Tel. 09 23 97 91 11, Fax 09 23 97 40 66
www.calampiso.it
Feriensiedlung zwischen San Vito und
Zingaro-Naturpark

Erste Adresse am Ort: Hotel Capo San Vito

San Vito lo Capo punktet mit familienfreundlichem Sandstrand und glasklarem Wasser.

►Érice (15 km nordöstlich, mit dem Pkw oder Bus auf steiler Berg-straße oder mit der Gondelbahn erreichbar)

Érice

►Mózia (20 km südlich)

Mózia

★ Ùstica

Provinz: Palermo   **Höhe:** 40 – 238 m ü.d.M.
Einwohnerzahl: 1300   **Größe:** 8,6 km²

Ùstica, das Taucherparadies 36 Seemeilen nördlich von Palermo, er-innert von weitem an eine Schildkröte im tiefblauen Meer. Geolo-gisch gehört es zu den Liparischen Inseln.

Schwarzes Lavagestein und das Grün der Vegetation prägen das Bild der ellipsenförmigen Insel, die von steilen Felsküsten und schönen Buchten umgeben ist. Höchste Erhebung ist der Monte Guardia dei Turchi (238 m). Außer von der Landwirtschaft (Obst- und Wein) le-ben die Usticesi noch vom Fischfang und neuerdings auch vom Fremdenverkehr. Die artenreiche Unterwasserwelt begeistert vor al-lem Taucher. Aus vorgeschichtlicher Zeit stammen die Siedlungsreste von Colombaia, aus phönizischer Zeit die aus dem Tuff geschlagenen

Landschaftsbild und Geschichte

▶ ÙSTICA ERLEBEN

AUSKUNFT
www.comune.ustica.pa.it

VERANSTALTUNGEN
Wandmalerei-Wettbewerb im Sommer; internationale Unterwassersportschau (Juni/Juli); Fest des Inselpatrons Bartholomäus am 24.8.

VERKEHR
Autofähr- und Schnellbootverbindung mit Palermo

ESSEN

▶ Erschinglich
Da Umberto
Piazza della Vittoria 7
Tel. 09 18 44 95 42; tägl. geöffnet;
Okt. – Ostern geschlossen
Nur was morgens das Boot angelandet hat kommt mittags und abends auf die Tische des gemütlichen Gastraums oder auf der Terrasse.

▶ Günstig
Schiticchio
Via Tre Mulini, Tel. 09 18 44 96 62
Restaurant und Pizzeria am Ortsausgang Richtung Spalmatore in ländlichem Stil

ÜBERNACHTEN

▶ Günstig/komfortabel
Clelia
Via Sindaco 1° 29, Tel. 09 18 44 90 39
www.hotelclelia.it
14 komfortable Zimmer mitten im Ort, mit familiärem Restaurant

Hotel Diana
Contrada San Palo
Tel. & Fax 09 18 44 91 09
www.hoteldiana-ustica.com; 27 Z.
Moderner Bau 1 km außerhalb des Ortes oberhalb der Steilküste. Mit Zugang zum Meer und angeschlossener Tauchschule

▶ Ferienhäuser und Wohnungen
La Cernia Bruna di Alessandri
Via Petriera, Tel. 09 18 44 90 60
www.www.lacerniabruna.it

Ustica Tour
Piazza Vittoria 7, Tel. 09 18 44 95 42
www.usticatour.it

Gräber von Falconiera an der Ostküste. Die archäologische Erforschung steckt allerdings noch in den Anfängen. Lange Zeit war Ùstica ein gefürchtetes Piratennest, bis es im 18. Jh. von Einwanderern von den Liparischen Inseln besiedelt wurde. Später diente die Insel lange als Verbannungsort.

Ùstica Die meisten Einwohner wohnen im Hauptort Ùstica (54 m) beim 157 m hohen Kap Falconiera, auf dem noch alte Festungsmauern zu sehen sind. Er hat zwei Anlegeplätze, Cala Santa Maria und Cala Giaconi. Mittelpunkt des Lebens ist der Dorfplatz. Viele Häuser besitzen farbenprächtige Häuserfassaden, die das Ergebnis des alljährlich stattfindenden **Wandmalerei-Wettbewerbs** sind. Eine weitere Veranstaltung ist die internationale **Unterwassersportschau** (Rassegna Internazionale delle Attivitá Subacquee), die jeweils im Juni/Juli abgehalten wird.

Felsküste, Lavagestein und das Grün der Vegetation prägen das Bild von Ùstica.

Eine 3 km lange Straße verbindet Ùstica mit dem westlichen Ende der Insel beim Kap Spalmatore. Dort wurde zum Schutz der Umwelt das erste Unterwassernaturschutzpark Italiens (Riserva Naturale Marina) gegründet. In seinem Bereich sind Fischfang, Schifffahrt und das Sammeln von Mineralien verboten.

Unterwasser-naturschutzpark

Zahlreiche kleine Buchten sowie das Strandbad »Il Faraglione« laden zum Baden ein, darüber hinaus ist die Insel ein Dorado für Unterwassersportler (es gibt mehrere Tauchbasen), Wasserskifahrer und Segler. Bootsfahrten zu den »grünen«, »goldenen« und »blauen« Grotten wie die Grotta dell'Ora, Grotta Verde und Grotta Azzurra sind sehr zu empfehlen. In Caletta Sidoli, an der Westküste, ist die Bucht besonders fischreich. Daneben bieten sich Spaziergänge quer über die Insel an, etwa zum Falconiera-Hügel (Aussicht) oder zum Berg Guardia dei Turchi, von dem aus man die gesamte Insel überblickt und bis nach Sizilien sehen kann.

Freizeit auf Ùstica

Glossar zu Kunst & Architektur

Ábakus Quadratische Platte über dem Echinus, mit dem sie zusammen das Säulenkapitell der dorischen Ordnung bildet (▶Grafik S. 449)

Ábaton, Ádyton Den Priestern vorbehaltenes Allerheiligstes eines Tempels

Agorá Marktplatz, Mittelpunkt des öffentlichen Lebens einer Stadt

Akánthus Bärenklaupflanze, deren zerlappte Blätter als Schmuck des korinthischen und byzantinischen (justinianischen) Kapitells verwendet wurden

Akropolis Oberstadt, in der Regel ein hoch liegender Tempelbezirk

Akrotér Figürliche oder ornamentale Bekrönung von First und Giebelecken (▶Grafik S. 449)

Amphipróstylos Tempel mit vorgestellten Säulen an beiden Schmalseiten (▶Grafik S. 51)

Ante Pfeilerartige Mauerstirn der vorgezogenen Cellawand eines Tempels (▶Grafik S. 51)

Antentempel Tempel mit Säulen zwischen den Antenmauern an der vorderen Schmalseite (▶Grafik S. 51)

Apotheose Vergöttlichung eines Menschen

Apsis Meist halbrunder Raum am Ende einer Kirche

Architrav Auf den Säulen aufliegender waagerechter Steinbalken

Arena Ellipsenförmiger Kampfplatz im Amphitheater

Arkade 1. Ein Bogen, der sich auf Pfeilern oder Säulen stützt
2. Eine fortlaufende Reihe dieser Bogenstellungen

Atrium 1. Hauptraum des römisches Hauses
2. Vorhof einer altchristlichen Basilika

Basileus König

Basilianer Bezeichnung für orthodoxe Mönche, da deren Regel auf den Kirchenlehrer Basilius der Große (um 330 – 379) zurückgeht

Basilika 1. Königshalle (Stoá basiliké; meist mehrschiffig), Stätte des Handels oder der Gerichtsbarkeit
2. Im 4. Jh. n. Chr. ausgebildete drei- oder fünfschiffige Grundform christlichen Kirchenbaus
3. Vom Papst verliehener Ehrentitel einer Kirche, unabhängig von ihrem Bautyp

Béma 1. Rednertribüne
2. Altarraum einer christlichen Kirche

Blendarkade, Blendbogen Ein aus ästhetischen Gründen einer Mauer vorgeblendeter Bogen

Bosse 1. Grob behauener Stein einer Mauer
2. Vorsprung eines Steines zum Versetzen mit Hilfe von Seilen und Winden
3. Schutzmantel behauener Steine, der erst nach dem Versetzen abgearbeitet wird

Bouleuterion, Buleutérion Sitz des städtischen Rates (Bulé)

Campanile Freistehender Glockenturm italienischer Kirchen

Cardo Nord-Süd-Achse einer römischen Stadt, verläuft quer zum Decumanus

Cávea Muschelförmiger Raum der Sitzreihen eines Theaters (vgl. Kóilon)

Cella Innenraum eines Tempels (►Grafik S. 51)

Cherubim Engel, himmlischer Wächter mit vier, manchmal mit sechs Flügeln

Chiesa Madre, Chiesa Matrice »Mutter«-, d. h. Hauptkirche

Chor Raum zwischen Langhaus bzw. Querschiff und Hauptapsis einer christlichen Kirche

Chorbogen, Triumphbogen Bogen, der Langhaus bzw. Querschiff vom Chor trennt

Chthonisch Der Erde zugehörig, unterirdisch, Bezeichnung für Gottheiten wie Persephone

Decumanus Ost-West-Achse eines römischen Castrums und einer römischen Stadtanlage, verläuft quer zum Cardo

Dípteros Tempel mit doppelter Säulenringhalle (►Grafik S. 51)

Doppelantentempel Tempel mit Säulen zwischen den Anten der beiden Schmalseiten (►Grafik S. 51)

Echinus Ursprünglich kissenartiger, später stereometrisch gestraffter Wulst; bildet mit dem darüberliegenden Ábakus das dorische Kapitell (►Grafik S. 449)

Eckkontraktion Das Zusammenziehen der Ecksäulen des dorischen Tempels als Folge des Eckkonflikts: Die Achse der Ecktriglyphe fluchtet nicht mit der Säulenachse.

Éntasis Schwellung der Säule im unteren Drittel (►Grafik S. 449)

Epiphanie Erscheinung einer Gottheit

Epistýl Auf den Säulen aufliegendes Gebälk eines Tempels; oben außen ein Fries (►Grafik S. 449

Éxedra Meist halbkreisförmiger Raum mit Sitzbänken

Forum Hauptplatz und politischer Mittelpunkt römischer Städte

Fries Schmuckzone über dem Architrav eines Tempels; in der dorischen Ordnung aus Metópen und Triglyphen bestehend, in der ionischen Ordnung glatt oder skulptiert durchlaufend (►Grafik S. 449)

Geison Gesims eines Tempeldaches. Das Traufgeison ist der untere Dachrand der Langseiten. Im Giebelfeld stehen die Giebelfiguren auf dem Horizontalgeison unter dem der Dachneigung folgenden Schräggeison (►Grafik S. 449).

Gigantomachie Kampf zwischen Göttern und Giganten

Griechisches Kreuz Kreuz mit vier gleich langen Armen

Gymnasion Anlage für sportliche Übungen sowie die Erziehung überhaupt (vom Griechischen »gymnós« = nackt)

Heraion Heiligtum der Hera

Heroon Kult- oder Grabstätte eines Heroen

Hierón Heiligtum

Hippodamisches Prinzip Prinzip einer Stadtanlage mit geraden, sich rechtwinklig schneidenden Straßen; benannt nach Hippódamos von Milet (5. Jh. v.Chr.)

Hippodrom Rennbahn für Pferde- und Wagenrennen, bestehend aus zwei gegenläufigen Bahnen, die durch die Spina getrennt werden

Hypogäum Unterirdisches Gewölbe, Kultraum

Hypokausten Unter dem Fußboden liegende Heizungsanlage für Bäder oder Wohnräume

Ikonostásis, Ikonostase Bilderwand in der byzantinischen Kirche, die den Gemeinderaum vom Altarraum trennt

Inkrustation Verkleidung einer Wand mit kostbarem Material, v. a. Marmor

In situ In Fundlage; vor Ort

Interkolumnium Lichte Weite zwischen zwei Säulen

Joch Abstand zwischen zwei Säulenachsen

Kämpfer Würfelförmiges Zwischenglied zwischen Kapitell und Bogen

Kannelierung, Kannelur Senkrechte Eintiefung am Säulenschaft (►Grafik S. 449)

Kapitell Kopf einer Säule oder eines Pfeilers (►Grafik S. 449)

Karyatíde Weibliche Gestalt als Gebälkträgerin anstelle einer Säule

Katalanische Gotik Spezifische späte Gotik, die unter spanischem Einfluss in Sizilien noch im 15. und 16. Jh. blühte und das Vordringen der italienischen Renaissance-Architektur verzögerte

Káthedra Bischofsthron

Kathedrale Kirche mit Bischofsthron, Bischofskirche

Klassische Säulenordnungen

In der **dorischen Ordnung** steht der sich nach oben verjüngende, mit 16 bis 20 Kanneluren versehene Säulenschaft unmittelbar auf dem Stylobát über dem dreistufigen Unterbau. Charakteristisch ist die Éntasis (Schwellung) der Säulen, die ebenso wie die oft angewendete Kurvatur des Stufenunterbaus dem Bau die kalte Strenge nimmt. Das dorische Kapitell aus dem vorgewölbten Ring (Echinus) und der quadratischen Platte (Ábakus) trägt den Architravbalken mit dem darüberliegenden Fries aus eingekerbten Triglyphen und glatten oder skulptierten Metopen. Das Giebeldreieck (Tympanon) wird durch waagerechtes Kranzgesims und Schräggeison gerahmt und nimmt meist die Komposition der Giebelfiguren auf. Bildschmuck in Form von Reliefs findet sich an den Metopen und am Giebeldreieck. Wo nicht Marmor, sondern Kalkstein verwendet wurde, hat man ihn mit einer glättenden Stuckschicht überzogen und das Bauwerk farbig gefasst, wobei Blau und Rot neben Weiß dominierten.

Die **ionische Ordnung** bevorzugt schlankere, weichere Formen als die dorische. Bei den Säulen kommt dieser Eindruck u. a. dadurch zu Stande, dass sie auf einer Basis stehen und schmale Stege zwischen den Kanneluren den vertikalen Charakter betonen. Das charakteristische Element der ionischen Kapitelle sind die an beiden Enden schneckenförmig eingerollten Voluten. Über dem dreiteiligen Architrav wird der Fries ohne Triglyphen herumgeführt.

Die **korinthische Ordnung** stimmt bis auf das Kapitell mit der ionischen überein. Den plastischen Schmuck des korinthischen Kapitells bilden große, zerlappte Ákanthusblätter, die den runden Kapitellkörper umschließen. Zu den Ecken der konkaven Deckplatte schwingen sich Ranken hinauf. Die korinthische Ordnung fand besonders während der römischen Kaiserzeit weite Verbreitung, in der das aus ionischen und korinthischen Formen zusammengesetzte Kompositkapitell entstand und immer reichere Dekorationssysteme entwickelt wurden.

Klíne Ruhebett

Kóilon Muschelförmiger Raum der Sitzreihen eines Theaters (►Cávea)

Säulenordnung

Dorische Ordnung
Bemaltes dorisches Kapitell

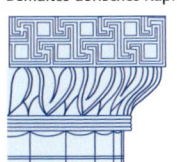

Dorisches Kyma

Ionische Ordnung

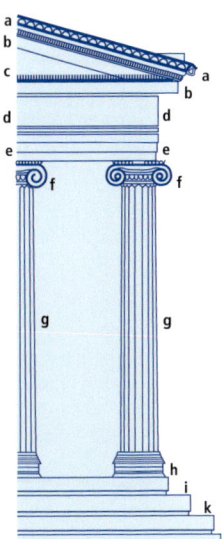

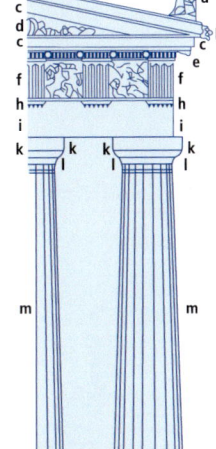

©Baedeker

Deckenkassettierung

Lesbisches Kyma

Konstruktion des
dorischen Gebälks

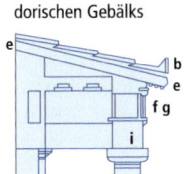

a Eckakroterion (Stirnziegel)
b Sima (mit wasserspeiendem Löwenkopf)
c Geison (Kranzgesims)
d Tympanon (Giebelfeld)
e Hängeplatte mit Guttae (Tropfen)
f Triglyphen
g Metophen
h Regulae
i Architrav (Epistyl; einteilig)
k Abakus (Plinthos)
l Echinus (Wulst)
m Säulenschaft (mit scharfkantigen Kanneluren)
n Stylobat
o Krepis (Krepidoma)

Korinthische Ordnung

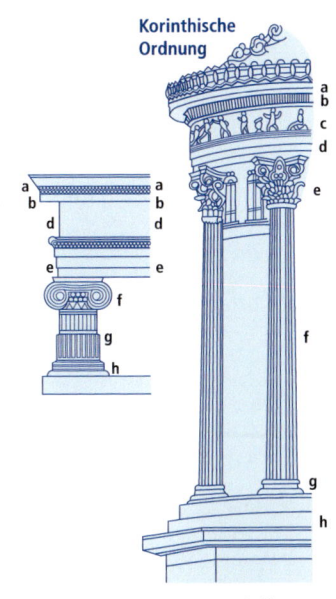

a Sima
b Geison
c Tympanon
d Fries
  (Zophoros)
e Architrav
  (Epistyl; dreiteilig)
f Kapitell
  (mit Voluten)

g Säulenschaft
  (mit 24 durch breite Stege
  getrennten Kanneluren)
h Attische Basis
  (mit doppeltem Wulst/
  Torus und einer Ein-
  kehlung/ Trochilus)
i Stylobat
k Krepis (Krepidoma)

a Geison
b Zahnschnitt
c Fries
d Architrav

e Kapitell
f Säulenschaft
g Basis
h Krepis

Kolossalordnung Säulen oder Pilaster, die über mehrere Geschosse reichen
Kompositkapitell Siehe Säulenordnungen
Kore Mädchen, Mädchenstatue; auch Bezeichnung für Persephone
Krepís, Krepídoma Dreistufiger Unterbau eines Tempels (krépis = »Schuh«;
►Grafik S. 449)
Kreuzkuppelkirche Byzantinischer Kirchenbautypus mit einer Zentralkuppel
über dem Schnittpunkt von vier gleich langen Kreuzarmen
Krypta Unterkirche
Kurvatur Leichtes Ansteigen der oberen Stufe eines Tempelunterbaus (Krepis)
nach der Mitte hin
Lateinisches Kreuz Kreuz mit einem längeren und drei kurzen Armen
Lisene Flache Wandvorlage, die die Mauerfläche gliedert
Lünette Bogenfeld über Fenster und Türen
Mäander Bandornament, benannt nach dem kleinasiatischen Fluss Maiandros
(heute auf Türkisch Büyük Menderes)
Maßwerk Geometrische Dekoration gotischer Zeit zum Schmuck u. a. von
Fenstern und Brüstungen
Mégaron Hauptraum mykenischer Paläste; wird auch als Grundform des grie-
chischen Tempels angesehen
Metópe Rechteckige Platte zwischen den Triglyphen am Fries eines dorischen
Tempels; glatt oder mit Relief versehen (►Grafik S. 449)
Monópteros Rundtempel ohne Naós (Cella; ►Grafik S. 51)
Naós Tempel, Tempelinneres (Cella; ►Grafik S. 51)
Nárthex Vorhalle einer byzantinischen Kirche
Nekropole Totenstadt, Begräbnisplatz, Friedhof
Nymphaeum Den Nymphen ein geweihter Bezirk; eine reich ausgestattete
Brunnenanlage
Odéon, Odeion Überdachtes Gebäude für musikalische Aufführungen
Oktogón Achteckiger Bau
Olympieion Heiliger Bezirk des Olympischen Zeus
Opisthódomos Ein dem Prónaos entsprechender Raum hinter dem Naós
(Cella) eines Tempels (►Grafik S. 51)
Orchéstra Tanzplatz des Chores; runde oder halbrunde Fläche zwischen Bühne
und Zuschauerraum im Theater
Palästra Gebäude für sportliche Übungen (u.a. Ringkampf)
Pantokrátor »Allherrscher« Christus
Perípteros Tempel mit umlaufenden Säulenreihen, Ringhallentempel
(►Grafik S. 51)
Perístasis Ringhalle eines Tempels
Peristyl Säulenumgang, Säulenhalle, Säulenhof (►Grafik S. 51)
Pfeilerbasilika Basilika, deren Schiffe durch Pfeiler getrennt werden; Gegenstück
ist eine Säulenbasilika
Pilaster Pfeiler, der einer Wand vorgelegt ist
Polychromie Vielfarbigkeit antiker Skulpturen und Tempel
Polygonal Mauerwerk aus vieleckig geschnittenen Steinen
Polyptychon Flügelaltar mit mehr als zwei Flügeln
Portikus Säulenhalle
Prónaos Vorhalle eines Tempels (►Grafik S. 51)

Próstylos Tempel mit Säulenvorhalle (▶Grafik S. 51)

Rustica Steinmauer mit rauer (»bäuerischer«) Oberfläche

Säulenbasilika Basilika, die von Säulen gestützt wird

Síma Traufgesims am Tempel, mit Löwenköpfen als Wasserspeiern (▶Grafik S. 449)

Spolien Wieder verwendete Bruchstücke älterer Bauten

Stadion 1. Längenmaß: 600 Fuß = ca. 185 m
2. Laufbahn gleicher Länge
3. Laufbahn und Wälle bzw. Sitzreihen für die Zuschauer

Stalaktitengewölbe Islamisches Gewölbe mit Zierwerk, das tropfenförmig herabhängt

Stéle Freistehender Pfeiler, meist mit Inschrift, oft mit Relief

Stoá Säulenhalle

Stylobát Obere Stufe des Tempelunterbaus; auf ihr stehen die Säulen (▶Grafik S. 449)

Témenos Heiliger Bezirk

Theater 1. Das griechische Theater besteht aus dem Bühnenhaus (Skene), der Bühne (Proskenion) und der runden oder halbrunden Orchestra, um die sich die etwas mehr als halbrunde, eine natürliche Bergmulde ausnutzende Cavea mit den Sitzreihen legt.
2. Das römische Theater hat eine ähnliche Grundform, doch ist die Bühnenwand (Scenae frons) so hoch gezogen wie der obere Abschluss des Zuschauerraums, der – die seitlichen Chorzugänge überbauend – bis an die Bühnenwand herangeführt ist; dadurch entsteht ein geschlossener Raum ohne Dach. Die Orchestra ist halbrund, die Bühne in späterer Zeit erhöht auf einem Podium angebracht. Der Zuschauerraum wird in der Regel von Substruktionen getragen, in denen die Zugänge zu finden sind.

Thermen Badeanlagen der römischen Antike, bestehend aus Auskleideraum (Apodyterium), Kaltwasserbad (Frigidarium), lauwarmem Luftbad (Tepidarium), Heißwasserbad (Caldarium), Fußbodenheizung (Hypokaustum) sowie weiteren Erholungsräumen

Thesaurós Schatz, Schatzhaus

Thólos Rundbau (▶Grafik S. 51)

Triclinium Speisesaal in einem römischen Haus

Triglyphe Steinplatte mit zwei Einschnitten; trennt die Metopen der dorischen Ordnung (▶Grafik S. 449)

Triumphbogen 1. Ein- oder mehrbogiges Monumentaltor der römischen Antike
2. Chorbogen einer christlichen Basilika

Tropfenplatte Platte an der Unterseite des Geisons am dorischen Tempel (▶Grafik S. 449)

Tympanon 1. Flacher Dreiecksgiebel des griechischen Tempels (▶Grafik S. 449)
2. Bogenfeld über einem Kirchenportal

Vierung Raumquadrat, das durch die Überkreuzung von Lang- und Querhaus einer Kirche entsteht

Volute Spiralelement des ionischen Kapitells (▶Grafik S. 449)

Zentralbau Gebäude, dessen Hauptachsen gleich lang sind, z. B. Achteck- oder Rundbau (Oktogon bzw. Rotunde)

REGISTER

a

Abbazia di Maniace **227**
Abschleppen **113**
Aci Castello **150**
Aci Trezza **150**
Aci, Isola di **151**
Acireale **148, 151**
Acqua-Park **291**
Acquacalda **244**
Acquarone **270**
Acquedolci **378**
Addaura-Grotte **349**
Adrano **226**
Adranone **381**
Ägadische Inseln 201
 – Favignana **202**
 – Lévanzo **202**
 – Maréttimo **203**
Agira **211**
Agrigent/Agrigento 151
 – Altstadt **152**
 – Museo Archeologico
   Regionale **155**
 – San Nicola **157**
 – Santuario Rupestre di
   Demetra Felsheiligtum **155**
 – Tal der Tempel **157**
 – Valle dei Templi **157**
Aidone **367**
Aischylos **230, 414**
Akrai **307**
Álcamo **177**
Alcàntara, Gola dell' **428**
Alicudi **248**
Alicudi Porto **249**
Almeyda, Giuseppe
   Damiani **329, 335**
Alto Belice **117**
Alí Terme **272**
Amico, Giovan Biagio **234, 439**
Angelini, Orazio **302**
Angeln **112**
Anjou **41**
Anna, Vito d' **372**
Anreise **70**
Antimafiamuseum **383**
Antonello da Messina **57**
Apotheken **89**
Araber **37**
Arabische Zeit **54**
Aragon **41**

Arbeitslosigkeit **25**
Archimedes **49, 61**
Ärztliche Hilfe **88**
Aspra **354**
Ätna **19, 116, 135, 164, 218**
Augusta **419**
Auskunft **76**
Autobahngebühren **70, 113**
Autodiebstahl **114**
Autofähren **71**
Autoreisezüge **71**
Ávola **164**
Ávola Vecchia **165**

b

Badestrände **78**
Badia di Santo Spirito **169**
Bagheria **351**
Bagni di Cefalà **351**
Bahnreise **70**
Banken **88**
Barock **58**
Barrafranca **369**
Basile, Ernesto **169, 328**
Basile, Giovanni Battista **290,
   328**
Basiluzzo **249**
Battaglia, Francesco **192**
Bed & Breakfast **110**
Behindertenhilfe **81**
Belice **19**
Bellini, Vincenzo **61, 187, 193**
Belpasso **226**
Benefial, Marco **290**
Bentivegna, Filippo **381**
Benzin **113**
Berühmte Persönlichkeiten **60**
Beschäftigungslage **25**
Besio, Giacomo **317**
Bevölkerung **22**
Biancavilla **226**
Bodenschätze **29**
Bonagia **441**
Bonanni, Francesco **351**
Bonello, Matteo **431**
Borremans, Guglielmo
   (Willelm) **169, 178, 299,
   317**
Bosco della Ficuzza **98, 118,
   142, 383**
Botschaften **78**
Brandauer, Klaus Maria **305**
Brolo **173**

Bronte **227**
Bronzestatuen von Riace **270**
Brücke von Messina **72**
Buccheri **308**
Buceti, Giuseppe **268**
Bufalino, Gesualdo **373**
Burgio **117**
Burri, Alberto **180**
Buscemi **308**
Butera **233**
Byzantiner **35**

c

Cabrera **276**
Càccamo **431**
Cala Giaconi **444**
Cala Santa Maria **444**
Calamecca, Andrea **269**
Calascibetta **209**
Calatafimi **386**
Caletta Sidoli **445**
Caltabellotta **383**
Caltagirone **166**
Caltanissetta **169**
Caltavuturo **294**
Camarina **374**
Camilleri, Andrea **61**
Camilliani, Camillo **273**
Camilliani, Francesco **335**
Cammarata **171**
Camping **110**
Campobello di Mazara **179**
Canicattì **170**
Canneto **244, 376**
Capo d'Orlando **172**
Capo di Milazzo **273**
Capo Graziano **248**
Capo Mongerbino **354**
Capo Pássero **305**
Capo Pássero, Isola di **306**
Capo Peloro **270**
Capo San Marco **381**
Capo San Vito **441**
Capo Schisò **427**
Capo Solanto **354**
Capo Zafferano **354**
Caràcciolo, Domenico **62**
Caracciolo, L. **403, 405**
Caravaggio, Michelangelo **269,
   338, 409, 410**
Cardella, Lara **234**
Carini **174**
Carlentini **236**

Carnelivari, Matteo **338, 341**
Caronìa **377**
Caronie siehe Nébrodi
Casalvecchio Siculo **272**
Cassione, G. B. **373**
Cassíbile **166**
Castane di Furie **270**
Castel di Tusa **376**
Castelbuono **296**
Castellammare del Golfo **175**
Castellazzo di Montechiaro **163**
Castello di Calatamauro **383**
Castello di Maniace **227**
Castello Incantato **381**
Castelluccio **233, 305**
Castelmola **134, 426**
Casteltèrmini **171**
Castelvetrano **178**
Castiglione di Sicilia **429**
Castroreale **275**
Castroreale Terme **275**
Catania 180
 – Badia Sant'Àgata **191**
 – Castello Ursino **191**
 – Dom Sant'Àgata **186**
 – Museo Civico **192**
 – Strände **194**
 – Teatro Bellini **191**
Cave di Cusa **179**
Cava d'Ìspica **280**
Cava di Randello **374**
Cava Grande **166**
Cave di Cusa **260**
Cefalù **195**
Centro Ettore Majorana **216**
Centùripe **227**
Cerda **292, 431**
Cesarò **300**
Chiaramonte **163, 172, 340, 431**
Chiramonte Gulfi **374**
Ciclopi, Isole dei **150**
Circumetnea **115, 223**
Cirincione, Andrea **341**
Ciullo **177**
Clup Alpino Italiano **116**
Collesano **296**
Conca della Calcara **249**
Consagra, Petro **180, 376**
Contemplazione **270**
Contessa Entellina **383**
Corleone **383**
Correnti, Isola delle **306**
Cozzo Luminario **144**

Cozzo Timpa Rosa **200**
Crateri Silvestri **223**
Crispi, Francesco **212**
Cómiso **373**
Cucinotta, Maria Grazia **62**

d

Diodorus Siculus **49**
Dionysios I. von Syrakus **62**
Dittaino **19**
Dolci, Danilo **175**
Donnafugata **374**
Donnalucata **279, 375**
Dyck, Anthonis van **330**

e

Égadi, Isole **201**
Elektrizität **82**
Eloro **305**
Elymer **31**
Empedokles **49**
ENIT **76**
Enna **206**
Enriquez **276**
Epicharmos **49**
Eraclea Minoa **211**
Érice **213**
Essen und Trinken **82**
Etna **19, 116, 135, 164, 218**
Ettore Majorana **216**
Eunus **208**
Euro **87**
Euryalos **226**

f

Faenza, Roberto **346**
Fähren **71**
Fahrzeugpapiere **75**
Falconara **233**
Faraglione Dietro **354**
Faraglioni **245**
Fauna **21**
Favignana **202**
Feiertage **22, 85**
Femmine, Isola delle **349**
Ferla **309**
Ferla, Michele da **168**
Ferraro, Antonino **178, 384**
Ferrovia Circumetnea **115, 223**
Festtage **22, 88**
Ficuzza **142**

Filicudi **248**
Filicudi Porto **248**
Film, Sizilien im Film **92**
Fiumara d'Arte **376**
Fiume Sosio **118**
Flora **20**
Florio, Vincenzo **292**
Flugverkehr **70**
Flüsse **19**
Fonte Aretusa **405**
Formica **201**
Forza d'Agrò **428**
Fra Umile **294**
Francofonte **236**
Frazzano **173**
Fremdenverkehr **29**
Freri, Antonello **187**
Frye, Walter **294**
Frühchristliche Zeit **54**

g

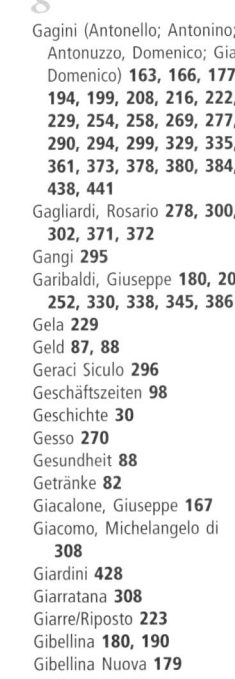

Gagini (Antonello; Antonino; Antonuzzo, Domenico; Gian Domenico) **163, 166, 177, 194, 199, 208, 216, 222, 229, 254, 258, 269, 277, 290, 294, 299, 329, 335, 361, 373, 378, 380, 384, 438, 441**
Gagliardi, Rosario **278, 300, 302, 371, 372**
Gangi **295**
Garibaldi, Giuseppe **180, 202, 252, 330, 338, 345, 386**
Gela **229**
Geld **87, 88**
Geraci Siculo **296**
Geschäftszeiten **98**
Geschichte **30**
Gesso **270**
Gesundheit **88**
Getränke **82**
Giacalone, Giuseppe **167**
Giacomo, Michelangelo di **308**
Giardini **428**
Giarratana **308**
Giarre/Riposto **223**
Gibellina **180, 190**
Gibellina Nuova **179**
Gibilmanna **200**
Ginostra **250**
Gioiosa Marea **173**

Giuffrè, Antonio **424, 428**
Giuliana **382**
Giuliano, Salvatore **63, 175**
Gliaca **173**
Goethe, J. W. von **12, 344**
Golf **113**
Golfo di Carini **174**
Gorgias **49**
Gornalunga **19**
Gossaert, Jan **341**
Gotik **56**
Graffeo, Giacomo **430**
Graffeo, Nicolò **430**
Grammichele **168**
Gran Cratere **246**
Grande Albergo Etna **222**
Granfontana **210**
Grano, Antonino **344**
Gratteri **296**
Gravina **222**
Griechen **31, 47**
Grisafi, Nicolò **338**
Grotta **270**
Grotta Calafarina **305**
Grotta del Bue Marino **248**
Grotta del Crocifisso **236**
Grotta del Genovese **203**
Grotta dello Storto **354**
Grotta di Carburangeli **175**
Guttuso, Renato **64, 329, 351**

h

Halaesa **377**
Händel, Georg Friedrich **151**
Haustiere **75**
Heilquellen **89**
Himera **432**
Historismus **59**
Hl. Agathe **186**
Hl. Rosalie **350**
Hohenstaufen, Friedrich II. von **63**
Hotels **110**
Höchstgeschwindigkeiten **113**
Hybläische Berge siehe Monti Iblei

i

Iblei, Monti **306, 309**
Ietum **291**
Il Cretto **180**
Imera **432**

Industrie **29**
Ingham, Benjamin **251**
Inseln **19**
Isnello **296**
Isola/e … siehe Hauptnamen
İspica **280**
Itála **271**
Italienischer Alpenverein **116**
Italía, Angelo **163**
Ittar, Stefano **191, 194**

j

Jugendherbergen **111**

k

Kapern **247**
Karneval **85**
Khamma **354**
Kinder **89**
Kirchen (Öffnungszeiten) **98**
Klassizismus **59**
Klenze, Leo von **152**
Knigge **89**
Kreditkarten **88**
Kunst und Kultur **46**
Kunstgeschichte **46**
Kyklopenfelsen **150**

l

La Montagnola **223**
Labisi, Paolo **300**
Lago della Trinità **179**
Lago di Ancipa **300**
Lago di Pergusa **210**
Lago di Pozzillo **19**
Lago Piana degli Albanesi **350**
Lago Poma **175**
Lampedusa **358**
Lampedusa, Fürst Carlo Tomasi di **67, 163**
Lampione **360**
Land-Art-Freilichtmuseum **376**
Landwirtschaft **29**
Lasso, Giulio **317**
Laurana, Francesco **304, 307, 338, 341, 381, 383**
Leni **246**
Lentini **235**
Lentini, Giacomo da **235**
Lentini, Riccardo da **191**
Leonforte **210**

Leontinoi **235**
Letojanni **427**
Licata **233**
Lido di Ávola **165**
Lido di Noto **304**
Lido Plaia **194**
Lido San Leone **151**
Lingua **246**
Linguaglossa **229**
Linosa **360**
Lipari, Isole **237**
Liparische Inseln 237
  – Alicudi **248**
  – Filicudi **248**
  – Lipari **242**
  – Panarea **249**
  – Salina **246**
  – Stròmboli **49**
  – Vulcano **245**
Literaturempfehlungen **91**
Lèvanzo **201202**
Ludwig I. **152**

m

Madonìe **17, 117, 144, 292**
Mafia **24**
Malfa **246**
Malvasia **247**
Mancino, Andrea **174**
Manna **200**
Marabitti, Ignazio **258, 291, 344, 403, 439**
Maraone **201**
Maratta, Carlo **329**
Mare secco **436**
Marelli, Bartolo **374**
Mareneve **223, 229**
Marina Caronía **378**
Marina di Àvola **165**
Marina di Caronía **376**
Marina di Módica **279**
Marina di Palma **163**
Marina di Patti **357**
Marina di Ragusa **375**
Marinella **387**
Marino, Giovanni Battista **148**
Maréttimo **201, 203**
Marsala **251**
Marsala-Wein **253**
Marvuglia, Giovanni Venanzio, Venanzio **320, 348, 351, 383**
Marzamemi **305**

Mascagni, Pietro **237**
Masuccio, Natale **439**
Matteis, Paolo de **291**
Mattia Preti **279**
Mazara del Vallo **256**
Mazza, Antonio **300**
Mazzarò **427**
Mazzolo, Giovanni Battista **187**
Mazzullo, Giuseppe **426**
Medien **97**
Medizinische Versorgung **88**
Megara Hyblaea **419**
Megara Iblea **419**
Messina **260**
Messina, Antonello da **200,
269, 341, 409**
Mezzojuso **117**
Mietwagen **115**
Milazzo **272**
Mili **271**
Militello in Val di Catania **236**
Misterbianco **195**
Mistretta **377**
Mondello **349**
Mongibello siehe Ätna
Monreale **280**
Montagna Grande **354**
Montalbano di Elicona **357**
Monte Bonifato **177**
Monte Burello **357**
Monte Calògero **381**
Monte Cammarata **171**
Monte Caputo **280**
Monte Catalfano **352**
Monte Citadella **367**
Monte Inici **176**
Monte Nero (Ätna) **135**
Monte Paolino **18**
Monte Pellegrino **350**
Monte Sabucina **170**
Monte San Giuliano **169**
Monte San Salvatore **292**
Monte Sant'Elmo **354**
Monte Soro **17, 378**
Monte Venere (Taormina) **134**
Montelepre **175**
Monti Erei **18**
Monti Iblei **19, 309**
Monti Peloritani **270, 275**
Montorsoli, Giovanni
Angelo **268, 269**
Mosaiken **54**
Moschetti, Giulio **403**
Motta Sant'Anastasia **194**

Motya **296**
Mulino Salina Infersa **256**
Museen **99**
Museo del Palmento **151**
Mussomeli **172**
Muttone, Antonino **330**
Módica **276**
Mózia **296**

n

Napoli, Tommaso M. **351, 352**
Naro **162**
Naso **173**
Naturpark Zingaro **139, 176,
441**
Naturparks **97**
Naturraum **17**
Naxos **427**
Nébrodi, Monti **17, 117**
Nelson, Admiral **228**
Nicolosi **222**
Nicosìa **299**
Niger, Bernardino **278**
Noceto, Antonio **380**
Normannen **38**
Normannische Zeit **54**
Notdienste **98**
Noto **300**
Noto Antica **304**
Noto Marina **304**
Notrufe **98**
Novara di Sicilia **275**
Novelli, Pietro **177, 291, 317,
372**
Nubia **441**

o

Öffnungszeiten **98**
Oliveri **436**
Orlando, Leoluca **65**

p

Pace **270**
Pachino **306**
Paesaggio dell'Alto Belice
Corleonese **117**
Paladino, Filippo **169, 208,
291, 329, 369**
Palazzo Adriano **117**
Palazzo Bellomo **409**
Palazzolo Acréide **306**

Palazzotto, Girolamo **187**
Palermo 311
– Addaura-Grotte **349**
– Anti-Mafiazentrum **346**
– Botanischer Garten **344**
– Cantieri Culturali alla
Zisa **348**
– Cappella Palatina **325**
– Chiesa del Vespro **345**
– Città dei Ragazzi **348**
– Convento dei
Capuccini **347**
– Domschatz **324**
– Fontana Pretoria **335**
– Galleria Regionale della
Sicilia **341**
– Giardino Garibaldi **340**
– Hauptbahnhof **345**
– Isola delle Femmine **349**
– Kathedrale **321**
– Kulturzentrum Lo
Spasimo **344**
– La Cala **340**
– La Cuba **346**
– La Cubula **346**
– La Martorana **335**
– La Zisa **348**
– Marionettenmuseum **340**
– Mondello **349**
– Monte Pellegrino **350**
– Montelepre **175**
– Museo Archeologico **332**
– Museo Etnografico
Pitrè **348**
– Oratorio di San
Lorenzo **338**
– Palazzina Cinese
Favorita **348**
– Palazzo Abatellis **341**
– Palazzo dei Normanni **324**
– Palazzo Lo Steri
Chiaramonte **340**
– Palazzo Mirto **340**
– Parco della Favorita **348**
– Partinico **175**
– Piazza Pretoria **335**
– Quattro Canti **317**
– San Cataldo **337**
– San Giovanni degli
Eremiti **327**
– San Giovanni dei
Lebbrosi **345**
– San Giuseppe dei
Teatini **317**

Palermo (Fortsetzung)
– Santa Maria dello
  Spasimo 344
– Santo Spirito 345
– Santuario di Santa
  Rosalia 350
– Sferracavallo 349
– Stadt der Kinder 348
– Villa Belmonte 348
– Villa Giulia 344
– Villa Igiea 348
– Vucciria 330
Palermo, Fra Innocenzo da
  345
Palma di Montechiaro 163
Palma, Niccolò 344
Panarea 246
Pannenhilfe 98
Pantàlica 137, 309
Pantani 305
Pantelleria 354
Paradiso 270
Parco dei Nébrodi 98
Parco delle Madoníe 144
Parco Naturale dell'Etna 98
Parken 114
Partinico 175
Passo Marinaro 374
Paternò 226
Patti 355
Pecorini 248
**Pelágie, Isole/Pelagische
  Inseln 358**
– Lampedusa 358
– Lampione 360
– Linosa 360
Peloritani/Peloritanische
  Berge 17, 117, 275
Pergusa-See 210
Pésaro, Gaspare da 430
Petralia, Fra Umile da 194,
  273, 296, 299, 345, 367
Petralia Soprana 294
Petralia Sottana 294
Pflanzen 20
Phintias 234
Phönizier 31, 47
Piano degli Zucchi 292
Piano della Battaglia 296, 292
Piano Pomo 144, 296
Piano Provenzana 135, 223,
  229
Pianoconte 244
Piazza Armerina 360

Pietra del Bagno 245
Pintorno, Francesco
  Giovanni 294
Pirandello, Luigi 65, 162
Pirrone, G. F. 302
Pisano, Bonnano 282
Pisano, Nino 440
Pizzo del Corvo 291
Pizzo della Carbonara 292,
  294, 296
Plaia Grande 279, 375
Platen, Graf August von
  412
Polizzi Generosa 294
Pollara 246
Pollina 200
Ponte dei Saraceni 226
Portella della Femmina
  Morta 378
Porticello 354
Porto di Levante 246
Porto di Ponente 246
Porto Empédocle 152, 162
Porto Palo 381
Portopalo 305
Pésaro, Gaspare da 430
Pozzallo 279
Preise 100
Presti, Antonio 376
Preti, Mattia 369
Punta del Faro 270
Puppentheater 148, 348

q

Quaroni, Ludovico 180
Quasimodo, Salvatore 65
Quattropani 244

r

Ragusa 369
Randazzo 228
Rauchverbot 91
Ravanusa 234
Reggio di Calabria 270
Regionale Spezialitäten 84
Reisezeit 100
Renaissance 56
Ribera 212
Ribera, Giuseppe 291, 441
Riesi 234
Rifugio Sapienza 223
Rinella 246

Riserva naturale dello
  Zingaro 98, 176
Riserva naturale marina isola di
  Ústica 98
Riserva naturale orientata
  Vendicari 98
Riviera dei Ciclopi 151
Robbia, Andrea della 438
Rocca di Cefalù 195, 200
Rocca di Cerere 208
Roccavaldina 275
Roger II. 66
Römer 35, 54
Rometta 270
Routenvorschläge 124
Rutelli, Mario 329
Ruzzolone, Pietro 296, 430

s

Sagra del Cappero 247
Sagra del Tataratà 171
Salemi 180
Saliba, Antonello da 424
Salina 246
Saline Culcasi (bei Tràpani) 441
Saline »Ettore e Infersa« 441
Salso 19
Salzgärten 299
Sampieri 279
San Bartolo 250
San Biagio 275
San Calògero 245
San Cipirello 291
San Corrado di Fuori 304
San Giovanni Gémini 171
San Giuseppe Jato 291
San Marco 427
San Marco d'Alunzio 378
San Pantaleo 296
San Rizzo 270
San Teodoro 300
San Vito 354
San Vito lo Capo 441
Sant'Àgata di Militello 377
Sant'Alessio Siculo 272
Sant'Angelo Muxaro 163
Sant'Elia 354
Santa Flavia 354
Santa Maria del Bosco 382
Santa Maria La Scala 150
Santa Marina Salina 246
Santa Tecla 150
Santa Venerina 151

Santissima Trinità di Delia **179**
Santo Stéfano di Camastra **375**
Santuario di Dinnamare **270**
Santuario di Santa Maria delle Milizie **279**
Saraceni, Ponte dei **226**
Sávoca **272**
Scala **270**
Scala dei Turchi **162**
Scauri **354**
Schwarze Madonna **434**
Sciacca **379**
Sciascia, Leonardo **66, 216**
Scicli **278**
Scillato **294**
Sclafani Bagni **294**
Sclàfani, Mateo **324**
Scoglitti **374**
Scopello **176**
Seeschlacht von Lepanto **329**
Segesta **384**
Selinunt **387**
Selinunte **387**
Sellerio, Elvira Giorganni **66**
Serpotta, Giacomo **178, 290, 328, 330, 335, 338, 341, 441, 451**
Serpotta, Giuseppe **341**
Serpotta, Procopio **341**
Serra Orlando **367**
Sferracavallo **349**
Shopping **102**
Siciliana Marina **212**
Sikaner **31, 47**
Sikanisches Bergland **18**
Sikuler **31, 47**
Simeto **19**
Sinatra, Vincenzo **300, 302, 304**
Siracusa **395**
Sizilianische Vesper **42**
Skisport **113**
Solunt **352**
Solunto **352**
Sozzi, Olivio **280**
Spartà **270**
Speisen **82**
Sperlinga **299**
Spiaggia Bianca **244**
Spiaggia Valle Muria **245**
Sport **112**
Sprache **24, 103**
Sprachunterricht **110**
Stechpalme **145, 296**

Stesichoros **48**
Stomer, Matthias **290**
Straßenverkehr **113**
Stretto di Messina **260**
Strombolicchio **251**
Strómboli **249**
Syrakus 395
 – Altstadt/Ortigia **401**
 – Castello Euriàlo **416**
 – Castello Maniace **409**
 – Kyanequelle **417**
 – Magdalenen-Halbinsel **418**
 – Museo Archeologico **412**
 – Parco Archeologico **413**

Taormina **134, 420**
Targa Florio **292**
Tauchen **112**
Taxis **115**
Telefon **99**
Tempel **49, 50**
Terme Segestane **386**
Termini Imerese **429**
Terra Libera **214, 315**
Terrasini **175**
Testa del Monaco **172**
Thapsos **418**
Theokritos **49**
Thermalbäder **89**
Tiere **20**
Timaios **49**
Tizian **441**
Tindari **433**
Torre del Filosofo **219**
Torre di Lauro **378**
Torre Salsa **212**
Torrenova **378**
Touren **124**
Trani, Barisano da **282**
Tràpani **436**
Trecastagni **222**
Trinkgeld **82, 111**
Troina **300**
Tuccari, Giovanni **193**
Tyndaris **433**
Tyrannen **34**

Uccello, Antonino **307**
Unfallhilfe **98**

Urbewohner **31**
Ùstica **443**

v

Vaccarini, Giovanni Battista **185, 186, 187, 191, 193, 194**
Vagherino, Angelo **335**
Val di Chiesa **248**
Valdina **275**
Vale di Ghirlanda **354**
Vasta, Pietro Paolo **148**
Vendicari **305**
Venezia, Francesco **180**
Ventimiglia **296**
Verdi, Giuseppe **328**
Verga, Giovanni **67, 237**
Vergünstigungen **100**
Verkehrsvorschriften **113**
Vermexio, Andrea und Giovanni **403**
Veronese, Paolo **441**
Verres **207, 209, 405**
Verwaltungsgliederung **25**
Villa del Tellaro **305**
Villa Romana del Casale **363**
Visconti, Luchino **92, 150, 163, 305**
Vitagliano, Gioacchino **320**
Vittória **374**
Vizzini **236**
Volsi, Scipione Li **320**
Voltri, Nicolò da **431**
Vorwahlen **99**
Vulcanello **246**
Vulcano **245**

w

Wandern **116, 134**
Wassersport **112**
Wein **118**
Whitaker, Familie **296, 297**
Wirtschaft **25**
Woodhouse, John **251**

z

Zafferana Etnea **229**
Zeit **119**
Zeitungen **97**
Zingaro **118, 139, 176**
Zyklopeninseln **150**

VERZEICHNIS DER KARTEN
& GRAFISCHEN DARSTELLUNGEN

Top-Reiseziele **1**
Lage Siziliens in Europa **23**
Politische Gliederung **23**
Sizilien im Altertum **34**
Grundformen des griechischen Tempels **51**
Klimadiagramme Catania und Messina **101**
Entfernungen auf Sizilien **114**
Touren im Überblick **123**
Tour 1 **125**
Tour 2 **129**
Tour 3 **131**
Tour 4 **133**
Wanderroute 2 (© DuMont Reiseverlag) **136**
Wanderroute 3 (© DuMont Reiseverlag) **138**
Wanderroute 4 (© DuMont Reiseverlag) **140**
Wanderroute 5 (© DuMont Reiseverlag) **143**
Wanderroute 6 (© DuMont Reiseverlag) **144**
Agrigento • Agrigent
  Museo Archeologico **156**
  Übersicht **158**
Catania
  Übersicht **182/183**
  Dom Sant'Àgata **187**
  Castello Ursino **201**
Cefalù **197**
Enna **207**
Érice **215**
Etna • Ätna
  Übersicht **221**
  3D **225**
Gela **231**
Lipari (Stadt) **242**
Marsala **253**
Mazara del Vallo **259**
Messina
  Übersicht **263**
  Dom **269**
Milazzo **274**
Módica **277**

Monreale
  Dom und Kreuzgang, Übersicht **284**
  3D **285**
  Mosaiken **288/289**
Mózia **297**
Noto **303**
Palermo
  Übersicht **313**
  Innenstadt **319**
  Kathedrale **321**
  Normannenpalast **325**
  Museum **333**
  La Martorana **335**
  Villa Palagonia **352**
  Solunto **353**
Piazza Armerina
  Villa Romana del Casale **364**
  Morgantina **368**
Ragusa **372/373**
Sciacca
  Giuliana **382**
Selinunt • Selinunte
  Übersicht **387**
  Tempelformen **390**
  3D **391**
Siracusa • Syrakus
  Übersicht **397**
  Ortigia **404**
  Dom **405**
  Castello Maniace **409**
  Museo Archeologico **413**
  Castello Eurialo **416**
Taormina **422**
Termini Imerese **431**
Tindari **436**
Tràpani **438**
Säulenordnung **449**
Inselkarte **Umschlagklappe hinten**

BILDNACHWEIS

IMPRESSUM

Ausstattung: 203 Abbildungen, 69 Karten und grafische Darstellungen, eine große Reisekarte
Text: Dr. Otto Gärtner mit Beiträgen von Anja Schliebitz, Peter Amann, Peter Peter, Achim Bourmer und Ralf Schick
Aktualisierung: Daniela Schetar, Friedrich Köthe
Bearbeitung: Baedeker Redaktion (Anja Schliebitz)
Kartografie: Christoph Gallus, Hohberg; MAIRDUMONT/Falk Verlag, Ostfildern/GEO*next* – Istituto Geografico De Agostini, Novara (große Reisekarte)
3D-Illustrationen: jangled nerves, Stuttgart
Gestalterisches Konzept: independent Medien-Design, München; Kathrin Schemel

Sprachführer in Zusammenarbeit mit Ernst Klett Sprachen GmbH, Stuttgart, Redaktion PONS Wörterbücher

Chefredaktion: Rainer Eisenschmid, Baedeker Ostfildern

11. Auflage 2011

Urheberschaft:
Karl Baedeker Verlag, Ostfildern

Nutzungsrecht:
MAIRDUMONT GmbH & Co KG; Ostfildern
Der Name Baedeker ist als Warenzeichen geschützt. Alle Rechte im In- und Ausland sind vorbehalten. Jegliche – auch auszugsweise – Verwertung, Wiedergabe, Vervielfältigung, Übersetzung, Adaption, Mikroverfilmung, Einspeicherung oder Verarbeitung in EDV-Systemen ausnahmslos aller Teile des Werkes bedarf der ausdrücklichen Genehmigung durch den Verlag Karl Baedeker GmbH.

Anzeigenvermarktung:
MAIRDUMONT MEDIA
Tel. 0049 711 4502 333
Fax 0049 711 4502 1012
media@mairdumont.com
http://media.mairdumont.com

Printed in China
Gedruckt auf 100% chlorfrei gebleichtem Papier

 atmosfair

nachdenken · klimabewusst reisen
atmosfair

Reisen bereichert und verbindet Menschen und Kulturen. Jedoch wer reist, erzeugt auch CO_2. Dabei trägt der Flugverkehr mit bis zu 10% zur globalen Erwärmung bei. Wer das Klima schützen will, sollte sich somit nach Möglichkeit für die schonendere Reiseform entscheiden (wie z. B. die Bahn). Wenn keine Alternative zum Fliegen besteht, kann man mit atmosfair handeln und klimafördernde Projekte unterstützen.
atmosfair ist eine gemeinnützige Klimaschutzorganisation unter der Schirmherrschaft von Klaus Töpfer. Die Idee: Flugpassagiere spenden einen kilometerabhängigen Beitrag für die von ihnen verursachten Emissionen und finanzieren damit Projekte in Entwicklungsländern, die dort den Ausstoß von Klimagasen verringern helfen. Dazu berechnet man mit dem Emissionsrechner auf **www.atmosfair.de** wieviel CO_2 der Flug produziert und was es kostet, eine vergleichbare Menge Klimagase einzusparen (z.B. Berlin – London – Berlin 13 Euro). atmosfair garantiert die sorgfältige Verwendung Ihres Beitrags. Auch der Karl Baedeker Verlag fliegt mit *atmosfair*. Unterstützen auch Sie unser Klima. Alle Informationen dazu auf www.atmosfair.de.

BAEDEKER VERLAGSPROGRAMM

- Ägypten
- Algarve
- Allgäu
- Amsterdam
- Andalusien
- Argentinien
- Athen
- Australien
- Australien • Osten
- Bali
- Baltikum
- Barcelona
- Bayerischer Wald
- Belgien
- Berlin • Potsdam

- Bodensee
- Brasilien
- Bretagne
- Brüssel
- Budapest
- Bulgarien
- Burgund
- Chicago • Große Seen
- China
- Costa Blanca
- Costa Brava
- Dänemark
- Deutsche
  Nordseeküste
- Deutschland

- Deutschland • Osten
- Djerba • Südtunesien
- Dominik. Republik
- Dresden
- Dubai • VAE
- Elba
- Elsass • Vogesen
- Finnland
- Florenz
- Florida
- Franken
- Frankfurt am Main
- Frankreich
- Frankreich • Norden
- Fuerteventura
- Gardasee
- Golf von Neapel
- Gomera
- Gran Canaria
- Griechenland
- Griechische Inseln
- Großbritannien
- Hamburg
- Harz
- Hongkong • Macao
- Indien
- Irland
- Island
- Israel
- Istanbul
- Istrien •
  Kvarner Bucht
- Italien
- Italien • Norden
- Italien • Süden
- Italienische Adria
- Italienische Riviera
- Japan
- Jordanien

- Kalifornien
- Kanada • Osten
- Kanada • Westen
- Kanalinseln
- Kapstadt •
  Garden Route
- Kenia
- Köln
- Kopenhagen
- Korfu •
  Ionische Inseln
- Korsika
- Kos
- Kreta
- Kroatische Adriaküste
  • Dalmatien
- Kuba
- La Palma
- Lanzarote
- Leipzig • Halle
- Lissabon
- Loire
- London
- Madeira
- Madrid
- Malediven
- Mallorca
- Malta • Gozo •
  Comino
- Marokko
- Mecklenburg-
  Vorpommern
- Menorca
- Mexiko
- Moskau
- München
- Namibia
- Neuseeland
- New York

▶ Niederlande
▶ Norwegen
▶ Oberbayern
▶ Oberital. Seen • Lom- bardei • Mailand
▶ Österreich
▶ Paris
▶ Peking
▶ Piemont
▶ Polen
▶ Polnische Ostseeküste • Danzig • Masuren
▶ Portugal
▶ Prag
▶ Provence • Côte d'Azur
▶ Rhodos
▶ Rom
▶ Rügen • Hiddensee
▶ Ruhrgebiet
▶ Rumänien
▶ Russland (Europäischer Teil)
▶ Sachsen
▶ Salzburger Land
▶ St. Petersburg
▶ Sardinien
▶ Schottland
▶ Schwäbische Alb
▶ Schwarzwald
▶ Schweden
▶ Schweiz
▶ Sizilien
▶ Skandinavien
▶ Slowenien
▶ Spanien
▶ Spanien • Norden • Jakobsweg
▶ Sri Lanka
▶ Stuttgart
▶ Südafrika

▶ Südengland
▶ Südschweden • Stockholm
▶ Südtirol
▶ Sylt
▶ Teneriffa
▶ Tessin
▶ Thailand
▶ Thüringen
▶ Toskana
▶ Tschechien
▶ Tunesien
▶ Türkei
▶ Türkische Mittelmeerküste
▶ Umbrien
▶ Ungarn
▶ USA
▶ USA • Nordosten
▶ USA • Nordwesten
▶ USA • Südwesten
▶ Usedom
▶ Venedig
▶ Vietnam
▶ Weimar
▶ Wien
▶ Zürich
▶ Zypern

BAEDEKER ENGLISH

▶ Andalusia
▶ Australia
▶ Austria
▶ Bali
▶ Barcelona
▶ Berlin
▶ Brazil
▶ Budapest
▶ Cape Town • Garden Route

▶ China
▶ Dresden
▶ Dubai
▶ Egypt
▶ Florence
▶ Florida
▶ France
▶ Gran Canaria
▶ Greece
▶ Greek Islands
▶ Iceland
▶ India
▶ Ireland
▶ Italian Lakes
▶ Italy
▶ Japan
▶ London
▶ Madeira
▶ Mexico
▶ Morocco
▶ Naples, Capri & Amalfi Coast
▶ New York
▶ New Zealand
▶ Norway
▶ Paris
▶ Portugal
▶ Prague
▶ Rome
▶ South Africa
▶ Spain
▶ Sri Lanka
▶ Thailand
▶ Turkish Coast
▶ Tuscany
▶ Venice
▶ Vienna
▶ Vietnam

LIEBE LESERINNEN, LIEBE LESER,

ein herzliches Dankeschön, dass Sie sich für einen Baedeker Allianz Reiseführer entschieden haben. Er wird Sie zuverlässig auf Ihrer Reise begleiten und Sie nicht im Stich lassen.

Natürlich beschreibt er die wichtigen Sehenswürdigkeiten, aber er empfiehlt auch die schönsten Strände, dazu Hotels für den großen und kleinen Geldbeutel, gibt Tipps für Restaurants, Shopping und für vieles mehr, was eine Reise zum Erlebnis macht. Dafür haben die Autoren und die Redakteurin Anja Schliebitz Sorge getragen.

Trotzdem: Die Erfahrung zeigt, dass Fehler und Änderungen nach Drucklegung, für die der Verlag keine Haftung übernehmen kann, nicht ausgeschlossen werden können. Für Kritik, Berichtigungen und Verbesserungsvorschläge sind wir Ihnen außerordentlich dankbar. Schreiben Sie uns, mailen Sie uns oder rufen Sie an:

▶ **Verlag Karl Baedeker GmbH**
Redaktion
Postfach 3162
D-73751 Ostfildern
Tel. (0711) 4502-262, Fax -343
E-Mail: info@baedeker.com

Besuchen Sie uns auch im Internet unter www. baedeker.com. Hier finden Sie jeden Monat den aktuellen Reisetipp der Redaktion und das gesamte Verlagsprogramm. Hier können Sie auch lesen, wer Karl Baedeker war und wie er seinen ersten Reiseführer geschrieben hat. Mit seinen über 180 Jahren ist der Karl Baedeker Verlag der älteste Reiseführer-Verlag der Welt.

www.baedeker.com

▶ ZU GEWINNEN: **STADTREISE NACH LONDON**

Unter allen Einsendungen verlost der Verlag am Jahresende – unter Ausschluss des Rechtswegs – eine Städtekurzreise für zwei Personen nach London.
Freuen Sie sich auf ein spannendes Wochenende in London. Natürlich ist ein Baedeker Allianz Reiseführer London auch dabei!